DEN TRYKTE KULTURARV

Pligtaflevering gennem 300 år

Danish Humanist Texts and Studies

Volume 16

Edited by Erland Kolding Nielsen

The Royal Library, Copenhagen

DEN TRYKTE KULTURARV

Pligtaflevering gennem 300 år

Redigeret af

HENRIK HORSTBØLL og JOHN T. LAURIDSEN

With an English Summary

Det Kongelige Bibliotek og Statsbiblioteket
Museum Tusculanums Forlag
København 1998

Den trykte kulturarv. Pligtaflevering gennem 300 år

Sats og tryk: Bianco Lunos Bogtrykkeri A/S
Bogen er sat med Baskerville
Omslag: Kacheret Multiart Gloss
Trykt på Munken Book 90 g

Dette papir indeholder de i ISO 9706: 1994 fastsatte krav
til langtidsholdbart papir

ISBN 87-7289-505-5
ISSN 0105-8746

Museum Tusculanums Forlag
Njalsgade 92
DK-2300 København S
Danmark

INDHOLD

FORORD

En pligtafleveringslov er grundloven for indsamling og bevaring af civiliserede nationers trykte kulturarv. Danmark haft en sådan siden d. 11. juli 1697, men igennem en menneskealder har den været aldeles utilstrækkelig og forældet som reguleringsinstrument til sikring af, at alle landets udgivne værker bevares for eftertiden. Den 1. januar 1998 blev den hidtidigt gældende lov fra 1927 omsider ajourført gennem lov nr. 423 af 10. juni 1997. Hermed er den danske lovgivning bragt på højde med de mest avancerede i udlandet. Vedtagelsen af den nye pligtafleveringslov markerer tillige ret præcist denne lovgivnings 300-års jubilæum.

Gennem 300 år har der således været pligt til at aflevere den trykte kulturarv i videste betydning til Det Kongelige Bibliotek, i perioder tillige til Universitetsbiblioteket i København, og i de sidste knap 100 år har et eksemplar af enhver trykt udgivelse skullet afleveres både til Det Kongelige Bibliotek og til Statsbiblioteket i Århus. Hvert år vokser materialemængderne i de to national- og pligtafleveringsbiblioteker således med næsten 3 hyldekilometer tilsammen. De opbevarer og formidler på denne historiske baggrund store kulturværdier for Danmark til gavn og glæde for dansk kultur, videnskab og samfund nu og i fremtiden. Direkte eller indirekte berører dette enhver dansker, enten det er som bruger eller som modtager af information i mange former.

Det er mig derfor en stor glæde, at Det Kongelige Bibliotek og Statsbiblioteket i Århus har fundet det på sin plads i fællesskab at fejre både pligtafleveringens 300-års jubilæum og ikrafttrædelsen af den nye lov gennem – hvad andet end! – endnu en stor bog om vor trykte kulturarv set gennem pligtafleveringens historie, thi ejendommeligt nok har denne side af dansk kulturhistorie aldrig før fået sin særskilte, videnskabelige behandling. Jeg håber, at den kan være et bidrag til at øge forståelsen for nødvendigheden af, at det danske samfund fortsat bærer de betydelige omkostninger, der er forbundet med at bevare fortiden og nutiden for eftertiden.

Pligtafleveringsloven udgør – tillige med Arkivloven af 1992, Museumsloven af 1989 og Loven om sikring af kulturværdier i Danmark af 1986 – grundpillerne for bevaring af kulturarven. Uden dem ville forskning og mange andre aktiviteter, der tager udgangspunkt i eller fører nutiden tilbage til fortiden, simpelthen ikke være mulig.

Ebbe Lundgaard, Kulturminister
Februar 1998

PLIGTAFLEVERING AF KULTURARVEN

OMKRING EN GRUNDPILLE I BEVARING AF DANSK KULTURARV

AF

ERLAND KOLDING NIELSEN OG NIELS MARK

En pligtafleveringslov er grundloven for indsamling og bevaring af civiliserede nationers trykte kulturarv. En sådan har Danmark da også haft siden d. 11. juli 1697, men igennem snart mange år har den været aldeles utilstrækkelig og forældet som reguleringsinstrument til sikring af alle landets udgivne værker for eftertiden. Den 1. januar 1998 blev den hidtidigt gældende lov fra 1927 omsider ajourført gennem lov nr. 423 af 10. juni 1997 med tilhørende kulturministerielle bekendtgørelse nr. 1041 af 17. december 1997. Vedtagelsen af den nye pligtafleveringslov markerer således med knap en måneds præcision denne lovgivnings 300-års jubilæum. Gennem 300 år har der således været pligt til at aflevere til Det Kongelige Bibliotek, i perioder tillige til Universitetsbiblioteket i København, og i de sidste knap 100 år har et eksemplar af enhver trykt udgivelse skullet afleveres *både* til Det Kongelige Bibliotek *og* til Statsbiblioteket i Århus.

Det Kongelige Bibliotek har siden sin grundlæggelse i årene efter Frederik IIIs tronbestigelse 1648 været Danmarks nationalbibliotek, og Statsbiblioteket, der blev oprettet i 1902 for at sikre, at man i Danmark havde to komplette samlinger af nationallitteraturen, fik overdraget Det Kongelige Biblioteks dubletter af den danske litteratur. Hvis der skulle ske noget med den ene, havde man i det mindste den anden, var den bagvedliggende filosofi. At dette har været – og fortsat er – en relevant betragtning, giver historien 5 gode eksempler på. Både under Københavns store brandkatastrofer i 1728, hvor Universitetsbiblioteket brændte, i 1794, hvor det første Christiansborg nedbrændte, året efter i 1795, igen ved det andet Christiansborgs brand i 1884 og senest ved Proviantgårdens brand 1992 var Det Kongelige Bibliotek så tæt på katastrofen, at den både kunne lugtes og føles. Kun vindretningen reddede ved slotsbranden i 1884 Det Kongelige Bibliotek, der dengang befandt sig i den bygning i Rigsdagsgården, hvor Rigsarkivet har til huse i dag. Dette blev den direkte anledning til oprettelsen af, som det da benævntes, endnu „et statsbibliotek i provinsen“, i virkeligheden et parallelt nationalbibliotek dog med begrænsede funktioner i forhold til det gamle.

Blandt andet derfor vokser materialemængderne i magasinerne på både Det Kongelige Bibliotek og Statsbiblioteket i Århus hvert år med 1-1½ hyldekilometer. Det er danske bøger, tidsskrifter, aviser, pjecer og meget andet, men overvejende *trykt* materiale, der bliver afleveret til de to biblioteker i kraft af pligtafleveringslovgivningen. Med afløseren for den hidtidige lov fra 1927 gælder fra d. 1. januar 1998 en *udvidet* afleveringspligt. Der stilles nu krav om aflevering af endnu mere materiale til de to biblioteker, nemlig alle andre former for *udgivne* værker uanset udgivelsesmedium. Hermed bringer den danske lovgivning sig på højde med de mest avancerede i udlandet.

Pligtaflevering er nemlig ikke blot et dansk fænomen. Den finder i dag sted i de fleste lande. Oprindelig var den imidlertid en europæisk, nærmere betegnet en fransk opfindelse. Den første pligtafleveringslov blev givet af den franske konge Frans I gennem en berømt forordning udstedt i Montpellier 1537. Sverige indførte pligtaflevering i 1661, Danmark i 1697, Finland i 1707, Spanien i 1715, Norge i 1732, Rusland i 1783. Landene uden for Europa er først kommet med i det 20. århundrede. Efter den anden verdenskrig har UNESCO, FNs organisation for uddannelse, videnskab og kultur, opstillet og udviklet normer og retningslinier for området, bl.a. baseret på den filosofi, at pligtafleveringen skulle sikre en international arbejdsdeling for den omkostningskrævende opbevarings- og bevaringsindsats for trykte publikationer. Nogle steder som i Holland bygger den endnu på frivillige aftaler, men langt de fleste steder ligger der en lovgivning til grund for den, således i alle de nordiske lande. I disse år sker der overalt en gennemgribende ændring af denne lovgivning med henblik på at sikre aflevering og dermed bevaring af andre såkaldt informationsbærende materialer end de traditionelle bogtrykte.

I Danmark, som i andre lande, der har revideret dette pligtafleveringsgrundlag, har man taget udgangspunkt i UNESCOs modelforslag. Derfor er der efterhånden store lighedspunkter mellem lovgivningen i de enkelte lande. Det gælder ikke mindst inden for Norden, hvor Danmark ellers har haltet efter de øvrige lande, der for år tilbage ændrede lovgivningen på området, således at i hvert fald de såkaldt nye medier blev omfattet af afleveringspligten.

Det afgørende formål med pligtafleveringen i dag er at sikre bevaring og videreførelse af kulturarven. Det vil sige *både*, at alle *udgivne* værker skal indsamles og bevares af hensyn til bevaring og videreførsel af den nationale kultur, *og* at de stedse skal være tilgængelige for forskningen og for almenheden, d.v.s. for personligt gennemsyn og studium for enhver, der måtte ønske det. Det sker normalt på de to pligtafleveringsbiblioteker, der har til opgave at modtage og opbevare materialet, men det kan også ske på andre offentlige biblioteker, hvor materialet kan gøres tilgængeligt ud fra det grundlæggende informationspolitiske princip, at et værk, der en gang er udgivet, skal forblive tilgængeligt for offentligheden gennem bevaring og adgang. Endelig er det pligtafleveringens formål at sikre en dækkende registrering af de udgivne værker i nationalbibliografien, hvor den danske nu er en af de bedste i verden m.h.t. registreringshastighed, omfang og dækning. Det ville jo være ejendommeligt, hvis alt det, der er med i nationalbibliografien, ikke fortsat bevares og kunne genfindes.

På sin vis har pligtafleveringen størst betydning for de publikationer, som umiddelbart betragtet virker uanselige og har kort brugsværdi. Med andre ord den type materiale, der oftest kasseres kort tid efter, at det er publiceret, og som folk ofte anser for ubetydeligt, direkte værdiløst eller underlødigt. Når alle andre – personer, institutioner eller andre biblioteker – har smidt deres egne eksemplarer væk, skal de findes på Det Kongelige Bibliotek og Statsbiblioteket. De er fremdeles en del af kulturarven. Om betydningen af dette materiale, der heller ikke altid er blevet værdsat efter fortjeneste af bibliotekernes egne folk, udtalte Falconer Madan, chef for et af verdens berømteste universitetsbiblioteker, the Bodleian Library i Oxford, engang følgende: „The dust of one age is the gold of another"! Smukkere og mere præcist kan det ikke siges.

Den „fine" litteratur og de videnskabelige værker skal nok blive bevaret, og kan DSB's køreplan fra i fjor ikke forekomme særlig interessant i dag, er den fra 1897 det så sandelig, når aspekter af fortiden skal rekonstrueres i en historisk afhandling, eller der skal skrives en kriminalroman. Det pligtafleverede materiale får ikke lov til at samle støv på hylderne. Hver dag året rundt har studerende, forskere, journalister, forfattere og folk, der interesserer sig for lokal-, slægts-, personal-, virksomheds- eller samfundshistorie, samt mange andre videbegærlige og nysgerrige glæde af at kunne benytte materialet på de to pligtafleveringsbiblioteker.

Den ny lov om pligtaflevering fra 1997

Der har længe været behov for at ajourføre den nugældende pligtafleveringslov fra 1927. En væsentlig grund er, at trykt information i stigende grad fremstilles uden om de egentlige bogtrykkerier, hvortil afleveringspligten var knyttet. En anden og ligeså væsentlig årsag er, at værker af kulturel og forskningsmæssig interesse, og dermed materiale, der udgør en væsentlig del af vores nationale kulturarv, i stigende grad udgives i andre former end papirtryk, og netop derfor har den største udfordring i udformningen af en ny pligtafleveringslov været knyttet til indsamlingen af nye medier som: cdrommer, CD'er, videoer og publikationer på internettet. Der har således været god grund til at gennemføre en lovrevision, og den nye lov er da også blevet til efter et særdeles grundigt forarbejde, først i form af et fælles oplæg fra de to pligtafleveringsbiblioteker i 1995 til Kulturministeriet. Efterfølgende er dette i bearbejdet form kommet som en delbetænkning afgivet i juni 1996 af „Udvalget om Bibliotekerne i Informationssamfundet" (UBIS-udvalget). Udvalget var året før blevet nedsat af daværende kulturminister Jytte Hilden og skulle bl.a. „vurdere bibliotekernes rolle i forbindelse med den vækst i elektronisk formidling af litteratur og information til forskning, uddannelse, erhvervsliv og borgere, som infosamfundet vil indebære". I dette arbejde indgik naturligt spørgsmålet om nye regler for pligtaflevering, der „sikrer dels bevaring og dels tilgængeliggørelse af offentliggjort information", herunder elektronisk offentliggjorte værker.

Den nye lov præciserer det ansvar, der ligger på alle, der udgiver information: Virksomheder, institutioner og enkeltpersoner. For det trykte materiale består det nye i, at afleveringspligten udvides til alle, der færdiggør trykte udgivelser, dvs. f.eks. organisationer med egne trykkefaciliteter, offentlige myndigheder, universiteter, højere læreanstalter samt mange private virksomheder og større foreninger. Også afleveringspligten med hensyn til udgivelsernes karakter er præciseret. Det er alle udgivelser, også vejledninger, rapporter, markedsføringsmaterialer, plakater, reproduktioner og fotografiske udgivelser, der nu er omfattet.

Det helt afgørende nye i loven er dog som nævnt, at også fremstillere af værker på ikke-boglige medier som cd, kassettebånd, videofilm og lignende fremover skal aflevere to eksemplarer. Det samme skal de, der fremstiller elektroniske værker på cdrom eller diskette. Udgivere, der lægger elektroniske publikationer på internettet, er omfattet af en særlig regel, der indebærer, at de som noget nyt skal anmelde, d.v.s. ikke selv aflevere, disse publikationer til pligtafleveringsbibliotekerne, der så selv henter dem over nettet. Der er således tale om en markant udvidelse af pligtafleveringsområdet og dermed en væsentlig garanti for, at hovedmålet med pligtafleveringen, nemlig at man „bevarer nutiden for fremtiden", kan opfyldes. Men selv denne udvidelse omfatter dog ikke alt, hvad vi kunne ønske ud fra en kulturarvsrelevant synsvinkel. Indtil videre er onlinedatabaser, hjemmesider og andre såkaldt dynamiske udgivelser, d.v.s. værker, der pr. definition forudsættes ændret løbende og ikke blot med mellemrum, undtaget fra aflevering. Afgrænsningen imellem de to kategorier skal nok give både udgivere og pligtafleveringsbibliotekerne nogle problemer i den nærmeste tid.

Under den tidligere pligtafleveringslov indebar den dobbelte pligtaflevering, at materialet skulle afleveres i et eksemplar til hver af de to pligtafleveringsbiblioteker. Den nye lov har indført en forenkling her. Fremover skal der kun afleveres ét sted.

Det Kongelige Bibliotek skal nu modtage alt trykt materiale (med undtagelse af aviser), noder, mikrofilm, fotografiske værker, værker i punktskrift, digitale værker både på fysiske medier (d.v.s. cdrommer og disketter) og på nettet (netpublikationer). Statsbiblioteket skal modtage aviser, lydudgivelser (bl.a. CD'er), film og videoudgivelser. Der skal dog stadig afleveres to eksemplarer af alle udgivelser, men de to biblioteker påtager sig selv at udveksle materiale, således at der altid opbevares et eksemplar af hver materialetype på hvert af de to biblioteker.

Pligtafleveringsloven udgør – tillige med Arkivloven af 1992, Museumsloven af 1989 og Loven om sikring af kulturværdier i Danmark af 1986 – grundpillerne for bevaring af kulturarven i nutiden for eftertiden. Uden dem ville forskning og mange andre aktiviteter, der tager udgangspunkt i eller fører nutiden tilbage til fortiden, ikke være mulig. Derfor er der al grund til at være tilfreds med, at pligtafleveringen omsider er blevet moderniseret og nu – i lighed med Arkivloven – også inddrager den del af den moderne virkelighed, der bliver stadig vigtigere for os alle, den digitale. Denne udgør dog i sig selv et problem. Den informationsteknologiske udvikling må således antages at medføre behov for en revision af loven i løbet af få år. Så denne lov vil næppe som sin forgænger opleve en alder, der for mennesker betegnes som „støvets år".

Om denne bog

Det Kongelige Bibliotek og Statsbiblioteket i Århus har derfor fundet det på sin plads i fællesskab at fejre både pligtafleveringens 300-års jubilæum og ikrafttrædelsen af den nye lov gennem denne bog om vor trykte kulturarv belyst gennem lovgivningen, dens skiftende formål, virkninger og praksis gennem samme periode. Bogen er redigeret og – med en enkelt undtagelse – skrevet af institutionernes egne medarbejdere og forskere og sigter på at give et bog-, kultur- og retshistorisk over- og indblik på et felt, der ikke tidligere er blevet behandlet så udførligt, som dets betydning kunne begrunde.

Bogen er struktureret i tre hoveddele: 1. en kronologisk fremstilling af pligtafleveringens historie, indhold og problemer i 3 afsnit 1697–1781, 1781–1850 og 1850–1997 skrevet af historikerne Harald Ilsøe, Henrik Horstbøll og Grethe Jacobsen. Den anden del indeholder tematiske afsnit om enkelte materialetyper og specielle aspekter af geografen Henrik Dupont (kort og trykte billeder), musikologen Knud Arne Jürgensen (musikalier), historikerne Svend Larsen (aviser) og John T. Lauridsen (beslaglagte og forbudte værker) samt juristerne Peter Blume (pligtaflevering i internationalt perspektiv) og Jens Søndergaard (retssager). Til slut følger en aktstykke- og statistikdel, bestående af en historisk-videnskabelig udgave af alle kendte dokumenter og visse andre kilder til pligtafleveringens historie i det dansk-norsk-slesvig-holstenske monarki siden det 17. århundrede til og med den seneste lov og bekendtgørelse fra 1997, udgivet og kommenteret af Harald Ilsøe samt en pligtafleveringsstatistik for den periode, hvor dette har været muligt, nemlig perioden efter 1790. Bogen er derudover forsynet med et udførligt engelsk resumé, litteraturfortegnelse og personregister.

FRA BYTTEOBJEKT TIL NATIONALOBJEKT

PLIGTAFLEVERINGEN 1697–1783

AF

Harald Ilsøe

I Danmark blev en pligtaflevering første gang indført, da Københavns universitet 1623 ansatte en bogtrykker med forpligtelse til at aflevere et eksemplar af alle de bøger, han trykte, til universitetsbiblioteket.[1] Forpligtelsen var ganske enkelt et udtryk for, at universitetet ønskede at få mest muligt til gengæld for den løn og de privilegier, universitetsbogtrykkeren nød godt af, og blev kontraktmæssigt fastsat ved ansættelsen af alle de følgende universitetsbogtrykkere, indtil stillingen ophørte 1849. Samtidig øvede universitetet censuropsyn med alle Københavns bogtrykkere og til dels bogtrykkerne i provinsen frem til 1770, og det skyldes en fejlfortolkning af denne virksomhed, når det undertiden er blevet hævdet, at pligtafleveringen 1648 blev udvidet til at omfatte alle landets bogtrykkere. Det var ikke som i Sverige, hvor en pligtaflevering blev indført 1661, netop for at regeringen kunne granske litteraturen, inden den blev sat i omløb. En pligtaflevering til universitetsbiblioteket i København gjaldt før 1753 kun universitetsbogtrykkerne, og dens administration og overholdelse var ene og alene en sag mellem dem og institutionen Københavns universitet.[2]

Eftertiden har ikke nydt godt af universitetetsbogtrykkernes ældste aflevereringer, da universitetsbiblioteket gik op i luerne under Københavns brand 1728. Det kongelige Bibliotek har derimod bestået uskadt siden grundlæggelsen under Frederik III, og den pligtaflevering, der 1697 blev iværksat til fordel for dette, har trods begrænset rækkevidde og en til tider mangelfuld administration frem til reorganiseringen i

[1] Salomon Sartors revers som universitetsbogtrykker 17. dec. 1623, trykt i *Danske Magazin* 5:I, 1887–89, s. 52f; sammesteds s. 68–70 fortegnelser over bøger afleveret til universitetsbiblioteket af Sartor og Henrik Waldkirch 1626.

[2] Harald Ilsøe 1980, s. 315f; denne og følgende henvisninger er nærmere oplyst i litteraturfortegnelsen s. 575.

1781 bidraget væsentlig til, at nationallitteraturen er bevaret i nogenlunde fuldstændigt omfang tilbage til ca. 1700, omend det ikke skal overses, at private bogsamlere har haft deres andel heri. Ikke mindst *Henrik Hielmstierne* (1715–80) lykkedes det at tilvejebringe en enestående samling danske bøger, der ved arvingernes mellemkomst indgik ubeskåret i Det kongelige Bibliotek 1807. Hovedvægten lå her på bogtryk fra før pligtafleveringstiden, men samlingen omfattede også bøger fra 1700-tallet, f.eks. provinstryk, som afleveringsbestemmelserne ikke havde sikret for Det kongelige Bibliotek. Andre huller er bl.a. blevet udfyldt ved auktionskøb, som da biblioteket købte ind på auktionen over bogsamleren *B.W. Luxdorphs bibliotek.* Luxdorph (1716–88) havde samlet på aktuelle pjecer, viser, plakater og andre uanselige småtryk, der ikke nåede frem til Det kongelige Bibliotek ved udgivelsen, men nu indgik og stadig er synlige i samlingsbind med Luxdorphs ejermærke stemplet på bindsiderne.[3]

PLIGTAFLEVERINGEN 1697–1732

Lovgivning og rammer.

Frederik IIIs interesse for den islandske litteratur medførte, at han 1662 pålagde biskoppen på Holar at levere to eksemplarer af alle bøger trykt i Holar (af Islands eneste daværende trykkeri) til kongen, men det var en éngangsforanstaltning og medførte efter alt at dømme kun en sending bøger fra Island samme år.[4] Blivende betydning fik det derimod, da Christian V 1697 påbød pligtaflevering af bøger trykt i Danmark. Initiativtageren var Johan Conrad Wolfen, vicebibliotekar ved Det kongelige Bibliotek fra 1694 og bibliotekar fra 1704, men i realiteten bibliotekets leder i hele sin embedsperiode fra 1694 til sin død 1730. Bibliotekaren disponerede endnu ikke over nogen fast rådighedssum og måtte i hvert enkelt tilfælde henvende sig til kongen, når han ønskede at gøre boganskaffelser. Det blev derfor mest til lejlighedskøb på auktioner eller køb af enkelte efterladte bogsamlinger i deres helhed, altså helt overvejende erhvervelser af antikvarisk art. Set med bibliotekarøjne var det ikke tilfredsstillende, og da Wolfen gennem sin unge ven Frederik Rostgaard, der midt i 1690erne opholdt sig i Paris,

[3] H.O. Lange 1919, især s. 184–89.

[4] En fortegnelse over bøgerne er trykt i Kr. Kålund 1900, s. XLIf noten.

kom i forbindelse med vicebibliotekaren ved det kongelige bibliotek i Paris, Nicolas Clément, fik han Christian V med på at tage mod et tilbud fra denne om at fremsende en samling franske kobberstik mod at få bøger udkommet i Danmark til gengæld.[5]

Wolfen tog deraf anledning til at foreslå kongen, at der generelt blev påbudt en løbende aflevering af bøger trykt i Danmark til Det kongelige Bibliotek, ligesom det var tilfældet i Frankrig. Hans egenhændige forslag dateret 11. juli 1697 er skrevet på tysk og begynder med en henvisning til det franske forslag om en bytteforbindelse mellem de kongelige biblioteker i Frankrig og Danmark, som han tidligere havde talt med kongen om. Ved en dansk pligtaflevering kunne der ikke alene skaffes bytteobjekter til gavn for kongens bibliotek, men det kunne også ske uden omkostninger, og han mindede derfor kongen om, at han havde foreslået, at der blev udstedt en forordning gående ud på, „at de, som i Deres Kongelige Majestæts riger og lande med Deres allernådigste tilladelse lod noget trykke eller forlægge, måtte få pålæg om at levere 4 eller 5 eksemplarer til Det kongelige Bibliotek" (aktst. nr. 1).

For den enevældige monark var der ikke noget at betænke sig på, og sagen blev hurtigt ekspederet. Den 17. juli udgik den første landsdækkende pligtafleveringsbestemmelse i form af et missive (reskript) til universitetet om at træffe de fornødne foranstaltninger til en ordning, ifølge hvilken „enhver, som noget skrift herefter i vore riger med vores allernådigste tilladelse lader trykke og oplægge, skal være forbundet til fem exemplarer deraf i vores bibliotek at levere" (aktst. nr. 2).

Wolfen havde naturligvis formuleret sit forslag i almindelige vendinger, men som åbenbar følge af, at en kancelliembedsmand blot havde fået ordre til at udforme et reskript i overensstemmelse med forslaget, blev reskriptet forvaltningsmæssigt et problematisk aktstykke. Universitetet i København havde som nævnt opsyn med, at bogtrykkerne kun lod noget trykke, som var approberet af censuren, og havde så sent som i dec. 1681 fået tilhold om at indskærpe bogtrykkerne, at de intet måtte trykke, uden at det forinden var censureret af en af fakultetsdekanerne, hvad der så blev effektueret få dage efter, da hovedstadens seks bogtrykkere blev indkaldt for konsistorium for at modtage en reprimande.[6] Forsåvidt var det nærliggende at tildele universitetet et overopsyn med pligtafleveringen. Men det var netop kun hovedstadens bogtrykkere,

[5] E.C. Werlauff 1844, s. 91f; Chr. Bruun 1870, s. 65. Brevene findes blandt Fr. Rostgaards papirer i Langebeks Excerpter nr. 184m II fol.

[6] Henning Matzen I 1879, s. 216 og 219 note 4.

universitetet kunne føre tilsyn med på denne måde, og selv om reskriptet principielt gjaldt alt, hvad der blev trykt i kongens riger, havde universitetetet næppe andre muligheder end at fortolke reskriptet som en overvågning af afleveringer af skrifter, der blev trykt af de københavnske bogtrykkere. De af kongen udstedte trykkeprivilegier havde universitetet ikke indseende i, selv om det undertiden fik ansøgninger om sådanne forelagt til udtalelse, og det var urealistisk at forestille sig, at det skulle kunne være en garant for pligtafleveringer af bøger trykt i de to daværende provinstrykkerier i Odense og Kristiania. Om trykkerierne i hertugdømmerne var der ikke tale, da disse ikke faldt under betegnelsen „vore riger".

Problematisk var også fortolkningen af, hvad der mentes med skrifter „trykt og oplagt med vores allernaadigste tilladelse". Formuleringen er kopieret fra forslaget, og sigtes der til alle bøger, som universitetet i kraft af sin censurfunktion gav trykketilladelse, er der naturligvis tale om et generelt pligtafleveringspåbud som i Frankrig. Men universitetet meddelte ikke sine trykkeapprobationer i kongens navn, og det er næsten utænkeligt, at Wolfen skulle have forestillet sig, at den danske trykproduktion in toto kunne tjene som bytteobjekt med udenlandsk litteratur fra Pariserbiblioteket, da en stor del af trykproduktionen i Danmark bestod af et bredt spektrum af andagtslitteratur og folkelige skrifter på dansk foruden skolebøger og diverse former for småtryk. Snarere må det formodes, at Wolfen hermed har tænkt på de ikke få bøger, der blev trykt med kongeligt trykkeprivilegium, dvs. et privilegium til forfatter, udgiver eller trykker, hvori der sikredes en af disse en eneret på udgivelsen, der i en nærmere bestemt årrække, som regel 10–20 år, indebar et forbud mod eftertryk (jvf. fig. 1). Hermed stemmer det, at hans forslag tog sigte på forlæggerne eller „de, som ... lod noget trykke eller forlægge". Yderligere kunne der måske til bøger trykt med kongens „allernaadigste tilladelse" regnes alle bøger, som udgik fra trykkerier med kongeligt privilegium. Således Kingos trykkeri i Odense med trykkeprivilegium fra 1682, men vel især det kongelige bogtrykkeri i København, der ikke alene nød privilegier som officielt regeringstrykkeri, men også var universitetsbogtrykkeri og i kraft af disse to funktioner var det betydeligste trykkeofficin i landet.

Ikke underligt blev det uklare reskript snart afløst af mere præcise bestemmelser. Ved reskript til universitetet af 22. maj 1703 begrænsedes afleveringen til bogtrykkerne i København (akst. nr. 3). Det nye reskript lod det tidligere uomtalt og undlod vendingen trykt „med voris allernaadigste tilladelse", men fastslog, at afleveringen slet og ret skulle

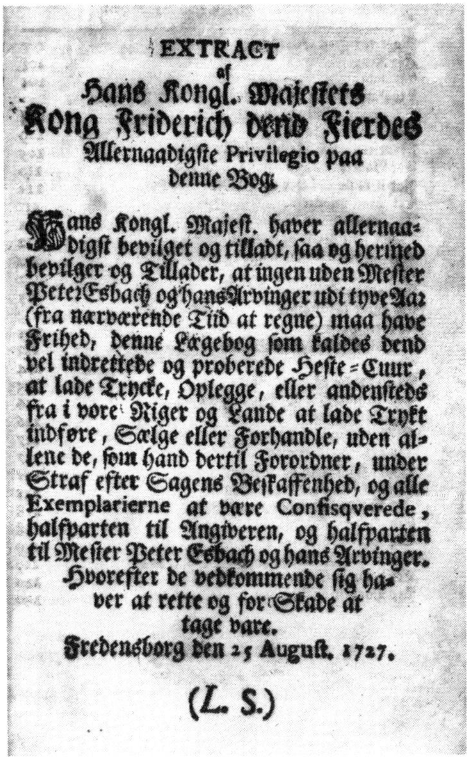
EXTRACT
af
Hans Kongl. Majestets
Kong Friderich dend Fierdes
Allernaadigste Privilegio paa
denne Bog.

Hans Kongl. Majest. haver allernaadigst bevilget og tilladt, saa og hermed bevilger og Tillader, at ingen uden Mester Peter Esbach og hans Arvinger udi tyve Aar (fra nærværende Tiid at regne) maa have Frihed, denne Lægebog som kaldes dend vel indrettede og proberede Heste-Cuur, at lade Trycke, Oplegge, eller andensteds fra i vore Riger og Lande at lade Trykt indføre, Sælge eller Forhandle, uden allene de, som hand dertil Forordner, under Straf efter Sagens Beskaffenhed, og alle Exemplarierne at være Confisqverede, halfparten til Angiveren, og halfparten til Mester Peter Esbach og hans Arvinger. Hvorefter de vedkommende sig haver at rette og for Skade at tage vare.

Fredensborg den 25 August. 1727.

(L. S.)

Fig. 1. Privilegium til Peter Esbach, borger og hovsmed i København, på forlagsretten til hans bog *Dend vel indrettede og proberede Heste-Cuur eller Læge-Bog*, Kbh. 1727. Efter vanlig praksis er privilegiet trykt i bogen for at forhindre eftertryk. 'L.S.' nederst står for Locus Sigilli, stedet hvor seglet var anbragt i det originale dokument. Den nærliggende tanke at gøre sådanne privilegier betinget af bogens aflevering til Det kongelige Bibliotek blev aldrig praktiseret.

gælde alle skrifter, der blev „trykt eller oplagt". Afleveringspligten blev nu udtrykkeligt pålagt bogtrykkerne og forbandtes med universitetsprofessorernes censur, så afleveringen kom til at gælde alle skrifter, „som af Eder effter Loven [dvs. Danske Lov] er bleven censureret og hos dennem [dvs. de københavnske bogtrykkere] vorder trygt". Der blev med andre ord henvist til, at universitetet ved sin censurvirksomhed havde mulighed for at kontrollere bogtrykkernes produktion, og da det samtidig pålagdes kongens bibliotekar at udstede kvittering for de modtagne bøger, fik bogtrykkerne derigennem sikkerhed for, at de ikke senere uretsmæssigt blev rykket for bøger, de faktisk havde afleveret. Meget muligt har det været underforstået, at bibliotekaren skulle tage en genpart af kvitteringerne, så han som det senere blev tilfældet fik mulighed for retrospektivt at kontrollere, om afleveringerne var fuldstændige, men herom sagde reskriptet intet.

Det præciseredes heller ikke, om det var bogtrykkerne eller forlæggerne, der skulle bære omkostningerne, men der lodes til gengæld ikke tvivl om, at ordningen skulle gælde uanset „hvo det er, som sligt enten lader oplægge eller til trykken befordrer". Bemærkningen skal ses i lyset af datidens produktionsforhold, hvor der var få professionelle forlæggere til at skyde penge i bogfremstillingen. Dette bevirkede, dels at bogtrykkerne ofte tillige var forlæggere af de mest salgbare skrifter, dels at mange, gerne mindre salgbare publikationer blev bekostet af privatpersoner: bogens forfatter, oversætter eller udgiver, eventuelt en privat mæcen eller, når det gjaldt trykningen af en ligprædiken, den afdødes familie, osv. Det der blev tilkendegivet var, at bogtrykkerne skulle aflevere, hvad enten de selv var bogens forlægger eller ej, og at heller ikke noget bragt i trykken af privatpersoner skulle anses for undtaget herfra.

Kort efter (1705) ophørte Kingos trykkeri i Odense, og da der i de næste femogtyve år ikke fandtes andre trykkerier i Danmark end de københavnske, kom pligtafleveringen foreløbig til at gælde hele den danske trykproduktion. Bytteforbindelsen med Frankrig synes hurtigt ophørt, og da det formentlig højst havde været Wolfens bihensigt, at afleveringerne skulle forsyne Det kongelige Bibliotek med dansk litteratur og i så fald vel nærmest som grundlag for indlemmelsen af et skønsomt udvalg, så hobede de afleverede tryk sig op i biblioteket til ingen verdens nytte. Wolfen var imidlertid, i hvert fald i sine yngre dage, en nøjeregnende embedsmand og holdt følgelig på, at det kongelige reskript skulle efterleves. Da det viste sig ikke at være tilfældet, sendte han dec. 1710 en klage herover til universitetet, og samtlige hovedstadens bogtrykkere, nu ni tal, blev derpå indkaldt for konsistorium og mundtligt foreholdt deres pligt. At nogle af dem har forsvaret sig med, at reskriptets ordlyd var dem ubekendt, turde fremgå af, at mødet sluttede med et tilsagn om, at universitetet ville udlevere en kopi af reskriptet til dem hver især.[7]

Men den omstændighed, at et antal af 5 eksemplarer var alt for mange, når de ikke indgik i byttehandler, gjorde Wolfen ikke noget ved, og ikke før 1729, da han havde fået Andreas Hojer som vicebibliotekar og efter Wolfens død juni 1730 først Andreas Hojer og fra nov. 1730 Hans Gram blev bibliotekar, blev der ryddet op i de mange dubletter. Som Hojer med en vis malice henledte kongens opmærksomhed på, fandtes der „viele hie gedruckte Geistliche, Gesang- Gebeth- Schulbücher, Verordnungen und andre Piecen ungebunden in duplo, ja zum theil wohl funffmahl, welche der Königlichen Bibliothec nichts

[7] E.C. Werlauff 1844, s. 110.

nützen".[8] Et eksemplar af hver blev da ved kgl. resolution 1730 frasorteret og skænket til genopbygningen af det i 1728 brændte universitetsbibliotek. Af de overskydende eksemplarer fik den franske gesandt i Danmark, bogsamleren grev Plélo, 1732 tiltusket sig et udvalg som led i en byttehandel med et værdifuldt fransk værk, mens de resterende blev solgt på auktion april 1735. Den trykte auktionskatalog er ikke bevaret, men en regnskabspost viser, at auktionen over „en stor Deel Doubletter af de smaae Danske Bøgger i raae Materier, som fra Bogtrykkerne Aar efter anden ere indleverede i det Kongl. Bibliotheque", indbragte 123 rigsdaler. Beløbet blev så med fradrag af omkostninger til trykning af katalog m.v. anvendt til indbinding og køb af nye bøger til Det kongelige Bibliotek.[9] Forsåvidt havde bogtrykkerne ikke afleveret de mange eksemplarer forgæves, men det er under disse omstændigheder vanskeligt ikke at karakterisere den påbudte aflevering af fem eksemplarer som enevældigt misbrug. I 1732 blev eksemplarantallet da også nedsat fra fem til tre. I 1783 blev det til to og først i 1927 til ét, men i mellemtiden var også andre biblioteker kommet i betragtning.

De afleverede bøger. Nogle afleveringslister for 1726–27.

Da der ikke er tvivl om, at det i henhold til kongens ordre kun var dubletter, der blev udskilt ved Andreas Hojers og Hans Grams foranstaltning, beholdt Det kongelige Bibliotek et eksemplar af hver af de pligtafleverede bøger, som derpå efterhånden blev indbundet og indlemmet i biblioteket på lige fod med den øvrige bogmasse. Med nogle lakuner forårsaget af skødesløshed eller naturlig bogtrykkerutilbøjelighed til at efterkomme bestemmelserne skulle den danske trykproduktion fra og med 1697 altså i teorien være repræsenteret i Det kongelige Bibliotek. Forholdet kan belyses ved at se på den store katalog over bibliotekets bestand, der blev affattet 1729 med henblik på Andreas Hojers overtagelse af biblioteket efter Wolfen, fire bind i bibliotekets arkiv med signaturen E 20.

Enkelte danske bøger ses regulært indlemmet, sandsynligvis fordi kongen har modtaget dem som gaveeksemplarer fra forfatterne, men talrige pligtafleverede eksemplarer i uindbunden stand findes regi-

[8] Holger Rørdam 1898, s. 178.

[9] Bilag til Det kgl. Partikulærkammerregnskab for 1733 nr. 308 (dubletter 1732 til grev Plélo, „meesteparten af heel ringe Værdie") og bilag til samme regnskab for 1736 nr. 630 (dubletsalget 1735), Rigsarkivet.

streret i E 20 II, henholdsvis s. 562–65 under overskriften „Bøger som findes i Krogen paa dend første side ved Trappen oven paa" (ganske få) og s. 566–74 under overskriften: „Uindbundne bøger, som ligger ved dend højre haand af Bibliotheckets dør strax ved indgangen" (156 numre). Når der her forekommer latinske standardværker om nordisk historie i fem eksemplarer som Th. Torfæus' „Orcades seu rerum Orcadensium historia" fra 1697 og „Gronlandia antiqva" fra 1706, er det blot et par af mange indicier for, at byttehandelsprojektet må have fået et krankt forløb.

Der er på de angivne sider optalt godt 120 bogtitler gående fra trykår 1697 til trykår 1725 foruden årlige samlinger af forordninger fra 1701 til 1722 og ialt 89 latinske disputatser uden angivelse af trykår, som forefandtes sorteret i knipper og fascikler efter deres indhold. Antallet af eksemplarer gik fra 1 til 5, hyppigt 2–4, men hyppigst 5. Tilstedeværelsen af mindre end fem eksemplarer kan der gives flere forklaringer på, f.eks. at bogtrykkerne undertiden har afleveret lidt færre end de skulle, men som det fremgår nedenfor kan bibliotekaren også have gjort brug af en ret til at udtage et af eksemplarerne til sig selv, og da Andreas Hojer 1731 redegjorde for sin kortvarige embedsførelse, kunne han berette, at han efter begæring af en hofjunker havde udleveret 3 eksemplarer af en bog til nogle hofdamer samt skænket en enkelt dublet til en udenlandsk nobilitet, der var på besøg (Journalsag A 8 nr. 21). Indimellem fandtes der et knippe med uindbundne islandske bøger i 2 eksemplarer trykt ca. 1640–62, de selvsamme bøger, salig Frederik III anno 1662 havde beordret afleveret fra trykkeriet på Island! Mere tydeligt kunne det ikke være, at biblioteket var uden nogensomhelst tradition for indlemmelse af pligtafleverede bøger ved behørig indbinding og frasortering af dubletter. Der forekommer ingen danske kataloger, flyveblade, viser, bryllups- eller begravelsesvers m.v., trykgenrer som bogtrykkerne antagelig efter mundtlig eller stiltiende aftale var blevet fritaget for at aflevere. Men blandt meget andet var der f.eks. afleveret ligprædikener, salmebøger, skolebøger og udgaver af de populære små folkebøger om eventyrlige konger og prinser og andre helte.

Hvad der således ses afleveret frem til 1725, vil kunne rubriceres og analyseres på flere måder, men i stedet vælges at se på et par bogtrykkerleverancer fra efter 1725. Andreas Hojer og hans medhjælper fandt nemlig under registreringen i et kammer nogle pakker, som ved oplukningen viste sig at indeholde danske bøger, der må være afleveret 1727–28. Suppleret med nogle andetsteds registrerede bøger er det muligt herudfra at rekonstruere, hvad nogle trykkerier i København har afleveret i et par omgange og dermed få indblik i pligtafleveringens omfang og karakter på et givet tidspunkt i denne dens ældste periode. Heller ikke her fandtes der lejlighedsprægede småtryk, men der var både tryk uden år, som først nu kan dateres, og der var tryk, som først nu kan henføres til en bestemt bogtrykker, herunder et skrift som hidtil har været opfattet som trykt i udlandet og derfor ikke er medtaget i Bibliotheca Danica. Spildt mælk skal ikke begrædes, men hvor havde det været oplysende, om der var bevaret afleveringslister tilbage til pligtafleveringens begyndelse.

Med tilføjelse af noter gengives registreringen af pakkerne, som den står i E 20 II s. 574, tilføjet nederst på siden efter en revisionspåtegning dateret 31. aug. 1729:

Sammesteds [ved indgangsdøren til biblioteket] er siden 3 Pakker henlagte, som fandtes i Kammeret ved Bibliothecket, og hvori ere disse bøger:

Iste Pakke [fra Joachim Wielandts kgl. priviligerede bogtrykkeri].

1. J[ørgen el. Georg] Ursins Job med Udtydninger. 1726. fol.
2. [Albert Thura:] Atskillige Betenkninger og Indfald paa Vers. 1726. 4to.
   [Udkom først på året 1726].
3. Nachricht von der Streitigkeit zwischen dem Rath und Dohm-Capitull zu Hamburg. 1726. 4.
   [Korrekt titel: Vorläuffige aus den Urkunden und Acten gezogene kurtze Nachricht von der jetzigen Streitigket zwischen E. E. Rahte der Stadt Hamburg und dem Ehrw. Dohm-Capitul daselbst, die Wahl und Beschaffenheit eines Dohm-Predigers oder so genannten Lectoris Secundarii betreffend. Gedruckt nach den Hamburgischen Original. 1726. – Såvel dette tryk uden angivelse af bogtrykker som forlægget, der er trykt i Hamburg samme år af Conrad König, findes i Kgl. Bibl.s udenlandske bogsamling. At dette optryk virkelig er trykt hos Wielandt, bekræftes af frisen på bl. A verso, der er identisk med frisen på første side af Jens Colding: Sebulon, trykt hos Wielandt 1720].
4. [Claus Lyschander:] Grønlandske Riim Chronike, oplagt 1726. 8.
5. Assurantz Compagniets Octroy. 1726. 8.
6. L. Beichs daglig Samtale med Gud. 1726. 8.

7. Eiusd[em] Tack og Sang-offer. 1726. 8.
8. Eiusd[em] Himmerige paa Jorden. 1726. 8.
9. Den Milanske hertuginde Clarice, oversatt af fransken ved Chr. Larsen. 1727. 8.
10. Telemaque [af Fénelon] paa dansk ved Søfr. Dumetius pars IIda. 1727. 8.
[Pars I: se nedenfor listen over bøger fundet i Wolfens bo nr. 19].
11. [Joh.] Owenii Overskriffter fordansked [og forklarede] af Er. Herløv. 1726. 8.
12–21. Tie bind til en Samling af danske Vers [ved Joachim Wielandt]. 1725. 1726. 8.
[Bind 1–2 udkom 1725, bind 3–10 jan.-aug. 1726, mens bind 11 (dateret aug. 1726) først udkom maj 1727. Dvs. denne aflevering fra Wielandt har fundet sted i begyndelsen af 1727. Jvf. nedenfor listen over bøger fundet i Wolfens bo nr. 11].

Af alle forestaaende findes V Exemplaria.

22–24. Friderici IVti forordninger for 1718. 1719. 1720. 4. 1 Exemplar.
25. [Nødvendig Betænkning om det allernødvendigste, nemlig om] Den Christlige Troes beskaffenhed og et Gudfrygtig lefnets fornødenhed. 1727. 12. 4 Exempl.
[Af Ludvig von Müllen].
26. Jons Arnesyns [dvs. Jon Arnasons] Spurningar ut af frædunum. 1727. 12mo. 5 Exempl.

IIen Pakke [fra Johannes Laverentzens kgl. og universitetsbogtrykkeri].

1. Jo. Laurentii [dvs. Johannes Laverentzens] Index in Museum Regium. 1726. fol.
2. Toldrullen. 1726. 4.
3. Forordninger for 1726. 4.
[Da det sikkert drejer sig om en komplet sæt af forordningerne for 1726, jvf. pakke III med forordningerne for 1727, dateres afleveringen hermed til (begyndelsen af) 1727. Jvf. nedenfor nr. 12].
4. Jo. Steenbuchii Disputatio de Christo in Apocaplypsi sub nomine Agni præsentatio. 1725. 4to.

5. Jo. Grammi Diss[ertatio] IV de Allegatione Versionis ... in N[ovo] T[estamen]to. 1726. 4.
6. Andr. Bræmsonii [dvs. Anders Brunchmanns] Grammatica Ebræa. 1726. 4.
   [Ligesom de tre følgende en skolebog].
7. [Thom.] Bangii Aurora latinitatis. Edit. Nov. 1726. 8.
8. [H. P.] Resenii præcepta Rhetorica aucta a G. Hilario [dvs. forøget af Jørgen Eilersen]. 1726. 8.
   [Denne udgave synes ikke bevaret].
9. [Stephan] Stephanii Nomenclator pars Altera, sc[ilicet] Verba. 1726. 8.
10. Fuldkommen dansk Psalmebog af 1010 Psalmer. 1726. 12.
11. Forordning om Rangen [med sit Alphabeth-Register over alle Rangs-Personers Bestillinger]. 1726. 12.

Af alle disse ere 5 Exemplaria.

12. [Joh.] Lawerentzens Maanedlige Tidender [dvs. 'Nye Tidender'] for 1726. 4. Et eeneste Exemplar.

IIIde Pakke [fra Johan Lawerentzens kgl. og universitets-bogtrykkeri].

1. Den forordnede Huus Andagts Psalme Bog. K[iøbenha]ffn 1727. 12. 5 Exempl.
2. Christiani V Articuls brief mit der Kriegsgerichts Instruction. 8. 4 Exempl.
   [Hermed er denne udgave uden år dateret til ca. 1727].
3. Jo. Grammii Diss[ertatio] Vta de Allegatione Versionis ... in N[ovo] T[estamento]. Hafn. 1727. 4. 5 Exempl.
4. Alb. Lemwigh Diss[ertatio] de Oraculo Dodonæo. 1727.
5. Toldrullen med tilhørende Forordninger 1726.
6. Forordninger for 1727.
   [Da det sikkert drejer sig om et komplet sæt af forordningerne fra 1727, jvf. pakke II med forordningerne for 1726, dateres afleveringen hermed til (begyndelsen af) 1728].
7. [Hans Bartholin:] Epitome Erotematica Articulorum fidei Christianæ [in usum scholarum]. Hafn. 1727. 8.

8. [Jens Dinesen Jersin:] Grammatica latina Major[a ... in usum scholarum]. 1727. 8.
9. Donatus Latino Danicus. 8.
[En udgave af denne skolebog fra ca. 1727 synes ikke bevaret. En tidligere udgave er fra 1724].

3–9: Af alle disse ere 5 Exemplaria.

Saaleedes rigtig registeret testerer

A. Hojer P. Bosen

Men der viste sig at være endnu nogle pligteksemplarer, der ikke var indlemmet. Da Wolfen døde juni 1730, gennemgik Andreas Hojer i embeds medfør hans efterladenskaber i dødsboet for at efterse, om Wolfen havde haft nogle af bibliotekets bøger liggende hjemme. Her fandt han yderligere en snes danske bøger à 4–5 eksemplarer, der med trykår frem til 1728 må skyldes en senere aflevering end de uåbnede pakker. Bogtrykkerne har formentlig ikke kunnet træffe Wolfen på biblioteket og har da afleveret bøgerne på hans bopæl på Amager Torv. En identificering af trykkene henfører de fleste til Wielandts trykkeri, hvis afleveringer af trykproduktionen for årene 1726–27 formentlig dermed er dækket og lidt til. Bøgernes titler er skrevet på et folioblad i KBs arkiv, A 8 Journalsag nr. 23b, men ikke med Hojers hånd. Derimod har han gjort en interessant påtegning, der dokumenterer den uskrevne regel, at bibliotekaren frem til ca. 1780 ansås for berettiget til at udtage et af de overskydende pligtafleveringseksemplarer til sig selv.[10] Når Wolfens enke insisterede på at gøre denne sin afdøde mands rettighed gældende, må det antages, at den var tilstået ham mundtligt af kongen og dermed omtrent lige så gammel som pligtafleveringen selv. Hojer måtte så nøjes med at lægge beslag på fire ud af hvert sæt på fem eksemplarer. – Fortegnelsen lyder:

Optegnelse paa de bøger, som Velbaarne Hr. Justitzraad Hojer paa Det kongelige Bibliotheques Vegne tog til sig, som Kongl. Majst. allernaadigste beskickede Bibliothecarius, af Sl. Etatzr. Wolffens Bibliotheque.

[10] E.C. Werlauff 1844, s. 122 note z. Jvf. henvisninger til udtalelser af J.H. Schlegel 1778/1780 nedenfor i note 35.

Følgende ere uindbundne

1. Epigrammatum Centuria prima J.S. Hafn. 1727 in 4to. 5 Ex. [J.S. angiver forfatteren: Jacob Steensen. Trykt hos Wielandt].
2. Mr. Pauli Poulsonii Catalogus Pastorum diæcesis Aarhuusiensis ibid. eod. Ao [dvs. samme sted og år] in 4to. 5 Ex. [Trykt hos Wielandt].
3. Mr. Joh. Schrøders Friderichs Halds Beskrivelse ibid. eod. Ao in 4to. 5 Ex. [Trykt hos J.J. Høpffner].
4. Extract der Grafflische Rantzauische Blut-Sache ibid. eod. Ao in 4to. 5 Ex. [Formentlig et eftertryk af: Acten-mäsziger Extract der in der Gräff. Rantzauischen Bluth-Sache ergangenen Inqvisition. Glückstadt 1727, som ifølge Bibliotheca Danica III 1380 findes i to forskellige tryk. Jvf. ovenfor pakke 1 nr. 3].
5. Jac. Schandrups [Curieuse] Poetische Skriffter ibid. 1728 in 4to. 5 Ex. [Trykt hos Phønixberg og anmeldt i dennes månedsskrift „Dend Forkeerte Mercurius" for nov.–dec. 1727, dvs. bogen er udkommet i begyndelsen af 1728].
6. Peder Clausens Norriges Beskrivelse ibid. 1727 in 8vo. 5 Ex. [Trykt hos Wielandt].
7. Vermählungen, Geburthen, Absterben und andere veränderungen Hoher Stands Personen 1726 ... [zu Vermehr und Verbesserung derer Genealogien aufgezeichnet]. Hafn. 1727 in 8vo. 5 Ex. [Udgivet og trykt af Wielandt].
8. [Den store Tartariske] Printz Zinges Kierligheds Historie [og tapre Idrætter og Eventyr] ibid. s. Ao [dvs. samme sted uden år] in 8vo. 5 Ex. [Trykt hos Wielandt og og hermed dateret til ca. 1727. – Kun denne udgave kendes, som iøvrigt er uden trykkeapprobation].
9. Læg-Mands Tale-Kunst ibid. 1727 in 8vo. 5 Ex. [Hans Olufsen Nysted: Rhetorica Laica & Pagana: det er Lægmands Talekunst og Bondens Veltalenhed. Trykt hos Wielandt].
10. Undersøgning til aarsagerne til Store Britaniens itzigen opførsel [for saa viit samme betreffer den nærværende Tilstand af Europa. Fordansket] ibid. 1727 in 8vo. 5 Ex. [Trykt uden angivelse af sted og bogtrykker].

11. Samlingens af de Danske Vers 11. Bind ibid. 1726 in 8vo. 5 Ex.
[Udgivet og trykt af Wielandt, Jvf. ovenfor pakke 1 nr. 12–21. Bind 11 er dateret aug. 1726, men udkom først maj 1727. – Bind 12 (for sept. 1727) udkom maj 1728, og de her registrerede bøger fra Wielandts trykkeri må da være afleveret før denne måned, formentlig i begyndelsen af 1728].
12. Kong Laurins Historie ibid. 1727 in 8vo. 5 Ex.
[Trykt hos Wielandt].
13. Kiøbenhafns Brand-Ordning af 1689 in 8vo. 5 Ex.
[Optryk uden sted, år og angivelse af bogtrykker suppleret med Anordning af 24. dec. 1724, men hermed dateret til ca. 1727].
14. Kong Eduards Historie ibid. in 8vo. 5 Ex.
[Trykt hos Wielandt uden år, men hermed dateret til ca. 1727. – Jvf. fig. 2].
15. Kiøbenhafns Beskrivelse ibid. 1723 in 8vo. 5 Ex.
[Af Jens Rostgaard og trykt hos Wielandt. – Evt. et optryk af 1723-udgaven, som ikke er opdateret?].
16. Holger Danskes Brev til Buurman in 8vo. 5 Ex.
[Af Ludvig Holberg og trykt uden år hos Wielandt, der annoncerede det lille skrift udkommet 14. aug. 1727].
17. Missions biblen in 12mo 1728. 5 Ex.
[Trykt i Vajsenhusets trykkeri].
18. Lingva Germanica in Ore Danico. Hafn. in 8vo. 4 Ex.
[Af La Foret og trykt uden år hos J.J. Høpffner].
19. Telemachs første deel af S. Dumetio ibid. 1727 in 8vo. 4 Ex.
[Trykt hos Wielandt. Jvf. ovenfor pakke 1 nr. 10].
20. [En udenlandsk bog i ét eksemplar].

Påtegning:

Ovenstaaende haver jeg anammed, dog hvor 5 Exemplaria fandtes, er det 5te effter frue Etatsraadindens Paastand som Bibliotecarii Rættighed forbleven ved Sterfboen, hvilket Skifte Rætte Protocollen videre udviser. Kiøb. d. 25. Jul. 1730.

AH

Nogle tryk er uden angivelse af trykker, og muligvis har Lawerentzen ikke fået afleveret alle sine tryk fra 1727, men med disse forbehold og

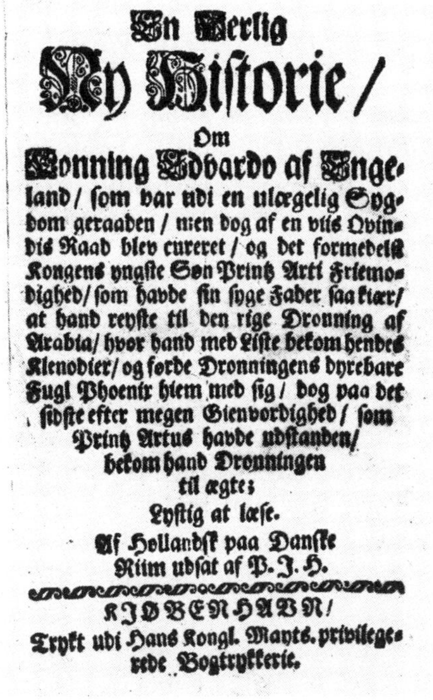
En Herlig
Ny Historie/
Om
Konning Edvardo af Enge-
land/ som var udi en ulægelig Syg-
dom geraaden / men dog af en viis Qvin-
dis Raad blev cureret / og det formedelst
Kongens yngste Søn Prints Arti Friemo-
dighed/ som havde sin syge Fader saa kiær/
at hand reyste til den rige Dronning af
Arabia/ hvor hand med Liste bekom hendes
Klenodier/ og førde Dronningens dyrebare
Fugl Phoenix hiem med sig/ dog paa det
sidste efter megen Gienvordighed/ som
Prints Artus havde udstanden/
bekom hand Dronningen
til ægte;
Lystig at læse.
Af Hollandsk paa Danske
Riim udsat af P. J. H.
KJØBENHAVN/
Trykt udi Hans Kongl. Mayts. privilege-
rede Bogtrykkerie.

Fig. 2. Historien om *Konning Edvardo af Engeland* er en lille folkebog på 32 sider, som hyppigt blev sendt på markedet. Denne udgave er trykt af Wielandts kgl. priviligerede trykkeri uden år, men blev fundet i bibliotekar Wolfens bo blandt andre pligtafleverede bøger fra Wielandt med trykår 1727 og kan altså dateres til ca. dette år. Som de fleste andre bøger, der indgik i Det kongelige Bibliotek ved pligtaflevering, blev et af de modtagne eksemplarer først indbundet ca. 1780.

med omtrentlige trykår regnet for sikre, udgør den afleverede trykproduktion fra hans og Wielandts trykkerier i årene 1726–27:

	1726	1727	ialt
Lawerentzen	12	8	20
Wielandt	17	14	31

Da de disse „pligtafleveringslister" rummer alt, hvad der fandtes i biblioteket af danske bøger trykt 1726–28, giver de mulighed for at vurdere af pligtafleveringens effektivitet for trykårene 1726–27. Københavns brand okt. 1728 ødelagde de fleste af trykkerierne og dermed, hvad de tænkeligt havde udskudt at aflevere af dette års produktion, og da den omtalte bestandskatalog blev affattet i sommeren 1729, var der åbenbart endnu ikke afleveret noget for 1729. Mens hovedstadens to betydeligste trykkerier, *Johannes Laverentzens* og *Wielandts,* der begge nød kongelige privilegier, altså efterlevede afleveringspligten, dog uvist om i fuldstændigt omfang, har universitetets 2.

bogtrykker *J.J. Høpffner* kun afleveret et tryk fra hvert af årene 1726 og 1727 og *Phønixberg* og *Vajsenhustrykkeriet* hver kun et fra (begyndelsen af) 1728. De har naturligvis trykt flere.[11] De øvrige bogtrykkere, *Bockenhoffer, Brandt, Lynov* og *Schmedtgen*, ses ikke at have afleveret nogetsomhelst.[12] Den indskærpelse af afleveringspligten, universitetet 1710 havde foretaget overfor bogtrykkerne, var åbenbart glemt, og fra senest ca. 1725 må såvel universitetet som Wolfen have forsømt at overvåge dens overholdelse.

Kontrolmulighederne var heller ikke store. Censuren synes i 1720rne at være ført med slappe tøjler – f.eks. bærer hverken udgaverne af Ludvig Holbergs „Peder Paars" eller hans komedier det lovbefalede „Imprimatur" – og var hans „Metamorphosis eller Forvandlinger" end anmeldt i Wielandts „Nye Tidender om Lærde og Curieuse Sager" nov. 1726, så var bogen unægtelig vanskelig at rekvirere, når den hverken var blevet approberet af en universitetsprofessor eller forsynet med angivelse af bogtrykker eller forlægger. På den anden side meddelte ugeaviserne faktisk oplysninger om nyudkomne bøger, og en rundgang hos byens bogtrykkere og boghandlere kunne nok have givet udbytte. Fra Phønixbergs trykkeri kunne da f.eks. være indkrævet Peder Esbachs „Dend vel indrettede og proberede Heste-Cuur eller Læge-bog" med henvisning til „Extraordinaire Relationer" for 1727 nr. 26, hvor den stod annonceret som trykt med nye og smukke typer. Men det var før den tid, da kongens bibliotek opfattedes som landets nationalbibliotek, og der var næppe nogen i samtiden, der ville have tillagt den manglende tilstedeværelse af en sådan bog i biblioteket nogensomhelst betydning. I dag ejer det to eksemplarer erhvervet på karakteristisk måde. Det ene, bestående af et mæcenatseksemplar overrakt til prins Christian (VI), er modtaget 1782 fra Kongens Håndbibliotek, det andet er indgået 1807 med Hielmstiernes bogsamling. Phønixbergs folkelige vittighedsblad „Dend Forkeerte Mercurius", et månedsblad der udsendtes jan. 1726 til sept. 1728, blev først erhvervet i komplet stand ved et auktionskøb 1847.[13]

[11] F.eks. havde Høpffner 1727 trykt et anonymt andagtsskrift, „En Christelig Paamindere som indeholder en alvorlig Opmuntring til et helligt Liv", med H.C. Paulli som forlægger, og fra Vajsenhusets presse forelå der 1727/28 nye testamenter og katekismer foruden et tryk med Vajsenhusets fundats af 1727, *Kirkehistoriske Samlinger* 5:V, 1910, s. 606.

[12] Oplysninger om de nævnte bogtrykkere findes i Harald Ilsøe 1992.

[13] Registreringen af afleveringen fra Kongens Håndbibliotek i KBs arkiv, F 1 s. 278; om auktionskøbet E.C. Werlauff 1860, s. 16 note 3.

PLIGTAFLEVERINGEN 1732–1783

Lovgivning og praksis til 1780. Universitetsbiblioteket inddrages.

Der blev sat skik på sagerne ved anordningen af 25. april 1732, som havde tilbagevirkende kraft til Christian VIs regeringstiltrædelse okt. 1730 (aktst. nr. 4). Akter til dens forhistorie er forgæves eftersøgt i Rigsarkivet, men initiativtageren har selvsagt været Hans Gram, Det kongelige Biblioteks kompetente bibliotekar fra 1730 til 1748. Bogtrykkerne skulle stadig i princippet aflevere alt, hvad de trykte, „hvad heller det af dem selv eller af andre er bleven oplagt eller bekostet", men antallet af pligteksemplarer blev som allerede nævnt sat ned fra fem til tre, senere for modtageren i princippet nedsat til to, idet det ene eksemplar fra 1756 skulle gives videre til Kongens håndbibliotek (aktst. nr. 7). Fra afleveringerne undtoges dog specifikt ugeaviser, auktionskataloger og -plakater samt bryllups- og begravelsesvers, trykgenrer der som fremgået heller ikke synes afleveret efter hidtidig gældende praksis bortset fra en enkelt avis. *Bryllups- og begravelsesversene* (de sidste også betegnet ligvers) var lejlighedsdigte på højst et par sider, som efter tidens skik blev produceret i stort tal (omend i små oplag) og sjældent har mere end en vis personalhistorisk interesse. Udelukkelsen var derfor særdeles rimelig, men da de som oftest blev fremstillet på typografisk kunstfærdig måde og for en eftertid kan give fingerpeg om familiemæssige og sociale bånd, der vanskeligt findes i andre kilder, er der grund til at være tilfreds med, at en pæn portion er bevaret ad andre veje (jvf. fig. 3–4).[14] Til sammenligning melder sig et andet udpræget småtryk, som ret påfaldende ikke blev undtaget fra aflevering, nemlig

[14] De andre veje er gået gennem familiegemmer og bogsamlere. I Det kongelige Bibliotek findes bl.a. to bind samlet af bogtrykkersønnen, vinhandler J.E. Glasing (d. ca. 1790) med over 300 lejlighedsvers vedrørende københavnske bogtrykkerfamilier 1742–87, fordelt på et bind med „Glædesvers" og et med „Sørgevers" (præsenteret og benyttet af Camillus Nyrop i *Bogvennen* 1897 s. 6–11). Og 1925 købtes på auktion en gammel samling lejlighedsvers trykt i folioformat, tre bind med „Bryllupsvers" og to med „Ligvers", men tydeligt kun dele af en oprindelig større samling, som må være anlagt senest ca. 1765. Nogle få af versene er fra slutningen af 1600-tallet, de øvrige ca. 400 fra årene 1700–1763 (samlingen ikke registreret i *Bibliotheca Danica*, men stykke for stykke analyseret med henblik på det personalhistoriske indhold af H. Ehrencron-Müller i *Personalhistorisk Tidsskrift* 8:VI, 1927, s. 89–118). Lignende samlinger bevaret i Norge er analyseret af Ehrencron-Müller i *Personalhistorisk Tidsskrift* 8:II, 1923, s. 158–218.

de yndede viser med aktuelt, romantisk eller moraliserende indhold, såkaldte gade- eller skillingsviser uden finlitterær værdi, men distribueret i brede baner på gader og markeder til et folkeligt publikum.

En organisatorisk nyhed var inddragelsen af Københavns politi og detaljeret fastsættelse af bøder, såfremt bestemmelserne ikke blev overholdt. Universitetet blev dermed befriet for at skulle agere som melleminstans, og politiet fik beføjelser til at føre nøje kontrol, som dette ikke havde haft. Ved slutningen af hver måned var en bogtrykker forpligtet til at indlevere en fortegnelse over månedens trykproduktion til politimesteren i to eksemplarer, hvoraf det ene blev sendt videre til bibliotekaren ved Det kongelige Bibliotek, hvortil trykkeren i overensstemmelse med månedsfortegnelserne skulle aflevere de foreskrevne tre eksemplarer fire gange om året, én gang i hvert kvartal. Til gengæld påhvilede det bibliotekaren at udfærdige to kvitteringer ved modtagelsen, en til bogtrykkeren og en til politimesteren, så sidstnævnte kunne konstatere, at fortegnelserne stemte overens. Indleverede trykkeren ikke sin månedsfortegnelse, skulle han bøde med det ikke ringe beløb af 4 rigsdaler, og blev han grebet i at have udeladt noget skrift i fortegnelsen (og dermed unddrog det fra aflevering), skulle han ligeledes betale en bøde, hvis størrelse blev gjort afhængigt af skriftets omfang. Bestod skriftet f.eks. af mindre end 23 ark, kom udeladelsen til at stå ham i 2 mark pr. ark.

Det var skrappe regler, og det var regler, der stillede så uforholdsmæssigt store krav om administration, at de ikke undgår mistanke for at være udformet under hensyntagen til politiets rolle i censursystemet. Det hørte under politiets ansvarsområde at gribe ind med konfiskation og sagsanlæg ved politiretten, når et skrift stred mod lov og gode sæder

På modstående side: Fig. 3. Begyndelsen af en versificeret bryllupshilsen som brudens slægtninge Jeremias, Peder og Søren Wöldike har spenderet med titlen *Da Brudgommen, Velærværdige og Høi-Lærde Herr Magister Marcus Stuhr Raffnsøe, Velmeritered Sogne-Præst til Nordbye Meenighed paa Samsøe, og Bruden, den Gudelskende og Dydzirede Jomfrue, Jomfrue Magdal. Christ. Monrad, celebrerede Deres Høitidelige Copulations Fest i Kiøbenhavn den 3. Novembr. 1752.* Sådanne bryllupsvers var undtaget fra pligtaflevering, og indholdet af de sædvanligvis 2–4 sider er som regel ubetydeligt. Men bogtrykkerne kappedes om at få bestillinger på disse hurtig udførte småtryk ved at pryde dem med alskens sirater og kunstfærdige opsætninger, så der er grund til at sende en venlig tanke til samlere, som har sikret, at et udvalg af trykgenren er bevaret. Vignetten øverst med dansere omkring en majstang akkompagneret af et lille orkester er signeret C.G.G. Dvs. træsnittet er skåret af bogtrykker C.G. Glasing, der også har trykt teksten. Fra Marcus Lorenzens samling.

* * *   * * *   * * *

Hvem lever sødere end Hyrden i sin Boelig?
Han kand sin Leve-Tid frembringe glad og roelig,
Hans ringe Hytte er ham angenem og smuk;
Han ingen Aarsag har, som andre, til at græde,
Hans Stands Uskyldighed ham skaffer daglig Glæde,
Hans muntre Hierte veed ei af Bekymrings-Suk.

eller blev forefundet trykt uden censurpåtegning, hvad der navnlig blev praktiseret ved bekæmpelse af udbredelsen af uønsket teologisk litteratur og ucensurerede visetryk. Under efterforskningen heraf kunne indsigt i bogtrykkernes løbende produktion være til hjælp, hvad enten det gjaldt opsporingen af en trykker, der havde undladt at angive sit navn i et ucensureret skrift, eller ønsket om at holde en bestemt trykker under opsigt.[15] Ordningens dobbelttydighed er umiskendelig og kunne friste til antagelsen, at de folkelige visetryk ikke blev undtaget fra afleveringspligten, fordi de i særlig grad var i politiets søgelys. Men da det var et faktum, at de tidligere rammer havde været utilstrækkelige, bør de nye bestemmelser på den anden side ikke frakendes hensigt om at yde den størst mulige garanti for, at pligtafleveringen blev gennemført efter lovens bogstav.

Da der intet findes bevaret i bibliotekets arkiv om forløbet af afleveringerne før 1778, kan der kun gættes på, at ordningen har fungeret tilfredsstillende i Hans Grams embedsperiode, indtil den ganske åbenbart gik i forfald under hans mindre samvittighedsfulde efterfølger Bernhard Møllmann, bibliotekar 1748–1778. Den vistnok ene-

[15] I politiforordningen af 22. okt. 1701 hed det, at politimesteren skulle gribe ind mod „forargelige bøger mod religionen, regeringen og gode sæder". Politiaktioner mod ucensurerede og mere eller mindre forargelige visetryk i 1720rne er omtalt i E.C. Werlauff 1860, s. 17 note 1, Oluf Nielsen 1884, s. 342–44, samt *Historiske Meddelelser om København* VII, 1919–20, s. 438, jvf. s. 414. Ved reskript 18. april 1738 blev det indskærpet, at trykning og salg af ucensurede viser var forbudt, og samme år måtte alle hovedstadens bogtrykkere møde op på politikammeret for med deres underskrift at bekræfte, at de ville overholde censurbestemmelserne, *Fund og Forskning* XXI, 1973, s. 73f. For boghandlernes vedkommende foreligger der et velbelyst eksempel på politiransagning af bogladerne vedrørende et ulovligt importeret skrift „die Pietistischen Conventicula in Coppenhagen betreffend". Dets udbredelse blev 1733 stoppet med politiretsdom, der lød på konfiskering og bøde til boghandler Lossius, se *Kirkehistoriske Samlinger* 5:IV, 1907–09, s. 802–06.

På modstående side: Fig. 4. Eksempel på titelblad til et lig- eller begravelsesvers, en genre der var lige så hyppig som bryllupsversene og lige så lidt som disse faldt under pligtafleveringslovens bestemmelser. I udsmykningen af begravelsesversene indgik som regel træsnit med kiste, dødningehovede, timeglas eller lignende symboler på død og forgængelighed. På dette titelblad fra 1760 angiver signaturen B forneden til venstre, at den kunstfærdige ramme i form af en katafalk med kiste er fremstillet af bogtrykkeren, Thomas Larsen Borup, kendt som storproducent af træsnit. På båndet over kisten læses sentensen 'Hodie mihi cras tibi' – I dag gælder det mig, i morgen dig! Fra Marcus Lorenzens samling.

Job. 16 Cap. 14 Vers:
Gud giorde mig det eene Saar paa det andet.

Jobs bittere Klage over hans Korses
dobbelte Byrde,
Forestillet og appliceret paa det
Høy = smærtelige Dødsfald
af Den
Vel = Ædle nu Himmel = Salige
Herr
Jens Henrichsen Dreyer,
Fordum Velberømte Borger og Urte = Kræmmer
her i den Kongelige Residentz = Stad,
Hvis Jordiske Levninger,
Efter at Siælen den 8de hujus var opgivet og
overgivet i sin Himmelske Faders Hænder, bleve paa Høy=
anstændig Maade ved Høyst = Fornemme Sørge = Følge
hensatte i sit Hvile = Kammer udi vor Frelseres
Kirke paa Christianshavn den 15de
Aprilis 1760.
I Vemodigste og dybeste Takydmyghed
af
Det Vel = Ædle Sørge = Huuses
Pligt = skyldigste og ærbødigste Tienere
C. C. B.

Imprimatur, C. F. WADSKIÆR.

Kiøbenhavn, trykt hos T. L. Borup, boende i store
Helliggeist = Strædet.

ste oplysning, der foreligger fra Hans Grams tid, er hans besvarelse af en henvendelse fra Vajsenhusets bogtrykker, der forespurgte, om også bøger trykt i 3. eller 4. oplag skulle afleveres – et spørgsmål af principiel karakter der gang på gang melder sig i pligtafleveringens historie. Spørgsmålet var særlig relevant for Vajsenhuset, da det som masseproducent af bibler, især nytestamenter, samt katekismer og salmebøger så godt som årligt udsendte nye uforandrede udgaver af disse foruden diverse religiøse traktater, der gik som billigbøger.[16] Dette fandt nu Gram ikke påkrævet, fordi bøger i nye og uforandrede oplag kunne opfattes som dubletter, men da han ikke direkte kunne tillade sig at fire på kongens rettighed, overlod han afgørelsen til Vajsenhusets direktion med forsikring om, at han for sit vedkommende ikke agtede at kræve dem afleveret (aktst. nr. 5).

Forfaldet under Møllmann kom for dagen, da J.H. Schlegel 1778 afløste ham som bibliotekar. De kaotiske tilstande, han stod over for, er malende beskrevet af et øjenvidne: „Uhyre store Stabler og Dynger af Bøger i raae Materie laae henslængte paa Gulvet, paa Galleriet, i hvert Hiørne og hver Krog, hvor mange kostbare Verker derover vare blevne beskadigede, forrevne og defecte". Og ikke blot var næsten ingen af de danske bøger, som indgik i Møllmanns 30-årige embedsperiode, blevet indbundet, men han havde frem for alt i sine senere år forsømt at give bogtrykkerne tilhold om at efterleve forordningen, „hvorved det lidte Tab deels er næsten uopretteligt, og deels løber i de tusinde for Bibliotheks-Kassen".[17]

Schlegel måtte gå i gang med en genopretning fra grunden og konstaterede til en begyndelse, at kun tre af fjorten bogtrykkere rutinemæssigt afleverede deres produktion. Blandt de tre retfærdige kunne kgl. og universitetsbogtrykker Høpffner tilmed fremlægge en kvitteringsbog, som dokumenterede, at firmaet Høpffner siden 1754 havde foretaget afleveringer fire gange om året. En optælling viste, at det for årene 1754–77 havde afleveret en trykproduktion på ialt 308 numre. Kvitteringsbogen kom senere Høppfner til nytte, da man ved oprydningen på biblioteket ikke havde fundet de af ham trykte forordninger

[16] Fra registreringen af de i 1779 forefundne pligtafleverede bøger kan citeres: „Det nye Testamente for Aar 1731 1 Ex., for 1736 3, for 1739 1, for 1740 5, for 1741 6, for 1742 3, for 1743 1 ⅓, ialt 20 Exempl.". Af Kingos salmebog blev der i udgaver fra 1730 til 1755 registreret ikke mindre end 152 eksemplarer, se nedennævnte arkivkatalog E 45 nr. 1713 og 1796–1801.

[17] Rasmus Nyerup 1787, s. 8 og 13.

for årene 1768 og 1776 og forlangte dem afleveret. Høffner kunne da henvise til, at han havde Møllmanns kvittering for modtagelsen, og nægtede naturligvis at aflevere forordningerne endnu engang.[18]

Til de øvrige elleve trykkere rundsendte Schlegel et cirkulære, hvori de blev mindet om deres pligt (aktst. nr. 9), og anmodede dem om så vidt muligt at udfylde manglerne bagud. Det ses af de påfølgende leveringer, at manglerne gik mindst en halv snes år tilbage, og at forordningen var gået i den grad i forglemmelse, at nogle yngre bogtrykkere erklærede, at de aldrig havde hørt om den. Bestyreren af Vajsenhusets trykkeri mente at vide, at dette som kgl. priviligeret stiftelse var fritaget for levering, og da han tiltrådte sin stilling 1765, kan det af hans urigtige påstand sluttes, at Vajsenhustrykkeriet intet havde afleveret fra og med dette år. Der kan således være opstået lakuner fra årene omkring 1765–75, der aldrig er blevet udfyldt.[19] Nogle af bogtrykkerne viste god samarbejdsvilje som f.eks. Thiele, fra hvem biblioteket modtog alt, hvad han havde på lager, 133 numre trykt 1770–79. Andre var modvillige og reagerede først hen på foråret 1781, da de i et nyt cirkulære blev truet med en politianmeldelse (jvf. fig. 5).[19a]

En anden sag er, at forordningens bestemmelse om, at auktionskataloger var undtaget fra aflevering, har forårsaget uoprettelige mangler i rækken af trykte *bogauktionskataloger*. Takket været kongens køb af Christian Reitzers store bibliotek 1721 er der bevaret en enestående velbevaret række fra bogauktionernes begyndelse i 1661 frem til ca. 1715, men derfra og frem til ca. 1780 er bestanden fuld af huller. Det hjælper noget, men langtfra nok, at universitetsbiblioteket er i stand til at supplere med ganske mange unica, især auktionskataloger over anonyme bogsamlinger. At de er reddet fra undergang skyldes ganske

[18] Høpffners afvisning omtalt i journalsag A 8 nr. 155B, s. 51 (aug. 1782).

[19] En stikprøve i Vajsenhusets arkiv viser, at Vajsenhuset f.eks. 1768 lod trykke udgaver af Thomas a Kempis: „Christi Efterfølgelse" og „Tydelige Spørgsmaal og Giensvar over Luthers liden Catechismus, hvorudi Christendommens Kierne bliver afhandlet", hver i et oplag på 1000, men ingen af dem tilsyneladende bevaret. To andre tryk fra samme år, „Saliggiørelses-Orden" og Pontoppidans katekismusforklaring „Sandhed til Gudfrygtighed" i oplag på henholdsvis 1000 og 5000, er først erhvervet til KB ca. 1900 (jvf. *Bibliotheca Danica* V, sp. 33 og 34). Vajsenhusets arkiv, pakken betegnet „Lbnr. 10", læg 1769, Rigsarkivet.

[19a] Pligtafleveringens retablering under Schlegel er behandlet i Steen Bille Larsen 1981, s. 51–53 og 56f; jvf. journalsag A 8 nr. 112 (1779) og nr. 175 (1781) samt afleveringsprotokollen E 39 i KBs arkiv.

enkelt, at universitetsbibliotekaren yndede at gøre billige anskaffelser ved auktionskøb og derfor sikrede sig, hvad der udkom af kataloger.[20]

Universitetsbiblioteket blev inddraget i pligtafleveringsordningen, da de københavnske bogtrykkere 1753 fik påbud om også at aflevere et frieksemplar til dette. Fra gammel tid var de to universitetsbogtrykkere kontraktlig forpligtede til at aflevere et eksemplar, og i tilgift skulle boghandlere, der opnåede prædikat af universitetsboghandlere, aflevere et eksemplar af alt, hvad de udgav på eget forlag. Nu skulle alle hovedstadens bogtrykkere bidrage til biblioteksbestanden. Initiativet var taget af universitetsbibliotekaren, professor H.P. Anchersen, der stod i nær forbindelse med universitetets patron, gehejmestatsminister Johan Ludvig Holstein. Da universitetsbiblioteket til forskel fra Det kongelige Bibliotek var offentlig tilgængeligt, kunne Anchersen med styrke argumentere for en forbedring af dets kår og gjorde i en betænkning stilet til Holstein gældende, at det var vanskeligt at holde biblioteket ajour med danske bøger. Han citerede bogsamleren Otto Thott for at have udtalt, at det sværeste af alt var at skaffe sig danske bøger, fordi der ikke her i landet regelmæssig blev udsendt boghandlerkataloger og fortegnelser over nyudkommen litteratur, og foreslog problemet løst ved en pligtaflevering fra bogtrykkerne til universitetsbiblioteket som til Det kongelige Bibliotek, dog kun i ét eksemplar. Forslaget var led i en større plan om at højne niveauet af landets litteratur- og bogvæsen, der både gik ud på at sikre lettilgængelig oplysning om, hvad der blev publiceret, og at få bogmarkedet reguleret. Anchersen ønskede derfor, at der blev fastsat lavsartikler for bogtrykkerne (som ikke var organiseret i et lav), hvori der skulle indgå følgende hovedartikel:

„At hver Bogtrykker, som ... sælger Bøger af sit eget Forlag, skal inden Nytaasdag være forpligtet til at indlevere en rigtig trykt Catalogus eller Fortegnelse paa de Bøger, alle og enhver, som han har af følge af sit Forlag eller og i det indkommende Aar agter at oplægge og at sælge; findes eller betræffes han at enten offentlig eller underhaanden at

[20] Balder Erichsen 1920, s. 134 om H.P. Anchersens køb som universitetsbibliotekar, men også Anchersens efterfølger frem til 1780 lagde vægt på auktionskøb, se Birkelund 1980, s. 381. Auktionskataloger, der ikke er bevaret i de to biblioteker eller andetsteds, kan påvises via trykte og utrykte kilder. I Kabinetsregnskaberne for 1737–38 er der f.eks. bogført køb til Kongens håndbibliotek på fire auktioner med ejernavn, men fra ingen af dem kendes der kataloger (Det kgl. Partikulærkammer, Rigsarkivet). Andre er kun bevaret som bilag til dødsboskifter i Landsarkiverne.

distrahere Bøger, smaa eller store i hvad Navn de have kunde, som ikke findes paa den trykte til Magistraten og Universitatis Rector indgivne Liste, bør Bøgerne konfiskeres og Bogtrykkeren mulkteres, halvparten til det kongl. Vajsenhus og halvparten til Angiveren. Og skal denne Forbindelse [dvs. forpligtelse] trykkes paa Listen, som indgives til Øvrigheden og opslaas offentlig paa en Tavle i Butikken: Disse Bøger har jeg N.N. tilfals af mit Oplag og har jeg hidindtil ikke trykt eller solgt andre Bøger ...

De Fordele, som findes ved slig Anstalt, er mange og store:

1) faar man derved at vide hvad aarlig fra Pressen udkommer, og havde vore Forfædre været noget mere accurat her udi, saa havde vi lettere ved at skrive literariam et typographicam historiam.

2) kunde det giøres vanskeligere med at trykke og udsprede ugudelige, gejle, unyttige og skammelige Piecer, Bøger og Viser, thi hvo vilde vel have en Uglspil paa sin Liste.

3) forekommes [dvs. forebygges] at den ene Bogtrykker ikke, som nu plejer at ske, opad den anden [vedbliver] med at eftertrykke og hemmelig følge det en anden har tilkiøbt sig og paa sin Bekostning oplagt, hvorved Processer, Uenighed og Had imellem dem indbyrdes, ja og imellem Brødre og Brødre, Fader og Børn daglig opvækkes.

4) det som er det fornemste, og følger, at ingen ... Bøger, som er autori eller et vist Sted som Vajsenhuset privilegerede saasom Skolebøger og Præcepta, kunde saaledes eller til den priviligeredes Skade saa let eftertrykkes og distraheres ... Paa den Maade kunde libri prohibiti og ikke saa let eftertrykkes og sælges, men enhver beholdt sit. Saa kunde og de Kongl. Rescripta, som forbyder at dette eller hint Praeceptum Scholasticum [dvs. lærebog] ikke herefter maatte oplegges og sælges, herved komme udi des bedre Gang og Activité, da enhver Bogtrykker maatte skamme sig ved at sætte paa sin Liste en Bog, som ved Kongl. Rescript var forbuden".[21]

Som rimeligt var tog Holstein ikke hensyn til disse rigoristiske skrivebordstanker og lod det blive ved de kontrolmuligheder, som var indbygget i bestemmelserne for afleveringen til Det kongelige Bibliotek. Ved reskript af 14. dec. 1753 (aktst. nr. 6) dekreteredes uden nærmere motivering, at der skulle ske aflevering fra bogtrykkerne til universitets-

[21] Utrykt og udateret forslag (fra en af de første måneder af 1753) afgivet af Anchersen til Holstein om, hvordan „Status literarius" kunne forbedres, i Ledreborg 458 fol. (citatet gengivet med moderniseret ortografi). „Uglspil" nævnt under pt. 2 sigter til en kendt folkebog om bondesønnen Uglspils bedrifter.

biblioteket en gang om året under strafansvar efter forordningen af 25. april 1732. Der blev ikke i den forbindelse krævet indlevering af løbende trykfortegnelser til bibliotekaren, og ej heller skulle en genpart af afleveringslisten med bibliotekarens kvittering sendes til politimesteren, idet politiet jo ikke med henblik på eventuel efterforskning behøvede at få dubleret allerede givne oplysninger.[22] Det blev således universitetsbibliotekarens egen sag at finde ud af, om biblioteket modtog pligteksemplarer i det af loven bestemte omfang, og efterhånden gik det her som på Det kongelige Bibliotek: bogtrykkerne forsømte med få undtagelser at aflevere. Da Abraham Kall efter et interregnum efterfulgte Anchersen som bibliotekar, søgte han i 1770erne at holde trykkerne til deres pligt, men fik søforklaringer eller hentede knubbede ord (aktst. nr. 8). Han synes dog ikke at have sat sig ordentlig ind i bestemmelserne, og det faldt det ham tilsyneladende heller ikke ind, at han med loven i hånden kunne gå til modangreb ved at indklage synderne til bødestraf ved politiretten.[23]

De afleverede bøger. En bogfortegnelse for året 1756/1757.

Løbende lister over bogtrykkerafleveringer til Det kongelige Bibliotek er ikke bevaret før fra 1778/79, til universitetsbiblioteket først fra 1821.[24] Om afleveringernes forløb kan derfor ikke siges stort mere, end hvad der allerede er fremført, men undersøges de mange fortegnelser, som Schlegel lod udarbejde for at rekonstruere det kongelige Biblioteks tilvækst i Møllmanns tid, finder man hist og her oplysninger om uindbundne danske bøger, som må være indgået via pligtafleveringsbe-

[22] Det er et spørgsmål, i hvilken udstrækning ordningen fungerede og blev udnyttet af politiet. Et eksempel herpå er måske, at politimesteren 1758 lod en anonym pjece konfiskere med titlen „Alvorlig og fortroelig Bonde Samtale nærværende Krig angaaende“ (om den preussiske syvårskrig). Men da den var censureret af en universitetsprofessor, førte beslaglæggelsen ikke uforudsigeligt til protest fra denne og hans kolleger, *Historisk Tidsskrift* 6:II, 1889–90, s. 75.

[23] Som nævnt mente specielt Vajsenhustrykkeriet sig hævet over afleveringspligten, og det vægrede sig stædigt ved at aflevere til universitetsbiblioteket. Så sent som i 1794 måtte universitetsbibliotekar Nic. Elert klage til Vajsenhusdirektionen over, at flere henstillinger herom var blevet ignoreret, brev i Vajsenhusets arkiv, pakken betegnet „Lbnr. 11“, Rigsarkivet.

[24] Jvf. registraturen over bibliotekets arkiv i *Københavns Universitets Arkiv*, udgivet af Rigsarkivet, 1978 = *Vejledende Arkivregistratur XXI*, s. 98f.

stemmelserne. Et halvthundrede stykker forekommer i en „Fortegnelse paa de uindbundne Bøger som laae oven paa Repositorierne paa høyre Haand, naar man kom ind i Bibliotheket" (arkivsign. E 47), men hovedparten synes registreret i et foliohefte, som på omslaget er betegnet „Bøger i raae Materie som laae i Casser i Cabinettet og som nu ere paa Reolen i Forstuen fremlagde" (E 45). Af de 1879 nummererede titler går ca. 1400 på danske tryk fra 1730rne til 1759, som forelå i 1–3 eksemplarer, undertiden i flere. Desværre er rækkefølgen tilfældig og registreringen ofte uden oplysning om trykår, men ikke få af bøgerne ses at være trykt i 1750erne og giver derved indtryk af, at pligtafleveringen har fungeret i det mindste nogenlunde tilfredsstillende til og med 1759. En lettere tilgængelig kilde er de lidt senere auktionskataloger, idet biblioteket ligesom ved reorganiseringen for halvtreds år siden skilte sig af med de overflødige dubletter ved at sælge dem på auktion. Gennemlæser man de trykte kataloger herover fra 1783 og især 1786, træffer man også på dublettitler fra 1760erne og 1770erne (foruden en række ældre udenlandske dubletter), omend naturligvis minus det eksemplar biblioteket beholdt og nu lod indbinde.[25] Auktionsindtægterne gik til andre biblioteksformål, så endnu en gang havde bogtrykkerne bidraget med en efter formålet overflødig tvangsydelse til fordel for bibliotekskassen.

For universitetsbibliotekets vedkommende er det så heldigt, at universitetet 1755–64 havde en energisk prokansler i Erik Pontoppidan, som tog sig for at redigere årlige indberetninger til kongen om universitetets virksomhed med redegørelser for professorernes forelæsninger, studieaktivitet, årets disputatser og eksaminer samt til slut en fortegnelse over, hvad der i det akademiske år var udkommet af litteratur i Danmark. For året 1756–57 opregnede han ialt 155 tryknumre, for året 1759–60 129 numre, for året 1760–61 135 numre, opgørelser der dog skal vurderes på baggrund af, at omkring en fjerdedel var små latinske studenterdisputatser på normalt en 10–20 sider.[26]

[25] Katalogerne er bevaret både i KBs bogsamling og i E 62, KBs arkiv (med tilskrevne priser og købere), men der må dog sættes spørgsmålstegn ved deres fuldstændighed. Chr. Bruun oplyser i forordet til *Bibliotheca Danica* I, s. VI, at man „skilte sig af med mange Exemplarer ved at overlade dem til Bogbinderne som Betaling for udført Arbejde".

[26] De originale indberetninger, der alle er dateret i august måned det pågældende år, er anbragt ret tilfældigt i Danske Kancellis arkivpakker i Rigsarkivet. For året 1756–57

Da Pontoppidans hovedkilde må antages at være universitetsbibliotekets tilvækst, som den energiske Anchersen efter alt at dømme har ført nidkært tilsyn med og formentlig aflagt beretning om til Pontoppidan, indicerer fortegnelserne en pligtaflevering i årene omkring 1760 på ca. 130–40 titler i årligt gennemsnit. Fortegnelsen for rekordåret 1756–57 er af særlig interesse, fordi den ud over de københavnske tryk rummer nogle provinstryk, hvad enten de så er erhvervet til biblioteket ved køb eller titlerne er hentet fra litterære kilder. Som følge heraf tillod Pontoppidan sig at præsentere fortegnelsen som en „Fortegnelse over de bøger og skrifter, som i dette akademiske år, er kommet for lyset i Danmark og Norge, specielt fra København, Aalborg, Bergen og Trondheim". Formuleringen postulerer lovlig flot fuldstændighed for trykproduktionen i de nævnte byer og skjuler, at der også må være fremstillet tryk af bogtrykkerierne i Odense og Sorø, det sidste anlagt i 1756. Men de har muligvis været perifere, og fortegnelsen turde under alle omstændigheder udgøre et respektabelt forsøg på at sammenstille en tidlig dansk „bogfortegnelse", en genre som jo alle dage har været karakteriseret ved mere eller mindre klart defineret ufuldstændighed.[27] Skæringsåret for et akademisk år var iøvrigt ca. 1. juni, hvad der i princippet giver en lille overvægt af bøger trykt 1756.

Med tilføjet nummerering af titlerne gengives fortegnelsen nedenfor s. 50–58 som en prøve på, hvad trykkerierne afleverede på årsbasis sidst i 1750erne, omend selvsagt med forbehold over for provinstrykkene, der anføres i samlet trop (nr. 143–50). Hoveddispositionen er klar: først bøger på latin (nr. 1–55, med professordisputatser anbragt før summarisk angivelse af studenterdisputatser), derefter bøger på dansk (nr. 56–150, med provinstrykkene til sidst), så en bog på tysk (nr. 151, se dog også nr. 120 med titel ukorrekt på dansk), og til sidst bøger på fransk (nr. 152–55). Som det fremgår af identificeringen af bøgernes trykkere står deres produktion med nogle få undtagelser anført samlet trykker for trykker inden for hovedgrupperne fordelt på tryksprog, en

er indberetningen fundet blandt „Kancelliets Breve" som indlæg nr. 311 i pakken for 1757 (sign. D 101), for året 1759–60 i en pakke med henlagte sager 1746–71 (sign. D 113). Det er ikke lykkedes at opspore indberetningerne for 1758–59 og 1760–61, hvoraf der er meddelt uddrag i *Universitets- og Skole-Annaler* udg. af L. Engelstoft, 1813 I, s. 11–28 og 161–78. S. 178 meddeles en opgørelse af bøgerne for året 1760–61 (62 på dansk, 66 på latin og 7 på fransk), og s. 23 en opgørelse for 1758–59, men med korrumperet tekst, idet der foruden angiveligt 90 bøger på dansk, 4 på tysk og 7 på fransk mangler et tal for bøgerne på latin; totalsummen oplyses ikke.

[27] Om de ældste danske tilløb til bogfortegnelser se Harald Ilsøe 1992, s. 247.

skjult underdeling der bestyrker antagelsen, at fortegnelsen bygger på bogtrykkerafleveringer til universitetsbiblioteket.[28]

Alle hovedstadens trykkerier var repræsenteret og som det synes i rimeligt forhold til, hvad der vides om deres kapacitet: Den fra Genève indvandrede boghandler Philibert havde lige startet sit trykkeri og har højst afleveret et par numre af nr. 155, men stillede til gengæld „nogle betydelige Skrifter“ i udsigt. Niels Hansen Møllers trykkeri, der var byens mindste, har leveret to numre (nr. 70–71), mens Lillies kun et par år gamle trykkeri var i en rivende vækst, som standsede brat ved ejerens død 1758. Høpffner og Godiche var henholdsvis 1. og 2. universitetsbogtrykker, og Høpffner leverede tillige som kgl. bogtrykker de løbende forordninger (nr. 58). De Berlingske arvinger havde som hovedaktiv aviser og lærde tidender, der ikke faldt under afleveringsbestemmelserne, og om Wielandts enke gælder, at dette trykkeri, der kaldte sig „Det kgl. priviligerede Trykkerie“, er kendt for at have specialiseret sig i folkebøger. Uidentificerede folkebogstryk som nr. 62–68 kan derfor med stor sandsynlighed henføres hertil, hvad der smukt bekræftes af deres indramning af notoriske Wielandt-tryk, henholdsvis nr. 60–61 og 69.[29] Nogle bøger uden angivelse af trykker er formentlig ligeledes trykt af samme bogtrykker, som har trykt de omkringstående bøger, men det er mindre sikkert (nr. 14, 56–57, 77–78, 83, 105).

I det omfang københavnstrykkene er identificerede ser deres fordeling på bogtrykkere således ud:

Berlingske arvinger (nr. 118–22)	5
Borup (nr. 133–40)	8
Glasings enke (nr. 8, 72–76, 79–82, 84)	11
Godiche (nr. 88–93, 123, 125, 129, 141–42	11
Hansen Møller (nr. 70–71)	2
Høpffner (nr. 1–7, 9–13, 15–16, 58)	14
Lillie (nr. 94–96, 98–104, 106–12, 114–17, 152–55)	25
Philibert (del af nr. 155?)	1
Vajsenhuset (nr. 124, 126–27, 130–32)	6
Wielandts enke (nr. 60–69)	10
Tryk med identificeret bogtrykker ialt	93

[28] Undtagelserne gælder nogle tryk fra Godiche og et enkelt fra Glasing, der er kommet ind imellem tryk fra andre trykkerier, i sidstnævnte tilfælde (nr. 8) klart nok for at blive anbragt ved siden af et tryk af samme forfatter.

[29] Nærmere om de enkelte bogtrykkere i Harald Ilsøe 1992.

Det bemærkes, at også tidsskrifter som nr. 60, 114, 116 og 155 er medtaget (og ligeledes blev afleveret til Det kongelige Bibliotek),[30] men ikke de „Københavnske Lærde Tidender“, af den gode grund at de som ugeavis var undtaget fra afleveringspligten. Små visetryk er der ingen af og ses heller ikke afleveret, ligesom der heller ikke blev taget notits af de årligt udkommende almanakker og kalendere.[31] Mere påfaldende er dog, at enkelte trykudgaver ikke længere synes bevaret, skønt de burde findes i hvert fald i universitetsbiblioteket. Herom er vist ikke andet at sige, end at en vis spildprocent nærmest er uundgåelig, når det gælder gamle udlånsbiblioteker, dels måske fremkommet ved lånermisbrug, dels måske en følge af lejlighedsvis kassation og lemfældig administration af, hvad der kunne opfattes som uinteressante småtryk eller underlødige morskabsbøger. Jævnfør Anchersens ovenfor citerede afstandtagen fra folkebøger af typen „Uglspil“ og en senere udtalelse af universitetsbibliotekaren om sådanne spørgsmål (aktst. nr. 26).

Ny lovgivning 1781 og 1783. Pligtafleveringen udvides til hele det danske monarki.

Efter at pligtafleveringen til Det kongelige Bibliotek i 1780 var bragt nogenlunde på fode, tog bibliotekar Schlegel og efterfølgeren John Erichsen initiativ til at få udvidet de gældende bestemmelser, som tiden var løbet fra. På deres tilskyndelse afgav bibliotekschefen J.G. Moltke en indstilling til kongen 9. dec. 1780, hvori han beklagede følgerne af tidligere forsømmelser og fremhævede 1732-forordningens utilstrækkelighed med hensyn til „at opnaae det, som dog egentlig skulde være Hensigten, nemlig, at Deres Majestæts Bibliotheque kunde erholde alt hvad der nu og for Fremtiden udkommer, som i nogen Maade kunde regnes til den Danske Literature. Forordningen har nemlig bundet Pligten til at levere hvad der udkommer, aleene til Bogtrykkerierne i *Kiøbenhavn,* [da] derimod er bekient, at, ligesom der allerede i den Tid, da Forordningen udkom, vare oprettede nogle Bogtrykkerier, saavel i Deres Majestæts Tydske Stater, hvor adskillige vigtige Skrifter Tid efter anden jævnlig ere udkomne, som og paa andre Steder i Rigerne, saa er og disses Tal siden den Tid meget anseelig blevet forøget. Saaledes haves nu Bogtrykkerier i *Christiania, Bergen* og *Trundheim* i Norge, i

[30] Registreret 1779 blandt andre pligtafleverede tryk i E 45.

[31] Jvf. at rækkerne af „Skrive- og Reise-Calendere“ m.v. er ufuldstændigt bevarede og til dels kun findes i KBs håndskriftsamling, *Bibliotheca Danica* II, sp. 92.

Aalborg og *Wiborg* i Jylland, i *Helsingøer* og *Sorøe* i Siælland, i *Odense* i Fyen, samt endelig 2de i *Island*, som og, saavidt vides, paa Deres Majestæts *Vestindiske Øer*, og eet ved *Missionen i Ostindien*. Fra alle disse Bogtrykkerier udkomme aarlig ikke en liden Mængde Skrifter, af hvilke dog adskillige, helst fra de længst bortliggende Egne, ikkun meget sielden, og nogle aldrig, komme her til Syne".

En ny forordning burde følgelig gælde for alle kongens riger og lande og denne endvidere omfatte de hidtil undtagne bogkataloger, aviser og tidsskrifter, da det måtte tages i betragning, „at dette Slags Catalogi undertiden give meget brugbare Oplysninger helst i den indenlandske Literature, og at der i Aviser og Intelligentz-Blade heel ofte indføres Afhandlinger af adskillig Slags Indhold, da det altid siden, naar saadanne Sager indkomme, kan observeres ved Bibliothequet selv, at udvelge heraf hvad der kan fortiene at giemmes og udskyde det øvrige".

Sluttelig fremsatte Moltke ønske om, at der i Det kongelige Bibliotek oprettedes en særskilt afdeling, som skulle rumme den danske nationallitteratur og løbende kompletteres med, hvad der manglede af ældre litteratur. Med ønsket var forbundet en underforstået forventning om, at samlingen ville blive offentlig tilgængelig: „Endelig maatte det være mig allernaadigst tilladt ved denne Leilighed at tilføie en Anmærkning, nemlig: En Stats egen Literature er altid for den et meget vigtigt Fag. Den er sædvanlig noget iblandt det første, som en Fremmed spørger efter, der seer et Bibliotheque, hvilket saa meget egentlig kan kaldes Statens som Deres Majstæts store Bibliotheque, og den er ligeledes et iblandt de meget interessante og meget brugbare Fag for Landets Børn. Men denne Literature maae naturligviis tabe sig i den store Mængde Bøger af alle Landes Literature, hvoraf Deres Majestæts Bibliotheque bestaaer og kan voxe til i Tiden, naar den er fordeelt og med det samme adspredt igiennem alle Bibliothequets Klasser. Naar den derimod er samlet, kan den baade beholde sin Anseelse og være skikket til, endog for sig selv, at stifte den Nytte, som er den virkelig egen, allerhelst naar det tillige maatte behage Deres Majestæt allernaadigst at tillade, at denne Samling, saavidt angaaer de ældre Skrifter, som endnu maatte findes at mangle deri, maatte Tid efter anden completteres ved Indkiøb paa Auctioner, naar Leilighed falder".[32]

Ved kongens approbation af indstillingen den 18. dec. 1780 grund-

[32] Moltkes indstilling med den af kongen underskrevne approbation skrevet på bagsiden i KBs arkiv, Journalsag A 8 nr. 158; jvf. Steen Bille Larsen 1981, s. 58–65.

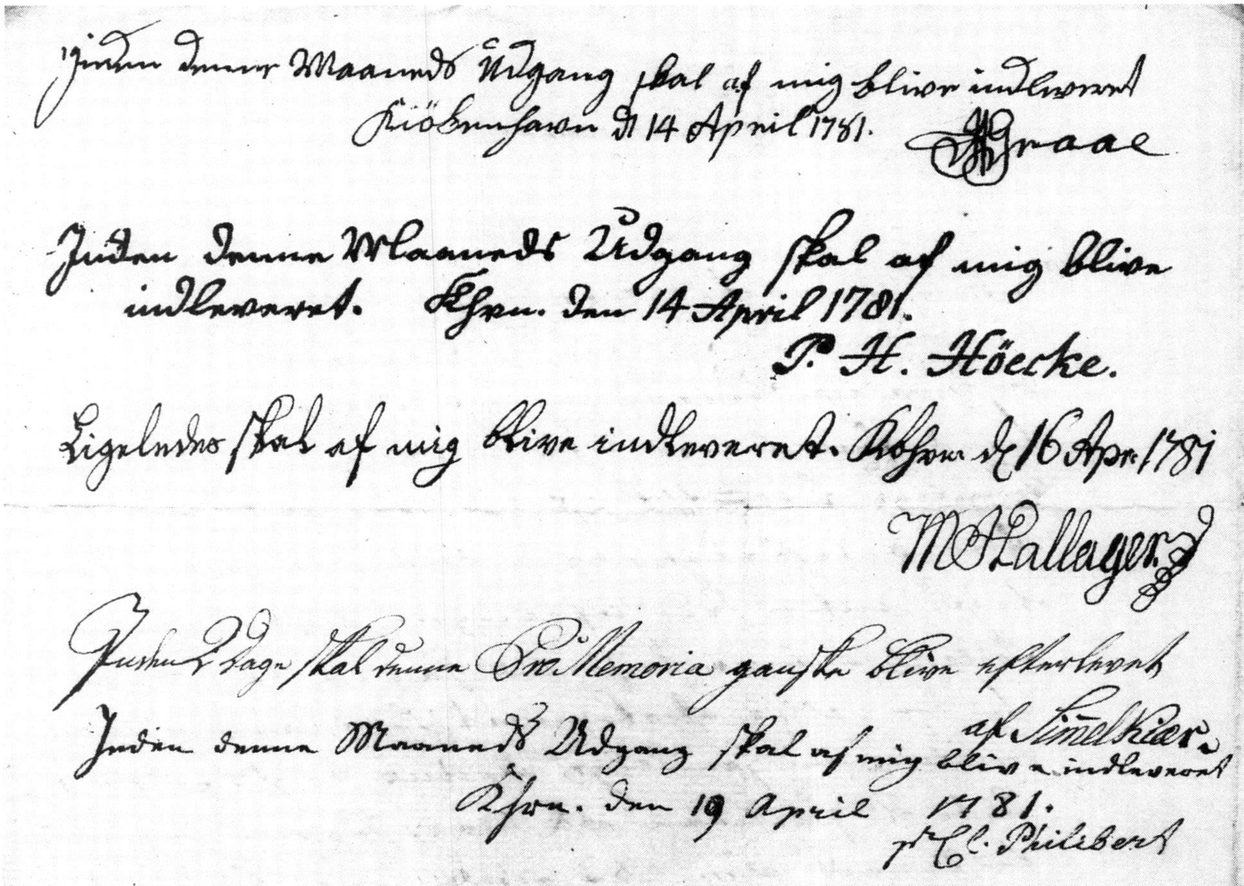
Inden denne Maaneds Udgang skal af mig blive indleveret
Kiøbenhavn d. 14 April 1781.
A. Graae

Inden denne Maaneds Udgang skal af mig blive indleveret. Kbhn. den 14 April 1781.
P. H. Höecke.

Ligeledes skal af mig blive indleveret. Kbhn. d. 16 Apr. 1781
M. Hallager.

Inden 8 dage skal denne Pro Memoria gandske blive efterlevet af Simelkiær.

Inden denne Maaneds Udgang skal af mig blive indleveret
Kbhn. den 19 April 1781.
pr Cl. Philibert

lagdes bibliotekets Danske Afdeling, og på grundlag af et i overensstemmelse med indstillingen udarbejdet udkast til en forordning sattes nye afleveringsbestemmelser i kraft ved anordning af 10. jan. 1781. Hermed modtog biblioteket sin officielle dåb som landets *nationalbibliotek*, en betegnelse som i ordets nuværende betydning vistnok for første gang er anvendt i Vejviseren for København 1794.[33] Pligtafleveringen til nationalbiblioteket skulle „saavel til Rigernes Ziir, som og til Videnskabernes og Konsternes Befordring" gælde for hele det danske monarki med bilande og kolonier samt – ifølge en tilsvarende anordning på tysk af 19. jan. – for hertugdømmerne (akst. nr. 10 og 11). Afleveringen til universitetsbiblioteket berørtes ikke. Afleveringspligtige tryk blev foruden bøger selvstændigt udgivne *kobberstik, aviser* og *tidsskrifter* (såkaldte Intelligenz-Blade), *kataloger over bøger og kobberstik* samt *fortegnelser over samlinger af naturalier, mønter og lignende,* mens andre kataloger, auktionsplakater og bryllups- og begravelsesvers fortsat var undtaget. Blandt detaljerede regler for, hvordan afleveringerne skulle organiseres, blev der fastsat den stadig gældende regel, at bogtrykkerne skulle vedlægge en fortegnelse in duplo over det afleverede materiale, den ene som grundlag for bibliotekets kvittering for modtagelsen, hvorimod den tidligere bestemmelse om indlevering af lister til politimesteren bortfaldt. Den var overhovedet ikke berørt i Moltkes indstilling og blev formentlig betragtet som forældet, efter at censuren i 1770erne var lempet betydeligt.

I første halvår af 1781 foregik afleveringerne efter forordningen af 1732 og omfattede kun de 12 københavnske bogtrykkere med ialt 151

[33] Citeret i Steen Bille Larsen 1981, s. 72. – Henrik Horstbøll har gjort mig opmærksom på, at „nationalbibliotek" også findes anvendt i anden betydning, nemlig som et for hele nationen tilgængeligt bibliotek, i *Kjøbenhavnske lærde Efterretninger for Aar* 1793, s. 810, hvor redaktøren (Rasmus Nyerup) meddelte, at kongen ved at erklære Det kongelige Bibliotek for offentligt „har ... gjort det til et Nationalbibliothek". Med samme betydning af ordet har Nyerup udtalt, at man for 30 år siden „endnu ikke vidste at skjelne imellem en Konges private Haandbibliothek og et Nationalbibliothek", P.F. Suhms *Samlede Skrifter* XV, 1798, s. 45.

På modstående side: Fig. 5. I april 1781 blev nogle københavnske bogtrykkere præsenteret for et håndskrevet cirkulære fra Det kongelige Bibliotek. De havde trods rykkere forsømt at aflevere deres trykproduktion siden 1779 og truedes med politianmeldelse, såfremt pligtafleveringsloven ikke skete fyldest. På cirkulærets bagside har de fem syndere med deres underskrift måttet forpligte sig til snarest at bringe forholdet i orden. Journalsag A 8 nr. 175b, KBs arkiv.

afleverede numre. I næste halvår afleveredes der efter den nye anordning, hvad der betød afleveringer fra 23 bogtrykkere, altså dobbelt så mange. De afleverede 204 numre. I året 1782, for hvilket anordningen havde fuld virkning, blev der afleveret 416 numre, men da nogle trykkere var så flinke, at de indimellem supplerede med publikationer af ældre dato, kan først tallene for de følgende år tages som udtryk for den løbende produktion. Dog ventede missionærerne i Trankebar til 1789, inden de lod missionstrykkeriets pligteksemplarer for årene 1781–88 indskibe i en samlet sending.[34]

Ingen vidste rigtig, hvorfor der ifølge 1732-forordningen skulle afleveres 3 eksemplarer, og den hævd, bibliotekaren længe havde haft på at kunne udtage et af dem til sig selv, fik Schlegel til at fortolke de to ekstra eksemplarer som tjenende til „et slags douceur for Bibliotecarius eller Amanuensis", hvad han for sit vedkommende gerne gav afkald på.[35] Moltke havde derfor i sin indstilling gjort opmærksom på, at biblioteket i grunden kun behøvede ét eksemplar, og at det var et åbent spørgsmål, hvad der skulle stilles op med de to øvrige. Bemærkningen viser, at reskriptet af 10. sept. 1756, hvorefter et af eksemplarerne skulle afleveres til Kongens håndbibliotek, var gået ganske i glemmebogen, vel fordi kongens håndbibliotekar havde tabt interessen. Noget andet var, at nogle bogtrykkere ved en fejltagelse havde leveret bøger til håndbiblioteket i stedet for til Det kongelige Bibliotek![36] Men i kongens approbation blev der ikke taget stilling til spørgsmålet om de to overskydende eksemplarer, så der skulle stadig afleveres 3, idet der blot over for biblioteket blev taget forbehold med hensyn til, „hvorledes med de 2 Exemplarer, som ikke til Bibliothequet selv behøves, skal forholdes". Efter to års betænkningstid forelå omsider en afgørelse i form af en lille revision af 1781-anordningen (aktst. nr. 12 og 13). Antallet blev nu nedsat til 2, men med pålæg om at i stedet skulle så det ene være på skrivepapir, da almindeligt trykpapir gjorde eksemplarerne uanselige. Afgørelsen tog sigte på den udbredte forlæggerpraksis at billiggøre produktionen ved at lade bøgerne trykke på tyndt og lidet holdbart, såkaldt ordinært trykpapir, samtidig med at en mindre del af oplaget

[34] Steen Bille Larsen 1981, s. 65f (med henvisning til afleveringsprotokollen i E 39, KBs arkiv) og Journalsag A 8 nr. 282 (Trankebar).

[35] Promemoria af Schlegel dateret 22. okt. 1778 indsat forrest i E 40, KBs arkiv („et slags douceur"), og hans redegørelse af 4. febr. 1780, citeret i Steen Bille Larsen 1981, s. 57 (afstår fra sin ret).

[36] Steen Bille Larsen 1981, s. 58.

med henblik på afsætning blandt mere velstillede købere blev trykt på en kraftigere og mere holdbar papirsort, blandt flere kvaliteter især det såkaldte skrivepapir (papir med tæt struktur og stærk limning, som gjorde det blækfast). Biblioteket og eftertiden sikredes dermed et eksemplar af bedst mulig kvalitet, uden at det iøvrigt blev tilkendegivet, hvad det mindre gode eksemplar skulle bruges til. I praksis kom nogle til at tjene som erstatningseksemplarer for bortkomne bøger, andre blev udskilt som dubletter og skænket til andre biblioteker.[37]

Det var atter Moltke, der havde formuleret udkastet til 1783-anordningen, og det var således også efter hans forslag, at der til nedsættelsen af eksemplarantallet føjedes den vigtige bestemmelse, at ingen bogtrykker for fremtiden måtte trykke noget skrift uden at angive sit navn på titelbladet „for at forekomme al Urigtighed ved Bogtrykkernes Leverancer for Eftertiden", med andre ord for at trykkerne ikke skulle løbe fra deres ansvar ved at lade deres tryk være anonyme.[38] Den egentlige ophavsmand til tillægsparagraffen var universitetsbibliotekaren Nic. Elert, der havde tilskyndet Moltke til at foreslå den indsat, fordi det ellers kunne være umuligt at opspore, hos hvilken trykker ikke afleverede tryk skulle reklameres (akt. nr. 14). Elert havde specielt erfaring for, at det var vanskeligt at få forlæggerne til at rykke ud med navnet på trykkerne af deres forlagsskrifter, når det ikke stod angivet i bogen, fordi de ikke ønskede at udlevere de pågældende trykkere (og heller ikke var pligtige til at gøre det).[39]

Bestemmelsen om bogtrykkernes oplysningspligt har været en grundlov for al dansk trykproduktion lige siden og er med mellemrum blevet indskærpet i forbindelse med trykkernes ansvar over for trykkefriheds- og presselovene, sidst i 1991.

[37] F.eks. blev overskydende pligteksemplarer, der var modtaget efter bibliotekets sidste dubletauktion i 1786, ialt 448 stk., skænket til Jonstrup Seminariums bibliotek 1811 med bemærkning om, at visse mangler skyldtes udtagelse af erstatningseksemplarer, KBs arkiv, Journalsag A 8 nr. 1548.

[38] Moltkes indstilling af 21. dec. 1782 med forslag til ny forordning i Danske Kancelli, Koncepter og indlæg til Sjællandske Registre 1783 nr. 88, Rigsarkivet. Heller ikke her berørtes, hvad pligtseksemplar nr. 2 skulle bruges til.

[39] Elert gav udtryk for samme erfaring i en historisk redegørelse om universitetsbiblioteket i *Kiøbenhavns Universitets-Journal* udg. ved Jac. Baden I, 1793, s. 36. Det skyldes utilstrækkelig historisk viden, når han sammesteds oplyser, at bogtrykkerne efter forordningen af 1732 skulle aflevere 4 eksemplarer, hvoraf det ene gik til universitetsbiblioteket.

BILAG

Fortegnelse paa de Bøger og Skriffter som i dette Anno Academico [1756–57] ere komne for Lyset i Danmark og Norge, særdeles fra Kiøbenhafn, Aalbog, Bergen og Trundhiem.

[Kildeangivelse og kommentarer findes ovenfor s. 41–44. Nummereringen er udgiverens og titlerne så vidt muligt verificeret med henblik på bøgernes trykker og trykår].

1–5 Fem Stykker Programmata Academica ved adskillige Solenniteter.
[Utvivlsomt trykt hos Høpffner, der som første universitetsbogtrykker var forpligtet til at levere programmer som fritryk].

6 Doct. P. R[osenstand] Goische, Metanoeologia partic[ula] sexta. 4.
[Trykt hos Høpffner / 1756].

7 Doct. J.P. Anchersen, Carmen Seculare ad Dianam [af Horats]. 4.
[Trykt hos Høpffner / 1756].

8 Ejusd. Laus Propria B[eato] Herslebio dicta. 4.
[Trykt hos Glasings enke / 1757].

9 Doct. Kofod Ancher de Indole Juris privati etc. 4.
[Trykt hos Høpffner / 1756].

10 Ejusdem Brevis Imago Supremi Judicii Regii. 4.
[Trykt hos Høpffner / 1756].

11 J.C. Kall Philosophiæ Arabum popularis [specimen. Pars I]. 8.
[Trykt hos Høpffner / 1757].

12 Ejusdem Pars Altera. 8.
[Trykt hos Høpffner / 1757].

13 J.E. Gunnerus de Peccato in Spiritum Sanctum 4.
[Trykt hos Høpffner / 1757].

14 Ejusdem Institut[iones] Metaphysicæ. 8.
[Trykker ikke angivet; forlægger Wentzel, Kopenhagen u. Leipzig / 1757].

15 J.O Bang Introduct[io] in [explicationem] Epistol[æ] Apostoli Judæ [Partic. II] 4.
[Trykt hos Høpffner / 1757].

16 Christ. Horrebowi Elementa Doctrinæ Spæricæ [Partic. II]. 8.
[Trykt hos Høpffner / 1756 eller 1757].

17–55 Af de tilforn [tidligere i indberetningen] opregnede 69 Studenter Disputatzer ere 39 trykte, hvis Titler her udelades.
[Hovedparten formentlig trykt af Høpffner].

56 [Sandfærdig] Fortællelse om de Christnes Schlaverie i Barbariet [af Lars Diderich]. 8.
[Trykker ikke oplyst, paa Autors Bekostning / 1756].

57 Christopher Walckendorphs Liv og Levnet ved C.[P.] Rothe. 8.
[Trykker ikke oplyst / (angiveligt trykår 1754, men et tillæg er først afsluttet) 1756].

58 Samling af kongelige Forordninger for Aaret 1756. 4.
[Trykt og udgivet af Høpffner].

59 Den sangviis forfattede Catechismus ved [Laur. Alb.] Allerup. 4re sidste Parter.
[Trykker ikke oplyst, paa Autors Bekostning / 1756].

60 Fortsættelsen af det uge-Skrifft Biekubben. J. Lo[d]de. 4.
[Trykt hos Wielandts enke / 1756–57].

61 Relation fra Iisland om det som der er passeret [i Aaret 1755] med et Iisbierg. 4.
[Trykt hos Wielandts enke / 1757].

62 [En meget lystig og fornøjelig Historie om] Den spanske Herremand Don Pedro. 8.
[Folkebog, hvoraf intet tryk kendes fra 1750erne, men sandsynligvis trykt hos Wielandts enke].

63 Een [ny og sær lystig] Historie om 3 Brødre. 8.
[Folkebog hvoraf intet tryk kendes fra 1750erne, men sandsynligvis trykt hos Wielandts enke].

64 Underlige Spørgsmaal [lystige af høre og læse ... Saavelsom en af Æsopi Fabler]. 8.
[Trykker ikke oplyst / 1756].

65 Fortunati Historie. 8.
[Folkebog som vides trykt i en ikke bevaret udgave fra 1756, sandsynligvis hos Wielandts enke].

66 Dito om een Skytte. 8.
[Formentlig folkebogen med titlen: Ærens Torne-Vey for en Skytte, navnlig Bryde, hvoraf intet tryk kendes fra 1750erne, men sandsynligvis trykt hos Wielandts enke].

67 Dito Caroli Magni. 8.
[Folkebogen: Krønike om Kejser Carl Magnus, der er bevaret i et eksemplar uden titelblad dateret til ca. 1750 (Karl Magnus' Krønike, udg. af Poul Lindegård Hjorth, 1960, s. L), men

hermed kan dateres til 1756 eller 1757. Sandsynligvis trykt hos Wielandts enke].

68 Dito Kong Edvardi af Engelland. 8.
[Folkebog, formentlig en af udgaverne uden trykker og år og sandsynligvis trykt hos Wielandts enke].

69 Kiøge Huus-Kors [korrekt: Et forfærdeligt Huus-Kaars ... i Kiøge] formeret med adskillige Tillæg [ved Johan Brunsmand]. 8.
[Trykt og udgivet af Wielandts enke / 1757].

70 Joh. Gunth. Placcii Breve-Bog. 8.
[2. oplag trykt hos Niels Hansen Møller; forlægger J.W. Boppenhausen / 1757].

71 Kong Christ. 5ti Norske Lov [ved C.P. Rothe].
[Trykt hos Niels Hansen Møller / 1757].

72 L. de Thurah omstendelig Beskrivelse over Øen Bornholm. 4.
[Trykt hos Glasings enke / 1756].

73 Doct. [Peder] von Havens Theologie, 3 deele. 8.
[Trykt hos Glasings enke / 1756].

74 Underretning om Bie-Avling ved D. Schiøtte. 8.
[Trykt og udgivet af Glasings enke / 1756].

75 Oeconomiske Tankers første og anden Part [af Fr. Lütken]. 8.
[Trykt hos Glasings enke / 1756–57].

76 [Gienpart af endeel] Svenske Rigsdags Handlinger [oversat af det Svenske af C.P.] Rothe. 8.
[Trykt hos Glasings enke / 1756].

77 C.D. Hedegaard Fierde Forsøg til en Dansk Juridisk Dissertation angaaende Barne-fødsel i Dølsmaal. 8.
[Trykker ikke oplyst; forlægger Pelt / 1756].

78 Gram og Signe eller Kierligheds og Tapperheds Mester – Stycke. Synge-Spil ved Niels Krog Bredal. 8.
[Trykker ikke oplyst / 1756].

79 Den u-ventede Forliebelse eller Cupidos Philosph. A.C. v. Passow. 8.
[Trykt hos Glasings enke / 1757].

80 En liden Samling af adskillige Vers og Sange. 12.
[Trykt hos Glasings enke / 5. oplag 1757].

81 [CCLII Udvalde og med 800 Billeder udlagde] Bibelske Hoved-Sprog eller en liden Billede-Bibel. 12.
[Trykt hos Glasings enke / 1756].

Fig. 6. I 1750erne slog rokokoen igennem i dansk bogudsmykning. Her vises to elegante ornamenter sammensat af typografiske elementer i *Historisk Efterretning om Jordskiælvet i Lissabon,* et lille anonymt skrift på 32 sider trykt i oktav 1757 (jvf. boglisten nr. 89). Til venstre en frise på bogens første tekstside, til højre slutvignetten på s. 32. Med initialerne A.H.G. har Andreas Hartvig Godiche diskret angivet sig som bogens trykker.

82 Jesus Synderes [sande] Ven [af det Tydske oversat]. 8.
[Trykt hos Glasings enke, til købs hos Pelt / 1756].

83 Jesu blodige Vunder og Saar [af Charlotta Elisabet Nebet]. 8.
[Kun en senere udgave fra 1779 synes bevaret].

84 Christus paa Olie-Bierget. 8.
[Trykt hos Glasings enke / 1757].

85 Søe-Archelie-Inventarium. 8.
[Ikke identificeret].

86 Søe-Signal-Bogen. 8.
[Ikke identificeret].

87 Søe-Loetz-Bogen. 8.
[Ikke identificeret].

88 Land-Etatens Krigs-Artickels-Brev [udstedt af Frederik V]. 8.
[Trykt af Godiche med privilegium på udgivelsen til overauditør Chr. Fleischer / 1756].

89 Lissabons Beskrivelse. 8
[Formentlig enten: Lissabons ynkelige Undergang ved Jordskiælv kortelig beskreven af H.A. B[rorson], eller: Historisk Efterretning om Jordskiælvet i Lissabon (oversat fra fransk af C.M. Priebst), begge trykt hos Godiche / henholdsvis 1756 og 1757. – Jvf. fig. 6].

90 Afhandling om Agerdyrkning. [Korrekt: Kort Underretning om Agerdyrkning og andet af Erik Jensen Torm]. 8.
[Trykt og udgivet af Godiche / 1757].

91 De Troendes [aandelige] Skatt-Cammer [ved Martin Statius]. 8.
[Trykt og udgivet af Godiche / 2. oplag 1757].

92 [Aandelig Tids-Fordriv eller] Bibelske Viise-Bog [af Peter Dass]. 8.
[Trykt og udgivet af Godiche / 1757].

93 Harch Olufs Avanturer, Reyse og Fangenskab. 8.
[Et københavnsk tryk er kun kendt fra 1747, men et genoptryk må være udsendt af Godiche, der annoncerede titlen i forlagskataloger fra 1766 og 1773. Genoptrykket har formentlig haft samme trykårsangivelse].

94 [Amærkninger over] Frankrigs og Engellands Fordeele og Mangler i Handelen [af John Nikolls], oversat [af det Franske] af R.F. Cortin.
[Trykt hos Lillie / 1756].

95 Kort Underretning om Handelen paa Guinea og Vest-Indien. [Korrekt: Tilforladelig Efterretning om Negotien ... af Ludv. Ferd. Rømer]. 4.
[Trykt og udgivet af Lillie / 1756],

96 B. Brorsons Prædiken om en Christens [korrekt: de Troendes] sande Begiering [på hovedtitelbladet: Samling af Prædikener]. 8.
[Trykker uoplyst, men med frise, som kendes fra Lillies trykkeri; til købs hos O.C. Wentzel / 1756].

97 General Blachneys Liv og Levnet. 8.
[Ikke identificeret; forlægget må være 'Memoirs of the life etc. of General Blakeney', et lille skrift på 32 s. trykt 1756].

98 Den nye Danske Søe-Mands Haandbog af Dan. Wesling [Mincke]. 4.
[Trykt hos Lillie / 1756].

99 J.J. Burlamaqui Grundsetning[er] til Naturens rett af fransk oversatt ved Monsr. [A.S.] Delgast. 4.
[Trykt hos Lillie / 1757].

100 Ringe Tancker om Land-Vesenet, Tarvelighed, [og nyttige] Fabriqver etc. af Piil [dvs. af Olaus Stockfleth Pihl]. 8.
[Trykt hos Lillie / 1757].

101 Ordbog over Danske Ordsprog oversat af dansk paa fransk. [Med fransk paralleltitel: Dictionnaire des proverbes Danois]. 4.
[Trykt hos Lillie og tilkøbs hos Ober-Conducteur Johan Meyer / 1757].

102 Indledning i Dannemarks Riges Historie ved [Paul Henri] Mallet, oversat af fransk [af Ludolph Henrik Lillie].
[Trykt og udgivet af Lillie / 1756].

103 Hr. [Fr. Carl] Gutfelds Prædiken [korrekt: Indgangs-Tale] holden paa St. Croix i America. 8.
[Trykt hos Lillie / 1756].

104 [Hofmans] Samlinger af Danske Fundationer og Gavebreve. Tom. II. 4to.
[Trykt hos Lillie / 1756].

105 Lex Regia eller Kongeloven [korrekt: Danmarks Riges Grund-Lov etc.] paa nye udgiven af C.P. Rothe. 8.
[Trykker ikke oplyst; oplagt ved C.P. Rothe / 1756].

106 Samtale [efter Døden] imellem Cato og Cæsar [angaaende Eenevolds- og Folke-Regieringen (af Hans Arentz)]. 4.
[Trykt hos Lillie / 1756].

107 Zaire et Sørge-Spill [af Voltaire] oversat af fransk [af B.J. Lodde]. 8.
[Trykt hos Lillie / 1756].

108 U-forgribelige Tancker [korrekt: Betænkninger] om Jordskiælv [af Erik Pontoppidan]. 8.
[Trykt hos Lillie / 1756].

109 Boetii Philosophiens Trøst af Latin oversat ved [Peder Bering] Giørup. 8.
[Trykt og udgivet af Lillie / 1756].

110 Patriotiske Tanker om Manufaktur og Fabrik-Væsen [af C.C. Plüer]. 8.
[Trykt hos Lillie / 1757].

111 [Peder] Biørnfelds Arithmetica tripartita. [Det er: Regne-Kunstens Øvelse i trende Deele]. 8.
[Trykt hos Lillie / 1756].

112 [Jacob Johan] Lunds Forsøg til et Moralsk Vers. 8.
[Trykt og udgivet af Lillie / 1756].

113 Keyserlig Hoff-Decret mod Kongen af Preussen. 4.
[Ikke identificeret].

114 Effterretning om nye Bøger og lærde Sager indtil Febr. Maaned 1757. 8.
[Månedsblad trykt og udgivet af Lillie / 1756–1757].

115 [Fuldstændige] Effterretning[er] om de udi Issland ildsprudende Bierge [af Haldor Jacobsen]. 8.
[Trykt hos Lillie / 1757].

116 Oeconomisk Journal fra Januarii til April 1757. 8.
[Trykt og udgivet af Lillie / 1757].

117 Elleve Theologiske Betragtninger af en Gammel Mand [dvs. af Mads Langhorn]. 8.
[Trykt og tilkøbs hos Lillie / 1756].

118 Holbergs Moralske Tanker, nyt Oplag. 8.
[Trykt og udgivet af Berlings Arvinger / 1756].

119 Ejusd. Bergens Byes Beskrifvelse. 8.
[Trykt og udgivet af Berlings Arvinger / 1757].

120 Pastor [Adam Ludvig] Gieses Psalme-Bog [korrekt: Neu eingerichtetes Kirchen- und Haus-Gesang-Buch]. 8.
[Trykt og udgivet af Berlings Arvinger / 1755].

121 Flavii Josephi Jødiske Historie oversat af [Andreas] Reyersen Tom 3.
[Trykt hos Berlings Arvinger / 1757].

122 Søren Matthiesens Regne-Bog, nyt oplag. 8.
[Trykt og udgivet af Berlings arvinger / 1756].

123 [Afhandling] Om den Veltalenhed som bør bruges på Prædikestolen [af Charl. Rollin og oversat fra fransk af Rasmus Edsberg]. 8.
[Trykt hos Godiche / 1757].

124 [Georg] Grabows Communion-Bog. [Korrekt: En værdig Giest ved Herrens Bord, oversat fra tysk af Eiler Hagerup]. 8.
[5. oplag trykt og udgivet af Vajsenhuset / 1757].

125 Eiler Hagerup [Historisk Berætning] om de unges Confirmation. 8.
[Trykt og tilkøbs hos Godiche / 1757].

126 Den Grønlandske Catechismus [ved Paul Egede]. 12.
[Trykt og udgivet af Vajsenhuset / 1756].

127 Den Laplandske dito. 12.
['Udi det Kongelige Danske Missions Collegii Bogtrykkerie oplagt', dvs. trykt og udgivet af Vajsenhuset / 1757].

128 Om den Borgerlige Regiering [af J.S. Sneedorf]. 8.
[Trykker ikke oplyst; forlægger J.B. Ackermann / 1757].

129 Sange og Bønner for Søe-folck. [Korrekt: Aandelige Psalmer og Bønner for H.K. Mayestets Skibs-Folckis Brug]. 12.
[Trykt hos Godiche uden år, men med Fr. Vs monogram på titelbladet og sikkert trykt 1756 eller 1757].

130 Biblia eller den Hellige Skrifft. Med. 4 med stor Stiil. [Trykt og udgivet af Vajsenhuset / 1757].

131 D[octor] C. Brochmands Huus-Postill, edit. 7. 4.
[Trykt og udgivet af Vajsenhuset / 1756].

132 Sandhed til Gudsfrygt. Catechism[us] forklaring [af Erik Pontoppidan]. Den 34. edition. 12.
[Trykt og udgivet af Vajsenhuset / 1756 eller 1757].

133 Den Svenske Robinson [eller Gustav Landkrons Vanhæld-fulde Levnet ... i det Danske Sprog ved C.P. Rothe]. 8.
[Trykker ikke oplyst, men sandsynligvis Borup, som har signeret vignetterne / 2. oplag 1757].

134 C. Thestrup Danmark og Norges Krigs-Armatur. 4.
[Trykt hos Borup / 1756].

135 [Jonas Th.] Winzlebens adelige Fegte-Kunst.
[Trykt hos Borup / 1756].

136 Wille Høybergs Kiøbenhavnske Samlinger sc. Tychoniana. Tom.2.
[Trykt hos Borup / 1756].

137–38 C. Wolfram [korrekt: Wohlfrom] Samling af Ridderordnerne af Elephanten og Dannebrog paa Dansk og Tydsk. 4.
[Trykt i to dele hos Borup / 1757].

139 Den halte Fanden eller Menniskenes hemmelige Feil [af Le Sage] oversadt af fransk [af Hans Paus]. 8.
[2. oplag (1. del) trykt og udgivet af Borup / 1757].

140 Anna Cathrina v. Passow [Elskovs eller] Kierligheds Feil. Et Hyrde Stycke.
[Trykt hos Borup / 1757].

141 Tractat [korrekt: Afhandling] om Verdens Nyehed [af Erik Pontoppidan]. 8.
[Trykt hos Godiche / 1757].

142 Fornøyelige Afften-Timer [af Erik Pontoppidan]. 8.
[Trykt hos Godiche / 1757].

143 Simon Wolfs Tractat det Nødvendigste Raad [mod Undergang og] til Frelse over Lucæ XIII. v. 5.
[Trondheim / 1756].

144 Een Lappisk Nomenclator effter den dialect i Porsangers Fiord [af Knud Leem]. 8. Trundhiem.
[Trondheim / 1756].

145 Een Tale holden paa lappisk Sprog [af Knud Leem] i Biskop Nannestads Huus paa hans Kongelig Majestets Fødselsdag. 8 Trundh[eim].
[Trondheim / 1756 eller 1757].

146 Hans Mossins Moralske Cosmologie eller Verdens fornuftige Betragtning. 8. Bergen.
[Bergen / 1757].

147 Hans Mossins Guds Børns Tempel og Helligdom. 8. Bergen.
[Bergen / 1757].

148 Betragtninger over Menneskelige Vilkaar [af Hans Mossin]. 8. Bergen.
[Bergen / 1757].

149 Saliggørelses Orden, forfattet effter den almindelige Skriffte-Bøn. 8. Aalborg.
[Synes ikke bevaret].

150 Helsingøers Beskrivelse [af Ludvig Boesen]. 8. Aalborg.
[Aalborg / 1757].

151 Von der Wissenschaft und Tugend.
[Ikke identificeret].

152 Forme du Gouvernement de la Svede ... traduit. en Francois [af Paul Henri Mallet]. 8.
[Trykt hos Lillie med Philibert som forlægger Copenhague et Genève / 1756].

153 Instruction pour le gouverneur du Prince Royale de Svede. 8.
[Trykt hos Lillie / 1756].

154 Le Traducteur [ou Traduction de diverses feuilles choisies, tirée des papiers periodiques anglois], piece hebdamadaire. 4.
[Trykt hos Lillie / 1756].

155 Mercure Danois. 8.
[Månedsblad / 1756-årgangen trykt hos Lillie; jan.-feb. 1757 trykt og udgivet af Philibert (marts-juni 1757 udkom ikke)].

Hos Monsr. Philibert ere nogle betydelige Skrifter under Pressen, saasom: Savary Dictionaire de Commerce, l'Etat de Dannemarch etc. etc., hvilke maa forekomme i neste Aars Relation.

PLIGTAFLEVERING OG NATIONALBIBLIOTEK 1781–1850

AF

HENRIK HORSTBØLL

Hovedtræk af perioden 1781–1850

Forordningen om pligtaflevering fra 1781 med revisionen fra 1783 var gyldig for kongens riger og lande i fire årtier, som på Det Kongelige Bibliotek var præget af D. G. Moldenhawers epoke som overbibliotekar 1788–1823. Få år før sin død tilsluttede han sig et forslag fra Københavns Universitet om at ændre forordningen om pligtaflevering, således at den fra 1821 blev fælles for de to store forskningsbiblioteker i København. Universitetsbiblioteket skulle nu ikke kun modtage leverancer fra København, men fra hele Danmark, og samtidig blev afleveringspligten pålagt den, på hvis forlag eller bekostning et skrift udkom. Moldenhawers efterfølger, E. C. Werlauff, arbejdede på at få forordningen ændret, fordi bogtrykkerne som priviligeret korporation bedre kunne kontrolleres og efterspores end den diffuse mængde af udgivere. Nyordningen fra 1821 svarede – med Werlauffs ord fra 1828 – ikke til Det Kongelige Bibliotek, „hvis Bestemmelse er at samle og for Eftertiden opbevare en saavidt mueligt fuldstændig Samling af alt, hvad der i videre Betydning kan siges at udgiøre de danske Staters Literatur i ældre og nyere Tid“ (aktstykke 22). Den ønskede forandring blev effektueret i 1832, og dermed lå lovgrundlaget med mindre justeringer fast til 1902.

Fra Det Kongelige Bibliotek blev offentligt nationalbibliotek i 1793 til midten af 1800-tallet blev der ansat lige så mange embedmænd, som det samlede antal der havde arbejdet på biblioteket, siden Marcus Meibom blev bibliotekar i 1653.[1] Tilvæksten i personale daterede sig allerede fra J. H. Schlegels tid. Han knyttede i 1778 Rasmus Nyerup til biblioteket, og under John Erichsens ledelse blev han sammen med

[1] Albert Fabritius: *Det kongelige Biblioteks Embedmænd og Funktionærer 1653–1943*. 1943, s. 15

Friedrich Ekkard ansat som amanuensis. Da Rasmus Nyerup blev leder af Universitetsbiblioteket i 1803, efterfulgtes han bl.a. af Chr. Molbech og E. C. Werlauff. Efter at Werlauff blev overbibliotekar, blev der fra 1823 antaget flere såkaldte voluntører, der lønnedes efter overbibliotekarens indstilling, deriblandt Frederik Fabricius, som i 1838 blev leder af Danske Afdeling.

I Det Kongelige Biblioteks arkiv kan man følge effekten af nyansættelserne. Nye kataloger blev grundlagt, og protokoller blev ført over udlån, tilvækst og afgang. Fra 1790 findes en løbende fortegnelse over bibliotekets tilvækst ved pligtaflevering, og dermed er det muligt at danne sig et sammenhængende overblik over pligtafleveringens omfang og karakter.[2] I det følgende er der på grundlag af dette materiale foretaget en undersøgelse af leverancerne fra bogtrykkerne under 1781/83 forordningerne. For perioden frem til og med 1821 er det undersøgt hvem, der afleverede hvor meget til biblioteket fra byerne i rigets forskellige provinser og fra hovedstaden.[3] Den samme model er bragt i anvendelse for perioden 1840 – 1850 med det formål at skabe et indtryk af pligtafleveringens omfang og karakter under 1832-forordningen i en periode, som er kendt for en ekspanderende teknologisk, kommerciel og politisk udvikling i anvendelsen af det trykte medie. I de mellemliggende år 1822–39 er der alene foretaget en optælling af den samlede årlige tilvækst ved pligtaflevering.

Udfra opstillingen af den samlede aflevering i tabel 1[4] tegner der sig et bogstatistisk billede, hvor antallet af afleverede titler fra det sidste årti af 1700-tallet først blev overgået i 1830'erne. Det er både nærliggende og fristende at læse udsvingene i afleveringerne i relation til periodens politiske og økonomiske konjunkturer. Stagnationen, som afløste 1790'ernes høje aktivitetsniveau, satte ind i selve året for trykkefrihedens indskrænkning 1799, og stagnationen vendte – efter et kortvarigt opsving – til regulær tilbagegang, især efter bombardementet 1807. Krig efterfulgt af krise reducerede afleveringen med en trediedel

[2] *Det kongelige Biblioteks arkiv indtil 1943. Registratur.* Indsigt: Håndskriftafdelingens arkivregistraturer nr. 6, 1994, s. 40, 59 og 64f. Registreringen af pligtaflevering rakte tilbage til 1778 (E 39 og F1), men blev først selvstændig og sammenhængende fra 1790.

[3] Optællingen supplerer Harald Ilsøes undersøgelse af pligtafleveringen fra de københavnske bogtrykkere 1790–1809: Harald Ilsøe: *Bogtrykkerne i København ca. 1600–1810.* 1992, s. 250–51. En tak til Harald Ilsøe for gode råd og nyttige kommentarer under mit arbejde med denne artikel.

[4] Tabellerne bringes samlet til slut i artiklen s. 92–102.

i tiåret mellem 1810 og 1819, sammenlignet med 1790'erne. Først fra 1832 vender billedet til vedvarende vækst, som fortsatte på et nyt og højere niveau i 1840'erne. Men som forudgrebet oven for, skiftede lovgivningens rammer undervejs. Forskellen mellem især 1820'erne og 1830'ernes aflevering handler også om skiftende administration af lovgivningen, og for det samlede billede gælder, at dets medie- og kommunikationshistoriske værdi afhænger af, hvor tæt man kan komme på en vurdering af afleveringernes repræsentativitet. Det er nødvendigt at forlade det samlede billede til fordel for detaljen.

Under 1781/83-forordningerne

Som noget nyt skulle provinserne aflevere tryk til Det Kongelige Bibliotek efter 1781/83-forordningen. Den regionale fordeling af afleveringerne kan man følge år for år i tabel 2. Sammenligner man den registrerede aflevering fra provinsbyerne i Danmark til biblioteket mellem 1790 og 1821 med bogtrykkeriernes faktiske udbredelse i perioden får man følgende resultat:[5]

By:	Trykkeri fandtes i perioden 1790–1821:	Pligtaflevering foretaget i perioden 1790–1821:
Borris	1816–21	Ingen
Fredericia	1790–1809	1791–92
Helsingør	1798ff.	Ingen
Hørsholm	1820–21	Ingen
Maribo	1806ff.	Ingen
Odense	1790ff.	1790–1821
Randers	1810ff.	Ingen
Ribe	1810ff.	1821
Slagelse	1814ff.	1819–1821
Sorø	1790–1814	1790–1813
Viborg	1790ff.	1791–1821
Ålborg	1790ff.	1790–98
Århus	1794ff.	Ingen

[5] Grethe Larsen: *Danske Provinstryk 1482–1830*. I-II, 1994–95. Bind III anvendt i korrekturtryk 1997.

Fig. 1. De tre ældste løbende pligtafleveringsprotokoller i Det Kongelige Biblioteks arkiv. (F42, F43, F44 som dækker perioden fra 1790 til 1842). Opslag: Register over bogtrykkernes leverancer fra provinserne 1803–1821. Venstresiden optegner afleveringer fra Andreas Seidelin i København.

Fra 6 af periodens 13 provinsbyer med trykkerier er der slet ikke registreret nogen aflevering. Lejlighedstryk, som bryllups- og begravelsesvers, der ikke var omfattet af afleveringspligt, samt den lokale avis var sandsynligvis også en hovedernæring for flertallet af disse trykkerier. Hvor meget der skulle have været afleveret, kan vi ikke vide, men overleveringen giver et fingerpeg.

Det kan undre at bogtrykker Niels Lund og hans efterfølger A. F. Elmquist i Århus ikke foretog nogen aflevering fra 1794. Niels Lund var kommet igang med virksomheden ved hjælp af lån fra biskop H. F. Janson og Ove Høegh-Guldberg, og det var sidstnævnte, som i egenskab af stiftamtmand skulle have været mellemled til biblioteket. Men sådan blev det ikke, og da Emmanuel Sejr skrev trykkeriets historie, undrede han sig over, hvorfor mindre tryk var overleverede, mens større værker åbenbart ikke var blevet afleveret: „Og det forekommer besynderligt, at nogle af Niels Lunds *Nytaarsgaver* er indsendt til Det kongelige Bibliotek, andre ikke«.[6] Set fra pligtafleveringsprotokollen er forklaringen, at overleveringen fra trykkeriet ikke skyldes samtidig regulær pligtaflevering, men andre kanaler. Derfor er der også huller i de forskellige serier, som Niels Lund forsøgte sig med på baggrund af de solide indtægter fra Aarhus Stiftstidende. I *Danske Provinstryk* er 77 numre fra Niels Lunds periode registreret frem til 1812,[7] og fra A. F. Elmquist kendes 76 numre frem til og med 1821.[8]

Fra præsten C. J. Lodberg Krarups Kgl. priviligerede Skolebogstrykkeri i Borris, Ringkøbing Amt, kendes 21 tryksager i *Danske Provinstryk*, og bortset fra et par sange er der tale om topografier, almueopdragende skrifter og skolebøger.[9] For Lodberg Krarup har det ikke været indlysende, at hans lille skrift *Allehaande Nyttigt især for Bondestanden og Andre paa Landet*, som kendes i flere udgaver fra Borris, skulle sendes til Det store Kgl. Bibliotek. Men holdningen kan ikke generaliseres, for i Viborg forholdt det sig stik modsat.

Der er i sjælden grad symmetri mellem aflevering og overlevering fra bogtrykkerne P. S. Fønss og A. F. Just i Viborg.[10] Da Just overtog den daglige ledelse af trykkeriet fra 1797 voksede dets aktiviteter markant, og det ikke mindst med hans egne håndbøger, bondepraktika, fortællinger, sangbøger og skolebøger. Det hele blev afleveret til Det Kongelige Bibliotek og optegnet i afleveringsprotokollen inklusive forskellige udgaver af Justs enkeltbladstryk *Grundtegning af Europa* og *Grundtegning af hele Jordkloden* – nogle af de ældste kendte undervisningskort i Danmark.

I det første årti af 1800-tallet var Viborg således helt uden sammenligning det trykkeri, der afleverede mest i Danmark uden for Køben-

[6] Emmanuel Sejr: *Aarhus Stiftsbogtrykkerie*. 1937, s. 63–64.

[7] På baggrund af annoncer, eller notitser først og fremmest i Aarhus Stiftstidende rekonstruerede Emmanuel Sejr trykkeriets aktiviteter under Niels Lund, og han opstillede en liste over tabte tryk fra Aarhus Stiftsbogtrykkerie 1794–1812, som talte 49 titler. Sejr 1937 s. 58–61. *Danske Provinstryk* reducerer listen til 42, hvoraf nogle sange og kataloger ligger på kanten af det relevante i pligtafleveringens sammenhæng, men det øvrige burde have været afleveret og må anses for tabt.

[8] Grethe Larsen: *Danske Provinstryk 1482–1830*. Korrrekturtryk af bd. III, 1997, s. 75–96.

[9] Sst. s. 1–4.

[10] Om P. S. Fønss og A. F. Justs skiftende relationer til trykkeriet i perioden 1789–1826, Grethe Larsen, II, 1995, s. 27–60. Aage Bonde m.fl.: *Et uddrag af Viborg Stiftsbogtrykkeri tohundredårige historie 1771–1971 samt beretning om bogtrykkerier i Viborg fra reformationstiden indtil 1745*. 1971.

havn, mens Odense derefter genindtog den position i årene frem til 1821. Den pligttro aflevering fra Viborg tegner gennem hele perioden et spændende billede af aktiviteterne på et købstadstrykkeri, og man får eksempelvis et indtryk af den begyndende politisering af det trykte medie i lokalsamfundet i 1790'erne. I afleveringen fra 1791 finder man *Cosmopolitisk Adresse til den Franske National-Forsamling*, som var blevet oversat fra tysk 1789 og trykt i Viborg 1790, og i 1792 fulgte historikeren G. L. Badens kritiske afhandling om *Tabet af Oldtidens Agt for Tingene ved Gejstlighedens og Adelens Indflydelse.*

Tilsvarende politiske toner finder man på samme tid andre steder som efterdønninger fra den jyske proprietærfejde. Fra trykkeriet i Fredericia blev en kommentar til kammerherre Lüttichaus tekst, trykt under pseudonymet Casper Caspersen 1791, afleveret 1792 til biblioteket, og spor af en lignende lokal interesse for pennefejden og processen mellem Christian Colbjørnsen og kammerherre Lüttichau om landboreformernes gavnlighed og lovlighed finder man i afleveringen fra Ålborg for 1791, der rummer tre politiske debatindlæg i proprietærfejden.[11]

Såvel politiseringen som varetagelse af pligtaflevering fortonede sig herefter i Fredericia og Ålborg. Afleveringerne fra Fredericia fra 1791–92 var fremtvunget af reskript fra 14. marts 1789,[12] men selv på denne baggrund blev afleveringspligten ikke fulgt op af trykkeriets nye ejer Søren Elmenhoff, og mellem 1796 og 1809 kendes 52 numre i *Danske Provinstryk,* som ikke indgik ved pligtaflevering i produktionsperioden.[13] Fra Ålborg tørrede de velfungerende afleveringer fra bogtrykker Peder Friis Wandall ud i 1799, og fra perioden frem til 1821 kendes ca. 70 skrifter overleveret, som burde være tilgået biblioteket som pligtaflevering i produktionsperioden.[14] Tilbageslaget i mængden af pligtafleveret litteratur fra kongeriget i det første årti af 1800-tallet skyldes en kombination af stagnerende produktion og manglende efterlevelse af forordningen.

Nye trykkerier var generelt længe om at komme i gang med af-

[11] Bibliograferet i Grethe Larsen, II, 1995, Al 217, Al 219 og Al 221.

[12] Reskript af 14. marts 1789: Angaaende Indsendelse til det store kongelige Bibliothek af det, som trykkes i Fredericia. Algren-Ussing: *Hoved-Register til den Fogtmanske Reskriptsamling.* I. 1837, s. 271.

[13] Grethe Larsen, III, korrekturtryk 1997, s. 9–17.

[14] Grethe Larsen, II, 1995, s. 107–117.

Fig. 2. A. F. Justs leverancer fra 1803–1804, jvf. protokol F43, s. 68.
Blandt titlerne finder man Justs *Naturhistorie om Dyrene,* sammes *Historie om Spøgelser* og hans forskellige undervisningskort: *Grundtegning af hele Jordkloden* og *Grundtegning af Europa.* Til venste et opslag fra *Naturhistorie om Dyrene.* Viborg 1802.

leveringen, hvis de overhovedet kom i gang i denne periode.[15] Bogtrykker Magnus i Slagelse indledte en lang og trofast afleveringsrække i 1819, dvs. fem år efter virksomhedens grundlæggelse.

Krigen afsluttede fra 1807 reelt pligtafleveringen fra Norge, som havde sit kvantitative tyngdepunkt i leverancerne fra Bergen, og nåede sit højdepunkt i 1790'erne, hvor antallet af afleverede titler fra Norge oversteg antallet, som blev leveret fra kongerigets danske provinser.

Afleveringerne fra Bergen bestod mestendels af prædikener, festtaler, skolebøger og fortegnelser over Læseselskabet i Bergen, men trykkene fra Christiania og Bergen blev afleveret, således som de skulle, i modsætning til den svindende, men eksisterende, produktion fra de to

[15] Fra de resterende trykkerier uden aflevering i opstillingen oven for kender *Danske Provinstryk* fra perioden under 1781-forordningen følgende overlevering: Helsingør 1798–1821: 48 numre; Maribo 1806–21: 21 numre; Randers 1810–21: 58 numre og Ribe 1810–21: 73 numre.

andre norske trykkerier i Trondheim og Christiansand, der ikke satte sig spor i pligtafleveringen i begyndelsen af 1800-tallet.

I modsætning til Danmark betød krigen fra 1807 en vækst i det norske bogtryk, fordi norske skribenter blev nødt til at lade deres skrifter trykke i Norge, som der i 1812 stod i en rundsendelse til de norske bogtrykkere fra „Selskabet for Norges Vel", og heri hed det ligefrem at „det engelske Overfald paa Kjøbenhavn har gjort og formodentlig stedse vil gjøre en Art Epoche i Norges Literaturhistorie".[16] Der er ikke noget, der tyder på, at den norske litteratur frem til Kielerfreden og begivenhederne på Eidsvold tilflød Det Kongelige Bibliotek som resultat af pligtaflevering.

Uden for hovedstaden afleverede hertugdømmerne mere end Danmark-Norge til sammen. I det første årti af 1800-tallet overtog Altona den førende position, som Slesvig havde haft i slutningen af 1700-tallet, og Altona fortsatte med at være centrum for hertugdømmernes pligtaflevering til København frem til krigen i 1848.

Der er ikke nogen grund til at antage, at hverken større eller mindre producenter i hertugdømmerne har været bedre til at efterleve forordningen end tilfældet var i de dansk-norske provinser. Den lapidariske aflevering, hvor der med enkelte undtagelser blev opsamlet store bogpakker med års mellemrum, og fraværet af leverancer fra trykkerier i mindre byer som Tønder (trykkeri fra 1813) og Sønderborg (trykkeri fra 1815), samt i lange perioder fra universitetsbyen Kiel, demonstrerer, at pligtafleveringsprotokollens registrering fremviser lokale interesser i at foretage pligtaflevering, i højere grad end den repræsenterer lovgivningens og bibliotekets interesse for afleveringen af hele produktionen.

Fejl i protokollering, eller manglende indførsel af afleveret materiale i protokollen, kan muligvis også medvirke til det forstemmende billede af pligtafleveringens tilstand fra provinserne. Det forekommer dog ikke sandsynligt, at protokollen blev ført konsekvent omhyggeligt for nogle bogtrykkeres vedkommende, men ikke for andre; og generelt må man

[16] Harald I. Tveterås: *Den norske Bokhandels Historie. I: Forlag og Bokhandel inntil 1830.* Oslo 1950, s. 155–156.

På modstående side: Fig. 3. Og sådan så de ud... *Grundtegning af hele Jordkloden* og *Grundtegning af Europa* fra A. F. Justs trykpresse, med træsnit skåret af guldsmeden i Viborg Thomas Pauli Harder.

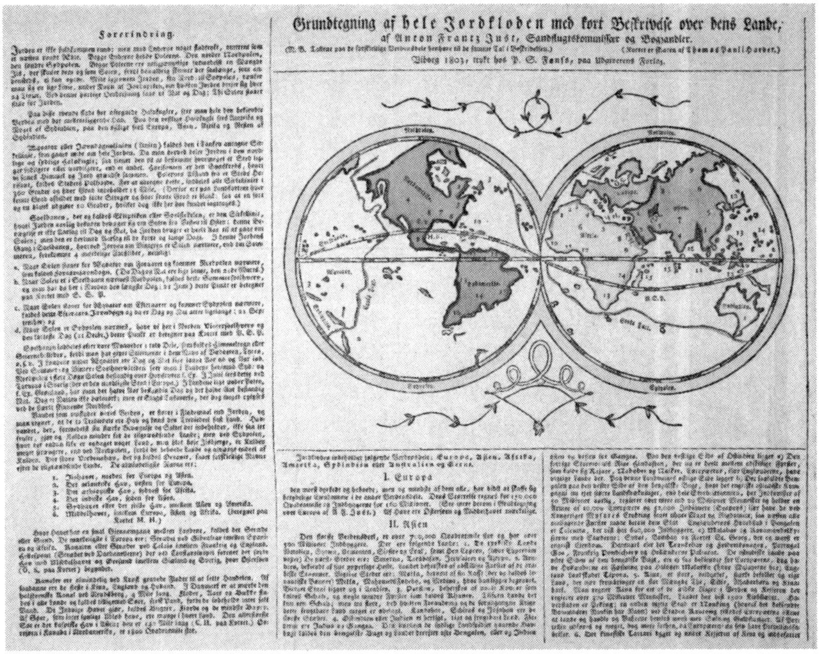

Grundtegning af hele Jordkloden med kort Beskrivelse over dens Lande;

af Anton Frantz Just, Sandflugtskommisser og Bogzandler.

Viborg 1803, trykt hos P. S. Fønss, paa Udgiverens Forlag.

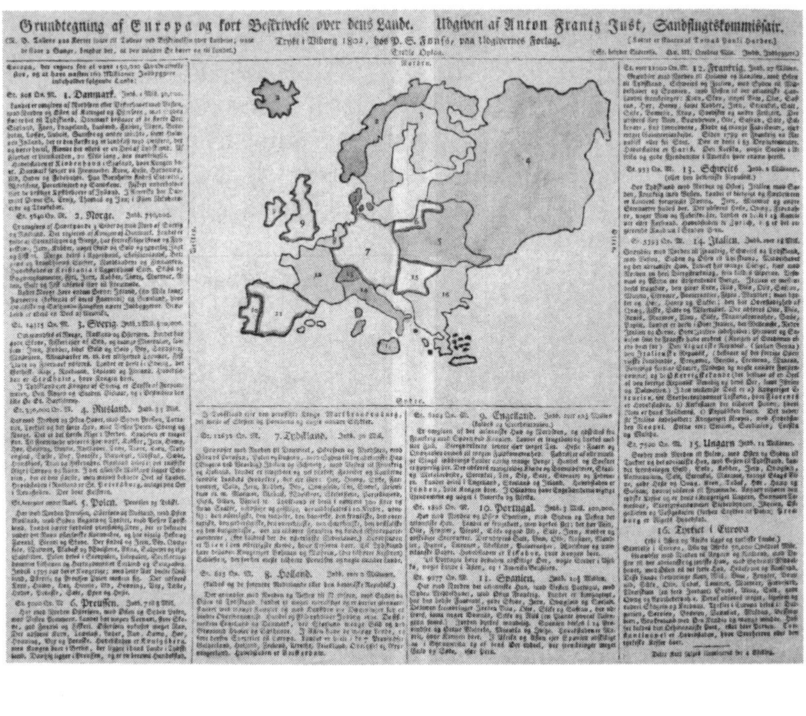

Grundtegning af Europa og kort Beskrivelse over dens Lande. Udgiven af Anton Frantz Just, Sandflugtskommissair.

Trykt i Viborg 1801, hos P. S. Fønss, paa Udgivernes Forlag.

antage, at protokollerne efter 1790 tegner billedet af pligtafleveringens tilstand på det givne tidspunkt.

Sammenlignet med provinserne forekommer afleveringen fra bogtrykkerne i København langt mere stabil i perioden fra 1790 til 1821 (tabel 3). Det samme gælder antallet af trykkerier i hovedstaden. Mens antallet af provinsbogtrykkere var i vækst, stagnerede antallet af trykkerier i København. Mellem 1781 og 1830 gik 19 danske provinsbogtrykkere i gang, mens antallet af trykkerier i København fra 1790'erne stabiliserede sig omkring 20 virksomheder.[17]

Den økonomiske krise under krigen 1807–14 skabte en overkapacitet af trykpresser i hovedstaden. I 1808 viste en undersøgelse, at kun 22 af trykkeriernes 69 presser var fuldt beskæftigede efter bogtrykkernes oplysninger.[18] Hertil kom, at Frederik 6. anvendte den ret til at nægte nye bogtrykkere privilegie, som han havde opnået med censurforordningen af 27. september 1799. Det var vanskeligt at blive bogtrykker i København, og det fik betydning, da markedet for bogtryk voksede i 1830'erne og 40'erne. Med enkelte undtagelser fandt væksten sted inden for den gamle virksomhedsstruktur.[19] Det styrkede overblikket både for censurmyndigheden, og uden sammenhæng hermed blev det også nemmere for Det Kongelige Bibliotek at administrere pligtafleveringen i hovedstaden end i provinserne.

I årtiet 1790–99 findes leverancer fra 22 københavnske trykkerier, fra 1800–1809 fra 20 trykkerier, og i det efterfølgende årti fra 18 trykkerier; men faldet i leverancerne var langt større end tilbagegangen i de leverende trykkerier. Et lavpunkt var afleveringerne i året 1810, hvor antallet af titler var mindre end halvdelen af antallet for år 1800, og udjævner man de årlige svingninger, så afløses krig af krise, uden at nogen markant forbedring af situationen tegner sig.

Det er muligt at få et billede af udviklingen i konkurrenceforholdene

[17] Erik Dal: *Dansk provinsbogtryk gennem femhundrede år.* Esbjerg 1982, s. 71. Harald Ilsøe 1992, s. 226. Ifølge O. J. Rawert: *Kongeriget Danmarks industrielle Forhold fra de ældste Tider indtil Begyndelsen af 1848.* 1850, s. 677 var der i september 1849 i København 20 trykkerier som rummede 76 presser, heraf 25 hurtigpresser, og ialt beskæftigede 336 arbejdere. Ifølge Rasmus Nyerup *Læsendes Aarbog for 1799.* 1800, s. 103 var der på det tidspunkt 21 bogtrykkere i København med 75 presser som beskæftigede 338 personer.

[18] Harald Ilsøe 1992, s. 232.

[19] Bianco Luno var blandt de få, som fik nyt privilegie. Det skete i 1831. C. Nyrop: *Bianco Luno og den danske Bogtrykkerkunst. Nogle industrihistoriske Oplysninger.* 1881, s. 14–22.

bogtrykkerne imellem, og selv om protokollerne kun angiver de afleverede titler i kort form, kan man efterspore bogtrykkernes forskellige produktionsprofiler.

Blandt de fremtrædende alsidige bogtrykkere finder man Sebastian Popp, som 1815 blev efterfulgt af sønnen H. F. Popp. Det Poppske officin blev fra begyndelsen af 1800-tallet overhalet af J. F. Schultz, og fra 1810 ligeledes af bogtrykker Andreas Seidelin. Fra disse tre trykkerier udkom hovedparten af tidens skønlitteratur og litterære tidsskrifter, og Schultz blev uden sammenligning Danmarks førende bogtrykker under krigen og krisen, hvor ca. en fjerdedel af den samlede aflevering fra København var trykt i hans virksomhed.

Hvordan 1781-forordningen blev fortolket, og hvor grænsen blev trukket for, hvad man afleverede til Universitetet og Det Kongelige Bibliotek, fremgår bedst af leverancerne fra de mindre trykkerier, der levede af andagtslitteratur, gadeviser, billeder og små historier. Tydeligvis har store producenter af gadeviser valgt at opfatte dem på linie med de „bryllups- og begravelsesvers“, der eksplicit var undtaget aflevering.

Matthias Seests bogtrykkeri specialiserede sig efter 1799 i produktion af skillingsviser, og fra virksomheden kendes 306 tryk, som hovedsageligt blev udgivet mellem 1799 og 1809.[20] Overleveringen skyldes ikke forordningen om pligtaflevering, som man kan se det i tavle 3. Matthias Seest foretog kun få opsamlende afleveringer af fortrinsvis længere tekster, som *Selvmorderes Biografier* og visemageren J. C. Brestrups selvbiografi *Mine Ungdoms-Daarligheder* fra 1807. Det samme gjaldt for afleveringerne fra viseproducenten Svares enke i 1790'erne,[21] og mens den populære andagtslitteratur fra Berlingernes trykkeri ikke blev afleveret, så var det netop andagtslitteratur som J. R. Thiele valgte fortrinsvis at aflevere. Derimod fandt mange af de underholdende historier, som han reklamerede for med fortegnelser bag i sine tryk, ikke vej til Det Kongelige Bibliotek på denne måde.

Relevanskriteriet for aflevering var skiftende fra bogtrykker til bogtrykker, og det er hævet over al tvivl, at pligtafleveringen er en upålidelig kilde til det eksakte omfang af bogtrykkeriernes produktion i perioden under 1781-forordningen. Men relativt set har afleveringstallene for København større udsagnskraft for en vurdering af bogproduktionens udvikling end de tilsvarende tal for provinserne.

[20] Ruth Andersen: *Den rapmundede Muse: Ti års danmarkshistorie i skillingsviser fra Matthias Seests bogtrykkeri*. 1995, s. 541.

[21] Harald Ilsøe 1992, s. 248–49.

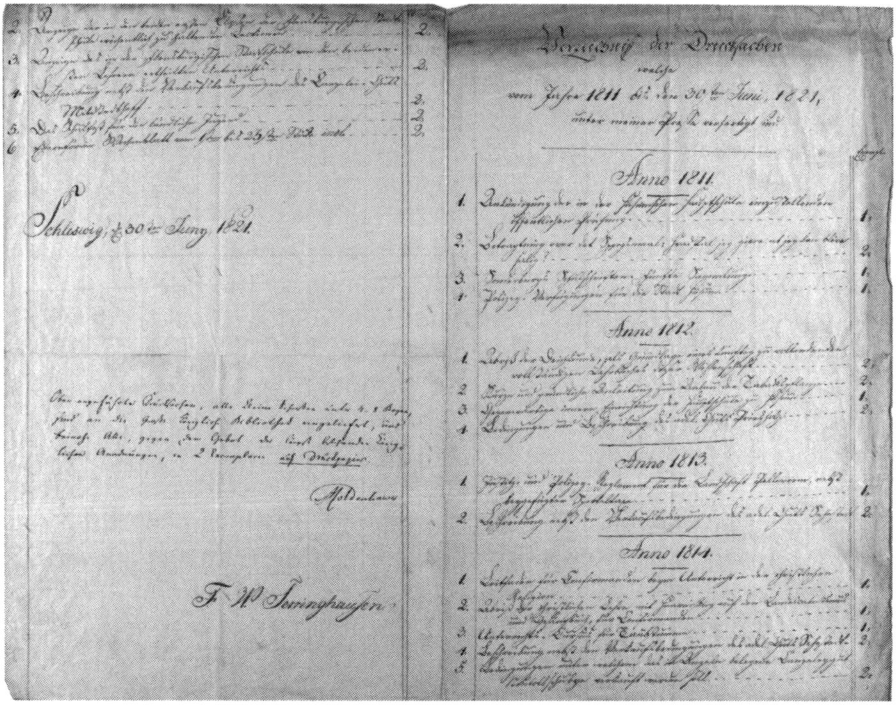

Fig. 4. En bogtrykker-designation: opsamlende aflevering fra bogtrykker F. W. Serringhausen i Slesvig af bøger trykt mellem 1811 og 1821 (KB arkiv F58). Designationen er underskrevet af Serringhausen i Slesvig d. 30. juni 1821 og påtegnet af overbibliotekar Moldenhawer, der erklærer, at med enkelte undtagelser er de små skrifter, som er på fire til otte ark, afleveret i to eksemplarer på trykpapir. Det ene skulle have været på skrivpapir. De 53 bøger medvirker til at skævvride statistikken for hertugdømmerne i 1821, jvf. tabel 2.

Tyngdepunktet for varetagelsen af pligtafleveringsloven af 1781 lå fortsat i København. På dette område er der en kontinuitet fra den tidligere lovgivning, som alene omhandlede hovedstaden. Bibliotekets sanktionsmuligheder over for modvillige bogtrykkere var heller ikke særligt klart formuleret i 1781-loven. Det var ikke længere muligt at anvende politimesteren i København som mellemled mellem bogtrykker og bibliotek, således som det havde været tilfældet i den tidligere lovgivning, og i stedet blev tilsynet med pligtafleveringen og forsendelsen af leverancerne overdraget de lokale myndigheder, dvs. stiftamtmændene, som fik til opgave at inddrive det, der måtte mangle. Det var også dem, der skulle pålægge modvillige bogtrykkere „en efter Omstændighederne afpasset Penge-Mulct, der tilfalder og efter Øvrighedens Sigelse deeles imellem de Betiente, som besørge Executionen i disse Sager, hvilken ellers foranstaltes af vedkommende Øvrighed uden noget foregaaende Lovmaal, ligesom Vores Bibliothecarius, saavidt angaaer Vores Residenz-Stad Kiøbenhavn, i lige Tilfælde haver at holde sig til Stadens Øvrighed om den fornødne Assistence." (aktstykke nr. 10).

Det var et tungt apparat at arbejde med for biblioteket, og efter alt at dømme blev afleveringerne fra provinserne ikke fulgt af nidkær opsøgende virksomhed fra Det Kongelige Bibliotek, som på dette område alene brugte ressourcer på at administrere det modtagne i perioden frem til loven blev ændret i 1821. Hertil kom at der i København var større mulighed for i dagligdagen at følge bogtrykkernes produktion, fordi kataloger, annoncer og ikke mindst de lokale boghandleres udbud kunne sammenholdes med bestanden på såvel Universitetsbiblioteket som Det Kongelige Bibliotek.

To nøglepersoner i udviklingen af Det Kongelige Bibliotek som nationalbibliotek forsøgte i to forskellige perioder at udgive løbende årsfortegnelser over udgivelsen af dansk litteratur med centrum i den københavnske boghandel. Den første var Rasmus Nyerup, som i *Læsendes Aarbog* for 1799, 1800 og 1801 offentliggjorde såkaldte „scientifiske registre" over de i de pågældende år udkomne skrifter.

Året før Rasmus Nyerup begyndte at samle sine bibliografiske årsfortegnelser, havde han klaget til politimesteren i København over en række navngivne bogtrykkeres misligholdelse af pligten til at aflevere deres udgivelser til Universitetsbiblioteket. Nyerup var universitetsbibliotekar og sekretær ved Det Kongelige Bibliotek, og i embeds medfør klagede han på Universitetsbibliotekets vegne, men problemet var identisk for begge biblioteker. I forreste forsømmelsesrække stod Svare/Winding, Matthias Seest, hofbogtrykker Møller, Horrebov, J. R.Thiele og Breum.[22] Som man kan se i tabel 3, ville en tilsvarende klage fra Det Kongelige Bibliotek have været mulig. Politimesteren sendte klagen til udtalelse hos bogtrykkerne, og Nyerup valgte at offentliggøre sin klage og nogle af bogtrykkernes svar i *Læsendes Aarbog for 1800* (aktstykke 15).

Det skete som afslutning på hans gennemgang af pligtafleveringens aktstykker og historie i dens første århundrede efter 1697. Rasmus Nyerup kaldte pligtafleveringen for „den Skat, som Bogtrykkerne have at yde til Det Kongelige Bibliotek", og „den Afgift, som skyldes Universi-

[22] *Læsendes Aarbog for 1800*. s. 126–127.

tetsbiblioteket",[23] og striden i hundredåret for dens indførelse handlede om det var bogtrykkerne eller forlæggerne, som skulle betale skatten.

Umiddelbart efter det mistrøstige billede af pligtafleveringens tilstand fulgte hans forsøg på at opstille en årsbibliografi. Hvis Rasmus Nyerups projekt var blevet udbygget og fortsat, kunne det have fået betydning for administrationen af pligtafleveringen, men en sådan forbindelse blev ikke etableret, og projektet stod og faldt med *Læsendes Aarbog*, som nåede at bibliografere 915 titler fordelt på 323 i 1799, 230 år 1800 og 362 fra 1801.[24] Som Harald Ilsøe har undersøgt det, er der ikke noget bestemt forhold mellem det antal titler, som Nyerup medtog, og pligtafleveringstallene, men hver især giver de et indtryk af bogproduktionens litterære kerne, når den er renset for en del andagts- og underholdningslæsning.

Chr. Molbech var også sekretær ved Det Kongelige Bibliotek, da han i 1814 gentog forsøget på at samle en årsbibliografi – *Almindeligt Oversyn af den danske litteratur i Aaret 1813* – i tidsskriftet *Athene*, som han redigerede. Konklusionen lød:

»De her opregnede eller optalte større og mindre Skrifter, der udgiøre den danske Litteratur i Aaret 1813, for saavidt denne her i Kiøbenhavn er bleven bekiendt, beløbe sig til 244 Artikler. Det er at beklage, at vi næsten ganske savne Kundskab om hvad der i Kongeriget Norge er udkommet, uagtet dette hører og vil høre til den danske Litteratur, ligesaa fuldt som hvad der trykkes i Danmark. Et og andet Skrift, udkommet i de danske Provindser, savnes her uden Tvivl ogsaa".[25]

Det er besnærende, at sammenholde de 244 tryk med afleveringsprotokollens sum for 1813, nemlig 243. Men ligheden bedrager, for går man videre til Molbechs *Scientifisk Oversigt af Danmarks Litteratur i Aaret 1815*, så tæller listen 185 titler, mens den tilsvarende for året 1816 løber op til 214 titler – tal som ikke står i et gennemskueligt forhold til pligtafleveringens strøm, hvor bøgerne blev protokolleret efter afleveringstidspunkt og ikke – som i årsfortegnelserne – efter produktionstidspunkt.[26]

[23] Sst. s. 122.

[24] Harald Ilsøe 1992, s. 249.

[25] *Athene. Et Maanedsskrift.* II. 1814, s. 91–92.

[26] *Athene, Et Maanedsskrift.* VI. januar 1816, og VIII. januar 1817. På samme tid, det vil sige i brydningsårene efter Kielerfreden, forsøgte forlaget Gyldendal under Jac. Deich-

Med dansk litteratur forstod Chr. Molbech, ligesom Rasmus Nyerup, litteratur fra Danmark-Norge på dansk, og begges scientifiske, dvs. systematisk fagopdelte bogfortegnelser, udgør et korrektiv til pligtafleveringslisterne set fra den københavnske boghandels, avisernes og anmeldelsestidsskrifternes synsvinkel.[27]

Er det uklart i hvilket omfang Chr. Molbech anvendte administrationen af pligtafleveringen som kilde til sine bogfortegnelser, så er det derimod sikkert, at han havde blik for forordningens potentielle betydning for nationallitteraturens bevarelse.

I 1816 udgav han en *Kort Efterretning om det store kongelige Bibliotheks Stiftelse, Skiebne og Tilstand*, hvor han hyldede 1781-forordningen som et herligt redskab til „at stifte et dansk National-Bibliothek", men samtidig beklagede han, at der ikke samtidig var blevet sørget for „at Bibliothekarerne ved det kongelige Bibliothek kunde komme til Kundskab om Alt, hvad der i de danske Stater udkom i Trykken". Han mente, at det var en fejl, at forordningen havde udeladt bogtrykkernes forhenværende pligt til at indsende en fortegnelse in duplo til myndighederne over, hvad de havde produceret: „det er herved blevet muligt for uordentlige og forsømmelige Bogtrykkere, for en Tid at unddrage sig hine prisværdige kongelige Anordningers Efterlevelse, hvis Skærpelse derfor enhver Ynder af Danmarks Nationallitteratur maa ønske".[28]

I 1816 stod grundlæggelsen af udenlandske samlings store systematiske katalog på bibliotekets dagsorden, og den skærpelse af pligtafleveringsloven, som Molbech ønskede, blev ikke umiddelbart til noget. Det første spor af en fornyet interesse for pligtafleveringen finder man i 1818, da nye årsfortegnelser over afleveringerne supplerede den gængse pligtafleveringsprotokol på Det Kongelige Bibliotek.[29]

Den nye årsfortegnelse for 1818 vedrørte alene bogtrykkerleveran-

manns ledelse at fastholde et nordisk perspektiv på bogmarkedet med udgivelsen *Fortegnelse over de Bøger, som i Aaret 1814 [-1816] ere udkomne i de tre nordiske Riger.* 1–3, 1815–17. Det fællesnordiske forlagskatalog blev ingen succes, og det ophørte med 1816-årgangen.

[27] Det var især *Kjøbenhavnske Lærde Efterretninger* – som Rasmus Nyerup redigerede mellem 1790 og 1804 – der vedvarende fulgte med i de danske bogudgivelser, som antoges at have offentlighedens interesse.

[28] Chr. Molbech: *Kort Efterretning om det store kongelige Bibliotheks Stiftelse, Skiebne og Tilstand.* 1816, s. 17–18.

[29] Det er således Protokol over Bogtrykkerafleveringer 1802–21 (KB-arkiv F43), som dubleres og gradvist suppleres af årsfortegnelser 1818–1822 (KB-arkiv F4).

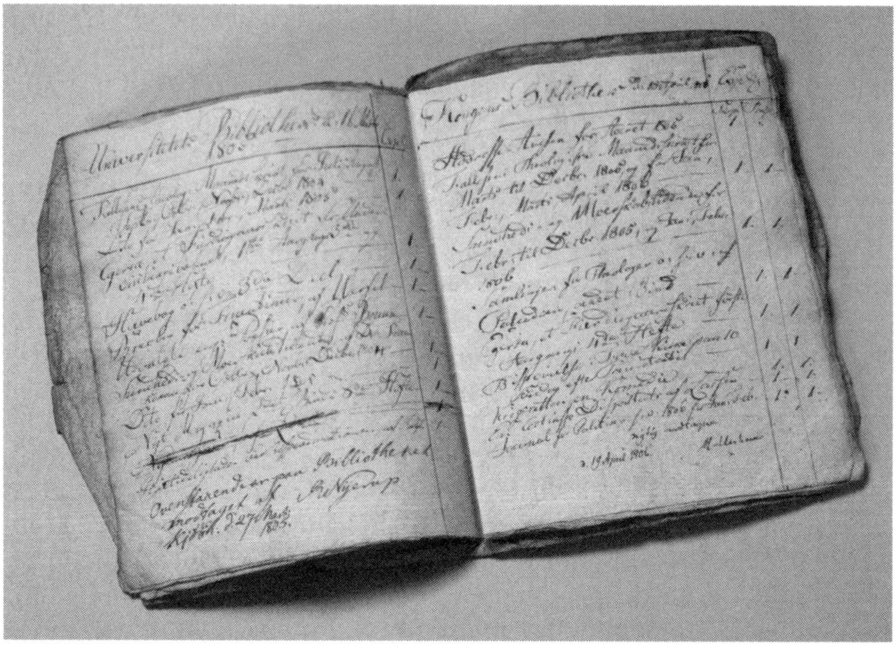

Fig. 5. Kvitteringsbog fra Morthorst enkes trykkeri i København: Den vedrører afleveringer til Universitetsbiblioteket og Det Kongelige Bibliotek mellem 1801 og 1807. Ifølge Harald Ilsøe, som har fundet bogen i HA Additamenta 602 4to, er det formentlig den ældste bevarede designation fra et københavnsk trykkeri, hvorpå der er givet kvittering for modtagelse af pligtaflevering. Trykkerne skulle aflevere »en dobbelt Fortegnelse, hvoraf den Leverende faaer den eene Gienpart tilbage med Bibliothecarii paategnede Qvittering, den anden derimod beholder Bibliothecarius til Efterretning og Rigtighed for det saaledes modtagne« (aktstykke 10). På opslaget ses afleveringen til Universitetsbiblioteket d. 16. marts 1805, som er kvitteret af Rasmus Nyerup, samt afleveringen til Kongens Bibliotek 18. april 1806, kvitteret af Moldenhawer. Afleveringen til Det Kongelige Bibliotek er fuldstændigt indført i protokol F43, s. 77.

cer fra kongeriget, mens fortegnelserne 1819–22 medtog leverancer fra de kongelige danske stater, som det hed. Det dobbelte bogholderi giver kun mening som et forsøg på at skærpe opmærksomheden omkring pligtafleveringens omfang, og da indførelsen af en ny pligtafleveringslov i 1821 medførte, at den traditionelle protokol over bogtrykkernes leverancer ikke længere blev ført, byggede årsfortegnelserne bro til den nye protokol over forlæggernes leverancer, som blev grundlagt 1822, hvorefter årsfortegnelserne ophørte.[30]

[30] Protokol over forlæggernes leverancer 1822–42. (KB-arkiv F44).

Intermezzo: 1821-forordningen

Med den nye forordning om aflevering af trykte skrifter m.v. til Det Kongelige Bibliotek og Universitetsbiblioteket af 19. januar 1821 blev forpligtelsen pålagt forlæggerne i stedet for bogtrykkerne (aktstykke 17). Det var den grundlæggende ændring, som skulle vise sig vanskelig at administrere, men dertil kom – formodentlig til Chr. Molbechs tilfredshed – at vilkårligheden i 1781-forordningens bødebestemmelser blev ophævet, og sager om lovens misligholdelse blev generelt overdraget til politimyndigheden. Forlagsbogtrykkere og forlæggerne i København skulle aflevere direkte til bibliotekerne, mens afleveringerne fra provinserne stadig skulle forsendes af amtmændene. Forordningen fra 1821 løste givet nogle problemer, især vedrørende afleveringen af store værker, trykt hos flere virksomheder, og vedrørende dyre bøger med indtrykte illustrationer; men samtidig forøgede den antallet af afleveringspligtige instanser og personer, og det vanskeliggjorde inddrivelsen af manglende afleveringer.

Udspillet til ændringen af forordningen om pligtaflevering kom fra Københavns Universitet (aktstykke 16). Hidtil havde universitetets ret til at modtage tryk fra København beroet på reskriptet fra 1753 (akstykke 6), men med den nye lov fik universitetet parallelt med Det Kongelige Bibliotek ret til at modtage tryk fra hele Danmark.

For hertugdømmernes vedkommende blev 1781/1783-forordningen om aflevering til Det Kongelige Bibliotek fastholdt (aktstykkerne 11–12), men som noget nyt blev universitetet i Kiel fra 1822 sidestillet med universitetet i København for hertugdømmernes vedkommende, idet Altona og fremtidige indehavere af bogtrykker- og boghandlerprivilegier i Slesvig-Holsten skulle aflevere et eksemplar af deres udgivelser til Kiel (aktstykke 19). Dermed var det første skridt taget i retning af en selvstændig pligtaflevering for hertugdømmernes vedkommende.

Initiativet til forskydningen af afleveringspligten fra trykker til forlægger kom også fra universitetet, hvor Rasmus Nyerup var bibliotekets leder. Faktisk efterkom den nye forordning centrale dele af de bogtrykkerklager, som han havde offentliggjort i *Læsendes Aarbog i 1801* (aktstykke 15), fordi bogtrykkerne nu kun skulle aflevere det, de selv bekostede.

Forordningens forhistorie rakte da også helt tilbage til 1801, hvor en bibliotekskommission ved Københavns Universitet med Rasmus Nyerup som penneører d. 19. oktober stilede et promemoria til universitetets Konsistorium.[31] Efter en beklagelse over bogtrykkernes manglende efterlevelse af reskriptet fra 1753 hed det: „Allerede disse Omstændigheder gjøre, at Commissionen for Universitetsbibliotheket maa andrage for Consistorium, at det tilskriver Universitetets høje Patron om, ved sin Forestilling for Hans Kongl. Majestæt, i Forening med det Kongl. Danske Cancellie, at bevirke den Forandring i Reskriptet af 14. Dec. 1753, at Bogtrykkerne for Fremtiden fritages for den dem paaliggende Forpligtelse, og at den derimod lægges paa Boghandlerne, Forlæggerne eller Udsælgerne. Forlæggerne kunne ikke besvære sig over denne Bestemmelse, som om der derved paalagdes dem nogen ny Byrde, da det i Grunden var dem, der hidtil har erlagt de paabudne Exemplarer igjennem Bogtrykkerne. Forandringen angaaer følgelig Formen og ikke Materien." Derefter opstillede kommissionen ni punkter som et udkast til en ny forordning om pligtaflevering til Universitetsbiblioteket. Universitetets ret til at modtage pligtaflevering skulle udstrækkes til „Norge og de danske Provintser", og det afleveringspligtige skulle omfatte samme materiale som leverancerne til Det Kongelige Bibliotek ifølge 1781-forordningen.

Forestillingen havde ikke den ønskede virkning, og d. 16. februar 1808 måtte kommissionen minde Konsistorium om sagen.[32] Denne gang blev Direktionen for Universitetet og de lærde Skoler d. 4. marts 1808 anmodet om velvillig medvirken til forslagets gennemførelse, men Rasmus Nyerup og Bibliotekskommissionen måtte rykke Konsistorium både i 1815 og i 1817, før der kom skred i sagen.[33] Universi-

[31] Aktstykket findes sammen med senere korrespondance derom frem til 1817 på Det Kongelige Bibliotek i HA Addimenta 602 4to.

[32] Med Rasmus Nyerups hånd hedder det bl.a. „Da Commissionen endnu siden den Tid [19. okt. 1801] ikke har erfaret noget om denne Sags Udfald, og Bibliotheket ved Bombardementet har lidt saa føleligt et Tab at det mindre nu end ellers kan taale at bestride de danske Bøgers Anskaffelse, dem Hans Majestæt Kongen allernaadigst har befalet det skal have for intet, skulde Commissionen ikke undlade herved at anmode Consistorium om, at bemeldte dens Forestilling af 19. October 1801 paa ny maatte komme under en for Bibliothekets Tarv veldædig Overvejelse."

[33] I kommissionens brev til Konsistorium 19. juni 1815 hed det: „Det er nu 14 Aar siden denne Forestilling indgik. Det Tab, Bibliotheket har lidt ved at dette Lovforslag ikke er bleven antaget, er ikke ubetydeligt. Deels er der saavel i Norge som fra de danske Provintsbogtrykkerier udkomne vigtige Skrifter, hvis anskaffelse vil falde Bibliotheket bekostelig, og deels kan den hidtil bestaaende Lovgivning for Bogleverantserne fra de kjøbenhavnske Officiner ikke andet end ansees for højst skadelig, da den fylder Bibliotheket med Bøger uden Kobber, altsaa med ubrugelige Defecter." Forandringen

Fig. 6. Rasmus Nyerup (1759–1829) arbejdede med opstillingen, katalogiseringen og vedligeholdelsen af Det nordiske Bibliotek fra 1780'erne til han blev leder af Universitetsbiblioteket i 1803. På C. W. Bocks stik fra 1793 er han portrætteret efter revolutionstidens intellektuelle mode. Chr. Molbech (1783–1857) blev tilknyttet Det Kongelige Bibliotek som voluntør 1804 og amanuensis fra 1805. H. P. Hansens træsnit, efter en tegning i Rom 1820, udtrykker guldaldertidens intellektuelle idealbillede.

tetsdirektionen fremlagde Bibliotekskommissionens forslag for Kancelliet, således som man se i Kancelliets indstilling 1821 (aktstykke 16), og efter forhandling blev resultatet indstillet til kongens godkendelse – et resultat som i alt væsentligt indeholdt de ændringer, som var blevet foreslået tyve år før med Rasmus Nyerup som drivende kraft.

Overbibliotekaren på Det Kongelige Bibliotek, D. G. Moldenhawer, havde fra Kancelliet under dets forhandling med Universitetsdirektionen modtaget Universitetets forslag til udtalelse, og han tilsluttede sig ændringen, således at den blev fælles for de to biblioteker. At dømme efter hans administration af 1781-forordningen modsvarede hans interesse for det nationale bibliotek og pligtafleveringens problemer ikke hans glødende interesse for Det Kongelige Bibliotek som universalbibliotek, og man må give hans efterfølger, E. C. Werlauff ret i, at forordningen tjente universitetsbibliotekets opgaver og interesser bedst. (kommentar til aktstykke 17).

bør ikke udsættes længere, og herefter genfremsættes lovforslaget i seks paragraffer, hvor den anden er den centrale: „at enhver i Danmark bosat Boghandler eller Hvo der Noget lader trykke paa eget Forlag, forbindes til at levere et complet Exemplar deraf til Bibliotheket, om endog Skriftet trykkes udenlands".

Den genkendelige kreds af trykkere, som man finder i tabellerne 2–3, blev nu suppleret af de store københavnske forlæggere med Schubothe, Reitzel og Gyldendal i spidsen, og yderligere forøget med leverancer fra såkaldte forfatterforlag. Forvirringen bredte sig, og som man kan se i tabel 1 faldt den samlede aflevering dramatisk i 1822–23, da virkningerne af den nye forordning slog igennem.

Vurderet på baggrund af afleveringsstatistikken, ser det ud til at den negative virkning af 1821-forordningen varede ved til den blev afløst af forordningen af 20. januar 1832, men man skal være opmærksom på, at den nye lov kun var én variabel blandt flere, der havde indflydelse på den markante vækst. Regeringens beslutning i 1831 om at forberede valg til rådgivende provinsial-stænderforsamlinger satte fornyet skub i udgivelse af aviser og ugeskrifter, og ligeledes omfattede 1830'ernes generelle økonomiske vækst også det trykte medie. 1835 var således gennembrudsåret for hurtigpressen i København.[34]

Følgerne af 1821-forordningen var dog ikke kun negative. Som en utilsigtet konsekvens førte den til en skærpet opmærksomhed om pligtafleveringens praksis, og for første gang begyndte Det Kongelige Biblioteks personale at føre kontrol med, hvad biblioteket *ikke* modtog.

Chr. Molbech indledte med at grundlægge en slags restanceprotokol i 1821.[35] Han opstillede bogtrykkere, forlæggere og boghandlere i alfabetisk rækkefølge, og indførte løbende deres udgivelser med en anmærkning, om den pågældende bog var afleveret til biblioteket, men protokollen blev hverken fuldført for 1821 eller videreført. Sandsynligvis har man i stedet besluttet at oprette den nye afleveringsprotokol, som blev ført fra 1822. Den medtog kun leverancerne, ligesom før 1821. At Molbech ikke opgav at føre kontrol med pligtafleveringen dokumenteres af et løst læg, som med hans skrift rummer en *Fortegnelse over i Aaret 1822 udkomne Danske Skrifter, som ei ere leveret til det Kongl. Bibliothek* med tilføjelsen – såvidt det vides, at de er til salg i København.[36] En del af listens ca. 90 titler er kraftigt overstreget eller har fået til-

[34] C. Nyrop: De københavnske Trykkeriers første Jernpresser, Hurtigpresser og uendelige Presse, *Skandinavisk Bogtrykkertidende* 1875, sp. 27–29. I 1849 var der 25 hurtigpresser i København, én i hhv. Odense, Viborg og Ålborg og to i Århus, jvf. O. J. Rawert 1850, s. 677.

[35] KB arkiv F48: Afleveringsbog for danske tryksager. Med Chr. Molbechs hånd. 1. bd. 1821.

[36] I KB's arkiv indlagt i protokol F49.

føjelsen „leveret", men fra begyndelsen har den indeholdt alle genrer – fra Oehlenschlæger til regnestykker, visebøger og andagtsbøger.

Der kom styr på restancelisterne, og dermed også bedre hold på pligtafleveringens tilstand, efter at E. C. Werlauff i slutningen af 1823 blev overbibliotekar. Han havde tidligere arbejdet i det nordiske bibliotek og var fra begyndelsen, som tidligere nævnt, kritisk over for 1821-forordningen.

I 1824 blev den nytilknyttede voluntør, Frederik Fabricius sat i arbejde på den nordiske sal,[37] og et resultat heraf blev en ny *Fortegnelse over Skrifter udkommet i Danmark, og hvorvidt samme er afleveret til Det Store Kongelige Bibliotek.* Fortegnelsen dækker perioden 1825–27, og bagest i protokollen finder man særskilte restancelister for årene 1824 (28 titler) og 1825 (85 titler).[38]

Disse lister blev i revideret form overført til en selvstændig restanceprotokol.[39] For perioden under 1821-forordningen fordeler restancerne sig således – (i parentes anføres antallet af titler som senere har fået tilføjet et „leveret" i marginen):
1824: 23 (7). 1825: 77 (22). 1826: 92 (26). 1827: 114 (47). 1828: 105 (28). 1829: 77 (40). 1830: 66 (2). 1831: 131 (11).

Restancerne omfatter alene danske forlæggere og bogtrykkere, og listerne svarer dermed til den fortegnelse over skrifter udkommet i Danmark, som Frederik Fabricius havde grundlagt i 1825. Fabricius fortegnelse ophørte i 1827, samtidig med at forlaget Gyldendal begyndte at udsende en kommerciel, trykt årsfortegnelse.[40]

Modellen i 1827–37 fortegnelsen var den samme som tidligere i århundredet hos Rasmus Nyerup og Chr. Molbech. Den bibliografiske kontrol omfattede alene det, der var til salg i de københavnske boglader, og provinstryk var kun repræsenteret, hvis de blev forhandlet i hovedstaden. Men som noget nyt overlevede fortegnelsen de første årgange.

[37] Albert Fabritius 1943, s. 58.
Ifølge E. C. Werlauff's „Udsigt over det store kongelige Bibliotheks nærværende Tilstand" 1829 forrettede Frederik Fabricius „alt Detail-Arbeidet paa den nordiske Sal, hvor han er vel orienteret". Palle Birkelund: E. C.Werlauffs Udsigt over Det kongelige Biblioteks tilstand i 1829. *NTBB* 43. Uppsala 1956, s. 9.

[38] KB's arkiv F49.

[39] Restancebog 1824–1900. KB's arkiv F50.

[40] *Fortegnelse over de i Aaret 1827 i Kiøbenhavn udkomne Bøger.* 1828. Fortegnelsen udkom årligt til og med 1837 og blev fra 1831-årgangen samlet af E. L. Thaarup og J. F. Giødwad.

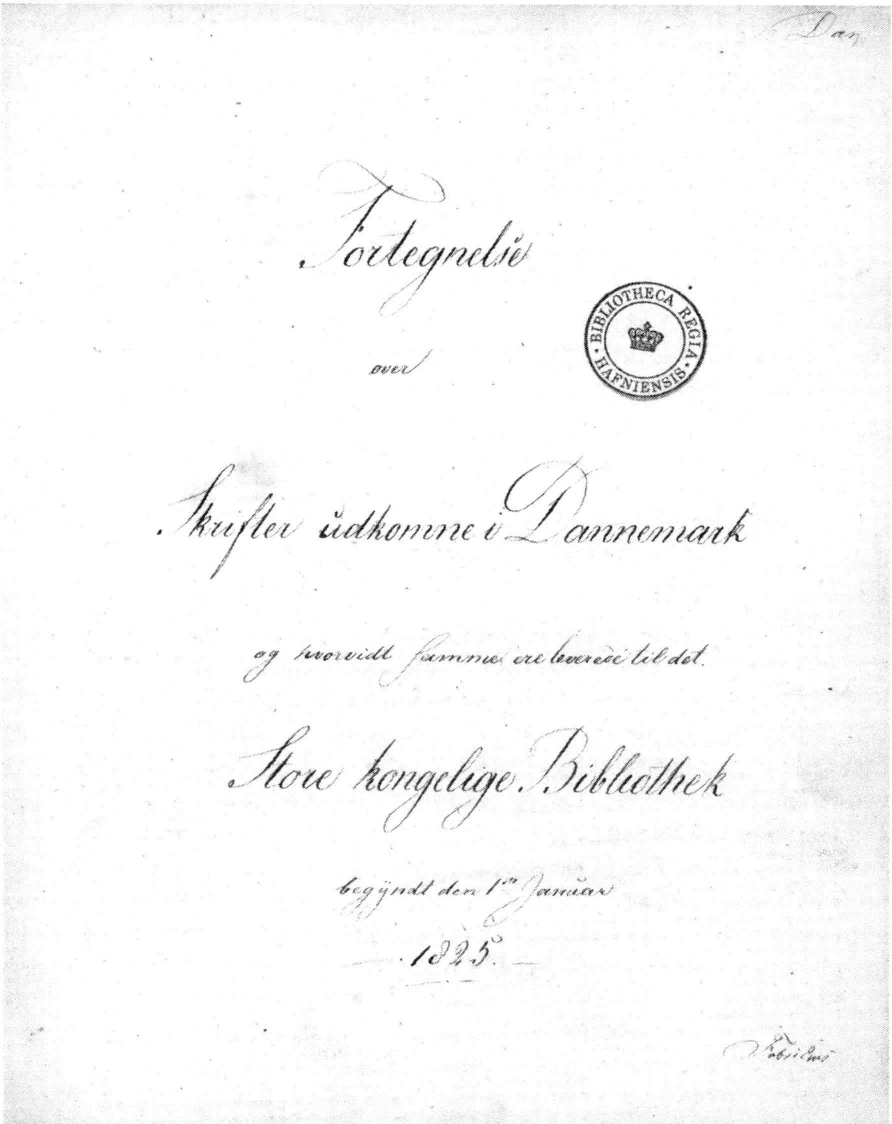

Fig. 7. Fortegnelse over Skrifter udkomne i Dannemark og hvorvidt samme ere leverede til det Store kongelige Bibliothek: begyndt den 1. Januar 1825. Fabricius (KB arkiv F49).

Aviser og andre periodica var en gråzone blandt forlagsartiklerne, og de krævede en særlig kontrol, som også blev etableret fra 1824–25. Med en alfabetisk opstillet protokol over aviser, tidsskrifter og andre periodica blev der nu på Det Kongelige Bibliotek ført løbende kontrol med afleveringerne.[41]

Pligtafleveringens regulære gang: 1832-forordningen

Da overbibliotekar E. C. Werlauff i 1828 skrev til bibliotekschef Ove Malling og foreslog en ændring af pligtafleveringsloven (aktstykke 22), havde han på baggrund af det nye kontrolarbejde belæg for at ordningen ikke fungerede tilfredsstillende for Danmarks vedkommende, og i Danske Kancelli's indstilling om ny pligtafleveringslov blev det da også nævnt, „at det for Bibliothekets Personale er blevet et forøget Arbeide, at maatte holde Bog over alt, hvad der i de offentlige Tidender anmeldes til Salg... foruden den Uleilighed, der, naar Afleveringen forsømtes, var forbunden med at lade Exemplarerne indkræve og i fornødent Fald at reqvirere Politiets Bistand“ (aktstykke 23).

Pligtafleveringen fra hertugdømmerne og fra kongeriget var blevet adskilt med 1821-forordningen, som alene omhandlede Danmark. Det Kongelige Biblioteks kontrol med afleveringerne sigtede kun på Danmark, og Werlauff var klar over at afleveringerne fra Slesvig-Holsten var et problem. På dette område dækkede han sig ind under sin bibliotekschef. Både i brevet til Ove Malling fra 1828 (aktstykke 22) og i rapporten til den nye bibliotekschef A. W. Hauch i 1829 (optrykt i kommentar til aktstykke 19) fremhævede Werlauff, den positive indflydelse bibliotekschefens henvendelse til det slesvig-holstenske kancelli havde for effektueringen af afleveringen og inddrivelsen af restancerne.

Går man til afleveringsprotokollen, så finder man da også retrospektive forsendelser fra hertugdømmerne – særligt skævvridende for statistikken er en pakke fra Slesvig i 1828 med 176 tryk fra perioden efter den nye pligtafleveringslovs indførelse i Danmark (jvf. tabel 1).

Werlauffs anmodning om en ny pligtafleveringslov blev efterkommet med forordningen af 20. januar 1832, som fortsat var fælles for Universitetsbiblioteket og Det Kongelige Bibliotek og gjaldt for Danmark, Island og kolonierne. Afleveringspligten blev ført tilbage på bogtrykkerne, mens de forbedrede myndighedsbestemmelser fra 1821-for-

[41] KB's arkiv F54.

ordningen forblev uændrede (aktstykke 24). Bogtrykkeres misligholdelse af afleveringspligten var en sag for politiet overalt i landet, men Werlauffs specielle ønske om, at censor i København skulle tilsende biblioteket lister over, „hvad der i afvigte Halvaar var presenteret til Censur“ (aktstykke 22), blev ikke til noget, og administrationen af censuren og pligtafleveringen blev ikke samkørt – heller ikke i de sidste hektiske årtier før trykkefriheden blev endeligt gennemført.

Politiet var i det hele taget ikke involveret i pligtafleveringens normale gang, således som det havde været tilfældet før 1781, selv om skiftende bibliotekarer, som Chr. Molbech og Frederik Fabricius, faktisk ønskede det. Molbech ønskede i 1816, som tidligere omtalt, politiet som mellemled mellem trykkeri og bibliotek, og Fabricius skrev i 1848 til overbibliotekar Werlauff: „Der gives kun een Maade paa hvilken Bibliotheket med nogenlunde Rimelighed kunde vente saavel fra Bogtrykkerierne som fra Steentrykkere og lignende Kunstnere fuldstændig at erholde de befalede Friexemplarer, og denne er, at det ved en Lov gjordes saadanne til Pligt at have en ordentlig stemplet Haandbog eller Journal, hvori samtlige deres Arbeider indførtes, og hvilke de vare pligtige til aarligen een eller to Gange at forevise Stedets Politimester, forsynet med Bibliothekets hoslagte Quittering for rigtig Modtagelse af det samme tilkommende“.[42] Selv om Fabricius forslag ikke antastede den nyvundne trykkefrihed, så var det mod ånden fra 48 at knytte nye kontrolbånd mellem politiet og bogtrykkerne.

Initiativet til 1832-loven var blevet taget af Det Kongelige Bibliotek, og denne gang svarede den til bibliotekets opgave med at samle den trykte kulturarv, „uagtet adskilligt heraf for Øieblikket synes ubetydeligt, kan det dog for den kommende Tid have historisk, statistisk eller anden Interesse“ (aktstykke 23). Nu blev det Universitetsbibliotekets tur til at beklage sig over lovens manglende hensigtsmæssighed for et bibliotek, som ikke havde hverken plads eller nytte af alle aviser, oversatte lejebiblioteksromaner og børnebøger...(J. N. Madvig i 1842, aktstykke 26).

I *Den danske Stats Statistik* skrev A.F. Bergsøe i 1848 om pligtafleveringen til Det Kongelige Bibliotek, at efter forskellige tiders bestemmelser var i den nyere tid „denne Sag ogsaa endelig kommet i regulair Gang; jfr. Frdg. 20.de Januar 1832, og for Hertugdømmernes Vedkommende,

[42] Palle Birkelund: Om det kongelige Biblioteks Danske Afdeling i midten af forrige århundrede. Henrik Glahn m.fl. (red.), *Hvad Fatter gjør....: boghistoriske, litterære og musikalske essays tilegenet Erik Dal.* 1982, s. 82.

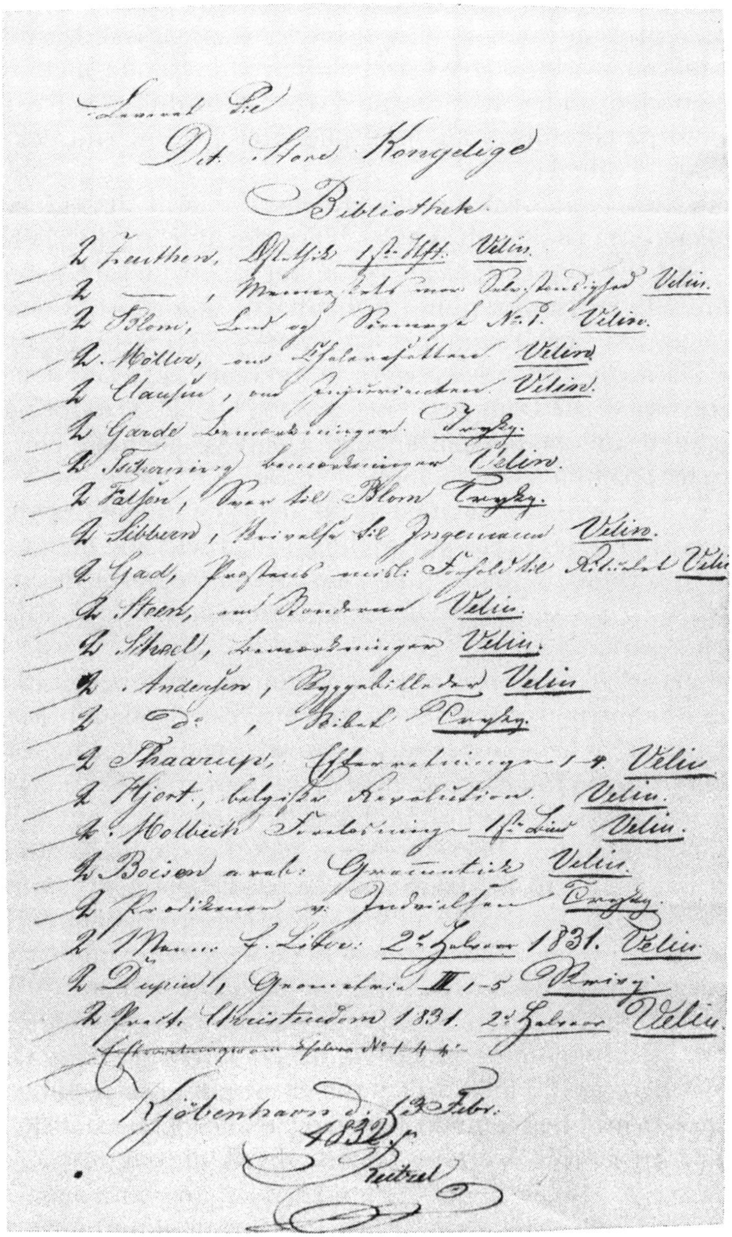
Leveret til
Det Store Kongelige
Bibliothek.
2 [illegible], [illegible] Velin.
2 —, [illegible] Velin.
2 Blom, [illegible] No. 1. Velin.
2 Møller, [illegible] Velin
2 Clausen, [illegible] Velin.
2 Garde [illegible] Trykp.
2 [illegible] Velin.
2 Falsen, [illegible] til Blom Trykp.
2 Sibbern, [illegible] Velin.
2 Gad, [illegible] Velin
2 Steen, [illegible] Velin.
2 [illegible], [illegible] Velin.
2 Andersen, [illegible] Velin
2 D°, [illegible] Trykp.
2 [illegible], [illegible] 1-4. Velin
2 Hjort, belgiske Revolution. Velin.
2 Molbech [illegible] Velin.
2 Boisen arab. Grammatik Velin.
2 [illegible] Trykp.
2 [illegible] 1831. Velin.
2 [illegible] III 1-5 [illegible]
2 [illegible] 1831. [illegible] Velin.
~~[illegible] No. 1-4.~~
Kjøbenhavn d. 13 Febr.
1832.
Reitzel

Fig. 8. Med forordningen af 20. januar 1832 ophørte de store forlagsboghandlere med at aflevere: Den sidste afleveringsliste undertegnet af Reitzel d. 13. februar 1832. (KB arkiv F58).

Frdg. 19de Januar 1781 og 15de Januar 1783".[43] Meget tyder på, at han havde ret vedrørende den regulære gang for Danmarks vedkommende efter 1832. Den nye lov skabte klarhed for de afleverende, mens modtagerinstitutionen under arbejdet med 1821-forordningen havde fået bedre hold på administrationen af pligtafleveringen, end det havde været tilfældet tidligere.

I 1835 blev Frederik Fabricius endelig udnævnt til sekretær ved biblioteket, og fra 1838 var han leder af Danske Afdeling. I 1841 udkom *Almindeligt dansk-norsk Forlagskatalog*, som var udarbejdet af Fabricius for den nystiftede Forlagsforening i København. Den afløste Gyldendals oven for nævnte årsfortegnelser fra 1827–37. Frem til 1850 fulgte Frederik Fabricius forlagskatalogen op med en række supplementer, som alene omfattede Danmark. Fra 1851 tog G. E. C. Gad føringen på området med sin løbende danske bogfortegnelse, men det blev Fabricius som fik opgaven at samle det hele til *Dansk Bogfortegnelse for aarene 1841–58*.[44] Fabricius arbejde med de samlede årsfortegnelser blev fortsat af hans efterfølger i Danske Afdeling, Johannes Vahl; men traditionen for en forbindelse mellem Danske Afdeling og arbejdet med en dansk bogfortegnelse rakte tilbage til Frederik Fabricius arbejde i 1840'erne.

Fabricius årlige rapporter til E. C. Werlauff over arbejdet i Danske Afdeling dokumenterer fra 1840 hans interesse i pligtafleveringens regulære gang fra både hovedstaden, provinserne og hertugdømmerne.[45] I beretningen for 1847 skrev han, at samtlige trykkerier fra „det egentlige Danmark" havde indsendt deres arbejder for 1846 undtagen to i hhv. Svendborg og Hjørring. De var blevet rykket både direkte og gennem amtmændene. For bogtrykker Bruun i Hjørrings vedkommende gav det resultat, som man kan se i afleveringsprotokollen for 1848, og ud for de 7 poster er korrespondencen med amtmanden noteret. For Slesvig-Holstens vedkommende var bibliotekets kontrol ikke så effektiv som for Danmarks vedkommende. Som Fabricius skrev til Werlauff: „I Hertugdømmerne restere derimod ikke faa Bogtrykkerier med deres Leverancer, med hvilket det er meget vanskeligt at controllere. Men det maa dog bemærkes at flere af disse f. Ex. det slesvigske

[43] A. F. Bergsøe, *Den danske Stats Statistik*. bd. 3. 1848, s. 142.

[44] Forlagt af Forlagsbureauet i København 1861. Svend Bruhns: Dansk Bogfortegnelse. *Danske Opslagsværker*, red. Axel Andersen 1977, s. 507–509.

[45] Palle Birkelund 1982, s. 80–84. Se også tabel B. i afsnittet *Pligtafleveringsstatistik 1790–1996* s. 566.

Døvstummeinstituts Bogtrykkeri sende, som det synes, meget fuldstændige Leveringer, om de end lade et enkelt Aar gaae forbi uden at sende noget. Fra Lauenborg har Bibliotheket aldrig modtaget noget, og Forordningen omfatter nok heller ikke dette Hertugdømme".[46]

I tabel 4 kan man i detaljen følge pligtafleveringens omfang og udvikling i perioden mellem 1840 og 1850, og med den grad af bibliografisk kontrol, som bestod under Fabricius ledelse, har tallene den historiske og statistiske interesse, hvormed Werlauff begrundede pligtafleveringsloven af 1832.

Ser man på afleveringen fra hertugdømmerne først, så er det her, man som forventet finder flest uforklarlige lakuner, jvf. indretningen af bibliotekets kontrol med restancerne og Fabricius oven for citerede rapport. Afleveringstakten var generelt ujævn, og den svarede mildt sagt ikke til forordningens krav om halvårlig aflevering. Altona var fortsat den centrale by for det trykte medie i hertugdømmerne, set fra København, men skarpt forfulgt af afleveringerne fra Kiel.

Det mest markante ved pligtafleveringstallene fra hertugdømmerne er den kronologisk udvikling i antallet af afleverende trykkerier: 14 trykkerier afleverede før 1845, mens 25 trykkerier afleverede fra og med 1845, hvorefter afleveringerne helt ophørte ved krigsudbruddet.[47]

Leverancerne fra de danske bogtrykkere uden for København tegner billedet af en stabil, men stille produktion. Da Bruun i Hjørring efterkom pligten til at aflevere i 1848, bestod den første sending af *Kingos Psalmebog, Jacobsen Bibelhistorien, Mariager om Børneopdragelsen, Hjørring Amtstidende, Love for Hjørring Amts Landøkonomiske Selskab, Love for den merkantilske Forening i Hjørring* og *3 Sange.* Ved siden af træskårne kisteblade, som kendes fra en anden virksomhed i Hjørring, uden at det satte sig spor i afleveringerne til Det Kongelige Bibliotek,[48] var det nyhedsformidling, foreningsliv opbyggelse og underholdning, som prægede lokalsamfundets brug af det trykte medie. I afleveringen fra 1850 føjer bogtrykker Bruuns udgivelse af en lille lommebogsudgave af Junigrundloven sig til dette billede.

[46] Sst. s. 81.

[47] En nærmere tolkning af disse tal og deres eventuelle politiske baggrund vil måske kunne opnåes ved at undersøge karakteren og omfanget af slesvig-holstenske bogtrykkeres aflevering til universitetet i Kiel (jvf. aktstykke 19).

[48] Fra Thøger Petersen i Hjørring kendes ca. 60 forskellige træsnitsark fra årene 1842–1873. V. E. Clausen: *Det folkelige danske træsnit i etbladstryk 1565–1884.* 1985, s. 36–38.

Øerne (uden Island) stod for ca. halvdelen af afleveringerne, og heraf kom atter ca. halvdelen fra Odense, som uden sammenligning var det største centrum uden for hovedstaden for det trykte medie i Danmark. Odense blev efterfulgt af Ålborg, Århus og dernæst en række købstæder som Slagelse, Horsens, Ribe, Randers og Viborg. Man kan hæfte sig ved, at mødestederne for de rådgivende stænderforsamlinger – Roskilde, Viborg og Itzehoe – ikke voksede relativt i forhold til andre trykkerier i perioden. Antallet af afleverende trykkerier var 19 før 1848, mens trykkefriheden og de nationale, politiske begivenheder bragte antallet af afleverende trykkerier op på 27 i treåret 1848–50.

I København havde Bianco Luno overtaget positionen fra Schultz som den helt dominerende på markedet for pligtafleveringsrelevante tryksager. I afleveringsprotokollen er leverancerne fra Luno uderopdelt efter forlag, således at man kan følge frekvensen af eksempelvis Reitzels og Gyldendals anvendelse af trykkeriet, og hvem der udgav hvad.

Væksten var klart koncentreret på de største virksomheder, såsom Luno, Berling, Klein og Schultz, der også stod for den teknologiske fornyelse og formåen, mens mindre trykkerier fortsatte med at aflevere i stabil takt. Ikke overraskende var 1848 det største år for de københavnske bogtrykkere i hele perioden, der har været under behandling her.

Pligtaflevering: stat, nation og nationalbibliotek

Nyordningen af pligtafleveringen og oprettelsen af det nordiske bibliotek var i 1780–81 samtidige og sammenhængende.[49] Men fra begyndelsen var helstatens nationalitetsproblemer indbygget i denne forbindelse.

Pligtafleveringens rammer var klart statspolitisk definerede og enslydende for Danmark-Norge, Island, kolonierne og Slesvig-Holsten. I J. G. Moltkes indstilling om oprettelsen af et særligt nordisk bibliotek, som blev tiltrådt af regeringen 18. december 1780, var det ligeledes *staten*, der var det centrale begreb. „En Stats egen Literature er altid for den et meget vigtigt Fag“, og derfor blev det indstillet „at alle de Skrifter, som findes at henhøre til de Danske Staters Literature, maatte, naar

[49] Jvf. Harald Ilsøes fremstilling i denne bog og Steen Bille Larsen: Oprettelsen af det nordiske bibliotek 1780, *Fund og Forskning* 25, 1981, s. 47–76.

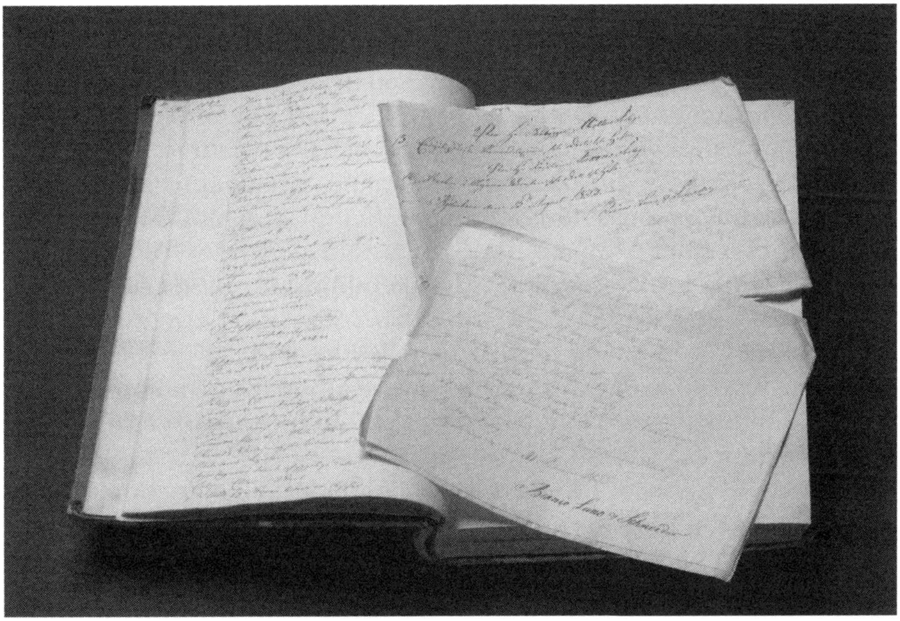

Fig. 9. Protokolopslag med leverancer fra Bianco Luno 1843. Under Forlagsforeningens forlag ser man *Erslews Forfatterlexicon* og Frederik Fabricius *Forlagskatalog for 1841–42*. Under Udgivernes Forlag finder man *Opbyggelige Taler* og *Enten-Eller* af Søren Kierkegaard (KB arkiv F45 s. 18). Indlagt nogle af de ældste bogtrykker-designationer fra Bianco Luno og Schneider 1833 (KB arkiv F58).

Bibliothequet sættes i orden, adskilles fra dets øvrige Klasser, og deraf formeres en Klasse for sig selv..".[50]

Således oprettede John Erichsen det nordiske bibliotek, og det skulle løbende suppleres af leverancerne fra alle kongens riger og lande. Da John Erichsens bibliotek blev præsenteret i Profts Lommebog for København i 1794, blev det kaldt for „National-Bibliothek", og „Til dette Bibliothek leveres af alle Rigernes og Landenes Bogtrykkere, alt hvad der trykkes til Udsalg..". Helstaten og det nationale var endnu ikke i konflikt, men imellem 1781 og 1850 kom opfattelsen af relationen mellem stat og nation i skred. Det fik betydning for synet på pligtafleveringen, der gradvist blev opfattet som et i første række nationalt, dansk aktiv.

[50] Steen Bille Larsen 1981, s. 61–62.

I 1790'erne blev betegnelsen nationalbibliotek anvendt dobbelttydigt om Det Kongelige Bibliotek. Da biblioteket blev åbnet for offentligheden i 1793 skrev Rasmus Nyerup i en oversigt over bibliotekerne i København:[51] „og nu til Slutning det allervigtigste! Kjøbenhavn har faaet et Nationalbibliothek... [majestæten har besluttet] at saa uforlignelig en Samling, der har kostet saa mange af Statens Penge, ogsaa skulle tjene til en mere udbredt Nytte for Staten, end blot til at danne et Par Grammer eller Møllmanner, han har til den Ende ved Placat af 15de November gjort det til et Nationalbibliothek, og da denne Indretning maa formodes at blive af største Vigtighed i henseende til Oplysningens Fremme og Kundskabers Udbredelse, meddeles herved hele den Kongelige Anordning in extenso." Stat og nation var her forenet i befolkningen, som havde fået et bibliotek forærende – nationens bibliotek.

Først Chr. Molbech nydefinerede relationen mellem nation, litteratur og nationalbibliotek. I den artikel i månedsskriftet *Athene*, hvormed han i 1814 indledte sit forsøg på at samle årsfortegnelser over den danske litteratur formulerede han et nyt kriterie for nationallitteratur:[52] „Hvad Litteraturen angaar, saa ved man, at dens Redskab er Sproget; og Sproget er den hele Nations Tale, eller Udtrykket for dens indvortes Liv, hvoraf da ogsaa følger, at om Nationen har noget Liv, og nogen eiendommelig Character, maa de præge sig i dens Litteratur", og den egentlige „Nationallitteratur" består af originalskrifter, som i landets sprog skrives af landets borgere.[53] Hvis man kastede et blik på de sidste syv år, dvs. siden Københavns bombardement, så var Molbech ikke i tvivl om, at „vor Nationallitteratur, i Sammenligning med et lige Tidsrum af de foregaaende Aar, snarere har vundet end tabt, naar man ser paa dens virkelige Værd... i en Tid, da man har hørt almindelig Klage over Læselystens Aftagelse og Boghandelens Forfald...".

Året efter, i 1815, udfoldede han synspunktet i den stort anlagte afhandling „Om Nationalsprogets Hellighed"[54], og på den baggrund var det klart, hvad han mente, da han i den korte efterretning om Det

[51] *Kjøbenhavnske Lærde Efterretninger* December 1793, s. 810.

[52] Almindeligt Oversyn af den danske Litteratur i Aaret 1813, *Athene. Et Maanedsskrift.* II. 1814, s. 76–77.

[53] Ifølge Flemming Conrad var Chr. Molbech den første, der udfoldede nationallitteraturens begreb i Danmark. Flemming Conrad: Den nationale litteraturhistorieskrivning 1800–1861. *Dansk Identitetshistorie,* 2, 1991, s. 424–425.

[54] *Athene. Et Maanedsskrift.* IV. marts 1815.

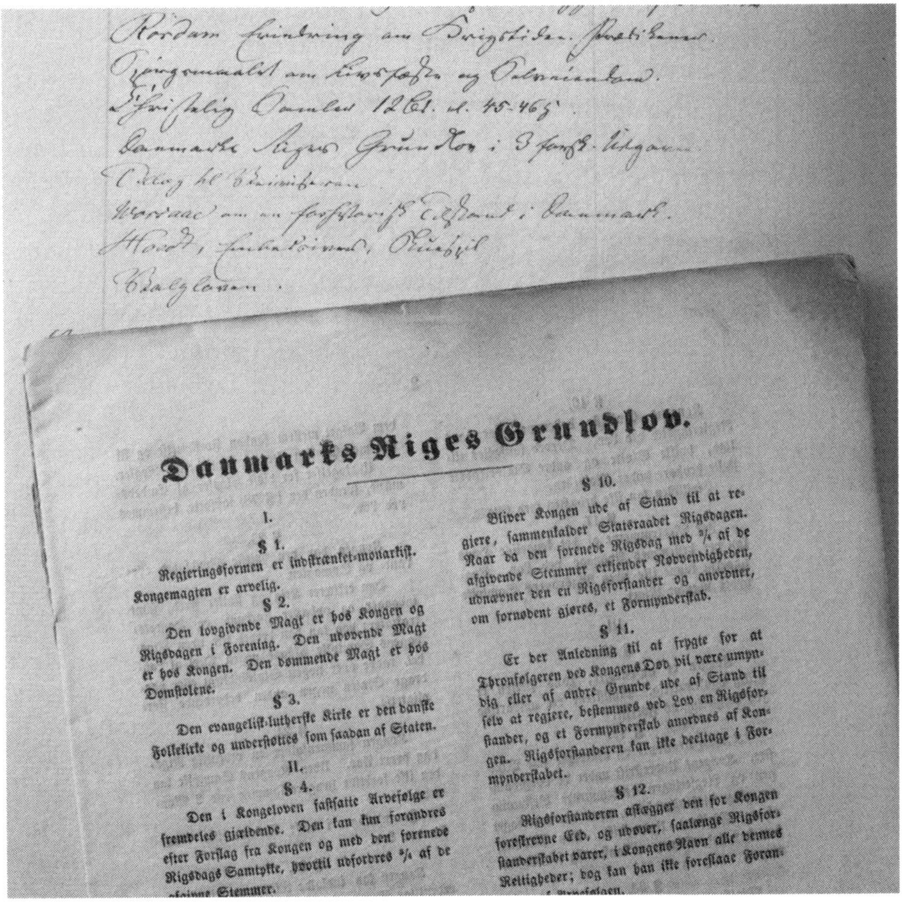

Danmarks Riges Grundlov.

I.

§ 1.

Regjeringsformen er indskrænket-monarkisk. Kongemagten er arvelig.

§ 2.

Den lovgivende Magt er hos Kongen og Rigsdagen i Forening. Den udøvende Magt er hos Kongen. Den dømmende Magt er hos Domstolene.

§ 3.

Den evangelisk-lutherske Kirke er den danske Folkekirke og understøttes som saadan af Staten.

II.

§ 4.

Den i Kongeloven fastsatte Arvefølge er fremdeles gjældende. Den kan kun forandres efter Forslag fra Kongen og med den forenede Rigsdags Samtykke, hvortil udfordres ¾ af de afgivne Stemmer.

§ 10.

Bliver Kongen ude af Stand til at re-
giere, sammenkalder Statsraadet Rigsdagen.
Naar da den forenede Rigsdag med ¾ af de
afgivende Stemmer erkjender Nødvendigheden,
udnævner den en Rigsforstander og anordner,
om fornødent gjøres, et Formynderskab.

§ 11.

Er der Anledning til at frygte for at
Thronfølgeren ved Kongens Død vil være umyn-
dig, eller af andre Grunde ude af Stand til
selv at regiere, bestemmes ved Lov en Rigsfor-
stander, og et Formynderskab anordnes af Kon-
gen. Rigsforstanderen kan ikke deeltage i For-
mynderskabet.

§ 12.

Rigsforstanderen aflægger den for Kongen
foreskrevne Eed, og udøver, saalænge Rigsfor-
standerskabet varer, i Kongens Navn alle dennes
Rettigheder; dog kan han ikke foreslaae Foran-

Fig 10. Junigrundloven afleveret fra bogtrykker Klein 1849, således som det fremgår af KB arkiv F45 s. 140.

Kongelige Biblioteks tilstand i 1816 skrev, at en skærpelse af pligtafleveringslovens efterlevelse var, hvad „enhver Ynder af Danmarks Nationallitteratur“ måtte ønske.[55] Samtidig beskrev han loyalt nationalbiblioteket som helstatens bibliotek, men det var hævet over tvivl, at det var samlingen af den danske litteratur, der havde hans interesse.

Molbechs ideer fra 1849 om Danske Afdeling som et „dansk Nationalbibliothek, et Museum for den danske Litteraturs Bevaring“, hvor nationallitteraturen „Aar for Aar selv opreiste sit historiske Monument,

[55] Chr. Molbech 1816, s. 18.

og hvor dette overleveredes fra Slægt til Slægt med al den Fuldstændighed, som er at opnaae",[56] udsprang ikke alene af den massive nationale vækkelse under Treårskrigen, men rakte tilbage til de nationale strømninger i de første årtier af århundredet.

Fra og med pligtafleveringsloven af 1821, som alene gjaldt for Danmark, blev arbejdet med bogfortegnelser og restancelister centreret om Danmark. Den lov er først og fremmest blevet husket for dens uheldige bestemmelse om forlagenes afleveringspligt, men 1821-forordningen var også markant ved ikke at finde tilsvarende anvendelse for Slesvig-Holsten. Den udvikling blev knæsat med 1832-loven.

At pligtafleveringen fungerede under både en gammel (1781–83) og en fornyet forordning betød selvklart ikke, at arbejdet med afleveringerne fra hertugdømmerne skulle prioriteres lavere, men de facto blev der fra 1821 skabt en særskilt ramme for inddrivelsen af Danmarks trykproduktion – det vil i hovedsagen sige nationallitteraturen i Molbechs definition – og 1832-forordningen ændrede ikke ved den situation.

Frederik Fabricius indledte sit livslange arbejde med dansk bogfortegnelse ved at udarbejde *Fortegnelse over Skrifter udkommet i Danmark, og hvorvidt samme er afleveret til Det Store Kongelige Bibliotek* 1825–27. Med mellemrum udgav han bogfortegnelser frem til den sammenfattende *Dansk Bogfortegnelse for Aarene 1841–1858* i 1861. I det omfang hans bibliografiske interesse strakte ud over Danmark, var det nordiske/skandinaviske udgivelser, der optog ham.[57] Det er vanskeligt at vide, hvilken betydning arbejdet med den danske pligtaflevering havde for hans bibliografiske arbejde, men det er sandsynligt, at der har bestået en gensidig kontrol derimellem.

For hertugdømmernes vedkommende blev 1781–83 forordningerne om pligtaflevering til Det Kongelige Bibliotek først ophævet som et resultat af krigen 1864 (aktstykke 32). Det havde været mere end vanskeligt at inddrive leverancerne, efter at de var ophørt i 1847–48,[58]

[56] Et Votum om det store Kongelige Bibliothek, af Professor D. F. Eschricht, med Anmærkninger og en Skrivelse til Forfatteren, af C. Molbech. Chr. Molbech: *Historisk-biographiske Samlinger og Bidrag til den danske Sprog- og Literaturhistorie i ældre og Nyere Tid.* 1851, s. 269. Molbech ønskede, at den nationale samling skulle ophøre med at være et lånebibliotek, og i stedet blive til et læsesalsbibliotek.

[57] Jvf. hans *Almindeligt dansk-norsk Forlagskatalog* 1841 og sidst hans *Aarbog for Skandinaviens Litteratur* 1851–53.

[58] *Palle Birkelund 1982*, s. 86. Se også tabel B. og tabel C. i afsnittet *Pligtafleverings-statistik 1790–1996*. s. 566–568.

og i realiteten havde pligtafleveringen fra hertugdømmerne og Danmark været administreret forskelligt fra 1821–22 i tråd med den nationale, litterære sprogpatriotisme, som kendetegnede tiden efter 1814. Da Chr. Bruun i 1860'erne grundlagde den retrospektive, trykte nationalbibliografi *Bibliotheca Danica,* udelod han ganske enkelt en stor del holstenske og slesvigske tryk.[59] Erik Dal undrer sig over, at Chr. Bruun trods katalogens bredt fortolkende danica-begrænsning indsnævrede kriterierne for optagelse af slesvico-holsatica i sit værk, og finder det plausibelt, at han har villet undgå at give en dansk nationalbibliografi et for tysk præg.[60] *Bibliotheca Danica* blev slutstenen på den nationale udvikling i 1800-tallets boghistorie.

[59] Med Chr. Bruuns formulering i Fortalen til bd. 1, (1877 s. IX) omfatter *Bibliotheca Danica* „i Danmark (deri indbefattet Slesvig), i Norge..." etc. Med H. Ehrencron-Müllers formulering i forordet til *Supplement 1831–1840 til Bibliotheca Danica samt Bibliotheca Slesvico-Holsatica til 1840.* 1948. „tillige havde Bruun udeladt store Dele af den slesvigske og holstenske Litteratur, som han ikke fandt hørte ind under Begrebet Bibliotheca Danica".

[60] Erik Dal: Bibliotheca Danica 1482–1830 og Catalog over det store kongelige Biblioteks danske og norske Afdeling. *Danske Opslagsværker,* Red. Axel Andersen, 1977, s. 237.

Tabel 1. Pligtaflevering til Det Kongelige Bibliotek 1790–1850 fra København, Kongerigets provinser, Norge til 1814 og Hertugdømmerne.

Antal bogførte bibliografiske enheder år for år, således som de er indført under afleveringsår i protokollerne F42, F43, F44, F45 samt F4 i KB's arkiv (der er ikke tale om produktionsår, da en del af det afleverede materiale tilhører forrige års bogproduktion. Island og kolonierne medtaget under Danmark-Norge).

	Total	København	Danmark-Norge	Hertugdømmerne
1790	295	255	30	10
1791	347	241	36	70
1792	397	321	56	20
1793	341	223	36	82
1794	350	259	42	49
1795	325	262	18	45
1796	430	284	87	59
1797	445	346	44	55
1798	458	353	56	49
1799	263	225	34	4
Sum	*3651*	*2769*	*439*	*443*
1800	362	317	40	5
1801	323	265	37	21
1802	431	286	32	113
1803	350	291	35	24
1804	271	216	28	27
1805	297	204	26	67
1806	309	238	24	47
1807	249	209	21	19
1808	218	190	22	6
1809	224	201	13	10
Sum	*3034*	*2417*	*278*	*339*
1810	172	145	5	22
1811	209	182	19	8
1812	195	167	12	16
1813	243	204	17	22
1814	206	183	7	16
1815	252	224	9	19
1816	208	155	12	41
1817	276	237	8	31
1818	250	222	10	18
1819	349	212	99	38
Sum	*2360*	*1931*	*198*	*231*

	Total	København	Danmark-Norge	Hertugdømmerne
1820	254	215	10	29
1821	476	192	111	173
1822	131			
1823	49 (175)*			
1824	321 (195)*			
1825	221			
1826	323			
1827	294			
1828	548 (heraf 176 enheder fra Slesvig 1820ff.)			
1829	293			
Sum	*2910*			
1830	398			
1831	413			
1832	659			
1833	645			
1834	600			
1835	567			
1836	602			
1837	628			
1838	612			
1839	562			
Sum	*5686*			

	Total	København	Danmark	Hertugdømmerne
1840	810	584	96	130
1841	646	442	132	72
1842	691	417	100	74
1843	712	485	137	90
1844	824	596	117	111
1845	934	565	114	255
1846	899	613	129	157
1847	946	666	122	158
1848	888	715	103	70
1849	720	628	92	0
Sum	*8070*	*5811*	*1142*	*1117*
1850	857	663	194	0

* Det ekstremt lave tal for 1823 skyldes specielt den tilfældighed, at en stor del af årets aflevering fandt sted i begyndelsen af 1824. Tager man højde for det ser tallene ud som anført i parenteserne efter tallene for hhv. 1823 og 1824.

Tabel 2. Pligtaflevering fra provinserne 1790–1821.
Afleveringsårene 1790–1799.
Kilde: Det kongelige Biblioteks arkiv F.42.

Trykkeri:	år: 1790	91	92	93	94	95	96	97	98	99	*Sum*
St. Croix	4										*4*
Island										13	*13*
Trondheim ..	10	10	11	8	12	4	10				*65*
Bergen			19	10	19		38	18	16		*120*
Christiania ...	3						16	4	11	6	*40*
Christiansand		3	2			2	2				*9*
Aalborg	4	10	6	5		4	3	4	4		*40*
Viborg		3	1	3		2	3	6	8		*26*
Fredericia		5	6								*11*
Odense	6		8	6	7		10	12	11	9	*69*
Sorø	3	5	3	4	4	6	5		6	6	*42*
Sum	*30*	*36*	*56*	*36*	*42*	*18*	*87*	*44*	*56*	*34*	*439*
Hertugdømmerne											
Haderslev	6	4	5	5	7	10	5		5		*47*
Flensborg		5	5								*10*
Slesvig	4	6	5	34	37	28	42	37	40		*233*
Glückstad		4	3	1	5	7	7	8	4	4	*43*
Altona		33	2	14			5	10			*64*
Kiel		18		28							*46*
Sum	*10*	*70*	*20*	*82*	*49*	*45*	*59*	*55*	*49*	*4*	*443*
Samlet sum	*40*	*106*	*76*	*118*	*91*	*63*	*146*	*99*	*105*	*38*	*882*

Tabel 2. Pligtaflevering fra provinserne 1790–1821.
Afleveringsårene 1800–1809.
Kilde: Det kongelige Biblioteks arkiv F.42 og F.43.

Trykkeri:	år: 1800	01	02	03	04	05	06	07	08	09	*Sum*
Island					9			5			*14*
Bergen		16	18	11		6	8				*59*
Christiania ...	8	3		2		4					*17*
Viborg	17	13		11	14	8	9	10	14	7	*103*
Odense		5	1	7	1	2	3	2			*21*
Sorø	15		13	4	4	6	4	4	8	6	*64*
Sum	*40*	*37*	*32*	*35*	*28*	*26*	*24*	*21*	*22*	*13*	*278*
Hertugdømmerne											
Haderslev			8								*8*
Slesvig			56			47	21				*124*
Friedrichstadt							12				*12*
Glückstad	5	2	6	11	4	5	4				*37*
Altona		19	43	13	23	15	10	19	6	10	*158*
Sum	*5*	*21*	*113*	*24*	*27*	*67*	*47*	*19*	*6*	*10*	*339*
Samlet sum	*45*	*58*	*145*	*59*	*55*	*93*	*71*	*40*	*28*	*23*	*617*

Tabel 2. Pligtaflevering fra provinserne 1790–1821. Afleveringsårene 1810–1821.
Kilde: Det kongelige Biblioteks arkiv og F43 og F4.

Trykkeri:	år: 1810	11	12	13	14	15	16	17	18	19	20	21	*Sum*
St. Croix......									1				*1*
Viborg.........	3	8	7	6	7	9	9	8	9	8	8	13	*95*
Ribe............												26	*26*
Odense........	2			4			3			89		66	*164*
Sorø............		11	5	7									*23*
Slagelse.......										2	2	6	*10*
Sum.............	*5*	*19*	*12*	*17*	*7*	*9*	*12*	*8*	*10*	*99*	*10*	*111*	*319*
Hertugdømmerne													
Haderslev....	15						16				14		*45*
Slesvig.........												53	*53*
Altona.........	7	8	16	22	16	19	25	31	18	24	15	56	*257*
Kiel.............												64	*64*
Itzehoe........										14			*14*
Sum.............	*22*	*8*	*16*	*22*	*16*	*19*	*41*	*31*	*18*	*38*	*29*	*173*	*433*
Samlet sum....	*27*	*27*	*28*	*39*	*23*	*28*	*53*	*39*	*28*	*137*	*39*	*284*	*752*

Tabel 3. Pligtaflevering fra bogtrykkerne i København 1790–1821. Afleveringsårene 1790–99
ifølge afleveringsprotokol F42 i KB's arkiv. (Kilde: Harald Ilsøe, 1992 s. 250).

Trykkeri:	år: 1790	91	92	93	94	95	96	97	98	99	*Sum*
Berling	4	4	4	4	4	3	3	3	3	2	*34*
Breum						15	8	13			*36*
Brünnich										29	*29*
Christensen .			20	29	28	15	26	24	29	19	*190*
Cohen										12	*12*
Graae/Irgens	6	2									*8*
Holm	27	37	44	28	22	29	27	50	10	20	*294*
Horrebow	10		11		9		6	8	4	8	*56*
Høecke	17	14	18	21	22	10	22	37	36	14	*211*
Høpffner	19	31	19	25	17	19					*130*
Morthorst	7	8	4			2		5	7	24	*57*
Møller	23		26			25				31	*105*
Popp	23	42	56	23	80	38	104	46	66		*478*
Schultz	42	64	57	50	12	52	47	31	50	52	*457*
Seest				10		39	18	17	23		*107*
Seidelin									45		*45*
Simmelkiær/ Poulsen	12	6	5	4	16	8	4	7	66		*128*
Svares enke ..	3	6	9	12	13			31			*74*
Sønnichsen ..	9		17		9	7		5			*47*
F.W. Thiele ..	20	7	4	8	11			46			*96*
J.R. Thiele ...	30	16	24	6	14		19	23	11	11	*154*
Vajsenhuset .	3	4	3	3	2				3	3	*21*
Sum	*255*	*241*	*321*	*223*	*259*	*262*	*284*	*346*	*353*	*225*	*2769*

Tabel 3. Pligtaflevering fra bogtrykkerne i København 1790–1821. Afleveringsårene 1800–1809
ifølge afleveringsprotokol F42–43 i KB's arkiv. (Kilde: Harald Ilsøe, 1992 s. 251).

Trykkeri:	år: 1800	01	02	03	04	05	06	07	08	09	*Sum*
Beckstrøm ...			7	12							*19*
Berlingerne .	2	2	2	2		2	2	2	2	2	*18*
Breum		34		25		11	23			3	*96*
Brünnich	27										*27*
Christensen .	12	29	19	20	27	16	17	16	14	11	*181*
Cohen	18		21	12			21	8		18	*98*
Holm/ Sebbelow	26	20	25	32	22	21	14	15			*175*
Horrebow	6	12	9	5			9				*41*
Høecke	6	19	17	20	16	11	10	11	10	8	*128*
Irgens	4									2	*6*
Morthorst	25	22	14	9	6	10	9	7	14	12	*128*
Møller		30	11		28	8	10	8	12		*107*
Popp	50	42	27	28	25	25	16	28	18	16	*275*
Poulsen	7	15									*22*
Schultz	62		75	104	75	67	71	75	66	66	*661*
Seest	17									12	*29*
A. Seidelin ...					13	25	28	30	23	27	*146*
K.H. Seidelin/ Rangel	41	30	22						23	15	*131*
J.R. Thiele ...	12	9	35	22		8	8	9	8	6	*117*
Vajsenhuset .	2	1	2		4					3	*12*
Sum	*317*	*265*	*286*	*291*	*216*	*204*	*238*	*209*	*190*	*201*	*2417*

Tabel 3. Pligtaflevering fra bogtrykkerne i København 1790–1821. Afleveringsårene 1810–1821
ifølge afleveringsprotokol F43 og F4 i KB's arkiv.

Trykkeri:	år: 1810	11	12	13	14	15	16	17	18	19	20	21	*Sum*
Berling	2	2	1	1	1	1	1	1	1	1	1		*13*
Breum		13	8										*21*
Brünnich				23				31					*54*
Christensen .	16		5	6	6	5	11	13		15			*77*
Cohen				6			3	2	3	5	6	13	*38*
Græbe	13	2	5	24	36	27		23	20		18		*168*
Høecke		6	2	5	7	3	6	2	2	3	2	4	*42*
Irgens											5	11	*16*
Mandra		10	16	4	6			25		24		25	*110*
Morthorst	5	14	19	15	14		12	15	10	11	39		*154*
Møller	9	6		8	5	4	5	2	7	2	4		*52*
Popp	13	8	14	6	14	17		36	58	23	37	43	*269*
Schultz	57	62	63	37	57	90	54	52	51	46	47	34	*650*
Sebbelow	8												*8*
Seidelin	22	24	27	25	29	30	21	25	30	52		52	*337*
Rangel		17		23							17		*57*
J.R. Thiele ...		8		10		32	35		29	22	27		*163*
Vajsenhuset .		10	7	11	8	15	7	10	11	8	12	10	*109*
Sum	*145*	*182*	*167*	*204*	*183*	*224*	*155*	*237*	*222*	*212*	*215*	*192*	*2338*

*Tabel 4. Pligtaflevering fra København, provinserne og hertugdømmerne 1840–1850.**
Det kongelige Biblioteks arkiv F44 (Forlæggernes/Bogtrykkernes Leverancer 1822–42) og F45 (Bogtrykkernes leverancer 1843–56).

Trykkeri:	år: 40	41	42	43	44	45	46	47	48	49	50	*Sum*
København												
Græbe	11	12	14	10	14	14	12	12	11	9	11	*130*
Schultz	45	40	40	44	42	42	50	52	49	51	49	*504*
Trier	18	12	22	26	22	13	22	20	21	25	31	*232*
Luno	163	140	148	149	159	183	184	189	238	173	178	*1904*
Brünnick (1847 f.: S.B. Salomon)	14	16	17	18	22	12		1	10	12	18	*140*
Quist	32	30	30	24	38	28	26	33	31	27	33	*332*
Berling	33	16	18	12	66	55	59	88	82	66	50	*545*
Thiele	13	12	10	29	10	11	7	12	25	40	51	*220*
Jørgensen	16	11	14	3	4	7	9	6				*70*
Nissens Enke/ Bording	22	2	6	3	9	6	8	3	6	3	1	*69*
Klein/Seidelin	34	22	37	34	39	42	45	61	72	74	75	*535*
Møller	26	5	24	15	22	9	26	19	16	19	41	*222*
Salomon el. det Poppske Officin	35	46	34	32	21	30	31	26	29	27	19	*330*
Schlesinger	3	24	36	37	29	19	25	33	23			*229*
Jacobsen	27	11			7	1	8	4	3	2		*63*
Schellerup	8	5	5	6	5	6	3	3	6	6	3	*56*
Löser		4	15	18	25	18	21	45	40	31	43	*260*
Brill	26		25	20	19	22	34	32	27	36	31	*272*
Behrendt	16				10		8	5	5	6	8	*58*
Scharling			14		28	37	19	16	18	18	17	*167*
Kjøpping	8	3										*11*
Michaelsen					5	10	13	4				*32*
Rostock		1										*1*
Fabritius Tengnagel	17	19	7									*43*
Schneider & Werner	17	11										*28*
Humbachs enke				5								*5*
„Dagens" trykkeri				1								*1*
Listoe							3	2	3	3	3	*14*
Elvius											1	*1*
Sum	*584*	*442*	*417*	*485*	*596*	*565*	*613*	*666*	*715*	*628*	*663*	*6474*

*Tabel 4 (fortsat). Pligtaflevering fra København, provinserne og hertugdømmerne 1840–1850.**
Det kongelige Biblioteks arkiv F44 (Forlæggernes/Bogtrykkernes Leverancer 1822–42) og F45 (Bogtrykkernes leverancer 1843–56).

Trykkeri:	år: 40	41	42	43	44	45	46	47	48	49	50	*Sum*
Kongeriget uden for København												
Islands Stiftsbogtrykkeri/ Helgason i Island		4	6		6	11	7	8	10	9	9	*70*
Hansøn i Roskilde	3	2	6	4	2	5	22			2		*28*
Magnus i Slagelse	9	9	9	13	12	8	10	11	7	8	6	*102*
Bech i Holbæk										7	4	*11*
Grüner i Helsingør	5	3	6	5	6	8	3	4		3	2	*45*
Hanson i Hillerød											6	*6*
Tryde/Bornholm .	5	2	2	4	1	1	1	1	1	2	1	*21*
Colberg i Rønne ..											11	*11*
Laub/Nykøbing F.	6	7	11	13	6	8	12	8	10	6	4	*91*
Larsen i Maribo....	3	2	2	5	2	2	2	3	1	4	4	*30*
P.A. Holst i Stege ..											3	*3*
Rosenstand i Rudkjøbing											2	*2*
Thomsen i Odense		21		28	20	8	20	11	9			*117*
Milo i Odense									4		37	*41*
Hempel i Odense .	17	28	14	12	9	13	14	18	13		29	*167*
Karup i Assens											6	*6*
Bruun i Hjørring ..									7	9	5	*21*
Ree i Aalborg	10	9	11	12	9	8	16	8	12	9	7	*111*
Beck i Aalborg								5	7	9		*21*
Lund i Thisted	1	2	1	1	2	2	2	1	1	1	1	*15*
Vissing (Dons) i Viborg	3	12	4	7	3	8	8	7			8	*60*
Elmenhoff/Randers	9	2	6	10	2	5	10	8	9	3	5	*69*
Elmquist i Aarhus .	11	10	7	8	11	10	9	11		8	5	*90*
Falkenberg i Aarhus (fra 1847)											20	*20*
Fogh i Horsens.....	4	8	8	7	14	7	3	6	8	6	8	*79*
Hertz i Veile.........	2	6	2	1	2	3	3	2				*21*
Oppenhagen i Ringkøbing..........								4			2	*6*
Hyphoff i Ribe	8	5	5	7	10	7	7	4	4	6	9	*72*
Sum	*96*	*132*	*100*	*137*	*117*	*114*	*129*	*122*	*103*	*92*	*194*	*1336*

*Tabel 4 (fortsat). Pligtaflevering fra København, provinserne og hertugdømmerne 1840–1850.**
Det kongelige Biblioteks arkiv F44 (Forlæggernes/Bogtrykkernes Leverancer 1822–42) og F45 (Bogtrykkernes leverancer 1843–56).

Trykkeri:	år: 40	41	42	43	44	45	46	47	48	49	50	*Sum*
Hertugdømmerne												
Seneberg i Haderslev	7	5	8	7	8	14	10	6	3			*68*
Koch i Haderslev									1			*1*
Mezler i Sønderborg					5	19	8					*32*
Mezler i Husum						9						*9*
Rathje i Abenrade		4				2	1	1	1			*9*
Forchhammer i Tønder						6						*6*
Jäger i Flensburg	2	2	1	2	3	5	4	3				*22*
Kastrup i Flensburg ..						20						*20*
Døvstumme-instituttet i Slesvig	33	13		23		26	17		12			*124*
Serringhausen i Slesvig	2	2		2		2	2	5	5			*20*
Wendell i Rendsburg						2	7	8				*17*
Bade i Friedrichstadt						8						*8*
C.H. Andersen i Tønningen						9	6					*15*
Schytte i Oldesloe						11		6				*17*
Mohr i Kiel		16	16	15	27	36	16	24				*150*
Schulbuchdruckerei i Kiel	20					21		29				*70*
Augustin i Glückstadt	2	1	1	1	1	2	3	2				*13*
Hammerich i Altona	17	21	14	17	19	14	28	24	11			*165*
Brødrene Bonn i Altona	3						12	4				*19*
Esch i Altona						10	16	14	6			*46*
Köbner i Alltona							9	12	10			*31*
Schönfeldt i Itzehoe ..	9	8	10	8	16	11	10	14	19			*105*
Hirt i Plöen							8	6	2			*16*
Voigt i Wandsbeck			10	15	32							*57*
Fränckel i Oldenburg	35		14			28						*77*
Sum	*130*	*72*	*74*	*90*	*111*	*255*	*157*	*158*	*70*			*1117*
Samlet sum	*810*	*646*	*691*	*712*	*824*	*934*	*899*	*946*	*888*	*720*	*857*	*8927*

* Der tælles afleveringer af bibliografiske enheder – ikke antal bind. Eks. „Bibliothek for Læger 33 Bd.“ tæller for én enhed.

PLIGTAFLEVERING 1850–1997

AF

GRETHE JACOBSEN

Hovedtræk af perioden 1850–1997

Milepælene for så vidt angår lovgivning i den nyere periode i pligtafleveringens historie er Forordningen af 20. januar 1832 (behandlet i det foregående afsnit), Lov om offentlige bibliotekers ret til frieksemplarer af tryksager m.m. af 2. maj 1902, Lov nr. 160 om pligtig aflevering af tryksager til offentlige biblioteker af 1. juli 1927 og Lov om pligtaflevering af udgivne værker af 10. juni 1997.

Som det ses, gjaldt Forordningen af 1832 i 70 år, derefter kom en ny lov, der havde gyldighed i 25 år, men hvis afløser igen fik en levetid på 70 år. Dette kunne tyde på en regelmæssighed i reguleringen af pligtaflevering, men er blot en historisk tilfældighed. Der er ikke nogen sammenhæng mellem intervallets længde og behovet for revision. 1927-loven trængte allerede til revision i 1970'erne, da AV-materialer (mikroformer, dias, lydbånd, alene eller kombineret med hinanden og med trykte publikationer) optog sindene og så ud til at blive fremtidens medium. Med udbredelsen af digitale publiceringsformer fra begyndelsen af 1980'erne blev behovet endnu mere påtrængende og med den pludselige eksplosion af netværk, først og fremmest Internettet, i 1990'erne blev behovet mærkbart også uden for biblioteks- og forskerkredse.

Pligtaflevering og Det kongelige Bibliotek er som i de foregående perioder knyttet sammen, men der kommer også nye spillere på banen, og en gammel medspiller får en ny rolle. Universitetsbibliotekets ret til at få alt, hvad der blev trykt, blev i 1927 ændret til en ret til at rekvirere, hvad biblioteket ønskede. Med loven af 1997 blev rekvisitionsretten for universitetsbibliotekets afløsere (Det kongelige Biblioteks Universitetsbiblioteksafdeling og Danmarks Natur- og Lægevidenskabelige Bibliotek) afskaffet og erstattet af en udvidelse af bevillingerne. I 1889 blev Rigsarkivet oprettet, og det blev modtager af frieksemplarer af aviser for en periode. I 1897 blev Statsbiblioteket oprettet, og det blev ved loven af 1902 også modtager af alt pligtafleveret materiale, og i forslag til bekendtgørelse til loven af 1997 er Filmmuseet og Danmarks Blindebibliotek inddraget i kredsen af modtagere af pligtaflevering.

Det kongelige Bibliotek har som nationalbibliotek en særlig museal forpligtelse over for det modtagne materiale, men i den behandlede periode overgik nationalbiblioteksbiblioteksforpligtelsen for nogle typer af de pligtafleverede materialer til andre institutioner. Med oprettelsen af Statens Avissamling i 1916 ved Statsbiblioteket i Århus blev nationalforpligtelsen vedrørende aviser lagt her. Med loven af 1997, der også indrager fonogrammer og videogrammer, får Nationaldiskoteket, også en institution under Statsbiblioteket, nationalforpligtelse for disse værker.[1]

Lovgivning og Institutioner

Forordningen af 1832 fik en levetid på 70 år, og dette skyldes næppe, at man ikke havde lyst til at revidere den, men at der ikke opstod behov for revision, førend en anden „revolution" kom til Danmark, nemlig den industrielle. Som moderne læser og som medarbejder på det nyeste lovforslag kan man finde i hvert fald én meget moderne detalje i 1832-lovens første paragraf: „I det Tilfælde, at et Skrift trykkes i forskjellige Officiner, skal det være Pligt for den Bogtrykker, i hvis Officin et Bind sluttes, at aflevere Exemplarer af det hele Bind; i hvilken Henseende det bliver hans Sag, ved at paatage sig Trykningen af det, som staar tilbage, at sørge for at komme i Besiddelse af de fornødne Exemplarer af det, der tidligere er trykt" (aktstykke nr. 24 § 1). Denne bestemmelse blev videreført i 1902-loven, men udeladt i 1927-loven, hvilket de sidste syv årtier har forårsaget en tidsrøvende, men undertiden ganske spændende puslespilsaktivitet af Det kongelige Biblioteks medarbejdere med at forbinde tekstblokke med samhørende omslag og illustrationer. I den nyeste lov har man, for at sikre at biblioteket modtager hele eksemplarer af en publikation, lagt afleveringspligten på den, der producerer det færdige værk.[2]

Med enevældens ophør i 1849 faldt privilegiesystemet, og med indførelsen af Næringsloven i 1857 forsvandt også laugssystemet og der-

[1] Forfatteren vil gerne udtrykke en varm tak til sin kollega, Harald Ilsøe, der har leveret materiale og oplysninger til kapitlet, læst det skrevne igennem og foreslået adskillige forbedringer. Uden denne hjælp var det næppe blevet færdig til tiden.

[2] Lovforslag nr. L185, *Folketinget* 1996–97 § 3.

Fig. 1. „Danske Sal 1997". Danske Sal i Det Kongelige Bibliotek var beregnet til at huse hele den nationale samling. Salen blev hurtigt fyldt op, og rummer i dag kun en trediedel af de pligtafleverede, købte og skænkede bøger, tidsskrifter og aviser, selv om der er sat ekstra reoler ind og al bordplads er taget i brug.

med en måde at føre kontrol med, hvem der trykte. Men da samme lov forlangte næringsbevis for at nedsætte sig som håndværker eller handlende, herunder som bogtrykker, var der ved udstedelsen af næringsbevis til bogtrykkere mulighed for at kontrollere, om forordningen af 1832 blev overholdt. I 1863 fik bibliotekets nye energiske leder, Chr. Bruun udvirket, at Indenrigsministeriet udstedte et cirkulære, der påbød amtmænd og Københavns Magistrat at indberette til Ministeriet for Kirke- og Undervisningsvæsenet hvem, der havde fået næringsbevis som bogtrykkere (aktstykke nr. 31). Denne oplysning skulle så gå videre til Bruun.[3] Denne regel blev også indlemmet i bekendtgørelsen til 1902-loven (aktstykke nr. 48 § 9).

Efter 1864 bortfaldt Det kongelige Biblioteks ret til pligtaflevering fra Slesvig-Holsten, hvis bogtrykkere i stedet for fik påbud om at af-

[3] Erik Nørr: En ung og aktiv overbibliotekar. Chr. Bruun og Det kgl. Bibliotek i 1860'rne. *Bibliotekshistorie*, 3. 1990, s. 105–07

levere til Det kongelige Bibliotek i Berlin (aktstykke nr. 32). Folkeafstemningen i 1920 fik også konsekvenser for pligtafleveringen, og i december samme år kom en lov, hvorved dansk lovgivning vedrørende pligtaflevering udvidedes til også at gælde for de sønderjyske landsdele (aktstykke nr. 57).

På Island blev grunden til et islandsk nationalbibliotek lagt ved Lov om Bogtrykkerier i Island af 1886, der bl.a. forordnede, at Landsbiblioteket skulle have to frieksemplarer, de to amtsbiblioteker et, foruden de sædvanlige to eksemplarer til Det kongelige Bibliotek og det sædvanlige ene til Universitetsbiblioteket i København (aktstykke nr. 33). Ifølge accessionsprotokollen over islandske tryk blev 1886-loven fulgt til ca. 1950, hvorefter den afløstes af en udvekslingsaftale. Sidste sending før 2. Verdenskrig ankom til Det kongelige Biblioteks Danske Afdeling 18. marts 1940. Efter krigen kom større sendinger med tryk fra årene 1940–ca. 1949. Man stoppede altså ikke pligtafleveringen ifølge loven af 1886 i 1944.[4]

Universitetsbibliotekets rolle som modtager af pligtaflevering var jævnligt til debat i perioden, en debat, der var begyndt allerede i 1825, da Det kongelige Biblioteks chef, Werlauff, mente, at det burde overvejes, om ikke der skulle være forskellige forskrifter for Det kongelige Bibliotek og for Universitetsbiblioteket med hensyn til indsamling af den indenlandske litteratur, da deres interesser, hvad angik fuldstændigheden af denne litteratur, var afvigende. Det var universitetsbiblioteket ved revisionen i 1832 ikke enig i, men ti år efter udtrykte dets leder J.N. Madvig betænkelighed ved de mange „i høi Grad ubetydelige Producter, oversatte Leiebibliotheksromaner, Børnebøger o.s.v., lige ned til Grændsen af den laveste Smudslitteratur“ som biblioteket fik, og som „for et Universitetsbibliothek ere aldeles uden Værd og Vigtighed“ (aktstykke nr. 26). I 1854 fremkom både Det kongelige Biblioteks og Universitetsbibliotekets chefer med en erklæring om forholdet mellem deres respektive biblioteker, i hvilket spørgsmålet om Universitetsbibliotekets samlingers fuldstændighed blev rejst dog uden endeligt resultat.

Spørgsmålet om andre institutioner som modtagere af pligtaflevering blev igen aktuel ved oprettelse af et rigsarkiv i 1889. Denne betegnelse omfattede dels et Hovedarkiv, bestående af det gamle Gehejmearkiv og det meget yngre Kongerigets Arkiv, dels tre provinsarkiver i København, Odense og Viborg. I loven af 1889 blev det bl.a. forordnet,

[4] Danske Afdeling, protokol: *Islandsk Accessions Katalog 1939*.

Fig 2. „Nypåpladssætning i VIP“. Vestindisk Pakhus, internt kaldet VIP, er et af Danske Afdelings bedre magasiner. Her står (eller ligger) den nyeste del af nationalsamlingen, hvoraf hovedparten udgøres af det pligtafleverede materiale.

at provinsaviser for fremtiden skulle opbevares i provinsarkiverne og ikke som hidtil i Universitetsbiblioteket. Dette beholdt hovedstadens aviser.

Et par år efter oprettelsen af Rigsarkivet blev tanken om endnu et landsdækkende bibliotek fremsat i en betænkning af 1893, nemlig om et Stats-Provins-Bibliothek i Århus, hvis grundlæggende bestand skulle udgøres af Det kongelige Biblioteks dubletter. Det kongelige Bibliotek havde siden 1783 modtaget to eksemplarer af hver titel som pligtaflevering, indbundet og katalogiseret det ene og lagt det andet i magasin. Denne 'døde skat' skulle nu genoplives ved at blive overført til det nye bibliotek. Ydermere burde dette fremover modtage et af pligtafleveringseksemplarerne. Statsbiblioteket skulle altså være den nationale reservesamling, men samtidig også en brugssamling. Det var ikke meningen, at dubletter skulle ligge i venteposition, hvis Det kongelige Biblioteks bestand skulle forgå (aktstykke nr. 37).

Der var dog den hage ved dubletoverførslen, at Det kongelige Bibliotek fik lov til på forhånd at udtage af den foreliggende dubletsamling og af fremtidige årlige afleveringer, hvad biblioteket måtte have brug for. Derved gik Statsbiblioteket glip af populære og efterspurgte bøger, såvel som af nødvendige referenceværker. I realiteten var det kun den for et forskningsbibliotek mindre betydningsfulde del af den udkomne litteratur, der reelt blev sendt til Århus (jfr. aktstykke nr. 46). I første omgang gav oprettelsen af Statsbiblioteket dog ikke anledning til nyt lovgivningsarbejde vedrørende pligtaflevering. Det var tilsyneladende vigtigere at få udredt, hvad der skulle afleveres til hvilken institution og i hvor mange eksemplarer. Det var en situation, der var blevet yderst kompliceret efter at provinsarkiverne havde fået ret til at modtage provinsaviser. I 1894 kom en bekendtgørelse, der gjorde det noget enklere, da et led i afleveringen, nemlig af provinsaviser til nærmeste amtmand, forsvandt (aktstykke nr. 40).

I januar 1902 blev et forslag til en ny pligtafleveringslov fremsat i Folketinget (aktstykke nr. 45). Af bemærkningerne fremgår det, at formålet var en modificering, men ikke principiel ændring af den bestående ordning. Modificeringen blev understreget ved henvisninger både til 1821- og til 1832-forordningerne og ved påpegelsen af en udmærket regel i den førstnævnte, som blev udeladt i den sidstnævnte, idet „Bibliotekerne ikke havde insisteret på dens Bibeholdelse“, nemlig reglen om, at danske forlæggere, der lod bøger trykke i udlandet, også var afleveringspligtige.

Der var dog i den nye lov nogle afgørende ændringer. Det gjaldt først og fremmest omfanget af materiale, der skulle afleveres. Afleveringspligten blev udvidet ganske betydeligt. I bemærkningerne til lovforslaget og i bilagene henvises der adskillige steder til den tekniske udvikling, der gjorde sig gældende inden for fremstilling af illustrationer og inden for produktion af tryk i det hele taget. Illustrationer blev ikke længere produceret kun ved kobber- eller stentryk, men også ved fotografiske teknikker. Som følge heraf blev kort, portrætter, kunstblade og fotografier inddraget under pligtaflevering, når de udgjorde dele af et værk eller var bilag til et værk, der var afleveringspligtigt. Industrialiseringen af trykkeprocessen medførte også, at mange former for tryk havde set dagens lys, og de blev også inddraget i kategorien af afleveringspligtigt materiale. Undtaget fra aflevering var derimod blanketter til udfyldning, visitkort, brevpapir, konvolutter, korsbånd, segloblater, vareposer, billetter, adgangskort og servietter. En anden ny kategori blev inddraget, nemlig privattryk (bøger „trykt som manuskript"), der er bestemt for en snæver kreds. Det medførte til gengæld, at loven indførte bestemmelser vedrørende klausulering. Ønskede man ikke, at værket blev tilgængeligt med det samme, kunne man anmode om klausulering for en periode op til 100 år. Endelig skulle særtryk med selvstændig paginering også afleveres. De udgjorde et særligt problem for bibliotekerne og deres lånere i en periode, hvor der endnu ikke fandtes et register over artikler. Særtrykskategorien omfattede dels særtryk af videnskabelige artikler, som forskere sendte til hinanden ofte med mangelfulde henvisninger til følge, dels en af datidens yndede genrer inden for den populære litteratur, nemlig føljetontryk, der ikke var afleveringspligtige som selvstændige tryk, kun som del af aviserne.[5]

Indirekte medførte tolkningen af „færdige arbejder" også en faktisk udvidelse af det afleveringspligtige materiale. Ehrencron-Müller beskrev i en vejledning til bogtrykkerne „færdige arbejder" som bestående også af bøger og skrifter, „hvoraf der kun trykkes et eller nogle faa, hvorefter trykningen standses af en eller anden grund" (aktstykke nr. 50).

En anden væsentlig ændring i 1902-loven var, at Statsbiblioteket nu skulle modtage et eksemplar af alle tryksager direkte fra trykkerne og ikke, som hidtil, nøjes med det ekstra eksemplar Det kongelige Bib-

[5] Per Hougaard: Om knaldromaner, føljetoner og kolportagelitteratur i Danmark (1–2). *Magasin fra Det kongelige Bibliotek*, 11:3–4; dec. 1996-mar. 1997, s. 3–20; 3–25.

liotek mente at kunne undvære. Da ministeriet åbenbart ønskede at tilgodese begge parter, indeholdt den vedtagne lov en regel om, at Det kongelige Bibliotek fortsat skulle modtage to eksemplarer af alt trykt materiale, der var afleveringspligtigt, Statsbiblioteket et, og Universitetsbiblioteket et med undtagelse af provinsaviser, der fortsat skulle afleveres til provinsarkiverne. Samtidig gled Rigsarkivet ud af kredsen af modtagere af Pligtaflevering.

Loven imødekom ønskerne fra de tre biblioteker med én undtagelse: både Statsbiblioteket og Universitetsbiblioteket ønskede forlæggeren draget ind i ansvaret for pligtaflevering, således at komplette værker kunne forlanges af forlæggeren, fordi man, som begge biblioteker påpegede, på grund af bogproduktionens gang ikke altid fik et komplet værk fra en bogtrykker, da illustrationer ofte var trykt et andet sted (aktstykke nr. 45 bilag II-III).

Den øgede mængde af afleverede tryk skabte problemer for de tre biblioteker, og i 1920'erne blev der atter arbejdet på en lov, hvis formål mindre var at modernisere den gældende lov end at indskrænke omfanget af pligtafleveringen, eller for at citere en af drivkræfterne bag det nye forslag, Lauritz Nielsen, befri bibliotekerne for „de mest tyngende Følger af Lovens altfor store Gavmildhed" (aktstykke nr. 60).

Lauritz Nielsen fremsatte i 1923 et reformforslag, der gik ud på at ophæve pligtafleveringen til Statsbiblioteket og Universitetsbiblioteket, således at der kun var pligtaflevering til et sted, nemlig landets nationalbibliotek. Derimod burde de to andre biblioteker have rekvisitionsret over for forlæggerne. Pligtafleveringen skulle indskrænkes for nationalbibliotekets vedkommende ved, at man kun modtog et eksemplar af aviserne og ikke længere fik særtryk og uforandrede oplag af bøger, og ikke mindst at man indskrænkede afleveringen af småtryk, heriblandt „egentlige Accidenser", dvs. skemaer, blanketter, plakater, prislister, reklamer og begravelsessange.

Aviser var det første, lovgiverne tog fat på, og i 1925 kom Lov om Pligtaflevering af Aviser til Statens Samlinger (aktstykke nr. 64). Denne lov blev dog hurtigt blev afløst af den endnu gældende lov af 1927, der begyndte sit offentlige liv som udkast til lov i *Betænkning vedrørende Statens Biblioteksvæsen afgiven af det af Undervisningsministeriet under 11. oktober 1924 nedsatte Udvalg*. Betænkningen blev færdig i november 1926 og udgivet i 1927.

Af den forudgående debat, bl.a. mellem bibliotekerne og forlæggerne, fremgik det tydeligt, at bibliotekerne, især Statsbiblioteket, betragtede de afleverede bøger ikke blot som dokumenter vedrørende kulturarven, men også som nødvendige supplementer til bogindkøbskontoen (aktstykke nr. 61). Af Forlæggerraadets skrivelse til Undervisningsministeriet af 1927 står det klart, at forlæggerne ikke havde glemt pligtafleveringens forbindelse til enevælde og censur, og at de især var modstandere af Statsbibliotekets ret til at modtage frieksemplarer, fordi de betragtede dette som et slags folkebibliotek, hvis eksemplarer ikke kun anvendtes til forskningsbrug og oplysning „men også Adspredelse og Morskab“ (aktstykke nr. 68). Det var et synspunkt, der for en stor dels vedkommende deltes af de københavnske biblioteksfolk, og som kom til udtryk i den ovenfor nævnte betænkning om biblioteksvæsnet. Dette tog Statsbibliotekets to repræsentanter skarpt afstand fra. Statsbiblioteket var ifølge dem ikke et folkebibliotek og heller ikke kun overcentral for folkebiblioteker, men også et videnskabeligt bibliotek til gavn for forskere i provinsen. Det forklarer måske, hvorfor Statsbiblioteket i lange perioder udviste større nidkærhed i at få lovens krav opfyldt end Det kongelige Bibliotek (aktstykke nr. 83, 85–89).

Lov nr. 160 om pligtig Aflevering af Tryksager til offentlige Biblioteker af 1. juli 1927 introducerede rekvisitionsretten, dvs. en ret til inden for et givent tidsrum at rekvirere et frieksemplar af udgivne værker (aktstykke nr. 70). Denne ret afløste Universitetsbibliotekets 300-årige ret til at modtage pligtaflevering, så biblioteket fremover kunne rekvirere, hvad det skønnede nødvendigt for dets funktion som universitetsbibliotek. En debat, der var begyndt i 1825, vedrørende pligtaflevering og universitetsbibliotek kunne foreløbig afsluttes. Sophus Larsen, leder af Universitetsbiblioteket indtil 1925, havde tidligere næret store betænkeligheder ved en rekvisitionsret, men hans efterfølger kunne i 1930 udtrykke stor tilfredshed med ordningen (aktstykke nr. 72). Det bør dog bemærkes, at selve udtrykket ikke bruges i loven ej heller i bekendtgørelsen, der taler om „Paakrav“, hvor udkastet havde talt om Rekvisition (aktstykke nr. 70–71). Af betænkningen fra 1927 fremgår det også, at udvalget havde overvejet, om også Statsbiblioteket skulle have rekvisitionsret, men opgivet tanken, indtil man kunne vurdere, hvorledes ordningen fungerede. Det blev foreslået, at Statsbiblioteket i mellemtiden pakkede den del af det pligtafleverede materiale, som ikke umiddelbart skulle indgå i samlingerne, og som heller ikke kunne kasseres, ned.

Loven skar antallet af eksemplarer, der skulle afleveres, ned til et eksemplar til hver af de to modtagende biblioteker, Det kongelige

Fig. 3. „Kælderen i Fiolstræde". Universitetsbibliotekets stadig voksende samling af aviser betød en udnyttelse til det yderste af kælderen under bygningen i Fiolstræde.

Bibliotek og Statsbiblioteket. Det kongelige Bibliotek kunne dog fortsat forlange to eksemplarer af endnu ikke afsluttede, sammenhængende værker. Også for aviser blev tallet sat ned, blot to år efter den foregående revision. En indskrænkning i kategorier af materialer, der skulle afleveres, blev lovfæstet i bekendtgørelsen til loven af 15. juli 1927 (aktstykke nr. 71). Afleveringspligten skulle ikke længere gøres gældende for nye uforandrede optryk efter stående sats – hvilket imødekom forlagenes krav om ikke at skulle aflevere alle oplag af en bog – særudgaver af tidsskrifter uden redaktionelle ændringer i den egentlige tekst, særtryk, blanketter, køre- og fartplaner, sange ved familiebegivenheder, begravelsessange, der var optryk efter salmebogen, kalendere, reklameartikler, emballager og billeder, der ikke hørte til afleveringspligtige tryksager eller som ikke var portrætter, historiske eller topografiske billeder.

I bekendtgørelsen nævnes også, hvorledes pligtaflevering skal ske fra Færøerne, hvorimod Grønland heller ikke i denne lov blev nævnt som omfattet af pligtafleveringsloven. Dette betød reelt, at pligtafleveringsloven af 1927 ikke gjaldt for Grønland. I 1988 udtalte Justitsministeriet, at på grund af dette lands kolonistatus på tidspunktet for lovens vedtagelse, og fordi loven af 1927 ikke fastsætter bestemmelser om, at Grønland var omfattet, havde loven om pligtaflevering aldrig været gældende for Grønland.[6] Grønlands hjemmestyre var i mellemtiden blevet bemyndiget til at fastsætte regler om biblioteksvæsenet i Grønland (lov nr. 589 af 29. november 1978 § 4), hvilket det gjorde ved landstingsforordning nr. 4 af 15. oktober 1979, der bl.a. indeholder en særlig forskrift om pligtaflevering til Nunatta Atuagaateqarfia (Det grønlandske Landsbibliotek).

Ved indførelsen af hjemmestyre for Færøerne (Lov nr. 137 af 23. marts 1948) blev bl.a. arkiver, biblioteker og museer gjort til særanliggender, således at de overgik til det færøske selvstyre, dog blev der taget forbehold om pligtaflevering til Det kongelige Bibliotek, som blev bibeholdt ved Lagtingslov nr. 31 om Landsbibliotek m.v. af 2. maj 1952. Ifølge denne lov er alle trykkerier på Færøerne forpligtet til at afgive til landsbiblioteket op til 8 frieksemplarer af alt, hvad der trykkes, og af disse skal ifølge bekendtgørelsen (om pligtaflevering af frieksemplarer af 16. juni 1952) afleveres et eksemplar til Det kongelige Bibliotek, et eksemplar til Universitetsbiblioteket i København og et eksemplar til Statsbiblioteket i Århus. Afleveringen sker til Landsbiblioteket, som sender eksemplarer videre til de tre biblioteker. I loven af 1997 er pligtaflevering fra Færøerne og Grønland eksplicit udelukket, da loven ikke gælder for Færøerne og Grønland.

1927-loven har senere gennemgået to ændringer, den ene i 1939, da aflevering af aviser blev yderligere indskrænket, og den anden i 1991, da ophævelse af presseloven af 1938 nødvendiggjorde, at bestemmelser vedrørende angivelse af trykkeri og trykkested overførtes til Pligtafleveringsloven (aktstykke nr. 95, jfr. aktstykke nr. 79).

Besættelsestiden medførte også en midlertidig ændring i loven, der dog ikke trådte i kraft. I august 1943 bekendtgjorde ministeriet, at hvis forbindelserne mellem landsdelene øst og vest skulle blive afbrudt, skulle Det kongelige Bibliotek indsamle for Statsbiblioteket, alt hvad der blev trykt øst for Storebælt, og Statsbiblioteket skulle på lignende vis indsamle Det kongelige Biblioteks del af tryk frembragt vest for samme bælt, ligesom Statsbiblioteket skulle varetage rekvisitionsretten for Uni-

[6] Brev fra Justitsministeriet til Rigsbibliotekarembedet af 12. april 1988, SKR-004-L, J.nr. L.A. 1988–77135–1 (KB J.nr. 89–0312–5–1).

versitetsbiblioteket (aktstykke nr. 78). Dette forslag skulle dukke op igen under fredeligere forhold.

I 1960'erne begyndte Det kongelige Bibliotek, ofte sammen med Statsbiblioteket, at påpege mangler ved den gældende lov. Det var især de publikationer, der blev udgivet som duplikerede eller på anden måde mangfoldiggjort uden at være bogtrykt, man bekymrede sig om. Desuden ønskede Det kongelige Bibliotek rekvisitionsret over for forlæggerne, således at man fik dubletter af bøger, der kunne forventes meget udlånt, og derved skånede det nationale arkiveksemplar for eftertiden. Endelig var der uklarhed over medforlæggeres og kommissionærers afleveringspligt.[7]

I 1970'erne drejede argumenterne for revision af pligtafleveringsloven sig om de mange tryk, der ikke blev trykt hos en bogtrykker, men som blev udgivet og var tilgængelige for offentligheden og om AV-materialer. Hvad angår det første, fik man det nyoprettede Ministerium for kulturelle Anliggender til at bede samtlige ministerier om at aflevere de publikationer, der blev produceret af centraladministrationen og som var beregnet til distribution uden for den styrelse eller institution, der udarbejdede dem (aktstykke nr. 92). Det kongelige Biblioteks indsamling af disse blev koblet sammen med udgivelsen af *Impressa publica Regni Danici = Bibliografi over Danmarks offentlige publikationer*, som i 1992 overgik til Danske Afdeling. Denne indsamling blev i 1977 skærpet, så aflevering skulle foregå løbende, så folkebiblioteker og offentligheden gennem Det kongelige Biblioteks aflevering af bøger til Dansk Bogfortegnelse kunne orienteres om statens aktuelle udgivelser (aktstykke nr. 94).

Pligtaflevering af AV-materialer forblev endnu nogle årtier en drøm, selvom man i Det kongelige Biblioteks Danske Afdeling ihærdigt arbejdede på sagen og endda udfærdigede et forslag til en ny pligtafleveringslov, der blev offentliggjort i 1980 i en artikel om pligtaflevering af forskningsbibliotekar Lise Hesselager, en af drivkræfterne bag forslaget.[8] 1970'ernes store biblioteksudredning, *Biblioteksbetænkningen 1979*, behandlede i modsætning til forgængeren af 1927 kun flygtigt

[7] Læg 'Revision af pligtafleveringsloven (herunder forhandlinger m. SB)' i DAs arkiv, mappe 'Lovrevision -1981'.

[8] Lise Hesselager: „The Dust of one age is the gold of another". Om pligtafleveringsbestemmelserne, *Nordisk tidskrift för bok- och biblioteksväsen*, 67, 1980, s. 33–55, genoptrykt i Lise Hesselager: *Til Guld skal det blive... Biblioteksfaglige afhandlinger 1972–1987*, udg. af Det Kongelige Bibliotek, 1988, s. 67–89

Fig. 4. „Udpakningsrum". Sektionen for Pligtaflevering modtog i 1996 pakker fra omkring 1000 bogtrykkere med ialt ca. 200.000 stk. tryk, der pakkes ud og sorteres i udpakningsrummet; her i sektionens midlertidige lokaler under ombygningen af Det Kongelige Bibliotek 1995–99.

pligtaflevering i forbindelse med en diskussion af nationalbibliografien.[9]

I 1980'erne blev behovet for en revision af pligtafleveringen endnu mere udtalt, og man kunne hente støtte udefra, idet UNESCO havde blåstemplet pligtaflevering som en god måde at bevare og videregive en nations kulturarv. I 1981 udgav UNESCO i samarbejde med IFLA *Guidelines for Legal Deposit*.[10] I dette forslag anbefales en kortfattet lov, nærmest en rammelov, der kunne dække fremtidige former for offentliggjorte informationer, ledsaget af en detaljeret bekendtgørelse ud fra

[9] *Biblioteksbetænkningen 1979*, afgivet af Bibliotekskommissionen, Betænkning nr. 878, 1979, s. 119.

[10] *Guidelines for Legal Deposit*, prepared by Jean Lunn [for the] General Information Programme and UNISIST, PGI-81/WS/23. Paris UNESCO, 1981.

den betragtning, at bekendtgørelser er nemmere at ændre end lovgivning. Forfatteren, Jean Lunn, understregede vigtigheden af at have formål med pligtafleveringen og foreslog. at det ene formål skulle være opbygning af en national samling for at bevare, videregive og udvikle den nationale kulturarv, og det andet formål skulle være registrering og udgivelse af nationalbibliografien, og som et eventuelt tredje formål: national bogstatistik.

En parallel udgivelse vedrørende audio-visuelle materialer (film, radio, TV, videogrammer og fonogrammer) kom ti år senere.[11] Også denne redegørelse havde form af en model for en pligtafleveringslov vedrørende de omtalte materialer. Den foreslåede lov var dog betydelig mere detaljeret end Lunns model med retningslinjer både for indsamling, opbevaring og benyttelse. Et af forslagene var at oprette et særligt arkiv for lyd og billeder til at administrere loven, et forslag der blev fulgt bl.a. i Sverige. I redegørelsen blev det desuden anbefalet, at filmprogrammer, plakater og lignende offentliggjorte dokumenter samt arkivalier vedrørende det audiovisuelle dokument (manuskripter, produktionsnotater, scenografi o. lign.) også skulle afleveres. Som Lunns model havde Koflers en formålsparagraf, der vedrørte bevaring af kulturarven, hvorimod registrering blev set som en opgave for arkivet på grundlag af det indsamlede materiale.

Med UNESCOs forslag og blåstempling blev arbejdet for en ny dansk pligtafleveringslov genoptaget, og adskillige flere forslag så da også dagens lys i 1980'erne. Det første forslag kom i 1982 og var udarbejdet af et udvalg bestående af medarbejdere fra Det kongelige Bibliotek og Statsbiblioteket.[12] Forslaget indeholdt en formålsparagraf med tre formål: 1) opretholdelse, videreførelse og videreudvikling af den nationale kultur i videste forstand, 2) nationalbibliografisk registrering, og 3) adgang til materialer for alle, der har et retmæssigt behov for at benytte dem. Det omfattede både boglige (bogtrykte og ikke-bogtrykte) materialer og ikke-boglige materialer, der var fremstillet og/eller distribueret/udgivet i riget, og – belært af mange års problemer med ufuldstændige eksemplarer – aflevering skulle ske i form af fejlfri,

[11] *Legal Questions facing audiovisual archives*, prepared by Birgit Kofler. Paris UNESCO, 1991.

[12] Forslag til lov om pligtig aflevering af tryksager og andre materialer til offentlige biblioteker m.fl., 24.9.82, udarbejdet af et udvalg bestående af Lisbeth Hansen, Lise Hesselager og Nils-Henning Jeppesen, Johs. Tougaard Larsen og J. Vikjær. DAs arkiv, mappe 'Lovrevision: Forslag af 24.9.82 til ny pligtafl.lov'.

fuldstændige eksemplarer med samtlige bilag af enhver art. Desuden ville man have afleveringspligt både for fremstiller (for at sikre fuldstændig aflevering) og for udgiver (for at sikre hurtig aflevering), og endelig foreslog udvalget, at fremtidige pligtafleveringsinstitutioner burde være Det kongelige Bibliotek, Statsbiblioteket med Statens Avissamling, samt en institution for ikke-boglige materialer knyttet til henholdsvis Det kongelige Bibliotek og Statsbiblioteket. Samtidig formuleredes tanken om en nationalsamling (på Det kongelige Bibliotek) og en reservenationalsamling (på Statsbiblioteket). Forslaget blev afleveret til Rigsbibliotekaren og Overbibliotekaren for Statsbiblioteket 4. oktober 1982.

Forslaget skabte en del modstand, ikke mindst fra universitetsbibliotekets to afdelinger, der var utilfredse med, at forslaget anbefalede, at rekvisitionsretten blev afskaffet. Da der desuden var uenighed mellem Det kongelige Bibliotek og Statsbiblioteket vedrørende eksemplartallet, valgte ministeriet at følge rigsbibliotekarens forslag om endnu en udredning og et forslag, denne gang af én person, idet ministeriet, tilskyndet af mediekommissionens betænkning udtrykte, at det var „indstillet på at fremsætte et lovforslag i folketingssamlingen 1986/87."[13] Der skulle gå 10 år, førend dette blev realiseret, men endnu nogle udredninger fulgte i 1980'erne.

I 1986 kom Det kongelige Bibliotek og Statsbiblioteket med et oplæg, hvori det blev foreslået, at en ny lov skulle kunne følge med den teknologiske udvikling, at den skulle have en formålsparagraf, og at antallet af eksemplarer burde udvides til fire, to til Det kongelige Bibliotek og to til Statsbiblioteket, hvorimod rekvisitionsretten til Universitetsbiblioteket i København skulle falde væk. Eksemplarerne skulle afleveres dels af bogtrykkerne som hidtil, dels af forlagene. Sidstnævnte aflevering skulle kobles sammen med den nationalbibliografiske registrering,[14] dvs. med den registrering af udkomne bøger og tidsskrifter, der blev trykt i henholdsvis *Dansk bogfortegnelse* og *Dansk Periodicafortegnelse.*

I skrivelsen fremsatte de to biblioteksledere desuden en række overvejelser vedrørende den fremtidige organisation og styring af pligtafle-

[13] DAs arkiv, mappe 'Lovrevision: 1982–84, Torkil Olsen/H.P.Clausen-sag 1985–86, Nationaldiskoteket 1985–87', heriblandt brev fra Ministeriet for kulturelle anliggender af 2. juli 1985 (2. kt. j..nr. 22000–1–85).

[14] Skrivelse af 4. februar 1986 fra Torkil Olsen og H.P. Clausen til Ministeriet for kulturelle anliggender.

veringen, bl.a. mulighed for central pligtaflevering. Da skrivelsen blev modtaget i ministeriet, var der udnævnt en ny leder af Det kongelige Bibliotek, og ministeriet udtrykte ønske om, at denne fik lejlighed til at sætte sig ind i sagen. Den nye overbibliotekar, Erland Kolding Nielsen, satte en undersøgelse i gang, der i august 1986 resulterede i en rapport med beregninger for forskellige modeller for pligtaflevering.[15]

Undersøgelsen påviste, at der ikke lå nogen besparelse i en central aflevering, og som følge deraf foresloges en ordning med to pligtafleverede eksemplarer til Det kongelige Bibliotek, to til Statsbiblioteket og yderligere 1 eksemplar til Det kongelige Bibliotek, der skulle videresende det til Bibliotekscentralen til registrering i *Dansk bogfortegnelse* (Det kongelige Bibliotek tog – og tager – sig af *Dansk Periodicafortegnelse*). Dette eksemplar skulle så gå videre til Universitetsbibliotekets 1. eller 2. afdeling. Heller ikke dette udspil resulterede i en ny lov, og det gjorde det sidste udspil i 1980'erne heller ikke. I 1988 udarbejdede Rigsbibliotekarembedet, der i 1986 var blevet udskilt fra Det kongelige Bibliotek, en redegørelse.[16] Heri blev det understreget, at formålet med pligtaflevering er at sikre informationsbærende materialer for eftertiden, ikke at sikre brugseksemplarer af den danske litteratur til bestemte biblioteker, at både Det kongelige Bibliotek og Statsbiblioteket hver burde have ét eksemplar til aktuel brug og ét eksemplar til fremtidig brug, at universitetsbibliotekets rekvisitionsret burde afløses af en udvidet bevilling, og at fire eksemplarer (2 til Statsbiblioteket, 2 til Det kongelige Bibliotek) var nok til også at dække kravet om nationalbibliografisk registrering (Det kongelige Biblioteks forlagseksemplar af bøger skulle afleveres til Bibliotekscentralen til registrering og derefter retur til biblioteket). Endelig blev det foreslået, at en central database skulle etableres, så man kunne overveje en decentral aflevering på en ny måde, eller rettere på samme måde, som man under Besættelsen ville klare afbrudte kommunikationslinjer, nemlig, at alle bogtrykkere øst for Storebælt skulle aflevere til Det kongelige Bibliotek og alle vest for til Statsbiblioteket, hvorefter de to biblioteker skulle udveksle eksemplarer. Desuden var der et særligt forslag for statslige institutioner. Disse burde aflevere tre eksemplarer af alle udgivne eksemplarer til

[15] *Pligtaflevering i fremtiden: Beregning af materialemængder og ressourceforbrug ved forskellige pligtafleveringsordninger. Intern rapport.* Det kongelige Bibliotek, 1986.

[16] *Foreløbig redegørelse for problemer i forbindelse med ny pligtafleveringslov 28.3.1988.* Udarbejdet af Rigsbibliotekarembedet ved Jacob Thomsen. DAs arkiv. Mappe 'Lovrevision: 1987-.'

IDE, der havde ret til at rekvirere op til ni eksemplarer af disse. Dette var ikke nyt, men blev nu knyttet til pligtaflevering.

I august 1993 tiltrådte forfatteren af disse linjer stillingen som leder af Danske Afdeling. Inden den først uge på jobbet var omme, havde jeg fået præsenteret forslaget af 1982 med besked om, at jeg snart skulle gå i gang med en revision af pligtafleveringsloven af 1927. Optimismen fra Det kongelige Biblioteks side fejlede ikke noget, omend der kunne spores et strejf af skepsis blandt de af afdelingens medarbejdere, der i mange år havde hørt, at NU var en ny pligtafleveringslov på vej.

Som det var tilfældet i begyndelsen af 1980'erne skete arbejdet med revisionen i tæt samarbejde med Statsbiblioteket, repræsenteret ved førstebibliotekar Harald von Hielmcrone. I løbet af 1994 gik arbejdet med at lave et oplæg til en ny pligtafleveringslov igang. Udgangspunktet var et oplæg fra Statens Bibliotekstjeneste om informationspolitik med særligt henblik på biblioteker og dokumentationscentre.[17] I dette oplæg var der et kort afsnit om pligtaflevering, der på flere måder var problemfyldt med hensyn til terminologi, men det fik for alvor indført ordene „offentliggjorte værker" i diskussionen om pligtaflevering. Dermed var man over den mentale hurdle, som 500 års bogtryk havde anbragt foran de foregående årtiers forsøg på at definere, hvad der skulle afleveres, udover de traditionelle bogtrykte værker. Der blev snakket om „ikke-boglige" eller „ikke-bogtrykte" materialer, eller disse blev specificeret som f.eks. AV-materialer. I Norge havde man i 1989 vist vejen ved at indføre en pligtafleveringslov, der gjaldt dokumenter med alment tilgængelig information. Denne lov, der trådte i kraft i 1990 har vist sig at være fleksibel nok til at opfange nye medier, herunder dokumenter på nettet. I modsætning hertil er Sveriges endnu nyere lov om pligtaflevering fra 1993 allerede løbet ind i problemer, idet den definerer de forskellige former for medier, som offentliggjorte værker kan udgives i, og medtager ikke dokumenter på nettet. Arbejdet med en ny dansk pligtafleveringslov blev – heldigvis kan man i retrospekt sige – først helt færdigt i 1996, så udviklingen inden for netbårne medier kunne komme med. 1995 var året, hvor Internettet for alvor slog igennem i Danmark, og d. 19. juni samme år afleverede Det kongelige

[17] *Informationspolitik – med særligt henblik på biblioteker og dokumentationscentre* [af Niels Erik Wille, Udkast, marts 1993. KB j.nr. 93–6019–24 = FB 93–32.] Senere udgivet som: Informationspolitik – med særligt henblik på biblioteker og dokumentationscentre. Samlet udgave. *Skrifter fra Statens Bibliotekstjeneste* 11, 1995, s. 39–43.

Bibliotek og Statsbiblioteket et forslag til en revision af Pligtafleveringsloven til Kulturministeriet, der gav forslaget videre til det just nedsatte Udvalget for Bibliotekerne i Informationssamfundet (UBIS).[18] Udvalget tog emnet op som et af dets første handlinger, og efter møder og forhandlinger med de to involverede biblioteker udsendte udvalget i maj 1996 sin første delbetænkning, der indeholdt et forslag til lov om pligtaflevering med tilhørende bemærkninger samt forslag til bekendtgørelse. Betænkningen blev i efteråret 1996 sendt til høring, og da svarene gennemgående var positive, forberedte ministeriet en fremlæggelse af loven. Dette blev, på grund af omrokeringer i regeringen i slutningen af 1996, der bl.a. medførte, at Jytte Hilden blev afløst som kulturminister af Ebbe Lundgaard, udskudt indtil marts 1997, hvor lovforslag nr. L 185 om „pligtaflevering af udgivne værker“ blev fremsat i Folketinget og modtaget positivt af samtlige partier. En lang og til tider tilsyneladende umulig kamp for at revidere en forældet lov var ved at være overstået. Lovforslaget var noget mere detaljeret end det norske, men i bemærkningerne var der åbnet for at tage hensyn til ændringer i medier og kommunikationsveje for offentliggjorte værker.

Lovforslaget adskilte sig radikalt fra sine forgængere på et punkt: det har ikke i selve lovteksten Det kongelige Bibliotek som modtager af pligtaflevering. I de mange forslag fra de sidste tre årtier blev der ikke sat spørgsmålstegn ved hverken Det kongelige Biblioteks eller Statsbibliotekets stilling som modtager. Det bliver der formelt i det nyeste forslag, idet forslaget blot siger, at ministeriet (dvs. Kulturministeriet) fastsætter bestemmelser vedrørende afleveringssted og opbevaringssted. I bemærkningerne fremføres det, at der ikke tilsigtes nogen ændring i den bestående ordning, blot at man finder det hensigtsmæssigt, at kulturministeren kan vælge om nogle typer af materialer måske placeres andre steder, og der lægges i forslag til bekendtgørelse op til, at Filmmuseet skal modtage det ene af de to afleverede eksemplarer af videogrammer, og at Danmarks Blindebibliotek skal modtage lydbøger og bøger i punktskrift, mens Det kongelige Bibliotek og Statsbiblioteket fortsat skal stå som hovedmodtagere af det pligtafleverede materiale.[19] Dette er også med i teksten i den vedtagne lov.

[18] KB J.nr. 94–03123–5, Notat med brev af 19. juni 1995, Brev fra Kulturministeriet 16. august 1995.

[19] *Pligtaflevering. Delbetænkning nr. 1 fra Udvalget om Bibliotekerne i Informationssamfundet.* 12. juni 1996.

Nationalbibliotekstanken i lovforslag og betænkninger, 1850–1997

I den periode, arkiverne modtog provinsaviserne, erfarede de – som også bibliotekerne har erfaret – at aviser vokser hurtigere end andet materiale, og at det derfor breder sig på hylder på en måde, der kan betegnes som uhæmmet, hvis man ikke har nok plads, og hvis man synes, at aviser tager uforholdsmæssigt meget af den sparsomme plads. Det kan som eksempel anføres, at i 1996 fyldte Danske Afdelings samlede bestand af bøger, tidsskrifter og småtryk fra 1474 til 1996 ialt 25 hyldekilometer, mens aviser fra perioden ca. 1850–1996 fyldte 15 hyldekilometer. Man kan diskutere, om dette er rimeligt. Set fra et nationalbibliotekssynspunkt er dette en urimelig problemstilling. For nationalbibliotekets force er jo netop, at det har, hvad alle andre har smidt væk – stort og småt imellem hinanden. Modeordet „kontekst“ (sammenhæng) har en reel betydning her. Nationalbiblioteket har sammenhængen. Det er dets raison d'être. Når nutidens forfattere, skribenter og debattører snakker om en discountkultur, ja så har nationalsamlingen (i sin småtrykssamling) tilbudsaviser, regnskaber, personaleblade, planer og andet trykt materiale fra diverse discountbutiker, ikke kun til gavn for fremtidige forskere af dansk detailhandels historie i det sene 20. århundrede, men til gavn for alle, der vil danne sig et billede af 1980'ernes og 90'ernes kultur og samfund. Pligtafleveringens force er jo netop, at den sørger for, at nationalbiblioteket får det hele.

Denne ide om nationalbiblioteket har ikke altid været fremherskende, især ikke i perioden op til 1927-lovens vedtagelse. Men i tiden op til Første Verdenskrig var det Det kongelige Biblioteks holdning, at alt skulle indsamles.

Af en artikel af overbibliotekar Chr. Bruun i Dansk Bogtrykker-Tidende 1894 fremgik det, at selvom bryllups- og begravelsesvers var undtagne fra loven om pligtaflevering, idet de regnedes for hørende til „Akcidens-Tryk“, så modtog biblioteket med glæde, hvad der blev sendt til dem af sådanne tryksager (aktstykke nr. 39). I et cirkulære til bogtrykkerne fra december 1901 bad overbibliotekar H.O. Lange bogtrykkerne om at indsende eksemplarer af „Smaatryk som Beretninger, Love, Cirkulærer, Regnskaber, Løbesedler, Prislister, Sange af enhver Art, Reklamer ... og lignende“ med den begrundelse, at det vil være af betydning for eftertiden at finde alt dette samlet og ordnet på en overskuelig måde, også selvom „saadanne Sager ikke i Øjeblikket synes at have nogen Interesse“ (aktstykke nr. 44).

Fig. 5. „Aviser på Lergravsvej-magasinet". Danske Afdelings aviser fylder 15 hyldekilometer og er spredt på seks forskellige magasiner, hvoraf det nyeste er en tidligere fabriksbygning på Lergravsvej på Amager, hvor der er næsten optimale forhold for aviser, men ikke for personalet, der skal hente aviser på de øverste hylder.

Bibliotekarernes synspunkt vandt også ministerens gehør, da det i bemærkningerne til lovforslaget af 1902 netop siges, at kataloger, auktionsplakater, bryllups- og begravelsesvers, der i forordningen af 1832 var undtaget afleveringspligt, for fremtiden skal afleveres, da „man er enig med Bibliotekarerne i, at slige Ting bør afleveres" (aktstykke nr. 45). Lederne af pligtafleveringsbibliotekerne var så ivrige efter at indsamle alt, at de gerne havde set, at afleveringspligten til enhver tid kunne gøres gældende. Dette var ministeriet dog ikke enig i og henviste til lovgivningens almindelige bestemmelser, formodentlig vedrørende forældelse. Ellers må det siges, at Det kongelige Bibliotek fik sine ønsker opfyldt med hensyn til omfanget af pligtafleveringen.

I bemærkningerne til det lovforslag, der blev fremsat i 1902, kommer ministeren med nogle betragtninger om Det kongelige Biblioteks rolle som nationalbibliotek, der „har den Opgave fremfor de andre Biblioteker at være Opbevaringssted for den nationale litterære Produktion i dens størst mulige Fuldstændighed og i behørig Stand" (aktstykke nr. 45). Dette betød ikke, at H.O. Lange mente, at alt, der blev produceret, var af kvalitet. Da det under debatten i rigsdagen blev foreslået, at Det kongelige Biblioteks overflødige dubletter skulle gå til Island, gjorde han opmærksom på, at det, der kunne undværes, ville være af tvivlsom værdi. Værdien i nationalsamlingen ligger i helheden, ikke i at alt er lige værdifuldt hver for sig. Hans holdning genspejles i Ehrencron-Müllers vejledende bemærkninger til 1902-loven, hvori han siger, at Det store kongelige Bibliothek „har jo nemlig fremfor de andre to biblioteker Forpligtelsen til at samle og bevare den danske Nationalliteratur i dens videste Udstrækning" (aktstykke nr. 50).

Endnu et aspekt af Det kongelige Biblioteks virke blev lagt frem af Ehrencron-Müller i hans vejledning til loven nemlig det boghistoriske, idet han gjorde opmærksom på, at hvis et skrift blev udgivet i forskelligt udstyr, skulle Det kongelige Biblioteks ene eksemplar høre til det bedst udstyrede, medmindre eksemplartallet var under 50, således at „man til enhver Tid vil kunne gjøre sig bekjendt med Udstyrelsen af Bøger, hvad der vil være af ikke ringe Betydning for Studiet af Boghaandværket og dets Udvikling gjennem Tiderne" (aktstykke nr. 50).

I tiden mellem 1902-loven og 1927-loven mærkes en stadig stigende modstand mod ideen om den altomfattende pligtaflevering, især et negativt syn på tryksager, der ikke af samtiden blev betragtet som litterære eller videnskabelige. De blev anset for at være gøgeunger, der skubbede alt det finkulturelle, det litterære ud.

Først kom modstanden udefra, fra bogtrykkere og politikere, der satte spørgsmålstegn både ved antallet af eksemplarer afleverede og ved omfanget af pligtaflevering. Under behandling af loven vedrørende Statens Avissamling i 1916, blev der i Landstinget rejst det spørgsmål, om ikke man kunne overveje at indskrænke afleveringspligten ved nedsættelse af et udvalg, hvori mindst en bogtrykker burde have sæde (aktstykke nr. 53). Udvalget blev nedsat samme år med overbibliotekaren ved Det kongelige Bibliotek, rigsarkivaren, overbibliotekaren ved Universitetsbiblioteket og overbibliotekaren ved Statsbiblioteket samt bogtrykker P. Hansen fra Aalborg som medlemmer. Dog var udvalgets kommissorium blevet begrænset til at diskutere en eventuel indskrænkning i afleveringen af avisernes aftryksblade. I betænkningen fraråder et flertal bestående af bibliotekarerne og rigsarkivaren nogen ændringer, hvorimod mindretallet, bestående af den enlige bogtrykker, tilrådede indskrænkning af aflevering af aftryksblade (aktstykke nr. 56). Udvalget havde dog drøftet generelt, om der skulle være en indskrænkning af afleveringspligten, og også her viste den samme skillelinje sig. Bogtrykkeren mente, at „Afleveringspligten er noget vidtrækkende, naar den strækker sig til ogsaa at omfatte Løbesedler om Møder, Reklameplakater, Begravelsessalmer og merkantile Tryksager af ganske almindelig Art". Flertallet, det vil altså sige de øvrige medlemmer, var uenig i bogtrykkerens betragtninger over, hvad der var overflødigt, og kunne derfor kun tilråde, at der ikke skete nogen indskrænkning. (Om betænkningens konklusioner vedrørende aviser se afsnittet herom i denne bog).

I 1923 var stemningen for alvor vendt. Samtidig med at den radikale folketingsmand Bertel Dahlgaard i Folketinget stillede spørgsmål angående omfanget af pligtafleveringen, trådte en af Det kongelige Biblioteks egne folk frem med et reformforslag, der måtte have lydt som sød musik i de kritiske politikeres ører og i hvert fald have gendrevet Dahlgaards påstand om, at „Sagkundskab på Biblioteksvæsenets Omraade repræsenterer sig sommetider som den, der ligefrem mimrer med Munden, saa snart den ser en Lap Papir med Tryksværte paa" (aktstykke nr. 59).

Det var underbibliotekar, dr.phil. Lauritz Nielsen, der fremkom med dette reformforslag (aktstykke nr. 60), hvis indhold ord til andet går igen i Betænkning om de tre Statsbibliotekers Forhold til den danske Litteratur med forslag til ny Pligtafleveringslov af 30. november 1926, som atter indgik som et kapitel i *Betænkning vedrørende Statens Biblioteksvæsen afgiven af det af Undervisningsministeriet under 11. Oktober 1924 medsatte Udvalg 1927* (aktstykke nr. 67). Den gode underbibliotekar viste ringe forståelse for sin samtids trykkunst: „Fra at være en 'Kunst', der i alt fald for en væsentlig Del tjente litterære Formaal, er Faget efter Maskindriftens Indførelse i den Grad traadt i det praktiske Livs Tjeneste, at langt den største Del af de Tryksager, som nu fremstilles, kun har Relation til Øjeblikkets Tarv." Det samme kunne med lige så stor ret siges om de mange skrifter, der udkom i Reformationstidens Danmark (ca. 1520–1540), og som samme dr. phil. Lauritz Nielsen med stor flid og iver opsporede, undersøgte og registrerede – selv det mindste tryk blev inddraget – og som har givet ham et fortjent ry som en af Danmarks store bibliografer.

I sit reformforslag viste han med tal over væksten (hvoraf en del dog skyldes, at Sønderjyllands produktion igen fra 1920 skulle afleveres), at selvom 1902-loven havde beriget de tre biblioteker med samtidens danske litteratur „har den samtidig belemret dem med kolossale Masser af Tryksager, som intet har med Litteratur at gøre." Aviser var en af de store 'syndere', der ikke alene havde fyldt bibliotekets avismagasin helt op, men også „bredt sig ud over snart sagt hele Biblioteket, fyldende

Gange og Vinduesfordybninger med deres uendelige Rækker til Gene for det almindelige Biblioteksarbejde", og så blev aviserne ovenikøbet benyttet, hvilket under disse omstændigheder kostede megen ulejlighed og tid. Den anden store 'synder' var Småtrykket, der blev karakteriseret som „ubarmhjertigt indtrængende Papirmasser." Den tredje 'synder' var det dubleteksemplar, der stadig skulle afleveres ifølge 1902-loven til Det kongelige Bibliotek, og som blev opbevaret i en særlig dubletsamling. Tilsammen havde disse materialer skabt byrder for de tre modtagende biblioteker, der truede med at ændre deres karakter fra at være „Opbevaringssteder for vore nationale Litteraturfrembringelser" til at blive „Ophobningssteder for Dynger af værdiløs Makulatur". Med fare for at blive sat i bås med bibliotekarer, der mimrer med munden, så snart de ser en lap papir med tryksværte, vil forfatteren af disse linjer ikke tøve med at karakterisere underbibliotekarens ytringer som udtryk for en manglende forståelse for nationalbibliotekets formål.

Laurits Nielsen har utvivlsomt selv overvejet denne anklage, for længere henne i sit reformforslag argumenterer han for at opgive den rådende opfattelse af nationalbiblioteket som rummende alt trykt og i stedet se det som rummende „litteratur", uden at dette dog defineres nærmere. Hovedproblemet med Lauritz Nielsens argumentation er nemlig, at den hviler på snævre samtidige økonomiske og praktiske hensyn. En 100-årig teaterplakat er værdifuld, en samtidig (altså fra 1923) biografplakat er det ikke; samtlige aviser fra 1800-tallets begyndelse er værdifulde, samtlige aviser fra 1900-tallets begyndelse er ikke. For en boghistoriker er hans mangel på forståelse for fremtidige boghistorikeres krav om kilder rent ud sagt forbløffende – men hans betragtninger ganske lærerige for fremtidige debattører om omfanget af nationalsamlingen. Det kan aldrig være subjektive skøn vedrørende et værks lødighed, der skal bestemme, hvor grænsen trækkes mellem opbevaring og kassation. En sådan grænse kan kun trækkes efter formelle kriterier.

I betænkningen omtales Det kongelige Biblioteks rolle som nationalbibliotek, men i temmelig vage termer. Biblioteket har „fra gammel tid" været betragtet som landets nationalbibliotek og „ejer den danske Litteratur fra de ældste tider til vore Dage i større Fylde end noget andet Bibliotek." Det nævnes, at biblioteket siden 1780 har haft en særlig afdeling til de danske bøger, og at en væsentlig del af arbejdet med at registrere den danske bogproduktion gennem tiderne har været tilknyttet biblioteket. Det bør fortsat være „Samlingsstedet for den danske

Fig. 6. Biblioteksassistent Ingrid Appel ved siden af overbibliotekar Emmanuel Sejr, fotograferet ved dennes afgang i 1957.

Litteratur i saa vidt Omfang, som man overhovedet finder det rigtigt at bevare den", og biblioteket skal desuden sørge for at bevare det indsamlede – hvis man mener, man bør beholde det – for eftertiden. Disse ganske rigtige, men ikke videre faste, endsige praktiske, betragtninger efterfølges så af en sætning, der lyder som ekko af tidligere tiders syn på nationalsamlingens indsamlingsprincipper: biblioteket bør sikre denne litteratur „uden Hensyn til den øjeblikkelige Efterspørgsel eller til den større eller mindre Interesse, som skiftende Opfattelser vil tillægge det Materiale, der samles".[20] Dette kan da næppe være skrevet af Lauritz Nielsen.

Svend Dahl, der efterfulgte Carl S. Petersen som chef for Det kongelige Bibliotek, gik ikke åbenlyst ind for en yderligere indskrænkning af afleveringspligten, eller en udvidelse af kassationspligten, men valgte en udvej, der også i de senere år har måttet tages i anvendelse for at få

[20] *Betænkning vedrørende Statens Biblioteksvæsen,* afgiven af det af Undervisningsministeriet under 11. oktober 1924 nedsatte udvalg. 1927, s. 86.

ressourcerne til at slå til, nemlig at undlade at reklamere småtryksblade, såsom lejerblade, menighedsblade og foreningsblade af lokal karakter, når det blev opdaget, at der manglede numre. Dette bragte Det kongelige Bibliotek i konflikt med Statsbiblioteket, hvor biblioteksassistent frk. Appel med stor nidkærhed forfulgte bogtrykkerne for manglende numre. Først venligt, senere mere irritabelt forsøgte både Svend Dahl og Danske Afdelings leder, R. Paulli, at få Statsbiblioteket til at holde inde, hvilket fik Statsbibliotekets leder, Emmanuel Sejr, først venligt, dernæst også mere irritabelt at forsvare det principielle i at håndhæve loven. Det kan dog også have spillet en rolle, at Emmanuel Sejr også var en flittig lokalhistoriker og havde en større fornemmelse for tilsyneladende ubetydelige tryksagers rolle for eftertiden end Dahl, der som rigsbibliotekar måtte se på omkostningerne, og Paulli, hvis interesse, som Lauritz Nielsens, lå inden for det litterære og bibliofile. I Svend Dahls argumentation spores Lauritz Nielsens og Carl. S. Petersens syn, i og med at Dahl omtaler disse blade som „Tryksagsgevækster", der hører hjemme i „Kulturens Ørken"(aktstykke nr. 82–83; 85–89). Dette har siden ændret sig, og rollerne har de seneste år været byttet om, dog således at Det kongelige Bibliotek har været tvunget til, af sparehensyn, at droppe reklamation af småtryk.

At Det kongelige Bibliotek var Danmarks Bogmuseum kom også til udtryk i Svend Dahls notits fra 1944 om aflevering af privattryk, foranlediget af en auktion over en privat bogsamling, der havde tilhørt bogtrykker Niels P. Thomsen. Dahls argument for aflevering var, at de ofte repræsenterede „en vigtig Side af dansk Bogkunst" (aktstykke nr. 81).

At Universitetsbiblioteket skulle være en reservenationalsamling blev flere gange berørt, men uden at vinde gehør. I 1842 udtrykte Universitetsbibliotekets leder betænkeligheder vedrørende total pligtaflevering, herunder aviserne, idet det blev anført at universitetsbibliotekets opgave i og for sig ikke var at danne „et fuldstændigt Magazin af den danske Presses Frembringelser" (aktstykke nr. 26). Ved erklæringen i 1854 afviste man direkte, at Universitetsbiblioteket skulle tjene som reservenationalbibliotek. Universitetsbibliotekets bøger skulle enten have videnskabeligt indhold eller høre til „den skjønne Literatur, eller blot til bedre Folkelæsning". Til sådan hørte bestemt ikke „Massen af oversat fremmed Moerskabslæsning" (aktstykke nr. 28).

Som led i forarbejderne til 1902-loven skrev lederne af henholdsvis Det kongelige Bibliotek og Universitetsbiblioteket notater til ministeriet (aktstykke nr. 45 bilag I og II). Heraf fremgår også forskellen

Fig. 7. „Registranten". Der udgives ca. 23.000 periodica årligt. De er registreret på kort i Danske Afdeling. Kortene indeholder oplysninger om den enkelte titel og påføres de modtagne numre, så medarbejderne kan se, om alt er modtaget. De registrerer ca. 90.000 hefter og bind om året.

mellem de to herrers syn på pligtaflevering. Universitetsbiblioteket vil have et udvalg, omend et temmelig stort udvalg, men understreger, at hvad man ønsker, er ret til at kassere, dvs. at Universitetsbiblioteket skal modtage alt, hvad Det kongelige Bibliotek får, men skal kassere ud fra principper om, hvad der skal være i et universitetsbibliotek. Til gengæld ville han af hensyn til at få komplette eksemplarer også have ret til at kræve eksemplarer fra forlagene, hvis bogtrykkerne ikke kunne levere dette. Samme ønske deltes af Statsbibliotekets leder, men ønsket blev ikke opfyldt. Med oprettelsen af Statsbiblioteket trådte en ny kandidat til reservenationalbibliotek frem, og det påtog sig mere villigt forpligtelsen som nationalt reservebibliotek, omend det ikke direkte formuleres sådan.

I erklæringen af 1854 dukkede også det spørgsmål op, som stadig er aktuelt, nemlig om grænsen mellem arkivalier og udgivelser, når førstnævnte overgår til nyt medium. I erklæringen siges det, at ved benyttelse af pressen til en meddelelse, såsom amtsråds- og kommunalbestyrelsesforhandlinger, regnskaber og lokalaviser, er „Forholdet imellem Literatur og Trykning blevet aldeles forandret". Man stillede det spørgsmål, om ikke disse meddelelser, som også indbefattede lokalaviser snarere burde opbevares som arkivalier (aktstykke nr. 28). Dette skete ved oprettelsen af Rigsarkivet i 1889, og i en bekendtgørelse af 1892 redegøres for fordelingen (aktstykke nr. 36). Som aviser regnedes „saadanne Blade, som efter deres væsentlige Indhold og Formaal ikke henhøre under den egentlige Litteratur". Deres modsætning var „alle andre Blade og Tidender, uden Hensyn til hvilke Emner de behandle". Disse skulle fortsat afgives til Universitetsbiblioteket. Med litteratur mentes altså noget mere varigt end dagsnyheder og annoncer, uanset emne. Dette blev nogle år senere defineret af Det kongelige Biblioteks chef som alt det, der ikke var „Akcidens-Tryk", dvs. blanketter, skemaer, lister til udfyldning, visitkort o.l., men derimod „Meddelelser med et virkeligt Indhold, selvom de kun ere trykte på 1 Blad" (aktstykke nr. 39). Forsøget med pligtaflevering af aviser til arkiverne 1902–1916 viste imidlertid, at der ikke var den store efterspørgsel på arkiverne, og at disse selv kom til den erkendelse, at aviser ikke hørte hjemme i arkiverne, men på bibliotekerne. Spørgsmålet om arkivalier versus udgivne materialer blev igen taget op i 1984, et tidspunkt, hvor mulighederne for massekopiering uden om bogtrykkerne var blevet legio.[21] Spørgsmålet er om muligt blevet endnu mere aktuelt i 1990'erne med netadgang og dermed tilgængeliggørelse af informationer, der tidligere var så decideret arkivalier.

Administration af pligtafleveringloven

Det vekslende syn på omfanget af pligtaflevering i perioden 1850–1997 har tilsyneladende ikke medført, at biblioteket slækkede på håndhævelsen af gældende lov. Hvis man som Carl S. Petersen og Lauritz Nielsen mente, at den pågældende lov var for omfangsrig, søgte man at ændre lovgivningen eller sætte faste rammer for, hvor grænsen gik for

[21] Lise Hesselager: Fringe or Grey Literature in the National Library: On 'Papyrolatry' and the Growing Similarity between the Materials in Libraries and Archives. *American Archivist*, vol. 47, 1984, s. 255–270, genoptrykt i Lise Hesselager: *Til Guld skal det blive... Biblioteksfaglige afhandlinger 1972–1987*, udgivet af Det Kongelige Bibliotek, 1988, s. 95–110.

Omfanget og behandling af pligtafleveringen – Statistik

År	Trykkerier	Afleverede			Bemærkninger
		Bøger	Tidsskrifter og Aviser	Småtryk	
1864/65	98	842	174	493	Småskrifter
1870/71	113	1.002	235	731	Småskrifter
1880/81	167	1.475	346	1.189	do. inkl. viser
1890/91	247	2.146	504	2.763	do.
1900/01	296	1.762	758	5.495	do.
1910/11	512	3.485	1.448	59.791	Småtryk inkl. sange, programmer, særtryk
1920/21	724	3.756	1.891	67.497	do.
1930/31	864	3.241	2.364	23.870	Småtryk
1940	973	2.672	2.509	32.238	
1950/51		16.108*	ikke opgivet	ca. 43.000	* inkl. 14.055 pjecer
1960/61		4.230*	ca. 1.550	39.141	* inkl. 1.801 pjecer
1970		8.826*	15.440	52.490	* inkl. 2.412 pjecer
1980		12.611*	17.146	ca. 57.600	* inkl. pjecer
1990		16.354	7.554	74.734	Netto tilvækst = afleveringer minus kassation
1996	ca. 1.000	12.131	9.046	104.192	Brutto tilvækst = afleveringer

håndhævelse. Den ovenfor nævnte diskussion mellem Det kongelige Bibliotek og Statsbiblioteket drejede sig jo ikke om, hvorvidt man skulle lade være med at håndhæve loven, men om hvor mange bestræbelser man skulle udfolde for, at dækningsgraden blev 100%. Nedskæringerne på Det kongelige Bibliotek i 1980'erne medførte som nævnt bl.a., at man måtte ophøre med at reklamere manglende numre af småtrykstidsskrifter, dvs. at man ikke længere rykker bogtrykkere og derefter udgivere for manglende numre af de ca. 8.000 foreningsblade, personaleblade og andre tidsskrifter, der udgives af en institution eller forening, og som angår de interne forhold.

Siden 1832 har biblioteket sikret sig en så komplet aflevering som muligt ved at gå til kilden, dvs. bogtrykkerne. Eksperimentet med aflevering fra forlag i perioden 1821–1832 havde jo vist det uheldige i at forlade dette princip. Dette er ligeledes grundlag for Danske Afdelings nuværende procedure. Alt, hvad der trykkes, skal med visse undtagelser afleveres, og ofte medsender bogtrykkerne hele produktionen og lader biblioteket sortere det ikke-ønskede fra. Afleveringen er en form for selvangivelse, og det må antages, at bogtrykkeren afleverer alt, hvad der skal afleveres.

I første omgang kan Danske Afdeling konstatere, om der er afleveret

Fig. 8. „Kasser til DBC". Som led i samarbejdet mellem Dansk BiblioteksCenter (DBC) og Det kongelige Bibliotek om udarbejdelsen af nationalbibliografien, sendes hver uge kasser til DBC med bøger, der ikke er modtaget af DBC, til registrering i *Dansk bogfortegnelse*.

eller ej. Bogtrykkere, der står på listen over leverandører, men som ikke har afleveret, bliver rykket, idet det siden 1902 har været lovpligtigt, at en bogtrykker enten skal aflevere, hvad vedkommende har trykt i foregående halvår, eller indsende en erklæring om, at der intet er trykt.

Ved gennemgang af materialet bliver personalet opmærksom på mangler i tilfælde af flerbindsværker og tidsskrifter, hvor manglende bind eller numre let lader sig opdage. Derimod er det ikke ligetil at finde en enkeltstående faglig eller skønlitterær bog, der ikke er afleveret. Her kommer *Dansk bogfortegnelse* ind i billedet. Helt tilbage til Bruuns første tid som overbibliotekar i 1860'erne har fortegnelsen fungeret som en kontrol for aflevering. Bogfortegnelsens ugentlige del har først og fremmest været og er et hjælpemiddel for boghandlen, og den har været baseret på en frivillig aflevering af bøger til registrering. Det kongelige Bibliotek har til gengæld for at bruge fortegnelsen som kontrol leveret bøger til registrering i *Dansk bogfortegnelse,* som ikke var sendt frivilligt.[22] I dag sker dette ved et nært samarbejde med Dansk BibliotekCenter, der udgiver *Dansk bogfortegnelse*. Hver uge fragtes adskillige kasser med bøger, der er indkommet som pligtaflevering, men som ikke ses registreret, ud til Ballerup og tilbage igen. Til gengæld får Det kongelige Bibliotek ugentligt leveret registreringer (poster) fra bogfortegnelsen, som biblioteket bruger dels som genbrug til katalogisering af det indgåede materiale, dels som kontrol for afleveringens fuldkommenhed. To gange årligt bliver der lavet et udtræk af poster, der er mere end et halvt år gammelt, og som ikke er genbrugt af biblioteket, idet sådanne poster angiver en bog, der ikke er afleveret. Titlerne checkes en ekstra gang, og derefter bliver der skrevet og ringet til bogtrykkeren vedrørende aflevering af titlen.

Behandling som biblioteksmaterialer

Behandlingen af det afleverede materiale har sin egen historie og skal her kun kort berøres i forbindelse med historien om pligtaflevering. I den omhandlede periode skete der netop store ændringer i forbindelse med registreringen af det indsamlede materiale. Samtidig med at biblioteket i 1863 fik ny leder i Christian Bruun, blev Johannes Vahl leder af Danske Afdeling. En af deres planer var at at skabe en systematisk katalog over den danske samling, der omfattede (og stadigvæk omfatter) både det pligtafleverede materiale samt værker, der var udgivet før 1697, og værker udgivet i udlandet af danskere eller omhandlende Danmark eller danskere. Biblioteket rådede på dette tidspunkt over en alfabetisk seddelkatalog over dele af afdelingens bestand. Resten af afdelingens bøger skulle registreres på alfabetiske sedler, som derefter skulle systematiseres og indføres i 60 protokoller. Dette arbejde var beregnet til at tage 12 år og koste 2875 rigsdaler. Det kom til at slå til. Arbejdet tog faktisk mindre tid, nemlig 11 år, og kom til at koste lidt mere, 2978 rdl. Antallet af protokoller blev også noget større, idet de 60 grupper fyldte ialt 67 protokoller.[23]

[22] Det kongelige Bibliotek udarbejdede desuden den årlige og de flerårlige fortegnelser til og med bindet for årene 1935–39. Det følgende bind, dækkende årene 1940–44, blev udarbejdet i samarbejde med Bibliotekstilsynet, der derefter overtog arbejdet med de akkumulerede fortegnelser. Erik Allerslev Jensen: Dansk Bogfortegnelse mellem Det kongelige Bibliotek og Bibliotekscentralen. *Levende biblioteker. Festskrift til Palle Birkelund 29. januar 1982*. 1982, s. 11–14,

[23] Det følgende baseret på Erik Dal: Bibliotheca Danica 1482–1830 og Catalog over

Disse systematiske protokoller, der også tjener som pladskatalog, blev videreført indtil 1960, og det samme gjaldt de alfabetisk sedler. Der opstod imidlertid et problem med at få plads i de systematiske protokoller, der kun med besvær kunne udvides. Selvom der ved skrivningen af protokollerne blev levnet plads til nye indførsler, var det ikke til at beregne, hvor meget der ville blive skrevet om det enkelte emne, og man havde slet ikke forudset den voldsomme vækst af tryksager. Mens biblioteket ikke kunne og ville smide det modtagne ud, kunne man dog spare tid og personale ved at indskrænke omfanget af registrering af materialet. Det første, der gled ud, var det såkaldte småtryk, som man i 1901 var begyndte at ordne arkivalisk (se nedenfor). I 1920'erne ophørte man med at registrere provinsaviser, i begyndelsen af 1930'erne oprettede man en pjecesamling af bøger på under 100 sider (og som ikke skulle i Småtrykssamlingen) og nøjedes med at registrere denne samlings titler i den alfabetiske seddelkatalog. Samtidig gled også særtryk samt medicinske og naturvidenskabelige disputatser ud og efter 1945 også børnebøger. Alle kategorier blev dog fortsat registreret i den alfabetiske seddelkatalog, der var en mere fleksibel katalogform.

I 1950'erne erkendte man, at tiden var løbet fra protokoller, og i 1960 blev der lukket for tilgang af bøger trykt efter 1959. En enkelt bog om rumfart nåede at blive indført i katalog 18 om Mathematik. En del af denne gruppe er Teknik, hvorunder hører „Aerologi", med underinddelingen „Andre særskilte Dele af Aerologien", der i 1953 blev ændret til „Rumfart". Bøger, der var trykt før 1960, men indgået efter 1959, blev dog fortsat indføjet i protokollerne, men ved udgangen af 1992 blev katalogerne definitivt lukkede, og alle titler indgået efter 1. januar 1993 er nu registreret i on-line katalogen REX uanset deres trykkeår. I 1995 blev de alfabetiske sedler fotograferet, så de findes på mikrofiche, og i 1996 blev de systematiske protokoller mikrofilmet.

I 1960 begyndte man at lave en katalog på kort, dels en alfabetisk katalog med en udførligere beskrivelse af det enkelte værk end tidligere, dels en systematisk katalog baseret på folkebibliotekernes klassifikationssystem, den danske decimalklassedeling, som siden da har været brugt til at systematisere det pligtafleverede materiale, der ikke er småtryk. Denne kortkatalog fik en noget kortere levetid end sin forgænger. Den blev lukket i 1988, da biblioteket gik over til at registrere

det store kongelige Bibliotheks danske og norske Afdeling. Axel Andersen (red.): *Danske Opslagsværker*, 1970–72, s. 225–297.

Fig. 9. „Dansk Bogfortegnelses vækst". Væksten i antallet af udgivne og dermed pligtafleverede bøger er steget drastisk, især de sidste 40 år, hvilket omfanget af *Dansk bogfortegnelse* fra årene 1925, 1938, 1960, 1975 og 1996 illustrerer.

sine samlinger elektronisk i bibliotekets on-line katalog, REX. Samtidig har biblioteket lade katalogkortene scanne og maskinformattere, så oplysningerne kan lægges ind i REX i søgbar form. Dette projekt er i 1997 færdigt med undtagelse af et par tusind periodicatitler, således at alle bøger trykt efter 1959, som er afleveret, kan findes i REX i Danske Afdelings base. Ved lukningen i sommeren 1996 af den gamle bygning på Slotsholmen i forbindelsen med de store til- og ombygninger blev kortkatalogens alfabetiske og systematiske del kasseret. Tilbage af denne katalogform på kort er nu kun en regionalkatalog samt en intern registrant. Derimod vil den gamle seddelkatalog og de systematiske protokoller være fremme til publikumsbenyttelse et stykke tid endnu, indtil oplysningerne herfra også er i REX.

Behandling som arkivalier

I det cirkulære af december 1901, som H.O. Lange udsendte til bogtrykkerne vedrørende „Smaatryk", oplyste han, at biblioteket var begyndt at ordne sin samling af småtryk efter et nyt princip, der gjorde det muligt at opbevare så godt som alle tryksagerne. Med opbevare mente H.O. Lange ikke blot, at man skulle lægge trykkene i velegnede kassetter, men også at de skulle ordnes, så bibliotekets personale kunne finde frem til det af lånerne ønskede tryk. Man var åbenbart i biblioteket ved at gøre klar til den pligtafleveringslov, der i januar 1902 blev fremlagt forslag til. Hovedprincippet var at ordne småtrykkene i emnegrupper og herunder arkivalsk efter proveniens, således at man undgik at skulle registrere hvert enkelt tryk samtidig med, at det blev ordnet systematisk og kunne genfindes. Systemet var udtænkt af Statsbibliotekets første chef, J. Hoffmeyer, da han i 1898–1900 skulle ordne alle de pakker med dubletter, han modtog fra Det kongelige Bibliotek. Hans metode til at ordne store mængder af tryksager vakte H.O. Langes interesse, da han i 1901 blev chef for Det kongelige Bibliotek.[24]

Hvad der mentes med småtryk, definerede Lange i et brev af 18. december 1901 (bilag I til aktstykke 45): „Love, Regnskaber, Beretninger, Programmer, Plakater, Reklamer, Prisfortegnelser, Kataloger, Cirkulærer, Viser, Sange osv." Denne definition er senere forenklet til „interne aktuelle tryk fra institutioner, firmaer og foreninger, de såkaldte korporationer", men Hoffmeyers metode, der var både tids- og personalebesparende, og samtidig gav adgang til materialet, har vist sig at være højst effektiv. Det har i 1990'erne være nødvendigt at forenkle systemet noget, således at man hurtigere kan lægge nye tryksager ind i de rette kapsler, men princippet forbliver det samme: ordning efter emner og derefter proveniens.

Det har imidlertid også vist sig katastrofalt, da de umilde vinde i 1920'erne blæste over småtrykket. I en kasse i Småtrykssamlingens kontor findes en række sedler, der i al deres nøgternhed fortæller om personalets holdning til Carl S. Pedersens angreb på de „ubarmhjertigt indtrængende papirmasser", som udmøntede sig i, at han i 1920'erne og 1930'erne gennemgik småtrykket og kasserede hele kapsler og rækker af ordnet småtryk:

Adspredelser,
heraf kasseret af Overbib. C.S. Petersen i 1929
Andespil
Baller
Folkefester
Friluftsmøder
Maskerader og Karnevaller
Menagerier
Panoptikon

[24] Emanuel Sejr: *Statsbiblioteket: Forhistorie og tilblivelse.* Århus 1963, s. 56–57.

Tryllekunstnere m.m.
1 par Kapsler gemt som Prøver

Bogvæsen angaaende –
Subskriptionsindbydelser,
Boganmeldelser, Reklamer,
Boglister, Returlister kasseret
(Overbib. C.S. Petersen) i nogle
Aar c 1927–30. Senere igen
opbevaret.

Jernbaner
Gennemgået Marts 1928 af Over-
bib. C.S. Petersen personlig. Ordre:
„alt intertjenstligt udgaar.“
Kasseret:
Illums Månedshefter
Reklamekøreplaner, lokale Køreplaner,
Andelstabeller
Turliste for Togpersonale
Lokomotivernes Kørselsfordeling
Alle Tillæg til Driftsmateriel og Taxter
Personalia
m.m.
Togplaner (-stammer m.m.)

Kalendere og Lommebøger anlagt paa ny
i 1935 (efter næsten
fuldstændig Kassation
af Overbibl. C.S. Petersen).

Menuer og Vinkort (stedordnet)
Sidste Kapsel i Rejseliv
kasseret af Overb. C.S. Petersen

Alle „Reklamer“ (uden Priser)
pakket i mange store Pakker
(kronologisk ordnet) kasseret
c 1928 af Overbibliotekar C.S.
Petersen. – Kasseret til c. 1954. Pakkes nu.

Skemaer og Blanketter
kasseret af Overbib. C.S. Petersen
1928.
4 Kapsler bevaret (til 1910)
som Prøve

Teaterplakater fra Provinsen (stedord.)
kasseret c. 1928 af Overb. C.S. Petersen

Navnløse personelle Viser og
„upersonlige“ Viser
En stor Samling i alt 25,5
Hyldemeter – emneordnet og
derefter tidsordnet kasseret af Overbib. C.S. Petersen med
Hjælp af Hr. Bremild.

Dialektviser (i kapsel) vistnok kasseret
Fødselsdagssange
Daabs- Konfirmationssange
Bryllups-Sølvbryllups -Guldbryllupssange
Begravelsessange
Jubilæumssange
Viser til Kvindens Pris
Nytaarsviser
Viser ved forskel. Gilder, Fester, Baller og Drikkelag
Pølse- og Torskeviser m.m.
Viser af blandet indhold.

Tør man gætte på, at hr. Bremild, der var bud på biblioteket 1923–31, ikke blev synderlig populær blandt sine kolleger for sin hjælp til chefen?[25] Ifølge en historie overleveret blandt personalet smuglede medarbejdere ved Småtrykssamlingen nogle af de kasserede kapsler op af bagtrappen, efter at Overbibliotekaren havde kasseret dem ad hovedtrappen. Hovedparten af det kasserede materiale forblev dog kasseret, og kun katalogkortet under stikordet „Viser“ vidner om en sangkultur, der måske var endnu mere udbredt end i vore dage, og som er et

[25] Sophus Bremild blev udnævnt til betjent i 1931 og forfremmet til førstebetjent 1941. Albert Fabritius: *Det kongelige Biblioteks Embedsmænd og Funktionærer 1653–1943*, udg. af Det kongelige Bibliotek, 1943, s. 191–92.

specielt dansk fænomen. Viser har siden 1927 ikke været afleveringspligtige, hvilket ikke har forhindret en af bibliotekets senere medarbejdere, Helge Topsøe-Jensen, der som bibliotekar ved Statsbiblioteket arbejdede med pligtaflevering, i at skrive et både morsomt og oplysende essay om netop dette fænomen.[26]

Status maj 1997.

D. 27. maj 1997 blev lovforslag nr. 185 om pligtaflevering af udgivne værker vedtaget. Loven fik ved fremsættelsen i marts en positiv modtagelse i Folketinget. Mens forslaget var til behandling i Kulturudvalget, kom IT-branchen, der ikke var blevet hørt inden lovforslaget blev fremsat, med indsigelser mod den del af loven, der vedrørte aflevering af edb-programmer. Et ændringsforslag, der undtog den type programmer, blev fremsat 13. maj 1997, og loven med ændringsforslag blev derefter enstemmigt vedtaget. Efter 70 år får den nugældende lov fra 1927 endelig en værdig afløser.

Loven er af kulturministeren betegnet som et „dramatisk spring lovmæssigt"[27] og umiddelbart virker den nyskabende og revolutionerende, og dog er der noget meget traditionelt over den – i ordets positive betydning. Den fortsætter en 300-årig tradition, hvilket i sig selv ikke er rosværdigt. Mere betydningsfuldt er det, at den fortsætter en 216-årig tradition, fra loven af 1781, om at indsamle tryksager med det formål at dokumentere kulturarven ved at opbygge en nationalsamling, og en 204-årig tradition, begyndende i 1793, med at stille denne nationalsamling til rådighed for alle landets indbyggere. Det nyskabende er, at man er gået væk fra at betegne udgivne værker indirekte – ved at kalde dem trykte værker – til at betegne dem direkte, og at loven tager højde for fremtidige udviklinger ved at forlange, at „Pligten gælder uanset det medium, som er anvendt ved eksemplarfremstillingen" (§1). Der ligger også en stille revolution i samme paragrafs sætning om, at der „Af værker, der udgives her i landet, skal ... afleveres to eksemplarer til en pligtafleveringsinstitution". Hermed anerkendes i pligtafleveringssammenhænge enevældens ophør for 148 år siden og demokratiets sejr i 1901 for den udøvende magt ved at tillægge ministeren ret til at

[26] H.G. Topsøe-Jensen: Et Stykke Folkepoesi fra vore Dage. *Danske Studier*, 1927, s. 21–34.

[27] Tale ved den officielle åbning af Kulturnet Danmark, 3. april 1997, citeret i *DF-Revy*, 20. årg.: 4, 1997, s. 94.

udpege og dermed også ændre traditionen for modtagere af pligtaflevering. Det kongelige Biblioteks 300-årige og Statsbibliotekets 95-årige ret til at være modtagere af pligtaflevering skal de to institutioner nu gøre sig fortjent til, og det er meget sundt at skulle gennemtænke sin funktion og skulle argumentere for den.

Hvad er den store udfordring ved den nye lov? Som leder af Danske Afdeling, der, siden den blev oprettet i 1780, har haft ansvaret for at administrere de skiftende pligtafleveringslove, ser jeg udfordringen først og fremmest i at få indsamlet det rette antal udgivne værker i deres originale form og stille dem til rådighed for nationen. Tryksager, værker på mikrofilm eller -fiche, på disketter eller cd-rom'er kræver ikke den store ændring i opfattelsen af, hvad der skal indsamles og registreres. Udfordringen ligger i de mange informationer på nettet, der – ved at blive lagt på nettet – må siges at være offentliggjort. Hvor mange og hvor ofte skal de indsamles? Et kodeord for disse informationer er netop, at de er dynamiske, dvs. de ændres konstant og et aftryk, enten på diskette eller på papir, vil ikke vise dokumentets sande form på samme måde som et værk på papir, film eller diskette, der stilles til rådighed. Loven definerer det afleveringspligtige som „en afgrænset mængde af information, som må betragtes som en afsluttet og selvstændig enhed"(§1 stk. 2). Sådanne værker er der mange af på nettet, da også netudgivere er opvokset i en trykkultur. Men på et eller andet tidspunkt i den ikke så fjerne fremtid, må de institutioner, der har med pligtaflevering at gøre, tage stilling til den ændrede måde at udgive informationer og meddelelser på. Heldigvis er der i bemærkningerne til lovforslaget gjort opmærksom på dette, og det indstilles, at databaser med tiden inddrages under pligtafleveringen.

Nogle af de tanker og især bekymringer, bibliotekarerne i årene op til 1902, og især i 1910'erne og 1920'erne, har haft vedrørende de store mængder informationer, der skulle indsamles, registreres og bevares, har den nuværende generation også gjort sig. Forhåbentlig vil denne gennemgang af pligtafleveringens første 300 år forhindre, at historien fra 1920'erne gentager sig, nemlig at man ud fra en vagt begreb om den rette „litteratur" kasserer udvalgte dele. Skal der vælges, skal arkivprincippet følges. Alt skal repræsenteres. Så kan man bestemme, at man kan nøjes med formelt udvalgte eksempler af visse kategorier af udgivne værker, og et komplet udvalg af andre.

Endelig er der tekniske problemer at løse: hvordan sikrer man sig alle værker på internettet, der hører hjemme i nationalsamlingen, og hvordan opbevarer man digitale værker? Det digitale medium er måske det mest ustabile af alle medier for udgivne værker. Historien har lært os, at papir under optimale forhold kan opbevares i 1000 år og fotografi i over 150 år, hvorimod erfaringerne med digitale medier er blandede og kortvarige. De tekniske problemer er dog det mindste af det.

Umiddelbart virker den digitale teknologi som noget meget nyt og fremmed. Måske kan det hjælpe at sætte den teknologiske udvikling i pligtafleveringsperspektiv. Grundlaget for computere og netværk er elektricitet og telefoni; begge tekniske opdagelser, der blev gjort, mens 1832-loven var i kraft. Det samme gælder levende billeder, der dog for alvor blev udbredt i den periode, der dækkes af 1902-loven. Elektriske regnemaskiner og mikroprocessorer blev udtænkt, mens 1927-loven har været i kraft, så computernetværket har lange rødder teknisk. Intellektuelt og socialt er vi alle på begynderstadiet med hensyn til at udnytte det til at meddele os til omverdenen, og det bliver pligtafleveringsinstitutionernes udfordring at følge med denne tilpasning til et nyt medium, så kulturarven bevares.

Tænk, hvis vi havde haft pligtaflevering allerede i 1482, da den første bog blev trykt i Danmark!

OM KORT OG BILLEDER I PLIGTAFLEVERINGENS HISTORIE

AF

HENRIK DUPONT

Kort og billeder omfatter idag en lang række forskellige produkter, såvel indholdsmæssigt som med hensyn til udførelse. De første mangfoldiggjorte kort og billeder blev hurtigt anvendt som løse tryk og som illustrationer i trykte skrifter. Kort og billeder handler i pligtafleveringssammenhæng om såvel deres anvendelse i trykte skrifter som om de løse tryk, idet det oftest var de samme trykkere, der producerede begge dele.

Den første kendte teknik til mangfoldiggørelse var træsnittet, der er kendt fra Kina omkring år 800 og fra Europa i slutningen af 1300-tallet. Træsnit er en højtryks teknik, hvor de dele af et kort eller billede, der er blanke, er skåret væk. Trykteknikken gør, at træsnittet kan anvendes samtidig med trykningen af bøger. Den anden teknik, der opstod omkring et halvt århundrede senere, kobberstikket er en dybtrykteknik, hvor de linier og partier, der skal trykkes, er skåret væk, således at tryksværten samles i linier og huller. Denne teknik kræver en noget anden trykproces, og billedet kan derfor ikke trykkes samtidig med satsen.

Træsnittet var en lidt simplere proces, og det var ikke muligt at få så mange detaljer med, ligesom træsnittet hurtigere blev slidt og ikke kunne rettes på samme måde som kobberstikket. Disse trykteknikker var helt dominerende, og i løbet af 1600-tallet overtog kobberstikket næsten helt markedet. Først med opfindelsen af litografiet eller stentrykket, der er en planteknik, der udnytter at fedt og vand skyer hinanden, ændredes metoderne ved fremstillingen af kort og billeder. I 1800-tallet var det først og fremmest fotografiet, der kom til at ændre produktionen af både kort og billeder helt afgørende. Andre teknologier udvikledes, enten gennem fotografien eller som det skete med xylografien, hvor man anvendte endestykket af meget hårde træarter. En række forskellige raderingsmetoder opstod og disse fandt især anvendelse indenfor den kunstneriske billedproduktion.

I det 20. århundrede er der sket en yderligere udvikling af det meget store udbud af trykmetoder, der findes; fra træsnit og andre simple trykmetoder til meget avancerede laserprintmaskiner og allehånde fotografiske processer, der anvendes til såvel kort som billeder. Det store udbud af trykmetoder har været problematisk for administrationen af den pligtafleveringslov, der primært var baseret på navngivne trykteknikker, og hvor loven ikke er ændret mellem 1927 og 1997.

Sammenknytningen af kort og billeder har således en række historiske rødder indenfor trykteknikken, mens selve produkterne i stor udstrækning har fjernet sig fra hinanden. I vore dages elektroniske verden findes igen en tendens til samling i de såkaldte multimedieprodukter, hvor tekst, tabeller, billeder, kort og film anvendes samlet. Denne sammensmeltning viser sig ligeledes i de såkaldte Geografiske Informationssystemer, også kaldet GIS-systemer.

I den nye pligtafleveringslov (aktstykke 100) har man forsøgt at tage højde for dette, såvel som andre eventuelle ændringer, men dette skaber så igen en lang række nye problemer, der skal diskuteres senere.

Sammenknytningen af kort og billeder har også været gældende indenfor det biblioteksvæsen, der har varetaget pligtafleveringen, hvor Kort- og billedafdelinger i en række lande fungerer som fælles samlinger. I nogle lande er samlingerne for længst splittet, i erkendelse af de forskellige produkter og dermed de forskellige krav til opbevaring, registrering og formidling, som dette kræver. Især for billedområdet har udviklingen inden for det kunstneriske og dokumentariske billede sat sig afgørende spor, selv om skillelinien ofte kan være vanskelig at trække. Skillelinien har ændret sig gennem tiden, og inden for fotografiet har det ført til såvel kraftige diskussioner som ændringer i samlingernes opbygning og formidling. Disse forhold har ligeledes haft indflydelse på den danske pligtafleverings udformning og dermed for opbygning af de samlinger, der varetager pligtafleveringen.

Artiklen vil gennemgå de forskellige pligtafleveringslove og de dertil knyttede bekendtgørelser og andre dokumenter, der har haft betydning for resultatet af pligtafleveringen. Pligtafleveringen af kort og billeder har primært været rettet mod Det Kongelige Bibliotek. I perioder har Universitetsbiblioteket modtaget nogen pligtaflevering og i dette århundrede ligeledes Statsbiblioteket. Artiklen bygger dog udelukkende på samlingerne i Det Kongelige Bibliotek.

Kort og billeders historie i Danmark i korte træk

Der kan ikke sættes en præcis dato for hverken det første trykte danske kort eller billede. Det vides blot, at der gik ganske mange år fra opfindelsen andre steder i Europa til de første danske tryk så dagens lys. Det var ofte kopier af især tyske tryk, og Danmarks beliggenhed, kulturelt som et udkantsområde, kan ses tydeligt i antallet af trykte kort og billeder. Der er ikke foretaget decideret kvantitative studier af, hvor mange kort og billeder der ialt blev produceret, men en række registranter kan give et billede af mængden. P. Krohn udgav i 1889 en fortegnelse over kobbere, raderinger m.m. trykt før 1800. Den kan sammen med senere fortegnelser inden for såvel kort- som billedverdenen bruges til en mere fuldstændig oversigt over de i Danmark trykte kobberstik og senere også litografier.[1] I Krohns fortegnelse opregnes knap 2000 stik før 1800, men der er senere kommet en del andre til. Med en pligtaflevering før 1800 på under 100 eksemplarer, er der tale om en begrænset del af det producerede. Dette vidner bibliotekets erhvervelser af andre samlinger også om, såvel købene i slutningen af 1800-tallet som de køb, der blev gjort i 1950'erne. Erhvervelserne sikrede, at flest mulig af portrætterne i Westergård og Strunks fortegnelser findes på biblioteket, selv om de ikke er pligtafleveret.[2]

Det er ikke gennem pligtafleveringen muligt at få et fuldstændigt billede af den danske produktion. Pligtafleveringen kom først igang i 1697 og, som det skal ses senere, var afleveringen langt fra effektiv. Hvor stor en del af den samlede danske produktion, der er bevaret, kan det ligeledes være svært at redegøre for. Der er ingen tvivl om at Frederik 3.

[1] Fortegnelser:
Billeder: bl.a. Pietro Krohn: *Samlinger til en beskrivende fortegnelse over Danske Kobberstik Raderinger Illustrationer m.m. 1889; P. B. C. Westergård: Danske portrætter i kobberstik, litografi og træsnit. En beskrivende fortegnelse.* 1930; A. Strunk: *Samlinger til en beskrivende catalog over portraiter.* 1865; N. L. Faaborg: *Danske Grafiske Portrætter Kongehuset.* 1980.
V. E. Clausen: *Det folkelige danske træsnit i etbladstryk 1565–1884,* 1985.
Kort: bl.a. Asger Lumholt: *Landmåling og fremstilling af kort. Det kongelige Danske Videnskabernes Selskab 1761–1843* 1961; P. G. Henriksen: *Hærkort i Danmark og nabolande – gennem tiderne.* 1971; Leif Makholm: *Danmarkskort publiceret før 1700.* 1978; Marianne Grützmeier: *Bornholm En bibliografi over kort.* 1978; Bjørn Westerbeek Dahl: *Fortegnelse over landkort over de fynske øer indtil 1970.* 1979.

[2] Se bl.a.: N. L. Faaborg: *Det kongelige Biblioteks portrætsamling og Justitsråd A. Strunk. Fund og Forskning* 1974, s. 81–106 og Bjørn Ochsner: *Det kongelige Biblioteks Kort- og Billedafdeling. Fortid og Nutid XIX* 1954–56, s. 12–15.

anså det for en af Det Kongelige Biblioteks opgaver at erhverve andet end bøger til biblioteket. Håndskrifter, kort og kobberstukne blade indgik i det ideal af et bibliotek, kongen havde oplevet andre steder i Europa.

Gennem erhvervelsen i 1797 af det Müllerske Pinakotek, med mere end 4400 hovedsagelig kobberstukne blade, omhandlende Danmarks og Norges historie i meget bred betydning, fik biblioteket en meget stor del af produktionen fra før 1795. Det giver et fingerpeg om omfanget af den produktion, der fandt sted i Danmark. Langt fra alle stik i samlingen var trykt i Danmark, og der er da også senere kommet stik til fra andre erhvervelser, ligesom enkelte stik i bibliotekets samlinger ikke fandtes i det Müllerske Pinakotek.

Det første trykte Danmarkskort kendes kun fra omtalen i Abraham Ortelius' atlasværk *Theatrum Orbis Terrarum* fra 1570, hvori omtales et kort over Danmark tegnet af Marcus Jordan og trykt hos Hans Vingaard i København 1552.[3] Kortet har ikke været kendt i nyere tid, og der skulle gå mange år før en dansk trykker igen trykte Danmarkskort.

Det første trykte danske billede er ikke muligt at stedfæste. Der kendes to træsnit som illustration til den danske rimkrønike fra 1495, forestillende henholdsvis Danmarks Konge og Rigsvåbenet. Christian 2. havde forbindelse med en række udenlandske kunstnere og fik også sit eget portræt trykt af adskillige udenlandske kobberstikkere, men det smittede ikke voldsomt af på den danske produktion. På samme måde var illustrationerne til mange danske bøger i 1500-tallet enten stik, trykt i udlandet, eller kopier af udenlandske illustrationer. Et af de allerførste kendte løsblade i kobberstik er fra 1535, forestillende Hertug Christian senere Christian 3., udført af Jacob Binck, en tysk kunstner der arbejdede i Danmark. Den samlede produktion af danske grafiske portrætter i 1500-tallet overstiger næppe 10 ud af mere end 13.000 registrerede portrætter.[4] En gennemgang af kortproduktionen over Danmark vil vise et tilsvarende forhold mellem kort trykt i Danmark og trykt i udlandet.

[3] Abraham Ortelius: *Catalogus Cartographorum.* Her fra Leo Bagrows bearbejdning Gotha 1928, s. 113: Daniae Regni Typus Hafniae apud Joannem Vinitorem 1552.

[4] I. flg. Jørgen Styhr: *Dansk Grafik 1500–1800,* 1943, s. 15, hvorfra dog er undtaget stik af familien Rantzau, der boede i Holsten.

Pligtafleveringen

I den første lov om pligtaflevering (aktstykke 1) nævnes at enkelte kobberstykker kunne være interessante eller vigtige at få som pligtaflevering, og i de følgende bestemmelser er formuleringen blødt op til at omfatte skrifter eller materier (aktstykke 3), skrifter og bøger (aktstykke 4). Det uddybes lidt nærmere i anordningen fra 1732 (aktstykke 4), hvor det dog samtidig indskrænkes til, hvad der er trykt i bogtrykkeriet. Hermed er der lagt op til diskussion og tvivl, idet et kobberstik ikke er bogtryk og kun hvis kobberstikket er trykt i et bogtrykkeri kan der være tale om aflevering. I flere af forordningerne og reskripterne nævnes undtagelser fra reglen, og det gælder oftest plakater, auktionskataloger samt bryllups- og begravelsesvers.

Først med forordningen eller anordningen fra 1781 (aktstykke 10) præciseres det, at også portrætter og tegninger stukne i kobber skal afleveres til Det Store Kongelige Bibliotek. I denne anordning gøres der nøje rede for at kobbere var vigtige at gemme, også de stykker der bliver udgivet for sig. Den egentlige pligtaflevering af kort og billeder kan regnes for at være gældende fra dette år.

Med forordningen af 1821 (aktstykke 17) ændres afleveringspligten til at gælde udgiveren fremfor trykkeren. Dette blev ingen større succes og blev allerede ændret 11 år senere. Udover ændring af den afleveringspligtige indeholder forordningen meget mere detailerede beskrivelser af, hvad der skal afleveres. Her hedder det nu: „Kobberstykker, Steentryk og deslige..“ (andet steds benævnt Kunstværker af lige Natur) ligesom der senere skrives „Karter, Kobbere, Steentryk eller andre afbildninger...“, nu skal afleveres af forlæggeren, af løse blade blot til Det Kongelige Bibliotek, medens Universitetsbiblioteket også bør have indsatte sådanne. Universitets-biblioteket skal nu have skrifter og kobbere m.m. fra hele landet. I det hele er lovene ofte uklare, idet der veksles mellem anvendelsen af ordene i paragrafferne.

1832-indstillingen (aktstykke 23) omhandler især hvem der skal aflevere, samt diskuterer privates tryk udgivet på egen bekostning, jvf. en del kort der blev udgivet i samme anledning. Det præciseres, at når det handler om kobberstik og stentryk m.m. bør det, uanset om det er et løst blad eller til indsætning, være trykkeren, der afleverer de lovbefalede eksemplarer. I den efterfølgende forordning (aktstykke 24), hedder det tilsvarende i paragraf 2; at afleveringen af „Korter, Kobbere, Steentryk og andre Kunstværker“ påhviler vedkommende Kobberstikker eller Lithograph, og at der skal indsendes to gange om året.

Opdagelsen af fotografiet i 1830'erne ændrede i afgørende grad både billedproduktionen og på lidt længere sigt mange trykmetoder. Der blev dog ikke taget særligt hensyn til fotografiet i pligtafleveringslovene før i 1997. I andre lande har fotografiet oftest været nævnt ved en særlig oplagsstørrelse, ligesom det er tilfældet i den seneste danske lov. I 1865 udfærdigedes en dansk fotografilov, der behandlede de særlige forhold omkring eneret og copyright. I den forbindelse fandtes en bestemmelse om, at hvis fotograferne ønskede eneret på et billede, skulle vedkommende fotograf sende fotografiet til Indenrigsministeriet,[5] senere Kultusministeriet. Senere i århundredet skete der det, at ministeriet sendte disse fotografier til Det Kongelige Bibliotek og derved kan det hævdes, at det er en særlig afart af pligtafleveringen, selvom bestemmelsen ikke fremtræder i Pligtafleveringsloven.

I de fyldige aktstykker, Forslag til Lov 1902 (aktstykke 45) og Lov om offentlige Bibliotekers ret til Frieksemplarer (aktstykke 47), blev der god plads til at omtale kort og billeder og med de tekniske udviklinger, der var sket siden 1832-loven, kan det ikke undre. Med udtryk som; „alle grafiske reproduktioner“ blev det forsøgt at få alle genrer med, også lystryk og fotogravurer. Det forsøgtes også at få anden mangfoldiggørelse end trykning med, f.eks. fotografi, når de hørte med som bilag til bøger.

Lovteksten kom til at lyde; at alt hvad der blev trykt af bogtrykkere, litografer, kobbertrykkere og andre kunsttrykkere, med en række undtagelser som dog ikke berørte kort- og billedområdet, skulle afleveres. Herudover kort, portrætter, kunstblade og deslige som fremstilledes på anden måde end ved trykning, f.eks. ved fotografering og var en del af et værk.

Lovændringen i 1916 berørte eller ændrede ikke bestemmelserne for kort og billeder.

1902-loven gav anledning til mange diskussioner, idet omfanget af især reklametryksager steg voldsomt. For kort og billeder var det kun postkort og plakater, der klagedes over. Antallet af postkort har aldrig været en stor belastning, men betimeligheden i at skulle gemme postkort kan diskuteres. I dag er mange lokalhistorikere meget begejstrede for gamle postkort, idet de ofte indeholder motiver der ellers ikke er billeder af fra det pågældende tidspunkt.

1927-loven (aktstykke 70) siger generelt næsten det samme som

[5] Lov om Eftergørelse af Fotografier. Indenrigsministeriet 24 marts 1865 og efterfølgende *Bekendtgørelse af 10. april 1865*.

1902-loven, nemlig „at alt som bog- eller kunsttrykkere, herunder litografer, nodetrykkere, kobbertrykkere og andre kunsttrykkere frembringer“, skal (med en række undtagelser) afleveres. Antallet er sat ned til et. Loven gælder også kort, portrætter, kunstblade og deslige, der er fremstillet på anden måde end ved trykning, hvis de udgør dele af et værk.

I en senere bekendtgørelse (aktstykke 71) er foretaget en afgørende indskrænkning inden for området kort og billeder. Der skrives i §2, at for „Litografernes og Kunsttrykkerne skal afleveringspligten kun gælde portrætter, historiske eller topografiske blade“. Denne paragraf kunne forstås således, at kort ikke skulle afleveres, men dette blev ikke tilfældet, hvorimod billedområdet blev formindsket.

Det Kongelige Biblioteks chef Carl S. Petersen foreslog i februar 1928 retningslinier for hvilke typer kort og billeder, der burde bevares og hvilke, der burde kasseres:[6]

Bevares: Portrætter, Historiske Blade, Topografiske Blade, Kort, Kunstblade for såvidt de falder under grafisk kunst. Reklameplakater når de er signerede. Kostumebilleder, Nummererede billedserier og Teaterhistoriske billeder.

Kasseres: Løse billeder, medmindre det er portrætter, topografiske blade eller historiske billeder. Fotogravurer, med samme undtagelse. Reklameplakater af udenlandske kunstnere. Kostumebilleder forestillende udenlandske folkedragter, uniformer o.lign. og Tekniske tegninger.

Disse kommentarer gjorde ikke loven meget lettere at håndtere.

I løbet af 1960'erne kom off-set trykningen og andre processer igang, uden at der var lovhjemmel for at få disse pligtafleveret, og denne diskussion afsluttedes først med den nye lov fra juni 1997.

Loven af 1997 (aktstykke 100) skelner ikke mere mellem forskellige trykformer som i alle tidligere love, men omtaler, at værker, der udgives, skal afleveres uanset anvendt medium ved fremstillingen. Et værk er en afgrænset mængde af information, der betragtes som en afsluttet og selvstændig enhed. Netop denne sidste sætning vil formentlig give en del hovedbrud. Der er allerede gjort meget for at definere en udgivelse, men der er ikke gjort meget ud af sætningen „en afsluttet og

[6] Stencileret skrivelse af 1928.

Fig. 1. Fotografieksempel på billede afleveret i 1996, forestillende centrumdemokraterne Yvonne Herløv Andersen og Mimi Jacobsen. Ikke til pligtaflevering idag men efter 1/1 1998, hvis der er produceret mere end 100 eksemplarer.

selvstændig enhed". I bemærkningerne til loven (aktstykke 98) er en række undtagelser, bl.a. litografier og andre kunsttryk, hvis antallet ikke overstiger 50, mens den nye bestemmelse siger, at fotografier i form af f.eks. dias eller papirbilleder skal afleveres, hvis antallet overstiger 100. Den ansvarlige for afleveringen er fremstilleren af den færdige udgivelse.

Det Kongelige Bibliotek og pligtafleveringen

Pligtafleveringslovens omtale af hvilke materialer, der skal afleveres, har gennem tiden haft meget vanskeligt ved at blive ført ud i livet. Dette skyldes såvel en vis uvilje fra trykkere og forlæggere, som en manglende vilje fra bibliotekerne til at kontrollere og forfølge sager. I tilfældet kort og billeder har problemet ofte været afhængigt af bibliotekschefens større eller mindre interesse i dette specielle felt. Vi kender ikke idag den totale produktion og har heller ikke mulighed for at rekonstruere

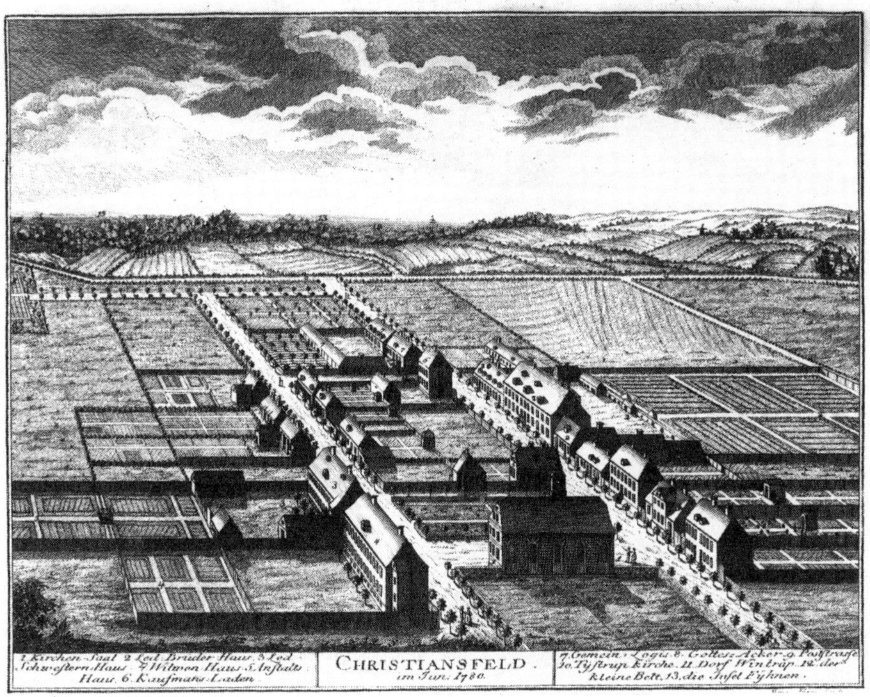

Fig. 2. Prospekt af Christiansfeld stukket af Memo Haas. Det første registrerede kobberstik pligtafleveret 29. marts 1781 af Justitsråd Kølle.

dens omfang. Det er kun muligt, dels at kontrollere om de trykkerier, der fandtes, har afleveret tryk i henhold til lovene, dels at sammenligne forskellige registranter og samlinger med de afleveringer, der har fundet sted.

Det Kongelige Bibliotek har gennem hele perioden været den institution, der skulle modtage kort og billeder, hvorfor en undersøgelse her vil vise i hvor høj grad, afleveringerne har fundet sted. Universitetsbiblioteket har i perioder modtaget dele af produktionen. Vi ved fra diskussionerne i forbindelse med lovenes ændringer, at der har været betydelige problemer med at efterleve lovens ord.[7]

Det er muligt fra forskellige protokoller og registranter at følge

[7] Allerede i *Adresse-Avisen* 3. april 1782 beklages det, at kun ganske få har efterkommet loven og senere *Årsberetning for 1866/67* hvori overbibliotekar Chr. Bruun gør opmærksom på den manglende aflevering af kobbere, kort, stentryk og lignende.

Fig. 3. Portræt af søofficer Friderik Lütken (1698–1784) stukket af Memo Haas. Første pligtafleverede portræt 7. februar 1782, afleveret af kobbertrykker Møller.

afleveringerne. De første indførsler findes på en særlig side med kobberstikkernes afleveringer fra 1781 til 1783 i en registrant over bogtrykkerleverancer.[8] Herefter er det ikke muligt at finde afleveringer, før loven laves om i 1821, og det er forlæggerne, der står for afleveringen. I en protokol er forlæggernes afleveringer registreret fra 1822 til 1842,[9] men kun ganske få kobberstik blev tilsyneladende afleveret. Kun boghandler Steen, Generalkvartermesterstaben samt Søkortarkivet ses at have afleveret i perioden 1822 til 1832, da loven igen blev ændret til at gælde trykkerne. I de tre år 1781 til 1783 afleveredes fra 8 forskellige trykkere eller udgivere i alt 20 stik. I perioden 1822 til 1832 var det 3 forlæggere, der tilsammen afleverede 17 kort. I en protokol fra 1825–27[10] findes et særskilt afsnit „Kobbere, Steentryk og Charter" hvori der for 1826 og 1827 er listet 24 afleveringer med ca. 50 tryk.

[8] E 39 *Fortegnelse over leverancer til bogbinderne, afleveringer fra bogtrykkerne samt bogkøb og gaver*, s. 117.

[9] F 44 *Protokol over forlæggernes leverancer 1822–1842*, s. 50, 66, 82, 98, 104 og 110.

[10] F 49 *Fortegnelse over skrifter udkommet i Danmark,... 1825–27*.

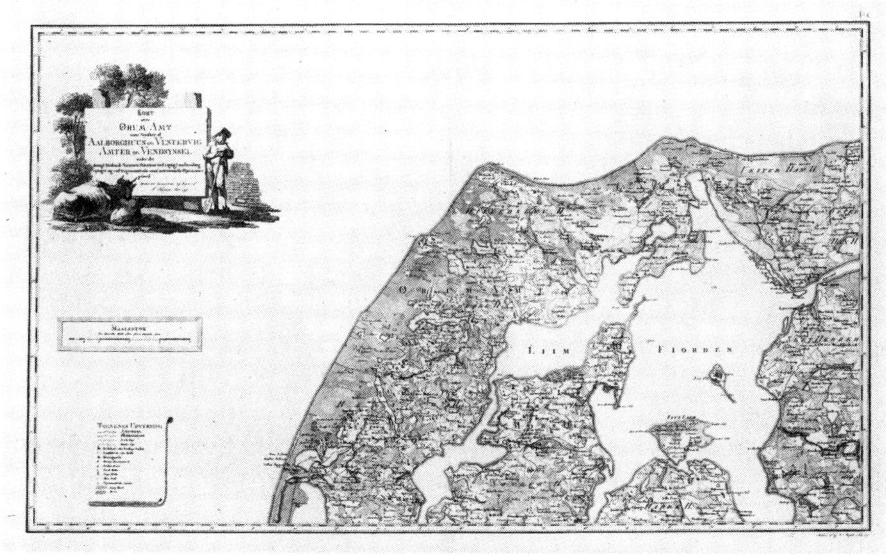

Fig. 4. Kort over Ørum Amt, tegnet af P. Harboe 1795, stukket af Angelo 1797. Udgivet af Det kongelige Videnskabernes Selskab. Kortet burde have været pligtafleveret, men ses ikke hverken i protokoller eller i samlingerne som pligtafleveringseksemplar.

Herefter er der igen et hul i registreringen, indtil den særlige protokol med leverancer fra litografer og kobberstikkere blev etableret i 1850.[11] Denne protokol førtes indtil Kort- og Billedafdelingens dannelse i 1902, og tabel 1 er delvis udfærdiget på baggrund af indførslerne her. Indførslerne er af meget forskellig kvalitet, men tid for aflevering samt trykker bliver altid nævnt, og herefter en meget kortfattet beskrivelse af, hvad der er afleveret.

Fra 1902 er det via Kort- og Billedafdelingens accessionsprotokoller muligt mere specifikt at følge, hvilke materialer der er pligtafleveret inden for området, dog med store forskelle i indførslerne. 1902-loven var meget ambitiøs med hensyn til kort og billeder. Der blev lavet særskilte aftaler bl.a. mellem Grafisk Kunstnersamfund og Kort- og Billedafdeling om aflevering af grafiske arbejder. Aftalen blev indgået i marts 1912 og i de kommende 3 år blev der gjort et stort arbejde med at få kunstnerne til at aflevere. Flere kunstnere var meget utilfredse og

[11] F 55 *Kontrolbog over leverancer fra Litografer og kobberstikkere m.m. 1850–1901.*

kun få arbejder blev indsendt. Tilsyneladende ophørte denne specielle afleveringsform i 1914.[12]

Den følgende gennemgang bygger på de her præsenterede kilder, samt hvad der er skrevet i en række artikler og indlæg, hovedsageligt fra bibliotekets medarbejdere.[13]

Kort- og Billedsamlingerne er baseret på en række køb af store private samlinger, som supplement til de samlinger, der tidligt var i biblioteket. En af de mest kendte erhvervelser skete i 1797, hvor biblioteket købte den meget store samling af kobberstik, som stempelforvalter F. A. Müller gennem 50 år havde opbygget. Denne samling er stadig i bibliotekets eje og er med sine mere end 4400 grafiske blade fra før 1795 en meget vigtig kilde til beskrivelse af såvel grafikkens historie i Danmark som historien generelt gennem de oplysninger, der findes på stikkene. Samlingen omfatter portrætter, topografi, historiske billeder, kort m.m. og omfatter Danmarks og Norges historie. Den samling kompenserer delvist for den manglende pligtaflevering før 1795.

Det første registrerede pligtafleverede stik er et prospekt af Christiansfeld (fig. 2) afleveret i 3 eksemplarer af Kölle d. 29 marts 1781. Der blev ikke afleveret flere stik dette år, men i 1782 var der afleveringer af 20 forskellige tryk fra 7 trykkere. Blandt disse er det første portrætstik af Frid. Lütken, stukket af M. Haas og afleveret af trykker Møller i februar 1782 (fig. 3.).

Det er ikke muligt at følge afleveringerne specifikt, før den tidligere omtalte protokol blev etableret i 1850. Det vil måske være muligt gennem en total gennemgang af bogtrykkeres og forlæggeres afleveringer at kunne finde enkelte tryk, men langt fra en komplet aflevering, som det blev konstateret af overbibliotekar Chr. Bruun i 1866.[14] Inden da var efter mange års diskussion omtrent halvdelen af de stik, der fandtes på Det Kongelige Bibliotek, det svarer til godt 38.000 stk.,[15] udskilt for at etablere den Kongelige Kobberstiksamling i 1835. Der fulgte dog ikke en forordning om en særlig pligtaflevering til Kobber-

[12] Særlig registrant F 45e *Kunstneres aflevering af afleveringspligtig grafisk kunst 1912–1914*.

[13] Se bl.a. Bjørn Ochsner: *Det kongelige Biblioteks kort- og billedafdeling*, s. 12–15.

[14] I *Årsberetning 1866/67* har Chr. Bruun klaget til ministeriet der imidlertid ikke vil gribe ind.

[15] Palle Birkelund: J. Wasserschlebe og Det kgl. Bibliotek Den kgl. Kobberstiksamlings tilblivelse. *Fund og Forskning*, XVI, 1969, s. 53–84 og E.C. Werlauff: *Historiske efterretninger om det store kongelige Bibliotek i Kiøbenhavn*, 2. udg. 1844, s. 410.

stiksamlingen, denne vedblev at skulle gå til Det Kongelige Bibliotek. Der er sidenhen afleveret en række stik til Kobberstiksamlingen,[16] således at en vis stringens i opbygningen af de to samlinger med sigte på henholdsvis dokumentariske stik og mere kunstneriske stik består. I 1901 lød der en opfordring fra Landstinget om, at bibliotekerne afleverede eksemplarer af alle danske kobberstik og raderinger til Kobberstiksamlingen, således at en fuldstændig samling kunne findes der.[17]

Fra 1850 er det som nævnt muligt at finde specificerede oplysninger om afleveringerne fra litografer og kobbertrykkere. Litografien havde overtaget en væsentlig del af markedet fra kobberstikket, hvorfor langt de fleste afleveringer er fra litografer. Den første litografiske anstalt blev etableret i København 1815. På fig. 5. er antallet af litografer opridset for perioden, og samtidig er vist, hvor mange, der afleverede til biblioteket.

Fig. 5: Antal litografer 1815–1922 og antal litografer, der har pligtafleveret.

1815	1820	1830	1840	1850	1860	1870	1880	1890	1900	1910	1922
1	1	2	5	10	25	45	65	74	79	76	74
–	–	–	–	5	12	15	21	25	26	46	52

I de første mange år var det to københavnske trykkere,[18] der leverede langt hovedparten af materialet. Kun enkelte trykkere i provinsen var med på dette felt og afleverede. Antallet af trykkere, der afleverede stik, steg gradvist og omfattede omkring en tredjedel af de kendte virksomheder, indtil den nye lov fra 1902, hvorefter nærmere tre fjerdedele afleverede. Antallet af afleverede enheder nåede, med en enkelt undtagelse, ikke over 1.000 stk. pr. år, heraf hørte 3/4 til gruppen „andet“. Denne bestod af meget forskellige typer tryk. De traditionelle grupper kort, portrætter og topografiske billeder udgjorde tilsammen 1/4 med kortene som den største gruppe. Med 1902-loven skete der en markant ændring i såvel antallet som arten af materialer. Som det ses af fig. 7, er det i perioden 1902–27, at pligtafleveringen når sit højdepunkt. Antallet nåede op på mere end 10.000 med gruppen af postkort som den helt dominerende. Gruppen „andet“ var stadig markant, men ikke

[16] En række afleveringer hobedes op, senest i 1943 skete der en aflevering til Kobberstiksamlingen af materiale.

[17] *Betænkning over forslag til Lov* (aktstykke 46).

[18] Litograferne Bærentzen samt Tegner & Kittendorf.

voldsomt anderledes end tidligere. De topografiske billeder voksede lidt, men det kan skyldes måden at angive disse på i indførslerne.

Portrætgruppen er med få undtagelser på under 50 stk. afleveret pr. år, medens kortene voksede jævnt og udsvingene skyldes ofte tilfældigheder omkring afleveringstidspunkter. Procentdelen af virksomheder, der afleverede er ganske høj i denne periode. Med den nye lov i 1927, falder antallet drastisk, især decimeredes postkortene og gruppen „andet". Dette skyldes givet paragraf 2 i bekendtgørelsen, der siger, at kun portrætter, historiske og topografiske billeder skal afleveres.[19] Ændringer i produktionen skal der naturligvis også tages højde for, men selvom postkortet havde sin glansperiode i starten af århundredet, er det næppe den eneste forklaring på de ændrede tal.

Bortset fra 1949 til 1951 sker der generelt en nedgang i afleveringen for alt andet end kortene. Der blev foretaget en del ændringer i statistikførelsen, som gør det vanskeligt at følge de konkrete tal med mindre hver eneste indførsel gennemgås. Tendensen er imidlertid meget klar med en markant nedgang indenfor de øvrige grupper, samtidig med at antallet af afleveringer stiger. Dog er antallet af afleverende trykkere tilsyneladende meget konstant omkring de 50 virksomheder, der imidlertid i de senere år afleverede meget beskedne antal tryk.

Pligtafleveringen og samlingsopbygning

Af tabellen fig. 7 ses, at det er meget små mængder af den totale tilgang, der skyldes pligtaflevering, bortset fra en kort periode mellem 1902 og 1950. Dette dækker dog over meget forskellige situationer alt efter, hvilken materialegruppe, der er tale om. Specielt har pligtafleveringen været vigtig for opbygningen af kortsamlingen og delvis for gruppen af postkort i perioden 1902 til 1927, mens betydningen for de øvrige grupper er knap så markant. Der er ingen tvivl om, at pligtafleveringen af kort og billeder generelt havde sin storhedstid i perioden 1902 til 1927. Det skyldtes dels den nye lov, dels at postkortproduktionen var på sit højeste. I denne periode udgjorde pligtafleveringen op mod 80% af accessionen.

Pligtafleveringen var formentlig meget effektiv. Det ses bl.a. af, at næsten 3/4 af litograferne afleverede. At postkortet var så dominerende i mængde, er ikke underligt i betragtning af populariteten og

[19] *Betænkning af 15 juli 1927* (aktstykke 71) § 2.

Fig. 6. Postkort fra Silkeborg, afleveret 1908, visende den helt almindelige type fra starten af postkorteventyret.

produktionens lethed. Antallet er mere svingende i de næste tiår, men androg dog stadig flere tusinde helt ind til de sidste årtier. Der produceredes næppe færre postkort, men afleveringen var gået næsten i stå. Det skyldtes formentlig, at produktionen var spredt ud, og at de tidligere alt dominerende produktionsvirksomheder, som Stender og Rudolf Olsen, ikke havde den dominans længere, de havde haft tidligere.

Fig. 7: Hovedtræk af pligtafleveringen 1781–1996. Kort og billeder.

År	TOTAL	Kort	Postkort	Portræt.	Top.	Andet	Accession
1781–1783	22	0					–
1783–1850	o. 50	20	0	o. 10	o. 10	o. 10	–
1850–1902	22.167	4101	0	2230	560	15.276	–
1902–1927	168.119	6119	131.923	1220	2881	25.976	212.162
1927–1951	60.488	6367	49.517	674	851	2652	165.897
1952–1996	o. 90000	o. 18000	o. 72000	o. 1000	o. 1000	o. 2000	o. 2.1 mill.

Fig. 8. Kaart over Kjöbenhavns Omegn efter Hans Majestæt Kongens Alerhøjeste Befaling udgivet af Kvartermesterstaben Kjöbenhavn 1830, et af de første kort afleveret som pligtafleveringseksemplar, afleveret i 1832 af Generalkvartermesterstaben som forlægger.

Der er ikke taget fat på spørgsmålet om værdien af postkort, men de har ikke længere tidligere tiders værdi. De øvrige billedgrupper er næsten ikke-eksisterende mere, og de få billeder, der afleveres, er ofte langt fra en traditionel pligtaflevering. Der afleveres ofte materiale, der egentlig ikke hører under loven. Den afleverede mængde repræsen-

Fig. 9. Nyeste kort over Kongeriget Sverrig udgivet især med hensyn til Borger- og Almueskolen. J. Riise 1822. Afleveret 1824 af boghandler Steen.

terer næppe en væsentlig eller dækkende del af den danske produktion og da slet ikke set i forhold til århundredets første årtier.

For kortene er situationen noget anderledes. Det tog tid at få de første afleveringer og en række af de mest markante tidlige kort, nemlig

Videnskabernes Selskabs opmåling over hele landet fra slutningen af 1700-tallet, ses ikke at være indgået via pligtafleveringen. De første kort dukker op ved afleveringsordningen af 1821, hvor det var udgiveren, der skulle aflevere mod tidligere trykkeren. Udgiver og trykker er ofte den samme for korts vedkommende.

Den statslige kortproduktion, der ikke blev afleveret under Videnskabernes Selskab, fik med Generalstaben en ny kortorganisation, der relativt hurtig startede en aflevering først som udgiver, men senere også som trykkerivirksomhed. Den offentlige kortproduktion har været den afgørende faktor i afleveringen. Som det ses af de forskellige tabeller og figurer var kortafleveringen støt stigende og har i hele perioden udgjort en væsentlig del af samlingens accession. Denne tendens vil forhåbentlig fortsætte, også med den nye lov og med de meget forskellige produkter. Det er væsentligt at forsøge at indsamle så mange kort som muligt, blandt andet fordi deres informationsværdi er stor. Det er af betydning ikke blot at have eksempler på produkterne, men så stor en andel af den primære kortproduktion som muligt. Det vil i høj grad lette fremtidens historikere og andre kortbrugere.

For billedområdet har det aldrig på samme måde været muligt eller nødvendigt at søge en total dækning. Pligtafleveringen gælder en forsvindende del af produktionen. Dette forhold ses tydeligt i afleveringstallene sammenlignet med den totale accession af billeder. Pligtafleveringen kan forhåbentlig sikre en eksempelsamling, måske for visse områder en større dækning. For postkortene var det vigtigt at få dækket den første periode, her var postkortene en meget væsentlig del af den billedmængde, der blev optaget, og mange bygninger og områder findes kun afbildet som postkort. Med de moderne produktionsmetoder vil en total aflevering af postkortene være meningsløs og værdiløs – også for fremtiden.

Pligtafleveringen i nutiden

Pligtafleveringen har længe været baseret på en forældet lov, og samfundet har forandret sig grundlæggende, så der ikke mere er kontrol med eller viden om alle de trykkerier, der findes. Det er idag muligt at producere meget lettere, og det gøres i stor udstrækning. Produktionen er steget markant, men lovgivningen og dens kontrolmuligheder er ikke fulgt med. For kort og billeder er situationen nu, at der stort set ikke afleveres billeder; enkelte trofaste trykkerier afleverer stadig postkort og ganske få andre tryk, men det er kun en meget lille del af den totale produktion. Der er ikke i mange år taget initiativ til at ændre dette. For kortenes vedkommende er situationen noget anderledes, dels er det lidt vanskeligere at producere kort, hvorfor antallet af trykkerier er mindre, og dels findes der i Kortfortegnelsen en årlig registrering, der er med til at give afleveringen større mening. Kortverdenen er relativt lille og gennem en aktiv deltagelse i fagets foreninger, har Kort- Billedafdelingen en tæt kontakt med kortproducenter og korttrykkere. Alligevel er situationen ikke optimal. Det er blevet meget sværere at få afleveringerne til at fungere, selv fra store statslige producenter.

Problemet med kortproduktionen bliver meget større i fremtiden, hvor de såkaldte Geografiske Informationssystemer vil være med til at decentralisere kortproduktionen. Der vil opstå et langt mere differentieret marked, og den type kort, vi har kendt siden slutningen af 1700-tallet, seriekort eller grundkort, vil sandsynligvis forsvinde. Kort vil i fremtiden blive produceret til en given situation, og der vil ikke være faste rammer for kortene, som vi kender idag. Der vil formodentlig stadig være enkelte masseproducerede serier, men en ny type kort vil fremkomme som følge af digitaliseringen af kortene.

Fremtidens kort vil ligge som skærmbilleder, der kan printes ud, når der er brug for det. Denne udvikling er i fuld gang i England og vil formodentlig brede sig. Kortgrundlaget vil ligge som lag af data, i store databaser hos kortproducenterne, og det store spørgsmål i forbindelse med pligtaflevering bliver, om den nye lov er formuleret, så det er muligt at få adgang til og bruge informationerne. Hvorvidt disse data påfølgende kan gemmes, er i lige så høj grad et teknologisk problem. Der sker ændringer i datastrukturen, såvel indenfor software som hardware, og selve metoden ved kortproduktion vil skabe vanskeligheder. Databasen med kortgrundlaget vil undergå en konstant ændring, efterhånden som der sker ændringer i det fysiske landskab. Nye bygninger, nye matrikelgrænser, nye veje etc. Tidligere blev sådanne ændringer først påført i en kommende udgave af et kort. Afhængig af målestokken blev disse kort revideret, fra hvert år til højst hver tiende år. På denne måde var det simpelt at gemme informationerne. Fremover vil ændringerne ske hele tiden, og der er ikke taget stilling til, hvordan informationerne fikseres og gemmes. I England har der været forsøg med at lave mikroficheudgaver af databaseindholdet med visse intervaller. Der har været diskuteret løsninger med årlige kopieringer af databasen, men der er endnu ikke fundet en varig løsning.

For billedområdet vil digitaliseringen også slå igennem. Allerede

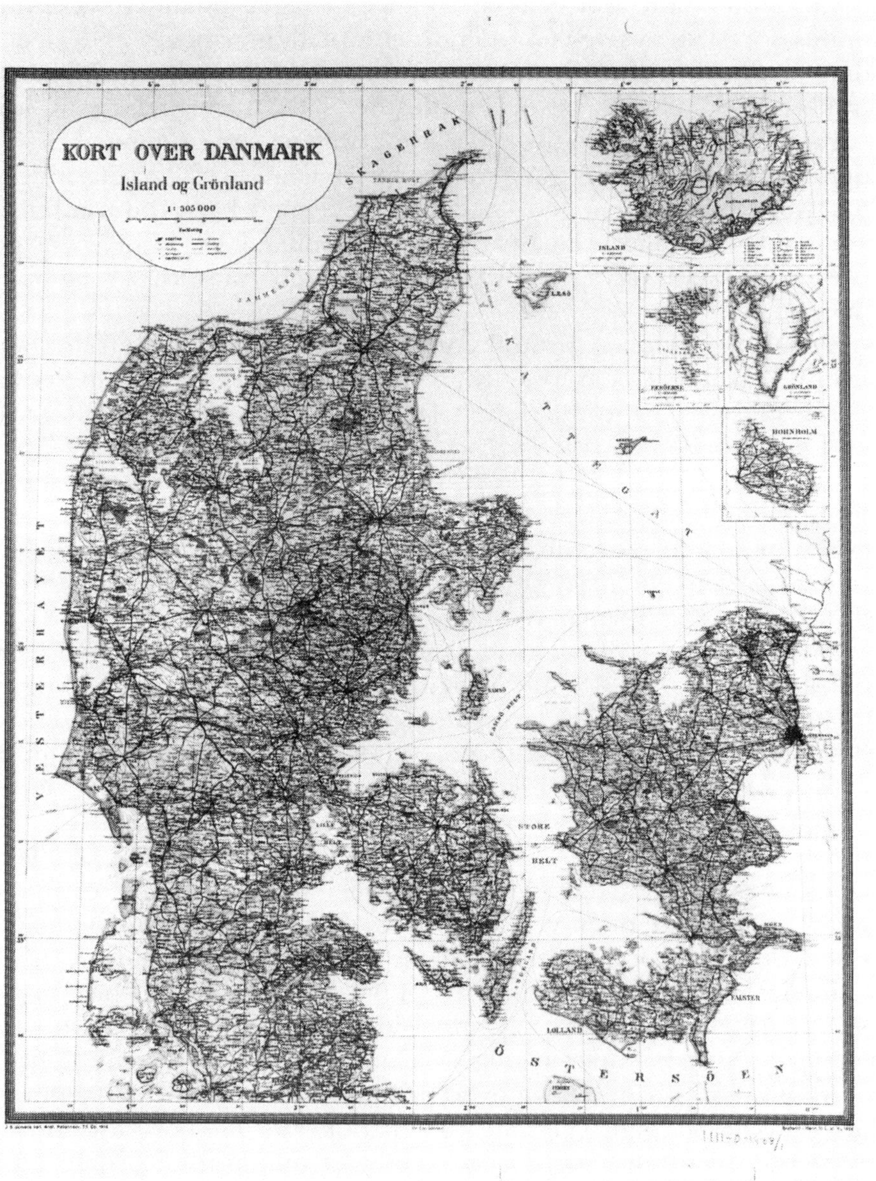

Fig. 10. Moderne kort fra en mindre privat producent, afleveret marts 1933, 1:505.000 bemærk den ejendommelig målestok, der skyldes Geodætisk Intituts eneret på visse grundliggende korttyper.

Fig. 11. CD-rom med skannede kort over Danmark, første gang udgivet i 1994. Afleveret som frivillig pligtaflevering af KMS (Kort- og matrikelstyrelsen). Denne type udgivelser er omfattet af den nye pligtafleveringslov.

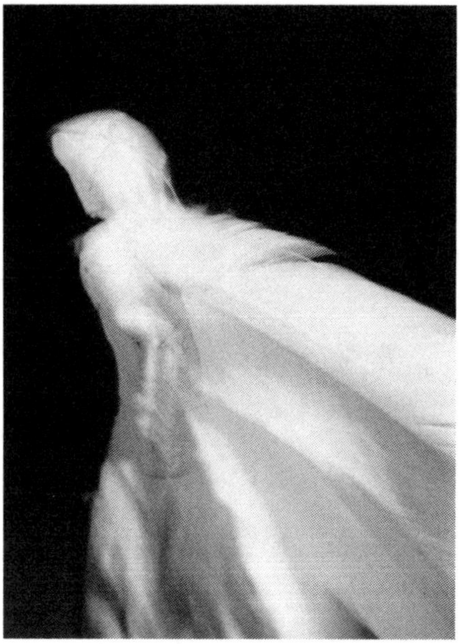

Fig. 12. Tryk afleveret af eks-skolen, visende fotografi af Kirsten Bille, afleveret som pligteeksemplar oktober 1996.

idag foregår en del af produktionen digitalt. Der udsendes CD-rom med billeder, ligesom der formentlig vil komme databaser med billeder, baser der hele tiden ændres. Med den nye lov er der foreløbig foreslået en grænse, hvor der kræves minimum 100 eksemplarer af produktet, før en aflevering skal finde sted. Det kvantitative bliver umuligt at vurdere, når det handler om digitale billeder.

Med indførslen af Geografiske Informationssystemer og anvendelsen af digital kortlægning, er der dels kommet nye produkter, dels er det blevet lettere at producere kort. Det er foreløbig lykkedes ved forhandling at få visse af produkterne. En lang række kort bliver imidlertid ikke afleveret. Det er vanskeligt at vurdere, hvor mange procent, det drejer sig om. Ofte vil det være kort af sekundær værdi, brugt som turistkort m. m. Derudover vil en række kort fremkomme som bilag til rapporter og afleveres eventuelt sammen med disse.

I den nye pligtafleveringslov har man forsøgt at tage højde for produktionsændringerne, men det bliver i høj grad den opfølgende bekendtgørelse og det daglige samarbejde med producenterne, der skal vise, hvor effektiv afleveringen vil blive.

Den nye teknologi skaber en række problemer; det skal defineres hvilke produkter, der kræver aflevering. Der vil blive tekniske problemer med i fremtiden at finde og vise de informationer, produktet

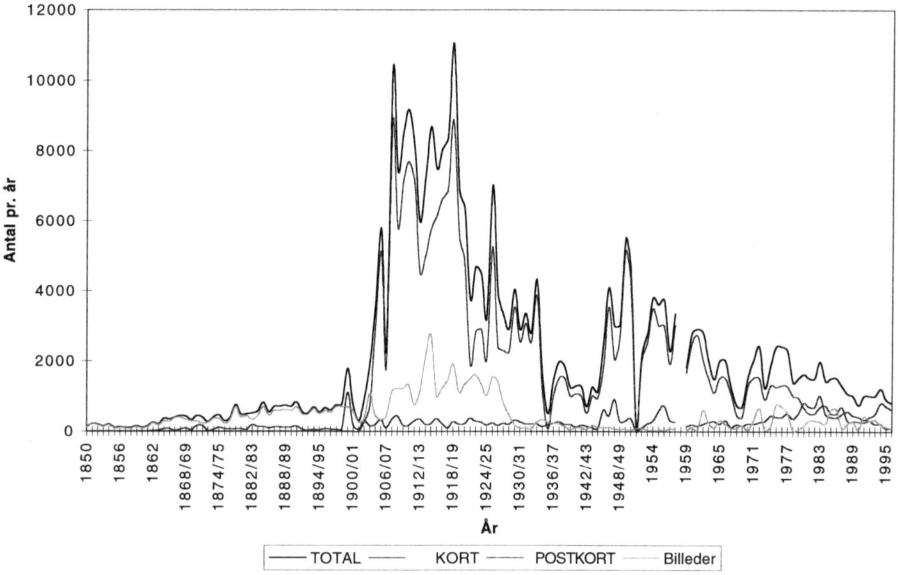

Fig. 13. Graf visende pligtafleveringen ialt og fordelt på kort, postkort og billeder i perioden 1850–1996.

bærer. Det vil formentlig kræve en jævnlig afspilning af dokumenterne for at sikre bevaring. Det er et andet problem, måske specifikt for kartografien, at kortene vil blive produceret fra en database, der hele tiden ændres. Kort vil være forskellige og produceres efter behov. Spørgsmålet er, hvorvidt en sådan database er afleveringspligtig, samt i hvilken form en evt. aflevering skal foregå. Skal der foretages kopieringer af basen med intervaller? Skal der være løbende adgang til basen? Hvordan sikrer vi informationerne for fremtidens brugere? Flere spørgsmål kan forventes at opstå.

Der er således udfordringer nok inden for kort- og billedområdet, men der skal næppe forventes en fuldstændig pligtaflevering i fremtiden.

Betydningen af pligtafleveringen har ofte været diskuteret og vil blive det igen med den nye lov. Der er ingen tvivl om, at det bliver sværere med vore dages teknologi at sikre informationen for eftertiden og omvendt er det en umulighed at gemme al den information, der produceres. Dette dilemma har arkivvæsenet for længst indset, og her sker der sortering i det materiale, der gemmes. I pligtafleveringssammenhæng har man forsøgt at indbygge disse sorteringsmekanismer i lovene enten ved revideringer eller ved bemærkninger, hvilket klarest kom til udtryk ved 1927-loven.

Konklusion

Pligtafleveringen for kort og billeder kom sent igang med de første afleveringer efter loven fra 1781. Det var relativ små mængder, der blev afleveret indtil omkring 1900, ofte meget blandede tryk. Dog har pligtafleveringen for især kortenes vedkommende haft en væsentlig betydning, der har afspejlet den reelle produktion. I en periode i starten af dette århundrede blev der afleveret mange postkort, medens de øvrige billedtyper generelt har været afleveret i små mængder. Pligtafleveringen idag afspejler stort set kun kortproduktionen, medens billedområdet næsten er usynligt. Pligtafleveringen har således haft en relativ beskeden betydning for opbygningen af billedsamlingen, medens kortsamlingen siden starten af forrige århundrede modsat er bygget op på netop pligtafleveringen. Dette forhold har primært med typen af materialer og den kendsgerning at gøre, at fotografier ikke blev indbefattet i pligtafleveringssammenhæng før 1997.

Fremtiden tegner lidt mere broget med de meget store ændringer i produktionsmetoderne. Kortmarkedet vil formentlig ændres således, at store databaser indeholder alle tilgængelige oplysninger, hvorfra de enkelte kort produceres efter behov og ofte på bestilling. For billeder, der også ændres til digitale produkter, vil ændringen næppe føles helt så markant set med pligtafleveringsbriller.

Tabel 1: Pligtaflevering af kort og billeder 1781–1996.

År	Total	Ant. lit/kob el afleveringer	Kort	Postkort	Portræt	Topografi	Andet	Acc. ialt
1781	1	1	0	0	0	1	0	-
1782	20	7	0	0	6	4	10	-
1783	2	1	0	0	2	0	0	-
1784-1849	100	25	30	0	30	20	20	-
1850	113	5	4	0	81	-	-	-
1851	208	8	9	0	108	-	-	-
1852	191	9	10	0	96	-	-	-
1853	144	7	-	0	34	-	-	-
1854	197	7	-	0	45	-	-	-
1855	>62	9	-	0	62	-	-	-
1856	>115	7	-	0	89	26	-	-
1857	>89	15	-	0	66	23	-	-
1858	>85	6	-	0	60	25	-	-
1859	>133	14	-	0	86	47	-	-
1860	>99	12	-	0	81	18	-	-
1861	>125	13	-	0	84	41	-	-
1862	>241	23	>16	0	86	77	-	-
1863	>168	20	>29	0	51	28	-	-
1864/65	366	13	74	0	26	44	209	-
1865/66	344	13	72	0	26	8	238	-
1866/67	397	14	13	0	52	14	318	-
1867/68	448	18	58	0	55	5	330	-
1868/69	422	14	89	0	53	9	271	-
1869/70	326	15	36	0	52	8	230	-
1870/71	447	13	165	0	47	12	223	-
1871/72	388	13	160	0	42	5	181	-
1872/73	264	14	20	0	26	9	209	-
1873/74	408	15	47	0	22	4	335	-
1874/75	461	17	113	0	33	-	315	-
1875/76	295	16	71	0	46	-	178	-
1876/77	374	20	56	0	46	-	272	-
1878/79	751	23	70	0	67	-	614	-
1879/80	481	21	75	0	28	-	378	-
1880/81	496	22	49	0	8	-	439	-
1882/83	511	21	180	0	22	-	309	-
1883/84	574	22	130	0	29	-	415	-
1884/85	817	26	132	0	19	-	666	-
1885/86	543	23	94	0	21	-	428	-
1886/87	706	29	118	0	21	-	567	-
1887/88	708	25	122	0	19	-	567	-
1888/89	731	24	115	0	2	-	614	-
1889/90	705	25	117	0	37	-	551	-
1890/91	830	21	145	0	2	-	683	-
1891/92	535	25	49	0	22	-	464	-
1892/93	514	22	30	0	29	-	455	-
1893/94	689	24	51	0	15	-	623	-
1894/95	536	26	45	0	18	-	473	-
1895/96	662	27	75	0	18	-	569	-
1896/97	593	22	64	0	11	-	518	-
1897/98	741	23	46	0	12	-	683	-
1898/99	762	29	66	0	16	-	680	-
1899/1900	1784	26	1096	0	10	-	678	-
1900/01	756	24	182	0	11	-	563	-
1901/02	289	13	-	0	-	-	-	-
1902/03	895	13	297	248	-	64	286	-

Fortsat

År	Total	Ant. lit/kob el afleveringer	Kort	Postkort	Portræt	Topografi	Andet	Acc. ialt
1903/04	1954	-	155	732	13	311	743	2248
1904/05	3576	-	182	2946	36	166	246	5191
1905/06	5778	-	336	5109	61	74	198	6929
1906/07	2307	36	94	1796	50	-	331	2481
1907/08	10318	42	331	8859	69	-	1017	11099
1908/09	7415	40	429	5781	113	-	1052	12552
1909/10	8533	46	163	7157	99	87	981	8878
1910/11	9159	43	159	7687	48	156	1066	10933
1911/12	8065	46	291	7031	38	26	633	28648
1912/13	5957	50	340	4509	25	63	970	7004
1913/14	7302	48	196	4995	60	150	1901	15590
1914/15	8686	55	211	5749	32	258	2436	9405
1915/16	7481	56	350	6136	26	84	885	8395
1916/17	8052	44	210	6620	35	119	1024	8530
1917/18	8408	47	81	6888	35	279	1078	9351
1918/19	11039	50	263	8868	39	77	1665	11336
1919/20	6884	54	189	5592	36	81	986	7307
1920/21	6354	55	212	4822	59	89	1172	7760
1921/22	3755	54	365	1898	13	168	1311	4061
1922/23	4680	52	285	2802	23	150	1420	6396
1923/24	4451	45	248	2870	72	131	1130	4961
1924/25	3231	-	176	2045	30	98	882	3328
1925/26	7020	51	231	5253	18	144	1374	7428
1926/27	3971	46	166	2392	133	135	1145	4591
1927/28	3304	-	218	2290	29	89	678	3485
1928/29	2901	-	192	2235	180	57	237	3912
1929/30	4038	-	314	3541	86	20	77	7024
1930/31	2883	-	259	2534	38	19	33	3985
1931/32	3360	-	204	3062	11	35	48	5248
1932/33	2794	-	206	2516	23	31	18	3788
1933/34	4310	-	198	3856	12	11	233	5409
1934/35	1608	-	134	1153	40	90	191	2451
1935/36	495	-	191	67	14	13	210	1187
1936/37	1451	-	222	1000	24	10	195	2810
1937/38	1972	-	258	1500	9	23	182	2944
1938/39	1836	-	195	1510	2	18	111	2150
1939/40	1238	-	193	1000	0	11	34	2416
1940/41	1275	-	117	1060	4	74	20	3362
1941/42	1269	-	170	1000	9	21	69	2222
1942/43	691	-	141	500	13	9	28	2484
1943/44	1257	-	99	1000	18	80	60	3820
1944/45	1115	-	66	939	40	13	57	3643
1945/46	2494	-	602	1802	37	18	35	9735
1946/47	4090	-	434	3541	8	21	86	16648
1947/48	2997	-	902	2027	6	43	19	10792
1948/49	3035	-	278	2707	5	34	11	15423
1949/50	5499	-	291	5149	42	13	4	12273
1950/51	4482	-	366	4095	3	4	14	20929
Rest 1951	94	-	10	0	11	71	2	17757
1952	2166	25	95	1986	-	85	-	-
1953	2772	48	208	2533	11	6	14	-
1954	3790	36	281	3491	18	0	0	-
1955	2000	31	300	1500	-	-	-	36541
1956	2000	32	300	1500	-	-	-	43328
1957	2271	43	310	1894	-	-	67	49241

Fortsat

År	Total	Ant. lit/kob el afleveringer	Kort	Postkort	Portræt	Topografi	Andet	Acc. ialt
1958	3348	28	261	3026	-	-	61	53242
1959	1801	31	138	1654	-	-	-	60599
1960	2787	23	100	2498	20	32	56	-
1961	2916	36	156	2726	-	-	34	92431
1962	1500	57	200	1200	-	-	-	336691
1963	1600	64	300	1200	-	-	-	57287
1964	1468	50	278	1091	-	-	99	47915
1965	1200	34	200	900	-	-	-	164954
1966	1200	25	200	900	-	-	-	71487
1967	1269	30	106	1075	-	-	-	56079
1968	736	28	134	460	-	-	-	77107
1969	600	18	100	400	-	-	-	63860
1970	1522	39	209	1280	-	-	-	74613
1971	1500	53	200	1200	-	-	-	43490
1972	1500	75	200	1200	-	-	-	57825
1973	1217	48	284	893	-	-	40	68885
1974	1870	67	442	1299	-	-	129	71857
1975	2000	99	500	1200	-	-	-	53552
1976	2000	63	500	1200	-	-	-	34702
1977	2302	108	506	1277	-	-	-	37907
1978	1318	118	500	800	-	-	-	36304
1979	1500	75	500	800	-	-	-	29032
1980	1617	93	809	660	24	69	55	31698
1981	1600	71	500	800	-	-	-	30633
1982	1600	71	500	800	-	-	-	23130
1983	1970	124	1011	800	-	-	-	27838
1984	1417	97	485	723	-	-	209	25564
1985	1300	125	420	600	-	-	-	13606
1986	1300	118	384	600	-	-	-	15349
1987	1275	92	480	690	-	-	-	27972
1988	1053	126	562	291	-	-	-	31778
1989	1000	-	443	200	-	-	-	9402
1990	738	103	406	277	3	34	18	13111
1991	1000	106	325	200	-	-	-	13623
1992	1293	111	449	741	-	-	-	22624
1993	1100	121	622	412	-	-	-	23836
1994	1198	136	800	209	38	87	27	12245
1995	901	120	705	78	7	54	28	-
1996	799	93	615	98	5	30	26	-
Total	o. 338.000							o. 11 mill.
		Gns./år	Ialt	Ialt	Ialt	Ialt	Ialt	
1781-1783	22	7						
1783-1850	o. 400	6	-	-	-	-	-	-
1850-1902	22167	430	4101	0	2230	560	15276	-
1902-1927	168119	6700	6119	131923	1220	2881	25976	212162
1927-1951	60488	2500	6367	49517	674	851	2652	165897
1952-1996	o. 86000	2000	o. 18000	o. 60000	o. 1200	o. 3000	o. 2000	-

Noter: Tabellen er sammensat af oplysninger fra protokoller, accessionsprotokol Kort- og Billedafdelingen, interne statistikoplysninger, årsrapporter, beretninger m.m. De enkelte emner kan variere fra protokol til protokol, ligesom tællemåden varierer fra periode til periode.

Enkelte tal er skønnede (s.) på basis af umiddelbart sammenlignelige år eller opgørelser.

(-) ingen oplysninger.

(AF)LEVERING AF MUSIKTRYK I DANMARK – I LYST, PLIGT OG NØD

AF

KNUD ARNE JÜRGENSEN

Historien om pligtaflevering af trykte musikalier i Danmark er en beretning i tre „hovedsatser“, der hver for sig kan karakteriseres med tempobetegnelserne *Andante con moto, Allegro vivace,* og *Prestissimo.*

Første „sats“ i denne beretning dækker over mere end halvandet århundredes musikudgivelser og rækker fra midten af 1700-tallet og frem til skæringsåret 1902, hvor pligtafleveringen af trykte musikalier i Danmark for første gang bliver forankret i rent lovmæssig forstand.

Anden „sats“ i dette bibliotekshistoriske forløb indledtes den 2. maj 1902 med pligtafleveringslovens nye omfattelse af alle trykte musikalier udgivet i Danmark. Denne lov førte til en systematisk node-afleveringspligt, og ligesom i et parallelt musikalsk to-klangs forløb afleveredes fra nu af to eksemplarer, et til Det kongelige Bibliotek og et til det nyoprettede Statsbibliotek i Århus. Den grundlæggende ændring indenfor det musikalske område dette år blev derfor, at pligten til aflevering af noder trykte i Danmark (uanset udgivelsestypen) indførtes netop i forbindelse med Statsbibliotekets oprettelse, hvilket igen muliggjorde en systematisk oprettelse af en helt ny – og i teorien – komplet samling af trykt musik i Danmark, der kom til at stå et slags „kontrapunkt“ til tidligere århundredes noget usystematiske og temmelig „rubato-agtige“ behandling af dette national-bibliografiske område.

Tredie og sidste „sats“ i beretningen om dansk musikpligtaflevering står stadig for at skulle „færdigkomponeres“, idet vor nye pligtafleveringslov i sine hovedidéer, omfang og gyldighedsområder har måttet tage vide hensyn til de mange og nye perspektiver omkring musikudgivelser, som nu toner frem. Den rivende teknologiske udvikling, man

Fig. 1. Det sandsynligvis tidligste bevarede eksempel på et nodetryk i Danmark, udgået fra Oluf Ulricksøns trykkeri i Malmø (1535) som del af *Een handbog son/inde holler det helli/ge Eugeliske Mes/se embede med sine/formaninger oc brug son nu hol=/llis y den Christne kircke Med/Doben, Bruduielse...Anno. MDxxxv.* Illustrationen viser blad *A iiii* (= ottende side regnet fra og med titelbladet) med en trykt melodi på fireliniede nodesystemer til *Pater noster Alta voce Lader oss nw alle bede...* (Det kongelige Bibliotek, Danske afdeling, Lauritz Nielsen, mikrofilm 75 samt 1 fotostatisk kopi af samme værk; originalen befinder sig idag i Karen Brahes bibliotek, Landsarkivet for Fyn, Odense). Ifølge cand. mag. Niels Møllers artikel *Om Nodetryk til danske salmer før Hans Thomissøn*, udgivet i *Danske Studier, 3die Hæfte* (København, Gyldendal, 1916, s. 139–149) var de første nodetryk, der udkom i Danmark, muligvis udgivet som separate tillægstryk til Claus Mortensens *Thz cristelighe mes=/sze embedhe paa d/sche* (også udgået fra Oluf Ulricksøns trykkeri i Malmø i 1528). Ingen eksemplarer af sådanne separate tillægstryk findes dog bevarede, som definitivt kan bekræfte Møllers antagelse. Det kongelige Biblioteks eksemplar af Mortensens udgave fra 1528 indeholder dog enkelte håndskrevne noder indført med blæk i udgavens fortrykte femliniede (tomme) nodesystemer. I den forstand repræsenterer Det kongelige Biblioteks eksemplar derfor de tidligste noder indeholdt i en bog udgivet indenfor Danmarks grænser (Det kongelige Bibliotek, Danske afdeling, Lauritz Nielsen, mikrofilm 174; originalen findes i Hjelmstjernes Bogsamling I, s. 164).

gennem de to sidste årtier har været vidne til indenfor bevaring og udgivelse af musik i allerbredeste forstand, har således åbnet fuldstændig nye perspektiver omkring begrebet musikafleveringspligt. „Prestissimo“ slutsatsen i musikpligtafleveringens historie i Danmark hører derfor endnu fremtiden til, men den vil utvivlsomt komme til at stå med lige så stor selvstændighed og egenart, som de to forudgående og mere sindige „satser".

Musik(af)leveringen i Danmark indtil 1902

Indledningsvis er det nødvendigt klart at definere, hvilke udgivelsesformer for trykt musik i Danmark det er, som falder inden for denne artikel. Området er her mangesidigt og rigt facetteret, eftersom afleveringspligten indtil 1902 stort set alene lå hos bogtrykkerne. Nodetryk i Danmark var indtil ca. 1815 således hovedsageligt fremstillet af bogtrykkere, der uanset deres almindelige afleveringspligt af hver udgiven publikation ikke følte sig særligt forpligtet til eller blev anmodet om også at inddrage musikalske udgivelser i deres afleveringer. Baggrunden for denne holdning omkring afleveringspligten af de trykte musikalier skyldes tildels pligtafleveringens ret uklare for ikke at sige helt manglende bestemmelser vedrørende trykte noder. Faktisk omtales musikudgivelser ikke med et eneste ord i Christian 5.s pligtafleveringslov fra 1697. Om bogtrykkernes afleveringspligt stadfæstede loven dengang kun følgende om udgivelsernes materialetyper og indhold: „...alle Skriffter som hereffter i hans Kongl. Majts Riger vorde tryckte eller oplagte...".[1]

Efter ca. 1815 bliver typetrykket i de danske musikudgivelser gradvist afløst af pladetrykket, der snart efter forsynedes med typografiske og/eller litografiske titler samt titelblads-illustrationer af forskellig art. Dog udkom der indtil langt op i 1800-tallet også en hel del typetryk i Danmark i form af koralbøger, skolesangbøger og lignende, der som bogtryk løbende blev optaget i bogtrykkernes fortegnelser og følgelig indgik som fast del af den almindelige afleveringspligt.

Nodetrykkene fra denne første lange periode af pligtafleveringens historie i Danmark dækker over tre hovedtyper af musikudgivelser:

(1) Noder indeholdt i messe-, salme- og koralbøger, samt andre gejstlige og verdslige sangsamlinger etc.
(2) Noder udgivet som selvstændige musiktryk.
(3) Noder indeholdt i tidsskrifter i form af illustrationsbilag eller særlige musiktillæg.

Af disse tre hovedtyper kan kun den første og sidste siges at have været

[1] Citat fra aktstykke 2.

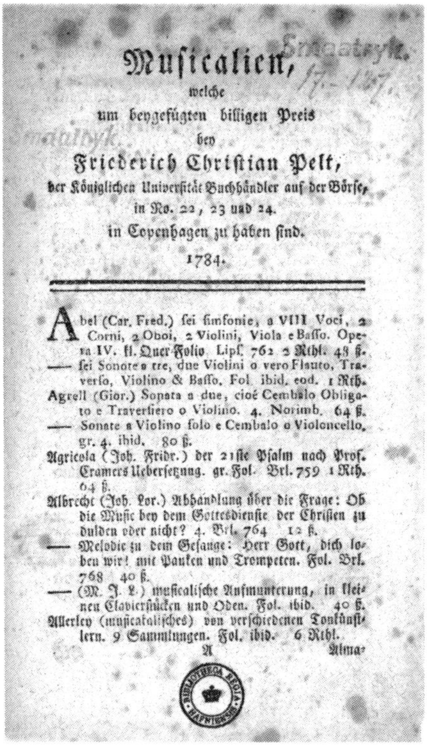

Muſicalien,
welche
um beygefügten billigen Preis
bey
Friederich Chriſtian Pelt,
der Königlichen Univerſität Buchhändler auf der Börſe,
in No. 22, 23 und 24.
in Copenhagen zu haben ſind.
1784.

Abel (Car. Fred.) ſei ſimfonie, a VIII Voci, 2 Corni, 2 Oboi, 2 Violini, Viola e Baſſo. Opera IV. kl. Quer-Folio. Lipſ. 762 2 Rthl. 48 ß.
— ſei Sonate a tre, due Violini o vero Flauto, Traverſo, Violino & Baſſo. Fol. ibid. eod. 1 Rth.
Agrell (Gior.) Sonata a due, cioè Cembalo Obligato e Traverſiero o Violino. 4. Norimb. 64 ß.
— Sonate a Violino ſolo e Cembalo o Violoncello. gr. 4. ibid. 80 ß.
Agricola (Joh. Fridr.) der 21ſte Pſalm nach Prof. Cramers Ueberſetzung. gr. Fol. Brl. 759 1 Rth. 64 ß.
Albrecht (Joh. Lor.) Abhandlung über die Frage: Ob die Muſic bey dem Gottesdienſte der Chriſten zu dulden oder nicht? 4. Brl. 764 12 ß.
— Melodie zu dem Geſange: Herr Gott, dich loben wir! mit Pauken und Trompeten. Fol. Brl. 768 40 ß.
— (M. J. L.) muſicaliſche Aufmunterung, in kleinen Clavierſtücken und Oden. Fol. ibid. 40 ß.
Allerley (muſicaliſches) von verſchiedenen Tonkünſtlern. 9 Sammlungen. Fol. ibid. 6 Rthl.
A Alma-

Fig. 2. Den sandsynligvis tidligste bevarede sortimentskatalog over musikalier udkommet i Danmark og i udlandet mellem 1744 og 1784, og trykt af Friedrich Christian Pelts Universitetsboghandel ved Børsen i København, 1784 (Det kongelige Bibliotek, Danske afdeling, signatur 17, – 127, 8°, Udtaget Småtryk). Katalogen, der for hovedpartens vedkommende indeholder musikalier og litteratur om musik udgivet i Hertugdømmerne (Altona, Flensburg), i Tyskland (bl.a. Augsburg, Berlin, Braunschweig, Cassel, Dresden, Göttingen, Gotha, Hamburg, Halle, Hannover, Leipzig, Langenfalz, Marburg, Mittau, Mühlhausen, Münster, Nordheim, Nürnberg, Offenbach, Weimar, Wintherthal, Züllichau), i Breslau, i Danzig, i Königsberg, i Riga, samt i London, medregner dog også flere af de tidligste udgaver af selvstændige nodetryk udgivet i København og indeholdende værker af komponisterne Niels Krog Bredal (1733–1778), Johan Philipp Degen (1728–1789), Carl Friederich Ferdinand Paulsen (1763–1843), Claus Nielsen Schall (1757–1835), Johan Adolph Scheibe (1708–1776), Johan Abraham Peter Schulz (1747–1800), Hans Hinrich Zielche (1741–1802) og Hardenach Otto Conrad Zinck (1746–1832). Til katalogen er desuden vedføjet et såkaldt *Anhang zum musikalischen Catalogo,* udgivet 1786 og indeholdende danske og udenlandske musikudgivelser fra årene mellem 1776 og 1785.

genstand for en egentlig systematisk aflevering indtil den nye pligtafleveringslovs ikrafttræden i 1902.

Hovedkilden til Det kongelige Biblioteks anskaffelser af Danske musiktryk fra midten af 1700-tallet til 1902 er således de håndskrevne seddelprotokoller over trykt Dansk musik i bibliotekets samlinger, der blev igangsat i 1874 og førtes helt op til omkring 1917.[2] Disse pro-

[2] Protokollerne findes idag opstillet i Det kongelige biblioteks Arkiv (Håndskriftafdelingen) med løbenummeret E 116, jvfr. *Indsigt, Håndskriftafdelingens Arkivregistraturer* Nr. 6, 1994, s. 56. Protokollerne med bibliotekets beholdning af musik udgivet i Danmark indtil c. 1917 er betegnet „B 1–8“.

Fig. 3. Et af de tidligste eksempler på noder (her typetryk) udkommet i Danmark som selvstændigt musiktryk, den tyskfødte komponist Johan Adolph Scheibes (1708–1776) *Tragische Kantaten für eine oder zwo Singestimmen und das Clavier* (Coppenhagen und Leipzig, In der Mummischen Buchhandel, 1765).
Opslagene viser titelbladet og s. [9] (Det kongelige Bibliotek, Musikafdelingen, signatur D 204, mu 6605.1131).

tokoller fortjener særlig opmærksomhed i denne sammenhæng, fordi de kaster nyt lys over hele tilblivelseshistorien af vor nationale hovedsamling af trykt musik udgivet i Danmark. Endvidere har disse seddelprotokoller (som findes opdelt i tre hovedgrupper *A*, *B*, og *C*) på trods af en meget stor musikhistorisk kildeværdi endnu ikke været inddraget i nogen større musik- og bibliotekshistorisk forskning. Faktisk findes de kun nærmere omtalt to steder i biblioteksslitteraturen, nemlig i overbibliotekar Chr. W. Bruuns (1831–1906) årsberetning for Det kongelige Bibliotek til finansåret 1889–1890, samt i en oversigtsartikel om den generelle historiske opbygning af Det kongelige Biblioteks musikafdeling, forfattet i 1946 af afdelingens daværende leder, Sven Lunn (1903–1969).

I sin årsberetning fra 1889–1890 beskriver Bruun protokollerne i forbindelse med omtalen af bibliotekets færdiggørelse af katalogiseringen af al dansk trykt musik, et arbejde der var påbegyndt i 1874:

Hallingen.

„Kataloget over Musiksamlingen, som i saa mange Aar har været under Arbejde, er nu blevet fuldendt. Det er skrevet paa løse Blade satte i Skruebind. Bladene ere folierede, men med Spring, saaledes: 1, 5, 10, 15, for at give Plads til nye Blade, som skulle indskydes. Kataloget er delt i: *A*, fremmed Musik, *B*, dansk Musik, *C*, Musik i Haandskrift. [...] Afdelingen *B* er ordnet saaledes, at den begynder med det theoretiske og hvad der hører til Skole- og Undervisning, og derpaa indeholder [den] alle Musikalierne, ordnede under Komponisternes Navne i alfabetisk Række, saa at der kun er foretaget en systematisk Inddeling ved de Komponister, hvis Kompositioner give tilstrækkeligt Stof til en saadan, f. Ex. [C. E. F.] Weyse, [Fr.] Kuhlau, [I. P. E.] Hartmann, [Niels W.] Gade o.s.v."[3]

Sven Lunn beskriver de samme protokoller således:

"... [i] 1874 begyndte han [Chr. W. Bruun] paa Arbejdet med at katalogisere Samlingen. Man begyndte med de udenlandske trykte Musikalier, og efter megen Møje og Besvær og kun takket være en særlig Bevilling afsluttedes Arbejdet i 1888. Man havde da skrevet et seddelkatalog over den udenlandske Samling og udarbejdet en ret primitiv Systematisering, som man havde indført i dertil indrettede Protokoller, de saakaldte A-Kataloger. Derefter tog man fat paa Katalogiseringen af den danske Musik og Manuskripterne. Dansk Musik indførtes i B-Katalogerne og Manuskripterne i C-Katalogerne, dog saaledes at udenlandske Manuskripter benævntes C I og danske Manuskripter C II. A- og B-Protokollerne blev kasserede ca. 1917, men C I og C II-Katalogerne staar endnu som et Rudiment af dette store Arbejde."[4]

[3] Chr. W. Bruun: *Aarsberetninger og Meddelelser fra Det Store Kongelige Bibliothek, Fjerde Bind, 1889–1897*, 1898, s. XX. Jeg takker fhv. førstebibliotekar Eva-Brit Fanger for råd og vejledning i forbindelse med kildesøgningen til denne afhandling.

[4] Sven Lunn: *Opbygningen af Det kgl. Biblioteks Musiksamling*, trykt i *Biblioteksaarbog 1946*, s. 40–50.

På modstående side: Fig. 4. Musikalsk-ikonografisk fremstilling af den norske folkedans *Hallingen*, signeret „Aug. Schneider [18]69." og trykt i *Illustreret Tidende* 1869, bind 10, nr. 499, 18. april, s. 249.
Dette musikbilag, som er ledsaget af en mindre afhandling benævnt „Hallingen." og signeret „A. S." (s. 247 og 250) , er et fint eksempel på de mange nodetryk, der findes indeholdt i det 19. århundredes tidsskrifter.

Ud fra disse beskrivelser bliver det klart, at katalogiseringen af bibliotekets erhvervelser af musik udgivet i Danmark hovedsageligt blev foretaget i løbet af de tredive år, som ligger mellem 1888 og 1917, hvor videreførelsen af *B* katalogen blev definitivt opgivet. I denne periode indførtes ikke alene tredive års løbende musikaccession, men samtidig katalogiseredes for første gang Det kongelige Biblioteks hidtil akkumulerede beholdning af trykt musik udkommet i Danmark fra midten af 1700-tallet og frem til 1888. *B* katalogen bliver dermed en hovedkilde til forståelsen af det forløb omkring (af)leveringen af trykt musik, som førte til etableringen af en national hovedsamling af danske noder, indtil dette område endelig blev omfattet af pligtafleveringsloven i 1902.

Mange interessante eksempler på hvad biblioteket havde erhvervet sig indtil 1888 og sidenhen løbende anskaffede sig åbenbares når man blader i Bruuns *B* katalog. Desuden afslører disse protokoller i flere tilfælde også selve accessions-rækkefølgen.[5] Sammenholder man de mange indskrevne dateringer af musiktrykkene med hinanden afspejler katalogiseringerne i flere tilfælde tillige musikaliernes udgivelsesforløb, samt i en række tilfælde bibliotekets hele anskaffelsespolitik indenfor særlige musikalske hovedområder.

I sin artikel om musikafdelingens historiske opbygning fremhæver Sven Lunn, som et af de mest udprægede karakteristika ved musiksamlingen, at denne bærer et umiskendeligt præg af at være anlagt relativt sent i 1800-tallet. Den rummede ifølge ham kun forholdsvis få gamle tryk, idet ældre originale musiktryk kun var blevet erhvervet i større stil fra og med slutningen af det 18. århundrede. Disse tryk var dog mest stemmer til intrumentalværker samt orkesterpartiturer til franske syngespil, der hidrørte fra Det kongelige Teaters daværende repertoire og kun i mindre omfang vedrørte danske komponisters værker.

Nok er Lunns beskrivelse her rigtig i hovedtrækkene, men en sam-

[5] Den daglige accessionsrækkefølge for alle danske musikalier, som blev købt eller på anden måde erhvervet af Det kongelige Bibliotek fra den 31. marts 1874 og fremefter, kan også studeres i Musikafdelingens håndskrevne accessionsprotokoller (idag opstillet i Musikafdelingens håndbibliotek, men oprindelig del af Det kongelige Biblioteks arkiv med signaturen F 7a). Accessionsprotokollerne førtes i starten af Oscar Risom, men overtoges senere af C. W. Bruun og E. Gigas, hvis egenhændige attestationer tillige findes indskrevet adskillige gange ved hvert årsregnskabs afslutning. Udfra denne kilde kan udarbejdelsen af de respektive håndskrevne katalogiseringer i *B* protokollerne personidentificeres med stor sikkerhed.

mentælling af *B* katalogens værker af trykt musik udgivet i Danmark opviser alligevel næsten 38.000 titler, og ret meget mere end dette antal er der næppe udkommet indenfor kongerigets grænser siden 1700-tallets midte og indtil 1902.

B katalogen dokumenterer derfor med al ønskelig tydelighed, at selvom Danmark først på et relativt sent tidspunkt oprettede en særskilt national samling af trykt dansk musik, så blev musiksamlingen takket være en række samvittighedsfulde bibliotekarers store arbejdsindsats kompletteret og katalogiseret med en omhu og flid, der i betragtning af datidens arbejdsforhold og økonomiske ressourcer ikke står tilbage fra vort århundredes bestræbelser på at tilvejebringe en så komplet og let tilgængelig national musikbibliografi som mulig.

B katalogens systematik, der af Sven Lunn blev anset som værende „en ret primitiv Systematisering" var inddelt i to hovedgrupper og bestod af ialt otte protokoller, hver betegnet med et løbenummer (1–8). Heri findes hvert enkelt nodetryk registreret ved hjælp af et sidetal, der angiver på hvilket blad i den pågældende seddelprotokol (som selv er identificeret med et romertal fra I til VIII) noden er katalogiseret.

Lunns kortfattede bedømmelse af denne systematik som temmelig primitiv bør dog også anskues udfra forrige århundredes behov for at tilvejebringe en så konsekvent og ensartet systematik, som overhovedet mulig indenfor de tre parallelle hovedkataloger (*A*, *B*, og *C*), hvilket måske nok medførte en lidt forceret skematisering af de trykte noders katalogisering. Samtidig muliggjorde denne katalogiseringssystematik dog en ensartet parallelanvendelse af samtlige tre kataloger for datidens brugere.

Man må i denne forbindelse desuden også tage i betragtning, at musiksamlingen først for alvor eksploderer i omfang fra og med begyndelsen af vort århundrede, og det ikke kun for trykte noders vedkommende, men tillige gennem erhvervelsen af førende danske komponisters værker i originalmanuskripter. Disse omfattende udvidelser af Musikafdelingen førte til, at tanken om en parallel føring af de tre hovedkatalogers systematik helt måtte opgives, og en mere speciel systematik for hver hovedgruppe blev følgelig anlagt som erstatning for den hidtidige „ret primitive Systematisering".

B katalogens to hovedgrupper over den trykte musik udkommet i Danmark indtil ca. 1917 var oprindelig anlagt udfra følgende egentlig ret fornuftige systematik:

B 1

„Blandede Samlinger; instruktive Sager, anonym Musik".
Ifølge protokollen dækkede disse hovedbetegnelser over:

(1) musikalske tidsskrifter.
(2) blandede musiksamlinger.
(3) almindelig musikteori.
(4) instrumentalmusik af instruktiv karakter for forskellige instrumenter.
(5) vokalmusik af såvel instruktiv karakter (vokaliser etc.) som af mere generel art (f.eks. samlinger af sange for en eller flere stemmer indenfor alle genrer).

B 2–8

„Enkelte Komponister A-Ø"
Ifølge protokollerne dækkede denne betegnelse over trykte værker af danske komponister (vokale såvel som intrumentale), der katalogiseredes alfabetisk efter komponistens navn og i en tilstræbt kronologisk udgivelsesrækkefølge.

Som særligt illustrerende eksempler på disse to hovedgrupper bør her nævnes grupperne af såkaldte „Musikalske Tidskrifter" og „Blandede Musiksamlinger" (her i betydningen af musikantologier) indeholdt i *B 1* katalogen samt komponisten H. C. Lumbyes (1810–1874) trykte værker i katalog *B 5*.

Blandt „Musikalske Tidskrifter" og „Blandede Musiksamlinger" opregner katalog *B 1* ialt 63 titler udkommet mellem 1776 og 1914. Sammenholder man disse 63 titler med musikforlags-historikeren Dan Fogs omfattende værk om danske musikudgivelser mellem 1750 og 1854,[6] dokumenterer Bruuns kataloger klart, at Det kongelige Biblioteks anskaffelsespolitik indenfor dette område havde både hans egen og umiddelbare efterfølgeres særlige årvågenhed. Bibliotekets bestræbelser på at tilvejebringe en så komplet samling som mulig af denne type musikalier ses blandt andet deraf, at der ifølge Fog var udkommet 28 musikalske tidsskrifter og samlinger (af Fog også benævnt „nodeperiodica") i Danmark mellem 1795 og 1921.[7] Bruuns katalog afslører

[6] Dan Fog: *Musikhandel og Nodetryk i Danmark efter 1750*, I-II, 1984.
[7] Sst. bind I, s. 88–104.

imidlertid at biblioteket indtil 1917 havde sikret sig hele 63 titler af denne type nodesamlinger – i sandhed et fornemt resultat når man tager i betragtning, at der indtil 1902 ikke fandtes nogen egentlig lovmæssig forpligtelse for biblioteket til at erhverve sig disse musikhistorisk meget interessante antologier.

På samme måde repræsenterer Det kongelige Biblioteks samling af komponisten H. C. Lumbyes udgivne værker også et fint eksempel på bibliotekets store omhu i slutningen af forrige århundrede for at sikre sig så komplette samlinger som mulig af de førende danske komponisters trykte værker. I den nyeste katalog over Lumbyes trykte værker[8] anføres ialt 434 værktitler af denne komponist, udkommet før pligtafleveringens ikrafttræden i 1902. Blandt disse udgivelser havde biblioteket ifølge Bruuns kataloger erhvervet sig knap 400 titler indtil 1917 – igen et meget fornemt resultat, som man hovedsageligt må takke Bruun og hans umiddelbare efterfølgere for.[9]

En helt anden og noget mere skyggeagtig, men derfor ikke mindre interessant del af Musikafdelingens beholdning af danske musikalier udgivet inden pligtafleveringens ikrafttræden, er den store gruppe af trykte noder, som efter 1917 blev udtaget fra hovedsamlingen og opstillet særskilt under den noget misvisende fællesbetegnelse „Musiksmåtryk".

Musik-småtrykssamlingen har siden 1917 og indtil helt for nylig været en ret stedmoderligt behandlet del af vor nationale samling af danske nodetryk. Efter at man med indførelsen af en ny opstillingssystematik og kortkatalogisering i 1917 havde besluttet ikke at medtage disse nodetryk,[10] opnåede denne del af Det kongelige Biblioteks musiksamling nu den lidet ærefulde status af at blive den nok sværest tilgængelige del af bibliotekets nodetryk gennem mere end et halvt århundrede. Denne tilstand synes, ifølge de mange senere blyantstilskrifter, som også findes indskrevet i *B* katalogen, at stamme fra omkring 1917, hvor Musikafdelingens da nytiltrådte leder, Erik Abrahamsen (1893–1949), tilsyneladende besluttede at udskille i en særskilt opstillet og ukatalogiseret samling, hvad man på det tidspunkt nok har

[8] Dan Fog: *Lumbye-katalog Fortegnelse over H. C. Lumbyes trykte kompositioner*, udgivet som led i serien *Danish Humanist Texts and Studies*, Vol. 10, 1995.

[9] At Lumbye fik udgivet mere end 150 værker på udenlandske musikforlag, gjorde naturligvis ikke opgaven med indsamlingen af hans trykte kompositioner nemmere for Det kongelige Bibliotek. Jvfr. Fog (note 8).

[10] Jvfr. S. Lunn (note 4) s. 44.

anset for at være en art „2. divisions musik". Grundene til denne radikale beslutning har naturligvis været mange og velovervejede, men beslutningen blev nok primært taget som et resultat af den helt uoverskuelige tilgang af trykt populærmusik for salonorkestre etc., der fulgte med 1902 lovens inddragelse af *alle* former for musiktryk i Danmark. Sven Lunn anfører i denne forbindelse at musiksmåtrykssamlingen i 1927 og 1946 androg henholdsvis 213 og 573 kapsler – unægtelig en helt overvældende tilvækst af noder i løbet af kun to årtier.[11] Den nyeste opmåling af Det kongelige Biblioteks bestand af musiksmåtryk når idag op på nær ved 900 kapsler (både i kvart og folio format) med et anslået antal enheder på over 35.000 tryk.[12] Af disse skønnes kun henved 10 % at være udgivet på udenlandske forlag.[13] Tilgangen af nyudgivet musik til denne store samling af såkaldte „musik-småtryk" blev iøvrigt definitivt lukket fra og med 1986.

De mange blyantsnotater, der fra omkring 1917 blev indført i *B* katalogen, afslører ved hjælp af overstregninger af en given node efterfulgt af forkortelsen „Sm" (= overført til Småtryk) denne nye klare opsplitning af Musikafdelingens nodetryk i to adskilte lejre. Samtidig afspejler disse notater klart, hvilke former for musiktryk Musikafdelingens daværende ledelse må have anset for at være „modne" til nedrykning i den nyoprettede „2. divisionsagtige" musiksmåtryks-samling uden påfølgende kortkatalogisering. At denne udvælgelse er sket udfra Abrahamsens personlige musikalske kvalitetsvurderinger såvel som udfra mere overordnede ressourcemæssige synspunkter forekommer her tydeligt. Den kendsgerning at Bruun og hans umiddelbare efterfølgere i *B* protokollerne også samvittighedsfuldt katalogiserede alt det, som en senere tid på denne måde takserede som „mindre seriøs" musik, kan derfor kun yderligere bidrage til vor påskønnelse af det kollosale og grundige arbejde, der i slutningen af 1800-tallet blev gjort for at tilvejebringe en så komplet national samling af trykt musik i

[11] Lunn (note 4) s. 49.

[12] Ofte var noder i småtryksgruppen, der udkom på danske forlag, rent faktisk blevet trykt i Tyskland. Det gælder for eksempel for de første udgaver af A. P. Berggreens koralbog og talrige andre udgivelser af forskelligt indhold. Jeg takker Dan Fog for denne oplysning.

[13] Opmålingen blev foretaget d. 22.5.1996 af bibliotekar Jytte Larsson kort efter påbegyndelsen af en katalogisering og inddatering i Det kongelige Biblioteks søgebase REX af hele musiksmåtrykssamlingen. Oplysningen om det anslåede antal af udenlandske tryk indeholdt i musiksmåtrykssamlingen stammer ligeledes fra Jytte Larsson.

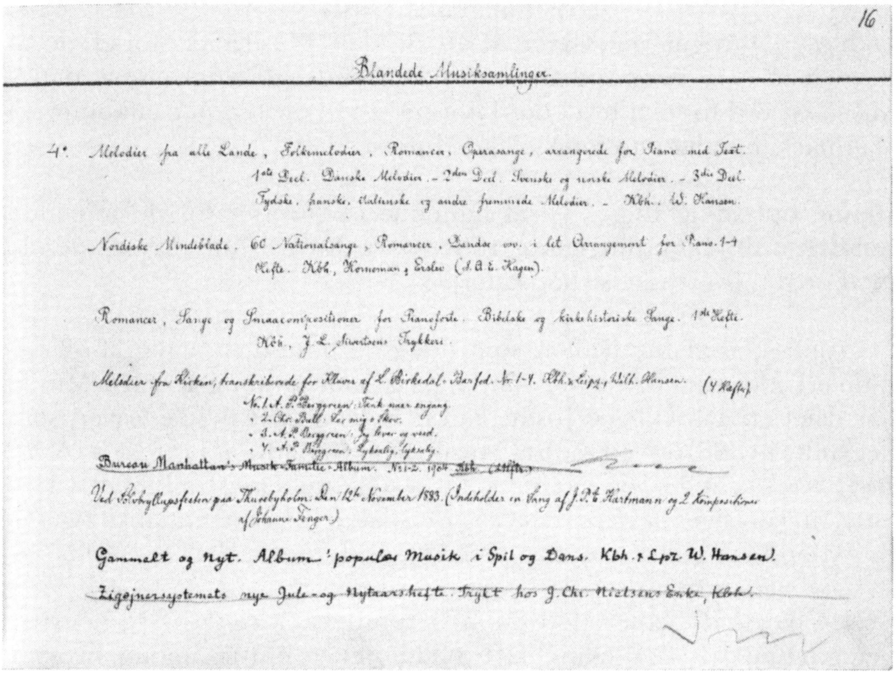
16

Blandede Musiksamlinger.

4°. Melodier fra alle Lande, Folkemelodier, Romancer, Operasange, arrangerede for Piano med Text. 1ste Deel. Danske Melodier. – 2den Deel. Svenske og norske Melodier. – 3die Deel. Tydske, franske, italienske og andre fremmede Melodier. – Kbh., W. Hansen.

Nordiske Mindeblade. 60 Nationalsange, Romancer, Dandse osv. i let Arrangement for Piano. 1–4 Hefte. Kbh., Horneman & Erslev (J. A. E. Hagen).

Romancer, Sange og Smaacompositioner for Pianoforte. Bibelske og kirkehistoriske Sange. 1ste Hefte. Kbh., J. L. Struntzens Trykkeri.

Gammelt og nyt. Album: populær Musik i Spil og Dans. Kbh. & Lpz. W. Hansen.

Fig. 5. Bruuns seddelprotokol over Det kongelige Biblioteks musiksamling påbegyndt i 1874 og videreført indtil c. 1917. Opslaget viser s. 16 i *B 1* katalogen med et lille udsnit af bibliotekets daværende beholdning af danske „Blandede Musiksamlinger". To af titlerne er her overstreget med blyant og tilføjet forkortelsen „Sm" (= udtaget til musik-småtrykssamlingen).

Danmark som mulig – og det vel og mærke uden at man havde nogen egentlig lovmæssig forpligtigelse hertil.

En anden hovedkilde til belysningen af Det kongelige Biblioteks erhvervelser af musiktryk før 1902 pligtafleveringslovens ikrafttræden skyldes ligeledes Chr. W. Bruun. I sine *Aarsberetninger og Meddelelser fra Det Store Kongelige Bibliothek* anførte han omhyggeligt mængden af trykte musikalier erhvervet til biblioteket i løbet af hver af de pågældende perioder. Disse årberetninger udkom i fem bind dækkende perioderne 1864–1869, 1869–1874, 1874–1889, 1889–1897 og 1897–1901. Det er dog først fra og med finansåret 1874–1875, at Bruun konsekvent begyndte at indkøbe og opregne alt, hvad der det pågældende år var blevet udgivet i Danmark. Om tilgangen at trykt musik skriver han dette år for første gang under overskriften „Samlingen af Musik" følgende opgørelse:

„Samlingen af Musik er bleven forøget ved Gaver af 13 Stykker Musikalier, forærede af Justitsraad *F. S. Bang*, ved Gaver fra Samfundet til Udgivelse af dansk Musik og ved Kjøb af hvad der i Aarene 1873 og 1874 er udkommet i Danmark, nemlig 258 forskjellige Musikstykker.“[14]

Denne oplysning følges op af lignende opgørelser for de følgende finansår indtil beretningen for 1882–1883, hvor Bruun tilsyneladende med nogen overraskelse konstaterer:

“...Samlingen af Musikalier, som tidligere bestod væsenlig af *Weyse's* udmærkede, men ikke store Samling, og af en Samling af dansk Musik, har faaet en Tilvæxt ved Justitsraad *F. S. Bangs* betydelige Gaver, som begyndte i 1868, og ved Kjøb af Musikalier efterladte af Professor [A. P.] *Berggreen*, saa at der, ogsaa fremkaldt ved Betræbelser fra Bibliothekets Side, nu kan siges at være en særlig Musikafdeling, om end ikke rig, saa dog ydende et godt Grundlag til at voxe videre paa.“[15]

Bruun havde dog allerede i sin årsberetning for 1878–1879 benyttet betegnelsen „Musikafdelingen“ for bibliotekets musiksamling, hvorfor det til en vis grad er rimeligt, at datere denne afdelings oprettelse som en institutionel enhed fra og med dette finansår.[16]

Om afdelingens senere tilvækst af danske musiktryk beretter Sven Lunn i sin senere artikel fra 1946 med sin noget lakoniske og ret specielle humor:

„Den danske Del af Samlingen bærer stærkt Præg af, at Afleveringspligten først blev effektiv ved Loven af 1902. Samlingen af danske Musikalier fra det 19. Århundrede er stor set 75 % komplet, fra det 18. Aarhundrede 50 % komplet og fra det 17. Aarhundrede og tidligere

[14] Jvfr. Chr. W. Bruun (note 3) *Tredie Bind, 1874–89*, 1890, s. XI.

[15] Bruun (note 14) s. CCXV.

[16] Sven Lunn anfører i sin artikel „Det kgl. Biblioteks danske musikautografer“, *Bogens Verden*, 1941, s. 353–365, at samlingen af musik blev grundlagt i 1813 „da Frederik VI afkøbte kgl. Kapelmusikus J. H. Lorentz 'et lidet musicalsk Bibliothek', som han overdrog til Det kgl. Bibliotek 'at tjene Musikelskere og Dyrkere til Nytte og Velbehag' “. Denne samt komponisten C. E. F. Weyse's senere testamentariske overdragelse af sin musiksamling dannede således grundstenen til bibliotekets musiksamling, men bestod dog for størstedelens vedkommende af værker i manuskript.

Fig. 6. Silhouetklip forestillende Dr. phil. Emil Gigas (1849–1931) og klippet af forfatterinden Ingeborg Buhl i 1913 (reproduceret efter hendes erindringer *Trådene Tvindes*, bind II, s. 63; originalen befinder sig idag i Frederiksborgmuseet).

henved 100 % *ukomplet* [...], ikke desto mindre konstaterer man Gang paa Gang Mangler ogsaa blandt Musikalier, der er udkommet helt op imod Aarhundredskiftet".[17]

En af de mest markante profiler i den danske musik(af)leveringshistorie siden 1800-tallets slutning og frem til begyndelsen af vort århundrede er uden tvivl bibliotekaren, Emil L. Gigas (1849–1931). Forsøget på at sætte et mere personligt ansigt på historien om opbygningen af Det kongelige Biblioteks samling af trykt musik udgivet i Danmark før 1902 må derfor uundgåeligt falde sammen med en skildring af denne centrale og farverige personlighed i dansk bibliotekshistorie. Ikke alene var Gigas hovedansvarlig for Musiksamlingens opbyggelse mellem 1883 og 1915, men han forvaltede tillige dette hverv med en sjælden omhu og iver, på trods af at hans egentlige virkefelt lå indenfor et helt andet område. Med en magistergrad i Fransk og Italiensk i 1877 og en filosofisk doktorgrad fra Københavns Universitet i 1883 ansattes han samme år ved Det kongelige Bibliotek. Her virkede han uafbrudt indtil 1915, hvor en svær øjensygdom tvang ham til søge sin afsked. I denne periode havde han blandt mange hverv at være hovedansvarlig for fuldendelsen af bibliotekets store seddelmusikkatalog samt leder af alle indkøb af musikalier, i årene 1902–1905 som

[17] Jvfr. S. Lunn (note 4) s. 45.

udnævnt fællesleder af Musikafdelingen og Håndskriftsamlingen. Gigas havde helt særlige forudsætninger for varetagelsen af disse opgaver, idet han som få blandt sine samtidige i bibliotekesverdenen var fuldt fortrolig med alle de humanistiske videnskabsområder og her især litteraturens, kunstens og musikken foruden sit eget egentlige specialeområde, Hispanologien, hvor han var en internationalt anset specialist. Han var desuden en uhyre flittig musikanmelder ved to af Københavns førende dagblade *Fædrelandet* og *Dagbladet*, samt en fin oversætter af udenlandsk musiklitteratur. Blandt andet oversatte og udgav han i 1886 to hovedværker af datidens førende musikkritiker, tyskeren Eduard Hanslicks *Aus dem Concertsaal* (Wien, 1870) og *Aus dem Opernleben der Gegenwart* (Wien, 1884). Disse oversættelser samt Gigas' egne musikanmeldelser vidner om hans store musikalske indsigt og sikre instinkt, for hvad af hans samtids musik, der skulle vise sig at være af blivende kunstnerisk værdi.

Foruden at være en særdeles populær visedigter og et udpræget selskabsmenneske, var Gigas desuden en habil udøvende musiker, og erhvervede sig som udmærket amatørpianist stor praktisk indsigt i musikkens verden, hvilket kom ham til nytte i hans daglige biblioteksvirke. I forfatterinden Ingeborg Buhls erindringsværk *Trådene tvindes* (1976) beskrives Gigas' musikinteresse således:

„Med sit let fængelige og dog så omskiftelige sind var min far letsindigt tilbøjelig til at gøre indbydelser til faste institutioner. En af dem, som var fast feriegæst hos os i den lange række år hvor vi nu tilbragte de fire sommermåneder i Fredensborg, var den romanske filolog dr. Emil Gigas, ansat ved det Kgl. Bibliotek. Mest af alt tror jeg det var musikken der havde bragt de to mænd sammen. Han [Gigas] dyrkede trods sin til total blindhed grænsende nærsynethed endnu nogle år firhændigt spil med min far, med to sæt briller for øjnene og hovedet helt oppe i nodebladet. Til dette handicap havde Vorherre føjet en helt fantastisk og dog næsten storslået grimhed, som med alderen kom til at minde om Beethovens. Han fortalte selv med galgenhumor, at nogen under et spansk karneval ligefrem havde villet rive den formodede groteske maske fra hans ansigt [...] Først da den stakkels mands syn helt svigtede, hørte besøgene hos os op...“[18]

[18] Ingeborg Buhl: *Trådene tvindes Erindringsglimt II Modningsår.* 1976, s. 61–62. Jeg takker Harald Ilsøe for at have gjort mig opmærksom på denne kilde.

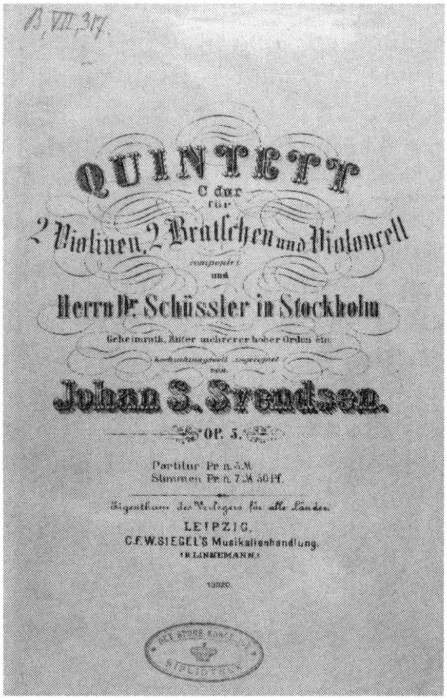

Fig. 7. Titelbladet til den norske komponist, Johan S. Svendsens (1840–1911) *Quintett C dur für 2 Violinen, 2 Bratschen und Violoncell* (opus 5), genudgivet af forlaget C. F. W. Siegel (R. Linnemann.) i Leipzig i 1897 (ed. nr. 13320) efter det originale pladetryk fra 1868 af musikforlaget Ernst Wilhelm Fritzsch (plade nr. E. W. F. 66 L.). Noden, der ifølge blyantspåskriften oprindelig var katalogiseret i *B* katalogen (bind 7, s. 317), omkatalogiseredes senere til gruppen „D 130", men kan idag også søges i databasen REX. Den er et fint eksempel på Det kongelige Biblioteks store årvågenhed før pligtafleveringsloven af 1902 overfor anskaffelsen af alle typer *danica* indenfor det musikalske område, i dette tilfælde et værk af en norskfødt komponist (på grund af Det kongelige Biblioteks systematik videreføres *norvegica* rent opstillingsmæssigt stadig som *danica* i Musikafdelingen).

Hvad der ikke lykkedes for Gigas at indsamle af ældre danske musiktryk til Det kongelige Biblioteks musiksamling igennem hans mere end tredive års virke dér, kom til gengæld noget nær faldende ned fra himlen i form af donationer til Statsbiblioteket i Århus i årene omkring og kort efter dets indvielse. Fra og med Statsbibliotekets oprettelse i 1902 omfattede den almindelige pligtaflevering nu også musikalier, og gennem mange og omfattende antikvariske køb har man dér lige siden søgt at supplere musiksamlingen med al trykt musik udkommet i Danmark før 1902. Den store samling man herved fik opbygget i Århus, gik dog i hovedsagen tilbage til en række enkeltdonationer, hvoraf de to vigtigste var organisten og kunstsamleren R. C. Rasmussens (1820–1904) testamentariske gave i 1904, som omfattede en yderst værdifuld samling ældre musik. Denne gave efterfulgtes af den måske nok største donation nogensinde til en offentlig dansk musiksamling i form af musikforlaget Wilhelm Hansens overdragelse i 1922 af dets gamle musikalske lejebiblioteker, der oprindeligt hidrørte fra musikforlagene Lose & Delbanco og Horneman & Erslev. Disse lejebiblioteker, som tilsammen „fyldte en hel Jærnbanevogn og vejede 8 Tons",[19] talte henimod 75.000 bind og omfattede en næsten fuldstændig samling af 1800-tallets danske musikalier. Den Wilhelm Hansen'ske gave kan derfor om nogen siges at danne en *cadenza con fermato* til „førstesatsen" af det lange historiske musikbiblioteksforløb, som i begyndelsen af vort århundrede førte til etableringen af hele to omtrent komplette nationale samlinger af trykte musikalier udgivet i Danmark.[20] Statsbibliotekets ældre samling af dansk musik kan fremfor nogen andre musiksamlinger derfor hævdes at repræsentere afslutningen på, hvad man kan kalde „lovløshedens periode" for trykte musikalier i Danmark. Samtidig markerer den begyndelsen på de helt nye og ordnede forhold for den musikalske del af vor nationale kulturarv, som fulgte med pligtafleveringslovens omfattelse af trykte musikalier i 1902. At det dog kun gik roligt og stødt fremad med pligtafleveringen af danske musikalier siden lovens ikrafttræden kan blandt andet ses af Det kongelige Biblioteks accessionsprotokoller for Musikafdelingen. For årene 1902–1903 og

[19] Kay Schmidt-Phiseldeck: IV. Musikalier, Kort og Billeder. *Statsbiblioteket i Aarhus 1902–1927*, 1927, s. 88.

[20] En tredie offentlig samling af trykte musikalier udkommet i Danmark udgjordes indtil 1935 af Universitetsbibliotekets musiksamling i København. Universitetsbiblioteket havde siden den 10. januar 1781 opnået rekvisitionsret på pligtafleveringseksemplarer fra alle københavnske boghandlere, en ret der den 19. januar 1821 udvidedes til alle rigets bogtrykkere med undtagelse af Hertugdømmerne. Fra 1. juli 1927 udvidedes rekvisitionsrettten yderligere til nu at omfatte alle grene indenfor humaniora herunder også musikalier (jvfr. aktstykke 67). Universitetsbiblioteket anskaffede sig dog hovedsageligt kun litteratur om musik, samt skolesangbøger, kirkemusik etc., mens egentlige musikalier i form af selvstændige nodetryk udgivet i Danmark havde en meget lav prioritet. Fra ca. 1923 afgav man således løbende et større antal udvalgte nodetryk til Det kongelige Biblioteks Musikafdeling, Statsbiblioteket i Århus og Musikvidenskabeligt Institut ved Københavns Universitet, indtil en egentlig likvidation af samlingen påbegyndtes i 1927 og hovedsageligt blev forestået af professor Erik Abrahamsen (jvfr. *Universitetsbibliotekets Skrifter, Meddelelser om Virksomheden 1. oktober 1925–31. Marts 1927*, 1927, s. 18). Resten af den lille samling af danske musiktryk, som Universitetsbiblioteket endnu besad efter udførelsen af denne likvidation, og som i ét og alt tillige fandtes på Det kongelige Bibliotek, blev med Undervisningsministeriets godkendelse i 1935 foræret som dubletgave til Music Department ved New York Public Library, jvfr. overbibliotekar Svend Dahl: *Aarsberetning for Det kongelige Bibliotek for Finansaarene 1929/30–1942/43*, 1946, s. 56. Jeg takker Harald Ilsøe for venlig hjælp ved indsamlingen af oplysninger om Universitetsbibliotekets musiksamling og dennes historie.

1903–1904 nåede erhvervelsen af danske trykte kun op på omkring 180 værktitler. Sammenholdes dette tal med Chr. W. Bruuns systematiske indkøb til bibliotekets „Musiksamling" i årene 1873 og 1874 på ialt 258 danske noder udgivne i disse år, bliver det klart, at der ikke var tale om nogen særlig markant stigning af erhvervede danske noder i 1902, men snarere at disse nu tilflød biblioteket i en mere kontinuerlig strøm efter deres respektive udgivelsesdatoer. Det var først flere år senere, at antallet af udgivne noder i Danmark steg så markant, at bibliotekets musikaccessions-protokol for finansåret 1929–1930 kunne opvise den imponerende erhvervelse af ialt 1338 værker, hvoraf knap 420 titler med sikkerhed var egentlige pligtafleveringsnoder.

Pligtafleveringen af musik i Danmark efter 1902

Bestræbelserne på at få inddraget trykte musikalier i den danske pligtaflevering var nok blandt de mest markante tilføjelser til loven af 1902. Besynderligt nok nævnes ordet „musikalier" dog endnu ikke direkte, men indbefattedes i lovens mere generelle bestemmelser i § 1, som lyder: ...Af alt, som trykkes her i Landet af Bogtrykkere, Litografer, Kobbertrykkere og andre Kunsttrykkere...".[21]

Man kan således undre sig over, at trykte noder ikke blev specielt nævnt i den nye lovtekst, men åbenbart regnedes for en underforstået udgivelsesform indeholdt i denne brede formulering. Grunden til at ordet „musikalier" helt undgås skal nok søges i de divergerende opfattelser, som nogle af lovens ophavsmænd tilsyneladende har haft omkring denne side af pligtafleveringen.

I *Bilag I* til 1902 lovens *Forslag med Bemærkninger til Lov om den Bogtrykkerne m. fl. paahvilende Forpligtelse til Aflevering af Frieksemplarer til offentlige Bibliotheker* udtalte overbibliotekaren ved Det kongelige Bibliotek, H. O. Lange (1841–1911) således om de trykte noder følgende synspunkter: „[...] Afleveringspligtigt bør være: alle Bøger, Aviser og periodiske Skrifter med de til dem hørende Bilag og Omslag i alle Oplag (ogsaa stereotyperede) og Udgaver, Særtryk af saadanne, for saa vidt de ere selvstændige paginerede, samt alt Smaatryk [...] Endvidere Musikalier, [...]".[22]

I *Bilag III* til samme lovforslag tilføjede Statsbibliotekets første leder, bibliotekaren J. Hoffmeyer (1841–1911), den 12. januar 1902 følgen-

[21] Citat fra aktstykke 45.

[22] Citat fra aktstykke 43.

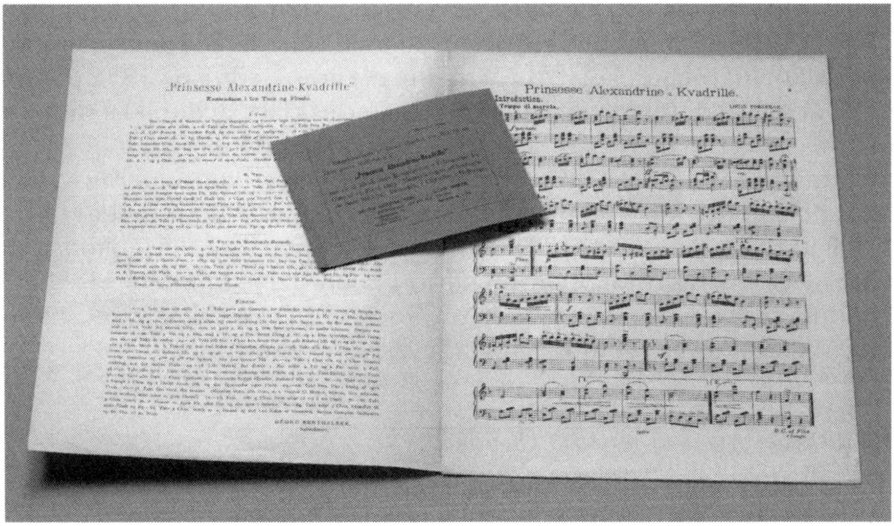

Fig. 8. Titelbladet samt opslag fra balletdanseren og komponisten Louis Forgerons *Prinsesse Alexandrine-Kvadrille Kontradans i 3 Ture og Finale*, udgivet af musikforlaget Wilhelm Hansen i København som dets næstsidste forlagsnummer i 1902 (ed. nr. 13189). Noden, der efter 1917 overførtes til musiksmåtrykssamlingen („Sm I 2"), bærer såvel den gamle *B* katalogsignatur („B, VII, 261.") som Det kongelige Biblioteks accessionsdatostempel („DET STORE KGL BIBLIOTHEK 22 I. 1903) og det nyeste REX-inddateringsnummer („x 390388962"). Den er et fint eksempel på de mange og ofte særprægede nodeudgivelser, der tidligere blev overført til musiksmåtrykssamlingen. Til noden er der her trykt en koreografisk dansevejledning samt en blanket, der gav ihændehaveren ret til en gratis instruktionstime i kvadrillens dansemæssige udførelse hos enten koreografen (balletdanseren Georg Berthelsen, 1867–1954) eller komponisten (Louis Forgeron, pseudonym for Ludvig Theodor Smith, 1850–1924).

de meget interessante synspunkter om musikaliernes medtagelse i lovteksten: „[...] Jeg kan ikke være enig med Universitetsbibliotekaren i, at Aflevering af Musikalier (uden tekst) er af mindre Betydning for Bibliotekerne. Hvorfor skulde disse ikke ogsaa støtte Studiet af Musikken? At Musikalier ikke udlaanes, naar det blot gælder Underholdning saa lidt som Morskabsbøger, er rimeligt, men Kendskab til den nationale Musik er jo tillige Genstand for Studier for mange, og det meget frugtbringende Studier. Kommende Tider ville faa Anledning til at beklage Savnet af en fuldstændig Samling af dansk Musik fra det forløbne Aarhundrede".[23]

Ud fra disse bemærkninger forekommer det tydeligt, at det var Universitetsbibliotekets daværende overbibliotekar, Sophus Birket-Smith (1838–1919), som har været den personlige årsag til at ordet „musikalier" ikke nævntes direkte i pligtafleveringsloven af 1902.

Den første og væsenligste lovtekstforandring om musikafleveringspligt til offentlige danske samlinger skete først i 1927. Det af Undervisningsministeriet i 1924 nedsatte udvalg foreslog da i sin betænkning om „Statens Biblioteksvæsen" følgende ændring til de „Almindelige Indskrænkninger i Pligtafleveringen": „For Nodetrykkeriernes Vedkommende vil Afleveringspligten kunne ophæves for alle uforandrede Optryk af Musikalier".[24]

Denne indstilling om ikke at pålægge musikforlagene nogen egentlig afleveringspligt af identiske genoptryk af noder tages følgelig til efterretning i pligtafleveringsloven af 1. juli 1927. I denne lovs første paragraf samt dens tilhørende bekendtgørelse af 15. juli 1927 (afsnittet „Afleverings-pligtens Omfang", § 2) medtages derfor nu endelig og for første gang i Danmark de magiske ord „Nodetrykkere" og „Musikalier" i en egentlig lovtekst: „§ 1. Af alt, som trykkes her i Landet af Bog- eller Kunsttrykkere, herunder Litografer, Nodetrykkere, Kobbertrykkere og andre Kunsttrykkere, skal der med de nedenfor nævnte Undtagelser afleveres 1 Frieksemplar til det kongelige Bibliotek, 1 til Statsbiblioteket i Aarhus og 1 til Universitetsbiblioteket. Afleveringen til Universitetsbiblioteket finder dog kun Sted efter Paakrav fra nævnte Biblioteks Side af de enkelte Tryksager".[25] „For *Nodetrykkernes* Vedkommende skal

[23] Citat fra aktstykke 43.

[24] Citat fra *Betænkning vedrørende Statens biblioteksvæsen.* 1927, Kapitel IV, s. 81.

[25] Citat fra *LOV (Nr. 160–1. Juli 1927) om pligtig Aflevering af Tryksager til offentlige Biblioteker*, s. 1.

Afleveringspligten ikke gøres gældende med Hensyn til uforandrede Optryk af Musikalier."[26]

Hermed blev pligtafleveringen af trykt musik i Danmark endegyldigt stadfæstet i rent sproglig forstand.

Opgaven var derefter primært at sikre sig, at loven blev efterlevet fra musikudgivernes side, samt at tilrettelægge de relevante bibliotekers løbende accession af den nye strøm af musiktryk, som fra disse år tilflød Det kongelige Bibliotek og Statsbiblioteket i Århus. Til dette formål havde Erik Abrahamsen, allerede i 1917 påbegyndt en kortkatalogisering af Det kgl. Biblioteks gamle beholdning af ældre musiktryk foruden den fortløbende accession. Man indførte dette år en helt ny systematik, hvis forbillede i princippet var konstrueret efter Library of Congress' (Washington) klassifikationssystem *Classification. Music and books of music.*[27] Den gamle *B* katalog erstattedes nu af en systematisk seddelkatalog samtidig med at man oprettede en særskilt samling med musik-småtryk, der arkiveredes med kun delvis accessionering og uden påfølgende kortkatalogisering.

I forbindelse med at Danske afdeling omarbejdede sin systematiske katalog i årene 1928ff. overførtes desuden et større antal musikalier udkommet efter 1830 til Musikafdelingen, idet de værker, som fandtes indeholdt i *Bibliotheca Danica*, dog forblev i Danske afdelings 1. samling. Der blev fra katalogerne 4, 17 og 53 nu udtaget en lang række bogtryk indeholdende noder, der opstilledes i Musikafdelingens samlinger. Disse tryk dækker områderne: Sangbøger til skolebrug, nodelæsningsbøger, vise- & sangbøger, koralbøger, kirkelige sangbøger, messebøger, salmer og anden vokalmusik, samt forskellige skoler og musikteoretiske værker.

Trods overflytningerne fra Danske afdeling til Musikafdelingen findes der stadig mange musiktryk i både Danske og Udenlandske afdeling i form af (1) selvstændige musikalier (indeholdt i *Bibliotheca Danica*), (2) vokalmusik med fuld tekst og 1-stemming sang (f.eks. sangbøger og salmebøger med 1 melodistemme), (3) musikalier i form af bilag til bøger, (4) nodetryk i monografier, der ikke i sig selv er

[26] Citat fra *Bekendtgørelse angaaende Gennemførelsen af Lov af 1. Juli 1927 om pligtig Aflevering af Tryksager til offentlige Biblioteker* (afsnittet: Afleveringspligtens Omfang, § 2, s. 2).

[27] Jvfr. *Det kongelige Bibliotek, Publikumsorienteringer 10., Musikafdelingen, Systematiske kataloger, Vejledning,* revideret udgave 1992.

musikalier (f.eks. balletskoler, sanglege og folkedansebeskrivelser indeholdende noder), samt (5) nodetryk i periodica, dagblade o. lign. (f. eks. *Dansk Musiktidsskrift*).[28]

De biblioteksmæssige rammer for den indkomne pligtaflevering af trykte musikalier udgivet i Danmark var nu fastlagt også i retrospektiv forstand og har været fulgt stort set uændrede lige indtil Det kongelige Bibliotek den 1. januar 1986 gik over til at inddatere al pligtaflevering af musikalier i online databasen REX med en påfølgende retrospektiv inddatering af alle indgåede musiktryk tilbage til 1972. Som en følge af denne forandring fulgte, at man fra 1986 ikke mere adskilte tryk og småtryk i den løbende musikpligtaflevering.

I 1972 blev *Dansk Musikfortegnelse*, som registrerer alle udkomne noder (musikalier) i Danmark, desuden del af nationalbibliografien.[29] Denne er fra samme år blevet udarbejdet af Musikafdelingen, og publiceres løbende som alfabetiske månedslister i *Bogmarkedet* samt som alfabetisk og systematisk årsfortegnelse på Dansk Biblioteks Centers forlag.

Dansk Musikfortegnelse registrerer således alle noder udgivet i Danmark og medtager desuden udenlandske musikalier med tilknytning til Danmark. Grundlaget for denne registrering er de nyudgivne noder, som danske musikforlag løbende indsender til redaktionen suppleret med andet pligtafleveret materiale. Den alfabetiske del af årsfortegnelsen er desuden udvidet med henvisninger fra titler, komponister, udgivere, tekstforfattere og serietitler. Her specificeres tillige samlinger af en eller flere komponisters værker (dog maksimalt 12 titler) i tilhørende noter. Fortegnelsen, som følger den danske decimalklassedeling (5. udgave), er udover at være tilgængelig i REX også online tilgængelig via de danske forskningsbibliotekers fælles database ALBA (nu del af danske bibliotekers fællesbase *Danbib*).

Med den høje søgehastighed og optimale tilgængelighedsgrad af disse to online kataloger må „andensatsen" i den bibliotekshistoriske

[28] Jvfr. bl. a. Svend Thomsen (red.): *Danske Blandede Tidsskrifter 1855–1912, Indholdsoversigt til 27 danske tidsskrifter*, 1–2, 1928–1929, s. 162–173.

[29] *Dansk Musikfortegnelse* iværksattes i 1931 af Dansk Musikhandlerforlag i København. Siden 1972 er den blevet udarbejdet af Det kongelige Biblioteks musikafdeling. Før end fremkomsten af *Dansk Musikfortegnelse* var der i *Dansk Bogfortegnelse* fra 1899 til 1930 hvert år indeholdt et afsnit benævnt *Musikalier udkomne i Danmark. Meddelt af Alfred Nielsen.*

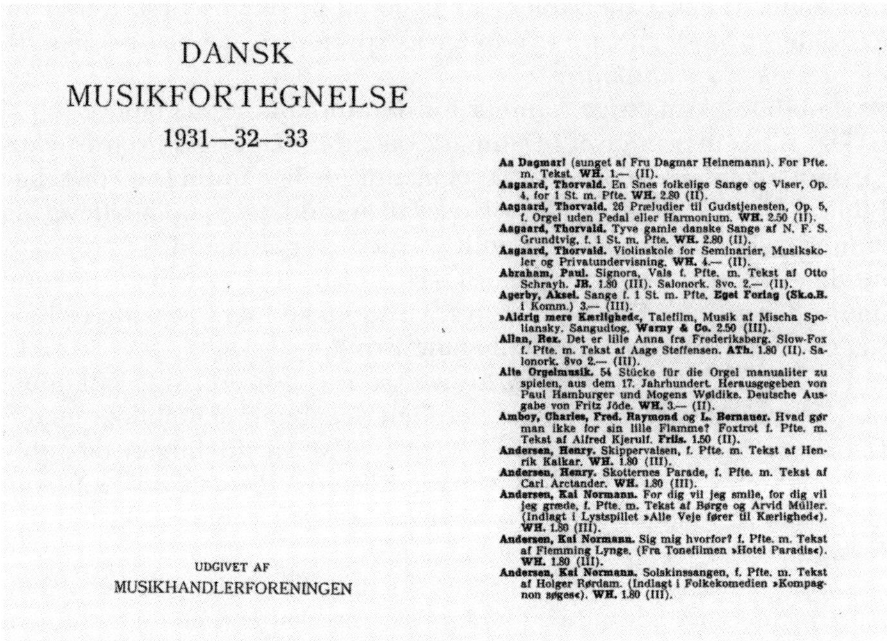

DANSK MUSIKFORTEGNELSE

1931—32—33

UDGIVET AF

MUSIKHANDLERFORENINGEN

Aa Dagmar! (sunget af Fru Dagmar Heinemann). For Pfte. m. Tekst. **WH.** 1.— (II).

Aagaard, Thorvald. En Snes folkelige Sange og Viser, Op. 4, for 1 St. m. Pfte. **WH.** 2.80 (II).

Aagaard, Thorvald. 26 Præludier til Gudstjenesten, Op. 5, f. Orgel uden Pedal eller Harmonium. **WH.** 2.50 (II).

Aagaard, Thorvald. Tyve gamle danske Sange af N. F. S. Grundtvig, f. 1 St. m. Pfte. **WH.** 2.80 (II).

Aagaard, Thorvald. Violinskole for Seminarier, Musikskoler og Privatundervisning. **WH.** 4.— (II).

Abraham, Paul. Signora, Vals f. Pfte. m. Tekst af Otto Schrayh. **JB.** 1.80 (III). Salonork. 8vo. 2.— (II).

Agerby, Aksel. Sange f. 1 St. m. Pfte. **Eget Forlag (Sk.o.B.** i Komm.) 3.— (III).

»Aldrig mere Kærlighed«, Talefilm, Musik af Mischa Spoliansky. Sangudtog. **Warny & Co.** 2.50 (III).

Allan, Rex. Det er lille Anna fra Frederiksberg. Slow-Fox f. Pfte. m. Tekst af Aage Steffensen. **ATh.** 1.80 (II). Salonork. 8vo 2.— (III).

Alte Orgelmusik. 54 Stücke für die Orgel manualiter zu spielen, aus dem 17. Jahrhundert. Herausgegeben von Paul Hamburger und Mogens Wøldike. Deutsche Ausgabe von Fritz Jöde. **WH.** 3.— (II).

Amboy, Charles, Fred. Raymond og **L. Bernauer.** Hvad gør man ikke for sin lille Flamme? Foxtrot f. Pfte. m. Tekst af Alfred Kjerulf. **Friis.** 1.50 (II).

Andersen, Henry. Skippervalsen, f. Pfte. m. Tekst af Henrik Kalkar. **WH.** 1.80 (III).

Andersen, Henry. Skotternes Parade, f. Pfte. m. Tekst af Carl Arctander. **WH.** 1.80 (III).

Andersen, Kai Normann. For dig vil jeg smile, for dig vil jeg græde, f. Pfte. m. Tekst af Børge og Arvid Müller. (Indlagt i Lystspillet »Alle Veje fører til Kærlighed«). **WH.** 1.80 (III).

Andersen, Kai Normann. Sig mig hvorfor? f. Pfte. m. Tekst af Flemming Lynge. (Fra Tonefilmen »Hotel Paradis«). **WH.** 1.80 (III).

Andersen, Kai Normann. Solskinssangen, f. Pfte. m. Tekst af Holger Rørdam. (Indlagt i Folkekomedien »Kompagnon søges«). **WH.** 1.80 (III).

Fig. 9. Titelbladet samt opslag fra 1. bind af *Dansk Musikfortegnelse* (København, Dansk Musikforhandlerforening, 1931).

beretning om pligtafleveringen af trykte musikalier i Danmark samt disses hurtige tilgængeliggørelse for brugerne klart siges at kunne leve op til tempobetegnelsen *Allegro vivace.*

Fremtidens pligtaflevering af musik i Danmark

En af hovedgrundene til at pligtafleveringsloven fra 1927 nu efter halvfjerds år er blevet revideret, er blandt andet den rivende teknologiske udvikling, som for musikens vedkommende har muliggjort udgivelser i talrige nye publikationsformer og mediesammenhænge, der rækker fra mere traditionelle nodeudgivelser til helt nye former for digitale dokumenter.

Når „slutsatsen" i beretningen om musikpligtafleveringens historie i Danmark derfor nu skrives, vil dette afsnit uundgåeligt være påvirket af den helt overvældende og *Prestissimo*-agtige strøm af forskelligartede former for musikudgivelser, som i dag og i fremtiden vil oversvømme markedet. Bevaringen af disse udgivelser har nødvendiggjort en ny og

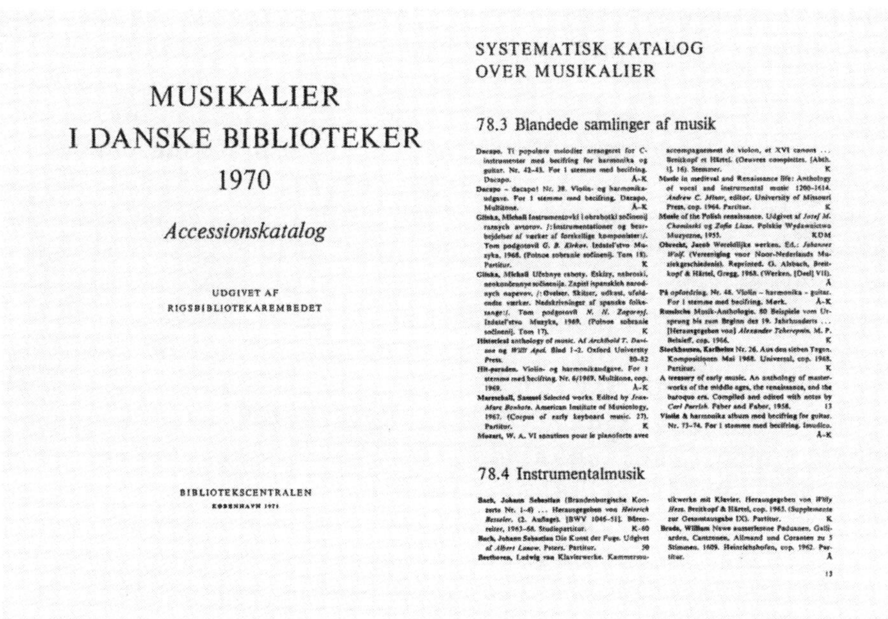

MUSIKALIER
I DANSKE BIBLIOTEKER
1970

Accessionskatalog

UDGIVET AF
RIGSBIBLIOTEKAREMBEDET

BIBLIOTEKSCENTRALEN
KØBENHAVN 1971

SYSTEMATISK KATALOG
OVER MUSIKALIER

78.3 Blandede samlinger af musik

78.4 Instrumentalmusik

Fig. 10. Titelbladet samt opslag fra 1. bind af *Musikalier i Danske Biblioteker* (København, Rigsbibliotekarembedet, 1970). I 1971 indledte Rigsbibliotekarembedet denne serie udgivelser i bogform over den årlige accession af musikalier (danske såvel som udenlandske) i samtlige biblioteker i Danmark fra og med 1970.

mere overordnet holdning til hele begrebet „musikudgivelse“, for at vore nationale musiksamlinger og andre relevante institutioner inden for området derved vil være i stand til både at katalogisere og tilgængeliggøre disse højst forskellige former for digitale musik-dokumenter i samme grad som andre databaserede materialer.

Hele kriteriet for hvad der i dag kan betegnes som „offentligørelse“ af et musikværk har derfor måttet udvides, idet trykning/publicering i traditionel forstand ikke længere alene kan gælde som et absolut hovedkriterium for pligtaflevering. I Norge og Sverige har man allerede længe opereret med begrebet „alment tilgængelige dokumenter“. At internettets nuværende globale adgang til nye og helt uanede mængder af dokumenter desuden gør et hvilket som helst „værk“ til „alment tilgængeligt“ materiale, illustrerer kun yderligere nødvendigheden for i dag at skabe en fornuftig og mere tidssvarende lovmæssig ramme for vor egen tidsalders nærmest „anarkistiske“ informationsudvekslinger.

På det musikalske område bliver mange værker i dag udelukkende komponeret og noteret på computer, og vil i flere tilfælde desuden kun blive udgivet og tilgængeliggjort i disketteform eller som online publikationer. Til eksempel kan her nævnes edb-nodeskrivningsprogrammer, der i sig selv må betragtes som en elektronisk programvare, og som „litterært" værk betragtet følgelig bør anses som afleveringspligtigt.

Det samme gælder for de mange nye elektroniske multimedie-dokumenter, der er blandingsformer af tekster, lyd, billeder og musik og findes lagret på cd-rom, cd-i, cd-tv. etc.. Disse medier har åbnet for helt nye og uhyre komplekse pligtafleveringsperspektiver. Den nye pligtafleveringslov har derfor klogeligt taget højde for, at alle sådanne fremtidige og „alment tilgængelige" former for „offentliggjorte" musikværker vil falde ind under loven, ligesom det er tilfældet med Norges lov på området, der som en rammelov har vist sig yderst velegnet til at opfange alle fremtidige dokumentformer.[30]

Konklusionen bliver derfor, at den netop vedtagne pligtafleveringslov i Danmark i lighed med de tidligere revisioner på området netop har måttet tage det for vor egen tid bredest mulige hensyn til, at alle nye former for musikudgivelser vil kunne falde ind under loven. Det er først og fremmest sket, fordi det i et biblioteksperspektiv ikke er selve indholdet, men snarere udgivelsesformerne til musikens „almene tilgængeliggørelse", som er det evigt foranderlige element i forbindelse med musikkulturens bevaring for sam- og eftertid.

[30] Jvfr. *Notat om Revision af Pligtafleveringsloven*, udarbejdet af Grethe Jacobsen og Harald v. Hielmcrone. Det kongelige Bibliotek – Statsbiblioteket, Juni 1995.

PLIGTAFLEVERING AF AVISER

AF

SVEND LARSEN

Indledning: Aviser og biblioteker

„Med *Tidsskrifter af blandet Indhold* og topografisk finordnede *Aviser* slutter BD IV". Så meget står der om aviser i Erik Dals deltaljerede (og underholdende) introduktion til den danske bogfortegnelse, *Bibliotheca Danica,* og Det Kgl. Biblioteks katalog over danske tryk.[1] Det er ret lakonisk, men aviser har traditionelt været marginalt materiale for bibliotekarer. I nyere tid har man betragtet aviser som vigtigt dokumentationsmateriale, men som det vil fremgå har man oftest betragtet dem som noget problematiske, „de er uhandlelige, de er skøre i papiret, de er vanskelige at opbevare rigtigt og tager stor lagerplads".[2]

I de første hundrede år af de danske avisers historie var aviserne ikke omfattet af pligtafleveringsbestemmelserne. Aviser blev først afleveringspligtige i 1781. På trods af det har man en nogenlunde komplet samling danske aviser i de offentlige biblioteker, og det vil i denne sammenhæng sige Det Kgl. Bibliotek (inkl. Universitetsbiblioteket i København), Karen Brahes Bibliotek (i Landsarkivet i Odense) og for den nyere tid Statsbiblioteket og Statens Avissamling i Århus. Aviserne har vi altså, men kilderne til historien om pligtafleveringen af aviser er ret sparsomme. Det gælder specielt for de første hundrede år af avispligtafleveringens historie. Om det ligefrem er udtryk for avisernes begrænsede samfundsmæssige betydning, er nok en for vidtrækkende slutning, men det siger i hvert fald noget om avisernes marginale position i bibliotekerne. Det er ikke et specielt dansk fænomen. Det er et alment europæisk fænomen, som man kan følge i fremstillinger af

[1] Erik Dal: Bibliotheca Danica 1482–1830. Axel Andersen, (red.): *Danske opslagsværker.* 1971. s. 297.

[2] De gamle aviser et problem for bibliotekerne. Interview med rigsbibliotekar Svend Dahl, *De grafiske Fag,* bd. 45, 1949, s. 11.

bibliotekskundskab og bibliotekshistorie.[3] Senere, fra sidste halvdel af 1800-tallet, får aviserne større økonomisk og samfundsmæssig betydning, og det afspejler sig i indsatsen for at samle og bevare dem. Samtidig begynder aviserne at blive genstand for den historiske forskning. Et tidligt dansk eksempel på det er P. M Stolpes *Dagspressen i Danmark. Dens Vilkaar og Personer indtil Midten af det attende Aarhundrede, 1–4* (1878–1882; optr. 1977). Fra dette århundrede kan nævnes Chr. Kirchhoff-Larsen: *Den danske Presses Historie, 1–3* (1942–1962) og Niels Thomsen: *Dagbladskonkurrencen 1870–1970, 1–2* (1972) samt monografier om enkelte aviser. Det ubestridte hovedværk er Jette D. Søllinge og Niels Thomsen : *De danske aviser 1634–1989*, 1–3 (Odense 1988–91). Med dette værk har aviserne fået en samlet bibliografisk beskrivelse. Men *De danske aviser* er langt mere end en bibliografi. Ud over samfunds- og pressehistoriske introduktioner behandler værket alle danske aviser én for én med angivelse af trykke- og udgivelsesforhold, redaktionelle forhold, økonomi osv. For hver enkelt avis angives også bestanden i pligtafleveringsbibliotekerne. Da værket bringer disse oplysninger, kan man med nogen ret sige, at det behandler pligtafleveringen af aviser. Men det behandler ikke pligtafleveringsreglerne og administrationen af dem; det er emnet for det følgende.

De første aviser

Dansk udgivne aviser omtales første gang i 1634, hvor en københavnsk bogtrykker og en boghandler får privilegium på at udgive ugentlige aviser på dansk og tysk. Der er dog ikke bevaret nogle af disse aviser.[4] De tidligste bevarede aviser blev udgivet i Danmark omkring 1660. De blev udgivet i København af universitetsbogtrykkere. Som titlerne viser, er de på tysk: *Europäische Wochentliche Zeitung* og *Wochentliche Zeitung*.[5] Den første avis på dansk er den kendte *Den Danske Mercurius* (1666–1691), og siden følger *Ordinaire Posttidende* (1672–1681?). Der er registreret 18 aviser udgivet i København med start før 1700. Vores viden om dem er begrænset, for der er relativt store huller i bestanden. Uden for Køben-

[3] Et nærliggende eksempel er Norge, hvor man længe opfattede biblioteker som bogsamlinger. Pligtaflevering af aviser blev indført 1882. Se Wilhelm Munthe: Dagspressen og evigheten. Wilhelm Munthe: *Boknåm. Essays for bokvenner.* Oslo 1943.

[4] Privilegiet er optrykt hos Stolpe, bd. I, s. 233.

[5] Hvor intet andet er anført stammer oplysninger om aviserne fra Søllinge & Thomsen, 1–3, 1989–91.

havn blev der på dansk område kun i Altona udgivet enkelte aviser, og af dem er kun meget lidt bevaret.

Ordet „avis" blev altså brugt om disse publikationer, selv om de er meget forskellige fra det, vi i dag forstår ved aviser (f. eks. blev Den Danske Mercurius skrevet på vers). Ved en avis forstår vi typisk et dagblad som bringer blandet stof, men med hovedvægt på nyheder. De tidlige aviser bestod af få sider i lille format, de udkom én eller to gange om ugen i et lille oplag, og bragte kun få nyheder. De tidlige aviser dækkes snarere af begrebet presse, som også omfatter dele af tidsskriftlitteraturen med dens oversigtsstof, anmeldelser og essays.[6] Tager man udgangspunkt i det overordnede begreb nyhedsformidling, så begynder det trykte ord at få en vis vægt i 1600-tallet. Periodens mange flyveblade og den begyndende avisfremstilling er udtryk for det. Men hos den brede befolkning er der tale om en mundtlig kultur, mens det for samfundets øverste lag er det skrevne ord, der er den primære nyhedskilde. Breve, typisk fra faste korrespondenter, og håndskrevne aviser, „brevaviser", er afgørende.[7] En vigtig faktor for udviklingen af aviserne er distributionen, og aviserne opstår da også i samme periode som postvæsenet. Aviser blev en supplerende indtægtskilde for postmestre, som abonnerede på danske og udenlandske aviser og videredistribuerede dem eller lod publikum læse dem på stedet mod betaling. Men det er karakteristisk, at i avisernes tidlige periode synes der at være mere at tjene for postmestrene ved fremstilling af skrevne aviser end ved distribution af de trykte.[8]

Som nævnt var aviserne i starten ikke omfattet af pligtafleveringsbestemmelserne. I det reskript som indfører pligtaflevering i 1697 nævnes aviser ikke. Der tales om „skrifter", og det kunne måske tænkes at omfatte aviser. Men i anordningen fra 1732, som henviser til den tidligere bestemmelse, undtages aviser udtrykkeligt. Det kan ikke undre, at aviser på linje med auktionsplakater og bryllups- og begravelsesvers ikke skulle afleveres til kongens bibliotek. Det passer med, hvad vi ved om tidens syn på aviser. Aviser blev ikke vurderet særligt højt, de blev betragtet som noget upålidelige.[9] Samtidig var pligtafleveringen ikke

[6] Jfr. de typologiske overvejelser i Søllinge & Thomsen, bd. 1, s. 12f.

[7] Jfr. kapitlet Mediernes forhistorie i Klaus Bruhn Jensen (red.): *Dansk Mediehistorie*, I. 1996.

[8] Otto Madsen: Et nyttigt og gavnligt Postværk. *P & T's historie til 1711*. 1991, s. 32f, s. 354f.

[9] Eksempler hos Stolpe, bd. IV, s. 3ff.

begrundet i et ønske om at samle de trykte manifestationer af landets kultur. Det er en tankegang, der hører en senere tid til, hvor skabelse og udvikling af kulturel identitet får et stærkere nationalt præg og sker inden for rammerne af nationalstaten med dens kulturelle institutioner som nationalbibliotek og nationalmuseum. Pligtafleveringen er fra starten snarere begrundet i et ønske om at sikre kongens bibliotek materiale til brug for udveksling med andre fyrstebiblioteker, og på den måde stille den danske konge lige med andre europæiske fyrster. I den sammenhæng havde aviserne ingen rolle at spille.

Aviser i 1700-tallet

I 1700-tallet begynder avisudgivelsen at blive mere stabil. Der er stadig aviser, der udkommer uregelmæssigt og i et kortere tidsrum, men nu starter også de lange rækker af aviser. Blandt disse kan nævnes *Lærde Efterretninger* (1720–1810), *Kjøbenhavns Extraordinaire Relation* (1721–1748), *Kiøbenhavns Post-Rytter* (1731–1798), *Adresseavisen* (1759–1909) samt selvfølgelig *Berlingske Tidende* (udgivet siden 1749). Disse aviser er her anført med én titel, og det er en forenkling, for de har skiftet titel flere gange i den periode, de er udgivet. Titelskift er ikke et fænomen, der kun hører den tidligere avisfremstilling til. Det sker stadigvæk, og det giver ind imellem pligtafleveringsbibliotekerne problemer med at fastlægge en avis' „bibliografiske identitet".

Som det fremgår, har enkelte af vor tids aviser rødder tilbage til 1700-tallet. Der er imidlertid meget stor forskel på den tids aviser og vor tids. Aviserne var ugeaviser, som udkom én, i enkelte tilfælde to gange om ugen. Først i det næste århundrede bliver aviserne til dagblade. En undtagelse er *Adresseavisen* (eller som den fulde titel var i starten *Kiøbenhavns Kongelig alene priviligerede Adresse-Contoirs Efterretninger)*, men den satsede også på annoncer, og det redaktionelle stof var endnu mere sparsomt end i tidens øvrige aviser. Avisernes oplag var ikke store. Vores viden om oplagsstørrelse stammer bl. a. fra postvæsenet, som distribuerede dem. Selv om antal postabonnenter ikke er identisk med det totale oplag, angiver tallet dog en størrelsesorden. For *Lærde Efterretninger* var antal postabonnenter i 1723 49, i 1767 477 og 1798 280. *Berlingske Tidende* havde 1749 544 postabonnenter og 1798 2600 (hvortil kom 1500 „indenbys"). *Adresseavisen* havde ved starten 1759 63 abonnenter og tallet voksede så til 2000 i 1785.[10]

[10] Oplagstallene stammer fra Søllinge & Thomsen, bd. 1.

Fig. 1. Blandt de ældste danske aviser er Nye Tidender om lærde Sager, som udkom 1720–1810.

Som del af økomien havde avisfremstillingen begrænset betydning. Der var nu også en del vanskeligheder at slås med. Man skulle have privilegium som bogtrykker med ret til at udgive avis. Begrænsning i form af forhåndscensur var der jo også. Selve fremstillingsteknikken gjorde aviserne relativt dyre, så noget stor marked var der ikke.[11] For læsere, der ikke havde mulighed for selv at hente avisen, kom så oven i købet udgift til forsendelse. Avisudbringning var en indtægtskilde for postfolkene, og i starten var det et ureguleret område. Postmestrene opkrævede hos abonnenterne et beløb, som langt oversteg det de selv betalte i abonnement. Da avisforsendelse var portofri, var forskellen ren fortjeneste. På et tidspunkt blev denne trafik dog for meget for den bekendte bogtrykker og avisudgiver Joachim Wielandt, udgiver af *Lærde Efterretninger* (eller *Nye Tidender om lærde Sager*, som avisen hed i starten). Han mente at kunne bevise, at postfolkene tjente dobbelt så meget som

[11] Beregninger over udgiften til avisfremstilling i starten af 1700-tallet hos Søllinge & Thomsen, bd. 1, s. 28f.

han på et abonnement. Hans klage førte til at området blev reguleret.[12] Det viser nok, at der var et marked for trykte aviser, men også hvor svært det var at få økonomien til at hænge sammen. På den baggrund er det ikke mærkeligt, at de skrevne aviser kunne konkurrere med de trykte aviser. Selv om også de skrevne aviser var underlagt censurbestemmelserne, synes de i realiteten at have lidt friere rammer. De blev oftest fremstillet af postfolk, der sad i nøgleposition både hvad angår indsamling af information og hvad angår distribution.[13] Helt frem til midten af 1700-tallet havde de skrevne aviser så stor betydning, at de blev nævnt i censurbestemmelserne på linje med de trykte aviser.[14] I anden halvdel af århundredet bliver det trykte ord det primære nyhedsmedie, men aviserne er stadig langt fra det, en senere tid forstår ved aviser. Først langt senere sker opdelingen i dagblade og tidsskrifter, hvor denne opdeling i medietyper dækker forskelle i henseende til formål, udgiverforhold og fremstillingsmåde.

Var det svært at skabe grundlag for avisfremstilling i København, var det ikke mindre svært i provinsen. En avis var det, der kunne give en provinsbogtrykker en fast omend lille indtægt.[15] Et første forsøg blev gjort i Odense. Her udkom 1735 *Ugentlige Provincial Notifications Liste.* Den holdt ikke længe, men hvornår den gik ind vides med sikkerhed, da avisen kun er bevaret i begrænset omfang.

Blandt de vanskeligheder, provinsfolkene måtte kæmpe med, var modstand fra københavnske bogtrykkere. I 1743 fik Johan P. Holtzberg privilegium til at drive bogtrykkeri i Nørrejylland. 1745 søgte han om privilegium til at udgive avis i Ålborg. Det fik imidlertid de to kendte københavnske bogtrykkere og avisudgivere J. J. Høpffner og Inger Wielandt (Joachim Wielandts enke) til at gribe ind. Hvis man brød deres avisprivilegium, ville de måtte nedlægge deres trykkerier „og med familier tvinges til bettelstaven". Indsigelsen gjorde indtryk, og tryk-

[12] Anders Monrad Møller: Postrytter, dagvogn og fodpost. *P & T's historie 1711–1850.* 1992, s. 129f.

[13] Stolpe IV, 26–66.

[14] I 1740 pålægger kongen direktørerne i generalpostamtet at censurere såvel trykte som skrevne aviser, Stolpe III, 262f. – Der findes eksempler på skrevne aviser langt senere, således et eksempel fra Randers fra 1796, se Anders Monrad Møller (note 12) s. 169.

[15] En god oversigt over de tidlige provinsavisers historie giver Erik Dal: *Dansk Provinsbogtryk gennem 500 år.* Esbjerg 1982, s. 46ff.

ning af aviser i provinsen måtte vente nogle år.[16] Hvad der ikke lykkedes for Holtzberg, lykkedes for hans efterfølgere. 1767 startede udgivelsen af *Nyttige og fornøyelige Jydske Efterretninger* i Ålborg. Avisen skiftede senere navn til *De Aalborgske allene priviligerede Jydske Efterretninger*, senere igen til *Aalborg Stiftstidende og Adresse-Avis*, og senest til *Aalborg Stiftstidende.*

I Helsingør prøvede man også, men det var for tidligt. *Helsingøers Kongelige allene priviligerede Adresse-Contoirs nye Efterretninger* gik ind i 1771 efter knap 2 års levetid. Udgiveren og redaktøren Emanuel Balling flyttede til København, hvor han blev redaktør af *Kiøbenhavns Aftenpost* (1772–1810). Først i 1798 var der basis for at starte igen. Det skete med *Helsingøersbladet*, der sluttede sin tilværelse som *Helsingør Avis* i 1936.

I Odense startede med relativt kort mellemrum udgivelsen af hele to aviser. I 1772 udkom for første gang *Kongelig priviligerede Odense Adresse-Contoirs Efterretninger* (den senere *Fyns Stiftstidende)*, og 1780 startede boghandler Christian Iversen udgivelsen af *Fyens Stifts Journal og Efterretninger for begge Beltene* (udgivet under skiftende titler til 1868). Viborg kom med i 1773 med *Den Viborger Samler* (senere *Viborg Stifts-Tidende*, udgivet til 1962). Senere fulgte Ribe (*Ribe Stifts Adresse-Contoirs Efterretninger*, 1786. Videreført som *Ribe Stifts-Tidende* til 1960). Af stiftsbyerne i den danske del af riget følger så *Kongelig allernaadigst priviligerede Aarhuus Stifts Adresse-Contoirs Tidender* i 1794 (udkommer i dag under navnet *Århus Stiftstidende)* og i 1806 Maribo med *Kongelig allernaadigste priviligerede Lollands og Falsters Adresse-Contoirs Avis* (avisen blev fra 1835 udgivet i Nykøbing Falster; udgivet som *Lollands-Falsters Stifts-Tidende* til 1960).

I den norske del af riget begyndte udgivelsen af *Norske Intelligenz-Seddeler* 1763 i Oslo, *Bergens Adressecontoirs Efterretninger* udkom første gang 1765, og i 1767 kom Trondheim med i „avisbyernes“ kreds med *Trondheims Adresse-Contoirs Efterretninger.*

To ord går igen i disse titler: „Adressekontor“ og „priviligeret“. Disse to ord angiver det, der gjorde det muligt for aviserne at overleve i denne periode. Ved siden af retten til at udgive avis opnåede en del bogtrykkere ret til at drive adressekontor, som var det lokale center for formidling af køb og salg, for arbejdsformidling og lignende. Denne funktion forudsatte en vis annoncering i avisen. I starten var annonceringen begrænset og ret primitiv i sin udformning. Senere er denne

[16] Emanuel Sejr: *Aalborg Stiftsbogtrykkeri 1743–1943. Bidrag til dansk Provinsbogtryks Historie.* Ålborg 1943, s. 17f; aktstykker optrykt s. 232ff.

del af avisdriften er som bekendt blevet udbygget kraftigt og udgør en væsentlig økonomisk forudsætning for udgivelsen af aviser. Privilegierne gav to vigtige fordele for de aviser, der fik dem. For det første blev der i 1786 indført kundgørelsespligt. Den indebar, at ejendomshandler, auktioner og lignende skulle annonoceres i udvalgte aviser (på Sjælland Berlingske Tidende, i det øvrige Danmark i stiftstidenderne). Det gav disse aviser en særlig position på markedet. Også visse typer offentlige kundgørelser var forbeholdt disse aviser, og dette monopol beholdt de til Statstidende startede i 1904. For det andet blev disse aviser bedre stillet end andre aviser, fordi de fik ret til forsendelse via brevposten. Andre aviser blev henvist til den langsommere og knap så hyppige pakkepost.[17] Postforsendelse var ikke en given ting. Både danske og udenlandske aviser skulle have tilladelse til det, og tilladelsen var afhænig af, om aviserne blev fundet indholdsmæssigt kvalificerede til det.[18]

Provinsaviserne var endnu små aviser både i format og omfang. Der var ikke mange nyheder og oplagene var små, under 500 eksemplarer. De små oplag kan ikke uden videre tages som udtryk for efterspørgslens styrke. Det var begrænset hvad provinsaviserne kunne tilbyde læserne, og der var derfor også et marked for de københavnske aviser uden for hovedstaden. Således havde Berlingske Tidende i 1772 2.330 abonnenter i det øvrige Danmark-Norge. I 1796 blev der med post sendt københavnske aviser til 4.572 abonnenter i det øvrige dobbelt monarki, og i 1812 var tallet 8.207.[19]

Pligtaflevering af aviser 1781–1889

Vi har en omfattende viden om, hvad der er udgivet af aviser i Danmark. Denne viden stammer ikke kun fra samlingerne af bevarede aviser. Den stammer også fra skriftlige kilder af forskellig art, som omtaler aviser. Sammenholder man vores viden om udgivelser med oplysninger om bestanden, kan man konstatere, at vi i Danmark har en nogenlunde komplet samling aviser. Der er – selvfølgelig kunne man næsten sige – mangler i de lange rækker af avisårgange. Men bortset fra manglerne i bestanden af de første københavnske aviser og senere de første pro-

[17] Søllinge & Thomsen, bd. 1, s. 35. Anders Monrad Møller (note 12), s. 365.

[18] Fr. Olsen: *Aviserne og Postvæsenet. En historisk Fremstilling.* 1902, s. 9f.

[19] Anders Monrad Møller (note 12) s. 169.

vinsaviser er der tale om „enkeltmangler"; der er ikke hele perioder der mangler eller hele titler.

Pligtaflevering af aviser blev først indført ved anordning i 1781 (se aktstykkerne 10 og 11). Aviser udgivet før dette tidspunkt er indgået i Det Kgl. Bibliotek på samme måde som meget andet materiale, dvs. ved køb eller gave. Da den hidtil gældende pligtaflevering i 1753 blev udvidet til også at omfatte aflevering af et eksemplar til Universitetsbiblioteket i København, blev aviserne udtrykkeligt undtaget sammen med auktionskataloger og bryllups- og begravelsesvers. At aviser i 1781 bliver omfattet af pligtafleveringsbestemmelser kan ses som udtryk for, at aviserne er begyndt at fylde mere i „mediebilledet", og at deres indhold nu skønnes at have en sådan værdi, at det bør bevares for eftertiden.[20] 1781-anordningen angiver, hvornår og hvordan afleveringen skal ske, men for avisernes vedkommende véd vi meget lidt om hvordan det er praktiseret. I 1821 ændredes afleveringen fra en trykker- til en udgiverforpligtelse med krav om aflevering af 2 eksemplarer til Det Kgl. Bibliotek og 1 eksemplar til Universitetsbiblioteket. Aviser nævnes udtrykkeligt som omfattet af bestemmelserne (aktstykke nr. 17). Aviserne nævnes også udtrykkeligt i 1832-forordningen, som fører afleveringen tilbage til en trykkerforpligtelse (aktstykke nr. 24). For avisernes vedkommede véd vi også meget lidt om administationen af disse bestemmelser. Vi véd, at det kunne være noget af en kamp at få reglerne overholdt både i og udenfor København.[21] Der er også eksempler på sager, hvor den manglende aflevering gjaldt aviser. I 1860'erne måtte der således føres sager mod avistrykkere i Skælskør, Hjørring og Nakskov.[22] Men konsulterer man Det Kgl. Biblioteks kontrolbog over aflevering af aviser og tidsskrifter for perioden 1824–1864 kan man følge, hvordan den ene komplette avisårgang efter den anden indgår i biblioteket.[23] Et dækkende billede af avisernes placering i nationalbiblioteket i dette tidsrum får man ved læsning af Werlauffs grundige fremstilling af Det Kgl. Biblioteks historie. I betragtning af at det er

[20] Jfr. bibliotekschefens indstilling, 1780, om nye pligtafleveringsbestemmelser, se Harald Ilsøes bidrag i dette værk.

[21] Palle Birkelund: Om Det kongelige Biblioteks Danske Afdeling i midten af forrige århundrede. *Hvad Fatter gjør...Boghistoriske, litterære og musikalske essays tilegnet Erik Dal.* Herning 1982, s. 85ff.

[22] Erik Nørr: En ung og aktiv overbibliotekar. Chr. Bruun og Det kgl. Bibliotek i 1860'erne. *Bibliotekshistorie*, 3, 1990, s. 106.

[23] KB' arkiv: *F 54 Kontrolbog over aflevering af aviser, tidsskrifter og periodica.* 2 bd.

nationalbibliotekets historie, der beskrives, fylder omtalen af pligtafleveringen kun lidt (bortset fra gennemgangen af 1832-forordningen). Aviser omtales slet ikke, dog benyttes de enkelte steder som kilde: aviserne er der, og begynder at blive brugt som dokumentation, men de synes ikke at fylde meget i bibliotekarernes bevidsthed.[24]

Mellemspil: pligtaflevering af aviser til arkiverne 1889–1915

I første del af 1800-tallet var avisudgivelse ikke en enkel sag. Man skulle fortsat have privilegium som bogtrykker og ret til at udgive avis. Dertil kom så censurbestemmelser og forskellige portobestemmelser. Der var heller ikke lige konkurrence, idet nogle aviser havde monopol på dele af den offentlige information. Endelig blev aviserne et skatteobjekt. Aviser og tidsskrifter blev 1829 pålagt en afgift af det samlede abonnements- og portobeløb. Indtægterne herved var tiltænkt den nye Polytekniske Læreanstalt.[25] Fra midten af århundredet ændredes dette. Med grundloven forsvandt censurbestemmelserne og aviserne fik en mere central rolle i det politiske liv. Den tekniske udvikling ændrede efterhånden avisproduktionen og den økonomiske vækst skabte grundlag for øget omsætning. Mediemarkedet vokser. Der sker en differentiering, aviser bliver til dagblade med større vægt på nyheder og annoncer, og nye avistyper kommer til (den politiske avis, den underholdende populæravis osv.).[26]

Udviklingen kan følges i antallet af aviser:[27]

1849	1872	1881	1897	1906	1914
42	108	148	229	253	263

For pligtafleveringsbibliotekerne var den uundgåelige konsekvens, at materialemængden voksede. Lederen af Universitetsbiblioteket, pro-

[24] Werlauff. 1844, s. 269.

[25] Anders Monrad Møller (note 12) s. 366.

[26] Udviklen er beskrevet hos Søllinge & Thomsen, bd. 2, s. 26ff. Et bredere mediehistorisk perspektiv gives i *Dansk Mediehistorie,* bd. 1, s. 99ff.

[27] Søllinge & Thomsen, bd. 2, s. 47. Jfr. den informative oversigt *Dansk dagspresses grundtal 1847–1913*, anf. arb. s. 44–45.

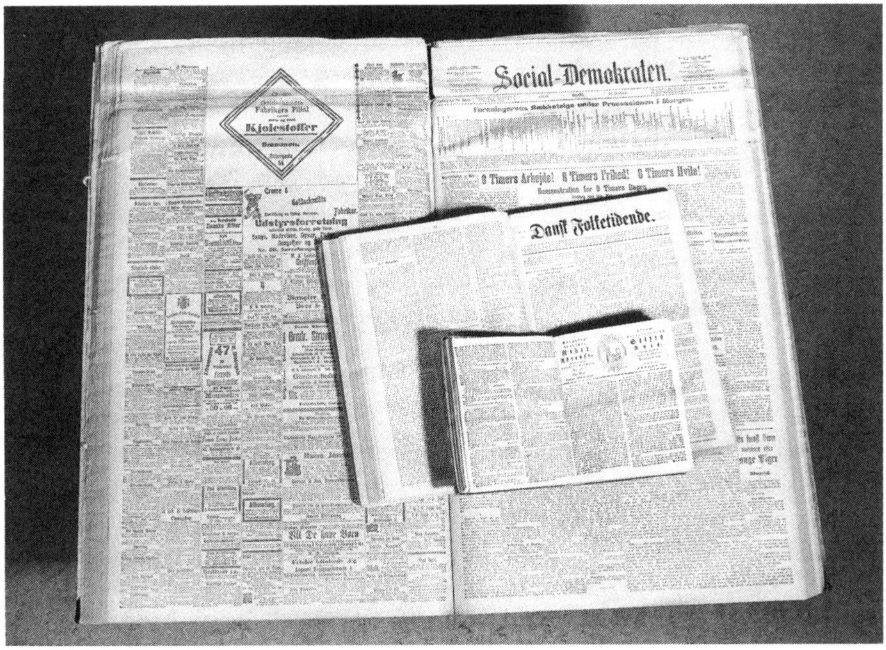

Fig. 2. Et af de store problemer i avissamlingerne er de forskellige formater. Her Ribe Stiftstidende 1821, Dansk Folketidende 1872 og Socialdemokraten 1901 (den sidste i såkaldt „lagenformat").

fessor J. N. Madvig, gør allerede i 1842 opmærksom på problemet. Han mente, at i hvert fald Universitetsbiblioteket kunne undvære dele af den danske presses frembringelser, men han forkastede dog kassation af dele af materialet som en løsning (aktstykke nr. 26). Der skete intet, tryksagsmængden voksede, og pladsproblemet blev et gennemgående tema i tidens bibliotekshistorie.

I 1889 fandt man dog for Universitetsbibliotekets vedkommende på en løsning, som for en tid afhjalp pladsproblemerne. Loven om oprettelse af et rigsarkiv og tre provinsarkiver (de senere landsarkiver) kom til at indeholde en bestemmelse om, at Universitetsbibliotekets samling af provinsaviser skulle fordeles til de respektive provinsarkiver og at provinsarkiverne i fremtiden skulle modtage det eksemplar af områdets aviser, Universitetsbiblioteket hidtil havde modtaget. Det er lidt uklart, hvordan denne løsning er kommet i stand. Bestemmelsen er ikke med i forslaget ved ministerens forelæggelse, og i den endelige lov fremstår bestemmelsen da også uformidlet mellem arkivbestemmelser.[28] I behandlingen af arkivlovforslaget spiller aviserne ikke den store rolle. Der anføres enkelte kulturpolitiske grunde til at man i provinsen skal have nem adgang til sine aviser. Men det afgørende er pladsspørgsmålet. Venstres F. F. Falkenstjerne, som er den første der nævner aviserne, taler om „den Hærskare af Aviser", som er ved at blive en „hele Lidelse" i bibliotekerne.[29] Der blev dog stillet det spørgsmål, hvorfor Universitetsbiblioteket skulle afgive sit eksemplar af aviserne, når Det Kgl. Bibliotek modtager to eksemplarer af alle aviser; man kunne lade de to københavnske biblioteker beholde hver ét eksemplar af alle aviser, og lade det tredje eksemplar gå til provinsarkiverne. Kultusminister J. F. Scavenius svarede, at „Universitetsbibliotheket har anmodet om at blive fri for Opbevaringen af disse Blade, som for dette ingen Interesse har, og som tager en aldeles uforholdsmæsig Plads, og, som det vil være de Herrer bekjendt, er Pladsen paa Universitetsbibliotheket overordentlig indskrænket".[30] Der var tale om en lidt improviseret løsning, og sagen var ikke gennemdrøftet med de berørte parter. Det fremgår af universitetsbibliotekar Birket-Smiths redegørelse for spørgsmålet. Redegørelsen starter med ordene: „Ved et rent Tilfælde modtog jeg igaar ‹24. februar 1889› en Efterretning af meget overraskende Art" – nemlig forslaget om at flytte aviserne fra Universitetsbiblioteket.[31] Birket-Smith tilsluttede sig ideen om at flytte provinsaviserne til de nye provinsarkiver. Men med de københavnske aviser forholdt det sig anderledes, „de udgjøre ...som Helhed et overordentligt vigtigt, ja uundværligt Apparat for Tidshistorien, for Kundskaben om det aandelige Liv i Fædrelandet og de slutte sig derved saa nøje til Bibliotekets andre Samlinger af trykt dansk Litteratur, at jeg ikke kan tænke mig, hvorledes Bibliotheket skulde kunne forsvare at afgive dem til en anden Institution".[31] Denne indvending blev fulgt; Universitets biblioteket beholdt de københavnske aviser. Loven ændrede ikke på eksemplartal-

[28] *Rigsdagstidende,* 1888–89, Tillæg A sp. 813ff. Forelæggelsestale i Folketingets Forhandlinger sp. 89ff. – Det er da også karakteristisk, at spørgsmålet om aviserne ikke omtales i de arkivhistoriske fremstillinger af sagen. Se f.eks. Vagn Dybdahl: Arkiver og politik. Rigsdagen og Rigsarkivet 1888–89 i *Afhandlinger tilegnede Axel Lindvald.* 1956.

[29] *Rigsdagstidende,* 1888–89, Folketingets Forhandlinger sp. 363.

[30] *Rigsdagstidende,* 1888–89, Folketingets Forhandlinger sp. 5523.

[31] *Aarbog for Kjøbenhavns Universitet 1888–89.* 1890, s. 871–72.

let. Der skulle fortsat afleveres to eksemplarer af alle dag- og ugeblade til Det Kgl. Bibliotek, og det tredje eksemplar skulle deles mellem Universitetsbiblioteket (hovedstadens dag- og ugeblade) og provinsarkiverne (dag- og ugeblade udgivet i provinsen).

Det tog tid at få startet nyordningen, der skulle først opføres bygninger til provinsarkiverne. Men efterhånden som arkiverne i Viborg, København og Odense stod klar, overtog de opgaven og fik samtidig overført deres del Universitetsbibliotekets samling af provinsaviser.

Det blev ret hurtigt nødvendigt at præcisere disse bestemmelser. I 1892 blev udstedt en bekendtgørelse, som præciserede, at „Dag- og Ugeblade" i denne sammenhæng var identisk med *aviser*. Kun disse skulle afleveres til provinsarkiverne. Alt andet periodisk tryk skulle, uanset deres provinsielle herkomst, sendes til Universitetsbiblioteket (aktstykke 36).

Arkiverne havde ikke selv bedt om opgaven med at modtage og opbevare aviser, men man tog opgaven alvorligt. I provinsarkiverne var man ikke tilfreds med den måde, hvorpå bogtrykkerne efterlevede bestemmelserne. Reglerne blev præciseret og indskærpet over for bogtrykkerne. Reglerne kom til udtryk i en detaljeret bekendtgørelse af 10. september 1894 (aktstykke nr. 40, jfr. nr. 38 og 41). Provinsarkivarerne fastlage en ret streng fortolkning af bestemmelserne og fulgte den konsekvent. Linjen var, at overtrædelse af bestemmelserne skulle føres til afgørelse i politiretten. Det gjaldt selvfølgelig sager om manglende aflevering, men også sager om for sen aflevering. Aviserne skulle ifølge bekendtgørelsen afleveres to gange om året, i begyndelsen af januar og i begyndelsen af juli. Var der ikke sket aflevering 16. januar hhv. 16. juli, sendtes en rykker med en afleveringsfrist på 8 dage. Blev aviserne ikke afleveret inden for denne frist, blev sagen sendt videre til amtet til retsforfølgelse. Selv om aviserne nu blev afleveret, bad arkiverne amtet opretholde sagen med henblik på idømmelse af bøde for for sen aflevering. En af konsekvenserne er, at perioden 1889–1915 er den bedst dokumenterede periode i avispligtafleveringens historie. Et indtryk af omfanget af sager får man af en liste fra arkivet i Viborg over sager i perioden 1895–1915. Der er registreret 236 sager. Heraf er de 165 sager om for sen aflevering, 70 vedrører mangelfuld aflevering og 1 vedrører nægtelse af at udstede tro-og-love erklæring (om at en avis er rent aftryk af en anden blot med anden titel). I 91 tilfælde endte sagen med idømmelse af bøde, i 30 nøjedes politiretten med en advarsel, og i de resterende tilfælde blev tiltale frafaldet.[32] Der er en del gengangere imellem, og der er næppe tvivl om, at man med sagerne har villet statuere et eksempel over for de mest uefterrrettelige. Men der er heller ikke tvivl om, at man i samtiden har opfattet arkivernes administration af pligtafleveringsbestemmelserne som mere rigoristisk end bibliotekernes. I en sag fra 1899 afviser provinsarkivar G. L. Wad, Odense, at aflevering i løbet af januar er rettidig. Rettidig er begyndelsen af januar, dvs. senest 16., sådan er reglen i arkiverne, „Hvad der er Praksis ved Det store Kongl. Bibl. og Universitetsbibliotheket, veed jeg ikke, og i hvert Fald angaar Bibliothekernes Praksis ikke Rigsarkivet".[33] I 1913 finder man en udtalelse fra en københavnsk bogtrykker, der hellere afleverer til Universitetsbiblioteket end til landsarkivet i København. Det skyldes „Mangel paa Imødekommenhed fra Landsarkivets Side overfor mig, der som nybegyndt Bogtrykker og ukendt med Forholdene i Begyndelsen selv afleverede til de forskellige Bibliotheker og blev vejledt med Venlighed fra de andre Bibliothekers Side".[34] På den baggrund er det interessant at notere, at Julius Hoffmeyer, leder af Statsbiblioteket, i sit bidrag til betænkningen om pligtaflevering i 1902 fremhæver, at „et venskabeligt og tillidsfuldt Forhold mellem Bibliotekerne og Bogtrykkerne vil være det mest tjenlige for Afleveringen" (aktstykke 45).

Selv om der er del sager om mangelfuld aflevering, endte det i de fleste tilfælde med, at det eller de manglende numre af avisen blev skaffet til veje. Intet tyder på, at der bag manglende aflevering har ligget mere principielle eller ideologiske motiver. Forklaringen er oftest manglende orden, fejl og lignende. For at skaffe manglende numre af en avis, indrykkede trykkeren i flere tilfælde en annonce med efterlysning af de ønskede numre. Det gav ofte resultat, og i et tilfælde med *Langelands Avis* førte trykkerens indsats til, at sagen undtagelsesvis blev frafaldet, da de manglende aviser var bragt til veje. I enkelte tilfælde måtte arkiverne acceptere, at aviserne var gået tabt. Således meddeler Skads Herreds politi i en rapport til Ribe Stiftamt, at et manglende nummer af *Fanø Avis* ikke kan skaffes, da alle resterende numre af

[32] SB's arkiv: Statens Avissamling: Landsarkivet for Nørrejylland: Korrespondance om Mangler ved Avisafleveringen 1895–1915.

[33] SB's arkiv: Statens Avissamling: Landsarkivet Fyn: Landsarkivarens Embedsarkiv 1893–1903, læg 15.

[34] SB's arkiv: Statens Avissamling: Landsarkivet for Sjælland: Korrespondance til Avisjournalen 1893–1915, 1913, 2.

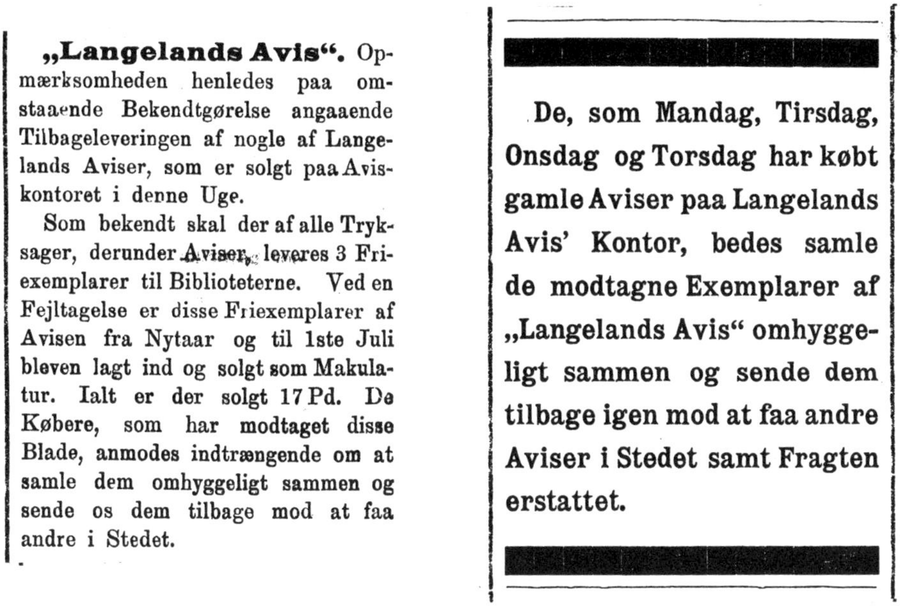

„Langelands Avis". Opmærksomheden henledes paa omstaaende Bekendtgørelse angaaende Tilbageleveringen af nogle af Langelands Aviser, som er solgt paa Aviskontoret i denne Uge.

Som bekendt skal der af alle Tryksager, derunder Aviser, leveres 3 Friexemplarer til Biblioteterne. Ved en Fejltagelse er disse Friexemplarer af Avisen fra Nytaar og til 1ste Juli bleven lagt ind og solgt som Makulatur. Ialt er der solgt 17 Pd. De Købere, som har modtaget disse Blade, anmodes indtrængende om at samle dem omhyggeligt sammen og sende os dem tilbage mod at faa andre i Stedet.

De, som Mandag, Tirsdag, Onsdag og Torsdag har købt gamle Aviser paa Langelands Avis' Kontor, bedes samle de modtagne Exemplarer af „Langelands Avis" omhyggeligt sammen og sende dem tilbage igen mod at faa andre Aviser i Stedet samt Fragten erstattet.

Fig. 3. Annoncering var et af midlerne, når en avis skulle fremskaffe manglende eksemplarer af avisen til pligtaflevering. *Langelands Avis* 24. juli 1902 bragte både en annonce og omtale af manglende numre, som arkivet i Odense rykkede for.

avisen hos bogtrykkeren er „tildels opædte og tildels ituskårne af Rotter og Mus". Man accepterede også forklaringen på mangler i *Løgstør Folkeblad*: ved en brand i bladets trykkeri var en del numre gået tabt, og det var ikke muligt for bogtrykkeren at skaffe dem på anden vis.[35]

En kilde til problemer er nummerering af aviserne. Der er en del sager, hvor forklaringen på manglende numre i rækken ikke er mangelfuld aflevering, men manglende eller fejlagtig nummerering af aviserne. Numre springes over, eller samme nummer er brugt to dage i træk. I et tilfælde har man givet en avis nummer 302A, og arkivet spørger efter nr. 302B, som imidlertid aldrig er udkommet. Blandt de bogtrykkere, der må beklage fejl i nummereringen er den kendte bogtrykker Niels P. Thomsen. Han undskylder den ret skødesløse nummerering af et par numre af *Holstebro Socialdemokrat* og *Struer Socialdemokrat*, og gør op-

[35] SB's arkiv: Statens Avissamling: Landsarkivet for Nørrejylland: Korrespodance vdr. Avisafleveringen 1891–94, Ribe Amt (Fanø Avis), Aalborg Amt (Løgstør Folkeblad).

mærksom på at fejlen er sket i Esbjerg, hvor side et af de nævnte aviser trykkes.[36]

Et andet tilbagevendende problem er aftryksaviserne. En avis i en mindre by var ofte et rent aftryk af en anden avis, blot forsynet med anden titel (hoved). Efterhånden blev praksis, at enslydende aviser kun skulle afleveres i ét eksemplar, men en sådan ordning forudsatte, at bogtrykkeren udstedte en tro-og-love erklæring om forholdet.[37]

Statsbiblioteket og Statens Avissamling

I 1897 vedtog rigsdagen loven om oprettelse af Statsbiblioteket i Aarhus. I den betænkning, der lå til grund for loven, omtales aviserne. Selv om avislitteraturen er besværlig at have med at gøre, er det dog en litteratur af betydning, siges det, og det fremhæves som et gode, hvis alle danske aviser også kunne gøres tilgængelige i et bibliotek uden for København (aktstykke 37). I loven om oprettelse af Statsbiblioteket blev det bestemt, at Det Kgl. Bibliotek skulle afgive sine dubleteksemplarer til det nye bibliotek, samt i fremtiden det ene af de to pligtafleveringseksemplarer, dog sådan at Det Kgl. Bibliotek kunne beholde begge eksemplarer, hvis det skønnedes hensigtsmæssigt (aktstykke 43). Det var ikke en særlig tilfredsstillende løsning, specielt ikke set fra Statsbibliotekets side. Det ændredes da også med vedtagelse af en ny pligtafleveringslov i 1902. Den nye lov anvendte betegnelsen „aviser" istedet for den hidtidige betegnelse „dag- og ugeblade". Loven bestemte, at Det Kgl. Bibliotek fortsat skulle modtage to eksemplarer. Statsbiblioteket skulle uden begrænsning modtage et eksemplar, og på den måde skulle det nye bibliotek få „en selvstændig Basis for uafhængig Udvikling uafhængig af det store kongelige Bibliotek" (aktstykke 45). Den hidtidige fordeling af aviser mellem arkiverne og Universitetsbiblioteket blev opretholdt.

For aviserne betød den nye lov altså, at man nu også skulle aflevere et eksemplar til det nye bibliotek i Århus, mens ordningen fra 1889 i øvrigt blev opretholdt. Med denne udvidelse af eksemplartallet voksede mængden af aviser i statens samlinger, og det skabte efterhånden et

[36] SB's arkiv: Statens Avissamling: Landsarkivet for Nørrejylland: Korrespondance vdr. Avisafleveringer 1910–1915, Ringkøbing amt.

[37] Et eksempel er *Varde Folkeblad, Fanø Avis* og *Esbjerg Avis*, hvorom der blev afgivet erklæring i 1894 og 1916. Som note 34 (Ribe Amt). – Når der er en sådan sammenhæng mellem aviser, anfører Søllinge & Thomsen oplysninger herom.

pres for en ændring, som tog sin begyndelse med oprettelse af Statens Avissamling.

I 1910 havde Statsbiblioteket modtaget størstedelen af Det Kgl. Biblioteks avisdubletter fra perioden ca. 1820–1902. Det var en anseelig mængde, som gav plads- og håndteringsproblemer for biblioteket, der i forvejen havde problemer både med at få orden på de store mængder bøger, biblioteket modtog ved oprettelsen, og med at klare den voksende benyttelse.[38] Også i arkiverne fandt man aviserne problematiske; man fandt ikke at indsamling og opbevaring af trykt materiale var en arkivopgave.[39] Overbibliotekar Vilhelm Grundtvig, Statsbiblioteket, tog sagen op ved henvendelse til Kultusministeriet. Han foreslog en løsning med tre elementer: 1) oprettelse af et særskilt „avisdepot" eller avisbibliotek, som skulle overtage arkivernes og nogle af bibliotekernes aviser, 2) reduktion af antallet af pligtafleveringseksemplarer og 3) afhændelse af dubletter. Grundtvigs forslag blev sendt til skriftlig høring i de berørte institutioner. Alle støttede forslaget om at oprette en særlig avissamling. Kun de tre landsarkivarer støttede forslaget om at reducere antallet af pligtafleveringseksemplarer fra fire til tre, og der var ingen støtte til Grundtvigs forslag om at reducere avismængden ved at tilbyde dubletter til de kommuner, hvor avisen var udgivet. Der blev arbejdet videre med det, der var almindelig enighed om, nemlig oprettelse af en avissamling. Loven om oprettelse af Statens Avissamling blev vedtaget i 1916. Statens Avissamling, der fik til huse i en nedlagt kaserne, startede som en institution under Statsbiblioteket og blev siden integreret i Statsbiblioteket. Loven om avissamlingen foreskrev, at aviserne stadig skulle aflevere fire eksemplarer af hver avis. Et eksemplar af alle aviser til Det Kgl. Bibliotek, et eksemplar af de københavnske aviser til Universitetsbiblioteket, til den nye avissamling to eksemplarer af de københavnske aviser og hele tre eksemplarer af øvrige aviser. Landsarkiverne skulle overføre de aviser, de havde modtaget siden 1889 til den nye samling. Fra Det Kgl. Bibliotek skulle overføres dubleteksemplaret fra 1902 og fremefter, og Statsbiblioteket skulle overføre alle sine aviser. Under behandlingen i rigsdagen blev spørgsmålet om eksemplartallet

[38] Det følgende bygger på min artikel om Statens Avissamlings historie, i *Biblioteks historie.* 1997, bind 5.

[39] Rigsarkivar V. A. Secher foreslog således, at aviserne blev flyttet til en særlig institution, et avisbibliotek eller avismuseum; V. A. Secher: Vore Avisers Opbevaring. *Meddelelser fra Dansk Historisk Fællesforening,* bd. 1, 1909–13, s. 103.

rejst. Flere mente, at tallet burde reduceres, da man ellers hurtigt ville få pladsproblemer. Men eksemplartallet blev fastholdt, idet man fulgte argumentet om, at sagkyndige i arkiver og biblioteker fandt det nødvendigt med „reserveeksemplarer". Som følge af drøftelserne i rigsdagen blev der dog nedsat et udvalg til at se på mulighederne af at begrænse omfanget af pligtafleveringen. Udvalget afgav betænkning i 1917 (*Betænkning angaaende de offentlige Bibliotekers Ret til Frieksemplarer*, aktstykke 56). Udvalget behandlede bl. a. spørgsmålet om aflevering af aviser og specielt de såkaldte aftryksblade, altså en avis som er identisk med en anden bortset fra titlen. Udvalgsflertallet (rigsarkivar Erslev, overbibliotekarerne H. O. Lange, Sofus Larsen og Vilhelm Grundtvig) anbefalede, at man fastholdt de gældende pligtsafleveringsbestemmelser. Det gjaldt også for aftryksblade, idet man mente, at aftryksblade sjældent er rene aftryk ret længe; ofte begynder sådanne blade at bringe lokalt stof og særlige annoncer. Udvalgets mindretal (bogtrykker P. Hansen) mente, at ét eller to eksemplarer af aftryksblade måtte være nok. I flertalsindstillingen formuleres en række argumenter for at indsamle og bevare også det materiale, der umiddelbart kunne synes uden værdi. Det er argumenter, som stadig har gyldighed, selv om de ikke længere kun gælder det trykte materiale. Kernen i argumenterne er, at det i indsamlingsøjeblikket ikke er muligt at sige, hvad der kan være af værdi for en senere tid. Ved at indsamle så meget og så bredt som muligt holder man mulighederne åbne for at anlægge nye betydningsfulde perspektiver på fortiden.

Spørgsmålet om antal eksemplarer dukkede dog op igen, fordi den kraftige forøgelse af samlingerne truede med at skabe nye pladsproblemer. Undervisningsministeriets biblioteksudvalg, nedsat 1924, fik som en af sine første opgaver at tage stilling til et forslag om ændring af avisafleveringen.[40] Dette resulterede i *Lov om Pligtaflevering af Aviser til Statens Samlinger*, som blev vedtaget i 1925 (aktstykke 64 og 65). Med denne lov reduceredes eksemplartallet, sådan at Det Kgl. Bibliotek og Statens Avissamling hver modtager ét eksemplar af alle aviser, og Universitetsbiblioteket ét eksemplar af de københavnske aviser. Bestemmelserne i loven fra 1925 indgår i pligtafleveringsloven fra 1927 og de udgør stadig den gældende „grundordning", selvom der er sket ændringer på det organisatoriske plan (Universitetsbibliotekets 1. afd. er

[40] Udvalgets behandling af avisspørgsmålet fremgår af *Betænkning vedrørende Statens Biblioteksvæsen*. 1927, s. 105–112.

integreret i Det Kgl. Bibliotek, og Statens Avissamling i Statsbiblioteket).

Med oprettelsen af Statens Avissamling og loven fra 1925 blev rammerne lagt for avisafleveringen. Indsamlingen synes at være sket uden større problemer. Der er sager, også sager som er overdraget politiet, men de er relativt få. Meget synes at være klaret ved direkte kontakt pr. telefon og har ikke sat sig skriftlige spor. Det tyder på, at arbejdet har været præget af det Hoffmeyer kaldte et venskabeligt og tillidsfuldt samarbejde mellem biblioteker og bogtrykkere. Opgaven er blevet mindre i den forstand, at antallet af aviser er reduceret kraftigt i løbet af århundredet. Til gengæld er aviserne vokset kraftigt i sidetal, så behovet for magasinplads er ikke reduceret tilsvarende. I 1913 var der 180 selvstændige dagblade, i 1945 147, i 1965 70 og i 1985 49. I 1945 havde 12 provinsbyer mindst fire aviser, tyve år senere var det historie. I 1945 havde 55 provinsbyer mindst én avis, i 1985 var det 38.[41] I 1996 modtog Statens Avissamling 69 danske aviser (inkl. *Statstidende* og *Weekendavisen*; blandt de 69 aviser er der særskilte Københavns- og Jyllandsudgaver af flere aviser og hele 7 forskellige udgaver af *JydskeVestkysten*). Der indgik 5 færøske og 2 grønlandske aviser.

En oversigt over danske aviser findes som nævnt i værket *De danske aviser.* Men de to pligtafleveringsbibliotekers kataloger indeholder naturligvis også oplysninger om aviserne. I Det Kgl. Bibliotek er alle danske aviser registreret til midten af 1920'erne i den alfabetiske seddelfortegnelse og den systematiske protokolkatalog for 1. og 2. samling. Fra midten af 1920'erne og til 1959 er kun de københavnske aviser registreret. Fra 1960–ca. 1988 er der ikke registreret aviser i katalogen, men bibliotekets Danske afdeling har en intern registrant. I dag er alle løbende aviser samt en del ophørte aviser registreret i Det Kgl. Biblioteks elektroniske katalog (REX).

I Statens Avissamling fungerede man i mange år uden en katalog. Man havde nok interne lister over aviserne for at kontrollere pligtafleveringen, men der var ingen egentlig katalog som publikum kunne benytte. At samlingen på trods af det fungerede hænger formodentlig sammen med, at man kun havde aviserne at holde styr på, og at de var placeret i ét magasin; det man ikke kunne finde ét sted, måtte så være et andet sted! I forbindelse med avissamlingens integration i Statsbiblioteket blev der udarbejdet en liste over bestanden (Foreløbig katalog over Statens Avissamling til 1963), og denne såkaldte „flytteliste" fun-

[41] Søllinge & Thomsen, bd. 3, s. 60.

Fig. 4. Efter 2. verdenskrig begyndte bladdøden at hærge. Det gik ikke mindst ud over provinsaviserne. 31. december 1962 udkom *Viborg Stiftstidende* og ni andre dagblade for sidste gang.

gerede i mere end 30 år som katalog. I dag er alle løbende danske aviser registreret i Statsbibliotekets edb-baserede katalog (SOL).

Bevaring og kassation

Bevaring og kassation er også temaer i avispligtafleveringen. I den indstilling, der lagde op til 1781-anordningen, nævnes kassation af aviser som en mulighed; som det synes ud fra en betragtning om, at de ikke alle var lige værdifulde.[42] Det synes nu aldrig at være praktiseret, og i argumentationen omkring pligtaflevering har det altid været hensynet til bevaring af det danske tryk, der dominerer. Netop af bevaringshensyn fastsatte pligtafleveringsbestemmelserne, at ét af pligtafleveringseksemplarerne skulle være på holdbart papir („skrivepapir"). Der er ikke gjort undtagelse for aviserne fra denne bestemmelse, men bestemmelsen er aldrig håndhævet for dem. Ind imellem klager aviserne selv over den dårlige papirkvalitet, så det var næppe praktisk muligt at sætte bestemmelsen igennem.[43] I forbindelse med udformning af pligtafleveringsloven i 1902 overvejes det at kræve aviserne trykt på særligt papir, men af teknisk-økonomiske grunde opgives det (aktstykke 45, bilag V). Spørgsmålet tages op senere, og igen peger fagfolkene på de tekniske og økonomiske problemer ved en sådan løsning.[44] Efterhånden fremstod mikrofilmning som løsningen på bevaringsproblemerne og eksistensen af en særlig udklipssamling, Aviskroniksamlingen, i Statsbiblioteket har samtidig været med til at beskytte pligtafleveringseksemplarerne mod en alt for intensiv brug.[45]

Men pligtafleverede aviser er blevet kasseret, endda i stor stil. Som nævnt modtog Statens Avissamling ved oprettelsen en større mængde aviser fra Det Kgl. Bibliotek, fra landsarkiverne og fra Statsbiblioteket, og imellem dem var der mange dubletter. Udvalget om Statens Biblioteksvæsen udarbejdede i 1926 et forslag om at disse dubletter blev tilbudt de lokale folkebiblioteker eller bladredaktioner, og at de, hvis

[42] Steen Bille Larsen: Oprettelsen af det nordiske bibliotek 1780. Ved 200-året for Det kongelige Biblioteks Danske Afdeling. *Fund og Forskning*, bd. 25, 1981, s. 61.

[43] Således klages der i *Aalborg Stiftstidende* 1790 over mangelen på ordentligt papir. Em. Sejr (note 16) s. 61.

[44] Jfr. trykkerfaktorers udtalelser i: De gamle aviser, et problem for bibliotekerne. *De grafiske Fag*, bd. 45, 1949, s. 14.

[45] Om avismikrofilmningen og Aviskroniksamlingen, se kort i min artikel om Statens Avissamling (note 38).

der ikke var afsætning her, kasseredes. Ministeriet godkendte forslaget, og af 16.000 årgange dubletter blev godt 7.500 årgange fordelt rundt i landet; de resterende årgange blev for størstedelens vedkommende kasseret.[46] Dette er et eksempel på en fagligt velbegrundet kassation. Men ellers er kassationsønsket ofte udtryk for bekymringen over udgifterne til at bevare bibliotekernes materiale. Allerede da Folketinger i 1915 vedtog at købe fodfolkekasernen i Århus for at bruge den til Statens Avissamling bemærkede indenrigsminister Ove Rode, at det „ikke er helt uheldigt, at adskilligt af det Papir, hvorpaa Avisernes trykkes, er af en saadan Beskaffenhed, at det ikke kan holde i Evighed, thi hvis det kunne det, vilde det tidspunkt sikkert komme, hvor det kunde være umuligt at opmagasinere de store Mængder Aviser".[47] Også fra nyere tid er der eksempler. Således gjorde Kulturministeriet i 1988 en bevilling til Statsbiblioteket til mikrofilmning af ældre danske aviser betinget af, at aviserne blev kasseret efter filmning. Efter forhandling blev dette krav dog frafaldet. I forhandlingerne blev der fra bibliotekets side bl.a. henvist til, at en række dokumentationsmuligheder vil gå tabt, hvis man kun har mikrofilmene og ikke originalaviserne. Bevaring af i hvert fald ét eksemplar af originalaviserne må betragtes som en væsentlig opgave. Hidtil har mikrofilmning været midlet til at sikre dette. Ved at henvise publikum til at benytte filmene er originalaviserne blevet beskyttet. Det at fremstille en „erstatning" for originalavisen vil formentlig fortsat være den primære beskyttelsesforanstaltning, selv om filmteknik nok vil blive erstattet af digitaliseringsteknik. Men selv om originalaviserne ikke benyttes, er de dog udsat for den samme fysiske nedbrydning som andre tryksager. Der er i udlandet udviklet metoder til at modvirke denne nedbrydning, men det har endnu ikke været aktuelt at tage dem i brug i Danmark.

Aflæggere og aftryksblade

En af trykketeknologiens forunderlige egenskaber er muligheden af at genbruge sats. Det kendes fra bøgerne som optryk og nye oplag og fra aviserne som aftryksblade og aflæggere. Flere ekesemplarer af helt identiske tryk kan der nok være brugsmæssige grunde til at bevare. Men sådanne hensyn ligger i og for sig uden for det principielle grundlag for pligtafleveringen. Ingen principielle grunde taler for, at det enkelte

[46] Jfr. Vilhelm Grundtvigs redegørelse for sagen i *Statsbiblioteket i Aarhus 1902–1927*. Århus 1927, s. 170–72.

[47] *Rigsdagstidende* 1914–15, Folketingets Forhandlinger, sp. 1924.

VESTKYSTEN

SYDVESTJYLLANDS STØRSTE OG MEST UDBREDTE DAGBLAD / DAGLIGT OPLAG: OVER 22.000 EKSEMPL.

HOVEDKONTOR:
ESBJERG

TELEFONER: 1934 - 1935 - 1936 - 1937 ◇ TELEFONER: 1934 - 1935 - 1936 - 1937

STATSTELEFON: 56 STATSTELEFON: 56

AFDELINGSKONTORER: VARDE, TØNDER RIBE, BRAMMINGE, HOLSTED, BRØRUP, RØDDING SKJERN, GRINDSTED, SKÆRBÆK, LØGUMKLOSTER

ESBJERG, den 5. August 1940.

Statens Avissamling,
A a r h u s.

I Fortsættelse af Samtale med vor Forretningsfører skal jeg meddele, at VESTKYSTEN udsendes i 3 Udgaver, nemlig

I VESTKYSTEN, Esbjerg Avis (omfattende ogsaa Fanø Avis)

II VESTKYSTEN, Ribe Folkeblad (omfattende ogsaa Tønder Avis og Landbodagbladet)

III VESTKYSTEN, Varde Dagblad (omfattende ogsaa Grindsted Dagblad)

Vi vil i Overensstemmelse hermed fremtidig sende Dem et Eksemplar af hver Udgave, ialt 3.

Med Højagtelse
Knud Ree

Fig. 5. Aflevering af aflæggeraviser har altid været et særligt problem. Med en tro-og-love erklæring behøvede aviserne ikke aflevere rene aflæggeraviser. *Vestkysten,* i dag *Jydske Vestkysten,* har altid haft mange aflæggere.

pligtafleveringsbibliotek opbevarer flere eksemplarer af identiske tryk. Et af problemerne hvad angår aviserne, har været imidlertid været spørgsmålet om identitet, er der nu også tale om helt ens aviser? Det helt grundlæggende princip har været, at det er et spørgsmål som bibliotekerne skal afgøre, mens bogtrykkerne ikke bør bringes i en situation, hvor de skal udøve et skøn.

Der synes ikke at have været nogen fast terminologi på området, idet ordene „aftryksblad" og „aflægger" er brugt synonymt. Praksis har været, at en bogtrykker ikke skulle aflevere rene aftryksblade, dvs. aviser som bortset fra titlen var helt identisk med en anden avis. Blot der blev afleveret ét eksemplar var sagen i orden. Forudsætningen var imidlertid, at bogtrykkeren afgav tro-og-love erklæring om, at der var tale om rene aftryk. Ind imellem har bogtrykkeren måtte indsende aviser for at dokumentere dette. Var der afvigelser, også i annoncerne, skulle alle aviser afleveres. Sådan er bestemmelserne i hvert fald blevet praktiseret i landsarkiverne (i perioden 1889–1915) og i Statens Avissamling. På et tidspunkt sker der en vis opblødning, idet man ved en aflæggereller aftryksavis forstår en avis, der helt *eller delvist* har stof til fælles med et hovedblad. Denne mere løse definition ligger til grund for bekendtgørelsen af 18. december 1939. Bekendtgørelsen bestemmer, at aftryk kun skal afleveres til Statens Avissamling (aktstykke 75 og 76). Denne ændring i pligtafleveringsbestemmelserne var betinget af de pladsproblemer, de store mængder aviser skabte for Det Kgl. Bibliotek. Efter udstedelsen af bekendtgørelsen tilbød Det Kgl. Bibliotek de relevante folkebiblioteker at overtage bibliotekets aftryksblade. De der ikke blev placeret på denne måde, blev kasseret (aktstykke 77). Aftryksblade og aflæggere findes i et vist omfang i folkebiblioteker og lokalhistoriske samlinger, men det er altså kun i Statsbiblioteket, man finder disse blade i fuldt omfang.

Behandlingen af aftryksblade eller aflæggere er interessant, fordi den belyser hvordan forskellige faktorer spiller ind i pligtafleveringens udvikling: én faktor er synet på materialets betydning, en anden er økonomien (udgiften til opbevaring og bevaring) og en tredje samarbejdet og arbejdsdelingen mellem forskellige institutioner.

Spisesedler og distriktsblade

I et bibliotek er der dele af samlingen, der opfattes som centrale, og andre der opfattes som marginale. Denne opdeling er ikke fast, men forandrer sig over tid. Den er interessant fordi den i det lille format

Fig. 6. Spisesedlen er en af måderne, hvorpå vi møder aviserne i dagligdagen. Dagen efter afstemningen om Mastrichttraktaten 2. juni 1992 solgte *BT* avisen på denne måde.

afspejler skiftende forestillinger om kulturværdier. I biblioteker er aviser undertiden opfattet som marginale. Det er så én ting, men også i avissamlinger kendes opdelingen i centrale og marginale materialetyper. Til det marginale materiale hører avisernes såkaldte „spisesedler". Siden 1976 har man i Statsbiblioteket bevaret de spisesedler man modtager fra aviserne; de følger ikke avisen, men opbevares samlet for et år ad gangen. Fra før 1976 findes kun få af dem i pligtafleveringsbibliotekerne. De er blevet opfattet som reklameopslag, der kunne kasseres, og i Statens Avissamling gjorde man sig oven købet den ulejlighed at skrive til trykkere, der afleverede dem, at de ville blive kasseret, og at man derfor lige så godt kunne lade være med at aflevere dem. Spørgsmålet om bevaring af spisesedler blev drøftet mellem Det Kgl. Bibliotek og Statsbiblioteket i 1958, men begge parter mente, at den anden part skulle påtage sig opgaven, og der kom intet ud af drøftelserne.[48]

En anden materialekategori, der er blevet behandlet som marginal, er distriktsbladene. Distriktsblade eller lokale annonceblade begyndte at udkomme i forrige århundrede. Det er gratis reklameaviser, der udgives ugentligt. I 1939 udkom 225 sådanne blade med et oplag på 750.000.[49] I anden halvdel af århundredet steg såvel antal som oplag. I 1960 var der 275 distriktblade med et oplag på 1.5 mio. I 1980 var der 350 med et oplag på knap 6 mio. og i 1993 303 distriktsblade med et oplag på 8.2 mio. kr.[50] Som oplagstallene viser, er der tale om meget udbredte blade. Samtidig er det undtagelsen, at bladene kun bringer annoncer. Der er også nyheder og andet redaktionelt stof. I en vis udstrækning udfylder disse blade dermed den funktion som de lokale dagblade opfyldte tidligere, og distriktsbladene er da også blevet kaldt lokalsamfundenes medie.[51]

Distriktsblade nævnes ikke særskilt i love og bekendtgørelser om pligtaflevering. Siden Statens Avissamlings oprettelse er de samlet og bevaret her. Derimod kasserede Det Kgl. Bibliotek i starten af 1950'erne en større mængde annonce- eller distriktsblade. Forinden havde man sikret sig, at de fandtes i Statens Avissamling.[52] I 1959 stillede et

[48] Statsbibliotekets arkiv 1957ff: Statens Avissamling.

[49] Søllinge & Thomsen, bd. 3, s. 45.

[50] Antal blade og oplagstal oplyst af Jette D. Søllinge.

[51] Jette D. Søllinge: Distriktbladene – et uopdyrket område for medieforskningen. *Bogtrykkerne/Distriktsbladene,* (6) juni 1995.

[52] Brevveksling mellem R. Paulli, Det Kgl. Bibliotek, og Emanuel Sejr, Statsbiblioteket. Statsbibliotekets arkiv: Avissamlingens arkiv.

Brædstrup Avis

Ugeblad for Brædstrup og Omegn.

Redaktion: Fr. Ravn, Brædstrup.

Nr. 2	Udgaar hver Fredag Aften og optager Avertissementer til en moderat Pris.	Fredag d 29 Januar.	Omdeles gratis overalt i Thyrsting-Vrads Herreder og deradover.	1897.

Sagfører Møller

i Brædstrup

besørger Inkassationer, udfører Retssager, ordner Prioritetslaan og affatter Dokumenter.

Sagfører Høyer,

Brædstrup

udfører Incassationer og Retssager, udfærdiger Skjøder, Obligationer, Testamenter og andre Dokumenter og ordner Laan. Hurtig og billig Expedition.

Søndervissing Sønderskov.

Den sædvanlige Auktion over Bøgetræer paa Roden vil blive afholdt engang i Februar d. A. Dagen vil nærmere blive bekjendtgjort.

Thyrsting og Vrads Herrederskontor i Brædstrup den 27. Januar 1897.

Langkilde.

Fra den 10de Januar, da Undertegnede ankom til Brædstrup, praktiserer jeg her som Læge og som Fødselshjælper. Mellem 8 og 9 Morgen vil jeg være sikkert at træffe hjemme for Folk, som ville konsulere mig, men er ellers til hvilkensomhelt Tid til Tjeneste for Enhver, der maatte ønske min Hjælp.

Brædstrup, den 22de Januar.

Emil Haugsted,

Distriktslæge.

Drenge og Piger

søges til **Vestbirk Fabrik.** Drengene vil eventuelt komme til at lære at væve og Pigerne at sy. Man henvender sig snarest til Fabrikken.

Nummer 171

af »Brædstrup Adresse-Avis« for 25. September 1896 ønskes tilkøbs af Bogh. Red. Ravn Brædstrup.

Bog- og Papirhandelen

i

Brædstrup

er altid forsynet med de almindelig brugte Papirsorter og Kouverter, Protokoller, Lommebøger, Salmebøger og andet til Papirforretningen henhørende i ekstra gode Kvaliteter og til billigste Priser.

Fr. Ravn.

Skomager Geertsen,

Brædstrup,

anbefaler:

Herresko,
Herrestøvler,
Damesko,
Dame-Knapstøvler,
Børnesko,
Børne-Knapstøvler,
Herre- og Dame-Morgensko
i forskjellige Slags.

Gymnastiksko.

Endvidere, Filtsaaler, Gedeskindsværte, Skohorn, Støvle-Knappere og Snørebaand.

Alt til billigste Priser.

Chr. Geertsen,

Brædstrup.

Større Avertissementer til Brædstrup Avis bedes indleverede paa Bladets Kontor i Brædstrup hver Onsdag Aften til Kl. 7. Mindre Avertissementer modtages senest Torsdag Aften Kl. 7½.

Brædstrup Borgerforenings Udstilling med Tombola

afholdes i Højskolehjemmets Sal i Brædstrup den 13, 14 og 15 Februar 1897.

Hverdagene fra Kl. 2, Søndag fra Kl. 4 Eftermiddag.

I Tombolaen erholder hvert fjerde Nr. Gevinst.

Gevinsterne lyde paa Pengebeløb, for hvilke der kan vælges blandt de udstillede Genstande efter Vindernes eget Ønske.

Koncert hele Tiden af R. P. Aases Musikkorps fra Østbirk. Hver Time Optræden af nye første Klasses Artister, saavel i Salonkomik som i andre Kunstpræstationer.

Entre: 25 Øre for Voksne, 15 Øre for Børn. Kort til alle tre Dage 50 Øre for Voksne, 30 Øre for Børn.

Udvalget.

NB. Hele Overskudet tilfalder Borgerforeningens Understøttelsesfond.

Fig. 7. Distriktsbladene indeholder en mængde lokahistorisk interessant stof.

københavnsk distriktblad, *Ryvang-Bladet*, spørgsmålet, hvorfor distriktsblade ikke fandtes i de københavnske biblioteker. Det førte til, at Det Kgl. Bibliotek fra 1960 begyndte at modtage og kontrollere de københavnske distriktsblade.[53] Senere begyndte man også at opbevare øvrige distriktsblade, og distriktsblade indsamles og opbevares nu i samme omfang som aviserne.

Fremtiden: nye medier

Da pligtaflevering af aviser blev indført i 1781, indgik det i overvejelserne, at man kunne kassere de mindre værdifulde aviser. Siden har synet på, hvad der er værd at bevare, ændret sig. Hvor det i mange år var bibliotekarens opfattelse af „indre" eller selvstændig litterær værdi, der var afgørende, er det nu i højere grad brugsværdien på længere sigt. Og avismaterialet bliver meget brugt, og det bliver brugt til mange formål. Derfor er bestræbelsen i dag at sikre en komplet samling af de trykte nyhedsmedier.

Avisernes hovedopgave har altid været nyhedsformidling. I vort århundrede udføres denne opgave ikke kun af aviserne, men også af de æterbårne medier: radio og tv. Karakteristisk nok hed nyhedsformidlingen i disse medier i mange år „-avis": radio- og tv-avis. Nyhedsudsendelserne i radio og tv er ikke omfattet af pligtafleveringsbestemmelserne. Først ret sent er man begyndt at samle og opbevare disse udsendelser. Statens Mediesamling i Statsbiblioteket udfører denne opgave siden slutningen af 1980'erne. Lovgrundlaget er loven om radio- og tv-virksomhed. Det er muligt at få adgang radio- og tv-optagelser, selv om ophavsretbestemmelserne sætter ret snævre grænser for benyttelsen. For „radioavisen", altså Danmarks Radios nyhedsudsendelser, findes i Statsbiblioteket de manuskripter, der er benyttet ved oplæsningen (fra midten af 1930'erne, med visse lakuner).

Aviser i elektronisk (digital) form findes nu også i Danmark. Dette nye medium er omfattet af den nye lov om pligtaflevering, som gælder fra 1998. Indsamling, opbevaring og tilgængeliggørelse af dem udgør den nye store udfordring på området.

[53] Distriktsbladene bibliotekernes stedbørn i København, *Ryvang-Bladet* 3. 12. 1959, og korrespondance herom mellem Det Kgl. Bibliotek og Statsbiblioteket; Statsbibliotekets arkiv 1957ff: Statens Avissamling.

PÅ KANT MED LOVEN

BOGFORBUD, BESLAGLÆGGELSER OG KLAUSULERING

AF

JOHN T. LAURIDSEN

Gennem pligtafleveringsloven har staten gennem de sidste 300 år søgt at sikre sig de udgivne værker, den til enhver tid havde interesse i. Der var og er imidlertid også skrifter, hvor statens har interesse i, som vogter af den nationale sikkerhed, moralens ukrænkelighed, eller privatlivets fred, at sikre samfundet mod enhver form for uønskede tryk. De kan stride mod gældende lov og/eller skade offentlige og private interesser. Det gælder både under enevælden og folkestyret. Mængden af sådanne forbudte og bortcensurerede skrifter siden 1697 er overskuelig, men dog endnu ikke opgjort.[1] Deres antal er næppe firecifret, og antallet er betydeligt mindre, hvis der ses bort fra de mere trivielle tilfælde af forbud, samt forbud mod offentliggørelse af enkeltartikler i aviser og tidsskrifter. Holder vi os alene til de mere kendte og berømte eller berygtede tilfælde af censur – det var og er fortsat en smagssag – er vi nede på et antal af under 100.[2] Det er ikke det samme som, at censuren har været mild. Det var den i lange perioder langtfra, hvor den i andre til gengæld var lemfældig. I stedet er det et

[1] Harald Ilsøe: Historisk censur i Danmark indtil Holberg. Omkring censuren af Christen Aarslebs Frederik II.s historie. *Fund og Forskning* 20, 1973, s. 46: „Endnu 125 år efter censurens ophævelse har ingen påtaget sig at indsamle og bearbejde dette vigtige materiale, som i en vis forstand afspejler grænserne for åndslivets muligheder for udfoldelse i Danmark". Jeg vil på dette sted benytte lejligheden til at takke Harald Ilsøe for generøst at have stillet sin viden til rådighed i forbindelse med udarbejdelsen af denne afhandling.

[2] Til grundlag for dette løse skøn ligger for tiden før 1849 H. Ehrencron-Müllers Forfatterleksikon omfattende *Danmark, Norge og Island indtil 1814*, 1–12, 1924–35 og sammes seddelmateriale om „Forbudte og undertrykte bøger i Danmark" i Ny kgl. Samling 951, 8 (indeholder 134 forfatterskaber). Endvidere Th. H. Erslew: *Almindeligt Forfatter-Lexikon for Kongeriget Danmark*, 1–3, 1843–53, suppl. 1–3, 1858–68 og Harald Jørgensens fortegnelser i *Trykkefrihedsspørgsmaalet i Danmark 1799–1848*, 1944, s. 334–435, 438–442. For tiden derefter egne – uafsluttede – undersøgelser og Max Iversens nedenfor oftere citerede bog.

udtryk for, at dens påtryk blev mest iøjnefaldende, når forfattere direkte satte sig op imod den. Deres hårde straf og skæbne virkede sandsynligvis lige så effektivt som ytringsfrihedsbegrænsningerne i sig selv.

Når vi ser bort fra den allernyeste tid, vil der ikke længere være hensyn, der kræver, at igennem tiden forbudte skrifter ikke skulle kunne komme til offentlighedens kundskab. Hvordan forholder det sig med muligheden for det? Er det overhovedet til at komme til at læse i fortidens forbudte skrifter? Eksisterer de endnu? Har nationalbiblioteket dem alle sammen? Hvordan er de kommet til Det Kongelige Bibliotek, hvis de er der? Har der været og er der et regelgrundlag for afleveringen af sådanne skrifter? Kræver adgang til forbudte skrifter en særlig tilladelse.[3] Hvordan er det med de klausulerede skrifter fra dette århundrede? Hvornår kan man stifte bekendtskab med dem? Hvorfor og på hvilket grundlag kan trykte skrifter unddrages offentligheden, når de er pligtafleveret? Disse og flere spørgsmål vil blive søgt besvaret i det følgende. Adskillige af dem kræver flere og langt større undersøgelser for en udtømmende besvarelse, end rammerne her giver mulighed for. Dette er kun første strejftog, hvor hovedvægten lægges i det 20. århundrede.

Censur, pligtaflevering og forbudte bøger under enevælden

Der havde været bogcensur i Danmark i henved 200 år, da pligtafleveringsloven blev indført. Censuren var fra 1537 henlagt til Københavns Universitet, og dertil var dens administration fremdeles i 1697. Der var flere gange blevet udsendt bestemmelser om, hvordan universitetet skulle praktisere censuren, senest i Danske Lov 1683.[4] Det var en forcensur, hvor manuskripterne skulle indsendes før trykningen. Hvor forbudblev nedlagt, kom der altså ikke et tryk ud af det, hvis reglerne blev fulgt.[5] Med hensyn til importerede bøger på dansk eller tysk var

[3] Denne artikel vil ikke beskæftige sig videre med forbudte udenlandske bøger i Danmark, da dette ligger uden for pligtafleveringslovens perspektiv. Herom Max Iversen: *Forbudte bøger. To aarhundreders beslagte og konfiskerede værker. En annoteret bibliografi.* 1948 og John T. Lauridsen: Forbudte ord og billeder. *Magasin fra Det kongelige Bibliotek* 8:3, 1993, s. 97ff.

[4] Ilsøe 1973, s. 45f., Jesper Düring Jørgensen: Forbudte og undertrykte bøger. *Nordisk tidskrift för Bok- och Biblioteksväsen* 79, 1992, s. 118–120.

[5] I stedet henlå arbejderne som manuskripter, hvad bl.a. Ilsøe 1973, s. 53f. giver adskillige eks. på.

sagen en anden. De skulle også til censur, før de måtte bringes i handlen, og blev de forbudt var straffen i de tilfælde, hvor det drejede sig om oprør eller kongens højhed, at de skulle brændes offentligt af bødlen.[6] Begge fremgangsmåder hindrede i princippet, at forbudte værker kunne forefindes i kongens riger og lande. I de tilfælde, hvor bøgerne alligevel blev trykt og udsendt eller importeret, og censuren og retsmaskineriet først efterfølgende kunne gribe ind, var det praksis, at kræve alle eksemplarer af de forbudte værker indleveret til Danske Kancelli. Det gælder således Corfits Ulfeldts *Høytrengende Aeris Forsuar,* 1652 og Oluf Rosenkrantzs Apologia Nobilitatis Danicæ, 1681. I begge tilfælde var der tale om bøger, der angik kongemagten, og derfor fik særligt af kongemagten udpegede censorer, en fremgangsmåde der blev kodificeret i Danske Lov 2-21-2.

Christian 5. fik af Oluf Rosenkrantz personligt overbragt et eksemplar af *Apologia Nobilitatis Danicæ,* 1681, og bogen tilgik kongens bibliotek, selv om den blev forbudt i februar 1682.[7] Vi kan dog af dette ikke med sikkerhed gå ud fra, at kongemagten under den tidlige enevælde skaffede sig eksemplarer af alle de værker for kongens eget bibliotek, som undersåtterne ikke måtte læse. Der ville de ellers have været sikret mod uønskede læsere, idet der kun var adgang for kongens betroede mænd indtil 1793, hvor biblioteket blev åbnet for offentligheden. Der har været en mængde tarvelige forbudte tryk, som ikke fandtes værdige til at indgå i et fyrstebibliotek. På den anden side har der været for magthaverne ubekvemme eller uønskede titler, som kunne bringes af vejen i kongens bibliotek. Harald Ilsøe har fremdraget et markant eksempel herpå. Caspar Dankwerths *Sleswig-Holsteinische Landesbeschreibung,* 1652, var ganske vist ikke forbudt, men var på grund af sine statsretlige synspunkter uønsket og blev derfor trukket tilbage fra Det Kongelige Biblioteks dubletauktion i 1723. Siden blev den efter direkte kongelig ordre ikke medtaget som dublet ved dubletauktionen i 1742. Skriftet skulle ikke udbredes. Derfor lod Christian 6. også Det Kongelige Bibliotek købe Andreas Hojers efterladte eksemplar af dette værk (ved en auktion 1740), ligesom det af kabinetsregnskaberne fremgår, at kongen tillige privat opkøbte et auktionseksemplar. Disse

[6] Danske Lov 2–21. Jfr. Henning Matzen: *Kjøbenhavns Universitets Retshistorie 1479–1879,* 1, 1879, s. 212–219 om universitetet som censor.

[7] Det er ikke korrekt, når Düring Jørgensen 1992, s. 124 hævder, at et eks. af værket først kom til Det Kongelige Bibliotek i 1803.

dubletter blev ikke destrueret, og kunne senere under andre politiske konjunkturer pány udskilles fra biblioteket.[8]

Den periodiske presse, aviser og tidsskrifter, censurerede universitetet ikke. Det ville tage for lang tid. I stedet var det en opgave, som de enevældige kancellier og siden politiet tog sig af.[9] Der skulle kunne skrides ind med timers varsel. Censuren ramte som regel kun enkelte artikler eller numre og førte kun helt undtagelsesvis til lukning af det pågældende tidsskrift.

Den første pligtafleveringslov i form af reskriptet af 17. juli 1697 bidrog ikke til at skaffe klarhed med hensyn til de bøger, som var forbudte af censuren, men dog eksisterede. Reskriptet omhandler kun censurerede bøger og deres rette behandling. Det er til trods for, at reskriptet er rettet til den censurerende myndighed, nemlig Københavns Universitet. Lovgivningen om bogcensur og lovgivningen om pligtaflevering blev *ikke* kombineret, og pligtafleveringen kom heller ikke til at blive en del af censurproceduren på noget tidspunkt under enevælden, som det sås i udlandet, bl.a. Frankring, der – som nævnt ovenfor – havde dannet forbillede ved det første reskripts tilblivelse.

Adskillelsen af på den ene side pligtafleveringsbestemmelserne og på den anden side censurlovgivningen har været et grundtræk ved det danske system til i dag. Under enevælden blev der ikke udviklet hverken en lovgivning eller et regelsæt,der forbandt de to lovkomplekser.[10] Vi leder forgæves i censurlovgivningen efter bestemmelser, der angiver, at forbudte skrifter skulle afleveres til kongens bibliotek. Til langt ind i 1700-tallet var kravet fortsat, at forbudte skrifter skulle brændes på bålet.[11] Filosofien var, at de de facto ikke skulle eksistere. Omvendt indeholder pligtafleveringsbestemmelserne ud fra samme filosofi heller intet om håndteringen af forbudte skrifter. Her fik Det Kongelige Biblioteks embedsmænd ingen hjælp til løsningen af problemet, hvis de

[8] Harald Ilsøe: Bøger der gik den anden vej. Det Kongelige Biblioteks dubletudskillelser gennem tiderne, *Fund og Forskning* 37, 1998 (kommende).

[9] P. M. Stolpe: *Dagspressen i Danmark*, 2, 1879, s. 294f., L. Koch: Bidrag til Censurens Historie under Frederik V, *Historisk Tidsskrift* 6. II, 1889–90, s. 87f.

[10] Som påpeget af Harald Ilsøe ovenfor indebar 1732-ordningens bestemmelser om aflevering af boglister til politiet i praksis muligheden af, at dette kunne udnytte ordningen som instrument i jagten på distribution af ucensurerede tryk.

[11] Det gjaldt 1773 alle skrifter af Chr. Thura, en dom der senere blev formildet til deres konfiskation. *Luxdorphiana* 1791, s. 157–182. Det Kongelige Bibliotek har i dag Thuras skrifter bl.a. takket være eksemplarer i Hielmstiernes samling.

alligevel fik forbudte skrifter i hænde, og det ved vi, at de rent faktisk gjorde.

Det skete på flere måder. Det kunne dreje sig udenlandske forbudte bøger, der blev konfiskeret i kongens riger og lande, og som kongen lod sikre for sit eget bibliotek.[12] Det kunne også dreje sig om tryk, der først efter udgivelsen blev forbudt. Forcensuren kunne på den ene eller den anden måde have svigtet eller være blevet omgået. Censurens imprimatur var heller ingen garanti for, at et forbud ikke efterfølgende ville ramme den trykte bog. Vi har talrige eksempler herpå.[13] Ved gaver og køb erhvervede kongen store bogsamlinger til sit bibliotek, hvilke også indeholdt forbudte bøger. Vi må gå ud fra, at de private bogsamlere ikke har holdt sig for for gode til at eje forbudte og dermed sjældne bøger, som ikke skulle komme menigmand for øje. Her må vi tage det aristokratiske standssamfunds normer i betragtning. Censuren var først og fremmest rettet mod tryk, der kunne vildlede menigmand, mens aristokratiet og de lærde nok kunne tillade sig at fornøje sig med forbudte skrifter. Således rummer P. F. Suhms bibliotek (siden 1796 i Det Kongelige Bibliotek) adskillige 1700-tals franske erotika med umisforståelige illustrationer, der efter 1770'erne uden videre ville være blevet konfiskeret, hvis de var importeret af den jævne borger.[14] Ved reskript af 23. september 1740 blev det direkte fastslået, at gudsbespottelige bøger og grove eller fanatiske bøger på dansk og tysk importeret udefra ikke måtte sælges til ubefæstede sjæle – især ikke studenter – og heller ikke til ustuderede folk, men nok til lærde som professorer og præster, som var i embede eller til dem, der samlede biblioteker.[15]

Så længe kongens bibliotek ikke var offentligt, frembød forbudte bøgers tilstedeværelse ikke noget større problem. Anderledes blev det, da de første planer om bibliotekets åbning for offentligheden kom frem. I et forslag herom fra omkring 1760 blev der taget højde herfor i pkt. 9, hvori det overlades til bibliotekarens skøn, hvorvidt håndskrifter, *forbudte bøger* og kostbare værker skal kunne benyttes.[16] Der var en klar bevidsthed om den forbudte litteraturs tilstedeværelse.

[12] Werlauff 1844, s. 110f.

[13] Bl.a. i Ehrencron-Müller: *Forfatterleksikon* og hos Koch 1889–90. Sagen mod legationsråd A. Schumacher i 1757 er et skoleeksempel herpå.

[14] *Les Plaisirs de l'amour ou recueil,* 1–3, Paris 1782 er et af de værker med galante historier og pikante illustrationer, der også har P. F. Suhms navnetræk på bindet. Om dette bibliotek: Chr. Bruun: *Peter Frederik Suhm. En Levnetsskildring,* 1898, s. 371–399.

[15] Matzen 1, 1879, s. 217.

[16] Werlauff 1844, s. 188.

Planen blev foreløbig lagt til side, og før den blev realiseret, havde censuren i en kort periode 1770–72 under Struense været totalt afskaffet. Da censuren efterfølgende blev pålagt igen 1773, var det ikke længere som forcensur, nu stod forfattere og udgivere til ansvar overfor loven, ligesom dens administration overgik fra universitetet til politimesteren i København.[17] Den ændrede censurpraksis og borgernes øgede lyst til at udtrykke deres meninger førte på en gang til en stigning i antallet af censursager og påfølgende beslaglæggelser af bøger og numre af tidsskrifter, ligesom en del skrifter fortsat unddrog sig såvel censur- som pligtafleveringsbestemmelser. Overfor denne udvikling synes Det Kongelige Bibliotek at have stået magtesløs. Vi har intet kendskab til, at der skulle være kommet en aftale i stand mellem politimesteren og biblioteket om aflevering af de af politiet beslaglagte bøger. Når biblioteket i dag sandsynligvis alligevel har flertallet af de beslaglagte bøger fra 1770'erne og til enevældens slutning skyldes det rimeligvis, at eftercensuren sikrede, at flere af de forbudte og beslaglagte bøger nåede ud i en begrænset cirkulation, før politiet søgte at effektuere forbudet. Fra den begrænsede cirkulation nåede værkerne til samlere (Luxdorph, Hielmstierne o.a.) og andre,hvorfra biblioteket siden har kunnet sikre sig eksemplarer. Efter enevældens ophør blev der systematisk søgt anskaffet den udgivne litteratur uanset, om den tidligere havde været forbudt eller ej (jfr. nedenfor).

Da Det Kongelige Bibliotek i 1793 åbnede som offentligt bibliotek, fremgik det ikke med et ord i reglemenet for benyttelsen, at biblioteket rummede forbudte bøger. Det ville også være for meget forlangt. Heller ikke i dag skilter biblioteket med, at det rummer forbudte bøger og klausulerede værker. Ved at gøre opmærksom på den forbudte litteratur, ville 1793-reglementet have synliggjort, hvis ikke direkte reklameret for den, og det kunne der i denne fase af enevælden ikke være tale om. Vi må gå ud fra, at biblioteksfolkene, hvor et udtalt regelgrundlag ikke forelå, brugte deres sunde dømmekraft, og behandlede den forbudte litteratur på samme måde som sjældne værker og manuskripter. Det vil sige, at den ikke blev gjort umiddelbart tilgængelig for publikum. Dermed handlede de som ansvarlige enevældige embedsmænd. Det var i sig selv være det bedste middel til at begrænse efterspørgslen, at de forbudte titler slet ikke var kendte. Så let var det imidlertid ikke. Der kom mere og mere offentlighed omkring censursa-

[17] Edvard Holm: *Hovedtræk af Trykkefrihedens Historie,* 1885, Harald Jørgensen: *Da censuren blev opgivet,* 1970.

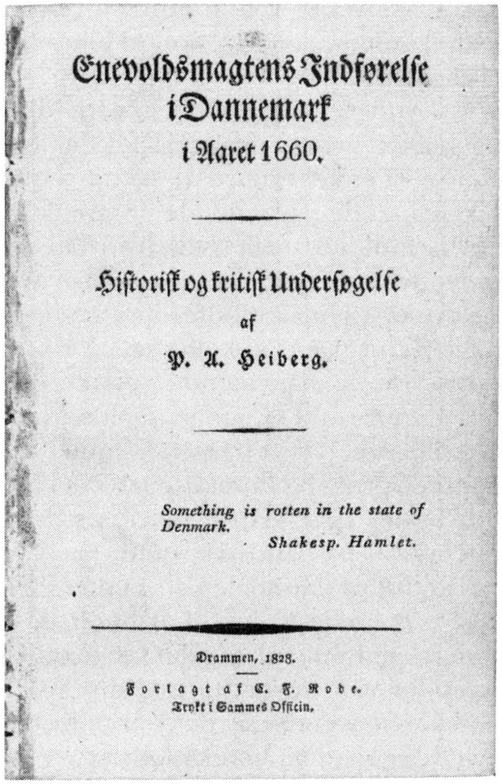
Enevoldsmagtens Indførelse i Dannemark i Aaret 1660.

Historisk og kritisk Undersøgelse af P. A. Heiberg.

Something is rotten in the state of Denmark.
Shakesp. Hamlet.

Drammen, 1828.
Forlagt af C. F. Rode.
Trykt i Gammes Officin.

Fig. 1. Forsiden til P. A. Heibergs forbudte og berømte skrift om enevældens indførelse i Danmark, trykt i Norge uden for den danske lovgivnings rækkevidde.

gerne under den senere enevælde. Et forbudt værk kunne godt være særdeles kendt, selv om det var forbudt. Det gjaldt f. eks. en række af P. A. Heibergs værker både før og efter eksileringen til Frankrig år 1800. Det siger sig selv, at hans *Enevoldsmagtens indførelse i Dannemark,* som han frækt udgav i Drammen 1828 udenfor den danske enevoldsmagts rækkevidde, blev forbudt for dens kritik af enevælden i almindelighed og af den manglende trykkefrihed i særdeleshed (han skrev et stort sønderlemmende afsnit om censuren s. 167–202).[18] Imidlertid nåede kendskabet til bogen straks Danmark, og der er ikke tvivl om, at mange eksemplarer blev smuglet hertil. Det Kongelige Biblioteks eksemplar fortæller desværre ikke om sin vej til biblioteket.

Visse forfattere og udgivere spekulerede i det mulige forbud mod

[18] Iversen 1948, s. 43, Povl Ingerslev-Jensen: *P. A. Heiberg. Den danske Beaumarchais,* 1974, s. 92ff., passim.

deres udgivelser ved at afprøve censurens grænser. Der kunne være både kommercielle og politiske interesser forbundet hermed. Gik de over grænsen, og der blev nedlagt forbud mod udgivelsen, gav det sig højst synlige udslag med hensyn til pligtafleveringen. Det satiriske ugeblad *Corsarens* dynamiske redaktør Meir Goldschmidt måtte flere gange se enkeltnumre af sit tidsskrift forbudt i 1840'erne med det resultat, at de pågældende numre ikke tilgik Det Kongelige Bibliotek. Goldschmidt fortæller selv, hvordan den første konfiskation fandt sted inden for en time, efter at *Corsaren* nr. 3 var sendt til censor Christian Reiersen. Politiet mødte op i trykkeriet og beslaglagde oplaget.[19] I pligtafleveringsprotokollerne på Det Kongelige Bibliotek er i stedet skrevet, at de pågældende numre af *Corsaren* var beslaglagt. Det skete ikke mindre end 43 gange i Goldschmidts redaktørtid. Når biblioteket i dag alligevel har et næsten komplet eksemplar skyldes det kun, at Det danske Sprog- og Litteraturselskab i forbindelse med genudgivelsen af tidsskriftet 1977–81 fremskaffede de manglende hefter fra domstolenes arkiver på Landsarkivet for Sjælland og Rigsarkivet.[20]

De under enevælden forbudte eller beslaglagte tryksager fik i folkestyrets første år lov til at henligge uforstyrret indtil 1861, da Det Kongelige Bibliotek tog det første officielle initiativ, der kan dokumenteres for den forbudte litteraturs vedkommende overhovedet. Biblioteket henvendte sig dette år til Justitsministeriet for at få udvirket, at Det Kongelige Bibliotek modtog to eksemplarer af de skrifter og blade „som i sin tid" blev beslaglagte og som skulle forefindes på det gamle kancelliloft eller i Justitsministeriets arkiv. Henvendelsen foranledigede 15. juni Justitsministeriet til at sende en skrivelse til chefen for Københavns politi med besked om at tilsende biblioteket to eksemplarer af beslaglagte skrifter og blade, hvis derforefandtes mere end det eksemplar, som censor havde påtegnet. Samtidig oplyste Justistministeriet, at det ikke selv opbevarede forbudte skrifter i sit arkiv (aktstykke 29). Bibliotekets henvendelse synes klart at have taget sigte på forbudte tryk fra tiden *før* 1849, men hvad der kom ud af den, vides desværre ikke. I hvert fald skaffede det ikke de manglende numre af Corsaren til

[19] Om forbudene, se Elias Bredsdorff: *Goldschmidts Corsaren,* 1962 (rev. udg. 1977), *Corsaren. M. A. Goldschmidts årgange 1840–46.* Efterskrift af Uffe Andreasen, 1981, s. 50–59, M. Goldschmidt om den første konfiskation i Livserindringer og Resultater i *Udvalgte Skrifter,* 6, 1910, s. 141.

[20] Jfr. udgiveren Uffe Andreasen i efterskriften til udgaven 1981, s. 53, 61f.

veje. Måske kan det alligevel tages som udtryk for, at nogle værker blev udleveret af politiet, at Universitetsbiblioteket den 16. april året efter fik samme ret til at få udleveret to eksemplarer af „i sin tid" beslaglagte skrifter, bøger og blade (aktstykke 30). Interessen i at bevare de forbudte tryk var markeret.

Bogforbud og beslaglæggelser fra grundloven 1849 til anden verdenskrig

Junigrundloven 1849 gav trykkefrihed og i princippet ret til fri meningsdannelse, men det var en frihed under ansvar – naturligvis. Via lovgivningen havde (og har) myndighederne mulighed for og ret til at skride ind, hvis nogen forsynder sig mod den til enhver tid herskende offentlige moral, krænker privatlivets fred, er groft injurierende mod personer eller institutioner m.v. eller truer rigets sikkerhed og interesser. Tilsvarede havde og har privatpersoner, institutioner, firmaer m.v. ret til at gå til domstolene, hvis og når det trykte og/eller billeder efter deres opfattelse er gået deres interesser for nær. Ligeledes har det været muligt at beslaglægge udenlandske tryksager, som stred mod dansk lov. Under folkestyret har alle disse varianter af forbud været hævdet, og vil venteligt fremdeles blive det, selv om f. eks. både kønsmoralen og lovgivningen har flyttet sig og hele det politiske verdensbillede bliver forrykket.[21] Derfor har Det Kongelige Bibliotek også modtaget og vil blive ved med at modtage nye forbudte skrifter.

Nederlaget i 1864 og kongens død satte gang i forskellige forfattere, der prøvede at slå mønt på begivenhederne. Blandt disse var Peter Anton Worm, som slog igennem med knaldromanen *Tiggerne*, der udkom i hefter fra foråret 1866. Han byggede sin fremstilling op på rygter og fordomme; grove beskyldninger rettedes mod D. G. Monrad og general de Meza (general Baglæns), mens kongeparret blev fremstillet hensynsløst i gang med at kuldkaste grundloven. Københavns politidirektør Vilh. Crone greb først ind i oktober, hvor 1.000 eksemplarer af *Tiggerne* blev konfiskeret, men endnu flere må antages at være kommet i omløb. Forfatteren selv begik selvmord efter et politiforhør ved samme tid. Det øgede kun den folkelige sympati, og Worms værker – af hvilke det for arvingerne var så heldigt at flere endnu henlå i

[21] Forbud og beslaglæggelse kræver en retskendelse, som det påhviler politiet at offentliggøre i *Statstidende*. Efter offentliggørelsen er videre udbredelse af det pågældende skrift forbudt. Forbudet gælder naturligvis også alle biblioteker.

manuskript – kunne udgives posthumt.[22] Imidlertid førte konfiskationen efter det foreliggende ikke til båndlæggelse på Det Kongelige Bibliotek, da der ikke forelå dom i sagen.

Herefter gik der en årrække, indtil en litterær skandale førte til betydelig bevågenhed om den forbudte litteratur. Så meget, at der blev lagt fastere rammer for behandlingen af sådanne værker. Forhistorien er følgende:

Forbud mod litterære værker var fra folkestyrets tidlige tid omgærdet med stor opmærksomhed. Trykkefrihed var et af de goder, der var kæmpet for, og grundloven giver politisk, religiøs såvel som kunstnerisk frihed. Netop derfor er juridiske anslag mod kunsten blevet heftigt debatteret, når de har fundet sted. Det tidligste af de kendte forbud mod et dansk *litterært* værk, gælder Herman Bangs *Håbløse Slægter,* der udkom i 1880. Den blev forbudt ved politiretten juli 1881 i henhold til straffelovens ofte anvendte Paragraf 184 for at overskride sømmelighedens grænser i skildringen af William Høgs forhold til grevinde Hatzfeld. Det blev ved såvel politiretten som i Højesteret året efter takseret til en bøde på 100 kr. eller 14 dages fængsel. Det retlige forløb foregik under stor offentlighed. Forbudet gav Bang den berømmelse, som nok så mange forlagsannoncer og anmeldelser ikke kunne have givet, – hvilken, skyldes det at tilføje, Bang gerne ville have undværet på det grundlag – og bogen var forlængst udsolgt, da politiet skred til konfiskation. Et eksemplar nåede også til Det Kongelige Bibliotek via pligtafleveringen og flere er siden kommet til på anden vis.

Bang var imidlertid ikke selv i besiddelse af den forbudte bog, men mødte nogle år senere op på Det kongelige Bibliotek for at låne den, da han agtede at udgive en ny udgave. Det var en intrikat situation. Overbibliotekar Chr. Bruun nægtede i første omgang Bang adgang til bogen med den begrundelse, at den nok eksisterede de facto, men ikke de jure. Hermed lod Bang sig ikke nøje, og efter en længere forhandling fik han lov til at låne sin egen roman til brug på læsesalen – i en time![23] I 1884 udkom så Håbløse Slægter pàny, men uden de anstødelige partier, mens den originale og uforkortede udgave først

[22] Aage Welblund: Beslaglagte Bøger i Danmark. II. P. A. Worm: Tiggerne. *Philobiblon* 4. 1951–52, s. 17–24.

[23] Iversen 1948, s. 31f., Henrik Tamm: Højesteretssagen mod Herman Bang. Om litteraturens frihed i henhold til straffelovens § 234. *Juristen* 1952, s. 181–192, Aage Welblund: Beslaglagte Bøger i Danmark. III. Herman Bang: „Haabløse Slægter". *Philobiblon* 4. 1951–52, s. 53–59, Mette Winge: *Omkring Håbløse Slægter.* 1972.

blev trykt igen i 1965. Det var tre år før pornografiens ophævelse, og uagtet at den tidligere dom stod ved magt, blev der ikke grebet ind.

Overbibliotekarens involvering i denne sag var ikke en tilfældighed. Lånere vil endnu i dag ved personligt at bladre i de gamle alfabetiske seddelkataloger på Det Kongelige Bibliotek sjældne gange finde sedler med påskriften „Afleveret til Bruun", hvilket betyder, at det pågældende værk som forbudt var givet til overbibliotekar Chr. Bruun, som ledede biblioteket i årene 1863–1901. Han indførte foranlediget af sagen om *Håbløse Slægter* den praksis, at konfiskerede danske bøger skulle hensættes under lås og slå og ikke være tilgængelige for brug, hvilket også skulle gælde bøger tilbagekaldt af forlægger eller forfatter. De blev anbragt i et skab i den gamle Danske Sal. På baggrund heraf indførte Universitetsbiblioteket 1887 en lignende praksis (aktstykke 34).

Omfanget af de således utilgængelige bøger har ikke været stort i Bruuns cheftid.[24] Der forefindes, udateret, „En fortegnelse over Bøger og Haandskrifter, som ikke maa benyttes uden særlig Tilladelse", heraf er der kun 11 danske titler (anført i fortegnelsens rækkefølge):[25]

H. Bang: Haabløse Slægter. 1880
J. de Crebillon: Sofaen. 1874
Ugebladet „Eva" 1–2. 1887–88
Galante Eventyr alle vegne fra. 1887
Forbudne Frugter. 1886
Hans Jæger: Syk Kjærlihet. Paris 1893[26]
Hans Jæger: Bekjendelser.
Hans Jæger: Fængsel og Fortvivlelse. 1903
M. Jørgensen: Livsnydelse. 1–2. 1885
Chr. Krogh: Albertine: Kria. 1886[27]
Ord.

[24] Om en enkelt beslaglæggelsessag i 1850'erne, se Aage Welblund: Beslaglagte Bøger i Danmark. I. Frederik Schaldemose og hans „Prikkeltorne". *Philobiblon* 3, 1949–50, s. 85–91.

[25] KB's arkiv E 131. Fortegnelsen s. 31. Flertallet af bøgerne blev unddraget benyttelse på samme dato, den 16. marts 1888.

[26] Max Iversen skriver fejlagtigt (1948, s. 45), at *Syk Kjærlihet* var den eneste af Jægers bøger, som var forbudt i Danmark.

[27] Forbudt i Norge, og det danske politi forbød import til Danmark. Julius Clausen: Forbudte Bøger i ældre Tid. *Hvem skrev hvad,* 1945, s. 600.

Fig. 2. Omslaget til Emile Zola: *Nana,* 1881, som har appelleret ikke mindst til et mandligt publikum.

Fortegnelsen er ikke ganske dækkende med hensyn til perioden 1874–1903, idet bl.a. Edvard Brandes roman *Det unge blod. Fortælling,* 1899 mangler. Den blev forbudt i september 1899 med henvisninger til siderne 92 og navnlig side 129, hvilket måske mere skyldtes den siddende regerings forsøg på at ramme en af sine skarpeste kritikere, snarere end en forargelig overskridelse af paragraf 184. Der var politisk gevinst i straks at få Brandes sværtet som pornograf i offentligheden, og i hvert fald kan Det Kongelige Bibliotek på det tidspunkt ikke have tilladt sig at stille en bog beslaglagt på de præmisser til rådighed for lånerne.[28]

Martin-Jørgensens *Livsnydelse* er kommet med på listen, der imidlertid også burde have medtaget samme forfatters *Et livsnydende Individs Historie. Omarbejdet Udgave,* 1886, som ligeledes blev konfiskeret, selv om

[28] Iversen 1948, s. 34, Kristian Hvidt: *Edvard Brandes. Portræt af en radikal blæksprutte,* 1987, s. 309ff. Da bogen senere blev frigivet, kan dette være sket før fortegnelsens affattelse.

en angribelig scene i bogen i den omarbejdede udgave var udeladt. I begge tilfælde fandt konfiskationen sted i henhold til straffelovens § 184. Livsnydelse blev „afleveret til Bruun at indsættes under Laas og Lukke" den 3. december 1887 fremgår det af kortet i alfabetisk katalog.[29]

Der blev også konfiskeret flere periodiske skrifter, end det fremgår af fortegnelsen. Bestemte vovede forfatterskaber kunne danne udgangspunkt for censorernes nærgående læsning, for hvorfor ellers falde over den unge Gustav Wieds novelle under den uskyldige titel „De unge og de gamle" i bladet *København* 27. december 1891? Det kan skyldes, at *København* i forvejen var kendt for sin relative dristighed. Samme dagblad bragte sig adskillige gange i 1890'erne i situationer, der førte til konfiskation af enkeltnumre, når censorerne fandt, at det gik for vidt. Således da forfatter og medredaktør af *København* Oscar Madsens oversættelse af den franske forfatter Guy de Maupassant: *Smukke Ven!* blev bragt som føljeton fra 1. januar 1891. Han blev idømt en bøde på 200 kr for oversættelsen, og de pågældende numre blev konfiskeret. Det skete ved Søetatens kombinerede ret, da Madsen på det tidspunkt var værnepligtig ved marinen.[30] På bibliotekernes læsesale måtte lånerne så springe over et eller flere numre efter forklaring fra personalet.

Dagbladet *København* stillede sig ikke tilfreds med sørettens afgørelse og udgav *Smukke Ven!* i bogform samme år i forventning om, at det ville medføre en ny retssag. Myndighederne skuffede ikke redaktørerne på det punkt. Blot var Oscar Madsen ikke længere ved marinen, så i anden runde var det en ordinær domstol, der tog sig af sagen. Den frifandt Madsen, selv om den som søretten fandt enkelte passager slibrige, så var bogen som helhed ikke utugtig. Så let gik det alligevel ikke. Højesteret, hvortil sagen umiddelbart blev appelleret, fandt at bogen var „vellystig" (!), hvorfor oversætter Madsen fik en bøde på 200 kr., og bogen blev konfiskeret.[31] Hvis lånerne alligevel ville læse *Smukke Ven!* kunne de med få års tålmodighed låne den på Det Kongelige Bibliotek fra 1898. Da forelå den nemlig pány som selvstændig bog, oversat af samme

[29] Iversen 1948, s. 46ff., Aage Welblund: Beslaglagte Bøger i Danmark. IV. Martin Jørgensen: Livsnydelse. *Philobiblon* 4. 1951–52, s. 109–118.

[30] *Højesteretstidende* 1893, s. 580ff., *Ugeskrift for retsvæsen* 1894, s. 25, Tage Kaarsted: *Ove Rode – en politiker bliver til*, 1963, s. 87–90, Lisbeth Worsøe-Schmidt: *Dansk forfatterforening 1894–1994*, 1994, s. 129f.

[31] Det Kongelige Bibliotek har et eksemplar af den konfiskerede bog, men det synes at være en senere erhvervelse, da det er indbundet i et tarveligt bind uden rygtitel.

Oscar Madsen, og denne gang uden sanktioner fra myndighedernes side. De få af domstolene udpegede „slibrige passager" var nemlig strøget. Til gengæld fortalte Oscar Madsen som indledning historien om, hvordan det kunne gå en oversætter, når myndighederne ikke kunne få fat i forfatteren selv.[32] Retsinstanserne var imidlertid, som vi ser, ikke ganske enige i det moralske skøn, der skulle anlægges. Her kan vi måske også have forklaringen på, at de konfiskerede numre af *København* ikke er opført på fortegnelsen over utilgængelige skrifter. Grænserne for det trykkelige i forhold til § 184 (senere § 234) kunne hurtigt flytte sig, hvilket der i det følgende gives flere eksempler på.

Mens dagbladet *København* næppe spekulerede i det slibrige, og det var agtværdigt både at skrive i bladet og have det liggende fremme hos borgerskabet, forholdt det sig lidt anderledes med det på fortegnelsen opførte *Eva. Illustreret Ugeblad for pikant og humoristisk Underholdning,* som i 1880'erne netop bragte „pikante" historier og billeder, der lejlighedsvis overskred velanstændighedens grænser og enkeltnumre blev forbudt. Det var ikke et blad, pæne folk havde liggende frit fremme i hjemmene. Der blev åbent annonceret for „franske specialiteter", hvad det så end var på denne tid. Når Det Kongelige Bibliotek dengang valgte at lade hele 1. og 2. årgang være utilgængelig, kan det ikke alene have været begrundet i retsafgørelser, for ved at tilbageholde hele årgangene, blev lånerne forholdt også de numre, der ikke var nedlagt forbud imod. Chr. Bruun kan have ment, at det ikke umiddelbart var bibliotekets opgave, at stille den type litteratur til rådighed for lånerne.

Oversætteren af den i fortegnelsen nævnte franske forfatter Crebillons roman *Sofaen,* var i 1875 blevet idømt en måneds fængsel, da retten anså romanen for utugtig.[33] Enkelte andre sådanne for datidens domstolsmoral tvivlsomme bogoversættelser så dagens lys før århundredeskiftet. Det gælder Emile Zolas *Nana,* som blev oversat til dansk af A. Schumacher på A. W. Henningsens Forlag i 1881. Forlæggeren havde her fået fat i et stykke verdenslitteratur, men turde han stå fast? En tiltale p.g.a. udgivelsen blev forberedt i november samme år, men Henningsen henvendte sig – måske under indtryk af sagen om *Haabløse Slægter* – selv til Justitsministeren og forespurgte, om sagen kunne falde, når „hele det forhaandenværende Restoplag af Oversættelsen overgives til

[32] *Dansk skønlitterært forfatterleksikon,* 2, 1960, s. 265, Kaarsted 1963, s. 89f. De „slibrige" steder i *Smukke Ven!* blev udeladt i alle optryk til op i 1960'erne, hvis ikke helt frem til pornografiens frigivelse.

[33] *Højesteretstidende* 1875, s. 125.

EVA

Motto: Ej min Skam't ta'r Buxer paa,
som den er, jeg la'r den gaa —
naar den blot ej gaar over Stregen.
Frit efter Baggesen

Nr. 27.	Kvartalspris 1 Krone. Bestilles hos Posten og i Boghandlerne samt paa Bladets Kontor Nørrevoldgade 78.	Udgaar hver Fredag.	Enkelte Numre 10 Øre. Faaes i de fleste Avis-Udsalg samt paa Bladets Kontor, Nørrevoldgade 78.	1. Aarg.

— Hvilket Indtryk har Læsningen af „Eva“ gjort paa Dem, Frue?
— Samme Indtryk som en Ouverture; jeg er forberedt paa Operaen.

— 209 —

Fig. 3. Forsiden af *Eva* 1. årg. nr. 27 med dialog om virkningen af læsningen af bladet.

Fig. 4. Forsiden til *Galante Æventyr,* hvis illustration af en læsende kvinde var genbrug fra forsiden af *Forbudne Frugter,* 1886.

Politiet". Det gik myndighederne ind på, og tiltalen blev frafaldet. Det kan være grunden til, at *Nana* ikke var på Det Kongelige Biblioteks fortegnelse over utilgængelige skrifter. Der forelå ikke et formelt forbud, og det fremgår ikke af bibliotekets eksemplar, at den har været klausuleret. I øvrigt kunne *Nana* i 1909 udgives på Martins Forlag uden indgriben fra myndighedernes side.[34] Den litterære moralgrænse kunne på få år flytte sig synligt.

Det Kongelige Bibliotek var som Universitetsbiblioteket naturligvis nødt til at håndhæve konfiskationerne ud fra den til enhver tid afgivne rets kendelse. De skrifter, der blev gemt bort for offentligheden, var, som Bruun rigtigt pointerede overfor Bang, juridisk ikke eksisterende. En konfiskation var i princippet ubegrænset, og i dommene blev der ikke taget stilling til nogen forældelsesfrist. Den konfiskerede litteratur på pligtafleveringsbibliotekerne kunne (og kan) i teorien altså komme til at samle støv på lukkede hylder til denne kulturs undergang. Max Iversen, som i 1948 udgav den første bog om bl.a. de forbudte bøger i

[34] Iversen 1948, s. 55f.

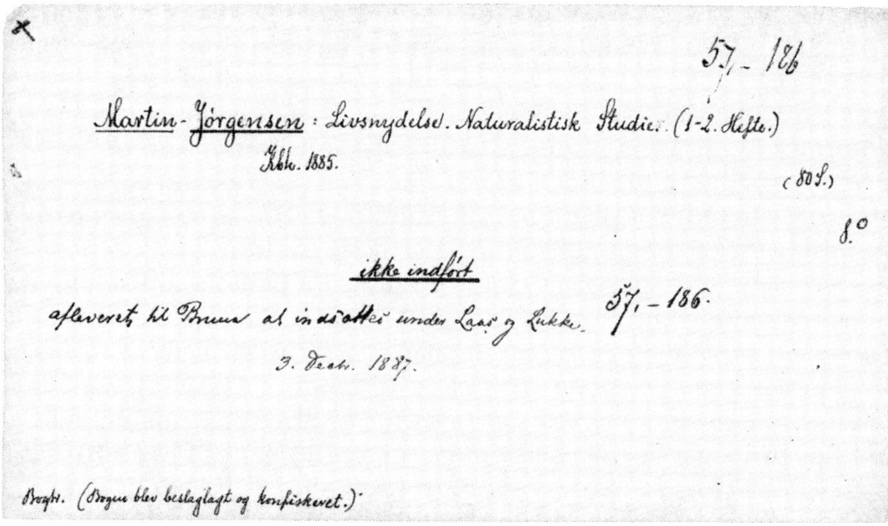
57. - 186
Martin-Jörgensen: Livsnydelse. Naturalistisk Studie. (1-2. Hefte.)
Kbh. 1885.
(80 S.)
8°
ikke indført
afleveret til Bruun at indsættes under Laas og Lukke. 57. - 186.
3. Decbr. 1887.
Bogtr. (Bogen blev beslaglagt og konfiskeret.)

Fig. 5. Kort fra Danske Afdelings alfabetiske katalog med oplysning om Chr. Bruuns inddragelse af Martin-Jørgensen: *Livsnydelse,* 1885.

Danmark, måtte i adskillige tilfælde stille sig tilfreds med at vide, at de konfiskerede bøger, som han skrev om, var at finde utilgængelige i arkiv. Få dem til benyttelse kunne han ikke. Det gælder således Martin-Jørgensens to ovennævnte bøger fra 1885–86.[35] Det var mere end 60 år efter konfiskationen, længe efter forfatterens død og andre og friere moralnormers fremtrængen. Når han alligevel ved selvsyn kunne studere flertallet af de fortsat forbudte og tillige på bibliotekerne utilgængelige skrifter hænger det rimeligvis sammen med, at mange af værkerne ikke var videre sjældne. Ofte var et stort antal eksemplarer solgt, før domstolene skred til forbud. Det gælder ikke kun *Haabløse Slægter.* Hos samlere og antikvarboghandlere fandt de forbudte skrifter sidenhen plads.

Problemet med ophævelsen af konfiskerede skrifters båndlæggelse kunne være bragt op i forbindelse med revisionen af pligtafleveringsloven fra 1832 i årene forud for 1902. Det skete imidlertid ikke – der var større problemer at tage stilling til – ligesom den administrative håndtering af forbudte skrifter ikke blev lovfastsat. I stedet blev der indført en klausuleringsbestemmelse, som skal omtales nærmere nedenfor.

Pligtafleveringsbibliotekerne, nu forøget med Statsbiblioteket, fort-

[35] Iversen 1948, s. 49.

satte derfor med at skulle håndtere modtagelsen af ved domstolene forbudte og siden konfiskerede skrifter på det givne mangelfulde grundlag.[36]

Til tider kunne det fortsat knibe med hastigheden, før politi og domstole fik sig taget sammen til at gribe ind. Det er kun en understregning af, at andre hensyn end det i snæver forstand lovmæssige kunne spille ind. For pligtafleveringsbibliotekernehar det givet barokke udslag for enkelte publikationers vedkommende.

Det var bl. a. et spørgsmål om storpolitik, da Emil Rasmussen fik sin under pseudonymet „Jean Poincanard" udgivne *Barbarkvinder. Et fransk Øjenvidnes Afsløringer af de haarrejsende tyske Tilstande,* 1917 forbudt. Bogen skildrede påståede usædelige tilstande i Tyskland, som forfatteren i følge eget udsagn skrev om for at drive satire på de mange urigtige propagandistiske beretninger om forholdene i Tyskland under krigen. Skildringerne af de seksuelle forhold sikrede bogen seks hurtigt på hinanden følgende oplag på i alt 6.700 eksemplarer, før myndighederne skred ind. Hvad der foranledigede den sene reaktion, får stå hen, men blandt dem, der protesterede til Indenrigsministeriet over denne tyskorienterede propaganda var anmelderen Kai Friis Møller. Bogen blev forbudt ved både politi- og kriminalretten og Højesteret iflg. straffelovens § 184.[37] *Barbarkvinder* har siden været utilgængelig på Det Kongelige Bibliotek i alle oplag (på nær det første, som biblioteket ikke har) til 1969, men det skyldes kun tilfældigheder, at et af oplagene ikke nåede at blive til rådighed for lånere før forbudet.

Under pseudonymet Emmy Carell blev der i 1921 udgivet en bog med det i en mandsverden både opsigtsvækkende og egentligt overflødige spørgsmål Kan mænd undværes? Det kan de naturligvis ikke. Alligevel var der mange – mænd –, som ville læse svaret, da det rummede ganske vist lidet originale beskrivelser af lesbiske kvinders omgang med hinanden. Bogen kom i fem oplag (!), før myndighederne skred ind, så succes'en var hjemme.[38] Påny stod pligtafleveringsbibliotekerne

[36] I det følgende trækkes kun på Det Kongelige Biblioteks erfaringer som pligtafleveringsinstitution.

[37] Emil Rasmussen: *Løgnens Riddervagt,* 1917, *Højesteretstidende* 1918, s. 255, *Ugeskrift for Retsvæsen* 1918, s. 721, Iversen 1948, s. 50f., Jesper Düring Jørgensen: Tyske forsøg på kulturpropaganda i Danmark under den første verdenskrig, *Fund og Forskning* 26, 1982–83, s. 146f., 150.

[38] Iversen 1948, s. 216 (hvor pseudonymet fejlagtigt opgives som Carrell), *Dansk skønlitterært forfatterleksikon,* 1, 1959, s. 216.

med bøger, som det nedlagte forbud langtfra hindrede udbredelsen af. Det principielle ved en doms utilgængeliggørelse blev undergravet af, at der var kommet så mange eksemplarer i omløb, før forbudet blev effektueret.

Den unge studenteraktivist og revolutionære Rudolf Broby-Johansen satte på en bevidst og agressiv måde gang i debatten om kunstens udfoldelsesmuligheder under censurens blik i sit ekspressionistiske digt *Blod,* udsendt af Studentersamfundet i 1922. Digtsamlingen kan næppe have haft bud til bredere kredse, men blev straks, og det vil sige *dagen efter* udgivelsen, – det kunne gå stærkt – anstændigvis forbudt, og som professionel aktivist lod Broby ikke denne lejlighed gå fra sig for at slå et slag for ytringsfriheden, for kunsten – og for Broby.[39] På den baggrund virker J. Anker-Paulsens samtidige – ligeledes forbudte – digte *I badedragt og andre erotiske Digte fra et mondænt Badested,* 1922 trods titlen sært tamme. De opnåede imidlertid tre oplag før politi og anklagemyndighed opdagede dem og fik dem dømt til konfiskation. De blev ikke udgivet igen siden og var utilgængelige til 1969.[40] Det var Broby-Johansens *Blod* til gengæld ikke. *Blod* blev udgivet i 2. udgave i 1968, hvor domstolene trods den tidligere dom ikke skred ind. Det Kongelige Bibliotek stiller nu både den pligtafleverede originaludgave fra 1922, Broby-Johansens eget eksemplar med håndskrevne tilføjelser og 2. udgave til rådighed for lånerne.

På trods af de i det foregående nævnte og andre enkeltstående forbudssager, der naturligvis fortsat var for bagateller at regne i forhold til den samlede mægnde af litteratur, blev der i 1927 vedtaget endnu en pligtafleveringslov, der ikke fastlagde, hvordan man skulle behandle de skrifter, der var på kant med loven.

Frem gennem 1930'erne fortsatte en kurs, hvoraf man ikke med sikkerhed kan vide, om den beslaglagte litteratur blev leveret i et eksemplar til pligtafleveringsbibliotekerne. På Det Kongelige Bibliotek mangler således en række numre af beslaglagte nazistiske og antisemitiske skrifter,[41] mens f.eks. de forbudte numre af det seksualoply-

[39] Broby-Johansen udgav sin forsvarstale i retten, og ved den senere genudgivelse 1960 tilføjes den oplysning, at konfiskationen fandt sted allerede dagen efter udgivelsen (*Imprimatur,* 1960, s. 12).

[40] *Dansk skønlitterært forfatterleksikon,* 1, 1959, s. 56.

[41] Jesper Vang Hansen: *Højreekstremister i Danmark 1922–1945,* 1982 og KB's arkiv E 133 Henlagte Tryksager 1902–1940.

sende tidsskrift *Sex og Samfund* findes indbundet med de øvrige legale numre uden særlige oplysninger.[42]

Spekulationen i sanselighed

Den litteratur og de trykte billeder, som fra starten ikke gav sig ud for at være andet end usminket pornografi, har indtil ophævelsen af forbudet mod pornografi den 1. juli 1969 eksisteret i illegaliteten, og kun en brøkdel af, hvad der har været i omløb, er kommet til retsvæsenets kendskab. Det betyder igen, at en endnu mindre del er kommet til Det Kongelige Biblioteks samlinger. De tryk, som udgiverne var bevidste om ville blive forbudt som pornografi, er naturligvis ikke tilsendt biblioteket som pligtaflevering. Og det har stort set udelukkende været retsvæsenet, der har forsynet biblioteket med den type tryk. Hvor det for den forbudte litteratur under enevælden har været muligt at udfylde hullerne i samlingerne via private samlere og på anden vis, har det hidtil ikke været muligt bare tilnærmelsesvis at komplettere samlingerne på dette område. Samlere har endnu ikke afgivet materiale, og fra bibliotekets side lader man sig nøje med de trods alt talrige eksempler på den legale og illegale pornografi af enhver art, der alligevel er kommet til veje.

Dansk pornografi i „ældre tid“, d.v.s. før anden verdenskrig, var ofte meget primitiv, til tider direkte hjemmelavet i få eksemplarer, skrevet på maskine og forsynet med enten billeder klippet ud fra andre kilder eller med private optagelser. Eller den blev til i form af små pjecer og tryksager, der på let gennemskuelig vis skulle lokke potentielle købere til med udsigt til en saftig oplevelse. Oftest stod tryksagens indhold næppe i forhold til forventningerne. En hel del producenter på dette marked brugte nemlig det kneb at love mere end de indfriede, hvorved de skaffede sig på den side af loven, hvor de ikke kunne rammes af paragraffen om „spekulation i sanselighed“. Disse tryk og frembringelser blev fremsendt i anonyme kuverter eller solgt i lukket kuvert i kioskerne, mens de mere originalt fremstillede emner var for liebhavere og blev solgt under disken hos bl.a. antikvarboghandlere.[43]

[42] Det drejer sig om *Sex og Samfund* nr. 2 og 3, 1937 og nr. 1, 8 og 9, 1938. Om beslaglæggelserne dels højesteretsdommene af 5. og 6. oktober 1938, dels Bo Elbrønd-Bek og Ole Ravn (red.): *Sex og Samfund,* 1975 og Elias Bredsdorff: *Revolutionær humanisme. En introduktion til 1930'rnes venstreorienterede kulturtidsskrifter,* 1982, s. 219f.

[43] Ole Ege: *Erotiske drømme,* 1992, Lauridsen 1993, s. 102ff., Erik Nørgaard: Pikanterier, *Ud & Se,* januar 1995, s. 32–34.

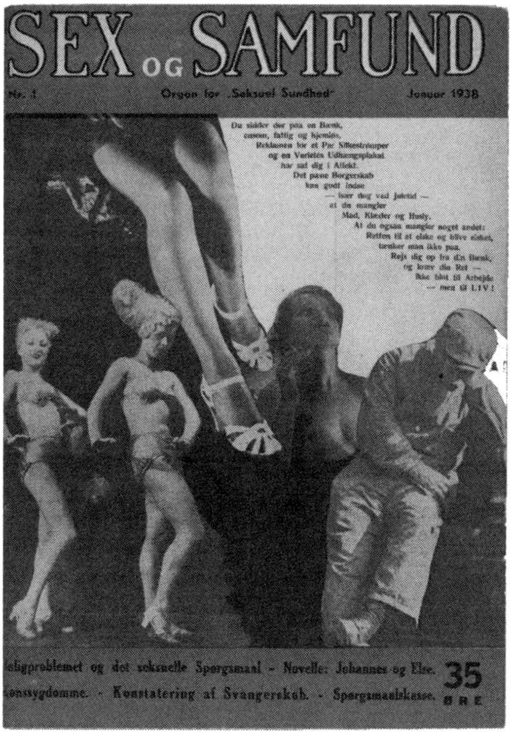

Fig. 6. Forside til et forbudt hefte af *Sex og Samfund* (januar 1938). Der blev som fotomontage gengivet reklamen for et par silkestrømper og piger fra en varietes udhængsplakat sat overfor en arbejds- og hjemløs. *Sex og Samfund* kunne ikke vise de billeder af kvinder som dagspressen og forlystelsesbranchen gjorde hver dag.

Efter krigen fandt pornografien flere og flere forlæggere, der var mange penge at tjene ved industrialiseret produktion af blade og hæfter, hvoraf en stor del blev eksporteret, hvilket gik hånd i hånd med krav om pornografiens frigivelse. Ofte var bladene til op i 1950'erne let camouflerede som „kunstbøger", „modelstudier" eller „fotobøger" for den professionelle kunstner/fotograf. Disse udgivelser kom naturligvis ind via pligtafleveringen, og blev behørigt katalogiseret. En af katalogisatorerne, Erik Dal, har beskrevet situationen således:

„Indenfor billedkunsten rummes en af de ejendommeligste udglidninger i systemet. „Vejledninger til Maler og Tegnekunst" inkluderer som en selvfølge modelstudier og croquistegninger. Selve vejledningen indskrænker sig undertiden til meget korte antydninger i ord og streg plus fotografier af smukke modeller, og tilsidst er kun fotografierne tilbage. Men så vidt jeg husker, var der før 1960 ikke mere end en enkelt person på hvert billede, så man opretholdt tappert illusionen om billedpornoens kunstneriske formål og overlod de mere figurrige publikationer til tiden efter 1960, der har så meget andet at slås med."[44]

Igennem 1960'erne tog de mere end „figurrige publikationer" et sådant opsving, at en betydelig del af dem ville være blevet konfiskeret, såfremt politiet havde fundet frem til producenterne. Disse brugte en hel del fantasi og anstrengelser for at skjule, hvor de fik deres bøger og hæfter trykt. Det skal således have været et ofte anvendt fif at udgive pornografiske bøger og blade som trykt i udlandet, f. eks. Malmø, for at undgå repressalier mod trykkerierne. Herved var også en måde at omgå afleveringspligten på. De implicerede danske trykkerier kunne naturligvis ikke være i tvivl om, at det var ulovligheder, de medvirkede til.

Mens spekulationen i billedpornografi blev mere og mere udtalt og for en stor del havde bevæget sig ud over lovens kant i 1960'erne, så stod slaget igennem 1950'erne og 60'erne endnu om, hvad der skulle regnes for litterær pornografi. Slagene blev som regel afgjort ved domstolene. Ældre og nyere europæisk litteratur kunne stadig i dansk oversættelse få stemplet pornografi ved domstolene, selv om både forfattere og litteraturvidenskabsfolk rystede på hovedet eller rasede. Bedre blev det ikke af politiets razziaer, hvor verdenslitteratur blev behandlet som pornohæfter.[45] En dansk oversættelse af John Clelands berømte *Fanny Hill* blev eksempelvis ført for retten i 1964 med krav om beslaglæggelse. Forud var den engelske udgave senest dømt forbudt herhjemme i 1957. Udgiverne måtte igennem alle tre retsinstanser og en stribe indlæg om litteratur, pornografi og ytringsfrihed, før frifindelsen ved Højesteret i april 1965.[46] Det Kongelige Bibliotek havde på det tidspunkt haft den engelske originaludgave fra 1749 stående i et århundrede eller to.

Med pornografiens frigivelse den 1. juli 1969 begyndte Det Kongelige Bibliotek som pligtaflevering at modtage magasiner, hvis nummerering angav, at disse var blevet udgivet i et stykke tid forud. Andre hefter og serier tog det flere år endnu, før producenterne begyndte af aflevere. Det kan muligvis skyldes, at de en tid blev produceret i udlandet.

[44] Erik Dal: Bibliotheca Danica 1482–1830 og Catalog over det store kongelige Bibliotheks danske og norske Afdeling, Axel Andersen (red.): *Danske opslagsværker*, 1, 1977, s. 267.

[45] Hans Hertel (udg.): *Mr. Henderson i forbifarten. 46 samtidshistorier,* 1975, s. 39f.

[46] Leif Blædel: *Sagen om Fanny Hill,* 1965.

Fig. 7. Forsiden af det pornografiske hefte *Shadow*, beslaglagt af politiet og overdraget til Det Kongelige Bibliotek i 1971. *Shadow* er uden trykkested, år og tekst i øvrigt. Politiet fik ikke ad den vej hjælp i efterforskningsarbejdet. I modsætning til de pikante forsider til Zolas *Nana* og andre af tidligere tiders skrifter, som lover mere end indholdet kan leve op til, er *Shadows* forside mere afdæmpet end indholdet. Det kan skyldes hensynet til, at kioskerne skulle kunne reklamere med forsiden uden at risikere umidelbar beslaglæggelse af hefter af denne type.

De trykte pornografiske udgivelser, som politiet konfiskerede i forrige århundrede og i begyndelsen af dette, kan for en dels vedkommende genfindes i retssagerne i forbindelse med tiltalerejsning. Eksempler på den type materiale er senere bl.a. benyttet og fremdraget i forskningsøjemed.[47] Fra 1910 til 1938 havde politidirektøren i København og siden rigspolitichefen opgaven som centralautoritet for pornografibekæmpelse i Danmark. I praksis har det været Københavns Politis 4. politiinspektorat (oprettet 1902), der har varetaget dette hverv.[48] Overbetjent ved 4. politiinspektorat V. Fr. Henriksen kunne i 1939 fortælle, at „I Københavns Politis Samling af pornografisk Materiale og afgørelser fra de sidste 20 Aars Sager har Politiet et Assistanceorgan, der muliggør hurtig Identificering og Klassificering af det pornografiske Materiale, som dukker op“.[49]

[47] Jens Haugaard Jensen, Erik Hansen og Lilla Voss: *Sociale studier. Kriminalitet, prostitution og fattigdom i Århus ca. 1870–1906*, 1975, s. 162f., 184 og i Erik Nørgaards bøger.

[48] *Københavns Politi's IV Politiinspektorat 1. april 1902–1. april 1952*, 1952, s. 9.

[49] V. Fr. Henriksen: Pornografi og bekæmpelse af dens udbredelse. *Politiet. Tidsskrift for Politivæsen* 1938–39, s. 348.

Politiet havde i de lige foregående år øvet en mere aktiv indsats for at bekæmpe pornografien, hvilket måske kan tilskrives V. Fr. Hendriksen. Der var foretaget razziaer med beslaglæggelser og domfældelser til følge. En stor del af de beslaglagte titler var udenlandske, og adskillige af dem var ikke videre pornografiske, men blev snarere (ved en byretsdom den 7. november 1938) kendt utugtige på grund af dem sammenhæng, hvori de blev fundet. En oversigt over dem blev bragt i en femspaltet politikundgørelse i *Statstidende* 18. november 1938,[50] og Det kongelige Bibliotek havde kun en brøkdel af dem, bl.a. Eduard Fuchs kulturhistoriske standardværker. Disse må imidlertid i kraft af bekendtgørelse været udskilt fra bibliotekets hovedsamling og anbragt på lukkede hylder. Også på en anden måde fik disse beslaglæggelser betydning. Ved at dømme kulturhistoriske værker utugtige åbnede kundgørelsen vide rammer for politiets pornografijagt med hensyn til både udenlandske værker, danske oversættelser af disse og originale dansker bøger helt frem til pornografiens frigivelse.

Oplysningen om politiets pornografiske samling fremkom netop det år, hvor det første hidtil kendte cirkulære om beslagte skrifter blev udsendt. Justitsministeriet tilstillede den 24. juni politidirektøren i København og samtlige politimestre en skrivelse, hvorefter de skulle drage omsorg for, at beslaglagte skrifter blev tilstillet Det Kongelige Bibliotek og Statsbiblioteket. Der blev henvist til pligtafleveringsloven af 1927 med tilhørende cirkulære (aktstykke 73, 74). Henvisningen til lov og cirkulære kan forekomme noget søgt i betragtning af, at der de pågældende steder ikke står et ord om beslaglagte skrifter. Cirkulæret fik trods det betydning for afleveringen af beslaglagte skrifter derefter, på et område nær, den beslaglagte pornografi. Politiet blev ved med at forøge sin samling af den type materiale i stedet for at videregive dele af den. På grund af den trykteknniske udvikling, kan f.eks. det ældre konfiskerede materiale ikke længere have haft større relevans som identificeringsmiddel i 1939 og slet ikke efter anden verdenskrig. Dog forblev samlingen hos politiet.

Denne samling, med senere tilkommet materiale frem til 1969, synes på et tidspunkt kort efter pornografiens frigivelse at være opløst. Journalist Erik Nørgaard så samlingen endnu i 1970, hvorefter den ifølge hans udsagn for det mestes vedkommende skulle være spredt for alle vinde. En del skal have været på det såkaldte kriminalmuseum.[51] Vinden

[50] Det er en af hovedkilderne for Iversen 1948, s. 38–42, 50f., 54f., 56–59.

[51] Nørgaard 1995, s. 33.

førte i 1971 en mindre del af samlingen til Det Kongelige Bibliotek. Det drejer sig om ca. fire hyldemeter, mest beslaglagt billedpornografisk litteratur som hefter fra 1930'erne og overvejende fra 1960'erne.[52] Der er ingen tvivl om, at det kun kan være en del af det engang konfiskerede. Ikke mindst er det et tab, at eksempler på de „pikante" tryk tilbage til århundredeskiftet ikke forefindes. Det hjørne af kulturhistorien ville i dag mere undre end pirre og samtidig understrege, i hvor høj grad de samme salgsmæssige kneb grundlæggende går igen.

Bogforbud og illegale tryk under den tyske besættelse 1940–45

Den tyske besættelse af Danmark 1940–1945 førte til forbud mod udstilling, forhandling og udlån af en række danske og en lang række udenlandske værker, blandt sidstnævnte skal nævnes alle bøger af Churchill og Marx (et sjældent makkerpar) og Erich Maria Remarque for hans antikrigsbøger om første verdenskrig; alle bøger af Thomas Mann skrevet efter 1933, Bert Brechts *Svendborger Gedichte* og John Steinbecks *The Moon is Down* for bare at nævne nogle få. Gennem Udenrigsministeriet fik bibliotekerne så godt som månedligt meddelelse om forbudte udenlandske bøger fra juli 1941 til og med juli 1944. Det Kongelige Bibliotek forespurgte i maj 1943 Udenrigsministeriet, om biblioteket kunne stille bøger fra forbudslisterne til rådighed for lånere, idet der blev gjort opmærksom på, at Det Kongelige Bibliotek kun besad få af titlerne. Ministeriets svar var positivt. Når det kunne ske „i begrænset Omfang og til strengt videnskabelig Benyttelse. Man maa dog anmode Bibliotheket om at vise megen Varsomhed med Udlaanene".[53]

Den samme liberale holdning blev ikke vist overfor den danske litteratur. Censur og selvcensur satte øjeblikkeligt ind efter 9. april. Enkelte forfattere måtte se sig pålagt reelt publiceringsforbud. Det gælder således journalisten Nic. Blædel.[54] Andre måtte tilpasse sig de ændrede vilkår. Litteraturkritikeren Henning Kehler havde under titlen *Syv Aar* forberedt udgivelsen af et udvalg af sine artikler 1933–40 til efterårssæsonen 1940. Den færdigtrykte bog var omkring Udenrigsministeriet, der henstillede, at bogen ikke udkom og ikke måtte omtales i pressen. Det var lige så godt som et reelt forbud, men dertil lod

[52] Ingrid Ilsøe: *Danske Afdeling. Studie- og særsamlinger. En vejledning,* 1990, s. 25.
[53] KB's arkiv A 9, 6126. Brev fra Udenrigsministeriet 2. juni 1943.
[54] Gerhardt Eriksen: *Nic. Blædel,* 1994, s. 201f.

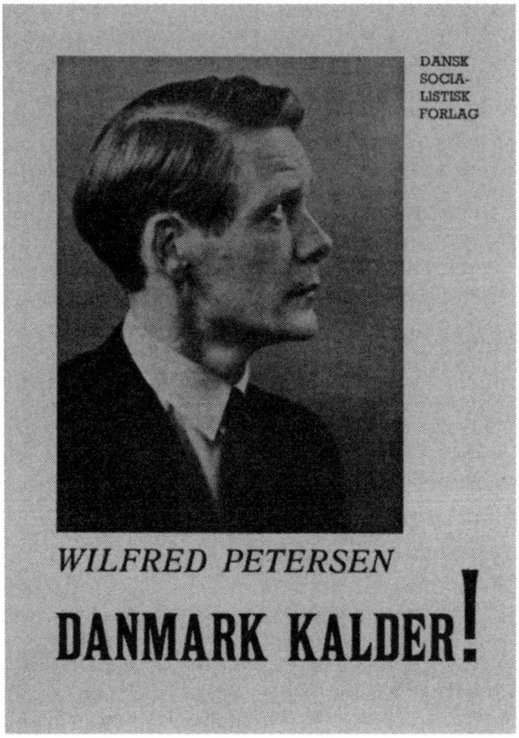

Fig. 8. Omslaget til Wilfred Petersens pjece *Danmark Kalder!* 1940, som ved kendelse af 4. september samme år blev beslaglagt for overtrædelse af lov nr. 388 af 22. juli 1940. Omslaget viser Wilfred Petersens profil.

Berlingske Forlag det ikke komme. Forlaget opgav at lade bogen udkomme og udleverede i stedet oplaget til Kehler, så han kunne disponere over det til sine venner. Med den besked sendte forlaget et eksemplar af bogen til Det Kongelige Bibliotek, idet man tillod sig at gå ud fra, at bogen ikke ville kunne udlånes „under de nuværende Forhold".[55]

Gennem Justitsministeriet udgik der meddelelse til bibliotekerne om en række allerede udkomne danske bøger, som ikke længere måtte gøres til genstand for udlån(se nedenstående liste). Listen omfatter ikke videre overraskende værker som Hartvig Frisch: *Pest over Europa,* 1933, for dens antifascisme, Martin Andersen Nexø: *To verdener,* 1934 for den positive vurdering af Sovjetunionen, A. D. Stender-Petersen: *Revolutionære profiler,* 1933 for at vurdere de sovjetiske ledere sagligt.

[55] Forlagets brev er indklæbet i bogen.

Danske bøger der udgår af de offentlige bibliotekers udlån 13. juli 1942.[56]

M. Wreshner: Rigsdagsbrand og Rigsretsproces. Et Kapitel af Urettens Historie, 1934.
Niels J. Mürer: Det nye Tyskland, Oslo 1935.
Georgi Dimitroff: Georgi Dimitroffs Liv og Kamp for Folkefronten. Artikler og Taler, 1938.
V. L. Lenin: Staten og Revolutionen, 1937.
Martin Andersen Nexø: To Verdener. Tanker og Indtryk fra en Ruslandsrejse, 1934
Nic. Blædel: Storpolitik, 1938.
Hartvig Frisch: Pest over Europa. Bolchevisme-Fascisme-Nazisme, 1933.
Douglas Reed: Galskabens Kavalkade, 1938.
Douglas Reed: Grænseløs Skændsel, 1939.
Wolfgang Langhoff: Et Aars Helvede, 1935.
A. D. Stender-Petersen: Revolutionære profiler, 1933

Udenrigsministeriet søgte at holde ubekvemme danske nyudgivelser tilbage, men det kunne af mange grunde ikke lykkes hver gang. Der var personer og kredse, der ikke lod sig stoppe, før det var for sent. Det gælder så vidt forskellige typer som historikeren Vilhelm la Cour, forfatteren Soya, præsten Kaj Munk og nazisten Wilfred Petersen. La Cour udsendte 1941–42 en række nationale vækkelsespjecer i stort oplag, som blev forbudt og konfiskeret. Selv blev han frihedsberøvet ved dansk domstol, i 1941 gav *Ord til os i Dag* 80 dages hæfte, mens pjecerne *Vor Neutralitet* og *Historien om et Kortog* året efter blev takseret til 7 måneders fængsel.[57] Soya var ikke mere heldig med sin roman *En Gæst,* 1941, hvor et ubudent kryb i form af en ørentvist vokser til menneskestørrelse og overtager magten i det lille hyggelige borgerhjem. Parallellen til herrefolkets tilstedeværelse i Danmark var så åbenbar, at en del af oplaget efter tysk krav blev beslaglagt på udgivelsesdagen. Soya kom i fængsel 60 dage, forlæggeren i 30 dage, og bogen blev forbudt – påny ved en dansk domstol.[58] De beslaglagte værker af la Cour og Soya kom til Det Kongelige Bibliotek fra 4. politiinspektorat. Ledsagebrevet

[56] KB's arkiv A 9, 6126. Brev fra Justitsministeriet anf. dato. Jfr. *Hvem skrev hvad,* 1945, s. 598. Supplerende opl. som forfatterfornavn og trykår er i en del tilfælde indsat af forf.
[57] Vilh. la Cour: *For dansk Domstol under Besættelsen,* 1945.
[58] Soya: *Dansk Retfærdighed – naar tyskerne er i Landet. En Pjece,* 1945.

blev indklæbet i trykkene, der derpå blev anbragt blandt „Henlagte Sager“ i Danske Afdeling. For la Cours vedkommende blev f.eks. pjecen *Ord til os i dag,* 1941 båndlagt for fem år, hvilket ikke var helt dårligt ramt. Fire år havde dog været nok! Så var der mindre opmuntring i, at *En Gæst* blev båndlagt uden tidsbegræsning. Det kunne betyde hvad som helst.[59]

Soya forsøgte at udgive endnu en bog under besættelsen, der led en endnu mere krank skæbne end *En Gæst.* Det var *Papirslygter i Uvejr. Noveller.* Med forord af Kaj Munk. Kontorchef Karl Eskelund i Udenrigsministeriets pressebureau havde først givet tilladelse til bogens udgivelse, men en artikel i et svensk blad med en omtale af bogen bevirkede, at udgivelsen blev forbudt. Eskelund brugte som påskud, at der i prenumerantindbydelsen stod, at forfatteren befandt sig i Vestre fængsel. Dette var rigtigt nok, Soya afsonede dommen for *En gæst* i sommeren 1942. Forlæggeren fik en bøde på 500 kr., og satsen blev styrtet i august 1942. Der kom denne gang derfor intet eksemplar til Det Kongelige Bibliotek fra politiet. Der var ikke noget at sende. Imidlertid overlevede 3 eller 4 korrektureksemplarer censuren, og et af dem kom tilbiblioteket i 1972.[60]

Kaj Munk udsendte den 9. april 1942 på toårsdagen for besættelsen dramaet *Niels Ebbesen* i et oplag på 12.000 eksemplarer. Et øjeblikkeligt forbud mod udgivelsen var forudset – det kom dagen efter – så oplaget var forud distribueret ud over landet, og kun få eksemplarer blev beslaglagt. Klausuleringen af *Niels Ebbesen* på Det Kongelige Bibliotek var en ren formssag, udbredelsen var sikret, og mere interessant var det i virkeligheden for biblioteket også at erhverve den illegale udgave af dramaet. Det lykkedes, uvist hvornår og hvordan, men biblioteket var i besiddelse af et eksemplar i 1945. I 1943 fik Munk forbud mod at udgive flere bøger og kun vejen for illegal publicering stod åben.[61]

Wilfred Petersen var delvist ude i et ærinde, der kunne ligne la Cours.

[59] Danske Afdeling, Henlagte Sager (protokol 1940ff.) under 1941. I øvrigt om politets afleveringer af beslaglagte skrifter, KB's arkiv F Korrespondance Danske Afdeling 1936–41, brev 19. februar 1941, hvor der indkom: *Se Kendsgerningerne i Øjnene, Den fulde Sandhed ..., Rene Folk med rene Hænder, Hvem er de Folk* og *Om at sige ja og nej.*

[60] C. M. Woel: *Bibliografisk Fortegnelse over Soyas Arbejder,* 1946, s. 12, *Dansk skønlitterært forfatterleksikon 1900–1950,* 3, 1964, s. 299, *Meddelelser fra Rigsbibliotekaren* 24:2, 1973, s. 13.

[61] Tage Hind: Med Ordets Sværd, Vilh. la Cour (red.): *Danmark under Besættelsen,* 2, 1947, s. 592.

Kundgørelse fra Politidirektøren.

Ved Kendelse afsagt af Københavns Byret den 8. April 1942 er Kaj Munks Bog „Niels Ebbesen“, trykt i Nordlundes Bogtrykkeri, Niels Hemmingsensgade 12, København, og udgivet paa „Nyt Nordisk Forlag“ (Arnold Busck), blevet beslaglagt.

Hvilket herved kundgøres i Medfør af § 15, Stk. 1, i Lov Nr. 147 af 13. April 1938 om Pressens Brug, jfr. Lovens § 15, Stk. 2 og § 19, Stk. 2.

Københavns Politikammer, den 10. April 1942.

I. Stamm.

Fig. 9. Politiets meddelelse i *Statstidende* 11. april 1943 om forbudet mod Kaj Munk: *Niels Ebbesen*. Hvor de ubudne tyske gæster kunne blive stødt, måtte trykkefriheden vige i samarbejdspolitikkens navn.

Han ville for enhver pris undgå, at Frits Clausen og hans DNSAP blev overladt regeringsmagten i Danmark. Med sit eget parti, Dansk Socialistisk Parti, trådte han Frits Clausen for nær, hvor han kunne komme af sted med det på skrift og i tale. Flere af de udgivne tryksager irriterede ikke kun DNSAP, men også den tyske besættelsesmagt. Det førte til henvendelser til Udenrigsministeriet om forbud mod bestemte titler. Opmærksomheden var specielt rettet mod DSP's tidsskrift *Stormen,* som i en meget aggressiv stil angreb Frits Clausen, der blev fremstillet som en landsforræder, en drukkenbolt, der burde steriliseres eller en transvestit, der bød sig til overfor de tyske soldater. De danske myndigheder tøvede imidlertid med at gribe ind, da forbudet også skulle have et anvendeligt retsgrundlag. Det fik man omsider, da *Stormen* den 4. oktober 1940 skrev om et engelsk bombeangreb og fortalte, hvor bomberne var faldet. Det var viderebringelse af en ulovlig militær efterretning. *Stormen* havde vejledt fjenden. Det var påskuddet, der kunne bruges. Justitsministeriet forbød fra den 10. oktober *Stormen.*[62] Samme skæbne overgik Wilfred Petersens pjece *Danmark Kalder,* 1940. Både *Stormen* og pjecen kom fra politiet til „Henlagte Sager“ på Det Kongelige Bibliotek og blev klausuleret for 10 år.[63]

I øvrigt var det alt overvejende kritiske røster mod samarbejdspolitikken og besættelsesmagten, der blev udsat for forbud. En del aviser og tidsskrifter fik forbudt enkeltnumre. De kritiske studenterbla-

[62] John T. Lauridsen: „Sprællemanden“ – dansk nazisme i karikatur, *Fortid og Nutid* 1996, s. 229f.

[63] Danske Afdeling, Henlagte Tryksager (protokol 1940ff.) under 1940.

de udgør et kapitel for sig. Over denne type af forbud foreligger der endnu ikke en samlet oversigt.[64] På Det Kongelige Bibliotek blev en del af de forbudte numre af tidsskrifter uden videre indbundet sammen med den øvrige årgang, men forsynet med en seddel om, at her forelå et forbud. Muligvis har indbindingen først fundet sted efter 1945. I modsat fald har sådanne årgange dårligt kunnet stilles til rådighed for lånerne.

En righoldig illegal litteratur voksede gradvist frem som konsekvens af den tyske censur. Illegale blade skrev, hvad aviserne ikke ville, kunne eller turde skrive. Illegale bøger udkom af forfattere og om emner, som ellers ikke ville kunne fremkomme under besættelsen. Det gælder værker af i det foregående omtalte forfattere som John Steinbeck og Kaj Munk.

Den første rigtigt kendte og udbredte af de illegale publikationer var *Danske toner 16 danske Sange med Musik,* 1941, der udgav sig for et sanghæfte i nationalt udstyr med rød-hvide farver, men indholdt den eftersøgte kommunistiske partiformand, Aksel Larsens, tale til Folketinget, en tale som det høje tings grundlovsbrud (Kommunistloven 1941) hindrede ham i at holde. Det var vist kun regeringen, besættelsesmagten og den øvrige kommunistiske ledelse, som ikke syntes om den „musikalitet", *Danske Toner* i sin ydre form var udtryk for. De første omdelere af hæftet blev hurtigt pågrebet og kom til at „synge med" ved Københavns byret, idet de blev idømt fængsel. Derimod kunne man ikke komme efter udgiverne. DKP var allerede kriminaliseret, men *Danske Toner* blev beslaglagt, hvor den forefandtes. Det Kongelige Bibliotek kan have været i tvivl, om biblioteket nu også ville modtage et eksemplar af dette skrift, for det rettede henvendelse til Københavns politi for at modtage et eksemplar til henlæggelse. 4. inspektorat fremsendte da et eksemplar 5. november 1941 med følgebrev, som blev indklæbet i hæftet, der derpå blev henlagt. Det var hermed klart markeret overfor politiet, at nationalbiblioteket også ønskede at bevare denne illegale del af den trykte kulturarv.

De følgende års illegale blad- og bogproduktion fik et sådant omfang, og politiets beslaglæggelser heraf var så relativt få, at Det Kongeli-

[64] For aviscensuren, se Laurits Bindsløv: *Pressen under besættelsen,* 1960.

På modstående side: Fig. 10. De illegale bladgrupper betjente sig med et vist held og ikke ringe humor af camouflerede tryk, som denne *Køreplan udgivet af De danske Statsbaner,* 1944, men som indeholder skriftet „Bomber over Tyskland".

BOMBER
OVER
TYSKLAND
Danmarks Jernbaner
KØREPLAN
udgivet af
De danske Statsbaner
Gyldig fra 25. Maj 1944
Pris 10 Kr.

ge Bibliotek ikke på den måde ville have kunnet sikre sig et tilstrækkeligt repræsentativt antal eksemplarer til henlæggelse. Her var „et hul", som 1927-loven om pligtaflevering af gode grunde ikke havde taget højde for. At henvende sig direkte til „trykkerne" var heller ikke muligt. I stedet indtraf der det glædelige, at en del af de anonyme udgivere af egen drift tilsendte biblioteket deres udgivelser. I begyndelsen har det sikkert været et fåtal, sidenhen et betydeligere antal i takt med, at der bredte sig en større bevidsthed om betydningen deraf. Det Kongelige Bibliotek havde ingen formelle muligheder for at rykke udgiverne ved manglende eller udeblevne afleveringer og gav sig heller ikke af med at opspore afsendere som „W. Kirkehøj, Englandsvej 44", „Foreningen til Skadedyrs udryddelse" eller „Solstrålen. Det ny middel mod utøj, uhyre virksom", for adressaten var på en gang tydelig nok og førte alligevel ingen steder hen.

Gestapos beslaglagde en del af de modtagne illegale skrifter ved en razzia i december 1944, og det var nok et tab af kulturarv for Det Kongelige Biblioteks fremtidige lånere, men udbredte på den anden side gennem det illegale nyhedsbureau *Information* og den illegale presse bevidstheden om, at de illegale blad- og boggrupper burde aflevere eksemplarer af deres udgivelser.

På Det Kongelige Bibliotek blev de illegale tryksager gemt af vejen i magasinerne til bedre tider. Da det illegale blad *Frit Danmark* i 1942 blev indleveret, anbragtes det under „Henlagte Sager" og klausuleredes „Foreløbig". Andre og senere modtagne illegale tryksager blev henlagt uden klausulering. I 1944 var det både et spørgsmål om mængden af modtaget materiale og tiden, før klausuleringerne ville være uden betydning.

Den illegale samling af tryk blev tilgængelig efter befrielsen.[65]

Et værk produceret under besættelsen har opnået den tvivlsomme ære at blive illegal *efter* befrielsen. Det er det såkaldte *Bovrup-Kartotek* eller *Bovrup Bogen* indeholdende lister over en del af de mennesker, der på et tidspunkt i deres liv havde været medlem af DNSAP. Den blev udsendt af en gruppe, som var utilfreds med forløbet af retsopgøret. Domstolene greb straks ind for at hindre, at den publikation skulle blive

[65] John T. Lauridsen: Censuren til trods. Opbygningen af Det kongelige Biblioteks samling af illegale tryk fra tiden 1940–1945, *Magasin fra Det kongelige Bibliotek* 9:4, 1995, s. 3–22 og samme: „Undergrundspressen" i Danmark 1940–45. Samlinger. Litteratur, *Fund og Forskning* 36, 1997, s. 263–287, Danske Afdeling, Henlagte Tryksager (protokol 1940ff.) under 1942 og 1944.

et middel til at gøre det surt for alle med en nazistisk fortid. Den blev først klausuleret for tyve år, men kan nu kun benyttes efter ansøgning til Justitsministeriet i hver enkelt tilfælde. Flere lokallister med navne på medlemmer af DNSAP, samt et supplement med *Rettelser til Bovrup Bogen* er ligeledes klausuleret.[66]

Alle de som følge af besættelsestiden særlige forhold klausulerede bøger af Vilh. la Cour, Soya, Kaj Munk, Wilfred Petersen og andre, samt de forbudte blade m.m., fik båndlæggelsen ophævet i 1945. Det skete formelt den 16. november, hvorefter de enten for første gang eller pány var tilgængelige.

Klausuleringen af private og fortrolige tryk

Pligtafleveringsloven af 1902 indeholder for første gang i § 2 en bestemmelse om, at tryk, der er af udpræget fortrolig privat karakter og kun beregnet på en bestemt mindre kreds af personer, samt hvad der i forretningslivet kun er beregnet for en bestemt kreds af interessenter, skal kunne holdes utilgængelige i op til 100 år, såfremt den afleveringspligtige forlanger det (aktstykke 47). Denne bestemmelse, kunne man antage, var kommet med efter ønske eller pres fra erhvervslivet eller store foreninger. Det var imidlertid efter det foreliggende at dømme ikke tilfældet.

I stedet har den i sit udspring i en sag fra 1895, hvor rigsarkivar A. D. Jørgensen havde fået trykt en „Slægtebog" til familien med udtrykkeligt påbud til trykkeriet om ikke at pligtaflevere den. Det skete alligevel ved en fejltagelse. Både Det Kongelige Bibliotek og Universitetsbiblioteket modtog et eksemplar til rigsarkivarens store fortrydelse. Han krævede eksemplarerne tilbage og Universitetsbibliotekets leder S. Birket-Smith føjede ham, mens Chr. Bruun på Det Kongelige Bibliotek stod på sin ret til at indlemme et eksemplar. Det fik A. D. Jørgensen til at klage til Kirke- og Undervisningsministeriet, som i april 1895 anmodede de to biblioteksledere om en udtalelse. De stod begge ved den måde, de hidtil havde håndteret sagen på. Birket Smith ville tilbagelevere, mens Bruun stod fast ved at beholde det modtagne. Det høje ministerium dekreterede derpå, at Bruun skulle aflevere det modtagne. Rigsarkivaren

[66] Iversen 1948, s. 46, John T. Lauridsen: *De danske nazister 1930–45. En forskningsoversigt,* 1995, s. 10–12, Danske Afdeling, Henlagte Tryksager (Protokol 1940ff.) under 1946 og 1952 (sidstnævnte sted en „Liste over danske fra Aarhus, som har forbrudt sig 1940–45" (klausuleret for 75 år)).

gik således af med sejren, men sikrede tillige ufrivilligt, at sagen ikke blev glemt (aktstykke 45, kommentaren).

I udtalelserne og betænkningen, der leder op til 1902-loven, var en tilbagevendende beskæftigelse med muligheden for klausulering af private og fortrolige tryk på dagsordenen. Bruun glemte ikke episoden med rigsarkivaren og ville have nogle regler (aktstykke 45, 46). Trods noget divergerende synspunkter i spørgsmålet blev et punkt herom medtaget i lovforslaget. Efter hele lovens vedtagelse specificerede den opfølgende bekendtgørelse i § 3, at ethvert værk, der ønskes holdt utilgængeligt for en vis tid, skal afleveres for sig i en forseglet konvolut, der udvendig er forsynet med en nøjagtig angivelse af værkets indhold. Endvidere, at den ansvarlige skal skrive under på, at værket er komplet, samt angive antal år, for hvilke klausuleringen ønskes opretholdt (aktstykke 48). Hertil føjede H. Ehrencron-Müller i sin vejledning til bogtrykkerne: „Hvis Værket, inden den bestemte Frist er udløben, bliver tilgængelig gjennem Boghandelen og saaledes Offentlighedens Eje, Betragter Bibliotheket sig som løst fra sin Forpligtelse og kan optage Skriftet i sine Samlinger“ (aktstykke 50). Det var regulært og lige ud ad landevejen, men ville den nye mulighed blive brugt?

Det blev den. De forseglede kuverter begyndte at dukke op i posten på Det Kongelige Bibliotek, og i Danske Afdeling blev der oprettet en særlig protokol til administration af denne ordning. Med år, dato, bibliografiske data og antal henlæggelsesår indført i protokollen, blev kuverterne henlagt i lukket magasin. Nogle af de første forseglede kuverter ligger der endnu med deres hemmelighed. De første 100 år er ikke gået endnu.[67]

Hvis nogle ville have frygtet overdreven brug af klausuleringsparagraffen, så blev den hurtigt gjort til skamme. Klausuleringerns årlige antal har sjældent oversteget 25 kuverter, og nok så vigtigt, hensigten med paragraffen er opnået. Biblioteket modtager tryk, som det ellers ikke kunne være sikker på at modtage. Det meste kommer fra institutioner, foreninger og erhvervslivet. Blandt det klausulerede materiale, der optræder år efter år, er (med klausuleringsår angivet i parantes i dette og det følgende) *Fortegnelse over Skatteydere i København* (100 år), *Skatte-*

[67] KB's arkiv E 133 Henlagte Tryksager 1902–1940, hvortil henvises for det følgende. Protokollen blev revideret i efteråret 1940 og de stadig klausulerede overført til en ny protokol med nye numre.

Der er i øvrigt en udpræget parallel mellem klausuleringen af tryk i Danske Afdeling og af håndskrifter i Håndskriftafdelingen.

bog for Frederiksberg (25 år) og lejlighedsvis skattebøger for enkelte andre lokaliteter; dertil *Creditbogen* (20 år) og *Soliditetsbogen* (100 år). Valg af klausuleringslængde for den samme type materiale er, som det ses, temmelig forskellig og skyldes næppe, at f.eks. københavnske skatteydere har haft mere at skjule end dem på Frederiksberg.

Ofte genkommende er også regnskaber og pjecer fra enkelte erhvervsvirksomheder (bl.a. ØK (100 år), Københavns Oliefabrik (100 år), Frichs fabrikker (25 år), F. L. Schmidt & Co. (20 år)) og Dansk Tarifforenings inspektionsberetninger (100 år). Indre Mission (20 år) og frimurerordner med diverse matrikler og vejledninger (100 år) har også her fundet det formålstjenligt at sende tryksager i båndlagt skjul. Det offentlige viste tidligt sin tillid til den nye ordning derved, at Krigsministeriets mobiliseringskundgørelse og diverse andre tryk vedrørende en krigssituation jævnligt kom til biblioteket klausuleret for 20–25 år. Offentlige myndigheder har dog i et vist omfang fortsat med at håndhæve deres ret til at unddrage, hvad der har fortrolig embedsmæssig karakter, fra den almindelige aflevering.[68]

Fra 1970'erne har der været en stigning i antallet af henlæggelser fra erhvervsvirksomheder. Regnskaber og årsberetninger bestemt for aktionærgruppen og andre klausuleres. Det kan bl.a. være udtryk for både ændrede erhvervsformer, f.eks. overgang til aktieselskab, en hårdere konkurrence eller ønsket om at undgå massemediernes opmærksomhed. I en hel del tilfælde administreres båndlæggelsen af denne type materiale ved direkte aftale med den samling på Det Kongelige Bibliotek, hvor det som kategori hører hjemme. Det er i Småtrykssamlingen i Danske Afdeling. Småtrykssamlingen rummer materiale fra alle typer af korporationer. Småtrykssamlingen sørger da for i hvert enkelt tilfælde, at de pågældende selskabers materiale ikke bliver tilgængelige inden for en nærmere aftalt årrække. Det er en administrativt mindre besværlig fremgangsmåde.

En særlig interesse knytter der sig naturligvis til de rent private båndlæggelser. De var kun ganske enkelte i de første mange år, men siden bliver de flere. Mellem 1927 og 37 var der følgende private båndlæggelser fra enkeltpersoner:

[68] Se *Pligtafleveringen i Fremtiden.* Intern rapport udført af en arbejdsgruppe nedsat af Overbibliotekaren 10. marts 1986, bilag 2: Brev til Kulturministeriet 4. februar 1986, hvor det foreslås at unddragelsesretten kombineres med udskydelsesret med hensyn til tidspunktet for afleveringen.

	Båndlagt/år
1927 Hvedstrup: Strejflys over Slægt og Samtid. I	25
1928 Thea Timm: Breve fra Hjemmet	20
1928 H. N. Andersen: Landmandsbanken og ØK	25
1929 J. F. Kiær: Vor store Dreng.	50
1929 Ingeborg Andreasen: Barndomsdage	Til 1950
1929 C. M. T. Cold: Hvad jeg oplevede	100
1929 Harald Plum: Dagbogsblade III og IV + yderligere korrektur	50
1930 Kjær: Sange fra Lillebælt	50
1932 Danmark under Verdenskrigen	18
1933 Steffen Friis: Livsminder	50
1933 P. Holme: Om Forældrene	75
1933 F. C. Bretteville-Plum: Ida Bretteville-Plum	20
1933 S. Nygaard: Familien Nygaard	40
1934 J. F. Kjær: Ekko af Dage	50
1934 V. Holck: Mine Erindringer	30
1934 Asta Lund-Larsen: Evighedsblomster	100
1937 E. Michaelsen: Erfaringer og Betragtninger	50

Det fremgår, at det var en broget blanding af offentligt meget kendte personer som direktør H. N. Andersen, fhv. minister Christian Cold og direktør Harald Plum, nogle mindre kendte og helt ukendte mennesker, der indleverede tryk til båndlæggelse. Oftest drejer det sig om erindringer, og det veksler mellem 20 og 100 år, før disses indhold kan afsløres – i hvert fald gennem Det Kongelige Biblioteks eksemplar. Dette udtrykkes lidt maliciøst, idet det ret ofte har været sådan, at private tryk, der er indleveret med en årelang klausulering samtidig har været tilgængelige lige så længe på anden vis. Hvordan det går til, om det er forfatteren selv eller dennes pårørende, der lader et antal cirkulere, får stå hen. De er i deres gode ret dertil, men for det bibliotek, der skal opretholde båndlæggelsen, kan det være uhensigtsmæssigt. Lånere, der på anden vis bliver gjort opmærksom på en bog, f. eks. kan den være citeret i litteraturen, går til Det Kongelige Bibliotek og får at vide, at her er den båndlagt. For lånerne kan det ofte være svært at forstå, også selv om de får at vide, at det ikke er Det Kongelige Bibliotek, der har foretaget klausuleringen. Et meget karakteristisk eksempel på dette er bind III af Harald Plums erindringer, som i perioder har været efterspurgte på grund af interesse for Plums vidtløftige erhvervstransaktioner og bidrag til Landmandsbankens sammenbrud. Bindet har tidligt været udbredt, men næppe gennem boghandelen?,[69] og Henry Bruun har taget det med i *Dansk historisk Bibliografi 1913–1942* (nr. 46.361) med den oplysning, at Det Kongelige Biblioteks eksemplar sammen med bind IV er utilgængelige i 50 år.[70] Læsere har da fået at vide, hvor de *ikke* skal gå hen og låne værket.

Klausuleringer kan stimulere interessen for et tryk, i nogle tilfælde vil dens længde måske endda yderligere skærpe appetitten efter at granske indholdet. Det går vist ofte sådan, som da bind IV af Plums erindringer blev tilgængelige i 1980: „en fuldstændig skuffelse for så vidt angår klarlæggelsen af de punkter vedrørende P.s virksomhed der endnu måtte være tvivl om" (Finn H. Lauridsen).[71]

Klausuleringer kan i princippet kun foretages af den, der har udgivet og har rettighederne til et givet værk. Uden dom kan andre ikke gribe ind på dette område. Dog har der været et enkelt eksempel på, at en bog er blevet klausuleret mod forfatterens vilje. Det drejer sig om Bertel Bings *Københavnske Presseforhold omkring Verdenskrigen,* 1921. Den blev klausuleret på Det Kongelige Bibliotek for 100 år, og kom i øvrigt ikke i omløb, da *Berlingske Tidende* opkøbte hele oplaget og derpå lod det destruere. Forlaget stod også bag klausuleringen, som forfatteren affandt sig med, men hvilket ikke hindrede ham i at udsende bogen i 2. udgave samme år med en tilføjelse af historien om undertrykkelsen af 1. udgave. Han fik den historie frem om dansk presse, han ville have.[72] Dog forbliver 1. udgave i sin forseglede kuvert til år 2029, selv om indholdet til den tid vil have været kendt i 100 år.

Klausulerede værker bliver normalt ikke optaget i bibliotekets kataloger, så længe de er båndlagte. Katalogiseringen og synliggørelsen finder først sted fra den dag, hvor den forseglede kuvert kan brydes, og benyttelsen kan begynde at finde sted. I enkelttilfælde har dette princip måttet fraviges af andre hensyn. Enkelte værker er så efterspurgte, at de

[69] Historikerne Tage Kaarsted og Bent Jensen brugte eksempelvis bindet i deres studier i henholdsvis 1960'erne og 1970'erne, *før* klausuleringens ophævelse.

[70] Henry Bruun medtager andre titler, hvor Det Kongelige Biblioteks eks. er båndlagt. Det gør *Dansk skønlitterært forfatterleksikon 1900–1950* også. F.eks. den her medtagne Asta Lund-Larsen: *Evighedsblomster,* som ikke har været ukendt endsige klausuleret for værkets redaktion.

[71] *Dansk biografisk leksikon,* 11, 1982, s. 417.

[72] Bertel Bing: *Københavnske Presseforhold omkring Verdenskrigen,* 2. udg. 1921, H. H. Brøchner: *Avisen – Oplysning eller Forretning?,* 1947, Stig Andersen i *Information* 29–30. juli 1978.

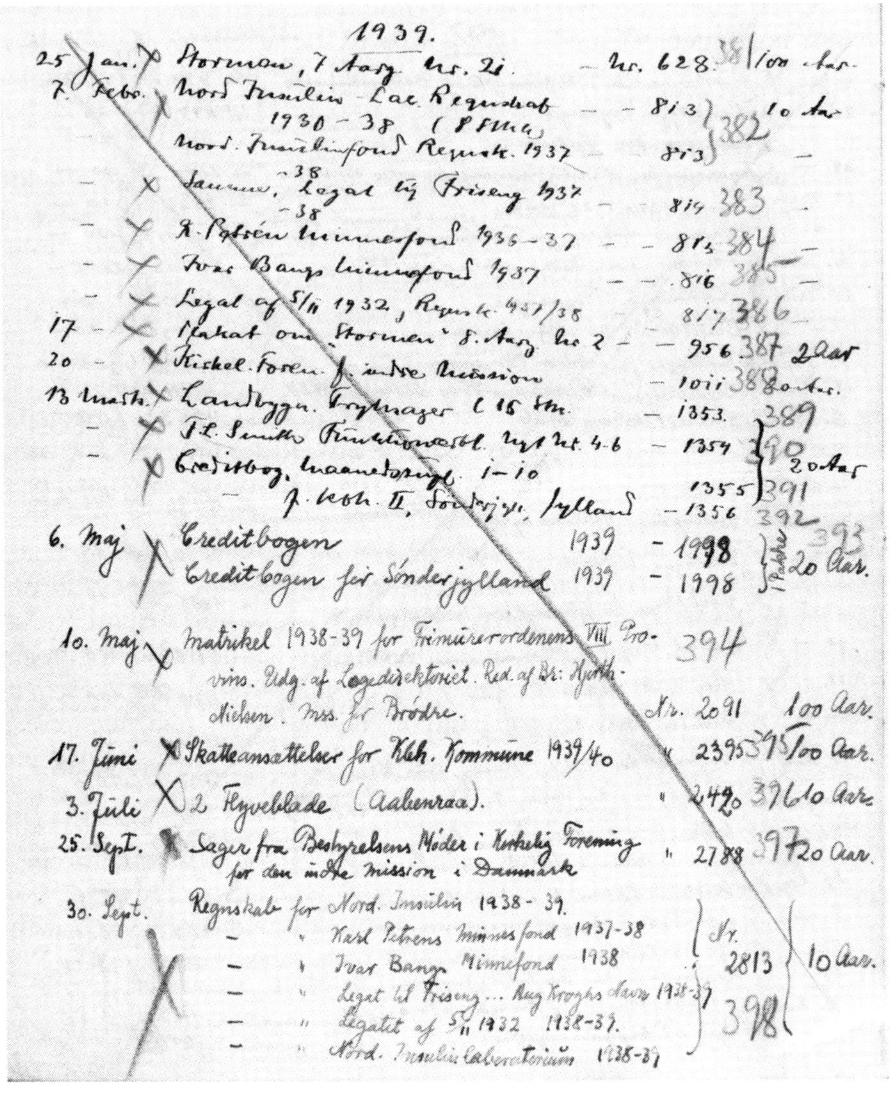

1939.

25 Jan. Stormen, 7 Aarg. Nr. 2. — Nr. 628. 381 100 Aar.
7. Febr. Nord. Insulin Lab. Regnskab 1930-38 (8 Stk.) — 813 382 10 Aar
Nord. Insulinfond Regnsk. 1937-38 — 813
— Samme, Legat til Frisenig 1937-38 — 814 383
— K. Petersen Minnesfond 1935-37-38 — 815 384
— Ivar Bangs Minnefond 1937 — 816 385
— Legat af 5/11 1932, Regnsk. 1937/38 — 817 386
17 — Plakat om Stormen 8. Aarg. Nr. 2 — 956 387 2 Aar
20 — Kirkel. Foren. f. indre Mission — 1011 388 2 Aar.
13 Marts Landbygn. (16 Stk.) — 1353. 389
— — 1354 390
— Creditbog. 1-10 1355 391 20 Aar
— f. Købh. II, Sønderjydsk Jylland — 1356 392
6. Maj Creditbogen 1939 — 1998 393 20 Aar.
Creditbogen for Sønderjylland 1939 — 1998
10. Maj Matrikel 1938-39 for Frimurerordenens VIII. Provins. Udg. af Logedirektoriet. Red. af Br: Hjorth-Nielsen. Mss. for Brødre. Nr. 2091 394 100 Aar.
17. Juni Skatteansættelser for Kbh. Kommune 1939/40 " 2395 395 100 Aar.
3. Juli 2 Flyveblade (Aabenraa). " 2420 396 10 Aar.
25. Sept. Sager fra Bestyrelsens Møder i Kirkelig Forening for den indre Mission i Danmark " 2788 397 20 Aar.
30. Sept. Regnskab for Nord. Insulin 1938-39.
— " Karl Petersens Minnesfond 1937-38
— " Ivar Bangs Minnefond 1938 Nr. 2813 398 10 Aar.
— " Legat til Frisenig ... 1938-39
— " Legatet af 5/11 1932 1938-39.
— " Nord. Insulin Laboratorium 1938-39

Fig. 11. Side fra klausuleringsprotokol for året 1939. Årets første klausulering gjaldt 25. januar Wilfred Petersens kampblad *Stormen* (7. årg. nr. 2), af ham selv betegnet som „Systemets skræk“, som blev henlagt i ikke mindre end 100 år. Allerede 7. februar var der bud efter *Stormen* igen, denne gang en plakat for 8. årg. nr. 2, som dog kun blev henlagt for to år.

er optagne i katalogerne med oplysninger om klausuleringsbestemmelserne. Det gælder bl.a. *Bovrup Bogen,* som der siden 1946 har været mange forespørgsler på, og hvor megen af både lånerens og bibliotekets tid spares ved, at værket lader sig slå op og yderligere undersøgelser undgåes. Også i dette tilfælde drejer det sig om et meget kendt værk med et stort antal eksemplarer i omløb.

Dette overgås dog på det seneste af *Kommissærens dagbog,* 1996 af Ritt Bjerregaard, som af forlaget er klausuleret for 50 år, men hvor det næppe kan hindre nogen læsere i at stifte bekendtskab med den på et hvilket som helst tidspunkt inden da. Bogudgaven blev ganske vist trukket tilbage af forlaget, men med både en fuldstændig internet- og avispublicering – sidstnævnte i et sekscifret antal eksemplarer – turde nysgerrigheden med hensyn til indholdet være imødekommet.[73] Det klausulerede eksemplar vil til gengæld have vedblivende værdi som museal genstand.

Det gælder også den kogebog, *Min første kogebog,* som for få år siden blev afleveret fra et af de største forlag efter at være trukket tilbage fra markedet i både forlags- og bogklubudgaven. Den blev ønsket klausuleret „Må kun benyttes i forskningsøjemed", og en etiket på bogens kardusomslag oplyser nu om dette, men hvem vil ikke i al fremtid stille sig selv spørgsmålet: Er der livsfarlige fejl i opskrifterne?

Klausuleringsparagraffen er blevet videreført uændret i loven både 1927 og 1997 (aktstykke 70, 71, 98, 100). Der var enkelte røster, der talte imod den i forbindelse med vedtagelsen i 1927 (Edvard Brandes), men det var ikke noget principielt. Det Kongelige Bibliotek og Statsbiblioteket fremsatte i forbindelse med den sidste lovrevision forslag om at få indført muligheden af at hæve båndlæggelser, inden den forlangte periodes udløb, såfremt det pågældende materiale gøres legalt tilgængeligt.[74] Dette kom de ikke igennem med.

Paragraffen har i den foreliggende form vist sig som en stort set smidig måde til for en afgrænset tid at gemme på det trykte ords tillokkelser.

[73] Hertil kommer givetvis et antal anmeldereksemplarer af bogudgaven.

[74] *Pligtafleveringen i Fremtiden.* Intern rapport udført af en arbejdsgruppe nedsat af Overbibliotekaren 10. marts 1986, bilag 2: Brev til Kulturministeriet 4. februar 1986.

Om bøgers eksistens de jure og de facto

Institutioner, virksomheder eller enkeltpersoner kan føle sig så forulempet af en udgivelse, at de ønsker den forbudt. Et karakteristisk eksempel er Preben Wencks to pjecer fra 1940 om den tyske besættelse 9. april 1940. De var meget ærerørige overfor den danske regering og specielt udenrigsminister P. Munch, som blev beskyldt for landsforræderi. På privat foranledning blev der nedlagt forbud mod pjecerne, og de blev på Det Kongelige Bibliotek klausuleret for 10 år. Det skulle forventeligt ikke dreje sig om noget varigere.[75] Det behøver ikke dreje sig om storpolitik for at domstolene griber ind. Der er sager, hvor bøger beskæftiger sig med navngivne personers intime liv på en måde, så domstolene efter anmeldelse nedlægger forbud. På Det Kongelige Bibliotek står disse værker utilgængelige med en kopi af dommen iklæbet. Kommercielle interesser kan også gøre sig gældende, som da forlaget Modtryk ikke kunne få lov til at genudgive romanen *De hængtes revolution* af B. Traven i 1977, fordi et andet forlag havde rettighederne og ikke ønskede at få dette „socialistiske skidt" ud påny. På grund af både det politiske og principielle aspekt udgav Modtryk et optryk alligevel og blev ramt af forbud, fordi et andet forlags rettigheder blev krænket. Bogen henstår utilgængelig i Det Kongelige Bibliotek. Den kan dog spores gennem katalogerne.

Det kan også være forlæggeren, der i sidste øjeblik vælger at trække en allerede produceret bog tilbage. „I sidste øjeblik" vil ofte sige efter bogens udsendelse til anmelderne. Der er adskillige eksempler på det. Chr. Erichsens Forlag fremsendte på et tidspunkt til anmeldelse en bog skrevet under pseudonymet Jan Pieter Kardom med titlen *Spil i Mørke*. Den drejede sig om det påståede landsforræderi begået af danske politikere før den tyske besættelse i april 1940. Dagbladet *Information* gav den disse ord med på vejen: „Jan Pieter Kardom må, hvem han end er, anses for sindssyg. Han vil nu, da bogen ikke udkommer, antagelig slippe for videre tiltale". I september 1984 brændte forlaget Rhodos fingrene på en anden – opdagede det i 12. time – tvivlsom udgivelse. Det var en agentroman af den kendte popmusiker Franz Beckerlee, som en anmelder kunne dokumentere, var et direkte oversat plagiat efter Neville Smiths *Gomshoe*. Bogen blev trukket tilbage.

[75] Iversen 1948, s. 55. KB's arkiv E 133 Henlagte Tryksager 1902–1940 og Danske Afdelings protokol over henlagte tryk fra 1940.

Fig. 12. Omslag til B. Traven: *De hængtes revolution.* 1977.

Bøger som disse kommer alligevel til Det Kongelige Bibliotek via pligtafleveringen eller på anden måde. Når de indgår uden klausuleringer, kommer støvet i bogstaveligste forstand til at sænke sig over dem. De eksisterer juridisk set ikke, og de kan ikke stilles til rådighed for lånerne. Derfor optræder de som regel heller ikke i katalogerne. På den anden side bliver de heller ikke destrueret. De er stadig en del af trykkulturen og fremtidens brugere og museumsgængere vil berettiget kunne rynke på næsen, hvis kortsigtede bekvemmelighedshensyn førte til tilintetgørelse af denne del af kulturarven.

Den tyske besættelses ophør og siden pornografiens frigivelse bragte dele af Det Kongelige Biblioteks forbudte skrifter frem fra de lukkede hylder. Der er imidlertid stadig lovgivningsmæssige „huller“, hvori en ganske lille del af trykproduktionen havner. Det gælder de bøger, der er forbudt på ubestemt tid efter stadig gældende lov, diverse beslaglagte tryk, og det gælder bøger, der er trukket tilbage af forlaget uden klausuleringsbestemmelser.

I bl.a. den islandske og norske pligtafleveringslov er beslaglagt materiale udtrykkeligt medtaget. Forskningsbibliotekar ved Det Kongelige Bibliotek Lise Hesselager fremkom i 1980 med et forslag til ny dansk pligtafleveringslov, hvor punkt 11 drejer sig henlæggelse, undtagelse fra afleveringen og beslaglæggelse: „Af værker, som er beslaglagt eller inddraget, skal politiet aflevere 1 eksemplar til Det kgl. Bibliotek, som skal holde det utilgængeligt i den tid, myndighederne forlanger det, dog ikke over 100 år."[76] Hendes forslag er på dette punkt blevet fulgt op og revideret af Det Kongelige Bibliotek og Statsbiblioteket i flere omgange. Det skete bl.a. i *Forslag til lov om pligtig aflevering af tryksager m.v. 4. september 1982*, hvor Lise Hesselager selv sad i udvalget. Forslaget var herfra, at „politiet skal aflevere 4 eksemplarer af beslaglagte/forbudte materialer", d.v.s. to til hver af pligtafleveringsbibliotekerne. I 1986 tog de to biblioteker i en fælles skrivelse til Kulturministeriet igen spørgsmålet op. Det hedder lige ud „Man har savnet en bestemmelse om, at politiet skulle aflevere eksemplarer af forbudt eller beslaglagt materiale".[77] Et notat udarbejdet i forbindelse med forhandlingerne om en ny pligtafleveringslov i 1995 citerer forslaget fra 1982, men medtager det ikke selv.[78] Det er heller ikke kommet med i den nye lov fra 1997, og problematikken findes heller ikke omtalt i bemærkningerne til det (aktstykke 98, 100). Efter 300 år med en pligtafleveringslov venter de forbudte, beslaglagte og tilbagekaldte tryk stadig på deres paragraf.

[76] Lise Hesselager: „The dust of one age is the gold of another". Om pligtafleveringsbestemmelserne. Optrykt i sammes: *Til guld skal det blive ... Biblioteksfaglige afhandlinger 1972–1987*, 1988, s. 67–89. Citat fra s. 87.

[77] *Pligtafleveringen i Fremtiden*. Intern rapport udført af en arbejdsgruppe nedsat af Overbibliotekaren 10. marts 1986, bilag 2: Brev til Kulturministeriet 4. februar 1986.

[78] Grethe Jacobsen og Harald v. Hielmcrone: *Notat om Revision af Pligtafleveringsloven*, Juni 1995, s. 20.

PLIGTAFLEVERING: RETLIGE KARAKTERISTIKA

AF

PETER BLUME

Den retligt fastsatte pligt til at overdrage eksemplarer af trykte værker til et eller flere offentlige biblioteker udgør under et retligt perspektiv en regulering af en særlig permanens og standhaftighed. Selvom der er sket væsentlige ændringer i de samfundsmæssige hensyn, der understøtter denne regulering, er dens grundidé uanset detailændringer uforandret siden starten, der internationalt finder sted i Frankrig med Ordonnance de Montpellier af 28.12.1537.[1] I disse år foreligger en række informationsteknologiske udfordringer, der ganske vist inddrages nedenfor, men som for en belysning af pligtafleveringens retlige karakteristika ikke bør tillægges dominerende betydning. Der er i hovedsagen tale om spørgsmål, hvorom der må træffes et politisk valg, der ganske vist er særdeles vigtigt for eftertiden, men som dog næppe berører pligtafleveringens juridiske kerne, jfr. videre herom nedenfor, og som derfor kan stilles lidt til side. Dette er endvidere nærliggende i en sammenhæng, hvor et jubilæum markeres og hvor det fortidige og nutidige naturligt er i centrum, men hvor et blik rettet mod det fremtidige også er væsentligt.

Den følgende fremstilling er ikke retshistorisk eller strengt retsdogmatisk, men er derimod et forsøg på at fremdrage en række karakteristika ved pligtaflevering baseret på såvel dansk som udenlandsk regulering.[2] Intentionen er i hovedsagen retspolitisk med det mål at understøtte en forståelse af pligtafleveringens karakter og dermed en forståelse for, at denne regulering også er værdifuld i fremtiden.

[1] Om udviklingen i Frankrig Se Kenneth D. Crews: *Law library journal* vol 80, 1988 s. 553–54 samt Jan T. Jasim: *The international guide to legal deposit.* Aldershot 1991. s. 133–35.

[2] Systematiske studier af udenlandsk ret er ikke foretaget, men oplysninger om retstilstanden i en række lande er benyttet som inspiration til de behandlede problemstillinger.

Overordnede formål

Bogtrykkerkunstens udvikling i den vestlige kultur med Johan Gutenbergs (1398–1468) opfindelse i midten af det 15. århundrede tilvejebragte en ganske ny mulighed for at sprede information til store persongrupper. Den hidtidige produktion af håndskrifter var langsommelig[3] og dyr samtidig med at selve produktionsformen udelukkede at der kunne blive tale om masseproduktion. Selvom bogtrykket ikke i sig selv løser analfabetismens problem er den dog forudsætningen herfor, fordi der nu er en relevant grund til at lære at læse. Bogtrykket fører således ikke med det samme til masseformidling, idet dette først sker i forrige århundrede med bl.a. opfindelsen af rotationspressen (1810/Danmark: 1835). Desuagtet medfører bogtrykket øget spredning af information til de, der kan læse. Samtidig kan disse læsere sprede oplysningerne mundtligt videre til andre. Informationsstrømmen vokser hele tiden og bliver støt mere vidtfavnende.

Censur

Det er velkendt, at et væsentligt middel til styring af et samfund er muligheden for at kontrollere de idéer og oplysninger, der spredes i samfundet. For en ikke-demokratisk styreform er fri spredning af information en dødelig sygdom. Bogtrykket udgør dermed en udfordring for den daværende politiske styreform i de vestlige samfund. Brug af censur er et velkendt middel og i håndskrifternes tidsalder var dette en overkommelig opgave. Censurens arbejdsvilkår ændres i takt med at der fremkommer flere og flere bøger etc. Et basalt problem for censorerne bliver at få adgang til de bøger, der udgives. Her er vi fremme ved pligtafleveringens oprindelige begrundelse. Det er således i vistnok alle lande med henblik på udøvelse af kontrol og censur, at der indføres en pligt til at aflevere et eller flere eksemplar til Kongens/Fyrstens bibliotek.[4] Bevaring for eftertiden eller understøttelse af den nationale kultur spiller oprindelig ikke nogen rolle. Som det vil fremgå senere er der stadig reminiscenser fra dette oprindelige formål i en række landes lovgivning og i autoritære stater må det formodes, at pligtaflevering fortsat udgør en del af kontrolapparatet.

Pligtaflevering som et grundlag for udøvelse af censur kan bruges i

[3] En flittig munk brugte halvandet år til at skrive en bibel i 2 bd.

[4] Jfr. *Unesco Guidelines for legal deposit legislation.* Paris 1981. s. 1.

hvert fald på to måder. Man kan enten forestille sig, at de allerede trykte bøger stoppes eller begrænses som følge af deres indhold eller mere vidtgående, at pligtaflevering gøres til en legal forudsætning for overhovedet at udgive. Den sidstnævnte variant indebærer, at aflevering af et eksemplar er nødvendigt for at opnå tilladelse (privilegium) til at trykke. Begge disse metoder har fundet anvendelse.

Indtil videre kan det konstateres, at det set med nutidens øjne er forholdsvis dystre motiver, der skaber pligtafleveringsinstituttet, men historien er måske som den med ællingen og svanen.

Afleveringstidspunkt

I nutidig regulering kan der i nogle lande anes spor fra det oprindelige formål, idet dette især er tydeligt i henseende til tidspunktet for aflevering af de værker, der er omfattet af pligtaflevering.[5] Der foreligger her to varianter, idet aflevering enten kan ske før eller efter udgivelsen. Regler, der foreskriver forudgående aflevering, harmonerer med det oprindelige ønske om censur. Eksempler herpå er Frankrig, hvor der skal afleveres 2 dage før udgivelse, og Irland, hvor aflevering skal ske 1 måned før. Dette betyder selvsagt ikke, at disse ordninger i dag tilsigter dette formål, idet dette ikke kan anses at være tilfældet i den vestlige kulturkreds. I de fleste lande er pligtaflevering efterfølgende, f.eks. 3 måneder efter i USA, 1 måned efter i England. Herhjemme gælder som udgangspunkt en 6 måneders frist, jfr. bekendtgørelse nr. 206 af 15.7.1927 § 4. Det må forventes, at også i en fremtidig regulering vil afleveringspligten være efterfølgende.[6]

Spørgsmålet om fastsættelse af afleveringstidspunkt er idag hovedsageligt rent teknisk og har i almindelighed ikke nogen betydning for en generel karakteristik af den retlige regulering, jfr. dog nedenfor. Især er der grund til at fremhæve, at det sædvanligvis ikke har nogen betydning for værkernes tilgængelighed, om den ene eller anden ordning vælges, eftersom det først er efter, at en bog etc. ikke længere kan erhverves, at pligtafleveringseksemplaret indtager hovedrollen, jfr. om denne problemstilling i de efterfølgende afsnit. Det kan overvejes om

[5] Et andet eksempel er de tilfælde, hvor der er fastsat en pligt at navngive trykkeren, jfr. nu pligtafleveringslovens § 4, stk. 4 og 5.

[6] I lov nr. 423 af 10.6.1997 § 9, stk. 1, er Kulturministeren bemyndiget til at fastsætte regler herom. Det bemærkes, at denne nye pligtafleveringslov træder i kraft 1. januar 1998. Den inddrages i det følgende i begrænset omfang.

tilgængeliggørelse af sådanne bøger giver anledning til problemer i forhold til anden lovgivning, især ophavsretten, men dette vil ikke være tilfældet, såfremt bogen har været offentliggjort, jfr. nærmere herom nedenfor. Dette er den normale situation. Retlige problemstillinger af denne karakter er i hovedsagen uafhængige af afleveringstidspunktet og det er alt i alt lidt af et temperamentsspørgsmål hvilken ordning, der vælges.

I denne forbindelse kan der ligeledes være grund til at nævne, at der ofte er åbnet mulighed for, at der ved aflevering af værker, som kommercielt kan generes ved udbredelse af de pligtafleverede eksemplarer, kan fastsættes en klausul, hvorefter disse eksemplarer først efter et vist antal år kan stilles til rådighed for almenheden, jfr. i denne forbindelse pligtafleveringslovens § 2, stk. 2 (jfr. lov 423/97 § 9, stk. 2). Sådanne regler, der iøvrigt er bedst kendt i relation til arkiverne, understreger påny, at fastsættelsen af afleveringstidspunktet ikke i sig selv har betydning for de formål, der søges opnået.

Kulturbevaring

Efter disse sidespring koncentreres opmærksomheden igen om de overordnede formål. I takt med at der gennemføres forfatninger og en demokratisk styreform vinder fodfæste, ophæves retlige regler, der hører til under et autoritært styre. En af de vigtigste landvindinger er retten til fri kommunikation og hermed forbudet mod censur (grundloven § 77/Den Europæiske menneskerettighedskonvention artikel 10). Det er naturligt at retlige ordninger, der er knyttet til censurudøvelse, samtidig forsvinder, men dette er som allerede indiceret sædvanligvis ikke tilfældet for pligtafleveringens vedkommende. I denne forbindelse er det interessant at bemærke retstilstanden i Schweiz. Her gælder der ikke nogen obligatorisk pligtaflevering, da en sådan antages at stride mod forfatningen og kan skabe mulighed for censur. Man klarer sig derfor med en frivillig ordning, depot volontaire, der i praksis er velfungerende.[7]

Nye formål kommer derimod til. Disse kan hævdes at opstå i sammenhæng med styrkelsen af nationalstaten og den i mange lande udprægede nationalisme. Med denne politiske bevægelse opstår der naturligt en interesse ikke blot for nationens historie men generelt for

[7] Jfr. hertil Kenneth D. Crews (note 1) s. 566–68

dens kultur, der ønskes givet videre til eftertiden. Pligtafleveringen harmonerer godt med disse tendenser og skifter således karakter til at varetage et kulturbevarende formål. Dette formålsskift opstår i en periode, hvor udbudet af trykte udgivelser stiger voldsomt med den konsekvens, at pligtaflevering samtidig får den funktion at understøtte bibliotekernes økonomi, hvilket selvsagt alene gælder i de lande, hvor pligtafleveringseksemplaret er gratis. Dette er dog snarere en funktion end et egentligt formål og der synes ikke at være grundlag for en antagelse om, at pligtaflevering er fiskalt begrundet. Bevaring af den samfundsmæssige, boglige og digitale kultur i bred forstand, kan angives som det nutidige formål. Hvorledes dette nærmere kan varetages og hvilke rettigheder og pligter, der udspringer af dette formål behandles sidst i artiklen.

Biblioteker

Det kan overvejes i hvilket omfang pligtaflevering harmonerer med de funktioner, der i almindelighed udøves af et bibliotek. Medens de oprindelige kontrollerende formål passer dårligt med bibliotekers funktion som centre for formidling af samfundsmæssig information i bred forstand, så er de nuværende formål i harmoni med de biblioteksmæssige opgaver. Et bibliotek har i almindelighed den professionalisme, der sikrer betryggende opbevaring af de afleverede (trykte) materialer. Der synes ikke i almindelighed at have været gennemført overvejelser vedrørende bibliotekernes rolle, når pligtafleveringens formål ændres, og dette kan skyldes, at der netop på mange måder er tale om en naturlig biblioteksfunktion, der ikke kan give anledning til megen diskussion. I denne forbindelse må det især fremhæves, at det ikke er tanken, at pligtafleverede eksemplarer udelukkende skal indgå i et bogmuseum, jfr. nærmere herom nedenfor.

Fremtidige mål

Endelig kan det overvejes, om nutidens formål vil holde fremover. Selvom man altid skal være varsom med hensyn til vurderinger om fremtiden, er der tale om et så bredt formål, at det ikke forekommer sandsynligt at der vil ske revolutionerende ændringer på dette område. Pligtaflevering vil selvsagt præges af udbredelsen af moderne informationsteknologi, jfr. herom nedenfor, men denne prægning kan ikke forventes at ville berøre selve formålet med pligtafleveringen.[8] Det kan overvejes, om pligtaflevering skal anvendes som et offensivt middel til spredning af samfundsmæssig information,[9] men dette vil kunne være problematisk i forhold til ophavsrettigheder og samtidig forekommer det hensigtsmæssigt også fremover at tilrettelægge ordningen med henblik på eftertidens informationsbehov.

Internationaliseringen kunne opfattes som værende i modstrid med bevaring af national kulturarv. Det forekommer sandsynligt, at de pligtafleverede materialer bliver bredere end hidtil, men der er ikke grund til at tro, at der vil ske et væsentligt formålsskift. Det må ligeledes tilføjes, at nationalismen, i positiv såvel som negativ betydning, ingenlunde er død.

Ophavsretlige overvejelser

Den ophavsretlige regulering, der er internationalt anerkendt ved især Bernerkonventionen til beskyttelse af litterære og kunstneriske værker (1886) og herhjemme er fastsat ved lov nr. 395 af 14.6.1995, indebærer, at den, der frembringer et værk, har en række enerettigheder til dette. Disse rettigheder, som bl.a. omfatter kopiering og spredning, er absolutte, indtil værket offentliggøres, men underkastes herefter en række undtagelser i relation til eksemplarer af værket. Ophavsrettens formål er på den ene side at fremme kulturel og innovativ indsats og på den anden side ved afbalancerede regler at undgå monopolisering. Disse formål, der genspejles i de enkelte enerettigheder kan relateres til pligtafleveringens formål. I det hele taget er det naturligt at overveje sammenhængen mellem pligtaflevering og ophavsret. Problemstillingen er, om der er tale om to retsinstitutter, der tilgodeser samme samfundsmæssige mål, eller om der foreligger en – heldig eller uheldig – modsigelse mellem dem. I denne forbindelse er der ligeledes grund til at overveje, om det er ønskeligt at lade ophavsretligt orienterede tankegange præge pligtafleveringsordningen eller om denne kan hvile i sig selv.

Ophavsretten synes på en række punkter at være i modstrid med reglerne om pligtaflevering. Det er ophavsmanden, som suverænt be-

[8] Se i denne forbindelse Hans Olofsson, *NIR* 1995 s. 251–54, om den svenske ordning, der beskyldes for at have censur-træk.

[9] Jfr. M. Manzoni: *A synthesis on legal deposit and its practice in the EC member states* (DG XIII-E/3) Luxembourg 1992. s. 89

stemmer, hvorvidt værket skal offentliggøres, om det skal gøres tilgængeligt for andre (vises/fremføres) og om det skal mangfoldiggøres og spredes. Er der sket salg eller udgivelse følger det af ophavsretslovens §§ 19–21, jfr. dog § 19, stk. 3, at der kan foretages udlån og endvidere kan eksemplarerne bruges på bibliotekerne. Det interessante i denne sammenhæng er, at ved pligtaflevering pålægges ophavsmanden eller nogen, der handler på dennes vegne, at udlevere eksemplarer, der kan tilgængeliggøres. I vist nok de fleste retssystemer ydes der ikke normalt nogen økonomisk kompensation herfor.[10] Anskuet på denne måde udgør pligtaflevering en indskrænkning af de ophavsretlige beføjelser.

Mest indgribende er det tilfælde, hvor der foreligger en pligt til at aflevere et værk, der i ophavsretlig forstand ikke er offentliggjort. Det er en grundlæggende idé, at ophavsmanden har fuld bestemmelsesret (ophavsretslovens § 2) over, om andre skal have adgang til vedkommendes værk. Det vil være naturligt, at pligtaflevering ikke omfatter uoffentliggjorte værker, der i sagens natur er svære at opspore og som iøvrigt mere naturligt henhører under arkiverne. I den gældende danske pligtafleveringslov er det afgørende produktionsmåden. Er et værk trykt, skal der afleveres eksemplarer også selvom værket ikke offentliggøres. Selvom der efter § 2, stk. 2, kan træffes bestemmelse om, at værket ikke skal være tilgængeligt før om 100 år, er denne ordning uheldig (og unødvendig). Det bør være forudsat, at værket er offentliggjort.[11] I de legislative overvejelser er der lagt vægt på, at værket i ophavsretlig forstand er udgivet.[12] Da en så snæver kobling mellem de to retsinstitutter ikke forekommer hensigtsmæssig og da offentliggørelse i forhold til bevaring af kulturarven er den afgørende begivenhed, bør dette kriterium anvendes. I lov 423/97 § 1, stk. 1, er udgivelseskriteriet valgt og det bør anmærkes, at i praksis vil den overvejende del af offentliggjorte værker også være udgivne.

Det kan yderligere lægges til grund, at antallet af pligteksemplarer sædvanligvis er så begrænset, at der ikke økonomisk sker noget nævneværdigt indgreb i ophavsmandens indtjening. Dette gælder i de fleste tilfælde, men undertiden er der kun trykt et mindre antal eksemplarer, som har været særlig dyre at producere (pragtudgaver etc.). Her kan

[10] I *Delbetænkning* nr. 1 fra Udvalget om bibliotekerne i informationssamfundet, juni 1996, s. 35 foreslås, at der gives mulighed for at give økonomisk kompensation. – Se bemyndigelsen i lov 423/97 § 6, stk. 3.

[11] Jfr. herved Niels Erik Wille i *Nordinfo publikation* 31, 1995, s. 69.

[12] Jfr. hertil *Delbetænkning* juni 1996, s. 21–23.

pligtafleveringens virkninger være mærkbare og det er væsentligt at fremhæve, at formålet er bevaringen af den kulturelle arv og ikke at skaffe bibliotekerne gratis eksemplarer. Selvom dette lægges til grund afbødes det økonomiske tab ikke og det vil som nævnt ovenfor være hensigtsmæssigt at have en regulering, der i sådanne tilfælde gav mulighed for økonomisk kompensation, evt. på basis af et skøn. En anden mulighed er at reducere antallet af pligteksemplarer.[13]

Tilgængeliggørelse af værket skader potentielt ophavsmanden, fordi der er risiko for, at der vil blive anskaffet færre eksemplarer end ellers. I denne forbindelse er det af væsentlig betydning igen at erindre, at formålet er kulturarv. Lægges dette entydigt til grund, er konsekvensen, at det pligtafleverede eksemplar ikke gøres tilgængeligt indtil det tidspunkt, hvor det ikke længere kan erhverves i almindelig handel. Herved vil konkurrerende anvendelse undgås og samtidig vil ophavsmanden fortsat have den fordel at blive husket i eftertiden.[14] Dette er dog ikke ordningen her i landet, hvor det er muligt at bruge pligteksemplarerne på biblioteket og i nogle tilfælde hjemlåne disse. En praksis, der medfører disharmoni med det ophavsretlige system. Det må anmærkes, at det er vel indarbejdet, at eksemplarerne kan bruges generelt. Selvom ophavsretlige hensyn ikke bør være afgørende, er den eksisterende ordning ude af trit med det overordnede hensyn bag pligtafleveringsinstituttet. Dette ændres dog væsentligt ved lov 423/97, hvor der i § 8, stk. 2, gennemføres en tæt kobling til det ophavsretlige system, idet tilgængeliggørelse alene kan ske indenfor dette systems rammer.[15] For digitale værker er adgangen til tilgængeliggørelse særlig snæver. Denne regel må betragtes som en væsentlig nydannelse indenfor pligtafleveringsreguleringen.

Selvom der ikke i gældende dansk ret er nogen egentlig systematisk sammenhæng mellem pligtaflevering og ophavsret, omend 1997-loven udgør et betydeligt skridt i denne retning, har dette været tilfældet i en række andre landes lovgivning. Det er således tidligere (copyright act 1911 § 15) blevet lagt til grund i England,[16] at genstanden for pligtaflevering er de værker, der er ophavsretligt beskyttet. Indtil 1988 (Copyright, Designs and Patents Act) var reglerne om pligtaflevering pla-

[13] Se hertil *Unesco Guidelines* (note 4) s. 21. – Se lov 423/97 § 6, stk. 3.

[14] Jfr. *NOU*: 3, 1984, s. 22.

[15] Se hertil *Delbetænkning* juni 1996 s. 33.

[16] Se om udviklingen i England Jasim (note 1) s. 177–81.

ceret i ophavsretsloven. I betragtning af, at engelsk copyright er bredere end dansk ophavsret, har der næppe i praksis været større forskelle med hensyn til hvilke værker, der skal afleveres, men det er da også selve den tankemæssige konstruktion, der her er af interesse. Koblingen mellem de to systemer har fremtrådt endnu mere klart i amerikansk ret.[17] Indtil USA i 1988 tiltrådte Berner-konventionen, forudsatte copyright-beskyttelse, at værket er mærket (c). Autoriseret til at tildele dette mærke er Library of Congres og dette forudsatte, at et værkseksemplar blev afleveret til biblioteket. I denne konstruktion fik pligtaflevering således en konstitutiv betydning som retsstiftende kendsgerning. Selvom den juridiske betydning nu er forandret er det fortsat et tegn på, at en bog er pligtafleveret, at den er forsynet med et (C).

Selvom sådanne tætte tråde til ophavsretten nu er skåret over, er det utvivlsomt vigtigt fremover i retspolitiske sammenhænge at være opmærksom på de ophavsretlige dimensioner. Det er i hvert fald ikke hensigtsmæssigt at negligere de ophavsretlige aspekter.[18] Dette skyldes ikke mindst, at retspolitiske bestræbelser fremover vil være rettet mod en udvidelse af de informationsbærende materialer, der skal afleveres. Eftersom pligtaflevering principielt udgør en begrænsning af ophavsretten, som kan være mere følelig for ophavsmanden, når der er tale om moderne (let kopierbar) informationsteknologi, skærpes kravene til den argumentation, som skal understøtte et krav om – især gratis – pligtaflevering. Ophavsretlige perspektiver, der generelt er blevet styrket i de senere år, vil således være relevante, omend ikke nødvendigvis udslagsgivende, i årene, der kommer, jfr. også i næste afsnit.

Udvalgte aspekter

I dette afsnit behandles en række af de problemstillinger, der dels har betydning for en forståelse af den eksisterende pligtafleveringsordning dels spiller en rolle ved en vurdering af, hvorledes de samfundsmæssige målsætninger vil kunne honoreres i fremtiden.

[17] Om det amerikanske system se Margaret T. Lane: *State publications and depository libraries*.Westport, Conn. 1981.

[18] Se modsat *Unesco Guidelines* (note 4) s. 22, hvor det hævdes, at „logically there is no reason why legal deposit for libraries should have any association with copyright".

Udvidet område

Som fremhævet tidligere er pligtaflevering et barn af bogtrykket og de fastsatte love har meget naturligt været centreret omkring trykt materiale. Samtidig er det klart at i takt med at andre former for informationsteknologi bliver stadig mere bredt anvendt, kan det overordnede formål, bevaring af kulturarv ikke opfyldes alene ved bogtrykt materiale, der tværtimod kan give et skævt billede for eftertiden. Skuer vi 100 år frem, er det åbenbart, at studier af vores tid baseret alene på trykte kilder ikke vil være retvisende. Her og nu gælder det om at undgå en sådan situation. En altomfattende udvidelse af pligtafleveringens omfang giver anledning til en række problemer, der inddrages i det følgende.[19] Den nyligt gennemførte lovgivning tager særligt henblik på at inddrage alle informationsbærende materialer under pligtaflevering, jfr. især lov 423/97 § 1, stk. 1, hvorefter afleveringspligt gælder „uanset hvilket medium" der er tale om.

For at pligtaflevering skal kunne fungere hensigtsmæssigt, skal der dels være ressourcer hos modtagerne til at opbevare materialerne på en ordentlig måde,[20] dels må det være overkommeligt at aflevere materialerne.

For såvel modtagerinstitutionerne som for de afleverende instanser opstår der i varierende omfang problemer i forbindelse med ikke-trykt materiale. Materialer som film, musik, computerprogrammer og databaser er teknisk krævende for modtagerinstitutionerne. Der er ikke megen fornuft i at opbevare noget, hvis det ikke senere kan bruges. Det er derfor naturligt at forudsætte, at der løbende føres teknisk kontrol og at det hele tiden sikres, at der er den fornødne tilgængelighed.

Disse almene krav kan i nogle tilfælde honoreres ved at særlige materialer afleveres til særlige institutioner, således at der ikke er en myndighed, hvortil alt afleveres. Det kan ikke antages at være påkrævet at der skal ske en sådan monopolisering, idet det er tilstrækkeligt, at kulturarven er bevaret af nationale offentlige institutioner. Det ville måske være ideelt, at alt blev samlet et sted, men dette er i praksis urealistisk. I Danmark har denne tankegang om spredning bl.a. givet sig udslag i, at film (frivilligt) afleveres til filmmuséet.[21]

[19] Generelt er spørgsmålet om ny lovgivning behandlet i *Delbetænkning* juni 1996.

[20] Hermed menes „blot" at materialerne skal kunne genfindes og bruges.

[21] Den særlige regel i fillovens § 13 (lov 186/1997) ophæves med den nye pligtafleveringslov, men den nævnte ordning vil kunne fortsætte, jfr. § 8, stk. 1.

Særlige problemer opstår i forhold til informationsbærende materialer, der hele tiden skifter indhold og understøttende teknologi, jfr. også herom nedenfor. Her er kravene til teknisk beredskab stort og det må forudsættes, at der afsættes ressourcer hertil. Set fra aflevererens perspektiv er moderne materialer ofte dyrere end de traditionelle og det er derfor et mere indgribende krav, at der skal afleveres et eksemplar. Film er også her et godt eksempel på denne problemstilling. Det kan yderligere observeres, at antallet af afleveringspligtige bliver meget stort og ikke alle er vant til at opfylde en sådan forpligtelse. Der kan dermed opstå fornyede vanskeligheder med at sikre, at aflevering faktisk sker, men dette er dog ikke i sig selv et argument mod en udvidet ordning. Håndhævelsesvanskeligheder af denne karakter indicerer blot, at der vil være indkøringsvanskeligheder.

Tværtimod forekommer det at være helt afgørende, at alle former for information er med. Det vil udgøre et alvorligt tilbageslag for den nationale hukommelse, såfremt ikke alle informationstyper afleveres. 1997-loven udgør et klart fremskridt. Det er i denne sammenhæng ønskeligt at fremhæve, at formålet ikke er at opbygge et bogmuseum eller lignende, men at bevare kulturarven i hvilken form, den end måtte fremkomme. Pligtaflevering er ikke alene et biblioteksanliggende, selvom bibliotekerne utvivlsomt også i fremtiden vil spille en hovedrolle.

Antal

Betragtes forskellige landes lovgivning, kan det anmærkes, at antallet af eksemplarer, der skal afleveres er meget varierende. Eksempelvis kan nævnes, at der i Frankrig skal afleveres 5 eksemplarer, Irland 12, Italien 6 og Portugal 14 eksemplarer.[22] Som udgangspunkt bliver pligtaflevering mere byrdefuld jo flere eksemplarer, der skal afleveres. Det må ligeledes fremhæves, at et højt antal kan give grobund for den antagelse, at der udover bevaring af kulturarv tilsigtes et system, der skaffer gratis bøger til bibliotekerne.[23]

Det kan ikke udelukkes, at dette er tilfældet i nogle lande, men i en

[22] Oplysningerne er baseret på Manzoni (note 9) 1992. Der er ikke taget hensyn til specialregler o.lign.

[23] Jfr. hertil Juhani Hakkarainen, *Nordinfo publikation* 31, s. 33, hvor det med rette fremhæves, at hvis ordningen bruges som „statsstøtte“ til bibliotekerne forsvinder dens legitimitet.

række situationer lader forskellighederne sig forklare udfra de enkelte landes størrelse og struktur. Store geografiske afstande[24] kan være en saglig begrundelse for aflevering af flere eksemplarer. Især er det værd at fremhæve, at i lande, der er organiseret i en federal struktur, kan statsretlige hensyn føre til, at der skal afleveres et antal svarende til antallet af delstater. Selvom centraliseret aflevering vil kunne opfylde formålet, kan dette være politisk problematisk, hvorfor det undgås. Herved kan fremhæves, at den nationalistiske del af begrundelsen for pligtaflevering betones.

Et stort antal pligteksemplarer kan være byrdefuldt for den afleverende og kan give anledning til kritik. Det forekommer derfor mest hensigtsmæssigt at begrænse antallet til det absolut påkrævede, da der herved opnås den største fælles forståelse af, at pligtaflevering er en almen opgave, der skal varetages i samfundets interesse. Herved øges dens effektivitet.

Udvælgelse

Parallelt til spørgsmålet om materialetyper foreligger spørgsmålet om der kan ske nogen indholdsmæssig begrænsning eller om alt skal bevares. Her står man overfor det velkendte problem, at det ikke er muligt in medias res at vurdere hvilke materialer, der udgør kulturarven og vil kunne have interesse for eftertiden. Dette taler umiddelbart for at bevare alt, men dette behøver dog ikke nødvendigvis at være tilfældet. Det er nærliggende at skele til den praksis, der følges af arkivvæsenet. Selvom materialetyperne er forskellige, er formålet med arkivering og pligtaflevering det samme. I arkivvæsenet lægges der lige så meget vægt på at gennemføre kassation som at opbygge arkivalier, jfr. arkivlovens § 2, nr. 2, om at „sikre muligheden for kassation af ikkebevaringsværdige arkivalier". Det kan herudfra hævdes, at det væsentlige er at bevare alle typer af information, men derimod ikke alt indenfor samme informationstype. Dette betyder ikke, at der sker en kvalitativ selektion,[25] men alene at der kvantitativt sker en begrænsning.[26] Dette er ikke blot ressourcemæssigt ønskeligt, men betyder

[24] Jfr. Oili Kokkonen, *Nordinfo publikation* 31, s. 83.

[25] Det er væsentligt at fastholde, at en kvalitativ bedømmelse ikke bør ske og at man derfor f.eks. også må bevare bøger, „som intet har med Litteratur at gøre" Lauritz Nielsen: *Pligtafleveringen til vore biblioteker.* 1923, s. 10.

[26] Modsat *Unesco Guidelines* (note 4) s. 7, hvorefter alt er af værdi for fremtiden.

tillige at eftertiden ikke drukner i et uoverskueligt informationshav. I takt med, at pligtafleveringens omfang i de kommende år udvides, er det nærliggende, at en kvantitativt orienteret udvælgelse vil blive oplevet som stadig mere naturligt.[27]

Denne opfattelse har ikke betydning for selve afleveringspligten, idet det må være de opbevarende institutioner, der gennemfører udvælgelsen. Det lægges dermed til grund, at det bør anses acceptabelt at kassere materiale, der er pligtafleveret. Dette kan virke provokerende, men en anden form for udvælgelse, der indebærer, at pligtaflevering ændres til altid at være en rekvisitionsret, er for usikker, da den forudsætter, at modtagerinstitutionerne i alle tilfælde er opmærksom på de bevaringsværdige materialer. For at imødekomme kritik kan det bestemmes at kasseret materiale skal destrueres og således ikke må indgå i et biblioteks udlånssamling, jfr. herved også ovenfor. Der skal fortsat ikke være tale om gratiseksemplarer til almindelig biblioteksdrift.

Ulovligt materiale

Et særegent problem foreligger i de tilfælde, hvor der afleveres ulovligt materiale.[28] Det må nok i almindelighed lægges til grund, at også materiale, der er udgivet i strid med gældende regler kan være af betydning for kulturarven og at det derfor ikke alene af denne grund skal afvises. Hovedeksemplet her i landet er pornografisk materiale, der indtil 1968 var underlagt væsentlige restriktioner og hvor det idag er klart, at det ville være en mangel, såfremt intet af dette materiale var blevet bevaret. Det ville have været sværere for eftertiden at forstå denne periode i dansk historie. I denne forbindelse kan det lægges til grund, at adgangen til at opbevare et værk ikke uden videre indebærer en ret til at stille det til rådighed for almenheden. I henseende til tilgængeliggørelse må biblioteker være forpligtet til at overholde den almindelige lovgivning.

Et særligt spørgsmål foreligger ved materiale, som det er ulovligt at være i besiddelse af. Dette er idag tilfældet for børnepornografi, jfr.

[27] Jfr. herved *Delbetænkning* juni 1996 p 35, hvor kassationskriterierne også knyttes til det indleverede materiales tekniske beskaffenhed, hvilket forekommer at være noget problematisk. – I lov 423/97 § 9, stk. 3 er der givet en bemyndigelse til, at regler om kassation kan fastsættes.

[28] Om problemstillingen se Harald von Hielmcrone, Eva Fønss-Jørgensen, *Nordinfo publikation* 31, s. 27–29.

straffelovens § 235, stk. 2, og her må det antages, at også et bibliotek er forpligtet heraf og derfor dels ikke må opbevare sådant materiale dels må politianmelde eventuelt fremsendt børneporno. Der er tale om et meget specielt område, og det kan ikke antages, at denne restriktion på nævneværdig måde begrænser kulturarvsvaretagelsen.

Elektronisk materiale

Som tidligere indiceret giver de elektroniske materialer anledning til særlige problemer, idet dette hovedsagelig er tilfældet for on-line databaser m.m.[29] De elektroniske materialer, der som f.eks. CD-ROM er afgrænselige, kan behandles principielt som de gamle papirmedier. Derimod er on-line information ikke permanent, men stadigt skiftende i en konstant strøm. Undertiden bruges betegnelsen dynamiske dokumenter. Det er åbenbart, at det ikke på traditionel måde er muligt at opbevare disse baser, fordi biblioteket i så fald hver dag skulle have leveret et eksemplar, der vil adskille sig lidt fra det forrige eksemplar. Dette er åbenbart ret meningsløst og en anden ordning må derfor findes, fordi det vil være særdeles uheldigt, om denne form for information ikke blev bevaret. Det er lidt af et paradoks, at den teknologi, der fører til produktion af stadig mere information, samtidig betyder, at den samfundsmæssige hukommelse bliver dårligere og eftertidens muligheder for at forstå vores tid bliver reduceret.[30]

Det har været fremført, at opbevaring skulle erstattes af en ret til acces,[31] hvorefter der frit kan søges i databaser. En sådan ordning løser ikke den skiftende informations problem.[32] Det er nødvendigt, at der bliver tale om en form for opbevaring. Dette kunne ske på den måde, at der i bestemte intervaller skulle afleveres et eksemplar af databasen (web-site). Dette betyder ganske vist, at ikke alle de løbende forandringer opfanges, men dog at der opbevares en signifikant serie af information, der må forventes at kunne imødekomme eftertidens krav og behov.

[29] Problemkredsen belyses godt i *SOU*, 1989: 89, s. 59–66, 94–99.

[30] Jfr. hertil Peter Blume: *Databaseret*. 1996, s. 122–23.

[31] Se Hans Martin Fagerli, *Nordinfo publikation* 31, s. 113, 118.

[32] I *Delbetænkning* juni 1996 s. 17 opereres med søgeadgang og udprintningsret. Dette forekommer ikke tilstrækkeligt, idet det er påkrævet at regulere modtagerinstitutionens virksomhed. Frihed til at bestemme om aflevering skal ske er næppe ønskeligt. En ordning af denne karakter er gennemført i *lov* 423/97 § 2, stk. 3 og 4, men en revision heraf vil nok fremover være påkrævet.

Eksemplarerne kan afleveres enten som udprintninger eller elektronisk, idet dette må afhænge af, hvorledes opbevaring bedst kan ske. Som regel må en elektronisk kopi være at foretrække, fordi den efterlader det mest præcise indtryk af nutidens informatoriske muligheder. Dette er nok den mest krævende form for opbevaring, men den bør desuagtet vælges. I denne forbindelse må det dog understreges, at det er en almen forudsætning for pligtaflevering, at materialet kan gøres tilgængeligt i fremtiden. Elektroniske materialer må derfor løbende holdes teknisk up to date, hvilket således er forudsat her. I lov 423/97 § 2, stk. 2, er der i overensstemmelse hermed fastsat en pligt til at aflevere (atypisk) teknisk dokumentation m.v.

Hvem skal aflevere?

En yderligere almen problemstilling angår hvem, der skal pålægges pligten til at aflevere. Der er her tre muligheder: Ophavsmanden, producenten/fremstilleren eller udgiveren (forlaget). Styrende for dette valg er, hvorledes det bedst sikres, at aflevering faktisk sker. Heraf følger umiddelbart, at der ikke normalt kan blive tale om ophavsmanden[33] og derved fjernes samtidigt en række indvendinger overfor ordningen. Den kan nu gennemføres uden, at rettighedsindehaverne overhovedet opdager dette. Den udgør således ikke umiddelbart en belastning. Hvorvidt den afleveringspligtige skal være fremstilleren eller forlaget kan ikke antages at have nogen principiel betydning. Begge vil normalt skabe god afleveringssikkerhed og det er derfor traditionsmæssigt/tilfældigt, hvem pligten faktisk pålægges. Den omstændighed, at trykkeren i dansk ret for tiden har afleveringspligt for indenlandsk producerede materialer, tilføjer således ikke nogle nye karakteristika ved den gældende ordning.

Biblioteksmæssige aspekter

Indtil idag er det i særlig grad bibliotekerne, der har nydt godt af pligtafleveringen. Herved er det blevet muligt at opnå en række væsentlige biblioteksmæssige mål. Først og fremmest kan der opnås fuldstændighed. Alt (primært) trykt materiale kan samles og bevares i det nationale bibliotekssystem. Det forekommer oplagt, at denne målsæt-

[33] I USA påhviler afleveringspligten ophavsmanden, jfr. Kenneth D. Crews (note 1) s. 560.

ning ikke vil kunne realiseres på anden måde. I denne forbindelse bør endnu engang fremhæves, at formålet ikke er eller bør være gratis bøger til bibliotekerne, hvorfor en fuldstændig samling først og fremmest er af betydning for eftertiden.

Pligtafleveringen udgør i overensstemmelse med det anførte en forudsætning for en kvalitativ tilfredsstillende nationalbibliografi, der dels er et centralt biblioteksmæssigt værktøj, dels giver information om, hvilke bøger, der er udkommet. På baggrund heraf er det undertiden blevet hævdet, at der sker en markedsføring, som kompenserer de udgifter, der er forbundet med pligtaflevering. Det er ikke muligt at efterprøve denne påstand, som ligger til grund for den hollandske ordning, der succesfuldt er baseret på frivillig aflevering.[34] Herhjemme er det velkendt, at mange forlag indsender deres bøger til Dansk Bibliotekscenter således, at de hurtigt kan blive medtaget i bogfortegnelsen og dermed markedsført overfor bibliotekerne. En kommerciel interesse foreligger således samtidig med, at nationalbibliografien er et informatorisk værktøj af utvivlsom værdi.

Fremtiden

Pligtaflevering har været et væsentligt instrument til bevaring af tidligere tiders boglige kultur. Pligtaflevering kan ligeledes blive et middel til bevaring af nutidens mangefacetterede informationsudbud. Skal denne opgave opfyldes, må et gammelt retsinstitut tilpasses en ny tid. Det må accepteres, at „the age of all and forever" er forbi, og at der nu kræves en kvantitativt orienteret selektion, der gerne må være generøs men alligevel begrænset. Pligtaflevering må hele tiden promoveres og dens samfundsmæssige værdi forklares, for det er på denne måde, at ordningen kan overleve. Med de stolte biblioteksmæssige traditioner, Danmark har, er der grund til optimisme og tro på fremtiden, når de næste hundrede år nu begynder.

[34] Jfr. herom Manzoni (note 9) s. 49.

PLIGTAFLEVERING OG EJENDOMSRET

Reflektioner over en østrelandsretsdom
fra 1960 om forholdet mellem
1927-pligtafleveringslovens regler om aflevering
uden vederlag af trykte skrifter og Grundloven
af 1953 § 73 om beskyttelse af ejendomsret i dansk ret

AF

JENS SØNDERGAARD

1. Præsentation af problemet. Der har været pligtaflevering i 300 år til Det Kongelige Bibliotek (KB) fra 1697. Til Universitetsbiblioteket i København (UB) var der pligtaflevering fra 1753 indtil denne aflevering ved 1927-loven ændredes til en rekvisitionsret, der i medfør af 1997-loven ophører med udgangen af 1997. Til Statsbiblioteket i Århus har der været pligtaflevering siden 1902-lovens ikrafttræden. Den i 1997 endnu gældende pligtafleveringslov nr. 160 af 1.7. 1927 bliver fra 1.1.1998 ændret ved en ny pligtafleveringslov, der er vedtaget ved 3. behandling 27.5.1997 og bekendtgjort i *Lovtidende* som lov nr. 423 af 10.6.1997.

Jeg behandler her alene retsforholdene i Danmark og omtaler ikke forholdene i de andre nordiske lande, hvor der er pligtaflevering i betydeligt videre omfang end i Danmark.

2. Under Enevælden kunne Kongen i princippet ændre enhver forordning/lov ved en ny forordning/lov. Efter gennemførelsen af Grundloven af 5.6.1849 kunne Grundlovens bestemmelser ikke ændres ved en på almindelig måde tilblevet lov, men kun ved en særlig i Grundloven anordnet procedure. Det er almindeligt antaget, at en ordinær lov ikke må stride mod Grundloven og at domstolene i givet fald skal lade Grundloven gå forud for en almindelig lov.

Om ejendomsrettens beskyttelse fastslår Grundloven af 1849 § 87: „Ejendomsretten er ukrænkelig. Ingen kan tilpligtes at afstå sin ejendom, uden hvor almenvellet kræver det. Det kan kun ske ifølge lov og mod fuldstændig erstatning." Ordlyden gentages ordret i alle følgende

Grundlove, i 1866 § 82, i 1915 § 80 og i den nugældende Grundlov af 5. 6. 1953 § 73. Den skønsmæssige afgørelse af hvad der er fuldstændig erstatning kan også efterprøves af domstolene. Ekspropriation er i betydeligt omfang nødvendig ved fast ejendom, men er normalt ikke nødvendig ved løsøregenstande, der findes i stort antal og normalt kan købes til faste priser.

Den citerede grundlovsbestemmelse indeholder 3 betingelser. Der skal være lovhjemmel, og det er der. Almenvellet skal kræve det, hvilket desværre er en betingelse, der ikke tages alvorligt. Den tredje betingelse om fuldstændig erstatning er et reelt problem for bogtrykkere/forlæggere, ikke mindst når det drejer sig om bøger, der kan fås i boghandelen til angivne priser. Det var et sådant tilfælde, den nedenfor omtalte retssag handlede om, og det er et sådant tilfælde mine efterfølgende bemærkninger især vedrører. Jeg går ikke nærmere ind på eventuelle problemer ved aflevering vederlagsfrit til pligtafleveringsbibliotekerne af de umådelige mængder *„småtryk“*. Der er hjemmel til, at der skal betales *porto og fragt* for alt pligtafleveret materiale, men de afleveringspligtige kan ikke kræve *ekspeditionsgebyr* for afholdte positive lønudgifter.

3. Den vederlagsfri pligtaflevering til KB havde i 1849 bestået i 152 år. Der var herefter en i hvert fald teoretisk mulighed for at anfægte den manglende erstatning på et juridisk grundlag. Spørgsmålet om pligtafleveringslovgivningens grundlovsmæssighed er imidlertid, så vidt ses, først 110 år senere blevet forelagt domstolene til påkendelse. Jeg henviser herved til dommen i *Ugeskrift for Retsvæsen* 1960, der er optaget i aktstykkesamlingen (nr. 91). En forlægger nægtede at aflevere nogle trykte bøger, der i overensstemmelse med 1927-loven var rekvireret af UB. Han blev ved Københavns Byrets dom af 11.9.1959 idømt en bøde på 200 kr. Han havde påstået frifindelse med henvisning til at kravet var i strid med Grundlovens § 73, når der ikke blev ydet erstatning. Han havde forståelse for pligtafleveringens betydning for publikationernes bevaring, men omkostningerne herved burde ikke pålægges forlæggerne. Pligten kunne være byrdefuld ved små oplag og den var urimelig, når det rekvirerede blev anvendt til *almindelig biblioteksbenyttelse.*

Tiltalte appellerede til Østre Landsret, hvor parterne gentog proceduren for Byretten. Anklagemyndigheden tilføjede, at det ikke var ekspropriation og nærmere kunne opfattes som en *art beskatning* af det bogkøbende publikum, idet udgifterne, der var af *ringe økonomisk betydning*, kunne indkalkuleres i bogprisen.

Den tiltalte forlægger bestred, at pligten kunne betegnes som en skat, idet det ofte ikke er muligt at indkalkulere udgiften i bogprisen og udgiften blev ikke som ved skatter beregnet i forhold til vedkommendes indtægt og formue.

Østre Landsret tilsluttede sig Anklagemyndighedens begrundelse og konkluderede, at den begrænsede pligt til uden vederlag at aflevere tryksager bl. a. til UB „er et ejendomsindgreb af en sådan karakter, at det ikke kan anses for stridende mod Grundlovens § 73." Bøden ansås for passende.

4. Dommen blev ikke, uanset dens principielle karakter, appelleret til Højesteret. Var dette sket og havde Højesteret statueret, at der skulle betales erstatning, ville dommen ikke med sikkerhed have været præjudicerende for pligtaflevering til KB. UB havde efter 1927-loven alene ret til at rekvirere ønsket materiale fra forlæggerne. Herved slap UB for at behandle en mængde materiale, der var mindre væsentligt ud fra et brugssynspunkt. Realiteten var vel, at UB sparede at indkøbe en betydelig mængde brugsrelevant litteratur. Det er ikke pligtafleveringens formål, at biblioteker ved rekvisition kan erhverve brugsrelevant litteratur gratis. Der er ikke ved oprettelsen af nye universiteter eller universitetscentre tildelt disses biblioteker rekvisitionsret. UB's rekvisitionsret er heller ikke opretholdt ved Pligtafleveringsloven af 1997 og bortfalder derfor ved udgangen af 1997.

Var der i 1959 også blevet ført en retssag om pligtafleveringen til KB, ville KB nok have stået lidt stærkere end UB på det juridiske plan ud fra den betragtning, at KB er det egentlige nationalbibliotek, hvor *bevaringsformålet* går forud for benyttelsesformålet. Dengang kunne noget materiale dog hjemlånes, men denne begrænsede hjemlånsadgang er siden (i 1992) helt ophørt, hvad angår pligtafleveringsmaterialet, og der indkøbes i betydeligt omfang danske bøger som brugs- og slideksemplarer. I 1997-lovens § 8 stk. 2 anføres, at eksemplarerne gøres tilgængelige for brugerne indenfor rammerne af Ophavsretsloven. Ifølge lovens § 9 stk. 2 fastsætter Kulturministeren nærmere bestemmelser om *bevaring og tilgængeliggørelse* af det afleverede, hvilket endnu ikke (sept. 1997) er sket. Den nærmere udformning i bekendtgørelsen om forholdet mellem bevaring og tilgængeliggørelse af pligtafleveringsmateriale, som kunne erhverves ved køb, kunne være et moment af en vis betydning i en eventuel fremtidig sag om erstatning for pligteksemplaraflevering uden vederlag.

Man burde måske overveje en regel om *karenstid* også for læsesalsbenyttelse af pligtafleverede bøger, der kan fås i boghandelen. I hvert fald bør fotokopiering ikke kunne finde sted, mens forlæggerne endnu kan lide kommerciel skade derved. F.eks. inden for en to års periode efter udgivelsen. Hvis bevaring af pligtafleveret materiale skal gå forud for almindelig biblioteksbenyttelse, bør der formentlig gennemføres en begrænsning i Statsbibiotekets forpligtelse til som Overcentral at stille pligtafleveret materiale til rådighed som hjemlet ved lov om folkebiblioteker nr. 1100 1993 § 13 stk. 1. Se iøvrigt også det under punkt 9 anførte.

5. Anklagemyndigheden har kunnet hente en del af sine argumenter under proceduren i retssagen i det foreliggende tilfælde fra forarbejderne til 1902-loven og 1927-loven.

I *Rigsdagstidende* 1901/02 Tillæg AII sp. 4441–42 findes som bilag III en skrivelse af 12.1.1902, hvor J. Hoffmeyer, overbibliotekar ved Statsbiblioteket skriver: „Som *skat* betegnet er denne afgift ikke betydelig. Naturligvis overvæltes den på konsumenterne, hvis mængde er så stor, at afgiften bliver umærkelig". I RT. Folketinget 1901/02 sp. 3052 udtaler minister J. C. Christensen om pligtafleveringen i 1902-loven, at det var „en skat, men en meget lille skat". Synspunktet „skattepålæg" uddybede ministeren under 1. behandling i Landstinget, RT. Landstinget 1901/02 sp. 431: „Man opkræver skatter hos bogtrykkerne, disse lægger byrden på andre, på forlæggerne og disse igen over på det købende publikum". Ved pligtafleveringens udvidelse til også at omfatte Statsbiblioteket udvides denne skattepligt efter ministerens mening kun en lille smule. Carl Goos, en i juridiske kredse velkendt retslærd, udtaler sp. 431, at han er enig i „at det princip, hvorpå dette lovforslag hviler, er rigtigt og fuldt berettiget. Det har også *meget* gammel hævd hos os". Sp. 433 siger Goos, at „det er i virkeligheden *ingen stor byrde*".

Lovforslaget til 1927-loven, der fremsattes i Landstinget 4.3.1927, bygger på en betænkning, trykt 1927, fra bibliotekskommissionen. Det nævnes i bemærkningerne til lovforslaget i *Rigsdagstidende* 1926/27 Tillæg A sp. 4870, at den vederlagsfri aflevering bygger på en *meget lang tradition*. Sp. 4872 anføres: „For opbevaringen på Universitetsbiblioteket har udvalget ment, at hensynet til *benyttelsen* kan være det afgørende". Der blev gennemført rekvisitionsret til UB, så man kunne nøjes med hos forlæggerne at anmode om de værker, der forventedes at blive brug for. KB's ret til et ekstra vederlagsfrit pligtafleveringseksemplar blev afskaffet. Ved fremsættelsen af forslaget i Landstinget udtalte undervisningsminister Byskov, RT. Landstinget 1926/27 sp. 733: „Selve afleveringspligten, dens juridiske eller moralske berettigelse, bliver der ikke rørt ved her". Under 1. behandling i Landstinget fremsatte et medlem forslag om at KB skulle have ret til at kræve et ekstra eksemplar af særligt værdifulde værker. Forslaget blev afvist af ministeren sp. 5787: Man kunne vel spare nogle penge til indkøb, men det ville give sagen et lidt mere odiøst skær overfor forlæggerne.

Idet jeg i øvrig henviser til aktstykke 68, skal jeg til belysning af mit særlige emne referere nogle udtalelser fra en høflig og sober skrivelse på 3 sider fra Forlæggerrådet til Ministeriet af 17.3.1927. Man omtaler ikke direkte forholdet til Grundlovens bestemmelse om ejendomsrettens beskyttelse. Det ville have været naturligt at lade den vederlagsfri pligtaflevering bortfalde ved bortfaldet af censuren og privilegiesystemet, idet den nu savner et egentligt retsgrundlag. Nationallitteraturen bør opbevares for efterverdenen, men byrden herved bør ikke væltes over på forlæggerne. De pligtafleverede bøger anvendes ikke blot af forskere og videnskabsmænd. Der henvises til, at Statsbiblioteket i Århus gennem biblioteksbenyttelsen i et vist omfang virker som folkebibliotek, hvilket kunne være påskønnelsesværdigt, hvis de anvendte værker var blevet købt. Også hvis der indføres rekvisitionsret for Universitetsbiblioteket og Statsbiblioteket, bør staten betale for det rekvirerede.

Så vidt ses har skrivelsen ikke haft nogen indflydelse på lovforslagets behandling og lovens indhold.

6. Der har siden 1849 været udgivet et betydeligt antal forfatningsretlige værker, som har kommenteret Grundlovens bestemmelse om ejendomsrettens beskyttelse. Jeg har kun fundet omtale af Pligtafleveringsloven hos professorerne Poul Andersen og Henrik Zahle. I en note til Østrelandsretsdommen henvises til Poul Andersen: *Dansk Statsforfatningsret*, 1954, s. 741, hvorfra citeres:

„Helt undtagelsesfrit har Lovgivningen ikke anset de her omhandlede Ejendomsindgreb for Ekspropriation. Den i Lov Nr. 160 af 1. juli 1927 paabudte Aflevering af Tryksager til visse Biblioteker sker uden Vederlag, hvorved erindres, at det kan dreje sig om kostbare Bøger og Værker.[1] Det er ikke Ejendomsindgrebets causa, som kan begrunde, at

[1] Afleveringspligten i H. t. Presselov Nr. 147 af 13. April 1938 § 3 er af politimæssig Karakter, jfr. *Krabbe*, Presseret, S. 43.

der ikke her skal betales Ekspropriationserstatning. Bøgerne er jo til almindelig Biblioteksbrug. Men det drejer sig kun om et ringe Tab. Det kunde formentlig ikke bestemmes, at der ogsaa vederlagsfrit skal afgives Bøger til alle Folkebiblioteker. Det maatte i alt Fald saa opfattes som en Slags Beskatning."

At et tab i mange tilfælde er ringe, er efter mit skøn ikke nogen holdbar begrundelse for at det ikke skulle erstattes ved tvangsafståelse. Og det at kalde noget en „slags beskatning", er ingen trylleformular, der fritager for at betale erstatning.

I den forfatningsretlige litteratur efter 1960-dommen omtales denne i Henrik Zahle: *Dansk forfatningsret*, 3, 1997, s. 183 som følger:

„Bedømmelsen af, om et indgreb er tabsgivende, må kunne foretages som en bedømmelse af en gennemsnitlig virkning med ikke for store afvigelser fra det gennemsnitlige. Lov nr. 160 af 1.7.1927 medfører pligt for alle forlæggere til aflevering af tryksager (2-3 eksemplarer), herunder af bøger, der kan være meget kostbare, til blandt andet Det kongelige Bibliotek. Loven blev UfR 1960 695 Ø godtaget som *ikke*-ekspropriativ, da pligten påhviler samtlige forlæggere (generalitet), og da tabet i et vist omfang kan videreføres til køberne. Loven skaber et – belastende – erhvervsvilkår, som man må affinde sig med."

Zahle henviser til Henning Skovgaard: *Offentlige myndigheders erstatningsansvar*, 1983, s. 136, hvor Skovgaard, jfr. det efterfølgende citat, refererer de momenter, som landsretsdommen har lagt vægt på:

„De afgørende momenter belyses meget anskueligt af holdningen til vederlagsfri *pligtaflevering* af tryksager sml. *U 1960.695* som fastslog, at loven herom ikke stred mod Grl. § 73. Afgørelsen var led i en politisag mod en forlægger, der havde undladt at opfylde afleveringspligten. Foruden indgrebets generelle karakter og begrænsede intensitet (få eksemplarer, den økonomiske byrde kunne overvæltes på aftagerne) fremhævede landsretten tillige den historiske tradition. Rigtigere end henvisningen til den historiske tradition havde nok været at fremhæve det særlige *almennyttige formål* og *vilkårets forudberegnelighed*. Formentlig burde en lignende ordning kunne udstrækkes til andre medieproducenter, f.eks. film (video), grammofonplader, musicasetter. Der kan næppe gøres en undtagelse for særligt kostbare eksemplarer, anderledes dog BVerfG i NJW 1982.633, udfra temmelig abstrakte synspunkter på ejendomsgarantien. Afleveringspligtens karakter af et forudberegneligt vilkår for enhver produktion af denne slags betyder, at den særlige økonomiske byrde måske kan forhindre visse produktioner, men denne ulempe vil ikke efter dansk tradition få domstolene til at intervenere."

De nævne statsforfatningsretlige forfattere, der omtaler 1960-dommen, er overvejende refererende, og der foretages ikke nogen særligt kritisk analyse af de anførte momenters bæredygtighed overfor reglen i Grundlovens § 73. Især den omstændighed, at det drejede sig om rekvisition af trykt materiale til *normal biblioteksbenyttelse*, og at UB ikke var nationalbibliotek, taler med nogen styrke for at den vederlagsfri rekvisitionsret til UB burde have været omstødt.

7. Adskillige forskningsbibliotekarer har i nyere tid arbejdet med og skrevet om pligtafleveringsproblemer, også som forberedelse til en ny pligtafleveringslov, hvorfor den efterfølgende korte omtale ikke er udtømmende.

1997-loven, der afslutter en udvikling gennem 300 år, er på flere punkter i overensstemmelse med anbefalinger af daværende kontorchef ved Rigsbibliotekarembedet, cand. jur. *Estrid Bjerregaard* i *Libri* 1973, s. 340–341, hvor 1960-dommen nævnes. og hvor det anbefales, at der kun skal pligtafleveres 1-2 eksemplarer, at rekvisitionsretten for UB skal ophæves og at det pligtafleverede skal betragtes og bevares som en *museumsgenstand* og kun anvendes i meget begrænset omfang.

Fra nyere tid foreligger der flere kyndige afhandlinger om pligtafleveringsproblemer fra forskningsbibliotekar, cand. mag. *Lise Hesselager*, KB, bl.a. i *Nordisk tidskrift för bok- og biblioteksväsen* 1980 en artikel med titlen: „The dust of one age is the gold of another", der i samlingen af hendes artikler: *Til guld skal det blive*, 1988, s. 85 citerer, hvad Johannes Tougaard Larsen fra Statsbiblioteket havde anført på rundbordskonferencen i Oslo 1964 om pligtafleveringens retsnatur: „Det må juridisk være at betragte som *en almindelig regulering*, der ikke kan medføre krav om erstatning". Uanset om dette synspunkt er rigtigt, er det et rimeligt procedureargument for at der ikke skal betales erstatning i fuldt omfang for pligtafleverede eksemplarer af trykte skrifter. På s. 87–88 i artiklen fremsætter Lise Hesselager et forslag til en lov om pligtaflevering, hvor UB's rekvisitionsret er bortfaldet, hvorimod der efter forslaget til KB skal afleveres 1 eksemplar fra bogtrykkeren og 1 eksemplar fra forlæggeren. Formålet er angivet som indsamling, registrering og bevaring. I forslagets pkt. 10 er der en sålydende regel om *erstatning*: „For eksemplarer, hvis pris overstiger en vis størrelse og som udkommer i oplag af en vis størrelse, udbetales erstatning efter påkrav fra forlæggeren. De nærmere bestemmelser herom fastsættes af ministeren". Der er ikke givet forslag til retningslinier for erstatningens udmåling. Som det vil fremgå af det efterfølgende afsnit 8, er der i 1997-loven hjemmel til, at der i den endnu ikke fremkomne bekendtgørelse bliver givet regler om, at der i visse tilfælde kan gives hel eller delvis godtgørelse for produktionsomkostningerne.

8. Om muligheden for vederlag for pligtaflevering efter 1997-loven.

Mens jeg i nærværende forbindelse ikke går nærmere ind på det grundige forarbejde, der er gjort med pligtafleveringsproblemerne i KB, Statsbiblioteket og Rigsbibliotekarembedet (SBT), bør det nævnes, at Udvalget om Bibliotekerne i Informationssamfundet, UBIS, i 1996 afleverede *Delbetænkning nr. 1. Pligtaflevering*. På s. 35 om lovforslagets § 8 anføres, uden at dette fremgår af Delbetænkningens lovforslag: „Hvis det pligtafleverede værk repræsenterer en uforholdsmæssig stor udgift for den afleveringspligtige, f. eks. hvor fremstillingen af det enkelte eksemplar er særligt krævende og hvor oplaget er meget lille, *kan* den modtagende institution efter ansøgning give hel eller delvis *godtgørelse* for produktionsomkostningerne."

S. 37–41 findes forslag til bekendtgørelse, hvor der i § 5 stk 6 anføres: „Hvis det pligtafleverede værk repræsenterer en uforholdsmæssig stor udgift for den afleveringspligtige, *kan* den modtagende institution efter ansøgning give hel eller delvis godtgørelse for produktionsomkostningerne."

Den danske *Forlæggerforening*, der havde fået UBIS Delbetænkning 1 sendt til udtalelse, tilkendegav i skrivelse af 31.10.1996 til Kulturministeriet sit *principielle ønske om normalt vederlag* for pligtafleveringseksemplarer, dvs. samme pris som ved bibliotekernes erhvervelser på normal vis. Kulturministeriets stilling til vederlagsspørgsmålet belyses af et svar til Kulturudvalget, bilag 5 i udvalgssag L 185, hvoraf afsnit 1 citeres:

„Pligtafleveringsordningen hviler på den generelle forudsætning, at de eksemplarer, der skal afleveres, udgør en mindre del af det samlede antal eksemplarer, der fremstilles, og at fremstillingen af disse eksemplarer derfor udgør en så beskeden udgift, at den kan pålægges udgiveren".

I afsnit 2 i svaret henvises til, at antallet af vederlagsfri pligteksemplarer bliver begrænset til 2, idet UB's rekvisitionsret bortfalder. I afsnit 3 henvises til lovforslagets § 6 stk. 3 om at Kulturministeriet fastsætter nærmere bestemmelser om tilfælde, hvor der kan gives hel eller delvis godtgørelse for produktionsomkostningerne. Bemærkningerne til lovforslagets § 6 stk. 3 svarer til hvad der ovenfor er anført i UBIS betænkningen på s. 35.

Som tidligere nævnt, foreligger bekendtgørelsen med de nærmere bestemmelser endnu ikke. Gennem muligheden for ydelse af en billighedsgodtgørelse i særlige tilfælde vil det være lettere at undgå at forlæggere ville føle sig så urimeligt behandlet, at de ville afholde betydelige omkostninger ved en ny retssag helt til Højesteret med risiko for at tabe sagen.

9. Supplerende om tilgængeliggørelse/anvendelse af pligtafleverede trykte bøger. Der er flere steder under forudgående punkter gjort bemærkninger om, at den faktiske biblioteksmæssige benyttelse af vederlagsfrit afleverede bøger kunne være et moment af betydning i en eventuel senere retssag om forholdet til Grundlovens § 73 om beskyttelse af ejendomsretten.

1927-loven og den tilhørende bekendtgørelse indeholder intet nærmere om bøgernes benyttelse.

I UBIS. Delbetænkning 1 1996 er der i lovforslagets § 8 stk. 2 bemyndigelse for Kulturministeren til at give nærmere bestemmelser om bevaring og tilgængeliggørelse. Der er dog intet herom i bemærkningerne til § 8. Det der vedrører § 8, finder man i bemærkningerne til § 7, der handler om opbevaring på 2 forskellige geografiske lokaliteter, og herfra citerer jeg følgende fra s. 33:

„Det forudsættes, at materialerne indgår i de pågældende institutioners samlinger og gøres tilgængelige for brugerne. Dette kan ske på samme vilkår som de øvrige materialer i de pågældende samlinger, men der bør dog tages særlige hensyn til bevaringsforpligtelsen.

Det har hidtil været sådan, at det pligtafleveringseksemplar, som opbevares af Det kongelige Bibliotek, indgår som musealt eksemplar i nationalbiblioteket, og normalt ikke må hjemlånes. Disse eksemplarer kan kun bruges på stedet eller på andre bibliotekers og statsinstitutioners læsesale.

Eksemplarer på Statsbiblioteket i Århus indgår i funktionen som overcentral for folkebibliotekerne (jfr. Bibliotekslovens § 13. stk. 1) og i fjernlånet til de øvrige folkebiblioteker."

I delbetænkningens forslag til bekendtgørelse s. 41 siges følgende i § 6 stk. 2–4:

„Stk. 2. Værkerne indgår i institutionernes samlinger og gøres tilgængelige for brugerne på samme vilkår som de øvrige materialer, idet der dog tages særlige hensyn til bevaringsforpligtelsen.

Stk. 3. Det pligtafleveringsdeksemplar, som opbevares af det kongelige Bibliotek, indgår som musealt eksemplar i nationalbiblioteket, og kan normalt ikke hjemlånes.

Stk. 4. For så vidt angår de pligtafleverede eksemplarer, der indgår i Mediesamlingen og i Statens Avissamling, har Statsbiblioteket de museale forpligtelser. Disse eksemplarer kan ikke hjemlånes. De øvrige pligtafleverede eksemplarer på Statsbiblioteket i Århus indgår i funktionen som overcentral for folkebibliotekerne (jfr. Lov om folkebibliotekerne § 13 stk. 1) og i fjernlånet til de øvrige forskningsbiblioteker. De kan stilles til rådighed for lånerne gennem disse biblioteker i overensstemmelse med de derom gældende regler."

I Kulturministeriets lovforslag af 12.3.1997 findes de tilsvarende lovbestemmelser i § 8 stk. 1 om de 2 geografiske lokaliteter og i § 9 stk. 2 om de nærmere bestemmelser om bevaring og tilgængeliggørelse. De foran citerede bemærkninger ad § 7 i UBIS Delbetænkning s. 33 er nu anført ad § 8 og i bemærkningerne til Kulturministeriets lovforslags § 9 stk. 2 anføres at „det er hensigten at fastsætte bestemmelser om ... vilkår for tilgængeliggørelsen af det afleverede". Den vedtagne lov følger på disse punkter lovforslaget.

Der gøres i de foran omtalte bemærkninger til UBIS § 7 og de tilsvarende bemærkninger til Kulturministeriets lovforslag § 8 en bemærkelsesværdig *forskel på KB og Statsbiblioteket,* idet sidstnævntes vederlagsfrie pligteksemplar indgår i funktionen som overcentral for folkebibliotekerne i medfør af § 13 stk. 1 i Folkebibliotekslov nr. 1100 1993. Den lyder som følger: „Statsbiblioteket virker som overcentral for bogligt materiale ved at stille bøger, tidsskrifter og andet *pligtafleveret* materiale til rådighed..." I bemærkningerne til lovforslaget, nr. L 20, i *Folketingstidende* 1993/94 Tillæg A sp. 281 anføres ad § 13 stk. 1: „Statsbiblioteket har siden 1938 fungeret som overcentral for folkebibliotekerne. Det indebærer, at ...bibliotekets pligtafleveringseksemplarer af dansk materiale fungerer som *brugseksemplaret* dvs. stilles til rådighed for udlån...".

Reglen er ny og fremgår ikke af forarbejdet i „Rapport fra en arbejdsgruppe..." 1992. Hvad et pligtafleveringsbibliotek kan anvende det vederlagsfrit afleverede materiale til, burde reguleres af pligtafleveringsloven og den dertil hørende bekendtgørelse fra Kulturministeriet. Jfr. herved pkt. 4 in fine.

10. Det er interessant at konstatere, at der ikke i forarbejderne til 1902-loven, 1927-loven og 1997-loven er nogen omtale af pligtafleveringslovgivningens forhold til Grundlovens regler i § 73 om ejendomsrettens beskyttelse. Det betyder formentligt, at man tidligere ikke har set noget problem. Hvad angår 1997-lovgivningen, har man bl.a. som følge af 1960-dommen formentlig været opmærksom på problemet, som er blevet noget mindre derved at UB's rekvisitionsret er bortfaldet og der er givet hjemmel til vederlag i særlige tilfælde.

11. Det vil være mange bekendt, at jeg i mange år har været tilknyttet KB som fagreferent i jura. Derudover har jeg ingen tilknytning til bogbranchen. Nogle ville måske mene, at jeg ikke i et ønskeligt omfang overfor offentligheden har procederet pligtafleveringsbibliotekernes sag godt nok. Forholdet er, at jeg som jurist er blevet anmodet om at skrive om emnet i nærværende jubilæumsskrift. Problemet er ikke endeligt afgjort ved en dom i Højesteret og jeg håber, at parterne på begge sider vil bidrage til, at det heller ikke sker.

AKTSTYKKER OG KILDER
TIL PLIGTAFLEVERINGENS HISTORIE 1697–1997

I UDVALG OG REDAKTION VED HARALD ILSØE

INDHOLDSFORTEGNELSE

FORBEMÆRKNINGER

Forbemærkninger

Der er i det følgende søgt tilvejebragt en fyldig samling af kilderne til pligtafleveringens historie i Danmark, først og fremmest de siden 1697 gældende reskripter, forordninger, love og bekendtgørelser, men også forslag og betænkninger og indimellem cirkulærer udgåede fra ministerier og afleveringsmodtagende biblioteker. Fra den livlige debat i 1920erne op mod gennemførelsen af den indtil 1997 gældende pligtafleveringslov er medtaget nogle indlæg, men principielt ikke debatter om de respektive lovforslag under deres behandling i Rigsdagen (Folketing og Landsting), der iøvrigt nemt kan findes via henvisningerne fra de vedtagne love gengivet i *Rigsdagstidende* eller *Lovtidende.* Når intet andet oplyses, er kildegrundlaget de gængse udgaver af reskripter, forordninger, love, og bekendtgørelser, herunder *Lovtidende* og *Ministerialtidende,* hvis disse da ikke er fundet i separattryk. For hertugdømmernes vedkommende er benyttet *Chronologische Sammlung der ... Verordnungen und Verfügungen für die Herzogthümer Schleswig und Holstein* [1748–1864], trykt Kiel 1799ff. For at lette orienteringen er de i bestemmelserne specificerede trykgenrer sat med kursiv.

I Rigsarkivet er bl.a. fundet det aktstykke, som gav anledning til pligtafleveringens indførelse, bibliotekar Wolfens forslag til kongen 1697, ligesom den fulde ordlyd af reskripterne fra 1700-tallet gengives efter akter, der befinder sig i dette eller Det kongelige Biblioteks arkiv, da reskripterne i den trykte reskriptsamling kun er meddelt i uddrag. For at komme bag om de officielle bestemmelser er desuden inddraget et udvalg af kilder, som belyser pligtafleveringens administration, de fleste hentet fra Det kongelige Biblioteks arkiv. Andet end nogle – ganske vist motiverede – stikprøver har det ikke kunnet blive til, og skønt samlingen derved har vokset sig overraskende stor, prætenderer udvalget på ingen måde at være udtømmende. Henvisninger til kilder og litteratur, som det ikke har været anset for påkrævet at gengive, findes i et vist omfang i noterne, men yderligere oplysninger kan naturligvis også findes i ovenstående artikler, som der ikke krydshenvises til.

1. *Bibliotekar Johan Conrad Wolfens forslag til kongen om pligtaflevering til det Kongelige Bibliotek, 11. juli 1697.*

Allergnädigster König und Herr.
Eu. Königl. Majestät werden annoch in allergnädigsten angedencken haben, wie vor weiniger zeit der Königliche Bibliothecarius zu Paris einige hier in Dennemarck und andere E.K. Majestät reichen und ländern gedruckte bücher verlangte, und solche entweder mit frantzösischen büchern, deren man benötigt sein mögte, oder auch einige raren Kupferstücke, die Er in seiner Verwarhrung und deren Verzeichnus Er mitgesandt, zu ersetzen sich erboten hat.

Weil dan bey dieser gelegenheit ich E.K. Majestät allerunterhänigst zu remonstriren mich erkühnete, dass nicht allein dergleichen Vertauschung zum aufnehmen Dero Bibliothec gereichen, sondern man auch dazu ohne einige Kosten gelangen könte, wan die Verordnung gleichwie in Franchreich gemacht würde, dass diejenigen, so in E.K. Majestät Reichen und Ländern mit Dero allergnädigsten permission etwas drucken liessen oder verlegten, gehalten sein müssten, 4 oder 5 exemplaria in die Königliche Bibliothec zu liefern; Eu. Königl. Majestät auch darauf allergnädigst sich erklärten, diesen allerunterthänigsten Vorschlag in consideration zu ziehen, also habe ich solches hiemit nochmals in tieffster sumission wiederholen wollen, als Eu. Königl. Majestät allerunterthenigster treuer knecht

Wolfen

[Med betegnelsen „Allerunterthänigstes Memorial“ og indlagt ved koncept til Sjællandske Tegnelser nr. 155 af 17. juli 1697, Rigsarkivet].

2. *Reskript til Københavns Universitet, 17. juli 1697.*

Hans Kongl. Mayts Brev til Rectorem og Professores om fem exemplarier af alle Skriffter som hereffter i hans Kongl. Majts Riger vorde tryckte eller oplagte udi Kongens Bibliothec at levere.

Vide maae I, at vi allernaadigst ville, at Een hver, som noget skrifft hereffter i vore Riger med voris allernaadigste tilladelse lader trykke og oplegge, skal være forbunden til fem exemplarier deraf i voris Bibliothec at levere. Derom strax paa behørige stæder fornøden anordning at giøre. Kiøbenhafn d. 17. Julii Anno 1697.

Påtegning: Anno 1697 d. 31 Julii allerunderdanigst læst paa Consistorio. Testor Joh. Bircherod Jani fil. pro-Notarius.

[Samtidig attesteret kopi i KBs arkiv, Journalsager A 8 nr. 3. – I Konsistoriums kopibog fol. 240, hvor det originale reskript er afskrevet, lyder sidste sætning: Derefter I eder allerunderdanigst haver at rette og derom strax paa behørige stæder fornøden anordning at giøre, KUs arkiv, 12.12.09, Rigsarkivet].

3. *Reskript til Københavns Universitet, 22. maj 1703.*

Voris allernaadigste villie og befalning er, at I hos samtlige Bogtryckere her i voris Kongl. Residentz-Stad Kiøbenhafn strax fornøden anordning giøre, at naar noget skrifft eller Materie i hvad Tungemaal det maatte være udi, som af Eder effter Loven er bleven censureret og hos dennem vorder trygt, være sig hvo det er, som sligt enten lader oplægge eller til trøcken befordrer, der af, saa snart det er trøgt, altiid fem exemplarier i voris Kongel. Bibliotheck imod voris Bibliothecarii quitering vorder indleveret. Dermed skee vor villie. Befalendis Eder Gud. Skrevet paa vort Slot Kiøbenhafn dend 22. May Anno 1703.

[Afskrift af det originale reskript i Konsistoriums kopibog fol. 352f, KUs arkiv, 12.12.09, Rigsarkivet. – Da bibliotekaren ved KB dec. 1710 klagede til universitetet over, at reskriptet ikke blev efterlevet, blev samtlige Københavns bogtrykkere indkaldt for Konsistorium, hvor de blev påmindet om deres forpligtigelse og fik tilsagn om hver at få meddelt en kopi af reskriptet, se Werlauff 1844 s. 110].

4. *Anordning at Bogtrykkerne i Kiøbenhavn skal af alt hvis hos dennem trykkes, levere til Kongens Bibliothecarius hver Fierding Aar, Tre uindbundne Exemplaria, 25. april 1732.*

Giøre alle vitterligt, at eftersom Vores Høy-Salige Hr. Fader af Høylovligst Ihukommelse haver ved een og anden skriftlig Befaling allernaadigst foranstaltet, at af alle Skrifter og Bøger, som bleve trykte i Vores Kongelig Residentz-Stad Kiøbenhavn, skulde allerunderdanigst leveres til det Kongelig Bibliotheque Fem Exemplaria, Saa ville Vi allernaadigst have saadan Anordning derhen igientagen og confirmeret, som Vi den og hermed igientage og confirmere, at alle og enhver Bogtrykkere, i bemelte Vores Kongelig Residentz-Stad Kiøbenhavn, til Vores Bibliothecarium hvert Fjerding Aar skal levere Tre u-indbundne Exemplaria af alt hvad, som i deres Bogtrykkerier er bleven trykt, hvad heller det af dem Selv eller af andre er bleven oplagt eller bekostet, og det fra Vores Regierings Begyndelse at regne; Dog er herfra de Ugentlige *Aviser, Auctions-Catalogi* og *Auctions-Placater,* samt og *Bryllups-* og *Begravelse-Vers* undtagne.

Til hvilken Ende og paa det ej nogen Svig og Undersleb skal skee, Vi ogsaa allernaadigst have for Got befunden hermed at befale Vores Politie-Mester denne Vores Anordning efterdags allerunderdanigst at exequere, og paa det samme rigtigen maa vorde efterlevet, stedse at gaae Vores Bibliothecario tilhaande; Thi skulle alle Bogtrykkerne, være sig under hvad Jurisdiction de sortere, være forpligtede, ved hver Maaneds Slutning at indgive til Politie-Mesteren hver en rigtig Fortegnelse in duplo, og den under sin Haand, paa alt hvad som saaledes i samme afvigte Maaned er bleven forfærdiget i hans Trykkerie, af hvilken Fortegnelse Politie-Mesteren skikker det eene Exemplar til Vores Bibliothecarium, som derefter ved hver tredie Maaneds Slutning lader sig levere de da allereede indtil dato forfærdigede Bøger og Skrifter, nemlig forbemeldte Tre Exemplaria af hvert Skrift eller hver Bog, og haver Bibliothecarius ved Annammelsen ligeleedes at give sine Qviteringer in duplo, hvoraf det eene bliver for Politie-Mesteren til Efterretning at Leverancen er allerunderdanigst fuldbyrdet.

Hvis nogen af Bogtrykkerne herudi findes u-villig eller i nogen Maade forsømmelig, da haver Vores Politie-Mester hannem at mulctere, og det saaleedes, at hvilken Bogtrykker, som ikke ved hver Maaneds Slutning rigtigen indkommer med sin Specification paa de hos hannem trykte Sager, naar han haver forsømmet Otte Dage over Tiden, betaler Fire Rigsdaler i Straf, og hvis han maatte befindes at have forsveget eller udeglemt noget Skrift, som af hans Trykkerie er udkommen, straffes han paa Ti Rigsdaler for et hvert, som kand være et Alphabeth stort eller derover, men er det To eller fleere Alphabeter, da ligeleedes for hvert Alphabet Ti Rigsdaler, men er det af færre Ark bestaaende, betaler han i Mulct To Mark for hvert Ark, som saadant Skrift indeholder. Hvilke Straf-Bøder skulle alleene være Politie-Mesteren og hans Folk, som herom skulle inquirere, hiemfaldne. Hvorefter alle og enhver Vedkommende sig haver allerunderdanigst at rette. Givet paa Vort Slot Friderichsberg den 25 Aprilis Anno 1732.

[Med „Alphabet" sigtes til arksignaturerne A-Z, og da enkelte bogstaver ikke blev benyttet til signaturer, udgjorde et alfabet 23 ark. Et ark bestod af 8 blade = 16 sider i skrifter trykt i oktavformat, af 4 blade eller 8 sider i skrifter trykt i kvartformat og af 2 blade eller 4 sider i skrifter trykt i folioformat].

5. *Brevveksling mellem Vajsenhusets bogtrykker og bibliotekaren ved Det kongelige Bibliotek om pligtaflevering af bøger trykt i nye oplag, 2. april 1738.*

Høy-ædle Herr Justits-Raad og Bibliothecarius
Vilde behage at give mig tilkiende om, naar Bøger i vores Bogtrykkerie blive oplagt 3, 4 og flere Gange, der altid af samme Bøger og skal leveres nye Exemplarer til det Kongel. Bibliotheque?
K[gl.] W[aysenhus] d. 2. april 1738. G. Fr. Kisel

Høytærede Hr. Kisel.
Jeg understaaer mig ikke herpaa self noget at resolvere, helst efterdi Deres Kongel. Maj. eengang for 4 aar siden allernaadigst befalede at sælge en stor Partie af de fra Bogtrykkerierne indkomne Exemplarier, som i Bibliothequet vare ufornødne og in duplo eller triplo, paa det mand deraf kunde anskaffe andre fremmede Bøger. Jeg overlader dette derfor til de Høye Herrer, Waysenhusets Directeurer, herom at foranstalte, hvad dennem got siunes, som for min Deel ikke skal vorde paaanket. Kh. ut supra.

H. Gram

[*Kirkehistoriske Samlinger* 4. rk. VI, 1901, s. 744f (efter breve i Vajsenhusets arkiv). – Det omtalte salg foregik ved auktion, men auktionskatalogen er ikke bevaret].

6. *Reskript til Københavns Universitet, 14. dec. 1753.*

Til Rector og Professorer ved Kiøbenhavns universitæt.
Da det af Vores Elskelige Kiære Hr. Fader, Salig og højlovlig Ihukommelse, allernaadigst er bleven anordnet, at af Bog-Trykkerne udi Vores Kongelige Residentz-Stad Kiøbenhavn skulde quartaliter til vores Bibliotheque leveresTrende Exemplaria af alt, huis udi Deres Bog-Trykkerier trykkes, hvad heller det af dem selv blev bekosted eller af andre blev oplagt, saa have Vi og nu allernaadigst funden for got, at der ligeledes af dennem til Vores Universitæts Bibliotheque paa Runde Taarn udi bemelte Kiøbenhavn skal aarlig leveres et uindbunden tryckt

Exemplar af alt, hvad de enten selv lader trykke eller paa andres bekostning hos dem forfærdiges, de *Ordinaire Post-Relationer* og *Aviser, Auktions Catalogi, Placater* samt *Bryllups* og *Begravelse Vers* undtagen, hvilket I Directeuren ved Vores Bog-Trykkerie saavelsom og Universitets Bogtrykkerie, som sorterer under Eders Iurisdiction, have at lade tilkiendegive og dennem derhos tilholde, at de ved rigtig Designation under Deres haand fra dette Aars begyndelse af og hereffter aarlig til hvert Aars udgang til Bibliothecario Universitatis imod hans paa Designationen tegnede Quittering aflevere dette anbefalede Exemplar under Straf effter Forordningen af 25de Aprilis 1732, om nogen dette forsømmer inden 14ten Dage efter ansette tiid med sin Designation og aflevering at indfinde sig eller og maatte befindes at have forsueget eller forglemt noget Skrifft, som fra hans Bogtrykkerie er udkommet; Da Vi og ellers ligeledes under denne Dags Dato allernaadigst have befalet Os Elskelige Vores Over-Præsident, Borgmestre og Raad udi meerbemelte Kiøbenhavn sligt samtlige under Stadens Iurisdiction sorterende Bogtrykkere at tilkiendegive. Dereffter I Eder allerunderdanigst kunde viide at rette. Befalendes Eder Gud. Skrevet paa Vort Slott Christiansborg udi Vores Kongelige Residentz-Stad Kiøbenhavn den 14de Decembris Anno 1753.

Påtegninger: Allerunderdanigst læst i Consistorie den 23. Januariie 1753. – [Desuden af de to universitetsbogtrykkere:] Dette Original er mig forevist og skal allerunderdanigst af mig blive efterlevet. J.J. Höpffner. – Dette er og mig underskrefne foreviist og allerunderdanigst skal efterleves. Owe Lynow.

[Original i pakke med indkomne sager til Konsistorium, KUs arkiv, 12.12.24, Rigsarkivet. Tidligere trykt i *Læsendes Aarbog for 1800,* Kbh. 1801, s. 123f. – Ligelydende reskript under samme dato til Københavns magistrat vedrørende byens øvrige bogtrykkere er gengivet i den trykte reskriptsamling].

7. *Reskript til bibliotekaren ved Det kongelige Bibliotek om aflevering til Kongens håndbibliotek, 10. sept. 1756.*

Til Justitzraad og Bibliothecarium Bernhardt Mølman, at der af de 3de Exemplarier af Bøger, som af Bogtrykkerne i Kiøbenhavn blive oplagte og til Hans Majestets Bibliotheque bliver leveret, skal et Exemplar til allerhøystbemeldte Hans Majestets Cabinets Bibliotheque afgives.

Vi give dig hermed tilkiende, at Vi allernaadigst have funden for got, at der af de 3de Exemplarier af Bøger, som af Bogtrykkerne i vores Kongelig Residentz-Stad Kiøbenhavn bliver trykte, og, følgelig Vores til Os Elskelige Rectorem et Professores ved Universitetet i bemældte Kiøbenhavn den 14de December Anno 1753 ergangne allernaadigste Rescript, til Vores Bibliotheque bliver leveret, skal et Exemplar til Vores Cabinets Bibliotheque afgives, derefter du dig allerunderdanigst haver at rætte. Befalendes dig Gud. Skrevet paa Vort Slot Fredensborg den 10de Septembris Anno 1756.

[Original i KBs arkiv, Journalsager A 8 nr. 62. – Kabinetsbiblioteket er Kongens håndbibliotek. – Reskriptet må anses for ophævet ved anordningen af 10. jan. 1781, se aktst. nr. 10].

8. *Universitetsbibliotekar Abraham Kall om pligtafleveringen, 1. maj 1777.*

... om Bøger fra Bogtrykkerne maae erindres, at det kong. Rescript, hvoraf en vidimeret Copie fandtes paa Bibliotheket [da Kall 1767 tiltrådte som bibliotekar], er udtrykkelig indskrænket til Kiøbenhavns Bogtrykkere alleene, at samme tilholder, at af enhver Bog, som disse trykker, skal 3 Exemplarer leveres til Kongens Bibliothek, og at da af disse 3 skal Universitets Bibliotheket have det eene. Jeg har ofte og hos alle Bogtrykkere givet Erindring om dette Exemplar, men kuns 4 af dem har fundet sig villige hertil. De øvrige have enten lovet, og ey holdet, eller og foregivet, at de afleverte deres 3 Exemplarer til Kongens Bibliothek, og derfra maatte (som og synes at være Rescriptets Meening) Universitets Bibliotheket hente sit; andre have givet knubbede Ord, og Philibert har endog for nogle Aar siden anklaget mig for den Aarsags Skyld hos Hr. Ober-Hof-Marschall Moltke.
Kiøbenh. d. 1. May 1777. Abr. Kall.

[Påtegning på cirkulære vedrørende Universitetsbiblioteket rundsendt blandt universitetets professorer 1. april 1777, KUs arkiv 12.05.13, Rigsarkivet. – Kall har åbenbart sammenblandet og misforstået de gældende reskripter (aktst. nr. 6–7). – Der var i 1770erne 14 Bogtrykkere i København. Claude Philibert var både bogtrykker og (hof-) boghandler, og overhofmarskalken var Chr. Fr. Moltke, d. 1771. – Om klager over Universitetsbibliotekets mangler på den nyeste danske litteratur fremsat på tryk i 1780erne, se Palle Birkelund 1980, s. 392f samt aktst. nr. 14].

9. *Cirkulære fra lederen af Det kongelige bibliotek J.H. Schlegel til bogtrykkerne i København, 23. dec. 1779.*

Herr Berlings[!], Graae, Høecke, Horrebow, Hallager, Sander og Schrøder, Stein, Simmelkiær, Thiele og Waysenhuus-Bogtrykkerie.
Ved revision af det mig anbetroede Kongel. Bibliothek har man befunden, at den Kongelige Forordning af 25. april 1732 i endeel Aar ei er bleven tilbørlig efterkommen, som anbefaler, at alle og enhver Bogtrykker i den Kongel. Residenz-Stad til den kongel. Bibliothecarius skal levere tre uindbundne Exemplaria af alt hvad som i deres Bogtrykkerier er bleven oplagt og bekostet enten af dem selv eller af andre, kuns ugentlige Aviser, Auctions-Catalogos og Placate undtagen.

Saa vidt mig er bekiendt, er denne Kongel. Forordning kuns af tre Bogtrykkerier her i Staden i disse sidste Aar bleven iagttagen, nemlig Directeur Hoepfners, Hofbogtrykker Møllers og Madame Godiches. I det mindste ere mig nu i mere end fem Fierding Aar, som ere forløbne siden jeg efter Sal. Etatsraad Møllmanns Død har tiltraadt dette Embede, fra ingen andre end bemeldte tre Bøger afleverede, langt mindre en efter Forordningen indrettet Quitteringsbog foreviist; og Revisionen udviser, at en stor deel af de nyere danske Skrifter savnes paa det Kongel. Bibliothek. Jeg forventer, at denne Mangel, som nok kommer deraf, at Erindringen er bleven forsømt, med god Villighed vil erstattes af samtlige Bogtrykkere; og beder, at enhver, til hvilken dette Cirkulare omgaaer, vil tegne derpaa og tilkiendegive, om der har været nogen ordentlig Quitteringsbog imellem ham og sal. Etatsraad Møllmann, naar sidste Afleveringfra hans Bogtrykkerie til det Kongelige Bibliothek er skeet, og hvad for Skrifter nu fra samme kan ventes modtagne.

Kiøbenhavn den 23 dec. 1779. Johann Heinrich Schlegel

[Forneden egenhændige påtegninger af de nævnte bogtrykkere plus Svares enke, hvori de bekræfter, at de har fået cirkulæret forevist (gengivet i facsimile i *Magasin* 9. årg. nr. 3, 1994, s. 16f). – KBs arkiv, Journalsager A 8, nr. 112].

10. *Fornyet Anordning for Bogtrykkere og dem, som for sig udgive Portraiter eller Tegninger stukne i Kobber, at aflevere visse Exemplarer deraf til det store Kongelige Bibliotheque, 10. jan. 1781.*

Giøre alle vitterligt: At som Vi med Mishag have erfaret, at Vores høysalig Herr Farfaders Anordning af 25de April 1732, at samtlige

Bogtrykkere i Vores Kongelige Residenz-Stad Kiøbenhavn skulle hvert Fierding Aar uden Betaling aflevere til det store Kongelige Bibliotheque visse Exemplarer af alt hvad de trykke, ikke er, i den fremfarne Tid, vedbørligen efterlevet, ligesom Vi og befinde denne Anordning at være alt for indskrænket til, at Vores Bibliotheque derefter kan erholde alt, hvad der udkommer i Vore Riger og Lande, ey alleene af Bøger, men og af Kobber-Stykker, der udgives for sig selv, hvilket Vi dog have anseet fornødent for at der kunde, saavel til Rigernes Ziir, som og til Videnskabernes og Konsternes Befordring, vorde lagt Grund til en, saavidt mueligt, fuldstændig Samling, i det mindste for den følgende Tid, af alt hvad der henhører til Vore Rigers og Landes Litterature; Saa have Vi allernaadigst funden for got at fornye forbemeldte Anordning, ligesom Vi end videre herved anordne og befale, at alle og enhver Bogtrykker i Vore Riger og Lande, saavel i Europa som i de andre Verdens Parter, samt de, der for sig selv udgive Portraiter eller Tegninger, stukne i Kobber, skal, fra indeværende Aars Begyndelse at regne, til Vores store Bibliotheque uden Betaling levere 3 uindbundne Exemplarer af alt det, som i deres Bogtrykkerier er blevet trykket, saavelsom af hvad *Portraiter eller andre Tegninger, der udgives for sig selv i Kobber,* hvad heller saadant af dem selv eller af andre er bleven oplagt eller bekostet, hvorunder endog ere at forstaa ugentlige *Aviser* og *Intelligenz-Blade,* samt *Auctions- og andre Catalogi over Bøger og Kobberstykker, samt Naturalie-, Myndte- og deslige Cabinetter,* men derimod ikke andre *Catalogi, Auctions-Placater* eller *Bryllups- og Begravelses Vers;*

Og paa det dette overalt saameget sikkrere og ordentligere kan vorde sat i Verk, er Vores allernaadigste Villie og Befaling, at denne Aflevering her i Staden skal skee ved hvert halve Aars Udgang til Vores Bibliothecarius, hvilken saavel Bogtrykkerne, som enhver, der for sig udgiver Kobberstykker, meddeeler, med det, som hver Gang leveres, en dobbelt Fortegnelse, hvoraf den Leverende faaer den eene Gienpart tilbage med Bibliothecarii paategnede Qvittering, den anden derimod beholder Bibliothecarius til Efterretning og Rigtighed for det saaledes modtagne; for de øvrige Bogtrykkerier, samt dem, som for sig selv udgive Kobberstykker i Vort Kongerige Danmark, besørges denne Aflevering ligeledes til hvert halve Aars Udgang ved vedkommende Stiftamtmænds nærmeste Foranstaltning, og Transporten besørges med den agende Post under Adresse: *Til det store Kongelige Bibliotheque,* og saavidt samme, efter de om Postvæsenet allerede giorte eller herefter giørende Anordninger, ikke maatte kunde skee frit, betales af Bibliothequets Fond efter den ved Anordningerne fastsatte eller fastsættende Taxt.

For Vort Kongerige Norge bliver bemeldte Anordning ligeledes at foranstalte ved Stiftamtmændene, dog ikkun een Gang om Aaret fra Trundhiem, Bergen og Christiansand, da Transporten besørges og Fragten accorderes ved Skibs-Leylighed paa den beqvemmeste Aarets Tid, men fra Christiania hvert halve Aar med den agende Post paa samme Maade, som før er anordnet; For Vort Land Island skeer denne Foranstaltning ligeledes ved Stiftamtmanden, men paa Vore Vestindiske Øer saavelsom i Tranqvebar ved Regieringen paa hvert Sted een Gang om Aaret, og disse Pakker hidføres frit, som Kongelige Sager, og den Øvrighed, hvilken dette saaledes paa hvert Sted er overdraget, gives herved Magt, til at holde samtlige Vedkommende til alt det, som udfordres til denne Sags bestandige og ordentlige Fremgang, være sig i at forskaffe bemeldte Øvrighed selv, til de i det foregaaende bestemte Afsendelses Tider, en fuldkommen Rigtighed for hvad, der i hver næstafvigte Termin hos dem er forefaldet af dette Slags, eller at besørge de afsendende Sager forsvarligen indpakkede og forsynede med de anbefalede dobbelte Optegnelser til Bibliothequet, som og tilstille dem hver Gang Beviis og Vished om, at Afsendelsen virkelig er skeet, samt i Forsømmelses og Modvilligheds Tilfælde ey alleene at lade hos vedkommende inddrive det, som da befindes at staae tilbage, men og at paalægge dem en efter Omstændighederne afpasset Penge-Mulct, der tilfalder og efter Øvrighedens Sigelse deeles imellem de Betiente, som besørge Executionen i disse Sager, hvilken ellers foranstaltes af vedkommende Øvrighed uden noget foregaaende Lovmaal, ligesom Vores Bibliothecarius, saavidt angaaer Vores Residenz-Stad Kiøbenhavn, i lige Tilfælde haver at holde sig til Stadens Øvrighed om den fornødne Assistence.

Hvorefter de Vedkommende sig allerunderdanigst have af rette; Givet paa Vort Slot Christiansborg udi Vores Kongelige Residenz-Stad Kiøbenhavn den 10 Januarii 1781.

[Separat tryk. – Anordningen var foranlediget af en forestilling til kongen fra KBs chef J.G. Moltke dateret 9. dec. 1780, se KBs arkiv, Journalsager A 8 nr. 158 og Steen Bille Larsen 1981, s. 58–62].

11. *Anordnung für die Herzogthümer Schleswig und Holstein, die Herrschaft Pinneberg, Grafschaft Ranzau und Stadt Altona, dass die Buchdrucker von allem was sie abdrucken, und diejenigen, welche in Kupfer gestochene Portraits oder Zeichnungen besonders ausgeben, von jedem Kupferstiche, Drey Exemplarien an die Königl. grosse Bibliothek zu Kopenhagen unentgeldlich einliefern sollen, 19. Jan. 1781.*

Nach einer Königl. Anordnung vom 25sten April 1732 sind die Buchdrucker in Kopenhagen verplichtet, von allem, was sie abdrucken, Drey Exemplarien an die grosse Königl. Bibliothek unentgeldlich abzuliefern, welches sich nun auch auf Kupferstiche erstrecket. Diese Einrichtung soll nunmehro nicht nur für beyde Königreiche, sondern auch für die Herzogthümer Schleswig und Holstein, wie auch die Herrschaft Pinneberg, Grafschaft Ranzau und Stadt Altona Statt haben, um zu einer so weit möglichen vollständigen Sammlung von allem, was zur Litteratur der Königl. Reiche und Lande gehöret, zu gelangen, zu welchem Ende hiedurch auf ausdrücklichen Königl. allerhöchsten Befehl vom 10ten d[ieses] M[onats] folgende Anordnung ergehet:

Sämtliche Buchdrucker sollen von allem, was in ihren Buchdruckereyen für eigene oder fremde Rechnung gedruckt wird, worunter auch wöchentliche *Zeitungen oder Intelligenz-Blätter, Auctions- oder andere Catalogi über Bücher, Kupferstiche,* wie auch *Naturalien- Münz- und dergleichen Cabinette* (nicht aber *andere Catalogi, Auctions-Placate* oder *Hochzeit- und Leichen-Gedichte*) zu verstehen sind, vom Anfange dieses Jahres angerechnet, Drey uneingebundene Exemplarien an die Königl. grosse Bibliothek unentgeldlich einliefern, auch diejenigen hiezu verplichtet seyn, welche in Kupfer gestochene Portraits oder Zeichnungen besonders, es sey auf eigene oder fremde Kosten, ausgeben.

Damit diese Anordnung desto gewisser und ordentlicher befolget werde; so soll die Ablieferung mit Ablauf jeden halben Jahres an den Königl. Bibliothecarium geschehen, dem sowol die Buchdrucker, als auch ein jeder, der Kupferstiche besonders ausgiebt, ein doppeltes Verzeichniss von der jedesmaligen Lieferung mitzutheilen haben, wovon das eine dem Aussteller, mit der aufgezeichneten Quitung des Bibliothecarii, zurück gegeben, das andere aber von Letzterm, zur Nachricht und wegen des Empfangenen zu treffenden Richtigkeit, aufbehalten wird.

Die halbjährige Ablieferung, sowol der gedrukten Sachen als der Kupferstiche, soll in den Städten nach des Magistrats, und auf dem Lande nach des gehörigen Oberbeamten nähere Veranstaltung bewerkstelliget, und der Transport mit der fahrenden Post, unter der Addresse: *An die Königl. grosse Bibliothek, zu Kopenhagen,* besorgt werden.

Die Kosten des Transports, in soweit solcher nach den jetzigen oder künftigen Postanordnungen nicht frey geschehen kann, sind aus den Fonds der Bibliothek nach der Post-Taxe zu bezahlen.

Die Obrigkeiten, welchen dieses Geschäfte solchergestalt aufgetragen ist, werden hiemit ermächtiget, die Buchdrucker und Kupferstecher ihres Orts oder Distrikts zu dem allen anzuhalten, was sie zum beständigen und ordentlichen Fortgang dieser Anordnung erforderlich finden, es bestehe solches in der besagten Obrigkeiten selbst, zu den obbestimmten Absendungszeiten, zu verschaffenden Richtigkeit, in Hinsicht dessen, was in jedem nächst verlaufenen Termin in ihrem Bezirk von der Art vorgefallen ist; oder in dem verantwortlich zu besorgenden Einpacken der abzusendenden Sachen mit dem anbefohlenen zweyfachen Verzeichnisse und der Auffschrift an die Bibliothek, wie auch in der ihnen, den Obrigkeiten, jedesmal, zur Gewissheit, dass die Absendung wirklich geschehen, zuzustellenden Bescheinigung.

Insonderheit sollen dieselben, in Fällen der Versäumniss und Unwilligkeit, nicht nur dasjenige, was rückständig zu seyn befunden wird, von denen, die es angehet, eintreiben lassen, sondern auch den Schuldigen eine den Umständen angemessende Geldbusse, die den Bedienten, welche die Execution in solchen Sachen besorgen, heimfällt und unter sie, nach obrigkeitlicher Bestimmung, vertheilt wird, auflegen.

Wie denn, in Fällen dieser Art, die Execution von der gehörigen Obrigkeit, ohne vorgängiges gerichtliches Verfahren, zu veranstalten ist.

Wornach ein jeder, den es angeht, sich gebührend zu achten hat. Gegeben auf dem Schlosse Gottorff, den 19ten Jan. 1781.

[Separat tryk].

12. *Nähere Verfügung an den Herrn Landgrafen und Statthalter wegen der von sämtlichen Buchdruckern an die grosse Königl. Bibliothek einzusendenden Exemplaren von allem, was sie abdrucken; wie auch wegen Bemerkung des Namens des Buchdruckers auf dem Tittelblatt einer Schrift, 8. Jan. 1783.*

Wann Wir gut gefunden haben, die unterm 10ten Januar 1781 gemachte Anordnung, nach welcher sämtliche Buchdrucker von allem, was sie abgedruckt, drey Exemplaren an Unsere grosse Bibliothek unentgeltlich einliefern müssen, dahin zu verändern, dass gedachte Buchdrucker, anstatt der bisher nur auf Druckpapier eingekommenen drey Exemplare, künftig nicht mehr als zwey Exemplare, jedoch dass Eine derselben auf gutem Schreibpapier, einliefern sollen; Wir auch zugleich wollen und befehlen, dass in Zukunft kein Buchdrucker eine Schrift drucken solle, ohne seinen Namen auf dem Tittelblatt bemerkt zu haben; so gesinnen Wir hiemit an Ew. Lbd. gnädigst, diesen Unsern Willen in den Herzogthümern Schleswig und Holstein, wie auch in der Herrschaft Pinneberg und Grafschaft Ranzau, mittelst eines gedruckten Patents bekannt zu machen.

Gegeben etc. Christiansburg den 8ten Januar 1783.

[Fra den trykte *Chronologische Sammlung*, hvor der i en note oplyses følgende: „Eine gleichlautende Verfügung ist unter demselben Dato an das Oberpräsidium zu Altona ergangen, und unterm 5ten Febr. 1791 ist sie sowohl dem Consistorio Academico zu Kiel in Rücksicht des academischen Buchdruckers, als auch dem dortigen Schulmeisterseminario, der Schulbuchdruckerey wegen, communicirt worden. – Die aus dem Departement der Statthalterschaft und dem Altonaischen Oberpräsidio erlassenen Patente sind datirt Gottorff den 15ten und Altona den 17ten Januar 1783"].

13. *Placat, anlangende at isteden for Bogtrykkerne hidtil have til det store Kongelige Bibliotheque afleveret 3 Exemplarer af det, som i deres Bogtrykkerier bliver trykket, skal de herefter ikkun levere 2 Exemplarer, hvoraf det eene skal være paa Skrivpapiir, med viidere, 5. febr. 1783.*

Giøre alle vitterligt: At, som det ved Vores under 10de Januarii 1781 udgangne Anordning er paa nye befalet, at Bogtrykkerne skal til Vores store Bibliotheque uden Betaling aflevere 3 uindbundne Exemplarer af alt det, som i deres Bogtrykkerier bliver trykket, med viidere; Men derudi ikke er bestemt, hvad Slags Papiir de leverende Exemplarer til Bibliothequet skal være trykte paa, hvorover de leveres paa Tryk-Papiir, som giør Exemplarerne uanseelige: Saa ville Vi hermed allernaadigst have anordnet og befalet, at Bogtrykkerne, isteden for at de hidtil levere 3 Exemplarer af alt hvad de trykke paa Tryk-Papiir, skal for den tilkommende Tiid ikkun levere 2 Exemplarer til bemeldte Vores Bibliotheque, hvoraf det eene skal være paa Skriv-Papiir, og, for at forekomme al Urigtighed ved Bogtrykkernes Leverancer for Eftertiiden, maae ingen Bogtrykker trykke noget Skrift, uden hans Navn er bemærket paa Titelbladet.

Hvorefter alle og enhver Vedkommende sig allerunderdanigst haver at rette. Givet paa Vort Slot Christiansborg udi Vores Kongelige Residence-Stad Kiøbenhavn den 5te Februarii 1783.

[Separat tryk].

14. *Universitetsbibliotekar Nic. Elert om pligtafleveringen, 1787.*

Strax efterat jeg var bleven Bibliothecarius [dec. 1780], kom jeg efter Budskikkelse til den da værende Præses ved det Kongelige Bibliothek Grev Moltke, som talede med mig om ... en vis Forbindelse imellem det Kongelige og Universitetets Bibliothek, men det ... kom desværre ei til nogen Fuldkommenhed; og da jeg havde hørt, at der ville udkomme et Rescript angaaende det Kongelige Bibliothek, bad jeg ham, at tvende Poster, som han og bifaldt, maatte deri blive anførte. 1) At ingen Bogtrykker maatte trykke noget Skrift, uden at sætte sit Navn derpaa, og 2) at ingen Bog maatte anmældes offentligen, uden tillige at anføre Bogtrykkerens Navn. Det første blev siden anordnet, det sidste ikke. I Henseende til det første, da havde jeg det af egen Erfaring; thi da jeg saae, at adskillige gode Bøger, som vare trykte her i Byen, manglede paa Bibliotheket, søgte jeg dem andensteds, for at see Bogtrykkernes Navne, men fandt som oftest allene Forlæggernes; hvorpaa jeg gik til dem, og fordrede Bøgerne; men mig blev svaret, at Forordningen ikke angik dem, men Bogtrykkerne, og naar jeg da forlangte at vide Bogtrykkerne, blev mig svaret, at de lode trykke hos saa adskillige, at de ikke kunde erindre det. Det sidste havde ellers medført den Fordeel, at man kunde have holdt Bog med Bogtrykkerne, om alt blev opleveret eller ikke. Strax derefter sendte jeg et Omgangs Brev til alle Bogtrykkerne, undtagen Hofbogtrykker Møller og Godiches Enke, som altid opleverede ordentligen, foreholdt dem deres Pligter i Følge Forordningen og Rescriptet, og udbad mig deres Svar paategnet; men da nogles Svar vare deels tvetydige, deels opfyldte med Uhøfligheder, maatte jeg overgive det alt til Politiemesteren Hr. Conferentsraad Fædder, som lod dem opstævne, og under Mulct efter Forordningen paalagde dem at iagttage deres Pligter, hvilket de og lovede, og har siden den Tid for det meste holdt det ordentligen.

[Fra Nic. Elert: *Svar paa det saa kaldte Anonymiske Biedrag til Hr. Riegels's*

Spørgsmaal og Tvivl, Kbh. 1787, s. 3f. – At bogtrykkeren skulle anføre sit navn på, hvad han trykte, blev ganske rigtigt påbudt febr. 1783 (se aktst. nr. 13). Bestemmelsen indgik af andre grunde i trykkefrihedsbestemmelserne, således i reskriptet af 7. okt. 1771, i følge hvilket enten forfatternavn eller bogtrykkerbetegnelse skulle angives, og ubetinget i trykkefrihedsloven af 27. sept. 1799 §16, og den gentoges i presselovene af 1851 og 1938 for så 1991 at blive føjet til pligtafleveringsloven, se aktst. nr. 97].

15. *Klage over mangelfuld pligtaflevering fra universitetsbibliotekar Rasmus Nyerup til politimesteren i København 27. juni 1798 med senere bemærkninger.*

Ved at revidere Universitetsbibliotheket og gjennemgaae sammes Protocoller har jeg i Fædernelandets nyere Literatur forefunden enorme Mangler, Mangler som ere saameget des ubegribeligere, da det ved Rescriptet af 14 December 1753 er alle Kjöbenhavns Bogtrykkere paalagt, at de til Universitetsbibliotheket skal levere et Exemplar af hver en Bog de trykke.

I Overeensstemmelse med den i Rescriptet paaberaabte Forordning af 25 April 1732 tager jeg mig derfor den Frihed, herved at udbede mig Deres Velbyrdigheds Bistand i at haandhæve den kongelige Anordning, og at tilholde Bogtrykkerne, enten at oplevere til Bibliotheket hvad de for de sidste 10 Aars Tid til samme maatte være skyldige, eller i manglende Fald erstatte Bibliotheket sammes værdi.

Hvorvidt det skulde findes passende, at belægge det mod Staten begaaede Underslæb med den i Anordningerne nævnte Straf, henstilles til Deres Velbyrdigheds Forgodtbefindende.

[Uddrag i *Læsendes Aarbog for 1800,* Kbh. 1801, s. 125f. – Politimesteren sendte klagen til udtalelse hos bogtrykkerne, som i deres svar hovedsagelig skubbede skylden over på forlæggerne. Af udtalelserne gengivet smst. s. 128–32 citeres her den mest velartikulerede, som kom fra bogtrykker Sebastian Popp]:

Uagtet jeg stedse har leveret til Bibliothekerne hvad der har været trykt hos mig, saa har det dog ofte voldet mig megen Ulejlighed at overtale Forlæggerne til at renoncere paa disse Exemplarer. Udentvivl byde de paaberaabte Rescripter Bogtrykkerne at levere Bibliothekerne Exemplar af hvad der trykkes hos dem, da Regjeringen i hin Tid vel ansaae

Bogtrykkerne som Forlæggere. Dette efterkomme disse vel endog, men ofte med meget Bryderie, ja endog med saadant Uvenskab, at de ikke mere faae med Forlæggerne at bestille. Saaledes er det mödt mig, at Forlæggerne har begjært det fulde Antal Exemplarer de have bestilt. Spörgsmaalet bliver da: skal Forlæggerne finde sig i, at Exemplarerne til Bibliothekerne afkortes dem i det Antal Exemplarer de have bestilt eller skulde Bogtrykkerne paa egen Bekostning trykke disse Exemplarer overcomplet? Et andet Spörgsmaal: Hvo burde levere Exemplar til Bibliothekerne, Forlæggeren eller Bogtrykkeren? Den sidste kan ikke uden store Vanskeligheder gjøre det, og er endog ofte umuligt. Meidingers franske Grammatik for Ex. er trykt i 4 Bogtrykkerier. Bogen er omtrent 40 Ark stor. Jeg har trykt 8 Ark deraf, men jeg har ikke ophævet dem for Bibliothekerne, og de andre Bogtrykkere formodentlig ikke heller ophævet hvad der er trykt hos dem. Saadanne Omstændigheder möde der og med de Skrifter der ere Kobbere til eller Kobbervignetter paa. Kobbere trykke Bogtrykkerne ikke, kunne altsaa ikke levere Bögerne med de behörige Kobbere eller Vignetter uden at forsynes dermed fra Forlæggerne, og det vægre disse sig ved. For altsaa og at hæve denne Vanskelighed og at undgaae en Omvej, mener jeg det var rigtigst, at Bibliothekerne selv lode Exemplarerne affordre hos dem der falholdt Skrifterne, saasnart de vare anmeldte i de offentlige Tidender.

S. Popp

[Nyerup forsætter]:

Efter at have gjennemlæst Bogtrykkererklæringerne skrev jeg paa ny til Politiemesteren, at det vel af de opgivne Omstændigheder kunde synes at være önskeligt, at Regjeringen i Henseende til Bibliothekerne vilde gjöre en anden Indretning, men saalænge imidlertid den gamle Anordning [af 1753] staaer ved Magt, bad jeg ærbödigst om, at han vilde assistere mig i at holde over dens Efterlevelse og forhjelpe Universitets-Bibliotheket i det mindste til Noget af, hvad det i adskillige Bogtrykkerier havde til Gode.

Noget bidrog da disse Klager og Indstævninger for Politiretten for den Gang til at böde paa Bibliothekets Mangler. Men fra Tid til Tid faaer Bibliotheket nu atter igjen Huller i den nyeste danske Litteratur. Sagen vil altid have sine Vanskeligheder med de Bogtrykkere, som ere afhængige af Boghandlerne og behöve at fire dem for ikke at miste deres Sögning. Af disse er det just de, der staae sig best ved deres Boghandel og best kunde taale af deres Overflödighed at tiende en Smule til det Offentlige, som vise störste Vrangvillighed og stræbe at unddrage saa meget muligt fra Bibliothekerne. Man kan ikke tænke sig en anden Grund dertil, end at de har den enfoldige og meget ilde calculerte Frygt, at et Exemplar paa et offentligt Bibliothek kunde formindske Bogens Debit.

16. *Indstilling fra Danske Kancelli om en ny pligtafleveringslov, 1821.*

Ifølge Anordningerne af 25de April 1732 og 10de Jan. 1781, saaledes som denne nærmere er bestemt ved Placaten af 5te Febr. 1783, skal enhver Bogtrykker i deKongelige Stater, saavel i som uden for Europa, til det store Kongelige Bibliothek uden Betaling levere 2de uindbundne Exemplarer (hvoraf det ene skal være paa Skrivpapir) af alt det, som hos dem trykkes, saavelsom af Portraiter og Kobbere, det udgives for sig selv; og det er fastsat, at ugentlige Aviser og Intelligentsblade, Auctions- og andre Kataloger over Bøger og Kobberstykker samt Naturalie- Mynt- og deslige Kabinetter skulle indbefattes under bemeldte Lovbud, hvorimod Exemplarer af andre Cataloger, Auctionsplacater eller Bryllups- og Begravelses-Vers ei behøve at indleveres. Til den Ende ere saavel Bogtrykkerne, som enhver, der for sig udgiver Kobberstykker, forpligtede til ved hvert Halvaars Udgang at indsende i Kjøbenhavn til Bibliothekarius ved bemeldte Bibliothek, og uden for samme, til vedkommende Stiftamtmænd (nu Amtmænd), hvad der saaledes bør afleveres, tilligemed en Fortegnelse in duplo herover. Dog skal paa Island denne Aflevering ved Stiftamtmandens Foranstaltning kun skee een Gang om Aaret, hvilket og gjelder med Hensyn paa Colonierne, hvor Foranstaltningen iøvrigt skeer ved Regjeringen. Af bemeldte Fortegnelse erholder den Leverende den ene tilbage med Vedkommendes derpaa tegnede Qvittering, hvorimod Bibliothekarius beholder den anden, eller uden for Kjøbenhavn faaer sig den tilstillet, tilligemed de deri ommeldte Bøger. Afsendelsen skeer med Pakkeposten uden Betaling, forsaavidt Postanordningerne hjemle en saadan fri Forsendelse, og fra Island og Colonierne med sikker Skibsleilighed, saaledes som Sager, der angaae Kongelig Tjeneste.

Der er derhos, ved Anordningen af 25de April 1732, bestemt en Mulct af 4 Rdlr. for den Bogtrykker, som maatte forsømme, inden 8 Dage efter den befalede Tid, at indsende de befalede Designationer, og den, som befindes at have forsveget eller udeglemt noget Skrift, som fra hans Trykkerie er udkommet, skal bøde 2 Mk. for hvert Ark et saadant Skrift indeholder, naar det bestaaer af færre Ark end 1 Alphabet, 10

Rdlr. for hvert Skrift, som er 1 Alphabet eller derover, og naar det er 2 eller flere Alphabeter, 10 Rdlr. for hvert.

Anordningerne af 10de Jan. 1781 synes derimod at tilstæde mere vilkaarlige Bøders Anvendelse paa Overtrædelserne af forommeldte Lovbud.

Ifølge Reskriptet til Kjøbenhavns Magistrat af 14de Decbr. 1753 skal der ligeledes uden Betaling, under den i Anordningen af 25de April 1732 bestemte Straf, afleveres aarligen til Universitets Bibliotheket 1 Exemplar af hvad Bogtrykkerne her i Staden lade trykke, med Undtagelse af Aviser, Auctions-Cataloger og Placater, samt Bryllups- og Begravelsesvers.

Da dette Bibliothek saaledes ikke erholder noget som trykkes udenfor Kjøbenhavn; da Bogtrykkerne ei heller indsende Kobbere eller kobberstukne Titelblade, hvortil de ikke, efter Rescriptets Indhold, ere forpligtede, og da endeligen Reskriptet ikke bliver behørigen efterlevet, saa har Universitets-Bibliotheks-Commissionen heraf fundet sig foranlediget til for den Kongelige Direction for Universitetet og de lærde Skoler at andrage paa en Forandring i fornævnte Reskripts Bestemmelser og at indgive et Forslag, der sigter til at hævde Bibliothekets Ret, hvilket Forslag bemeldte Direction har indstillet at maatte forelægges Hs. Majestæt til allernaadigst Approbation.

Dette Forslag, saaledes som det oprindeligen er fremsat og som det efter den imellem Cancelliet og Universitets-Directionen desangaaende førte Brevvexling er modificeret, gik ud paa følgende:

1) at den Forpligtelse til at aflevere et Exemplar, som hidtil har paaligget Bogtrykkerne, maatte gaae over paa Forlæggerne eller enhver, som lader noget trykke.

   Herover formeentes det at Forlæggerne ikke ville kunne besvære sig, da det i Grunden var for deres Regning, at det paabudne Exemplar hidtil igjennem Bogtrykkerne er blevet afgivet til Bibliotheket; og iøvrigt bemærkedes det, at eet og samme Værk ofte trykkes hos flere forskjellige Bogtrykkere, og at det saaledes er vanskeligt for Bibliotheket at faa alle til een Bog hørende Ark samlede, hvorimod Forlæggeren lettest kan sørge for, at Bibliotheket erholder et fuldstændigt Exemplar af vedkommende Skrifter; ligesom og den hidtil gjeldende Regel har gjort, at end ikke det Kongelige Bibliothek har erholdt sine Exemplarer af hvad danske Undersaatter lade, paa deres Bekostning, trykke uden for Riget;

2) at Forpligtelsen til at levere Exemplarer af hvad der trykkes, som i

Overeensstemmelse med Reskriptet af 14de Decbr. 1753 har været indskrænket til Kjøbenhavn, maatte udstrækkes til samtlige danske Provindser, hvorunder Hertugdommene dog ikke blive at indbefatte, saaledes, at enhver Forlægger, eller enhver som lader noget trykke, det være sig uden- eller indenlands, deraf skal indlevere til Universitets-Bibliotheket et uindbundet Exemplar, tilligemed de dertil hørende Kobbere, Steentryk eller andet deslige, forsaavidt disse udkomme tilligemed Skriftet, og hvis de udkomme senere og efter at Skriftet afgives, da til den første Afleveringstid efterat de ere udkomne; samt at dette Exemplar skal være paa Post- eller Skrivpapiir, saafremt Exemplarer ere trykte paa saadant Papiir, saa og at denne Levering ikke alene skal finde Sted med Hensyn til Bøger, men og i Henseende til Aviser, Ugeblade, Cataloger over Bøger, Kobberstykker, Landkorter, Steentryk, Mynt-, Kunst- og Naturalie-Kabinetter, hvorimod andre Cataloger, Auctionsplacater, Gadeviser og enkelte Leilighedsvers ei behøve at indleveres;

3) at Afleveringstiden med de Undtagelser, som herefter anføres, maatte bestemmes til at skee halvaarligen, saaledes, at Boghandlere og Bogtrykkere, paa hvis Forlag, Skrifter m. m. udkomme, havde i Begyndelsen af hvert Aars Januarii og Julii Maaneder at aflevere de befalede Frie-Exemplarer af de Forlags- Artikler, som i løbet af det næstforegaaende Halvaar ere hos dem udkomne, alt i Overeensstemmelse med deres egenhændige Designationer, der skulle medfølge, og for hvis Nøiagtighed de indestaae, under det i Reskriptet af 14de Decbr. 1753 bestemte Ansvar, det er, under Straf efter Forordningen af 25de April 1732, om Nogen enten forsømmer inden 14 Dage efter den ansatte Tid at indfinde sig med sin Designation, eller og maatte have forsveget eller forglemt noget Skrift;

4) at naar Forlagsskrifter udkomme paa Forfatterens eget Forlag, det da under en passende Mulct maatte paalægges ham, strax og i det seneste inden 14 Dage efter Anmeldelsen, at aflevere til Bibliotheket det befalede Exemplar. Skulde en saadan Forlægger overlade sin Forlagsret til en Boghandler, burde denne forvisse sig om, at det befalede Frie-Exemplar var afleveret og, saafremt denne Forpligtelse ikke maatte være efterkommet, selv indestaae for dets Aflevering;

5) at det i Henseende til Cataloger, hvori Bøger, Kobberstykker, Landkarter, Steentryk og andet deslige findes anmeldte, maatte paalægges vedkommende Auctionsdirecteur, at indsende Exemplarer til Bibliotheket umiddelbart efterat de ere trykte;

6) at naar en Boghandlers eller Bogtrykkers Boe kommer under Opbud eller Fallit, Bibliotheket da kan af Boet reclamere de samme tilkommende Frie-Exemplarer, som dets Eiendom.

Da Cancelliet fandt, at de af Universitets-Directionen attraaede Bestemmelser i al Fald vilde være ligesaa anvendelige paa det store Kongelige Bibliothek, saa har Man desangaaende tilskrevet Overbibliothekarius Conferentsraad Moldenhawer, med hvem Universitets-Directionen ligeledes senere har brevvexlet. Han har ogsaa anseet det for at ville være gavnligt for det Kongelige Bibliothek, om Forpligtelsen til Afleveringen gik over paa Forlæggeren.

Da saaledes de Authoriteter, hvem foranførte tvende Bibliothekers Tarv var betroet, vare eenige i, at denne Forandring var til Bibliothekernes Bedste, og der, med Hensyn til Byrden for Vedkommende, intet kunde være mod Forandringen at erindre; ligesom der heller ingen Betænkeligheder var ved at bevilge Universitets Bibliotheket de yderligere Fordele, som fra sammes Side vare attraaede, saa androg Cancelliet paa, at en Lov, i Overeensstemmelse dermed maatte udgaae. Og, da Cancelliets Indstilling og Lovudkast vandt allerhøiste Bifald, saa er, under 19de d[enne] M[aaned], udkommet en saaledes lydende Forordning [se næste aktstykke].

[*Collegial-Tidende* 1821 nr. 4].

17. *Forordning for Danmark, indeholdende Bestemmelser med Hensyn til Afleverelsen af Exemplarer af trykte Skrifter m.v. til det store Kongelige Bibliothek samt Universitets-Bibliotheket, 19. jan. 1821.*

Giøre vitterligt: at Vi allernaadigst ville anordne og fastsætte, at de Forskrifter, som indeholdes i Anordningerne af 25de April 1732 og 10de Januarii 1781 samt Placat af 5te Febr. 1783 med Hensyn til Exemplarers Aflevering til det store Kongelige Bibliothek af trykte Skrifter og Kunstværker, ligesom og de Bestemmelser, som ved Rescript til Kjøbenhavns Magistrat af 14de Decbr. 1753 ere givne med Hensyn til Exemplarers Aflevering til Universitets-Bibliotheket af Skrifter, som trykkes i Kjøbenhavn, skulle for Fremtiden være forandrede saaledes som følger:

§ 1.

Den Bogtrykkerne hidtil paalagte Forpligtelse til, at aflevere Frie Exemplarer af hvad hos dem trykkes til det store Kongelige Bibliothek, samt til Kjøbenhavns Universitets Bibliothek, skal for Fremtiden hvile ikke paa Bogtrykkerne, som saadanne, hvorimod det skal være Pligt for den, paa hvis Forlag eller Bekostning et Skrift udkommer, at afgive de befalede Frie-Exemplarer, og det endog, naar Skriftet er trykt uden for Riget.

§ 2.

Fornævnte Forpligtelse, der hidtil, hvad Universitets-Bibliotheket angaaer, har været indskrænket til Kjøbenhavn, skal herefter ogsaa med Hensyn til dette Bibliothek gjelde for hele Danmark, saavelsom for Island og Colonierne. Saa skulle og *Aviser* og *Ugeblade,* saavelsom *Cataloger over Bøger, Kobberstykker, Steentryk og deslige, samt over Mynt- Kunst- og Naturalie-Kabinetter,* for Fremtiden ligesaavel leveres til Universitets-Bibliotheket, som til det store Kongelige Bibliothek; hvorimod *andre Cataloger, Auctions-Placater,* eller *Bryllups- og Begravelsesvers* vedblive at være undtagne fra Aflevering til Bibliothekerne.

§ 3.

Ligesom det allerede er befalet, at det ene af de tvende uindbundne Exemplarer, som skulle afgives til det store Kongelige Bibliothek, bør være paa Skrivpapiir, saaledes bør og det Universitets-Bibliotheket tilkommende uindbundne Exemplar være paa saadant Papiir.

§ 4.

Skjøndt der af de for sig udkommende *Kobbere, Steentryk og andre Kunstværker af lige Natur* blot bliver at aflevere Exemplarer til det Kongelige Bibliothek, hvilken Forpligtelse og for Fremtiden skal gaae over paa den, der forlægger sligt Kunstværk, saa bør Universitets-Bibliotheket dog være berettiget til de *Karter, Kobbere, Steentryk* eller *andre Afbildninger,* der høre til et udgivet Skrift, hvilke bør at følge tilligemed Skriftet, med mindre de først udkomme efter at Skriftet er afgivet, i hvilket Tilfælde de bør afleveres til første Afleveringstid efter at de ere udkomne.

§ 5.

De Bog- eller Kunst-Handlere eller Trykkere i Kjøbenhavn, paa hvis Forlag Skrifter eller andet, hvoraf Exemplarer skulle leveres, udkomme, skulle i Begyndelsen af hvert Aars Januarii og Julii Maaneder til vedkommende Bibliothek indsende de befalede Frie-Exemplarer af de Forlags-Artikler, som i løbet af det næstforegaaende Halvaar ere udkomne hos dem, tilligemed 2de egenhændige eenslydende Designationer over samme, af hvilke de erholde den ene tilbage med Qvittering fra vedkommende Bibliothek. I Henseende til de til et Skrift hørende *Karter, Kobbere, Steentryk* eller andet deslige forholdes, som i Slutningen af § 4. er anført.

Naar derimod et Skrift eller Kunstværk udkommer paa Nogens Forlag, der ikke har Bogerskab eller Privilegium som Bog- eller Kunst-Handler eller Trykker, da skal Forlæggeren strax og i det seneste inden 14 Dage efter at han giør nogen Anmeldelse om, at det er udkommet, indsende de befalede Exemplarer til vedkommende Bibliotheker. Men overlader Forlæggeren siden Forlaget til en Bog- eller Kunst-Handler eller Trykker, bør denne forvisse sig om, at de foreskrevne Exemplarer ere afleverede, da han ellers selv skal svare til deres Aflevering, som om han selv var Forlægger.

§ 6.

Udenfor Kjøbenhavn skal Afleveringen ikke skee ved direkte Indsendelse til Bibliothekerne, men derimod i Provindserne til vedkommende Amtmænd, paa Island til Stiftamtmanden og paa Colonierne til Regjeringen, hvorefter Exemplarerne besørges indsendte paa den i Andordningen af 10de Januarii 1781 bestemte Maade. I øvrigt gjelde de samme Regler, som for Kjøbenhavn ere fastsatte.

§ 7.

Naar en Bog- eller Kunst-Handlers eller Trykkers Boe kommer under Opbud eller Fallit, skulle Bibliothekerne være berettigede til af Boet at reclamere de dem tilkommende Exemplarer, som deres Eiendom.

§ 8.

Den Bog- eller Kunst-Handler eller Trykker, som ikke inden den i § 5. foreskrevne Tid, afgiver den befalede Designation, skal bøde 4 Rbdlr. Sølv for hver Maaned, han forsømmer denne Pligts Opfyldelse.

Den, som befindes at have forsveget eller udeladt noget Skrift, som paa hans Forlag er udkommet, skal bøde 2 Mk. Sølv for hvert Ark, et saadant Skrift indeholder, naar det er under 1 Alphabet, 10 Rbdlr. Sølv for hvert Skrift, som er 1 Alphabet og derover indtil 2 Alphabeter, og saa fremdeles 10 Rbdlr. Sølv for hvert Alphabet.

Samme Mulct er og anvendelig, naar andre Forlæggere forsømme Afleveringen inden den ligeledes i § 5. fastsatte Tid. For Overtrædelser af denne Anordning, som ei kunne indbefattes under foranførte Bestemmelser, kan Retten paalægge forholdsmæssige Bøder efter Sagens Beskaffenhed.

§ 9.

Alle Sager, som maatte opstaae i Anledning af Overtrædelse af denne Anordning, skulle behandles som Politiesager, og de Mulcter, som maatte idømmes Nogen, tilfalde vedkommende Politiekasse.

Hvorefter alle Vedkommende sig allerunderdanigst have at rette. Givet i Vor Kongelige Residentsstad Kiøbenhavn, den 19de Januarii 1821.

[Findes som separat tryk. og er desuden trykt i *Collegial-Tidende* 1821 nr. 4. – Fire år senere gav Werlauff, der 1823 var blevet leder af KB, følgende kommentar til forordningen: „Tre Aars Erfaring giver Anledning til det Spørgsmaal, om ikke hiin Forpligtelse naturligere og med mere Sikkerhed for Bibliotheket paalaae Bogtrykkerne, der udgjøre en egen priviligeret Korporation, end dem der paa eget Forlag eller Bekostning udgive et Skrift; noget hvortil Enhver, uden at være Boghandler, kan være berettiget, hvorved følgelig Bibliothekets Ret bliver vanskeligere at paatale. Ligeledes torde det fortiene nærmere Overveielse, om ei det kongelige Bibliotheks og Universitetsbibliothekets Bestemmelse og Interesse, med Hensyn paa den indenlandske Litteraturs Fuldstændighed, kunde siges at være saa forskjellig, at de Forskrifter, som i denne Henseende kunde være ønskelige for det ene af disse Instituter, just ikke vare de meest passende for det andet" (Werlauff 1825, s. 302)].

18. *Reskript til Justitiarius og øvrige tilforordnede i den kongelige Lands-Over- samt Hof- og Stadsret om aflevering af auktionskataloger, 19. jan. 1821.*

Vor synderlige Bevaagenhed! Vi give Eder hermed tilkjende, at Vi, for at sikre det kongelige Bibliothek samt Universitetsbibliotheket den Ret, Samme, efter de gjældende Anordninger, have til at erholde Exemplarer af de *Kataloger, hvori Bøger, Kobberstykker, Landkorter, Steentryk og andet Deslige findes anmeldte,* allernaadigst ville, at Auktionsdirekteuren i vor kongelige Residentsstad Kjøbenhavn indsender til førstnævnte Bibliothek tvende Exemplarer og til sidstnævnte eet Exemplar af deslige Kataloger, strax efterat de ere trykte.

[Meddelt i et kancellicirkulære af 30. Jan. s. å. og gengivet i den trykte samling af reskripter].

19. *Patent, betreffend die Verplichtung derer, welchen in Zukunft Privilegien auf Buchdruckereien und Buchhandlungen bewilligt werden möchten, ein Exemplar der bei ihnen gedruckten oder von ihnen verlegten Schriften an die Universitätsbibliothek in Kiel einzusenden, 18. Mai 1822.*

Seine Königl. Majestät haben, nach Inhalt eines an Mich ergangenen allerhöchsten Rescripts vom 11ten dieses Monaths, festzusetzen Sich allergnädigst bewogen gefunden, dass alle diejenigen, welchen in Zukunft allerhöchste Privilegien auf Buchdruckereien und Buchhandlungen in den Herzogthümern Schleswig und Holstein bewilligt werden möchten, verplichtet seyn sollen, ein Exemplar von allen bei ihnen gedruckten oder von ihnen verlegten Schriften an die Universitätsbibliothek zu Kiel am Ablaufe jedes Jahres kostenfrei einzusenden.

Diese allerhöchste Anordnung wird hiedurch allen, die es angeht, zur gebührenden Gelebung bekannt gemacht.

Gegeben auf dem Schlosse Gottorf, den 18ten Mai 1822.

[Fra den trykte *Chronologische Sammlung*, hvor det i en note oplyses, at der ved reskript af 11. maj 1822 var anordnet samme bestemmelse for byen Altona. – For hertugdømmernes pligtaflevering i almindelighed gjaldt iøvrigt forordningen af 1783 stadig frem til afståelsen i 1864, omend det kneb med efterlevelsen. E.C. Werlauff skrev i en rapport om Det kongelige Bibliotek dateret dec. 1829: „I Hertugdømmernes Literatur fandt jeg ved min Embedstiltrædelse [1823] betydelige Lakuner, da flere slesvig-holstenske Officiner i adskillige Aar intet havde leveret. Men ved Medvirkning af Statholderen i Hertugdømmerne, med hvem Bibliothek-Chefen [Ove Malling] desangaaende corresponderede, haver Bibliotheket efterhaanden erholdt det meeste af det manglede og Forsikring om, at den kongel. Anordning i Fremtiden skal blive efterkommet“ (Birkelund 1956, s. 12). Jvf. aktst. nr. 27].

20. *Af kancelliskrivelse til den vestindiske regering angående anvendeligheden på de danske Vestindiske øer af de 1819–21 udkomne anordninger, 3. juni 1823.*

§ 13) Forordningen af 19de Januar 1821 angaaende Exemplarers

Aflevering af trykte Skrifter til det store kongelige Bibliothek og til Universitetsbiblioteket er ifølge Sammes Indhold skrevet tillige for Kolonierne og maa altsaa uden Videre være gjældende sammesteds. Med Bøderne efter denne Anordning bliver at forholde efter Rskr. af 10de September 1819.

[Fra den trykte samling af reskripter. – Bøderne skulle ifølge reskript af 10. sept. 1819 tilfalde skolevæsenets fond på øerne].

21. *Skrivelse fra Kancelliet til den konstituerede amtmand over Island om afleveringen af uforandrede udgaver, 3. juli 1824.*

[„I Anledning af en indgiven Forespørgsel, om Faktoren ved Landoplysningsstiftelsen i Island er pligtig at aflevere til de kongelige Bibliotheker Exemplarer af enhver ny, aldeles uforandret, Udgave af Skrifter, f. Ex. Lærebøger, Psalmebøger, ABC-Bøger, Postiller og deslige, som trykkes i Island", meddeler kancelliet, „at de omspurgte Skrifter ligeledes bør indsendes til de fornævnte Bibliotheker her i Staden". – Fra den trykte samling af reskripter].

22. *Indstilling om ny pligtafleveringslov fra lederen af Det kongelige Bibliotek E.C. Werlauff til dettes chef geheimestatsminister Ove Malling, 19. nov. 1828.*

[Efter syv års uheldige erfaringer med forordningen af 19. jan. 1821, jvf. aktst. nr. 17, fandt Werlauff tiden inde til at foreslå pligtafleveringsbestemmelserne ændret. Argumentation og forslag er stort set den samme, som Mallings efterfølger som bibliotekschef A.W. Hauch nogle år senere fremførte i sin indstilling til Danske Kancelli, se referatet i næste aktstykke, og der gengives derfor kun et større citat om nationalbibliotekets særlige forpligtelser samt et par afvigelser fra den endelige indstilling]:

Det kan ei nægtes, at denne Forpligtelse [pålagt forlæggerne] med Hensyn til Universitets-Bibliothekets Tarv og Interesse kunde være aldeles hensigtsmæssig. Dette Bibliotheks Bestemmelse for egentlig videnskabeligt Brug fordrer blot en Samling af den *vigtigere* Deel af den danske Litteratur eller hvad man i strengere Forstand kan henregne dertil. Andre Grundsætninger blive derimod at følge med Hensyn til det store Kongelige Bibliothek, hvis Bestemmelse er at samle og for Eftertiden opbevare en saavidt muligt fuldstændig Samling af alt, hvad der i videre Betydning kan siges at udgiøre de danske Staters Literatur i ældre og nyere Tid.

Efter disse Grundsætninger anlagdes for omtrent 50 Aar siden *det nordiske Bibliothek;* at overholde dem bør altid være en ufravigelig Pligt for Bibliothekets Bestyrelse. Betragtes Sagen fra dette Synspunkt, da indeholder det kongelige Bibliothek og vil altid komme til at indeholde meget, som i nærværende Øieblik kunde synes uvigtigt, endog ubetydeligt, men som dog for den kommende Tid – og for den er jo Bibliotheket ogsaa stiftet – vil have ikke blot en historisk men og en *statistisk* Interesse. Mangen en Leilighedstale, Leilighedsdigt, Fortegnelse på Medlemmerne i Selskaber, Regnskaber, Bog-Cataloger o.s.v. kan maaskee om hundrede Aar give en historisk Oplysning, som forgiæves søges i de egentlige Kilder. Jeg er derfor overbeviist om, at Deres Excellence vil indsee Nødvendigheden af, at denne Deel af det Kongelige Bibliothek vedligeholdes, saavidt mueligt i den Fuldstændighed, som efter den oprindelige Plan udgiør dens egentlige Væsen.

[Hvad angår forsendelser af tryksager fra de danske kolonier i Vestindien fremsættes ønsket om, at de måtte ske „paa en for Bibliotheket saa lidet bekostelig Maade som mueligt“, og med hensyn til kontrollen med bogtrykkerne i København stilles et forslag om bistand fra censurmyndighederne, som ikke blev taget til følge: „For, i Henseende til Kiøbenhavn som den literarisk vigtigste Bye i Riget, at have en tilbørlig Control med Bogtrykkerne, var det godt, om det paalagdes vedkommende Censor halvaarligen at meddeele Biblioteket en Liste over alt, hvad der i afvigte Halvaar var presenteret til Censur“. Til slut fremhæves den nu gode effektuering af pligtafleveringen fra hertugdømmerne, som Ove Malling havde bevirket ved en henvendelse til det slesvigholstenske kancelli (KBs arkiv, Journalsag A 8 nr. 577). – Spørgsmålet om omkostningerne ved forsendelser fra de fjerne kolonier findes belyst af et reskript af 4. nov. 1837 i den trykte reskriptsamling, foranlediget af en regning for forsendelsen af en kasse med tryksager fra Frederiksnagor i Ostindien 1831].

23. *Indstilling fra Danske Kancelli om en ny Pligtafleveringslov, 1832.*

Ved Forordningen af 19. Januar 1821 blev den Forpligtelse, som ved forskjellige ældre Anordninger var paalagt alle Bogtrykkere i Danmark og tilhørende Lande, saavel i som udenfor Europa, til uden Betaling at aflevere til det store Kongelige Bibliothek 2 Exemplarer af alt det, som hos dem trykkes, saavelsom af Kobbere og deslige Kunstværker, der særligen udgives, og den dem ligeledes paalagte Forpligtelse til, forsaavidt de vare boesiddende i Kjøbenhavn, at afgive til Universitetsbibliotheket 1 Exemplar uden Betaling af alle hos dem trykte Skrifter, overført paa dem, paa hvis Forlag eller Bekostning Trykningen eller Udgivelsen besørges. Forordningen paalagde derhos Forlæggerne samme Forpligtelse, hvad enten et Skrift blev trykt her i Riget eller udenfor samme. Den udvidede fremdeles Universitetsbibliothekets Ret til at erholde Fri-Exemplarer, deels derved at den blev gjort gjeldende for det hele Rige, saavelsom for Island og Colonierne, deels ved det Bud, at den og herefter skulde, ligesaavel som den det Kongelige Bibliothek tillagte Ret, indbefatte Aviser og Ugeblade samt Cataloger over Bøger og Kobberstykker, Steentryk saa og over Mynt-, Kunst- og Naturalie-Kabinetter, hvorimod andre Cataloger, Auctionsplacater, enkelte Leilighedsvers og deslige fremdeles, som hidtil, skulde være undtagne fra Aflevering til begge Bibliotheker, hvorhos Universitets-Bibliotheket ikkun er forbeholdt Ret til Fri-Exemplarer af udkommende Kobbere, Steentryk og andre Kunstværker af lige Natur, naar de henhøre til et udgivet Skrift.

Den ovenanførte Hovedforandring med Hensyn til, af hvem Forpligtelsen til at levere Fri-Exemplarer af udkommende Værker til Bibliothekerne nærmest skulde kræves opfyldt, foranledigedes ved en af Directionen for Universitetet og de lærde Skoler indsendt og af samme understøttet Forestilling fra Universitets-Bibliotheks-Commissionen, hvori samme deels androg paa de nysnævnte Udvidelser af sidstmeldte Bibliotheks Ret, deels fremstillede de Vanskeligheder og Uleiligheder, som efter den forhen gjeldende Regel havde været forbundne med Overholdelsen af den Bogtrykkerne paalagte Forpligtelse, navnligen i saadanne Tilfælde, hvor eet og samme Værk foranstaltes trykt hos flere forskjellige Bogtrykkere; i hvilket Tilfælde det formeentes, at Bibliotheket ikke uden Vanskelighed vilde kunne faae alle til en Bog henhørende Ark samlede, især da de fleste Bogtrykkere vare efterladne med at besørge Afleveringen, hvorimod Forlæggerne formeentes lettest at kunne sørge for, at Bibliotheket erholdt fuldstændige Exemplarer af de udkommende Skrifter. I den foreslaaede Forandring havde daværende Overbibliothekar ved det store Kongelige Bibliothek for dettes Vedkommende erklæret sig enig.

Da begge Bibliothekernes Foresatte saaledes ansaae Forandringen for stemmende med Bibliothekernes Tarv, og vedbleve denne Mening, uagtet det fra Cancelliets Side blev sat under Spørgsmaal, om ikke Bibliothekerne i det hele vare bedre tjente med at holde sig til Bogtrykkerne, fandt Cancelliet sig pligtig til at andrage paa Forandringen, der iøvrigt ei fandtes at have noget mod sig.

Cancelliet modtog imidlertid for nogen Tid siden et Andragende fra Chefen for det Kongelige Bibliothek, Hans Excellence Overkammerherre og Overhofmarschal Hauch, hvori han for dette Bibliotheks Vedkommende tilraadede en Restitution af den førend Forordningen af 19. Januar 1821 gjeldende Regel, at den omhandlede Forpligtelse hvilede paa Bogtrykkerne. Han bemærkede i denne Anledning, at den i 1821 heri foregaaede Forandring, idetmindste ikke har viist sig stemmende med det Kongelige Bibliotheks Tarv. Dettes Bestemmelse kræver at samle og for Eftertiden opbevare en fuldstændig Samling af Alt, hvad der i mest udstrakt Betydning kan siges at udgjøre de danske Staters Literatur i ældre og nyere Tider. Uagtet adskilligt heraf for Øieblikket synes ubetydeligt, kan det dog for den kommende Tid have historisk, statistisk eller anden Interesse. Men med Hensyn til slige Artikler vise der sig især Vanskeligheder ved at overholde Bibliothekets Ret, naar Forpligtelsen hviler paa den, der bekoster Trykningen. Han meente vel, at der i det Hele vilde være liden Anledning til at gaae tilbage til den forrige Grundregel, saafremt det alene var privilegerede Boghandlere tilladt at forlægge Skrifter, da man i saa Fald kun havde et bestemt Antal bekjendte og boesatte Mænd at holde sig til, som ikke kunde være uvidende om en dem saa nær vedkommende Lovgivning. Men, ligesom det staaer Enhver frit for, at bekoste Skrifter udgivne ved Trykken, saa blive især mange Smaaskrifter trykte her i Byen, paa Forfatternes egen Bekostning, og disse blive tildeels heller aldrig offentligen anmeldte. Ogsaa bekostes meget af udenbyes Forfattere, som sende Exemplarer deraf i Commission til Hovedstadens Boghandlere, hvilke dog, da Forordningen af 19. Januar 1821 ikke paalægger Commissionairer nogen Forpligtelse i den omhandlede Henseende*), som oftest have vægret sig ved at afgive Fri-Exemplarer af deslige Skrifter. Om adskillige private Forlæggere er det antageligt, at de undlade Opfyldelsen af deres Pligt af Uvidenhed om, at et Lovbud desangaaende existerer, og Controllen, som hviler paa Bogføring over de offentlig

*) En saadan Forpligtelse, der allerede da Forordningen af 19. Jan. 1821 udkom, havde været under Spørgsmaal, kunde ei heller vel paalægges Commissionairen; thi ligesom den i al Fald ei kunde finde Sted, naar den befalede Aflevering af Fri-Exemplarerne paa anden Maade var besørget, saaledes vilde det være forbunden med Vanskeligheder, om Enhver, der modtog et Skrift til Forhandling, skulde føre Control med denne Forlæggeren paalagte Forpligtelse.

anmeldte Skrifter, er umuelig, hvor ingen Anmeldelse har fundet Sted, og selv i modsat Fald vanskelig, naar Forfatterens Stilling og Opholdssted ei er bekjendt. Dertil foiedes endnu, at det for Bibliothekets Personale er blevet et forøget Arbeide, at maatte holde Bog over alt, hvad der i de offentlige Tidender anmeldes til Salg, at modtage og give Qvittering for enkelte Skrifter, som, i Medfør af Forordningen, af private Forlæggere indleveredes (i Stedet for at Bogtrykkerne kun afleverede to Gange om Aaret), foruden den Uleilighed, der, naar Afleveringen forsømtes, var forbunden med at lade Exemplarerne indkræve og i fornødent Fald at reqvirere Politiets Bistand.

I Henhold til Foranførte henstillede Bibliothek-Chefen, om der ikke maatte være at andrage paa nogle Forandringer og nærmere Bestemmelser i titnævnte Forordning, og navnligen paa at den Forpligtelse, til Bibliotheket at afgive to Exemplarer af alle udkommende Skrifter, maatte fra Forlæggerne igjen overføres paa Bogtrykkerne.

Cancelliet maatte saameget mere være tilbøieligt til at ansee den af Overkammerherre Hauch proponerede Forandring i bemeldte Forordnings Hovedbestemmelse for tilraadelig, som Collegiet allerede i sin Tid, da den ved Forordningen sanctionerede Forandring i de ældre Lovbestemmelser kom under Ventilation, havde næret Tvivl om, hvorvidt vedkommende Bibliothekers sande Tarv vilde fremmes ved saadan Forandring, og kun formedelst det af vedkommende Autoriteter, som nærmest havde at varetage Bibliothekernes Interesse, dengang fremsatte og inhærerede Andragende, nedlagde allerunderdanigste Forestilling om Forandringen.

Det synes vel i sig naturligere, at Forpligtelsen til at aflevere Fri-Exemplarer hviler paa Oplagets Eier, end paa Bogtrykkeren, der blot er et Redskab for den første. Men man antog og, at det er Oplagets Eier, som maa bekoste Fri-Exemplarerne, eller med andre Ord, at disse maae tages af det Oplag, han bekoster; hvilket til ydermere Tydelighed kunde udtrykkelig tilkjendegives; kun at Bogtrykkeren bliver den, til hvem Bibliothekerne holde sig, og deri kan ingen Ubillighed være, da han har det i sin Magt af Oplaget at tilbageholde de Exemplarer, som tilfalde det Offentlige, og som Forlæggeren altsaa maa afholde, inden han kan blive raadig over det øvrige Oplag.

Iøvrigt maa det indrømmes, at ogsaa den ældre Regel, som ønskedes restitueret for det Kongelige Bibliotheks Vedkommende, i Anvendelsen er forbunden med nogle Uleiligheder; men Cancelliet skjønnede ikke rettere, end at disse deels maatte ansees som mindre betydelige, end de næsten uafværgelige Vanskeligheder, som den anden Afleveringsmaade medfører, deels ogsaa for største Delen ved nogle nærmere Bestemmelser maae kunne afhjelpes. Saaledes formeentes det, at den Vanskelighed, som møder, naar et Værk trykkes i forskjellige Officiner, kan bortryddes derved, at det gjøres den Bogtrykker, i hvis Officin et Bind af Skriftet sluttes, til Pligt, at aflevere Exemplarer af det hele Bind; hvilket blot vil medføre, at den, der trykker Titelbladet eller det sidste Ark, maa sørge for, at der leveres ham de fornødne Exemplarer af det Pensum, der forhen er trykt hos Andre. Og hvad Kobberstik og Steentryk m.v. angaaer, formeentes det, at ligesom disse, naar de udkomme særskilt, bør tilsvares af Kobberstikkeren eller Lithographen, saaledes maatte ogsaa Forpligtelsen med Hensyn til Kobbere, Steentryk m.v., som høre til et Skrift, helst paaligge Kobberstikkeren eller Lithographen selv, medmindre han forsikkrer sig om, at de befalede Exemplarer, i Forbindelse med Skriftet, indsendes af den Bogtrykker, i hvis Officin Skriftet er trykt; thi ligefrem at holde sig til Bogtrykkeren for slige Kobberes etc. Aflevering, kunde have sine Vanskeligheder med særdeles Hensyn til at Bogtrykkeren maaskee, inden han aflevere Oplaget, ikke er kommen til Kundskab om, at saadanne høre til Bogen.

Universitetsdirectionen, hvis Betænkning blev indhentet, forsaavidt den paatænkte Forandring i Forordn. af 19. Jan. 1821 tillige skulde udstrækkes til Universitetsbibliotheket, holdt vel ikke en Forandring i Hovedpunktet, nemlig Forpligtelsens Tilbageførelse til Bogtrykkeren, for absolut nødvendig, men formeente, at Manglerne ved den bestaaende Indretning kunde afhjelpes ved nogle Tillægsbestemmelser. Imidlertid erklærede Directionen, at, naar det fandtes hensigtsmæssigt at indføre den foreslaaede Forandring med Hensyn til det store Kongelige Bibliothek, maatte det og ansees rigtigst, at Forandringen blev gjeldende for Universitetsbibliotheket, da det vilde foranledige for megen Forvirring, hvis Reglerne for Fri-Exemplarers Aflevering vare forskjellige for begge Bibliotheker. Consistorium og Bibliotheks-Commissionen, hvis Erklæring Directionen havde indhentet, havde derimod ligefrem tilraadet hiin af Chefen for det store Kongelige Bibliothek foreslaaede Forandring.

Ifølge det foranførte formeente Cancelliet, at af Forordningens enkelte Bestemmelser Hovedforskriften i den 1ste § burde forandres, hvorimod Bestemmelserne i de næstfølgende 3 Paragrapher om af hvilke Forlags-Artikler Bibliothekerne have Krav paa Fri-Exemplarer, burde blive uforandrede, og af de efterfølgende Paragrapher i Forordningen kunde de Dispositioner, som angaae saadanne Forlæggere, der ikke ere priviligerede Bog- eller Kunsthandlere, aldeles bortfalde, hvorimod de øvrige Forskrifter saavel angaaende Afleveringstiden, som angaaende Tvangsmidlerne for at haandhæve Bibliothekernes Ret, for fremtiden vilde være at anvende paa Bogtrykkere, Kobberstikkere og Lithographer.

Da Hans Majestæt allernaadigst bifaldt de foreslaaede Forandringer i Forordn. af 19. Jan. 1821, og befalede, at en samlet Anordning, hvori ogsaa Indholdet af bemeldte Forordning skulde optages, forsaavidt det endnu skal blive i Kraft, skulde udfærdiges, saa er en Anordning den 20. Januar udkommet af følgende Indhold [se næste aktstykke].

[*Collegial-Tidende* 1832 nr. 5. – Fra afsnittet begyndende med „Cancelliet modtog imidlertid" optrykt i Werlauff 1844, s. 359–63].

24. *Forordning, indeholdende Bestemmelser om Aflevering af Exemplarer af udkommende Skrifter m.v. til det store Kongelige Bibliothek og til Universitets-Bibliotheket, 20. jan. 1832.*

Gjøre vitterligt: at, eftersom det er befundet, at de i Vor Forordning af 19de Januarii 1821 indeholdte Forskrifter angaaende Fri-Exemplarers Aflevering til det store Kongelige Bibliothek og til Kjøbenhavns Universitets Bibliothek af trykte Skrifter og Kunstværker, forsaavidt den i de ældre Anordninger Trykkerne paalagte Forpligtelse til slig Aflevering derved gik over paa Forlæggerne, ikke have svaret til den Hensigt, hvori Bibliothekernes Foresatte havde derpaa andraget, saa have Vi allernaadigst fundet for godt om denne Gjenstand at udgive en nye Anordning, hvorved hiin Forpligtelse atter paalægges Bogtrykkerne, men iøvrigt den største Deel af de Bestemmelser, som ovennævnte Vor Anordning indeholdt, optages med den Modification, som hiin Forandring fører med sig. I Overeensstemmelse hermed bydes og befales, som følger:

§ 1.

Den Forpligtelse, som Vor Forordning af 19de Januarii 1821 har paalagt Enhver, paa hvis Forlag eller Bekostning et Skrift udkommer, til at aflevere Fri-Exemplarer af samme til det store Kongelige Bibliothek samt til Kjøbenhavns Universitets Bibliothek, skal for Fremtiden paahvile den Bogtrykker, i hvis Officin Skriftet trykkes. I det Tilfælde, at et Skrift trykkes i forskjellige Officiner, skal det være Pligt for den Bogtrykker, i hvis Officin et Bind sluttes, at aflevere Exemplarer af det hele Bind; i hvilken Henseende det bliver hans Sag, ved at paatage sig

Trykningen af det, som staaer tilbage, at sørge for at komme i Besiddelse af de fornødne Exemplarer af det, der tidligere er trykt. Iøvrigt vil det, skjøndt Bibliothekerne have at holde sig til Bogtrykkerne for de dem tilkommende Fri-Exemplarer, dog altid være paa vedkommende Forlæggeres Regning, Afleveringen skeer, saa at Bogtrykkeren tilbageholder disse Exemplarer i det Oplag, som Forlæggeren har bestilt og bekostet.

§ 2.

Fornævnte Forpligtelse beholder iøvrigt i eet og alt det Omfang, som ovennævnte Forordning havde givet samme, saa at begge ovennævnte Bibliotheker erholde Fri-Exemplarer saavel af de Skrifter, der trykkes i selve Danmark, som af dem, der udkomme i Island og Colonierne; ligesom og ei alene *Aviser* og *Ugeblade,* men og *Cataloger over Bøger, Kobberstykker, Steentryk og deslige, samt over Mynt- Kunst- og Naturalie-Kabinetter* fremdeles ligesaavel leveres til Universitets-Bibliotheket, som til det store Kongelige Bibliothek; hvorimod *andre Cataloger, Auctions-Placater og Bryllups- eller Begravelses-Vers* vedblive at være undtagne fra Aflevering til Bibliothekerne. Saa bliver der og fremdeles, som hidtil, af alle de trykte Sager, der saaledes skulle afleveres til Bibliothekerne, at afgive to uindbundne Exemplarer til det store Kongelige Bibliothek, det ene paa Skrivpapir, og til Universitets-Bibliotheket eet ligeledes uindbundet Exemplar, der skal være paa Skrivpapir.

§ 3.

Med Hensyn til *Korter, Kobbere, Steentryk og andre Kunstværker* af lige Natur bør, hvad enten saadanne udkomme særskilt, i hvilket Tilfælde alene to Exemplarer blive at aflevere til det store Kongelige Bibliothek, eller de henhøre til et udgivet Skrift, i hvilket Tilfælde Universitets-Bibliotheket ogsaa fremdeles er berettiget til at fordre Fri-Exemplarer, Forpligtelsen til disses Aflevering herefter paahvile vedkommende Kobberstikker eller Lithograph; med mindre, i det sidst anførte Tilfælde, Kobberstikkeren eller Lithographen forvisser sig om, at de befalede Exemplarer af bemeldte Kunstværker, i Forbindelse med det Skrift, hvortil de høre, indsendes af den Bogtrykker, i hvis Officin Skriftet er trykt; ligesom og iøvrigt, med Hensyn til de her omhandlede Gjenstande, Forholdet imellem Kunstneren og den, der har bestilt og bekoster Arbeidet, bliver det samme, som i Slutningen af § 1 er bestemt i Henseende til Bogtrykkeren og den, der lader et Skrift trykke.

§ 4.

I Kjøbenhavn skulle vedkommende Bogtrykkere, Kobberstikkere og Lithographer, i Begyndelsen af hvert Aars Januarii og Julii Maaneder, til bemeldte Bibliotheker indsende de befalede Fri-Exemplarer af de Artikler, som i løbet af det næst foregaaende Halvaar af dem ere trykte, tilligemed to eenslydende Designationer over samme, af hvilke de erholde den ene tilbage med Qvittering fra vedkommende Bibliothek.

§ 5.

Udenfor Kjøbenhavn skal Afleveringen ikke skee ved directe Indsendelse til Bibliothekerne, men derimod, som hidtil, her i Riget til vedkommende Amtmænd, paa Island til Stiftamtmanden, og i Colonierne til vedkommende Regjering, hvorefter Exemplarerne besørges indsendte paa den i Forordningen af 10de Januarii 1781 bestemte Maade. Iøvrigt gjelde de samme Regler, som for Kjøbenhavn ere fastsatte; og have Øvrighederne at paasee, at Bogtrykkerne og andre Vedkommende opfylde den dem efter denne Anordning paahvilende Pligt.

§ 6.

Naar en Bogtrykkers, Kobberstikkers eller Lithographs Boe kommer under Opbud eller Fallit, skulle Bibliothekerne være berettigede til af Boet at reclamere de dem tilkommende Exemplarer, som deres Eiendom.

§ 7.

Den Bogtrykker, Kobberstikker eller Lithograph, som ikke inden den i § 4 foreskrevne Tid afgiver den befalede Designation, skal bøde 4 Rbdlr. Sølv for hver Maaned, han forsømmer denne Pligts Opfyldelse. Den Bogtrykker, som befindes at have forsveget eller udeladt noget Skrift, som i hans Officin er trykt, skal bøde 2 Mark Sølv for hvert Ark, et saadant Skrift indeholder, naar det er under eet Alphabet, 10 Rbdlr. Sølv for hvert Skrift, som er eet Alphabet og derover indtil to Alphabeter, og saa fremdeles 10 Rbdlr. Sølv for hvert Alphabet. For Overtrædelser af denne Anordning, som ikke kunne indbefattes under foranførte Bestemmelser, kan Retten paalægge forholdsmæssige Bøder efter Sagens Beskaffenhed.

§ 8.

Alle Sager, som maatte opstaae i Anledning af Overtrædelse af denne Anordning, skulle behandles som Politiesager, og de Mulcter, som maatte idømmes Nogen, tilfalde vedkommende Politiekasse.

Hvorefter alle Vedkommende sig allerunderdanigst have at rette. Givet i Vor Kongelige Residentsstad Kjøbenhavn, den 20de Januarii 1832.

[Findes som separat tryk og er desuden trykt i *Collegial-Tidende* 1832 nr. 5. – Optrykt i Werlauff 1844, s. 363–66].

25. *Cirkulære til bogtrykkerne fra Det kongelige Bibliotek, 1. juli 1832.*

Uagtet den kongelige Forordning af 20de Januar d. A., indeholdende Bestemmelser om Aflevering af Exemplarer af udkommende Skrifter m.v. til det store Kongelige og til Universitets-Bibliotheket, bör forudsættes, at være samtlige Eiere af de danske Officiner, som ogsaa vedkommende Kobberstikkere og Lithographer bekiendt, haver det Kongelige Bibliotheks Bestyrer dog fundet det hensigtsmæssigt, at giöre Vedkommende opmærksomme paa fölgende væsentlige Punkter, hvori bemeldte Forordning afviger fra den tilforn gieldende:

1. At Forpligtelsen til at afgive to Frie-Exemplarer af udkommende Skrifter til det Kongelige og Universitets-Bibliotheket, som ved den Kongelige Forordning af 19de Januar 1821 paalagdes Enhver, paa hvis Forlag eller Bekostning et Skrift udkom, for Fremtiden skal paahvile den *Bogtrykker,* i hvis Officin et Skrift trykkes, til hvem Bibliothekerne ene have at holde sig; men som tillige er berettiget til at tilbageholde bemeldte Fri-Exemplarer af Oplaget, saafremt dette af en Anden maatte være forlagt eller bekostet. I Tilfælde at et Skrift trykkes i forskiellige Officiner, bliver det Pligt for den Bogtrykker, i hvis Officin det sluttes, at aflevere Exemplarer af det hele Bind, ligesom han ogsaa i det Öiemed er berettiget til at reqvirere de fornödne Ark, som ere trykte i andre Officiner.
2. At enhver Kobberstikker eller Lithograph er forpligtet til at afgive to Exemplarer af særskilt udkomne *Karter, Kobbere* og *Steentryk* til det Kongelige Bibliothek, som ogsaa af lignende Kunstværker, henhörende til Böger, med mindre Kobberstikkeren eller Lithographen er forvisset om, at de af vedkommende Bogtrykker ere leverede tilligemed Fri- Exemplarerne til begge Bibliotheker. Saafremt et saadant Kunstværk af en Anden maatte være bestilt og bekostet, bliver Forholdet imellem denne og Kunstneren det samme, som er bestemt mellem en Bogtrykker og den, der lader et Skrift trykke.

For övrigt ansees det for nödvendigt, at bringe Vedkommende i Erindring, at ifölge Forordningens § 2 blot *Cataloger over Vare- og Meubelauc-*

tioner, Auctionsplacater, samt *Bryllups- og Begravelses-Vers* ere, som hidtil, undtagne fra Aflevering til Bibliothekerne, hvorimod alle andre Skrifter, saavel de, der ere bestemte for Boghandelen, som de, hvis Bestemmelse ei medförer offentlig Salg, blive Gienstand for en saadan Aflevering.

Kiöbenhavn, den 1ste Juli 1832.

Werlauff, Overbibliothekar.

[Et-bladstryk i KBs arkiv, Journalsager A 8 nr. 1541–44].

26. *Universitetsbibliotekar, professor J.N. Madvig om pligtafleveringen til Universitetsbiblioteket, 1842.*

Foruden de Bøger, der købes, faaer Bibliotheket, som allerede antydet, et uindbundet Friexemplar af alle Skrifter, der trykkes i Kongeriget Danmark. Før 1821 erholdt Universitetsbibliotheket ikkun, ifølge Rescript til Kjøbenhavns Magistrat af 14de December 1753, Friexemplar af hvad der tryktes i Hovedstaden; ved Forordningen af 19de Januar 1821 udvidedes Bibliothekets Ret til hele Riget, men med den saare uheldige Forandring, at Forpligtelsen til Afleveringen fra det let overskuelige Antal af privilegerede Bogtrykkere overførtes paa Forläggerne, hvorved Controllen og Indstævningen blev i høi Grad besværlig. En Følge af denne Omstændighed og, hvad den tidligere Periode angaaer, af mindre Omhu og Interesse for Indsamlingen af danske trykte Sager er det, at Bibliotheket i den danske skjønne Litteratur, uagtet endeel nyere Anskaffelser, har ikke ubetydelige Huller, navnligen med Hensyn til de første og originale Udgaver. Endeel er vel ogsaa forkommet; saaledes er, imedens Bibliotheksalen (indtil 1833) eengang om Ugen var Gjennemgang for Alle, der besøgte Museet for nordiske Oldsager, der dengang var i Enden af Salen over Kirkens Chor, Adskilligt forsvundet. Ved Forordningen af 20de Januar 1832 blev Afleveringen atter paalagt Bogtrykkerne og Reglerne derfor nøiere bestemte. Nogen Møie har det vistnok ogsaa siden, især i de første Aar, uagtet de betydeligere og bedre Bogtrykkeres gode Villie, formedelst enkeltes Vrangvillie og Uorden kostet den nuværende Bibliothekar (der tiltraadte sit Embede ved Begyndelsen af 1833) at bringe og holde denne Aflevering i en regelmæssig Gang. At undertiden et mindre vigtigt Skrift kan oversees af en Bogtrykker eller et mangelfuldt Exemplar blive afleveret uden at det strax bemærkes, er naturligt; stundom kan Berigtigelsen af en saadan først lidet efter opdaget Mangel medføre saamegen Vidtløftighed, naar f. Ex. Officinet imidlertid er nedlagt eller har skiftet Eier eller Oplaget er udsolgt, eller ogsaa formedelst Vedkommendes ringe gode Villie, at Bibliothekaren ved Gjenstandens ofte store Ubetydelighed og ved Mængden af vigtigere Sager trættes i at forfølge Anliggendet. Det er overhovedet unegteligt, at den Begunstigelse og Fordeel, der for Bibliotheket ligger i Berettigelsen til Friexemplarer, er forbundet med en ikke ringe Byrde og Uleilighed. Bibliothekets Cataloger opfyldes med Navnene paa en Mængde i høi Grad ubetydelige Producter, *oversatte Leiebibliotheksromaner, Børnebøger o.s.v., lige ned til Grændsen af den laveste Smudslitteratur* (thi denne selv søger man at holde udenfor Catalogerne), eller dog med Sager, der for et Universitetsbibliothek ere aldeles uden Værd og Vigtighed, og, hvad der er værre, Indsamlingen, Ordningen og Catalogiseringen af denne Masse medtager en ganske uforholdsmæssig Deel af Personalets Tid. Besværligheden herved er i de sidste Aar tiltaget meget betydeligt, deels ved den voxende Mængde af Smaaskrifter, deels ved den mere og mere udbredte Skik at udgive Bøger i smaa Hefter og Leveringer, hvilke endda stundom trykkes hos forskjellige Bogtrykkere. Heller ikke tør man ganske oversee, at selv ved den største Sparsommelighed, der ingenlunde er Bibliothekets Udseende gunstig, koster dog Indbindingen af denne hele Masse altid ikke saa ganske lidet. Endelig er det ved et indskrænket Locale ingenlunde en ringe Betænkelighed, at denne Bestanddeel af Bibliothekets Tilvæxt optager en temmelig betydelig Plads; man behøver blot at tænke paa samtlige danske *Aviser*. Universitetsbibliotheket, til hvis Opgave det i og for sig ikke hører at danne et fuldstændigt Magazin af den danske Presses Frembringelser, vilde udentvivl med Hensyn til sit egentlige Formaal være bedre tjent med et Udvalg, der rigtignok for en Sikkerheds Skyld maatte rykke Grændsen for det Ønskelige og Brugbare temmelig langt frem; men destoværre lader et saadant Udvalg sig ikke giøre uden at indkræve Alt, og hvad der saledes er indkrævet som Afgift, synes det dog usømmeligt at tilintetgjøre, bortkaste eller sælge til Maculatur.

[Uddrag af J.N. Madvig: Efterretning om Universitetsbiblioteket, *Kjøbenhavns Universitets Aarbog for 1842*, udg. af H.P. Selmer, s. 8–9].

27. *Skrivelse fra Kirke- og Undervisningsministeriet til Det kongelige Bibliotek om pligtafleveringen fra Holsten, 2. maj 1854.*

[På bibliotekets foranledning har ministeriet underrettet Ministeriet for Hertugdømmerne Holsten og Lauenburg om, at der ikke er modtaget frieksemplarer fra Holsten siden 1849. Dette ministerium har nu tilbagemeldt, „at det har truffet Foranstaltning til, at vedkommende Officiner i Kjøbstæderne og Byerne i Hertugdømmet Holsteen af deres respective Øvrigheder gives Tilhold om at opfylde den dem paahvilende Forpligtelse til at tilstille Bibliotheket de befalede Friexemplarer saavel for den forbigangne som for den tilkommende Tid" (KBs arkiv, Journalsager, A 8 nr. 1325). – Senere blev det atter galt, og 1861 måtte pligtafleveringen pány indskærpes bogtrykkerne i Holsten (Journalsager, A 9 nr. 20)].

28. *Uddrag af erklæring til Kirke- og Undervisningsministeren vedrørende forholdet mellem det store Kongelige Bibliothek og Universitetsbibliotheket fremlagt af en komité bestående af de to institutioners ledere samt som repræsentant for Universitetet professor J.N. Madvig, 22. maj 1854.*

...

Det andet Punkt, som vi troe, der maa komme under nøie Overveielse, efter den hele i vort Bogvæsen eller snarere Bogtrykkervæsen og Pressens Benyttelse foregaaede Forandring, er, i hvilket Omfang Universitetsbibliotheket skal vedblive at modtage og opbevare de danske Bogtrykkerpressers Frembringelser. Tildeels ansporet ved Opdagelsen af de tidligere store Forsømmelser i denne Retning, har man i de senere Aar med megen Omhu søgt at inddrive de Friexemplarer, der skulle afleveres til Bibliotheket, fuldstændigen og opbevaret dem, om end tildeels, hvad det allerringeste Stof angaaer, kun i Pakker og Bundter. Man har ved Siden af den danske Samling paa det store kongelige Bibliothek villet opbevare Fremtiden som historisk Vidnesbyrd og Stof Alt, hvad der efterhaanden blev trykt. Men det lader sig ikke nægte, at denne Opsamling (der nu for Bibliothekspersonalet er ligefrem Pligt), medens den skaffer Bibliotheket en Tilvæxt, hvoraf en yderst ringe Brøkdeel kan have Interesse for det som Universitetsbibliothek, enten ved videnskabeligt Indhold eller som hørende til den skjønne Literatur, eller blot til den bedre Folkelæsning, derimod ved Modtagelse, Ordning, Katalogisering og Indhæftning borttager Meget af Personalets Tid, ved den tarveligste Indbinding og Indheftning dog altid koster noget og endelig især i høi Grad optager Plads i Localet (og tillige opfylder Katalogerne). Det synes nu særdeles tvivlsomt, om det kan være rigtigt, blot for at kunne, i det mulige Tilfælde, at det kongelige

Bibliotheks fuldstændige Samling af den danske Literatur ved et eller andet Uheld ødelagdes ganske eller tildeels, erstatte den ved en anden, at paatage sig denne store Byrde, der i de sidste 10 til 20 Aar ved den stedse stigende Masse af trykte Sager har faaet et Omfang, som forhen ikke anedes. Ved Bogtrykkeriers Oprettelse og Avisers Udgivelse i en stor Mængde Smaabyer, ved Pressens Benyttelse til en Mængde Forretnings- og Forhandlings-Meddelser (*Amtsraads, Communalbestyrelses-Forhandlinger, Regnskaber, o.s.v.*) er Forholdet imellem Literatur og Trykning blevet aldeles forandret, og der turde vel kunne reises Tvivl, om det selv for det store kongelige Bibliothek vil være muligt bestandig at fortsætte Opbevarelsen af Alt med lige Fuldstændighed, især da meget af det, der saaledes opbevares i Bibliothekerne, snarere synes at burde overgives Fremtiden som Archivsager, opbevarede i de enkelte Communer (*Regnskaber, Forhandlinger, Localaviser o.s.v.*); for Universitetsbibliothekets Vedkommende synes der at være Grund til i denne Retning at foretage en stor og betydelig Indskrænkning til Besparelse af Arbeidskraft, Penge og Plads, og endda vil endeel af det, der modtages og opbevares, henhøre under den Art af mere rumbesparende Opbevaring, som kort forhen er antydet. Vi have her alene villet bringe Sagen forløbig paa Bane, uden at forsøge Fastsættelsen af Grændserne, hvilken ligger udenfor det os givne Hverv og maa forbeholdes en nærmere Overveielse, der maaskee endog vil have at undersøge, om ikke Noget af, hvad der allerede ad denne Vei er indkommet i Bibliotheket, kunde være at udstøde før Indflytningen i et nyt Locale, f.Ex. Massen af *oversat fremmed Moerskabslæsning, navnlig Romaner.* Her har det maattet være os nok, idet vi udtale os for Tilveiebringelsen af et nyt og bedre Locale for Universitetsbibliotheket, der vil kræve en betydelig Sum, at henvise til den fornuftige og i Sagens Natur begrundede Oeconomi, der bør gjøre sig gjældende ved dette Locales Benyttelse, for at det kan udfylde sin Bestemmelse i muligst lang Tid. Vore fra Fortiden modtagne Forestillinger om Bibliotheksfuldstændighed ville i Fremtiden have endnu flere Modificationer at undergaae. Kjøbenhavn den 22de Mai 1854.

Werlauff. J.N. Madvig. P.G. Thorsen.

[Uddrag af betænkning trykt som Anhang B til *Rigsdagstidende*, 1856/1857, sp. 155–68. – Nærmere om betænkningen og dens tilblivelse i Birkelund 1980, s. 422–25].

29. *Skrivelse fra Justitsministeriet til chefen for Københavns politi om aflevering af beslaglagte skrifter og blade til Det kongelige Bibliotek, 15. juni 1861.*

Da Bibliothekaren ved det store kongelige Bibliothek, i den Formening, at der enten paa det gamle Kancelli-Loft eller i Justitsministeriets Arkiv skulde henligge endeel af de Skrifter og Blade, som i sin Tid bleve beslaglagte, havde anholdt om, at der af samme maatte blive afleveret tvende Exemplarer til det store kongelige Bibliothek, men Justitsministeriets Arkiv ikke er i Besiddelse af Exemplarer af beslaglagte Skrifter og Blade, og da Oplaget af saadanne i de Tilfælde, hvor der er trykket flere end det Censor til Paategning foreviste Exemplar, maa antages at blive opbevaret af Politiet, anmodes [politichefen] om at ville tilstille det store kongelige Bibliothek 2 Exemplarer af hvad der af saadanne Skrifter og Blade findes i Politiets Værge.

[Fra den trykte reskriptsamling].

30. *Skrivelse fra Justitsministeriet til chefen for Københavns politi om aflevering af beslaglagte skrifter og blade til Universitetsbiblioteket, 16. april 1862.*

I Anledning af at Bibliothekaren ved Universitetsbibliotheket havde anholdt om, at dette Bibliothek ligesom det store kongelige Bibliothek maa erholde udleveret tvende Exemplarer af de i sin Tid beslaglagte Bøger, Skrifter og Blade, anmodes [politichefen] om at tilstille Universitetsbibliotheket tvende Exemplarer af hvad der af saadanne Skrifter og Blade findes i Politiets Værge.

[Fra den trykte reskriptsamling].

31. *Cirkulære fra Indenrigsministeriet til amtmændene, 12. maj 1863.*

Indenrigsministeriet den 12. Mai 1863.

Til samtlige Amtmænd.
For at der, efterat Næringsloven af 29de December 1857 er traadt i Kraft, saavidt muligt kan føres fornøden Control med Afleveringen af de det store kongelige Bibliothek og Universitets-Bibliotheket tilkommende Friexemplarer, skulde man paa Foranledning af Ministeriet for Kirke- og Underviisningsvæsenet tjenstligst anmode Amtet om at paa-

lægge vedkommende Øvrigheder saavel i Kjøbstæderne som paa Landet, hver Gang der af dem meddeles Bogerskab eller Næreingsbeviis paa Næringerne som Bogtrykker og Kobbertrykker samt Lithograph (Steentrykker), forsaavidt denne sidste Næringsvei ifølge de under 31te Marts d. A. herigjennem udfærdigede Vedtægter (Dep. Tid. Side 321–29) er bunden Næring, derom at gjøre Indberetning til Ministeriet for Kirke- og Undervisningsvæsenet.

[Et-bladstryk i KB, Danske Afdelings samling af småtryk. Også trykt i *Departementstidende* XVI, 1863, s. 419. – Cirkulæret blev udsendt på initiativ af overbibliotekar ved KB Chr. Bruun (Erik Nørr, 1990, s. 100). De påbudte indberetninger blev fra Ministeriet for Kirke- og Undervisningsvæsenet sendt videre til KB, hvor de løbende er blevet arkiveret].

32. *Bekjendtgjørelse, angaaende Forpligtelsen for Bogtrykkerne i den herværende Provinds [Slesvig-Holsten] til uden Vederlag at indlevere et Exemplar af de hos dem trykte Værker til det Kongelige Bibliothek i Berlin, 5. okt. 1867.*

Ifølge Rescript fra Hs. Excellence Ministeren for Kirke-, Underviisning- og Medicinal-Anliggenderne have Bogtrykkerne i den herværende Provinds for Fremtiden uden Vederlag at indlevere et Exemplar af de hos dem trykte Værker til det Kongelige Bibliothek i Berlin, som nu er traadt i Stedet for det i den Allerhøieste Anordning af 10. Januar 1781 nævnte Kongelige Bibliothek i Kjøbenhavn

Idet Foranstaaende herved bringes til offentlig Kundskab til Efterretning og Iagttagelse for alle Vedkommende, bemærkes tillige, at det med Hensyn til Forpligtelsen for Bogtrykkerne og Boghandlerne i herværende Provinds til af alle hos dem trykte og forlagte Skrifter inden Udgangen af ethvert Aar gratis at indsende et Exemplar til det herværende Universitetsbibliothek beholder sit Forblivende ved Patentet af 18. Mai 1822, som ved Indførelsen af Presseloven af 12. Mai 1851 i den herværende Provinds ingenlunde bør betragtes som hævet.

Det Kongelige Overpræsidium for Slesvig-Holsten.

[Tekst på tysk og dansk i *Verordnungsblatt für Schleswig-Holstein / Forordningsblad for Slesvig-Holsten* 1867 nr. 434, s. 1332. Begge tekster desuden trykt i Emil Steffenhagen: *Der Plichtexemplarzwang in der Provinz Schleswig-Holstein*, Kiel 1890, s. 18f].

33. *Uddrag af Lov om Bogtrykkerier i Island, 4. dec. 1886.*

§ 2.

Alle Bogtrykkerier, der allerede ere eller senere maatte blive anlagte, ere pligtige at afgive til Landsbibliotheket 2 Friexemplarer og til Amtsbibliothekerne i Akureyri og Stykkisholm 1 Friexemplar til hvert af Alt, hvad der trykkes, Smaat og Stort, samt endvidere til det kongelige Bibliothek i Kjøbenhavn 2 Friexemplarer, det ene paa Skrivpapir, og til Universitetsbibliotheket 1 Friexemplar, hvilke Friexemplarer bør tilstilles Landshøvdingen 2 Gange aarlig, i Juni og September, ved første forefaldende Leilighed. Forsømmelse heraf anses med en efter Omstændighederne afpasset Bøde, ikke under den tredobbelte Værdi af det Tilbageholdte. Dog kan Landshøvdingen tillade, at Bøden bortfalder helt eller delvis, naar Forsømmelsen efter sket Paamindelse oprettes.

34. *Vedtagelse vedrørende administrationen af beslaglagte bøger m.m., 3. dec. 1887.*

[I registranten over KBs journalsager 1861–1901, A 2 i KBs arkiv, refereres under datoen 3. dec. 1887 en journalsag (A 9 nr. 1353), som synes bortkommet. Sagen var foranlediget af beslaglæggelsen af Herman Bangs 'Haabløse Slægter' og referatet lyder: „Paa given Anledning er det vedtaget, at danske Bøger, som ved Dom ere blevne konfiskerede, skulle hensættes under Laas og Lukke og saaledes ikke være tilgængelige til Brug, og at det samme skal gjælde Bøger, om hvilke det med Sikkerhed vides, at de ere kaldte tilbage af Forfatter eller Forlægger fra almindelig Cirkulation. Disse Bøger hensættes i Skabet i gamle Danske Sal. – Underretning herom blev sendt til Bibliothekaren ved Universitetsbiblioteket den 5. Decemb., – hvilken 6. Decemb. svarer, at det forekommer ham at Principet er rigtigt, hvorfor han agter at gjennemføre det her"].

35. *Uddrag af Lov om Oprettelse af et Rigsarkiv m.m., 30. marts 1889.*

§ 1.

Der oprettes et Rigsarkiv omfattende et Hovedarkiv i Kjøbenhavn og tre Provindsarkiver.

... Det Exemplar af de i Provindsen udkommende Dagblade og Ugeblade, som hidtil er blevet opbevaret paa Universitetsbiblioteket, opbevares for Fremtiden i Provindsarkivet, hvortil ogsaa Universitetsbibliothekets Samling af Provindsens Dag- og Ugeblade afgives, dog at der med Hovedstadens Dag- og Ugeblade vil være at forholde som hidtil.

Af Provindsarkiverne oprettes et i eller ved Kjøbenhavn for Sjælland, Lolland-Falster og Bornholm, et i Odense for Fyn og et i Viborg for Jylland.

[Forslaget om at overføre Universitetsbibliotekets danske avisbestand til de nyoprettede provinsarkiver var fremsat under arkivlovens udvalgsbehandling i Folketinget, uden at Universitetsbiblioteket var blevet hørt eller underrettet herom. Da universitetsbibliotekaren „ved et rent Tilfælde" hørte om sagen, udvirkede han ved en henvendelse dateret 25. febr. via Universitetets konsistorium, at overførslen ikke kom til at gælde alle aviserne, men kun provinsaviserne (*Aarbog for Kjøbenhavns Universitet... 1888–89,* 1890, s. 871f). – I forsommeren 1891 overførtes de jyske aviser til provinsarkivet i Viborg, i sommeren 1893 de øvrige provinsaviser til provinsarkivet i København, idet dette påtog sig også at opbevare de fynske aviser, indtil provinsarkivet i Odense var færdigbygget].

36. *Bekendtgørelse angaaende Indsendelsen af Dag- og Ugeblade til Provindsarkiverne i Henhold til Lov af 30te Marts 1889 § 1, 19. febr. 1892.*

Efter at Provindsarkivet for Jylland er traadt i Virksomhed i Overensstemmelse med Loven af 30te Marts 1889 om Oprettelse af et Rigsarkiv m.m., har det vist sig nødvendigt at fjerne de Tvivlsmaal, der kunne være forbundne med Anvendelsen af Lovens § 1, for saa vidt heri bestemmes, at det Exemplar af de uden for Kjøbenhavn udkommende Dag- og Ugeblade, der hidtil er blevet opbevaret i Universitetsbiblioteket, for Fremtiden skal opbevares i vedkommende Provindsarkiv.

Ministeriet vil derfor i Henhold til Forudsætningerne for det paagældende Lovforslag herved have fastsat, at Udtrykket „Dag- og Ugeblade" kun skal omfatte *Aviser,* altsaa saadanne Blade, som efter deres væsentlige Indhold og Formaal ikke henhøre under den egentlige Litteratur, men at derimod alle andre Blade og Tidender, uden Hensyn til hvilke Emner de behandle, ligesom hidtil blive at afgive til Universitetsbiblioteket.

Hvad Afleveringen af Aviser til Provindsarkiverne angaar, ønsker

Ministeriet endvidere, efter dertil given Anledning, at indskærpe Bestemmelserne i Anordningen af 20de Januar 1832 § 5, hvorefter Afleveringen skal foregaa ikke direkte fra Bogtrykkerne, men igennem vedkommende Amtmænd, som have at paase, at Bogtrykkerne opfylde deres Forpligtelse med Hensyn til Afleveringen.

Hvilket herved bekendtgøres til Efterretning for alle vedkommende. Ministeriet for Kirke- og Undervisningsvæsenet, den 19de Februar 1892.

37. *Betænkning afgiven af den om Oprettelsen af et Stats-Bibliothek i Aarhus nedsatte Kommission, sept. 1893.*

[Kommissionen, der bl. a. bestod af cheferne for KB og UB samt den kommende leder af Statsbiblioteket, blev nedsat af Ministeriet for Kirke- og Undervisningsvæsenet 18. marts 1892. Fra betænkningen bringes nogle uddrag vedrørende pligtafleveringsspørgsmålet]:

I.

Udgangspunktet for Tanken om at oprette et Stats-Provins-Bibliothek er Bogtrykkernes pligtmæssige Aflevering af deres Tryksager til det store kongelige Bibliothek i flere Exemplarer. Bestemmelsen herom gaar næsten to Hundrede Aar tilbage, idet den første Gang blev fastsat ved Lov af 17. juli 1697, saaledes at der skulde leveres 5 Exemplarer til Kongens Bibliothek af de i Kongens Riger og Lande udkommende Skrifter. Gjennem det 18. Aarhundrede blev Loven ikke altid strengt gjennemført, af de indleverede Exemplarer bleve flere anvendte paa forskjellig Maade, f. Ex. bortgivne som Dubletter til andre Institutioner, og Antallet af Exemplarer blev først nedsat til 3 og endelig ved Patent af 10. Januar 1781 til 2; dette Tal er blevet fastholdt i den endnu gjældende Lov af 20. Januar 1832 om Bogtrykkernes Forpligtelse til at indsende deres Tryksager til det st. kgl. Bibliothek og til Universitets-Bibliotheket. Fra Slutningen af forrige Aarhundrede og hele det 19. Aarhundrede igjennem er der vaaget over, at Lovens Ord skete Fyldest, og Resultatet er blevet dette, at medens det ene af Exemplarerne er blevet indbundet og optaget i Bibliotheket, er det andet Exemplar – paa forholdsvis faa Undtagelser nær – blevet magasineret, men dog katalogiseret paa Sedler med Nummerbetegnelse paa hvert Skrift og paa enhver dertil svarende Titelseddel eller Titelsedler, – thi Skrifter, der udkomme i Løbet af flere Aar, f. Ex. Tidsskrifter, ere blevne katalogiserede for hvert enkelt Aar – og dette Seddelkatalog er nu løbet op til 102,020 Numre, i hvilket Tal endda hele Avisliteraturen ikke er optagen.

Det er denne betydelige Samling af Bøger og Aviser, som Ministeriet har tænkt sig kunde anvendes til dermed at grundlægge et Bibliothek i Aarhus. Kommissionen billiger denne Tanke i fuldeste Maal. Det er fra en Side set glædeligt, at der er opsparet en saa rig Samling af Landets Literatur, at det kan blive muligt at bringe et saadant Bibliothek i Stand. Betragtet fra en anden Side maa det fremhæves, at der maa hvile en vis Forpligtelse paa Staten til at sørge for, at disse mange Bøger og Aviser, som den har faaet i Eje derved, at en af dens Love er bleven opfyldt, ikke kommer til at ligge hen som en død Skat, der er magasineret paa et Loft, men at denne Samling bliver behandlet paa en saadan Maade, at den kan blive tilgængelig for de mange, som kunnne ønske at gjøre Brug af den. Og dette kan utvivlsomt bedst ske ved, at den bliver Grundlaget for et nyt af Staten oprettet Bibliothek, som kan modtage i kommende Aar Fortsættelsen af den hele literære og boglige Virksomhed her i Landet ved Dublet-Exemplaret, som det store kongelige Bibliothek modtager ifølge den ovenfor nævnte Lov af 20. Jan. 1832. Dette vil da ogsaa blive Tilfældet med de her i Landet udkommende Aviser. Efter Oprettelsen af Provins-Arkiverne have disse modtaget fra Universitets-Bibliotheket hvert sin Provins's Aviser og modtage i Fremtiden fra Bogtrykkerne de aarlig udkommende Aviser. Men de i Hovedstaden udkomne og udkommende Aviser ere ikke samlede nogensteds udenfor Kjøbenhavn. Oprettes Stats-Provins-Bibliotheket i Aarhus, ville alle de Kjøbenhavnske Aviser kunne findes der tilligemed samtlige Provins-Aviser, hvilket utvivlsomt vil være et stort Gode; thi om end Avis-Literaturen er besværlig at have at gjøre med, saa er det dog en Literatur af Betydning, og Erfaringen fra det store kongelige Bibliothek viser, at der næppe gaar en Dag hen uden at den bliver søgt.

...

III.

Det høje Ministerium har i sin Skrivelse af 18. Marts 1892 sagt med Hensyn til Afgivelsen af det store kongelige Bibliotheks Dublet-Samling af den danske Literatur til Aarhus-Bibliotheket: „Dog maa det være det store kongelige Bibliothek forbeholdt at udtage saa vel af den foreliggende Dubletsamling som af de fremtidige aarlige Afleveringer, hvad det maatte have særlig Brug for". Føres den Tanke, som ligger til Grund for denne Bestemmelse, videre, bringes man let til at foreslaa Sagen ordnet paa den Maade, at Aarhus-Bibliotheket bliver en Filial af det store kongelige Bibliothek. saaledes at dette vedblivende modtager Bogtrykkernes aarlig Afleveringer, holder den nødvendige Kontrol med, at disse udføres i Overensstemmelse med Forordningen af 20. Januar 1832, og drager Omsorg for, at Manglerne blive bragte i Rigtighed. En eller to Gange om Aaret ville saa alle de fra Bogtrykkerne modtagne Tryksager blive oversendte til Aarhus. Da Bibliotheket her maa have den Forpligtelse at eje hvert Aars danske Literatur komplet, og det netop vil være de almindeligt efterspurgte populære Bøger og de meget brugte Bøger, som det store kongelige Bibliothek vil holde tilbage, da de let slides op i Løbet af faa Aar, bør der sørges for, at Aarhus-Bibliotheket strax udstyres med Midler til at erstatte, dels hvad det ikke modtager fra først af, dels hvad der aarlig holdes tilbages. Til Kjøb og Indbinding af saadanne Bøger maa der da aarlig stilles Aarhus-Bibliotheket en Sum til Raadighed. Men det bør maaske tages under Overvejelse, om ikke Afleveringen af det ene Exemplar af de udenfor Kjøbenhavn udkommmende Aviser kan foregaa direkte fra Bogtrykkerne til Aarhus-Bibliotheket – iøvrigt i Overensstemmelse med Lovens Ord.

[Betænkningen foreligger trykt som selvstændig publikation og er desuden trykt i *Rigsdagstidende* 1895–96, Tillæg A sp. 2975–3000].

38. *Om Afleveringen af Frieksemplarer af Tryksager til Bibliotekerne og Provinsarkiverne. Af provinsarkivar i København V.A. Secher, april 1894.*

Bestemmelserne om den i Overskriften omtalte Aflevering findes i Frdg. 1832 20. Jan., Lov om Oprettelse af et Rigsarkiv 1889 30. Marts og Bekg. 1892 19. Febr., men Indholdet af disse Bestemmelser ere efter de af underskrevne gjorte Erfaringer særlig for Bogtrykkerne i Provinsbyerne et saa ukendt Omraade, at det turde have sin Betydning paa dette Sted at give en nærmere Anvisning paa, hvorledes Afleveringen bør finde Sted, og gøre Rede for Følgerne af at overtræde de nævnte Bestemmelser.

Ifølge Frdg. 1832 [aktst. nr. 27] tilkommer der det store kongelige Bibliotek to og Universitetsbiblioteket eet Frieksemplar af de Tryksager, hvoraf Frieksemplarer skulle udredes, men heri gjordes en *Forandring* ved Loven om Oprettelse af et Rigsarkiv af 1889 [aktst. nr. 35]. For at hjælpe paa den indskrænkede Plads i Universitetsbiblioteket fastsattes det her, at dette skulde aflevere sin Beholdning af Provinsaviser (Dag- og Ugeblade) til de efterhaanden oprettede Provinsarkiver i Viborg, København og Odense, og at senere Provinsaviserne fra det hvert af disse Arkiver underlagte Distrikt ikke mere skulde afgives til dette Bibliotek, men til paagældende Provinsarkiv, hvorimod der med Hovedstadens Dag- og Ugeblade vilde være at forholde som hidtil. Ved Bekg. 1892 [aktst. nr. 36] bestemtes, at der ved „Dag- og Ugeblade" i nævnte Lov skal forstaas „*Aviser*", altsaa saadanne Blade, som efter „deres væsentlige Indhold og Formaal ikke henhøre under den egentlige Litteratur, men at derimod alle andre Blade og Tidender uden Hensyn til, hvilke Æmner de behandle, ligesom hidtil blive at afgive til Universitetsbiblioteket."

Efterhaanden som Provinsarkiverne traadte i Virksomhed, meddelte Universitetsbiblioteket hver enkelt Provinsbys Bogtrykker, som trykte egentlige Aviser, at disse for Fremtiden skulde tilstilles paagældende Provinsarkiv, men denne Anvisning har for mange Afleveringers Vedkommende, saa vidt angaar Provinsarkivet i København, ikke haft den tilsigtede Virkning, og Afleveringen for 1893 har til Dels frembudt stor Konfusion. Arkivet har snart maattet hente sine Eksemplarer fra det kongelige Bibliotek, snart fra Universitetsbiblioteket, snart har det atter modtaget Tryksager, som tilkom Bibliotekerne, snart igen har det hverken modtaget det Ene eller det Andet. Jeg skal derfor præcisere Reglerne om *Fordelingen* af Tryksagerne saaledes:

1. *Det store kongelige Bibliotek* skal ligesom hidtil have to Frieksemplarer af Tryksagerne.
2. *Provinsarkiverne* skulle have eet Frieksemplar af vedkommende Provinses Aviser, selv om disse trykkes udenfor Distriktet eller i Hovedstaden.
3. *Universitetsbiblioteket* skal ligesom hidtil have Frieksemplar af alle Hovedstadens Blade og alle Blade og Tidender, som ikke ere egentlige Aviser, samt af alle andre Tryksager.

Afleveringstiden er ifølge Frdg. 1832 § 4 jfr. § 5 Januar og Juli Maaneder for det foregaaende Halvaar, og Overholdelsen af disse Terminer er for Avisernes Vedkommende ikke uden Betydning. Erfaringsmæssig er nemlig Eftertællingen af de Aargange, som skulle indsendes, meget mangelfuld fra Bogtrykkeriernes Side, og efter Modtagelsen opdages jævnlig Defekter. Fremskaffelsen af manglende Numre bliver imidlertid vanskeligere, jo længere Tid der er hengaaet efter Nummerets Udsendelse, og Undladelse af at skaffe Manglerne dækkede vil medføre Bøder. Foretrækker et Trykkeri at indsende hele Aargangen paa een gang i Januar Maaned, vil næppe nogen bemærke noget hertil, hvis Aargangen er komplet, men opdages Defekter fra 1. Halvaar, som ikke kunne dækkes, kan Trykkeriet risikere at faa Bøde baade for de manglende Numre og for ikke at have indsendt første Halvaargang i rette Tid.

Ifølge Frdg. 1832 § 4 jfr. § 5 skal hver Sending af Frieksemplarer være ledsaget af *to eenslydende Designationer* (Fortegnelser), af hvilke den ene skal tilbagesendes med Kvittering. Saa vidt vides er det ogsaa ellers Sædvane i Forretningsverdenen, at Følgeseddel eller Meddelelse medgives en Sending fra den ene Forretning til den anden, men ikke desto mindre have mange Bogtrykkerier for Skik at sende deres Afleveringer ind uden nogen som helst ledsagende Oplysning, bortset fra et Fragtbrev med en til Dels ulæselig Underskrift, hvis ikke Pakken simpelthen er ekspederet som Frimærkepakke. Meningen med Bestemmelsen er selvfølgelig, at paagældende Institution dels selv skal kunne tage et officielt Aktstykke om den ankomne Sendelse til sin Journal, dels skal have Arbejdet med Kvitteringsudstedelse lettet paa en Tid, hvor Sendingerne i Masse strømme ind ad Døren. Det er klart, at det Trykkeri, som ikke sender de to foreskrevne, ledsagende Fortegnelser, ikke har Krav paa at faa Kvittering tilstillet for sin Aflevering, og det kan desuden efter Frdg. 1832 § 7 komme til at bøde 8 Kr. for hver Maaned, det forsømmer den nævnte Pligts Opfyldelse.

Indsendelsen sker i Kjøbenhavn i Henhold til Frdg. 1832 § 4 direkte til Bibliotekerne, men uden for Kjøbenhavn skal den ifølge samme Forordnings § 5 finde Sted gennem vedkommende Amtmand. Ved Praksis var denne Fremgangsmaade efterhaanden blevet ændret saaledes, at Bibliotekerne tog mod Tryksagerne, naar de sendtes direkte fra Trykkerierne, men i Anledning af Provinsarkivernes Oprettelse har Kulturministeriet ved Bekg. 1892 indskærpet Bestemmelsen i nævnte § 5. Senere skal, saa vidt vides, Bekg. 1892 efter Andragende fra Bibliotekerne være blevet forandret saaledes, at Indsendelsen til Bibliotekerne ligesom tidligere *kan* ske direkte, men dette har ingen Betydning for *Provinsarkiverne.* Disse *skulle* fremdeles *have Aviserne indsendte gennem vedkommende Amtmand.* Betydningen af denne Forskel, der, før man ser nøjere til, kunde se underlig ud, ligger for Arkivernes Vedkommende i Portospørgsmaalet. Postforsendelser fra den ene Stats-Myndighed til den anden skulle i Henhold til Andg. om Behandling af Postforsendelser til og fra Stats- og kommunale Myndigheder af 1888 6. Septbr. § 2 a frankeres, og Portoen for Avisforsendelserne til Arkiverne vil altsaa blive udredet af vedkommende Amt. Medens Portoens Fordeling paa Landets 18 Amter vil medføre en ringe Udgift aarlig for hvert Amt, vil dens Samling paa de tre Provinsarkiver blive ret følelig for disses ringe Kontorhold. Hvis derfor et Trykkeri frankerer sin Forsendelse til Provinsarkivet, kan det gøre Regning paa, at den bliver modtaget; hvis det derimod sender den ufrankeret, vil den i hvert Fald fra Provinsarkivet i Kjøbenhavn blive tilbagevist, indtil den ankommer portofrit. I Henhold til Indenrigsministeriets Resolution, meddelt Arkiverne ved Kulturministeriets Skrivelse af 1893 22. September, ere Trykkerierne efter nævnte Andg. 1888 § 2 b 1 berettigede til, naar de benytte Postvæsenet Mellemkomst, at tilstille Amterne Avisforsendelserne ufrankerede, saaledes at der altsaa ved Arkivets Fremgangsmaade ikke gøres Trykkerierne nogen Uret.

For saa vidt et Bogtrykkeri foretrækker ogsaa at sende sine til Bibliotekerne bestemte Tryksager gennem Amtet, bør det sende dem i en særskilt Pakke *for hvert Bibliotek med indlagte Designationer* og ligeledes det for vedkommende Provinsarkiv bestemte Eksemplar af den i Trykkeriet trykte Avis med tilhørende Designationer i een Pakke for sig, og ikke, som det jævnlig sker, sende alt sammenblandet i en fælles Pakke til Amtet. Dette har ingen Forpligtelse til at dele og sortere Pakkens Indhold efter de forskellige Adressater og vil heller ikke kunne paatage sig en saadan Fordeling uden, hvis Mangler senere opdages, at paadrage sig Mistanke for at have forkommet manglende Stykker. Amtet vil derfor sende Pakken samlet videre til een af Adressaterne, som ikke har nogen Forpligtelse til at være Bud for paagældende Bogtrykkeri og derfor vil lade den sig uvedkommende Rest af Pakken ligge for Afsenderens Regning, og denne vil senere efter Rekvisition af de andre Adressater kunne blive behandlet som den, der ikke i rette Tid har indsendt sin Levering.

Det hør dernæst paases af paagældende Bogtrykkeri, at Forsendelsen *indpakkes paa forsvarlig Maade.* Det er allerede gentagne Gange hændt, at Avispakker ere ankomne til Provinsarkivet i København i fulstændig sønderrevet Emballage, som kun har bestaaet af de forenede Papirfabrikers allersimpleste Karduspapir. Under saadanne Omstændigheder er det uundgaaeligt, at de yderst liggende Numre af paagældende Avis, der desuden selv er trykt paa meget simpelt Papir, modtages i Laser og Pjalter eller defekt Stand. De maa derfor betragtes som ikke leverede og Trykkeriet behandles, som om disse Numre ikke vare medsendte.

Det staar nu tilbage at omtale *Følgerne af, at Tryksagerne ikke indsendes* af et Trykkeri eller dog indsendes ufuldstændig. Ifølge Frdg. 1832 § 5 have Øvrighederne at paase, at Bogtrykkerne opfylde den dem efter denne Anordning paahvilende Pligt, en Bestemmelse, som over for Provinsarkiverne er indskærpet ved den nævnte Bekg. 1892. Som Følge heraf have Provinsarkiverne intet direkte at gøre med Bogtrykkeren, naar det ved Eftertællingen opdages, at der mangler Numre i en Avisaargang, eller naar en saadan maaske slet ikke indsendes. De har kun at henvende sig til paagældende Amt med Anmodning om at ville foranledige, at det manglende skaffes til Veje. Da alle Sager, som maatte opstaa i Anledning af Overtrædelse af Frdg. 1832, i Henhold til dennes § 8 behandles som Politisager, kan Amtet straks paalægge vedkommende Politimester at indkalde paagældende Bogtrykker for Politiretten til Forklaring af den paaklagede Mangel, Berigtigelse af denne og eventuel Erlæggelse af Bøder, som tilfalde vedkommende Politikasse.

Bøder for ikke i rette Tid at indsende de befalede Designationer (Fortegnelser) er omtalt ovenfor. Ifølge Frdg. 1832 § 7 skal den Bogtrykker, som befindes at have forsveget eller udeladt noget Skrift, som i hans Officin er trykt, bøde 2 Mark Sølv for hvert Ark, et saadant Skrift indeholder, naar det er under et Alfabet, 10 Rbdlr. Sølv for hvert Skrift, som er et Alfabet og derover indtil to Alfabeter og saa fremdeles 10 Rbdlr. for hvert Alfabet. Ved et Skrift paa eet Alfabet forstaas et Skrift, hvis Ark ere signerede med saa mange Bogstaver, som det da brugelige Alfabet indeholdt. Arkene signeredes nemlig indtil henimod Midten af dette Aarhundrede ikke som nu med Tal, men med A, B, C, D o.s.v. og naar Alfabetet var gennemgaaet een Gang, begyndte man med AA, BB, CC, o.s.v., derefter med AAA, BBB, CCC, o.s.v.o.s.fr. I det daværende Alfabet havde man A-I, K-U, X-Z, i det J og V. regnedes sammen med I og U, altsaa i alt 23 Bogstaver, og ved en Bog paa et Alfabet maa derfor formentlig nu forstaas en Bog paa 23 Ark. Bøden for det Bogtrykkeri, som undlader at aflevere en Aargang af en Avis paa 300 Numre, vil altsaa formentlig blive 260 Kr. 67 Øre, medens Bøden for manglende løse Numre er 67 Øre pr. Nummer.

Endnu maa erindres, at der efter Frdg. 1832 § 7 i Slutningen for Overtrædelser af denne Anordning, som ikke kunne indbefattes under dem, for hvilke Bøderne udtrykkelig ere angivne, af Retten kan paalægges forholdsmæssige Bøder efter Sagens Beskaffenhed. Herunder maa formentlig falde saadant Forhold, som Indsendelse af sønderrevne, makulerede eller tilsmuskede Eksemplarer, som ikke mere kunne erstattes med gode.

Til Slutning skal jeg udtale Haabet om, at den ovenstaaende Fremstilling maa bidrage til, at Indsendelsen af Tryksager til Biblioteker og

Arkiver særlig for Provinsbogtrykkeriernes Vedkommende for Fremtiden maa finde Sted paa en for disse Institutioner mere tilfredsstillende Maade end hidtil til Besparelse af Tid, Ulejlighed og Korrespondence ikke alene for dem og Øvrighederne, men ogsaa for Bogtrykkerierne selv.

[Artikel i *Dansk Bogtrykker-Tidende* nr. 7, 1894, sp. 117–22].

39. *Bibliotekernes Frieksemplarer. Af lederen af Det kongelige Bibliotek Chr. Bruun, juni 1894.*

[På opfordring gennemgås de gældende bestemmelser om, hvad bogtrykkere er forpligtet til at indsende, med henvisning til forordningen af 20. januar 1832 (aktst. nr. 24) og, hvad V.A. Secher har meddelt om aflevering til provinsarkiverne (aktst. nr. 38). Det oplyses, at hvad der i 1832 kaldtes „Skrivpapir" svarer til „hvad der i Aaret 1894 kaldes „limet Papir", og vedrørende aflevering af småtryk hedder det]:

Idet Vægten lægges paa, at hvad Bogtrykkerne skulle indsende til de to offentlige Biblioteker, skal falde ind under Begrebet „Literatur", dette taget i mest udstrakt Betydning, følger heraf, at Alt, hvad der i daglig Tale kaldes *Akcidens-Tryk* saasom: Blanketter, Skemaer, Lister til Udfyldning, Visitkort o.l., der indeholder noget Trykt, hvilket dog ikke kan blive til „Literatur", ikke bliver at indsende. Udtrykket i ovennævnte § 2 „Skrifter", maa derimod gives en udstrakt Fortolkning, idet derunder maa henregnes f. Eks. Meddelelser med et virkeligt Indhold, selv om de kun ere trykte paa 1 Blad.

Bryllups- og Begravelses-Vers ere efter Loven undtagne fra at indsendes; men da Interessen for disse Vers stedse er i Stigen, er der fra det store kongelige Bibliotek, naar Lejlighed har været dertil, sagt til Bogtrykkerne, at Biblioteket med Glæde vil modtage, hvad der sendes til det af denne Slags Tryksager. Og det vil maaske interessere at erfare, at Biblioteket i Finansaaret 1. April 1893 til 31. Marts 1894 har modtaget fra Bogtrykkerne med deres Afleverings-Sendelser 1654 Sange (af alle mulige Arter, ogsaa Bryllups- og Begravelses-Vers), af hvilke 1153 vare trykte i Kjøbenhavn, 501 udenfor Kjøbenhavn.

[Artikel i *Dansk Bogtrykker-Tidende* nr. 9, 1894, sp. 151–53].

40. *Bekendtgørelse angaaende Indsendelsen af Frieksemplarer af de udenfor Kjøbenhavn udkommende Skrifter m.v. til det store kongelige Bibliotek, Universitetsbiblioteket og Provinsarkiverne, 10. sept. 1894.*

Efter Ministeriets derom nedlagte allerunderdanigste Forestilling har det behaget Hans Majestæt Kongen under 23de Juli d. A. allernaadigst at bifalde:

at Forordningen af 20de Januar 1832 om Aflevering af Eksemplarer af udkommende Skrifter m.v. til det store kongelige Bibliotek og Universitetsbiblioteket, sammes § 5, 1ste Stykke, forandres saaledes, at samtlige Bogtrykkere, Kobbertrykkere og Lithografer her i Landet fremtidig skulle indsende de ved Forordningen befalede Frieksemplarer af Tryksager direkte til Bibliotekerne, henholdsvis til Provinsarkiverne, i Overensstemmelse med de ved Forordningens § 4 for Kjøbenhavns Vedkommende fastsatte Regler, medens det for Færøernes, Islands og Koloniernes Vedkommende vil have sit Forblivende ved de gældende Bestemmelser om Afleveringen, samt at de ovennævnte nye Bestemmelser træde i Kraft fra 1ste Januar 1895 at regne.

Ved at bekendtgøre foranstaaende til Efterretning for alle vedkommende undlader Ministeriet ikke at tilføje følgende, dels til nærmere Forklaring af de nye Regler, dels for at indskærpe Lovgivningens almindelige Bestemmelser:

1. Ifølge Forordning af 20de Januar 1832, Lov af 30te Marts 1889 om oprettelse af et Rigsarkiv og Ministeriets Bekendtgørelse Nr. 16 af 19de Februar 1892 skal:

a. til det store kongelige Bibliotek afgives to uindbundne Eksemplarer af alle Tryksager i Overensstemmelse med Forordningen af 1832 §§ 2 og 3.

b. til Provinsarkiverne, henholdsvis i Viborg, Odense og Kjøbenhavn, nemlig Dag- og Ugeblade af væsentlig politisk Indhold

c. til Universitetsbiblioteket leveres et Frieksemplar af de Kjøbenhavnske Aviser og af alle i Provinserne trykte Blade og Tidender, som ikke ere Aviser, samt af alle andre i Forordningen af 1832 § 2, jfr. § 3, specificerede Tryksager.

2. I Kraft af ovennævnte allerhøjeste Resolution bortfalder fra 1ste Januar 1895 den senest ved fornævnte Bekendtgørelse af 19de Februar 1892 med Hensyn til Afleveringen af Aviser til Provinsarkiverne indskærpede Regel om Indsendelsens Foretagelse gennem vedkommende Amtmand.

3. Indsendelsen af Tryksager til de nævnte Institutioner finder Sted i Begyndelsen af Januar og Juli Maaneder i hvert Aar for det sidst forløbne Halvaar. Afvigelser herfra ere kun tilladte, for saa vidt der derom maatte foreligge en Aftale mellem en af de paagældende Institutioner og vedkommende Trykkeri, hvorefter Indsendelsen enten kan omfatte en hel Aargang eller modtages i flere mindre Partier. Bortset fra de i saa Henseende eksisterende Overenskomster, vil Reglen om de ovennævnte halvaarlige Terminer nøje være at overholde; dog gælder en almindelig Undtagelse for de Tilfælde, at et afleveringspligtigt Firma helt maatte standse sin Virksomhed eller en Avis ophøre at udkomme i Løbet af et Halvaar, da i saa Fald de pligtige Frieksemplarer straks skulle afleveres.

4. Indsendelsen sker til hver af de nævnte Institutioner for sig af de dem tilkommende Tryksager uden nogen som helst Indblanding af de andre Institutioner tilkommende Tryksager.

5. Enhver Forsendelse af Tryksager skal være forsvarlig indpakket og ledsaget af to enslydende Designationer eller Fortegnelser over Forsendelsens Indhold, af hvilke det ene Eksemplar vil blive tilbagesendt med Kvittering. En saadan kan ikke ventes, naar der kun medgives een Designation, hvorimod Afsenderen kan forlanges straffet med Bøder efter Forordning af 20de Januar 1832 § 7.

6. Portoen for alle regelmæssige Indsendelser af Tryksager, som besørges af Postvæsenet, kan forlanges afholdt af vedkommende Adressat (Bibliotek eller Arkiv).

7. Da der ved den ovennævnte allerhøjeste Resolution iøvrigt ikke er gjort nogen Forandring i Øvrighedens Forpligtelse til at paase, at Bogtrykkerne og andre vedkommende opfylde den dem efter Forordning af 1832 paahvilende Pligt, jfr. Forordningens § 5 sidste Stykke, ville Amtmændene fremdeles være forpligtede til at bistaa de offentlige Biblioteker og Provinsarkiverne, hvad enten det gælder om at fremskaffe forsinkede hele Afleveringer eller enkelte Dele, som helt maatte mangle i en ankommen Aflevering, eller som maatte blive indsendte i defekt eller makuleret Tilstand, eller det gælder om Reklamation i insolvente Boer ifølge Forordningens § 6, eller om de Forholdsregler, der ved enhver Overtrædelse af Forordningens Bestemmelser, jfr. §§ 7 og 8, kunne blive at træffe for at paalægge vedkommende Strafansvar. De i saa Henseende nødvendige Rekvisitioner til Amtmændene kunne for Provinsarkivernes Vedkommende udfærdiges af Provinsarkivarerne uden Rigsarkivarens Mellemkomst.

8. De i Forordningen af 1832 givne Straffebestemmelser for Overtrædelse af de Afleveringen af Tryksager vedkommende Forskrifter ere uforandrede.

Ministeriet for Kirke- og Undervisningsvæsenet, den 10de September 1894.

[Foruden i *Lovtidende* trykt, med kort vejledende indledning af V.A. Secher, i *Dansk Bogtrykker-Tidende* nr. 14, 1894, sp. 230–33, samt i *Samling af de for Det danske Rigsarkiv gældende Bestemmelser*, 1896, s. 39–42. Sidstnævnte sted oplyses i en note til § 7 vedrørende pålæggelse af straffeansvar: I Forbindelse hermed bemærkede Ministeriet i Skrivelse af samme Dag, at der altid bør tages Politiretsdom over Bogtrykkerne, naar de ikke aflevere reklamerede Tryksager; „dog maa man ... anse det for rettest som almindelig Regel at fastholde den i øvrigt fulgte Praksis, at der sker en mindelig Henvendelse til Bogtrykkeren, forinden de videre Skridt foretages gennem Amtet. Med Hensyn til andre Overtrædelser af Lovgivningen bør det formentlig overlades til vedkommende Provinsarkivar at bedømme, efter hans Kendskab til de nærmere Forhold, hvorvidt en Forseelse i det givne Tilfælde egner sig til Paatale ad retslig Vej". – Angående de i § 3 omtalte afleveringsfrister fandt KB det besværligt at modtage de mange provinsaviser i halve årgange, „idet der vanskeligt kunde skaffes Plads til at opbevare den første halve Aargang, indtil den kunde blive indbundet sammen med den anden". Det lykkedes via en trykt rundskrivelse at få truffet aftale med de fleste avisbogtrykkerier uden for København om at indsende aviserne for et helt år ad gangen i januar måned det følgende år (*Aarsberetninger og Meddelelser* IV: 1889–97, 1899, s. CXXV)].

41. *Ministeriel skrivelse vedrørende aflevering af regeringstryksager, som ikke er udkommet i boghandelen m.v., 19. okt. 1894.*

Ministeriet for Kirke- og Undervisningsvæsenet
Kjøbenhavn, d. 19de Oktober 1894.

Til Overbibliotekaren for det store kongelige Bibliotek.
I behagelig Skrivelse af 11te Januar d. A. har Hr. Justitsraaden udtalt Dem nærmere om det fra Universitetsbibliotekets Side fremsatte Ønske om at erholde afleveret saadanne ved Regeringens Foranstaltning trykte Bøger, Betænkninger og andre Aktstykker, som ikke ere udkomne i

Boghandelen og ikke findes optagne i Regeringens officielle Publikationer eller i Tillægene til Rigsdagstidenden.

I Henhold til Deres Indstilling om, at den omhandlende Foranstaltning, for saa vidt som Regeringen under Iagttagelse af de nødvendige offentlige Hensyn maatte bringe den til Udførelse overfor Universitetsbiblioteket, ogsaa maatte komme det store kongelige Bibliotek til gode, har man forespurgt de øvrige kongelige Ministerier, om de, ligesom dette Ministerium, maatte være villige til at indlade sig paa Sagen, idet man i bekræftende Fald foreslog visse Hovedregler iagttagne ved dennes nærmere Ordning, nemlig:

at Afleveringen til Bibliotekerne skulde foregaa direkte fra Ministerierne, ikke igennem vedkommende Bogtrykker;

at Afleveringen kun behøvede at foregaa een Gang om Aaret;

at begge Bibliotekerne maatte være ligestillede med Hensyn til Modtagelsen af Regeringens Tryksager, idet man ikke har ment som almindelig Regel at kunne fordre Afgivelse af mere end eet Eksemplar til det store kongelige Bibliotek;

at de omhandlende Tryksager skulde indføres i Bibliotekernes offentlige Kataloger og staa til almindelig Disposition for det besøgende Publikum.

I Forbindelse dermed har man henledet Opmærksomheden paa det ønskelige i, at den forestaaende Aflevering om muligt kom til at omfatte ogsaa de i tidligere Tid for Regeringen trykte Aktstykker, og tillige henstillet, om de for Domstolene eller for lokale Autoriteter trykte Sager kunde blive afleverede.

Af de derefter modtagne Svarskrivelser fremgaar, at de øvrige Ministerier – bortset fra de sidst nævnte Punkter – alle have tiltraadt det herfra fremsatte Forslag; dog har man paa Grundlag af de med Deres behagelige Skrivelse af 11te f. M. givne Oplysninger truffet Aftale med Krigsministeriet om, at der forholdes ligesom hidtil med Afleveringen fra Sammes særlige Trykkeri, nemlig i Overensstemmelse med de almindelige om Bogtrykkerne gældende Regler. Den fra Finansministeriet modtagne Skrivelse vedlægges i Afskrift, da man efter dens Beskaffenhed maa ønske at modtage Deres behagelige Erklæring over, hvorledes den bør besvares.

Idet man for sit eget Vedkommende er villig til at afgive de omhandlende Tryksager til det store kongelige Bibliotek i Begyndelsen af hver Januar Maaned, saaledes at ogsaa ældre Tryksager saa vidt som muligt indbefattes under den første Aflevering, har man under Dags Dato tilskrevet de øvrige Ministerier, med Undtagelse af Krigsministeriet og

Finansministeriet, at man vil forvente, at den omspurgte aarlige Aflevering foretages i Overensstemmelse med de modtagne Tilbud. Man har derhos ladet Overbibliotekaren ved Universitetsbiblioteket tilkendegive, at man i Overensstemmelse med Deres Forslag anser det for rettest, at de fra Regeringen til Bibliotekerne afgivne Tryksager ikke registreres i Protokollerne over Bogtrykkernes pligtmæssige Afleveringer, men betragtes som Gaver og indføres i Bibliotekernes Gavebøger.

Hvilket tjenstligst meddeles Dem til behagelig Efterretning.

[KBs arkiv, Journalsager A 9 nr. 1657; lignende skrivelse til Universitetsbiblioteket trykt i *Aarbog for Kjøbenhavns Universitet... 1894–95*, 1896, s. 843f. – Spørgsmålet var rejst 1893 af overbibliotekar ved Universitetsbiblioteket S. Birket-Smith, fordi der „af Besøgende undertiden spørges om Bøger, Betænkninger, Lovudkast og lignende, som ere trykte for de forskellige Ministerier, men ikke findes i Boghandelen". Ministeriet udbad sig 23. dec. 1893 en udtalelse herom af overbibliotekaren ved KB Chr. Bruun, og heri gjorde denne gældende, at alt, som tryktes, med enkelte specificerede undtagelser skulle afleveres i henhold til loven af 1832, men påpegede på den anden side, at meningen med at afgive sådanne sager til bibliotekerne måtte være, „at de skulle kunne udleveres til Publikum paa Forlangende" og derfor måtte indføres i katalogerne. Dvs. der blev diskret gjort opmærksom på, at det hverken var i ministeriernes eller KBs interesse, at der blev afleveret tryksager af fortrolig (og utilgængelig) karakter. Det var også Bruuns forslag, at tryksagerne skulle afleveres af ministerierne og ikke af bogtrykkerne, samt at afleveringerne skulle indføres i KBs gavebog (F 60 i KBs arkiv) i stedet for i pligtafleveringsprotokollerne, formentlig for derved at markere, at der var tale om en for begge parter uforpligtende ordning, der ikke hørte under bibliotekets ansvar over for pligtafleveringsloven (Journalsager A 9 nr. 1626, jvf. om Krigsministeriets tryksager nr. 1652). Vedlagt sagen i nr. 1657 er en liste over, hvad Finansministeriet p.t. kunne tilbyde af tryksager. Heraf manglede og forsynede KB sig med 'Generaldirektoratet for Skattevæsenets Cirkulærsamlinger' 1883–94 og samtlige foreliggende 'Tarifcirkulærer for Toldvæsenet'].

42. *Erindring fra provinsarkiverne om aflevering af provinsaviser, april 1895.*

Da Afleveringen af Provindsaviser til Provindsarkiverne trods Kultusministeriets Indskærpelse af de herom gjældende Regler i Bekjendtgjørelse 1894 10. September og de i dette Blads Nr. 7 og 14 givne Vejledninger [se aktst. nr. 38 og 40] stadig foregaaer meget unøjagtigt, idet Aviserne dels ikke indsendes i rette Tid, dels indsendes defekte, hvorved der unødvendig paabyrdes Arkiverne betydeligt Arbejde og Korrespondance, bringes det herved i alle Vedkommendes Erindring, at Afleveringen skal finde Sted i Begyndelsen af Januar og Juli Maaneder, hver Gang med Aviserne for det foregaaende Halvaar, ledsagede af to Designationer. Forsaavidt Afleveringen ikke er berigtiget inden Udgangen af paagjældende Maaned, vil der udgaa Anmodning til de respektive Amtmænd om at foranledige Tiltale for Overskridelse af Afleveringsfristerne.

J. Jespersen. Provindsarkivet i Viborg,
V.A. Secher. Provindsarkivet i Kjøbenhavn,
G.L. Wad. Provindsarkivet i Odense.

Postadressen for Provindsarkivet for Sjælland og Lolland-Falsters Stift er: Kjøbenhavn L.

Jærnbaneadressen for samme er: Frederiksberg Station.

Da Godsekspeditionen i Kjøbenhavn hverken udbringer urigtig adresseret Gods eller saaledes som Postvæsenet ekspederer det til det rette Omdelingsdistrikt uden ny Betaling, vil saadant Gods blive henliggende for Afsenderens Regning.

V.A. Secher.

[*Dansk Bogtrykker-Tidende* nr. 19, 1895, sp. 327f. – Gentaget i nr. 21 (juni) sp. 360, nr. 32 (maj 1896) sp. 526f, nr. 33 (juni) sp. 546, nr. 39 (dec.) sp. 650, og nr. 45 (juni 1897) sp. 743].

[Sag 1895 om aflevering af privattryk se kommentar til aktstykke nr. 45].

43. *Uddrag af Lov om Opførelse af en ny Bygning for det store kongelige Bibliotek og om Oprettelse af et Provinsbibliotek i Aarhus, 22. marts 1897.*

§ 2.

For Statskassens Regning oprettes der et Provinsbibliotek i Aarhus, til hvilket bliver at afgive fra det store kongelige Bibliotek dels dettes Dubletsamling af de her i Riget alt udkomne Skrifter, dels fremtidig det ene af de to Eksemplarer af de her i Riget udkommende Skrifter, der i Henhold til de gældende Regler om Bogtrykkernes Afleveringspligt afgives til sidstnævnte Bibliotek, alt dog med de Undtagelser, som dettes Bestyrelse maatte skønne nødvendige ...

44. *Cirkulære til bogtrykkerne fra Det kongelige Bibliotek, dec. 1901.*

Da det store kongelige Bibliothek nu har begyndt at ordne sin Samling af Smaatryk efter et nyt Princip, der gjør det muligt at opbevare saa godt som alle Tryksager, selv de ubetydeligste, skal man herved tillade sig at anmode Dem om foruden det, som efter Loven er afleveringspligtigt, tillige velvilligst, forsaavidt De ikke allerede gjør det i det her antydede Omfang, at indsende 2 Exemplarer af Smaatryk som Beretninger, Love, Cirkulærer, Regnskaber, Løbesedler, Prislister, Sange af enhver Art, Reklamer (ogsaa for Avisernes Løsnummersalg) og lignende.

Selv om saadanne Sager ikke i Øjeblikket synes at have nogen Interesse, vil det for Eftertiden være af Betydning at finde alt dette Smaatryk samlet og ordnet paa en overskuelig og tilgængelig Maade. Og med dette Hensyn til Eftertiden for Øje tillader man sig at paakalde Deres Velvilje for disse Bibliothekets Bestræbelser.

Det er en Selvfølge, at der blandt Smaatrykket kan findes Sager, der ikke kunne være offentlig tilgængelige for Samtiden; disse kunne betegnes som saadanne paa Designationen og ville da blive henlagte i mindst 20 Aar og ikke gjorte tilgængelige for Publikum.

Samtidig skal man henlede Opmærksomheden paa det ønskelige i, om Bibliotheket kunde modtage de Særtryk af Blade og Tidsskrifter, der maatte blive fremstillede i Deres Officin, heri indbefattet Særtryk af Feuilletoner. Ved Indsendelse af et Exemplar af saadanne Særtryk vilde De i høj Grad forpligte Bibliotheket til Taknemmelighed.

Det store kongelige Bibliothek, i Dec. 1901

H.O. Lange, Overbibliothekar.

[Et-bladstryk i KB, Danske Afdelings samling af småtryk].

45. *Forslag med Bemærkninger til Lov om den Bogtrykkerne m.fl. paahvilende Forpligtelse til Aflevering af Frieksemplarer til offentlige Bibliotheker, 1902.*

[Forslaget med bemærkninger og bilag er både trykt som selvstændig publikation med ovennævnte titel (Kbh. 1902, 20 s.) og i *Rigsdagstidende* 1901–02, Tillæg A II, sp. 4415–54. Det blev fremsat i Folketinget 31. januar 1902 af ministeren for Kirke- og Undervisningsvæsenet med bemærkning om, at forslaget var affattet „paa Grundlag af de nedenfor som Bilag I-III anførte væsentlig overensstemmende Erklæringer fra Cheferne for det store kongelige Bibliothek, Universitetsbiblioteket og Statsbiblioteket i Aarhus". Det blev ændret et par gange under behandlingen i Rigsdagen, inden lowedtagelsen af 2. maj 1902, se aktst. nr. 47, hvori afvigelserne fra det oprindelige forslag er indarbejdet. Her gengives kun bemærkninger og bilag]:

Bemærkninger til foranstaaende Lovforslag.

Nærværende Lovforslag er affattet paa Grundlag af dc nedenfor som Bilag I.-III. anførte væsentlig overensstemmende Erklæringer fra Cheferne for det store kongelige Bibliotek, Universitetsbiblioteket og Statsbiblioteket i Aarhus. Det tilsigter ikke en principiel Forandring af de nu om Aflevering af Frieksemplarer ifølge Forordning af 20de Januar 1832 gældende Regler, der efter de tre nævnte Bibliotekarers samstemmende Opfattelse i Hovedsagen have vist sig gode, men har til Formaal at faa dem modificerede paa forskellige Punkter, hvor de nu efter 70 Aars Bestaaen under de i flere Retninger forandrede Forhold, som naturligt er, ikke længere kunne anses for fyldestgørende, samt i det hele bragte i Overensstemmelse med Tidens Krav paa Basis af de i den hidtidige Lovgivning paa det paagældende Omraade indeholdte almindelige Principper.

Til nærmere Begrundelse af Lovforslaget skal man henvise til Bibliotekarernes fornævnte Erklæringer, idet man yderligere bemærker følgende:

Til § 1.

Ligesom efter Forordningen af 20de Januar 1832 og den forud for samme gældende Forordning af 19de Januar 1821 er, hvad angaar *Genstanden for Afleveringspligten,* Hovedreglen efter Lovforslaget den, at den nævnte Pligt kommer til Anvendelse paa det, der her i Landet trykkes af Bog- eller Kunsttrykkere. Men medens denne Regel i de to Forordninger, med Henblik paa de da bruglige Slags Kunsttryk, for disses Vedkommende er formuleret som omfattende „Korter, Kobbere, Steentryk og andre Kunstværker af lige Natur", er den her formuleret som omfattende alt, hvad der trykkes af Kunsttrykkere, altsaa alle grafiske Reproduktioner, ogsaa den nyere Slags, som Lystryk og Fotogravurer, der nu almindeligt benyttes ved Værker med Illustrationer. Man har derhos her i Betragtning af den siden 1832 foregaaede tekniske Udvikling foreslaaet Afleveringspligten udvidet til ogsaa at omfatte Kort, Portrætter, Kunstblade og deslige, som fremstilles her i Landet paa anden Maade end ved Trykning, f. Eks. ved Fotografering, naar de udgøre Dele af et Værk, hvoraf Frieksemplarer skulle afgives, eller høre som Bilag til et saadant Værk. Endelig har man her genoptaget den allerede i Forordningen af 19de Januar 1821 indeholdte, men i Forordningen af 20de Januar 1832 udeladte Bestemmelse, hvorefter Afleveringspligten ogsaa rammer de for danske Forlæggere i Udlandet udførte Arbejder, der have samme Karakter og Beskaffenhed som de her i Landet udførte afleveringspligtige Arbejder. Naar denne Bestemmelse blev udeladt i Forordningen af 1832, var, som det ses af de forudgaaende Forhandlinger, Grunden dertil den, at Bibliotekerne ikke havde insisteret paa dens Bibeholdelse, hvilket var ganske naturligt under Hensyn til, at den paa hin Tid, saaledes som det ogsaa er anført under de paagældende Forhandlinger, kun havde ringe praktisk Betydning. Da dens Genoptagelse imidlertid nu, som nærmere fremhævet i Bilag I., vil være af væsentlig Betydning, er det anset for rigtigst, at den atter optages.

Hvad angaar det *Omfang, hvori der skal afgives Eksemplarer* af de Afleveringspligten undergivne Arbejder, ere her de hidtidige Regler bibeholdte for det store kongelige Biblioteks Vedkommende, og det samme gælder Universitetsbiblioteket og Provinsarkiverne, alene med den undtagelse, at den nugældende begrænsende Bestemmelse, hvorefter Eksemplarer af kunstneriske Arbejder kun skulle afgives til Universitetsbiblioteket, for saa vidt de henhøre til et udgivet Skrift, er udeladt i Overensstemmelse med vedkommende Bibliotekars Forslag. Ny er derimod Bestemmelsen om Afgivelse af Eksemplarer til Statsbiblioteket i Aarhus. Dette Bibliotek er ifølge Lov af 22de Marts 1897 om dets Oprettelse baseret paa, at der til det skal afgives det ene af de to det store kongelige Bibliotek efter den nugældende Lovgivning tilfaldende Frieksemplarer, dog med de Undtagelser, som dette Biblioteks Bestyrelse maatte skønne nødvendige. Efter at den saaledes forudsatte Afgivelse af Dubletter nu er kommen til praktisk Udførelse, ikke blot for en Del af den ældre Litteraturs Vedkommende, men ogsaa for saa vidt angaar den nyeste Tids Litteratur, viser det sig imidlertid, saaledes som nærmere anført i Bilag III. nedenfor, at det, som det store kongelige Bibliotek mener i Henhold til den nævnte Undtagelsesbestemmelse at burde holde tilbage fra Afgivelse til Biblioteket i Aarhus, er af væsentlig Betydning, større end vistnok forudsat i sin Tid ved dette Biblioteks Oprettelse og ved Fastsættelsen af dets aarlige Budget, og der er derfor ogsaa for nylig fra det nye Biblioteks Side rejst Spørgsmaal om en anden Ordning af dette Forhold. Det Standpunkt, det store kongelige Bibliotek her har indtaget, begrundes af dette ved Henvisning til, at det i Kraft af sin særlige Stilling som Nationalbibliotek har den Opgave fremfor de andre Biblioteker at være Opbevaringssted for den nationale litterære Produktion i dens størst mulige Fuldstændighed og i behørig Stand, og at Øjemedet med at tildele det flere Pligteksemplarer (siden Plakat af 5te Februar 1783 to, tidligere flere) netop er det at sætte det i Stand til at fyldestgøre denne Opgave ved Siden af af at byde Publikum en vid Adgang til Benyttelse af Litteraturen dels i Biblioteket og dels ved Udlaan, hvorved en Del gaar til Grunde gennem Slid eller bortkommer. Mod denne det store kgl. Biblioteks Betragtning er neppe noget at indvende, og Biblioteket i Aarhus maa derfor formentlig paa anden Maade hjælpes til at kunne holdes fyldestgørende forsynet med den nationale Litteratur. Der kan i saa Henseende være Spørgsmaal om at give det en forøget aarlig Bevilling til Bogkøb. Men det vil efter Ministeriets Mening være naturligere, naar der nu skal foretages en Revision af de gældende Regler om Afgivelse af Frieksemplarer under Hensyn til den siden deres Fastsættelse foregaaede Udvikling paa det paagældende Omraade, da samtidig at optage det nye Bibliotek som berettiget til Frieksemplarer ved Siden af de to ældre Biblioteker og saaledes give det en selvstændig Basis for fremtidig Udvikling uafhængig af det store kongelige Bibliotek. En saadan Stilling vil for det nye Bibliotek i og for sig være naturlig, naar henses til dets Karakter som Hovedbibliotek for en saa betydelig Landsdel og til den Betydning, det maa forventes at ville faa, særlig for denne, og den vil efter det foranførte ogsaa stemme bedst med det store kongelige Biblioteks Interesser og med Øjemedet med dets Tildeling af flere Pligteksemplarer. Man har i Overensstemmelse hermed i Lovforslaget optaget Biblioteket i Aarhus som berettiget til et Frieksemplar af de under Afleveringspligten i det hele faldende Arbejder.

Bestemmelsen om de Universitetsbiblioteket og Provinsarkiverne i Forening tilfaldende Frieksemplarers Fordeling mellem disse Institutioner er affattet paa Grundlag af den gældende Bestemmelse i saa Henseende i Lov af 30te Marts 1889 § 1, dog saaledes at man i Overensstemmelse med den i Praksis stedfundne Anvendelse af denne Bestemmelse har ombyttet dens Udtryk „Dag- og Ugeblade" med Udtrykket „Aviser", idet derved sigtes til de Blade, som efter deres væsentlige Indhold og Formaal ikke henhøre under den egentlige Litteratur, navnlig til Blade af væsentlig politisk Indhold og Avertissementstidender, uanset om de maatte udkomme som Dag- eller Ugeblade eller f. Eks. med større Mellemrum eller til ubestemte Tider.

Til § 2.

I Spørsgmaalet om mulige Undtagelser fra den almindelige Regel i § 1 har man fulgt de tre Bibliotekarers samstemmende Forslag og for de tvende Punkters Vedkommende, hvor de ere uenige (Særtryk og fortrolige private Skrifter), i det væsentlige Bibliotekarerne for det store kongelige Bibliotek og Statsbiblioteket i Aarhus.

I Betragtning af den almindelige Form, man har givet Reglen i § 1, har man anset det for rigtigst her udtrykkelig fra den at undtage de i nærværende Paragrafs Begyndelse nævnte Tryksager samt, som i dens Slutning angivet, Pengerepræsentativer og Værdipapirer, hvilke alle ogsaa efter den gældende Lovgivning maa betragtes som undtagne fra Afleveringspligten. Ligeledes har man fundet at burde undtage, hvad der har en fortrolig embedsmæssig Karakter og af den Grund af vedkommende Myndighed anses for ikke egnet til Aflevering. Saadan Undtagelse er ikke hjelmet i den gældende Lovgivning, men er formentlig naturlig og synes uden Betænkelighed at kunne indrømmes i Betragtning af, at vedkommende Akter maa paaregnes at ville komme til at foreligge i Arkiverne.

Den i Forordningen af 1832 indeholdte Bestemmelse, hvorefter Kataloger, Auktionsplakater, Bryllups- og Begravelsesvers ere undtagne, er ikke bibeholdt, da man er enig med Bibliotekarerne i, at slige Ting bør afleveres. Man her derhos ogsaa, i Overensstemmelse med de to Bibliotekarers Forslag, ladet Særtryk med selvstændig Paginering falde ind under Afleveringspligten, og det samme gælder, hvad der har en udpræget fortrolig privat Karakter og kun er beregnet paa en bestemt mindre Kreds af Personer, hvad enten det er trykt som Manuskript eller ej, idet man dog her i Tilslutning til de to Bibliotekarer har ment at burde forbeholde de afleveringspligtige Adgang til at faa det afleverede holdt utilgængeligt i en af dem nærmere angiven Tid, som formentlig passende kan sættes til indtil 100 Aar. Med denne Modifikation er der neppe nogen Betænkelighed ved at forlange Afleveringspligten gennemført ogsaa for dette Omraades Vedkommende. Vor nugældende Lovgivning hjemler ingen Undtagelse i saa Henseende, og i forskellige fremmede Lande er der Afleveringspligt i dette Tilfælde, jfr. Bilag IV. nedenfor. Det fortjener ogsaa her at mærkes, at der ifølge § 4 i Lov af 3die Januar 1851, om Pressens Brug, af ethvert trykt Skrift paa ikke over 6 Ark samtidig med Skriftets Udlevering fra Trykkeriet skal afgives et Eksemplar paa Politikammeret, uden at der i saa Henseende gælder nogen Undtagelse for de fortrolige Skrifters Vedkommende.

Bestemmelsen i Frd. af 1832 om Anvendelse af Skrivpapir til det ene Eksemplar til det store kongelige Bibliotek og til Universitetsbiblioteket har man ladet udgaa som ikke længere tidssvarende. Den har da ogsaa i længere Tid været betragtet som bortfalden paa Grund af den stedfundne Udvikling med Hensyn til det Papir, der anvendes ved Trykning. Derimod har man haft under Overvejelse, om der ikke i Betragtning af, at der til den største Del af Landets Aviser utvivlsomt anvendes Papir af meget ringe og uholdbar Kvalitet, burde gives Paalæg om, at Pligteksemplarerne af dem skulle være trykte paa behørigt holdbart Papir. Men efter de indhentede Oplysninger om Vanskeligheden ved et saadant Paabuds Gennemførelse med Hensyn til Aviser trykte paa roterende Presse, jfr. Bilag V. nedenfor, har man næret Betænkelighed ved at foreslaa Bestemmelser i saa Henseende for disse Avisers Vedkommende, medens man paa den anden Side har fundet, at de ikke bør gøres gældende alene for de paa Fladpresse trykte Aviser, som gennemgaaende ere mindre og mindre betydelige end hine, idet Bestemmelserne, selv om de ganske vist uden Vanskelighed kunne gennemføres paa dette Omraade, dog ville være generende for de vedkommende Udgivere og paaføre dem Udgifter. Man har derfor ment ikke at burde fremsætte Forslag om særlige Bestemmelser i den paagældende Henseende. Ved Optagelsen af Statsbiblioteket i Aarhus som berettiget til Frieksemplarer vil iøvrigt vindes, at det store kongelige Bibliotek vil kunne opbevare sit ene Eksemplar af Aviserne i Reserve.

Til § 3.

For det her i Landet tryktes Vedkommende har man ligesom i Frd. af 1832 her lagt Forpligtelsen til Aflevering paa vedkommende Bog- eller Kunsttrykker; men Forordningens Bestemmelse om, at denne Forpligtelse, naar Trykningen er sket i forskellige Trykkerier, skal paahvile det af disse, som har trykt Slutningen af Værket, har man her i Overensstemmelse med Forslag fra Overbibliotekaren ved det store kongelige Bibliotek erstattet med en Bestemmelse om, at Forlæggeren paa Begæring skal opgive Bog- eller Kunsttrykkeren for Bibliotekerne og Provinsarkiverne. Denne Bestemmelse sigter særlig til de Tilfælde, i hvilke de forskellige Dele af et Værk ere trykte i flere Trykkerier, og navnlig til Trykningen af Aviser, idet det for ubetydelige og svagt funderede Avisers Vedkommende ikke sjældent sker, at de gaa over fra et Trykkeri til et andet, uden at Trykkerierne faa Oplysning om, hvem deres Forgængere eller Efterfølgere ere, medens Forlæggerne (Udgiverne) i slige Tilfælde ikke altid vise sig villige til at give Bibliotekerne eller Arkiverne Oplysning i saa Henseende. For saa vidt angaar det for danske Forlæggere i Udlandet trykte, er Forpligtelsen til Aflevering her ligesom i Frd. af 19de Januar 1821 lagt paa Forlæggeren, og paa denne har man ligeledes lagt Forpligtelsen til Aflevering af Frieksemplarer, som skulle afgives af, hvad der her i Landet eller i Udlandet fremstilles paa anden Maade end ved Trykning.

Bestemmelsen om, at Afleveringen altid skal betragtes som foregaaende for Forlæggerens Regning, er optagen efter Frd. af 1832.

Det af Overbibliotekarerne ved det store kgl. Bibliotek og Universitetsbiblioteket fremsatte Forslag, at det skal bestemmes, at Bibliotekerne og Arkiverne til enhver Tid skulle kunne gøre deres Rettigheder til Aflevering gældende, uanset hvor lang Tid der er hengaaet, inden det opdages, at en pligtig Aflevering ikke har fundet Sted, har man ikke ment at burde optage, idet man finder det naturligst, at Lovgivningens almindelige Bestemmelser fremdeles ligesom hidtil komme til Anvendelse i saa Henseende.

Til § 4.

Bestemmelsen er optagen efter Bestemmelsen i Frd. af 1832 § 6, saaledes at denne er udvidet til at gælde ikke blot Fallitboer, men ogsaa Dødsboer.

Til § 5.

Man har anset det for rigtigst, at de nærmere Bestemmelser om Afleveringen gives ad administrativ Vej. Særligt skal her dog bemærkes, at Bibliotekerne og Arkiverne formentlig fremdeles som hidtil bør bære Udgifterne ved Frieksemplarernes Forsendelse, naar den sker overensstemmende med de derom givne Forskrifter.

Til § 6.

Disse Bestemmelser ere optagne efter Bestemmelserne i §§ 7 og 8 i Frd. af 1832 med den Modifikation, som følger af, at der nu ikke som tidligere forud for Afleveringen indsendes særlige Designationer.

Bilag I

Det store kongelige Bibliotek
Kjøbenhavn, 18de December 1901.

Til Ministeriet for Kirke- og Undervisningsvæsenet.
Paa given Foranledning tillader jeg mig herved tjenstligst at forelægge for det høje Ministerium en Del Forslag til en Revision af Forordningen af 20de Januar 1832 om Bogtrykkernes Afleveringspligt til Statens Biblioteker.

Naar der nu er Tale om at røre ved denne Forordning, er der Grund til at gøre opmærksom paa, at Biblioteket skylder den og dens Forløbere (Reskript af 17/7 1697, Reskript af 22/5 1703, Forordn. af 25/4 1732, Anordn. af 10/1 1781, Forordn. af 19/1 1821), at Biblioteket bevarer den nationale Litteratur indtil vore Dage i saa stor Fuldstændighed som et Billede af Fædrelandets aandelige og materielle Kulturs Udvikling og som en uvurderlig Kilde, hvoraf Videnskaben og særlig Fædrelandets Historie i videste Omfang stadig øser. Den bestaaende Forordning har trods sine Mangler fungeret godt, og Bibliotkerne vilde være ilde stedte, hvis der blev gjort noget Skaar i den Ret, som de ved den have.

Paa den anden Side er det ganske naturligt, at den efter de 70 Aars Forløb kan trænge til at revideres, for at dens Grundtanker kan gennemføres under de i mange Maader forandrede Forhold, der gøre sig gældende paa Boghaandværkets Omraade paa Grund af den stadig fremadskridende Teknik. Man kan vel derhos rolig paastaa, at Forstaaelsen af, hvilken Betydning det har at samle endog de ubetydeligste af Bogtrykkerpressens Frembringelser, er i stadig Stigen og nu er levende paa en Maade, som det langtfra var Tilfældet for 70 Aar siden.

Endelig har Ministeriet paa enkelte Punkter truffet Afgørelser, der vel sagtens nu maa finde Optagelse i en ny Lov paa dette Omraade.

Dette til Indledning og som almindelig Begrundelse af de enkelte Forandringer, der i det følgende skulle fremhæves som ønskelige fra det store kongelige Biblioteks Synspunkt.

1) Loven bør omfatte Bogtrykkere, Litografer, Kobber- og Kunsttrykkere samt Reproduktionsanstalter, for saa vidt som de selv trykke deres Clichéer. Forpligtelsen bør falde tilbage paa danske Forlæggere af Artikler, der efter Loven ere afleveringspligtige, naar saadanne ere udførte for deres Regning i Udlandet. Det bør i Loven nævnes ligesom i Forordningen, at Bogtrykkerne tilbageholde Eksemplarerne i det Oplag, som Forlæggerne har bestilt.

Det er formentlig ganske naturligt, at man medtager Kunstanstalter, der fremstille Billeder, Kaart og Tavler ad den moderne mekaniske Vej, ved Lystryk, Fotogravure osv., Metoder, der vare ganske ukendte i 1832, og som nu ere de almindeligst benyttede og have fortrængt Kobberstik og Litografi fra Boghaandværket. Paa samme Maade synes det selvfølgeligt, at ligesom Byrden efter den bestaaende Ret er paalagt Forlæggeren, ikke Bogtrykkeren, saaledes bør Forlæggeren træde til som pligtig til Aflevering af saadanne Skrifter, Dele af Skrifter og andre Artikler, der falde ind under Loven, der for hans Regning udføres i Udlandet. Det hænder oftere, at enkelte Tavler til et Værk udføres i Tyskland; ligeledes er det almindeligt, at Børnebøger ere fremstillede i Udlandet. Saadanne Ting gaa tabte for Biblioteket, og det er henvist til vedkommende Forlæggers Velvillie eller til at købe hele Bogen for et Par Tavlers Skyld. Det maa fremhæves i denne Sammenhæng, at Forordningen af 19/1 1821 udtrykkelig fremhævede Forlæggernes Forpligtelse til at aflevere ogsaa Skrifter, der trykkes uden for Riget. Den nugældende Forordning tilsigtede ikke en Forandring i selve Forpligtelsen, men kun i Maaden for dens Opfyldelse, idet Bogtrykkerne skulde aflevere for Forlæggernes Regning og ikke disse selv; men dette Punkt angaaende Skrifter trykte paa dansk Forlag i Udlandet synes at være overset ved den ny Forordnings Redaktion. Det er ingenlunde umuligt, at danske Forlæggere f. Eks. ville lade Bøger trykke i Sverig af økonomiske Grunde.

2) Afleveringspligtigt bør være: alle Bøger, Aviser og periodiske Skrifter med de til dem hørende Bilag og Omslag i alle Oplag (ogsaa stereotyperede) og Udgaver, Særtryk af saadanne, for saa vidt de ere selvstændig paginerede, samt alt Smaatryk: Love, Regnskaber, Beretninger, Programmer, Plakater, Reklamer, Prisfortegnelser, Kataloger, Cirkulærer, Viser, Sange osv. Endvidere Musikalier, Portrætter, Kaart, Kunstblade og grafiske Reproduktioner af enhver Art samt Fotografier, der høre som Bilag til Bøger.

Dette er kun en nærmere og udførligere Beskrivelse, der i det væsentlige svarer til Forordningens. Der sigtes dog paa, at Biblioteket kan faa alt ogsaa af Smaatrykket, ogsaa Viser og Sange, som Forordningen undtager. Det har visselig ikke synderlig Interesse i Øjeblikket at opbevare denne Masse af Smaatryk, men naar den ordnes og opbevares, afgiver den et uvurderligt Materiale i Fremtiden for Studiet af vor Tids Kultur. Ingen vil kunne skrive f. Eks. Afholdssagens, Fagforeningsbevægelsens og Andelsforetagendernes Historie i Danmark uden paa Grundlag af det Materiale af i sig selv ubetydelige og næsten værdiløse Smaaskrifter, der gemmes ordnede paa Bibliotekerne. Viserne indeholdte ofte det første Tryk af saadanne Forfatteres Digte, der efter mange Aars Forløb regnes til Landets bedste. Overhovedet er det umuligt i Øjeblikket at afgøre, hvad der kan faa Interesse for Fremtidens Forskning. Vor Tid savner desværre meget af den tilsvarende Produktion fra Fortiden, fordi vore Fædre ikke tænkte paa Fremtiden. Det vil derfor være vigtigt, at Loven formuleres saa omfattende som muligt.

Endnu et Forslag i ovenstaaende er nyt, nemlig Aflevering af Særtryk med selvstændig Paginering. Saadanne citeres i stedse stigende Grad i Litteraturen, og Biblioteket har i en Aarrække samlet Tusinder af saadanne, der tildels ere leverede af Bogtrykkerne. Det synes mig at være naturligt, at naar et saadant foreligger med særskilt Paginering og altsaa ikke som et blot Udsnit af et Tidsskrift, maa Bibliotekerne have Krav derpaa. Dette vil f. Eks. faa Betydning med Hensyn til den Mængde Romaner, der fremkommer som Feuilletoner i Aviser, hvoriblandt adskillige komme ud i Verden som Særtryk i Bogform og saaledes gaa over i Litteraturen.

3) For saadanne Skrifters Vedkommende, der ere trykte som fortroligt Manuskript, er der ikke i Forordningen truffet nogen Afgørelse, og Ministeriet har i sin Skrivelse af 31te Maj 1895 ladet Spørgsmaalet om Bogtrykkernes Pligt i saa Henseende staa aaben [se nedenfor]. Jeg vilde her foreslaa, at saadanne Skrifter skulle afleveres, men at Bibliotekerne samtidig forpligtes til paa Anmodning fra Bogtrykkeren i 30 Aar eller maaske længere at holde saadanne Skrifter tilbage fra Offentligheden og til at tilstille Bogtrykkeren en særskilt Kvittering for hvert saadant Skrift med en Erklæring om, at Henlæggelsen blandt de ikke tilgængelige Bøger har fundet Sted. Dog bør Biblioteket formentlig have Ret til at indsætte Bogen i den offentlige Samling, naar det vilde kunne erhverve et Eksemplar gennem Boghandelen, hvilket for saadanne Bøgers Vedkommende ofte sker temmelig hurtigt. Jeg tror at paa den Maade vil ingen berettigede Interesser krænkes.

4) Forordningen har Bestemmelser om, at der skal afleveres Eksemplarer paa Skrivpapir. Denne Kvalifikation af Papir betyder intet mere, og denne Bestemmelse bør formentlig bortfalde. Hvis det ikke kan gennemføres af fordre de Aviser, der trykkes paa Fladpresse, trykte paa f. Eks. Lovtidendes Papir, da det moderne Avispapir er saa slet, burde det maaske overvejes, hvorvidt der ikke burde afgives et ekstra

Eksemplar af alle Dagblade, der da sendes direkte til Statsbiblioteket i Aarhus, saaledes at det store kongelige Bibliotek opbevarer sit ene Eksemplar i Reserve.

5) Med Hensyn til Indsendelsen bør der vistnok foretages den Forandring, der beror paa Ministeriets Bestemmelse i Bekendtgørelse af 10de Septbr. 1894, at Bogtrykkerne uden for Kjøbenhavn skulle indsende deres Afleveringer direkte og ufrankeret. Detaillerede Foreskrifter om Designationer og lignende kunne vel gives i en ministeriel Bekendtgørelse.

Det bør sikkert nævnes udtrykkeligt i Loven, at Bibliotekerne til enhver Tid kan gøre sin Ret gældende, hvor lang Tid der end hengaar, inden det opdages, at en Bogtrykker har trykt et Skrift, som han ikke har afleveret. Kontrollen er saa vanskelig og desværre saa tilfældig, at Biblioteket ofte først længe efter opdager Mangler; dets Ret bør dog ikke kunne falde bort af en saadan Grund. Ligeledes bør vel Straffebestemmelserne i § 6–8 bringes i tidssvarende Form.

Idet jeg altsaa hermed forlægger det høje Ministerium disse Bibliotekets Ønsker, skal jeg endnu betone, at der her ikke er Tale om at skabe ny Principper eller et nyt Grundlag for det omhandlende Forhold. Det bestaaende Grundlag er en god Arv fra Fortiden og er Bibliotekernes umistelige Gode, ved Hjælp af hvilket de alene kunne opfylde deres Forpligtelser over for den nationale Kultur og over for den Eftertid, der vil kræve dem til Regnskab for Folkets litterære Produktion i videste Forstand. Her er kun Tale om en klarere og mere tidssvarende Formulering af det Retsgrundlag, som allerede nu bestaar. Og til Opnaaelsen af en saadan Formulering ville forhaabentlig ogsaa de ovenfor angivne Forslag kunne tjene.

Allerærbødigst H.O. Lange

Bilag II

Universitetsbiblioteket og det dermed forenede
Classenske Bibliotek.

Til Konsistorium

Konsistorium har under 21de December d. A. afæsket mig en Erklæring om et af Overbibliotekar ved det store kgl. Bibliotek H.O. Lange udarbejdet og fra Ministeriet tilsendt Forslag til en Revision af Forordningen af 20de Januar 1832 om Bogtrykkernes Afleveringspligt til Statens Biblioteker.

Inden jeg gaar over til at omtale dette Forslag nærmere, særlig for

Universitetsbibliotekets Vedkommende, kunde jeg dog ønske at minde om, at man allerede i den Tid, da Universitetsbiblioteket var den eneste større Bogsamling i Riget med et almindeligere Formaal, var betænkt paa at sikre det den nationale Litteratur, idet der i Løbet af det 17de Aarhundrede gentagne Gange udgik Befalinger til Kjøbenhavns Bogtrykkere (de eneste, der den Gang havde nogen Betydning) om at afgive Eksemplarer af de Skrifter, de trykte og forlagde, til Universitetsbiblioteket. Den Skat af dansk Litteratur, der herved efterhaanden samledes, gik, som bekendt, tabt med saa meget andet ved Ildebranden 1728. Men mellem de Bestræbelser, der udfoldedes for saa vidt muligt at raade bod paa Ulykken, glemtes heller ikke Hensynet til den danske Litteratur, og ved Reskript af 14de December 1753 paalagdes det Magistraten i Kjøbenhavn at tilkendegive de kjøbehavnske Bogtrykkere, at de skulde afgive til Universitetet et Eksemplar af alt, hvad de trykte (fraregnet kun, hvad man den Gang og længe efter ansaa for værdiløse Ubetydeligheder). Ved Forordningerne af 19de Januar 1821 og 20de Januar 1832 udvidedes denne Afleveringspligt til at omfatte hele Landets Bogtrykkere. Da det kongelige Bibliotek i den allerstørste Del af det 18de Aarhundrede var utilgængeligt for Almenheden, er Hensigten med Reskript af 1753 tydelig nok, idet Universitetsbiblioteket ved det, ligesom tidligere, blev det eneste Sted, hvor det læsende Publikum kunde blive bekendt med den danske Litteratur. Men naar Afleveringspligten til Universitetsbiblioteket, ogsaa *efter* at det kgl. Bibliotek var blevet et offentligt Bibliotek, ikke blot vedblev at bestaa, men endog udvidedes, synes man at være naaet til en Betragtning af Sagen, som er den samme, der endnu maa gøre sig gældende, *dels* nemlig, at i en forholdsvis saa stærkt befolket Hovedstad som Kjøbenhavn vilde en Repræsentation af den danske Litteratur ved et enkelt Eksemplar ikke forslaa til at fyldestgøre det læsende Publikums berettigede Krav, *dels* – og dette er maaske af endnu større Betydning – at man først da med nogen Sikkerhed kunde haabe at overlevere Eftertiden den nationale Litteraturskat, naar man ikke samlede alt, hvad man ejede af denne, paa et eneste Sted. Om Faren ved dette sidste gav allerede Ildebranden 1728 en alvorlig Paamindelse, og i den nyeste Tid er Advarslen bleven gentaget ved Slotsbranden 1884, der en Tid lang truede med at blive skæbnesvanger ogsaa for det kgl. Bibliotek. Det er lignende Betragtninger, der udgøre et væsentlig Motiv for de Bestræbelser, der stadig udfoldes fra Universitetsbibliotekets Side for at udfylde de Huller, som findes i dets Samling af den ældre danske Litteratur, og de samme Betragtninger maa nødvendigvis danne Udgangspunkt for enhver

Overvejelse af, hvorledes og i hvilken Udstrækning Bibliotekets Forsyning med dansk Litteratur skal foregaa i Fremtiden.

Det er Forordningen af 20de Januar 1832, der afgiver Grundlaget for den nuværende Ordning af Forholdet med Tryksagers Aflevering til Statens Biblioteker, og jeg finder med Overbibliotekar Lange, at Grundlaget i det hele er godt, om man end paa Grund af Nutidens videre Syn paa, hvad der kan have Betydning for den historiske Oplysning af Fortiden, kunde ønske en og anden Ændring af Forordningen. Saadanne Ændringer ere paa det kgl. Biblioteks Vegne formulerede og begrundede af Hr. Lange, og jeg kan ogsaa for Universitetsbibliotekets vedkommende i mange Punkter ganske tiltræde hans Udtalelser. Men da Universitetsbiblioteket dog i enkelte Henseender – om end vistnok af mere underordnet Betydning – hidtil har været noget anderledes stillet til Afleverings-Sagen end det store kgl. Bibliotek, og jeg desuden i et bestemt Punkt er af en anden Mening end min ærede Kollega, anser jeg det for rigtigst at klarlægge mine Anskuelser ved at tage de enkelte Paragraffer i Hr. Langes Forslag lidt nærmere for. Altsaa:

ad 1.) Jeg maa anse det for rigtigt, at Loven kommer til at omfatte alle de Arter af Trykkere og Reproduktionsanstalter, som Hr. Lange nævner, og ligeledes, at danske Forlæggere bør være afleveringspligtige med Hensyn til saadanne Skrifter, Kaart og Illustrationer, som de lade trykke i *Udlandet.* Til Hr. Langes Bemærkninger under denne Paragraf kunde maaske have været tilføjet, at det vil være af Vigtighed, at den nye Lov genoptager den Bestemmelse i Forordn. af 30te Januar 1832, hvorefter den Bogtrykker, der trykker Slutningen af et Bind, som er trykt i forskellige Officiner, skal være pligtig til at aflevere Eksemplarer af det hele Bind.

ad 2.) Afleveres bør for det første alt, hvad der i videste Forstand kan henføres under Begrebet: *litterær Produktion,* og Afgørelsen af, hvorvidt visse Ubetydeligheder bør optages i Bibliotekerne eller ikke, maa overlades til Bibliotekerne selv, ikke til Bogtrykkerne. Dog vil Universitetsbiblioteket ikke gøre Krav paa Aflevering af *Særtryk* ; thi skønt det for flere af disses Vedkommende kan have Interesse at bevare dem, er den overvejende Mængde af dem dog ret ubetydelige Sager, hvis Værdi ikke staar i Forhold til det store Arbejde, der vilde være forbundet med at anbringe dem paa deres rette Plads i Bibliotekets Kataloger. Ogsaa vil det erindres, at de *uden for Kjøbenhavn trykte Aviser* (d.e. politiske og Avertissements-Blade) ikke længere afleveres til Universitetsbiblioket, men til Provinsarkiverne. – Af *Musikalier* har Universitetsbiblioteket i Forvejen kun meget faa, som mere tilfældigt ere afgivne, og jeg vilde anse det for tvivlsomt, om det vilde være rigtigt for Biblioteket i Fremtiden at forlange alt Nodetryk afleveret. Derimod maa jeg, ifølge min Opfattelse af den Fuldstændighed, der maa kræves med Hensyn til Afleveringen af trykt *Litteratur,* bestemt holde paa Ønskeligheden af, at Biblioteket kommer i Besiddelse af alle Musikværker, til hvilke der er knyttet en Tekst, saasom Operaer, Revuer, Sange med Melodier, Messebøger etc. I nogle af disse Publikationer forekommer endog af og til Tekster, der ikke ere trykte andet Steds. – „Portrætter, Kaart, Kunstblade og grafiske Reproduktioner af enhver Art" mener jeg ligeledes bør afleveres til Universitetsbiblioteket. At det er af Interesse for et Bibliotek, særlig med Hensyn til Studiet af den nationale Historie, at eje en national *Portrætsamling,* behøver vel ikke nærmere at paavises, og saa meget mindre, da Regering og Rigsdag for ikke mange Aar siden vedkendte sig denne Opfattelse ved at bevilge et Beløb paa 4,000 Kr. til Købet af afd. Justitsraad Strunks danske Portrætsamling til Fordel for Universisitetsbiblioteket. Denne Samling er bleven meget benyttet af Publikum, og det var mit Haab, at Kobberstikkerne og Litograferne, naar de blev bekendte med dens Tilværelse, vilde forøge den ved frivillige Bidrag, saa at den stadig kunde være nogenlunde à jour. Dette Haab er imidlertid blevet skuffet, og jeg maa saa meget mere ønske, at Samlingens Supplering i Fremtiden muliggøres ad Lovens Vej. – Hvad de geografiske og topografiske *Kaart* angaar, har Afleveringspligten for Universitetsbibliotekets Vedkommende hidtil kun gældt saadanne som hørte til trykte Skrifter. Men Følgen heraf er bleven, at det næsten maa betragtes som et Slumpetræf, om Biblioteket ejer eller ikke ejer selv de allervigtigste Frembringelser paa dette Omraade. Jeg skal eksempelvis anføre, at det først for et Par Aar siden, og nærmest ved et Tilfælde, lykkedes at skaffe Biblioteket et Eksemplar af Generalstabens Samling af Maalebordsblade. Men til saadanne Tilfældigheder bør Biblioteket aabenbart ikke være henvist ved Erhvervelsen af Publikationer, der have saa stor Betydning for Kundskaben om Fædrelandet, og jeg maa derfor anse det for nødvendigt, at der i en eventuel ny Lov optages en Bestemmelse om, at alle Slags Kaart og Kaartværker fremtidig skulle afgives til Universitetsbiblioteket. – Med *Billeder* og *Tegninger* af enhver Art, som ikke høre til trykte Skrifter, har Forholdet for Universitetsbibliotekets Vedkommende været det samme som med Kaartene: de ere ikke blevne afleverede, og Biblioteket er derved gaaet glip af mange vigtige og interessante Ting. Det vilde i saa Henseende allerede være en stor Vinding, hvis det kunde opnaas, at der i Fremtiden skulde afleveres til Biblioteket alle ligefremme *Billedværker* (uden Tekst), Samlinger af *Tegninger, Billedbøger* o. lign., det vil sige Kunstblade, der ere samlede og udgivne i *Bogform.* Paa den anden Side er Grænsen mellem Billedværker og enkelte Billedblade ofte flydende (jfr. saadanne Værker som „Danske Billeder fra Land og Sø", Samlinger af danske Uniformer osv.), og jeg vilde derfor foretrække, at en eventuel Lov ogsaa med Hensyn til disse Publikationer blev holdt i lige saa stor Almindelighed for Universitetsbiblioteket som for det kgl. Biblioteks Vedkommende, idet det overlades Biblioteket selv at udskille, hvad det ikke satte Pris paa at bevare.

ad. 3.) Overbibliotekar Langes Forslag om, at Skrifter, der ere trykte som „fortroligt Manuskript", skulle afleveres til Bibliotekerne, men at disse „samtidig forpligtes til, paa Anmodning fra Bogtrykkerne, i 30 Aar eller maaske længere at holde saadanne Skrifter tilbage fra Offentligheden", kan jeg ikke billige. Jeg maa anse det for utvivlsomt, at en Mand eller en Institution, for ikke at tale om Regeringen selv, har Ret til at lade trykke i faa Eksemplarer en og anden Meddelelse af fortroligt Indhold, uden at det kan paalægges Bogtrykkeren eller Forfatteren at udlevere denne Meddelelse til andre end den snævre Kreds, for hvilken den er bestemt. Men i øvrigt har jeg tidligere paa given Anledning udtalt mig saa udførligt om dette Spørgsmaal (se Aarbog for Kjøbenhavns Universitet 1894–95 S. 844 flg. [samt nedenfor]), at jeg tror at kunne nøjes med at henvise til denne min Udtalelse, idet jeg blot her vil gentage, hvad jeg allerede der har sagt, at en meget stor Del af de „som Manuskript" trykte Skrifter frivillig afgives til Bibliotekerne, fordi Meningen med disse Ord i Reglen slet ikke er den, at Skrifterne ikke maa læses af enhver, men kun, at de ikke maa gøres til Genstand for *offentlig* Omtale eller Kritik.

ad 4.) At Forordningens Bestemmelse om, at de til Bibliotekerne afleverede Skrifter skulle være trykte paa Skrivpapir – en Bestemmelse, der i øvrigt aldrig er bleven overholdt – nu helst ganske maa bortfalde, derom er jeg enig med Overbibliotekar Lange, og ligeledes kan jeg slutte mig til hans Ønske om, at Biblioteksekseplarerne af de Aviser, der trykkes i Fladpresse, maa blive trykte paa et stærkere Papir end det, der nu bruges. Men kan dette Ønske ikke realiseres, bryder i hvert fald Universitetsbiblioteket sig ikke om at faa Erstatning derfor ved Aflevering af et dobbelt Eksemplar af Aviserne. Biblioteket lider af saa stor

Pladsmangel, at det allerede kniber med at skaffe Plads til det ene Eksemplar, vi nu faa.

ad 5.) Hr. Langes Bemærkninger om, at Bogtrykkerne uden for Kjøbenhavn bør indsende deres Afleveringer direkte og ufrankeret; at Bibliotekerne til enhver Tid maa kunne gøre deres Ret gældende overfor Bogtrykkerne; og at endelig Straffebestemmelserne i Forordningens § 6–8 bør bringes i tidssvarende Form – kan jeg ganske tiltræde.

Hermed har jeg gennemgaaet Overbibliotekar Langes Forslag. Men der er eet Punkt, som Hr. Lange ikke berører, og som jeg dog, da det er af en vis Vigtighed, ikke kan undlade at drage frem. I Forordningen af 19de Januar 1821 lagdes Afleveringspligten paa Forlæggerne. Men Følgen heraf blev, at en Mængde Smaaskrifter, der ikke ligefrem kom i Boghandlen, unddroges Bibliotekerne. Dette fremkaldte saa Forordningen af 20de Januar 1832, ved hvilken Afleveringspligten ligesom i tidligere Tid lagdes paa Trykkerne (Bogtrykkere, Kobbertrykkere og Litografer). Men ogsaa denne Ordning medførte visse Ulemper, idet de forskellige Dele af et Værk ikke sjældent tryktes paa forskellige Steder, Teksten hos en Bogtrykker, Afbildninger og Kort hos en Sten- eller Kobbertrykker, eller maaske hos flere. Da det nu ofte er meget vanskeligt at se paa en Bog, om der hører Afbildninger til, og da det erfaringsmæssigt ogsaa er vanskeligere at faa Kunsttrykkere til at opfylde deres Afleveringspligt end de egentlige Bogtrykkere, er Følgen bleven for Universitetsbibliotekets Vedkommende (og formodentlig ogsaa for det kgl. Biblioteks), at en stor Mængde af vore Bøger, særlig fra en ældre Tid, mangle de til dem hørende Tavler og derved mere eller mindre have tabt deres Værdi. Skønt jeg er enig med Overbibliotekar Lange om, at man ved Udarbejdelsen af en ny Lov nødig maa opgive det Princip, hvorpaa Forordningen af 20de Januar 1832 hviler, mener jeg dog, at der kunde være Anledning til at gøre det paa dette Punkt, nemlig saaledes, at der i den eventuelle Lov optages en Bestemmelse om, at naar det viste sig vanskeligt for Bibliotekerne at faa de til et Skrift hørende Tavler eller Kaart tilvejebragte hos Trykkeren, skulde Forlæggeren være forpligtet til at skaffe dem til Veje. I Reglen ere Forlæggerene ret villige til at afhjælpe den Slags Mangler, men det vilde være heldigt, om man i de paagældende Tilfælde ikke behøvede at bede, men havde Ret til at kræve.

Den 27de December 1901. Ærbødigst S. Birket Smith.

Bilag III

Til Ministeriet for Kirke- og Undervisningsvæsenet!
I Anledning af, at det høje Ministerium har afæsket mig en Erklæring angaaende Ønskeligheden af Ændringer i de nu gældende Regler om Afleveringspligten til Statens Biblioteker og samtidig fremsendt de Herrer Overbibliotekarer H.O. Langes og S. Birket Smiths Forslag og Bemærkninger desangaaende, skal jeg tillade mig at fremsætte følgende:

I de fleste Kulturlande har man ligesom i Danmark følt Nødvendigheden af, at Nationallitteraturen som en samlet Helhed gjordes tilgængelig og bevaredes for Efterverdenen som den allervigtigste Løftestang for hele den nationale Kulturudvikling. Om denne Nødvendighed kan der ikke rejses nogen Tvivl. Ved Indkøb er det ikke muligt for Statens Biblioteker at komme i Besiddelse af hele Litteraturen. Selv om de fornødne Pengemidler vare til Stede, vilde det dog være umuligt paa Grund af, at en overmaade stor Del af Litteraturfrembringelserne slet ikke komme i Handelen. Man har derfor valgt den Udvej at paalægge Boghandelen eller Boghaandværket en Forpligtelse til ved gratis Aflevering af Eksemplarer at støtte Bibliotekerne i deres Bestræbelser for at samle hele Litteraturen.

I Frankrig har man haft Love om Aflevering fra 1537, i England fra 1556, i Preussen fra 1624, i Spanien fra 1716, i de forenede Stater fra 1790, i Italien fra 1848, selv i Tyrkiet, Rusland, Japan, Ægypten afleveres Pligteksemplarer. I Europa er der vistnok kun Belgien og nogle faa tyske Stater, der savne saadanne Love.

Som Skat betragtet er denne Afgift ikke betydelig. Naturligvis overvæltes den paa Konsumenterne, hvis Mængde er saa stor, at Afgiften bliver umærkelig. Det maa desuden bemærkes, at den litterære Produktion nyder en vis Beskyttelse ved Eftertrykslove og paa anden Maade, samt at denne Produktion, der er Livskilden for Boghandel og Boghaandværk, støtter sig til Tilgængeligheden af den samlede Nationallitteratur og til Dels vilde sygne hen, naar den skulde undvære den Understøttelse, de offentlige Biblioteker yde den.

At der kan trænges til Ændringer og Forbedringer i vort Lands seneste Afleveringslov, Forordning af 20de Januar 1832, følger af Fremskridtene i Boghaandværkets Teknik, den større Benyttelse af Statens Biblioteker og disses Forøgelse i Antal samt Oplysningens Fremtrængen til store Dele af Folket, som tidligere stod udenfor Litteraturbenyttelsen. Folkets Deltagelse i Statsstyrelsen, Foreningslivets kolossale Udvikling, de økonomiske og tekniske Fremskridt, Undervisningens Forbedring med sine stigende Krav til Lærernes Uddannelse, Kvindernes Deltagelse i Erhvervslivet, Journalistikens Udbredelse, alle bidrage de til, at der stilles større og større Krav paa at kunne benytte den hele samlede nationale litterære Frembringelse.

Hvad nu de ønskelige Ændringer i Forordning af 20de Januar 1832 angaar, maa jeg indrømme de to Herrer Overbibliotekarer en ganske anden Erfaring med Hensyn til Forordningens Virkninger, end jeg kan være i Besiddelse af, men jeg kunde dog ønske at knytte nogle Bemærkninger til enkelte af de af Hr. Overbibliotekar Lange fremsatte Forslag.

ad 1.) Paa ethvert Skrift eller Reproduktion skal der findes en Bogtrykkers Navn, derimod er Forlæggeren ofte ikke nævnt og ubekendt. Det er derfor naturligt, at Afleveringspligten paalægges Bogtrykkeren og kun Forlæggeren i det Tilfælde, at Trykningen eller Reproduktionen er sket udenfor Riget. I disse Tilfælde savnes dog ogsaa stundom Forlæggerens Navn, og nogle Sager ville vel derved kunne unddrages Afleveringspligten, men dog neppe ret mange. Værre er det, at en Bog ofte trykkes paa forskellige Steder, Omslaget et Sted, Teksten et andet, Pladerne et tredie o.s.v. De Ulemper, som følge deraf, kunde undgaas ved en Bestemmelse om, at Bøger, der udgaa fra flere Trykkerier eller Reproduktionsanstalter skulde af Forlæggeren afleveres hæftede eller i den Tilstand, hvori de bringes i Handelen eller afleveres til Bestilleren. De autograferede Tryk, f. Eks. mange af Undervisningsanstalternes Forelæsninger, bør ikke unddrages Afleveringspligten.

ad 2.) Afleveringen af særskilt paginerede Særtryk vil ganske vist berige Bibliotekerne med mange mindre værdifulde Katalognumre, men paa den anden Side citeres disse Særtryk ofte med deres egne Pagina, og saa længe man savner en Fortegnelse over alle Afhandlinger i de periodiske Skrifter, kan det være af Betydning for dem, der benytte Bibliotekerne, at de i disses Kataloger kunne findes samlet saa meget som muligt af det, der vedrører et enkelt Fag. – Særlig skal jeg støtte Hr. H. Langes Forslag om, at Smaatryk samt Viser og Sange afleveres saa fuldstændigt som muligt. Min Erfaring gaar ud paa, at disse Smaatryk, naar Biblioteket kan naa at faa dem ordnede, ikke blot have historisk, men ogsaa praktisk Betydning for en Mængde Mennesker. De indeholde tillige mangesidige Oplysninger om Kulturtilstande, hvorom ellers ingen Meddelelser komme til Efterverdenen. Endelig maa det erindres, at disse Smaatryk lettest gaa tabt og tilintetgøres og ikke kan ventes at findes samlede noget Steds udenfor Bibliotekerne.

Jeg kan ikke være enig med Universitetsbibliotekaren i, at Aflevering af Musikalier (uden Tekst) er af mindre Betydning for Bibliotekerne. Hvorfor skulde disse ikke ogsaa støtte Studiet af Musikken? At Musikalier ikke udlaanes, naar det blot gælder Underholdning saa lidt som Morskabsbøger, er rimeligt, men Kendskab til den nationale Musik er jo tillige Genstand for Studier for mange, og det meget frugtbringende Studier. Kommende Tider ville faa Anledning til at beklage Savnet af en fuldstændig Samling af dansk Musik fra det forløbne Aarhundrede.

Naar Statsbiblioteket i Aarhus aabnes, vil det komme til at savne det paa offentlig Bekostning af Generalstabens topografiske Aftdeling udgivne Kort over Danmark, saa vel som alle Bykort baade over Kjøbenhavn og de andre Byer, alle Skole-Atlasser o.s.v.

En mængde store kostbare Værker, udgivne med offentlig Understøttelse, ere afleverede uden de tilhørende Tavler, i alt Fald saaledes oversendte mig fra det kongelige Bibliotek. For mig staar en lang Række Aargange af et naturvidenskabeligt Tidsskrift, der udgives med offentlig Understøttelse: i ikke en eneste af Aargangene er Tavlernes Antal fuldstændigt.

ad 3.) For de Bøgers Vedkommende, der ere paatrykte „Fortroligt Manuskript", skal jeg tillade mig at støtte Hr. Overbibliotekar Langes Forslag. Det kan ikke nægtes, at en Person bør have Ret til at lade trykke Meddelelser, som ikke forelægges Offentligheden. Men selv de fortroligste Breve tager man dog ikke i Betænkning at offentliggøre en vis Tid efter deres Udstedelse, ja selv Statens geheime Dokumenter gøres dog tilgængelige for Offentligheden efter visse Tidsrums Forløb. Nogen Ulempe ved, at Bibliotekarerne blive bekendte med de fortrolige Aktstykker, kan jeg ikke se, aldenstund saadanne trykte Sager jo dog heller ikke kunne blive ukendte for Bogtrykkeriernes Personale. Som saadanne fortrolige Sager, der nu ikke afleveres, uagtet de dog i Fremtiden kunne faa Betydning, skal jeg nævne „Politiefterretninger". At Staten tilbageholder Mobiliseringsordrer og lignende meget hemmelige Sager, som trykkes i egne ministerielle Trykkerier, er en anden Sag. Vanskeligt er Forholdet over for hemmelige Selskaber (Frimurere, Odd-Fellows, Good-Templars og lignende), men her maa dog siges, at de Meddelelser, som de paa ingen Maade vil have bragt til andre end Medlemmernes Kundskab, maa de lade være at trykke i et offentligt Trykkeri. Noget maa der dog ogsaa kunne stoles paa Biblioteks-Embedsmændenes Diskretion.

ad 5.) At Bibliotekerne til enhver Tid skulde kunne gøre deres Ret gældende lige over for en forsømmelig Bogtrykker, hvor lang Tid der end hengaar, vil vistnok stride mod almindelige Retsager om Fordringers Forældelse. – Straffebestemmelserne bør være saa lempelige og lidet trykkende som muligt, et venskabeligt og tillidsfuldt Forhold mellem Bibliotkerne og Bogtrykkerne vil være det mest tjenlige for Afleveringen.

Jeg skal nu gaa over til, hvad jeg kunde have at bemærke særlig for Statsbibliotekets Vedkommende.

Dette Bibliotek blev i sin Tid oprettet med den nationale Litteratur som alt overvejende Bestanddel, hvorved dets Stilling jo bliver ikke lidt forskellig fra det store kongelige Biblioteks og Universitetsbibliotekets. Denne Samling af Nationallitteraturen skulde dannes ved Overførelse af det kongelige Biblioteks Dublet fra dets Magasiner til Aarhus.

Forholdet har imidlertid udviklet sig anderledes. Det kongelig Bibliotek gør Fordring paa at beholde et „Slideksemplar“ af alle de Bøger, som kunne antages at blive udlaant oftere, altsaa alle de værdifulde Skrifter. Herved umuliggøres det for Statsbiblioteket at komme i Besiddelse af Nationallitteraturen, thi det Antal Bøger, der tilbageholdes af det kongelige Bibliotek ikke blot for nærværende Aar, men ogsaa af hele det forrige Aarhundredes Afleveringer, er saa stort, at det ligger langt over Statsbibliotekets pekuniære Kræfter at anskaffe dem. Ikke nok hermed, det kongelige Bibliotek gør endogsaa Fordring paa til enhver Tid at kunne kalde tilbage de Bøger, som det en Gang har overladt Statsbiblioteket som Ejendom.

Paa Grund af ovenberørte Ufuldkommenheder i Forordningen af 20de Januar 1832 indkomme jo Afleveringseksemplarerne ofte i en meget ufuldkommen Stand. Ved venskabelig Henvendelse til Forlæggere og Bogtrykkere kan dog det kongelige Bibliotek forholdsvis let naa at komplettere sine egne Eksemplarer, men dette kommer kun sjældent Statsbibliotekets Eksemplar til gode, og Statsbiblioteket er uden direkte Forbindelse med Bogtrykkerne og udelukket fra at føre Kontrol med det afleverede.

Det store Arbejde med at undersøge og kollationere begge de afleverede Eksemplarer er mere end man kan fordre af det kongelige Bibliotek. Dette bevirker en yderligere Forringelse i Statsbibliotekets Forsyning og lægger yderligere Beslag paa dettes smaa Midler.

Alt i alt er Statsbibliotekets Stilling ganske retsløs. Hverken over for det kongelige Bibliotek eller over for de afleveringspligtige har det nogen Ret eller Kontrol.

Det vilde derfor være af største Betydning for Statsbiblioteket, om der i en eventuel Lov kunde optages Bestemmelser om, *enten* at det ene af det kongelige Biblioteks Pligteksemplarer afleveredes direkte til Statsbiblioteket i Aarhus, som saa fik Ret til at kontrollere dets Aflevering, – det kongelige Bibliotek kunde da faa en Bevilling til Anskaffelse af „Slideksemplarer" – *eller* at Afleveringspligten udvidedes til at omfatte 4 Eksemplarer, hvoraf det ene afgaves til Statsbiblioteket i Aarhus. Dette Bibliotek vil ved en praktisk og god Ordning kunne blive af saa stor Betydning for hele Befolkningen udenfor Hovedstaden, at en slig Udvidelse godt kunde anses for forsvarlig. Statsbiblioteket i Aarhus vilde herved faa en uafhængig og retslig begrundet Stilling, svarende til den Vigtighed, det upaatvivlelig vil faa for Oplysning og Kulturfremskridt i Folket.

Aarhus, den 12te Januar 1902. Allerærbødigst J. Hoffmeyer.

Bilag IV

Det store kongelige Bibliotek.
Kjøbenhavn, den 25de Januar 1902.

Til Ministeriet for Kirke og Undervisningsvæsenet.
Foranlediget ved Bibliotekar Hoffmeyers Udtalelser i Skrivelse af 12te Januar d. A. skal jeg herved tjenstligst i Tilslutning til min Skrivelse af 18de December f. A. meddele det høje Ministerium nogle Oplysninger vedrørende den nyere Lovgivning om Pligteksemplarers Aflevering i andre Lande.

1) *Norge* havde indtil Loven om Forlagsregister og om Afgivelse af Tryksager til Universitetsbiblioteket af 20de Juni 1882 ingen Bestemmelse om Pligteksemplarers Aflevering, hvoraf Følgen er, at en stor Mængde af den norske Bogproduktion fra før den Tid er uigenkaldelig tabt, og at der ikke findes nogen tilnærmelsvis fuldstændig Samling af den norske Nationallitteratur. Efter den anførte Lov afleveres nu et Eksemplar af alt, ogsaa Musikalier. Kobberstik osv. For Skrifter trykte i Udlandet er Udgiveren (Forlæggeren) ansvarlig.

2) I *Sverige* gælder for dette Forhold Tryckfrihetsförordningen af 9de Marts 1810, ændret i Aaret 1866. Efter dennes § 1, 11. afleveres af Bogtrykkerne 3 Eksemplarer af alt, hvad der trykkes. Efter privat Meddelelse, som jeg har faaet fra det kongelige Bibliotek i Stockholm, indgaa herunder ogsaa Bøger trykte som Manuskript samt Smaatryk af

enhver Art. Følgen heraf er, at i neppe noget Land forefindes der saa fuldstændige nationale Samlinger som i Bibliotekerne i Sverige.

3) I *Frankrig* gælder Loven af 29de Juli 1881 i dette Spørgsmaal. Ifølge denne afleveres der 2 Eksemplarer af Bogtrykkerne. Undtaget er: Stemmelister, Forretnings-Cirkulærer, Plakater og „les bilboquets". Efter Domstolenes Praksis hører under „bilboquets" ikke: Bønskrifter, Adresser, Foreningscirkulærer og saadanne Plakater og lignende, der kunne have Interesse for den offentlige Orden. Af Musikalier og Kobberstik afleveres 3 Eksemplarer og af Aviser og Tidsskrifter 6 Eksemplarer.

4) *England* har en Lov af 1ste Juli 1842 om dette Forhold. Efter denne afleveres 5 Eksemplarer af Forlæggerne. Engelske Forfattere have ofte klaget over, at Smaatrykket ikke findes samlet paa Bibliotekerne som en Følge af, at Afleveringspligten paahviler Forlæggerne, ikke Bogtrykkerne.

5) Loven af 21de November 1897 har for *Ungarns* Vedkommende ordnet dette Forhold. Denne Ordning er særdeles tilfredsstillende. Ogsaa Bøger trykte som Manuskript, skulle afleveres. Undtagne ere fortrolige embedsmæssige Tryksager, Pengerepræsentativer, Værdipapirer og Familieannoncer i Brevform, som de bruges dernede.

6) *Det tyske Rige* har endnu ikke faaet en fælles Lovgivning paa dette Omraade. Bestemmelserne ere derfor saare forskellige i de forskellige Stater. Da Afleveringen af Pligteksemplarer ifølge den ældre Lovgivning i flere Stater var knyttet til Censurbestemmelserne, er der ved Censurens Ophævelse fremkommet Lakuner, som Lovgivningen endnu ikke har udfyldt. Dette er Tilfældet f. Eks. i *Sachsen*, hvor der fra alle interesseredes Side længe har lydt høje Klager over, at den nationale Bogproduktion og særlig Smaatrykket ikke er samlet. I *Preussen* afleveres 2 Eksemplarer af Forlæggerne ifølge Kabinetsordre af 18de September 1824.

Af alle civiliserede Lande i Verden er, foruden enkelte tyske Smaastater, Belgien, Bulgarien og den argentinske Republik de eneste uden Aflevering af Pligteksemplarer til offentlige Biblioteker. I Belgien var i Loven om Forfatterret af 1886 af Regeringen paatænkt en Bestemmelse derom, men Kammeret strøg den vedkommende Passus.

Jeg skal særlig henlede Opmærksomheden paa den svenske og den ungarske Lov, der sikkert maa siges at være de mest fyldestgørende og betryggende.

Allerærbødigst H.O. Lange.

Bilag V

Det store kongelige Bibliotek
Kjøbenhavn, 9de December 1901.

Til Ministeriet for Kirke- og Undervisningsvæsenet.
I Anledning af det høje Ministeriums Skrivelse af 3die December d. A. angaaende mulige Foranstaltninger til Sikring af, at de Eksemplarer, som af de forskellige Dag- og Ugeblade her i Landet skulle afgives til Opbevaring i det store kongelige Bibliotek og Universitetsbiblioteket samt Provinsarkiverne, trykkes paa holdbart Papir, skal jeg tjenstligst tillade mig at fremsende følgende Udtalelser.

Det er aldeles utvivlsomt, at det Papir, hvorpaa saa godt som alle Landets Aviser trykkes, er af en saare ringe og uholdbar Kvalitet, og Kvaliteten har været dalende i de senere Aar, endog for „Berlingske Tidendes"s Vedkommende. Avispapiret bestaar overvejende af slebet Træ og den anvendte Trykkefarve er af en særlig daarlig Art, der virker skørnende paa Papiret. Jeg antager derfor, at man maa være beredt paa, at vor Tids Aviser i Tidens Løb ville gaa til Grunde. Det er jo ligeledes utvivlsomt, at Aviserne indeholde et saa betydeligt Stof til vor Tids politiske og Kulturhistorie, at det er saare beklageligt, at dette overleveres Eftertiden i en saadan Form, at det staar i den største Fare for at tilintetgøres. Det er næppe rimeligt, at der gemmes andre Eksemplarer af Bladene end de, der afgives til Biblioteket, og det, der vel sagtens opbevares af Bladenes Redaktioner.

Allerede nu er Benyttelsen af Aviserne paa Bibliotekets Læsesal meget betydelig, og det Slid, der gaar af dem, ikke ringe. Og skøndt Biblioteket anvender henved 2.000 Kroner om Aaret til Avisernes Indbinding, kan Tilintetgørelsen dog kun forhales, næppe forhindres ved en omhyggelig Indbinding.

Naar da Spørgsmaalet rejses om Foranstaltninger, der kunne sikre Avisernes Bevarelse, da kommer der en hel Del Overvejelser frem af teknisk Art. Jeg har raadført mig med nogle praktiske Bogtrykkere, og efter de indhentede Oplysninger vil der være en væsentlig Forskel paa Aviser, der trykkes paa Fladpresse, og saadanne, der trykkes paa roterende Presse. Der er ingen Tvivl om, at der i Fladpressen uden Vanskelighed kan tages Eksemplarer paa f. Eks. Lovtidendes Papir eller et lignende holdbart Papir. Den eneste Vanskelighed er, at Bogtrykkerne let kan glemme at tage disse Ekstratryk, og den derved forvoldte Skade kan da ikke redresseres, da man jo næppe vil forlange, at han skal lade det paagældende Nummer sætte paa ny. Der maatte da sættes en vis Bøde pr. Nummer, der ikke leveredes paa det holdbare Papir. For de roterende Pressers Vedkommende vil det vistnok ikke være muligt at opstille et Forlangende om Trykning af Eksemplarer paa særligt Papir. For det første vil der medgaa meget Papir, Papir til ca. 16 Nummere for hver Gang, der skal trykkes 3 Nummere, eftersom Maskinen skal gaa et vist Antal Gange rundt med Papiret, inden der fremstilles rene Eksemplarer. Dernæst skal Papiret fremstilles i nøjagtig samme Tykkelse som det ordinære Avispapir og i Ruller. Og endelig vil det være nødvendigt at holde hele Trykkeriets Personale mindst en halv Time længere for hvert Nummer af Avisen, hvilket f. Eks. i det Ferslewske Officin, hvor Maskinerne ere saa stærkt optagne, vil være umuligt, og under alle Omstændigheder repræsenterer en betydelig daglig Udgift.

Jeg tror derfor ikke, at man ret vel kan paalægge Trykkerier med roterende Presser at levere Eksemplarer af deres Aviser trykte paa særligt Papir. Der synes mig ikke at være andet at gøre overfor disse end at paalægge dem at aflevere et yderligere Eksemplar til det store kongelige Bibliotek, hvor det da kan opbevares i Reserve.

Jeg skal med Hensyn til Gennemførelsen af mulige Bestemmelser i den her antydede Retning gøre opmærksom paa, at Forordningen af 20de Januar 1832 i § 2 bestemmer, at det ene Pligteksemplar til det store kongelige Bibliotek samt Eksemplaret til Universitetsbiblioteket skal være paa Skrivpapir. Denne Bestemmelse er ganske bortfalden i Praksis, da Distinctionen Skriv- og Trykpapir ikke længere gælder, endog det usleste Avispapir er i Reglen saa meget limet, at man kan skrive paa det. I 1832 var saavel Skrivpapir som Trykpapir lavet af Klude, og Trykpapiret kunde ved Planering (vegetabilsk Limning) blive uforgængeligt. Nu beror Forskelligheden paa Papirsorter paa Raamaterialerne og paa Teknikken; jeg tror ikke, at man kan fortolke den paagældende Bestemmelse saaledes, at man paa Grundlag af denne kan forlange Eksemplarer af Aviserne trykte paa Normalpapir. Dertil vil der vel sagtens kræves en særlig Lovbestemmelse.

Jeg er ude af Stand til at have nogen begrundet Mening om, hvorvidt det maa anses for heldigt at røre ved det Retsgrundlag, hvorpaa Bogtrykkernes Afleveringspligt hviler. Der er visselig Mangler, og en Revision, der tager Hensyn til Nutidens ændrede Teknik, kunde være ønskelig. Men paa den anden Side maa det fremhæves, at Forordningen af 20de Januar 1832 i Hovedsagen virker tilfredsstillende, og at Bibliotekerne nødigt skulde risikere at miste noget af det, som de nu have Adgang til at faa paa en betryggende Maade, der ikke møder

Modstand og Misstemning hos dem, hvis Næringsinteresser det her drejer sig om.

Allerærbødigst H.O. Lange.

[H.O. Langes og Birket-Smiths divergerende opfattelser af spørgsmålet, om pligtafleveringen burde indbefatte skrifter trykt for private som fortroligt manuskript, der fremgår af Bilag I og II, (begges § 3) gik tilbage til en sag fra 1895. Pikant nok drejede det sig om en „Slægtebog", som rigsarkivar A.D. Jørgensen havde ladet trykke for sig og sin familie med udtrykkeligt påbud til trykkeren om ikke at aflevere den til KB og UB. Ved en fejltagelse blev bogen alligevel afleveret til de to biblioteker, og Jørgensen krævede da de afleverede eksemplarer udleveret. Birket-Smith føjede ham heri, mens KBs daværende leder Chr. Bruun stod på KBs ret til at indlemme bogen, og da den fortørnede (og magtfulde) rigsarkivar derpå klagede til Kirke- og Undervisningsministeriet, måtte dette april 1895 anmode de to bibliotekschefer om at afgive en erklæring om deres opfattelse af spørgsmålet. *Birket-Smith* fandt det ikke rimeligt at insistere på aflevering af tryksager, som af privatmænd var bestemt for en snæver fortrolig kreds, og anså heller ikke spørgsmålet for at have større betydning, da de allerfleste skrifter, der betegnedes som „trykte som Manuskript" under alle omstændigheder blev afleverede (erklæringen trykt i *Aarbog for Kjøbenhavns Universitet ... 1894–95*, 1896, s. 844–47). *Chr. Bruuns* korrespondance herom med ministeriet findes i KBs arkiv, Journalsager A 9 nr. 1669. Han hævder i koncepten til en meget udførlig erklæring, at privattryk ikke er undtaget fra loven og opfordrede ministeriet til at afæske Justitsministeriet en udtalelse herom. I sagen mangler den påberåbte skrivelse af 31. maj 1895, ifølge hvilken ministeriet valgte at lade sagens juridiske aspekter stå åbne og dekreterede de to eksemplarer udleveret til Jørgensen, men af en brevveksling ses, at Bruun forgæves havde søgt at imødekomme denne „ved at tilbyde, at Skriftet ikke optages i Bibliothekets systematiske Katalog og lægges til Side under Laas og Lukke"].

46. *Betænkning over Forslag til Lov om den Bogtrykkerne paahvilende Forpligtelse etc. afgiven af Landstingets Udvalg den 21de Marts 1902.*

[Trykt i *Rigsdagstidende* 1901–02, Tillæg B, sp. 1623–28. Heri motiveres ændringsforslagene til loven af 2. maj (aktst. nr. 47) med en indledende bemærkning om, at „De væsentligste af dem tilsigte at give visse af

Forslagets Bestemmelser et noget udvidet Omraade til fuldstændigere Varetagelse af Interesser, som efter Forslagets egen Tanke skulle værnes". Til sidst hedder det: „Endnu skal Udvalget bemærke, at man har drøftet det Spørgsmaal, om det ikke vilde være formaalstjentligt, at Bibliotekerne afgav til den kgl. Kobberstiksamling Eksemplarer af alle danske Kobberstik og Raderinger, saa at en fuldstændig og for Almenheden let tilgængelig Samling af saadanne Kunstværker vilde forefindes der. Man har dog ikke ment med Hensyn hertil at kunne naa videre end til at henstille til Ministerens Overvejelse, om Tanken maatte findes rigtig, og hvorledes dens Udførelse i saa Fald rettest vilde være at ordne". – Under forhandlingerne i Rigsdagen blev det iøvrigt foreslået, at KBs dubleteksemplar passende kunne gå til Landsbiblioteket i Reykjavik, hvis det ikke længere skulle gå til Århus[!]. Over for Ministeriet for Kirke- og Undervisningsvæsenet måtte H.O. Lange da indvende, at Det kongelige Bibliotek „må afgjort beholde begge eksemplarer af alle håndbøger, samlingsværker, leksika, pragtværker, der vanskeligt kan erstattes, bøger der benyttes ved universitetet, hovedmængden af den fagvidenskabelige litteratur, den store populærvidenskabelige litteratur, der udgør hovedbestanddelen af bibliotekets udlån, endvidere af skønlitteraturen danske forfatteres skrifter, undtagen når der kommer flere oplag af samme værk, samt de vigtigste tidsskrifter, af hvilke dubleteksemplaret dels anbringes på læsesalen, dels må gemmes som slideksemplar. – Det vil heraf ses, at det, som kan undværes til Landsbiblioteket for Island, vil være af tvivlsom værdi ..." (citeret i Emanuel Sejr 1963, s. 69)].

47. *Lov om offentlige Bibliotekers Ret til Frieksemplarer af Tryksager m.m., 2. maj 1902.*

[Varianter fra lovforslaget, jvf. aktst. nr. 45, er meddelt i noterne].

§ 1.

Af alt, som trykkes her i Landet af Bogtrykkere, Litografer, Kobbertrykkere og andre Kunsttrykkere, skal der med de i § 2 nedenfor nævnte Undtagelser afleveres 2 Frieksemplarer til det store kongelige Bibliotek, 1 Frieksemplar til Statsbiblioteket i Aarhus og 1 Frieksemplar til Universitetsbiblioteket og Provinsarkiverne i Forening, saaledes at disse faa Eksemplarerne af de udenfor Kjøbenhavn udkommende *Aviser*, Universitetsbiblioteket Resten, og samme Forpligtelse gælder *Kort, Portrætter, Kunstblade og deslige*, som fremstilles her i Landet paa anden

Maade end ved Trykning, f. Eks. ved Fotografering, naar de udgøre Dele af et Værk, af hvilket Frieksemplarer skulle afleveres, eller høre som Bilag til et saadant Værk.

Ligeledes skal der afleveres Frieksemplarer som nævnt af ethvert for en her i Landet boende Forlægger i Udlandet trykt eller paa anden Maade fremstillet Arbejde, som, hvis det havde været trykt eller fremstillet her i Landet, vilde have været underkastet Afleveringspligt i Følge foranstaaende Regler.

§ 2.

Den i § 1 nævnte Afleveringspligt gælder alene færdige Arbejder og ikke de kun foreløbige Udkast, Korrektur, Prøvetryk eller lignende. Den gælder alle, ogsaa uforandrede, Oplag og Udgaver med tilhørende Bilag samt *Særtryk med selvstændig Angivelse af Sidetal*, derimod ikke andre Særtryk. Naar der i Eksemplarer af et Oplag er Afvigelser i Indholdet, blive de afvigende Eksemplarer med Hensyn til Afleveringspligten at betragte som forskellige Oplag. Er der til Eksemplarer af et Oplag anvendt forskelligt Udstyr, skal det ene af Eksemplarerne til det store kongelige Bibliotek høre til de bedst udstyrede, medmindre disses Tal ikke naar 50.

Hvad der har en udpræget fortrolig privat Karakter og kun er beregnet paa en bestemt mindre Kreds af Personer, [1]samt hvad der i Forretningslivet kun er beregnet paa en bestemt Kreds af Personer, der staa i Forhold til den paagældende Forretning,[1] skulle Bibliotekerne, naar saadant af den afleveringspligtige forlanges, holde utilgængeligt i en nærmere angiven Tid, dog ikke over 100 Aar, og de ere pligtige til ved Modtagelsen deraf paa Begæring at give Tilstaaelse for, at en saadan Fordring er stillet. [2]Ministeren for Kirke- og Undervisningsvæsenet kan derhos paa vedkommendes Begæring undtage de her omhandlede Ting fra Afleveringspligten.[2]

Undtagne fra Afleveringspligten ere *Pengerepræsentativer* og *Værdipapirer* samt, *hvad der har en fortrolig embedsmæssig Karakter* og af den Grund af vedkommende Myndighed anses for ikke egnet til Aflevering.

§ 3.

Afleveringspligten paahviler, for saa vidt angaar det her i Landet trykte, vedkommende Bog- eller Kunsttrykker, hvem Forlæggeren er pligtig til

[1] ... [1] Findes ikke i forslaget.

[2] ... [2] Findes ikke i forslaget.

paa Begæring at opgive for Bibliotekerne og Provinsarkiverne. I de andre Tilfælde paahviler Afleveringspligten Forlæggeren.

Afleveringen skal altid betragtes som foregaaende paa Forlæggerens Regning, saaledes at Bog- eller Kunsttrykkeren, naar Forpligtelsen til Aflevering paahviler ham, har Ret til at tilbageholde de fornødne Eksemplarer i det Oplag, som Forlæggeren har bestilt og bekostet.

§ 4.

I Tilfælde af den afleveringspligtiges Fallit eller Død ere Bibliotekerne og Provinsarkiverne berettigede til at faa de dem tilkommende Frieksemplarer udleverede af Boet som deres Ejendom. [3]Har den afleveringspligtige afgivet Oplaget til Forlæggeren uden at opfylde sin Afleveringspligt eller at tilbageholde de fornødne Eksemplarer til dens Opfyldelse, have Bibliotekerne og Provinsarkiverne ligeledes Ret til at faa de dem tilkommende Frieksemplarer udleverede af Forlæggeren eller hans Bo som deres Ejendom.[3]

§ 5.

Ministeren for Kirke- og Undervisningsvæsenet bemyndiges til at fastsætte de nærmere Bestemmelser, som maatte være nødvendige til Gennemførelsen af denne Lov, [4]saaledes navnlig:

a) angaaende øvrighedens Pligt til at gøre Indberetning om nyopretted Trykkerier og til i det hele at yde Bistand til Lovens Haandhævelse;

b) angaaende Tiden for Afleveringen og dennes Udførelse;

c) angaaende de Tilfælde, i hvilke Afleveringspligten ikke vil blive gjort gældende.[4]

§ 6.

Overtrædelser af denne Lov eller af de Ministerielle Bestemmelser, der slutte sig til den, straffes med Bøder [5]fra 10 til 400 Kr.[5] Bøderne tilfalde Politikassen. Alle Sager, som opstaa i Anledning af saadanne Overtrædelser, skulle behandles som [6]offentlige[6] Politisager.

[3] ... [3] Findes ikke i forslaget.

[4] ... [4] I forslaget kun: navnlig angaaende Tiden for Afleveringen og dennes Udførelse

[5] ... [5] I forslaget: ikke under 10 Kr.

[6] ... [6] Findes ikke i forslaget.

§ 7.
Forordning af 20de Januar 1832 angaaende Aflevering af Frieksemplarer ophæves undtagen for Islands og Koloniernes Vedkommende.

[7]§ 8.
Ministeren for Kirke- og Undervisningsvæsenet bemyndiges til at skænke det islandske Landsbibliotek i Reykjavik saadanne af det store kgl. Bibliotek erhvervede Værker, som dette maatte anse det for ufornødent at beholde.[7]

Hvorefter alle vedkommende sig have at rette. Givet paa Amalienborg, den 2den Maj 1902.

[Loven og den følgende bekendtgørelse findes oversat til tysk i *Zentralblatt für Bibliothekswesen* XIX, 1902, s. 459–64].

48. *Bekendtgørelse angaaende Gennemførelsen af Lov af 2den Maj 1902 om offentlige Bibliotekers Ret til Frieksemplarer af Tryksager m.m., 26 maj 1902.*

I Medfør af den Ministeren for Kirke- og Undervisningsvæsenet ved § 5 i Lov af 2den Maj 1902 om offentlige Bibliotekers Ret til Frieksemplarer af Tryksager m.m. givne Bemyndigelse fastsættes herved følgende med Hensyn til Gennemførelsen af nævnte Lov:

§ 1.
Bestemmelserne i Lovens §§ 1 og 2 om, hvad der skal afleveres til Bibliotekerne og Provinsarkiverne, skulle bringes til Anvendelse i deres hele Omfang alene med den Undtagelse, at Afleveringspligten for Bogtrykkernes Vedkommende ikke skal gøres gældende med Hensyn til *Blanketter til Udfyldning* (hvorunder ikke henregnes *Lejekontrakter, Svendebreve, Lærlingebreve og lignende*), *Visitkort, Brevpapir, Konvolutter, Korsbaand, Segloblater, Vareposer, Billetter, Adgangskort* og *Servietter.*

§ 2.
Afleveringen skal foregaa i Begyndelsen af Januar og Juli Maaneder i hvert Aar for det da forløbne Halvaars vedkommende. Afvigelse herfra er dog tilladt, for saa vidt der foreligger særlig Aftale mellem ved-

[7] ... [7] Denne paragraf findes ikke i forslaget.

kommende Bibliotek eller Provinsarkiv og den afleveringspligtige om en anden Afleveringstid, og i Tilfælde af, at den afleveringspligtige maatte standse sin i Forbindelse med Afleveringspligten staaende Forretningsvirksomhed eller en Avis ophøre med at udkomme, skulle vedkommende Frieksemplarer straks afleveres.

§ 3.

Ved hver Aflevering skal medføre to paa Foliopapir skrevne enslydende Fortegnelser, i hvilke der gives en nøjagtig Specifikation af det, der afleveres, dog saaledes at for *Smaatrykkenes* og *Sangenes* Vedkommende kun Antallet behøver at angives. I Fortegnelserne skal tillige indeholdes en udtrykkelig Erklæring om, at der ved Afleveringen er medtaget alt, hvad der i Følge Loven, sammenholdt med nærværende Bekendtgørelse, skal afleveres, og de skulle undertegnes af den afleveringspligtige eller hans ansvarlige Stedfortræder.

For *Kunsttrykkenes* Vedkommende skal derhos, for saa vidt de ere Bestanddele af eller høre som Bilag til et andet Værk, særlig paa Fortegnelserne opgives, til hvilket Værk de høre, eller – naar dette ikke kan oplyses – for hvis Regning de ere udførte.

Det, som efter Lovens § 2 *ønskes holdt utilgængeligt* en vis Tid, skal afleveres, hvert Værk for sig, i en forseglet Konvolut, der udvendig er forsynet med en nøjagtig Angivelse af Værkets Indhold samt med en af den afleveringspligtige eller hans ansvarlige Stedfortræder underskreven Erklæring om, at Værket er komplet, og om Udstrækningen af den Tid, i hvilken det ønskes unddraget Offentligheden, hvilken Tid vil være at regne fra Begyndelsen af det Aar, der følger umiddelbart efter det Aar, i hvilket Værket er blevet trykt eller fremstillet.

Hvad der afleveres, skal indpakkes forsvarligt.

§ 4.

Afleveringen skal undtagen for Færøernes Vedkommende ske direkte til hvert Bibliotek eller Provinsarkiv for sig uden nogen Indblanding af det, som tilkommer de andre, og hvad der i Følge Lovens § 2 begæres holdt utilgængeligt en vis Tid, skal afleveres til Bibliotekernes Chefer.

For Færøernes Vedkommende skal Afleveringen ske gennem Amtmanden, men i øvrigt paa samme Maade.

§ 5.

Har en Bog- eller Kunsttrykker i et Halvaar eller den for ham særlig vedtagne Afleveringsperiode intet trykt, hvoraf der skal afgives Frieksemplarer, skal der straks ved Halvaarets eller Periodens Udløb gives Bibliotekerne Meddelelse derom – direkte, eller for Færøernes Vedkommende gennem Amtmanden – ved en af Bog- eller Kunsttrykkeren eller hans ansvarlige Stedfortræder underskreven Erklæring.

§ 6.

Porto og Fragt for alle regelmæssige Indsendelser af Frieksemplarer gennem Postvæsenet eller Jernbanevæsenet kan forlanges afholdt af vedkommende Bibliotek eller Arkiv; dog kan for større Pakkers Vedkommende fra Steder, hvor Forsendelse med Jernbanen uden Vanskelighed kan benyttes, kun forlanges afholdt Fragt for saadan Forsendelse, ikke derimod den større Udgift ved Forsendelse med Postvæsenet.

§ 7.

Den ene af de ved Afleveringen medfulgte Fortegnelser skal tilbagesendes vedkommende med Bibliotekets eller Provinsarkivets Tilstaaelse for Modtagelsen af det afleverede.

For Modtagelsen af *Værker, der i Følge Lovens § 2 skulle holdes utilgængelige en vis Tid,* skal der gives særlig Tilstaaelse, der skal udfærdiges i Henhold til Ordlyden af den i § 3, næstsidste Stykke, angivne Paategning.

§ 8.

Bibliotekerne og Provinsarkiverne skulle nøje paase, at Lovens Bestemmelser overholdes, og de skulle, naar Overtrædelser deraf komme til deres Kundskab, gøre Ansvar gældende mod vedkommende til Straf og, hvis Overtrædelserne paaføre Bibliotekerne eller Arkiverne Tab, tillige til Erstatning.

Ogsaa naar Bibliotekerne eller Provinsarkiverne ved Anvendelse af Bestemmelsen i Lovens § 4, 2det Stykke, maatte faa Frieksemplarerne fra Forlæggeren eller hans Bo, skulle de gøre Straffeansvar gældende mod den afleveringspligtige Bog- eller Kunsttrykker for den skete Forsømmelse.

§ 9.

Øvrighederne skulle fremdeles i samme Omfang og paa samme Maade som efter de hidtil gældende Bestemmelser yde Bistand til Haandhævelse af Bibliotekernes og Provinsarkivernes Ret til Frieksemplarer.

Der skal saaledes, hver Gang der meddeles Borgerskab eller Næringsbevis som Bogtrykker, Litograf, Kobbertrykker eller Kunsttrykker, i Overensstemmelse med Indenrigsministeriets Cirkulære af 12te Maj 1863 [aktst. nr. 31] af vedkommende Øvrighed gøres Indberetning derom til Ministeriet for Kirke- og Undervisningsvæsenet, ligesom Amtmændene ere pligtige til at hjælpe Bibliotekerne og Provinsarkiverne til Fremskaffelse af manglende Afleveringer fra den afleveringspligtige eller efter Lovens § 4 samt ved Foretagelsen af fornødne retslige Skridt mod vedkommende til Straf og Erstatning.

§ 10.

For saa vidt Loven i Forhold til den hidtil gældende Lovgivning hjelmer en Udvidelse af Afleveringspligten, skulle dens strængere Regler herom først bringes til Anvendelse paa det, som trykkes eller fremstilles fra 1ste Juli d. A. at regne.

Hvilket herved bekendtgøres til Efterretning og Iagttagelse for alle vedkommende.

Ministeriet for Kirke- og Undervisningsvæsenet, den 26de maj 1902.

49. *Cirkulære til bogtrykkerne fra Statsbiblioteket (udateret).*

Statsbiblioteket i Aarhus.

I Henhold til Lov af 2/5 1902 er Tryksager (herunder ogsaa Kunsttryk) af enhver Art Afleveringspligt underkastet. Dog skal efter Kultusministeriets Bekendtgørelse af 26/5 1902 Afleveringspligten for Bogtrykkernes Vedkommende ikke gøres gældende med Hensyn til flg. Arter af Tryksager:

Blanketter til Udfyldning (hvorunder ikke henregnes *Lejekontrakter, Svendebreve, Lærlingebreve og lignende), Visitkort, Brevpapir, Konvolutter, Korsbaand, Segloblater, Vareposer, Billetter, Adgangskort og Servietter.*

P.B.V.

V. Grundtvig, Underbibliotekar.

[Statsbibliotekets arkiv, meddelt af førstebibliotekar Svend Larsen].

50. *Vejledende Bemærkninger om Lov om offentlige Bibliothekers Ret til Frieksemplarer af Tryksager m.m. samt lidt Forhistorie. Af H. Ehrencron-Müller. Kbh. 1902.*

[Særtryk af *Dansk Bogtrykker-Tidende* X, 1902, s. 156–62, 176–87 og 194–99. – Vejledning til bogtrykkerne udarbejdet af lederen af KBs Danske Afdeling med redegørelse for historisk baggrund og hidtidig praksis. Med forbigåelse af den historiske indledning frem til 1832 gengives s. 14–36, hvor hovedpunkterne her er fremhævet med kursiv]:

Denne Forordning [forordningen af 20. jan. 1832] har nu været gjældende i 70 Aar, og det maa siges, at den i det Store og Hele har virket tilfredsstillende. Ved Hjælp af den har det været muligt for Bibliothekerne at samle den danske Litteratur, der har set Lyset siden dens Fremkomst, i temmelig vidt Omfang og der er al Grund til at anerkjende den Dygtighed, hvormed den er redigeret, og saa at sige Alt, hvad der paa den Tid kunde anses for nødvendigt og ønskeligt har fundet Plads i den. Men paa den anden Side kan det ikke nægtes, at de 70 Aar ikke ere gaaede sporløst hen over den, hvad der til Dels hænger sammen med, at Synspunkterne i mange Henseender have forandret og udvidet sig. De mange nye Opfindelser paa Boghaandværkets Omraade, navnlig i Retning af Teknik, kunde selvfølgelig ikke være forudset, og da Forordningen kun omtaler to Slags Reproduktioner: Kobberstikket og Steentrykket, har Bibliothekerne egentlig ikke kunne gjøre Krav paa de Kunstblade, der fremstilles ved *de nyere Reproduktionsmaader, Lystryk, Fotografi, Fotogravure, Radering o.l.* En Del have Bibliothekerne vel modtaget, men det skyldes hovedsagelig Vedkommendes Velvillie og selvfølgelig er der derved fremkommet en Del Mangler og Huller i Samlingen. Denne Mangel ved Forordningen har navnlig vist sig i de sidste Aartier, men en ældre Anke mod dens Bestemmelser er, at den fastsatte for mange Undtagelser og det af Ting, der, som ovenfor berørt, ingenlunde kan siges at være uden Betydning. Ganske vist er *en Lejlighedssang, et Auktionskatalog, en af de talløse Foreningers Love, Beretninger og Regnskaber* i Øjeblikket uden særlig Værdi, men Enhver, der har syslet med Bibliotheksarbejde og havt Lejlighed til at se, hvilke Ting en historisk Forsker kan komme til at bruge under sit Arbejde, vil have erfaret, at det ofte netop er den Slags for Samtiden ubetydeligt Smaatryk, hvis Mangel Forskeren og Videnskabsmanden bittert maa beklage. Den kulturhistoriske Betydning af den Slags Smaasager har tidligere været en Del overset, men i alle civiliserede Lande gjør der sig nu en Bestræbelse gjældende for at samle dem i saa vid Udstrækning som muligt og gjennem en systematisk og letfattelig Ordning yde et Overblik over Kulturtilstanden i vedkommende Land og de forskjellige store Bevægelsers Udvikling fra deres første spæde Spirer. *Som en Mangel ved Forordningen af 1832 maa det ogsaa betegnes, at den rent oversaa det Forhold, at en dansk Forlægger kunde lade et Værk udføre eller fremstille i Udlandet og derved unddrage det Afleveringspligten*; som ovenfor nævnt havde Forordningen af 1821 udtrykkelig fastsat Aflevering ogsaa i saadanne Tilfælde. Det er ganske vist forholdsvis sjældent, at et Forlag lader et helt Værk udføre udenlands, men fra de sidste Aar kan dog paavises et Tilfælde, hvor et stort Forlag har ladet et Skuespil trykke i Norge, hvorfor Bibliothekerne, om de ønskede at holde Samlingen af den danske Litteratur komplet, maatte erhverve sig det ved Kjøb. Men er det end kun sjældent, at hele Værker udføres i Udlandet for en dansk Forlæggers Regning, er det til Gjengæld saa meget hyppigere, at Kunstblade og Børnebøger udføres i udenlandske Officiner og derved unddrages Afleveringspligten. Hvad særligt Kunstblade angaar, vare Bibliothekerne meget ilde stedte, naar de hørte som Bilag til Bøger, der vare undergivne Aflevering. De særligt udgivne Kunstblade kunde Bibliothekerne, for saa vidt de fik Kundskab om deres Fremkomst, erhverve sig ved Kjøb, hvilket det store kgl. Bibliothek ogsaa har gjort i ret vidt Omfang, men det som Bilag til et Skrift udførte Kunstblad kommer ikke i Handelen, og Bibliotheket har derfor været henvist til Forlæggernes Velvilje, der som Regel heller ikke har svigtet.

Forordningen af 1832, der traf Indskrænkninger med Hensyn til, hvad man den Gang og længe efter ansaa for værdiløst, tog derimod *ingen Bestemmelser om, hvad man nu vilde kalde privat Tryk.* Det var sikkert Meningen, at sligt ogsaa skulde være Gjenstand for Afleveringen, *men i Aarenes Løb blev det,* uden nogensinde at være godkjendt, *Praksis, at en Forfatter af et kun til privat Uddeling bestemt Skrift kunde forbyde Bogtrykkeren at aflevere Eksemplarer af det til Bibliothekerne.* Denne Ordning var selvfølgelig alt Andet end heldig; ganske vist have Bibliothekerne faaet det meste af den Slags Privattryk, men der er selvfølgelig enkelte Skrifter, der netop ved at de ikke kom i Handelen ere undgaaede Bibliothekarernes Opmærksomhed. Endelig tænkte man ved hin Forordnings Affattelse for 70 Aar siden ikke paa den Udvikling, Tidsskriftsliteraturen vilde tage, og kunde selvfølgelig ikke ane, hvor den Skik at tage Særtryk af de i periodiske Skrifter optagne Artikler vilde komme til at blomstre, hvorfor man heller ikke traf nogen Bestemmelse med Hensyn til saadanne Særtryks Aflevering. Disse Særtryk citeres ikke saa sjældent i senere Skrifter og, naar de fremtræde med særligt Titelblad og selvstændig Paginering, kan dette Forhold ofte bevirke en ikke ringe Forvirring, idet Bibliothekernes Benyttere, der ikke Alle kunne antages at være særlig bogkyndige, glat væk forlange disse Særtryk efter Titlen som selvstændige Bøger og derfor ere udsatte for et Afslag, idet Bibliothekerne ikke have det paagjældende Særtryk, men derimod vel Afhandlingen, godt skjult i et eller andet Tidsskrift, hvor man efter Titlen ikke ret vel skulde vente at finde den. Dette Forhold, der har voldt megen Ulejlighed og Tidsspilde baade for Laanerne og Bibliothekernes Embedsmænd, kunde lettelig rettes, naar Særtryk dvs. virkelige Særtryk med særskilt Paginering blev Gjenstand for Afleveringspligt.

Disse og flere Mangler ved Forordningen, der efterhaanden bleve mere og mere iøjnefaldende, bevirkede, at Ministeriet for Kirke- og Undervisningsvæsenet i Fjor begyndte at tage under Overvejelse, om det ikke kunde være hensigtsmæssigt at underkaste den gamle Forordning en Revision, der kunde bringe den til at svare mere til Nutidens Krav. At Spørgsmaalet netop nu blev taget op, skyldtes til Dels ogsaa Hensynet til det ved Lov af 22. Marts 1897 oprettede *Statsbibliothek* i Aarhus, der i Sommeren i Aar er blevet indviet og taget i Brug. Det var jo nemlig Meningen, at *Hovedstammen* i dette Bibliothek skulde dannes *af det store kgl. Bibliotheks Dubletsamling, men,* som det ogsaa var udtrykkelig fremhævet i Loven, *havde det store kgl. Bibliothek Ret til først at udtage Dubleteksemplaret af alle de Værker, der enten allerede vare saa stærkt medtagne ved Brugen,* at den Tid ikke kunde være fjærn, hvor Bibliothekets eget Eksemplar ikke længere kunde gjøre Tjeneste, *eller om hvilke man kunde vente, at de vilde blive stærkt benyttede.* Det store kgl. Bibliothek har jo nemlig fremfor de andre to Bibliotheker Forpligtelsen til at samle og bevare den danske Nationalliteratur i dens videste Udstrækning og netop af den Grund har dette Bibliothek ved den nye Lov faaet tildelt 2 Frieksemplarer, medens de andre maa nøjes med et. Skøndt det store kgl. Bibliothek benyttede sin lovhjemlede Ret saa lemfældigt og diskret som vel muligt, er det jo indlysende, at de Bøger og Skrifter, der bleve holdte tilbage, netop vare de mest brugte og læste og det kan derfor ikke undre, at det nyoprettede Statsbibliothek ikke fandt sig helt tilfredsstillet ved denne Ordning, der forøvrigt heller ikke var uden Besvær og Bryderier for det store kgl. Bibliotheks Embedsmænd, hvem Valget af de Dubleteksemplarer, der skulde beholdes, var paalagt. Den sikreste og hensigtsmæssigste Maade at skaffe Statsbibliotheket en regelmæssig Tilgang af den danske Literatur var naturligvis at optage det imellem de til Frieksemplarer berettigede Bibliotheker og det var ogsaa den Forholdsregel, man tilsidst blev staaende ved. Ministeriet afæskede derfor Cheferne for de to store kjøbenhavnske Bibliotheker og senere ogsaa Bibliothekaren ved Statsbibliotheket Erklæringer, og disse stemte i alt væsentligt overens deri, at en Revision og delvis Ændring af den 70 Aar gamle, for sin Tid fortræffelige Forordnings Bestemmelser, var højst ønskelig.

Som bekjendt fremsatte Ministeren ved Begyndelsen af indeværende Aar et Forslag til Lov om offentlige Bibliothekers Ret til Frieksemplarer af Tryksager m.m. Baade i Folkethinget og Landsthinget fik dette Forslag den gunstigste Modtagelse og *de enkelte Ændringsforslag, der bleve fremsatte*, vare alle dikterede af Velvilje overfor Sagen, for at gjøre Loven saa brugbar og fuldstændig som muligt. Loven blev endelig vedtagen d. 10. April af Rigsdagen og fik kgl. Stadsfæstelse *d. 2. Maj 1902*.

Vi skulle nu i al Korthed gjennemgaa Lovens Paragraffer, sammenholdte med de ved den ministerielle Bekjendtgørelse af 26. Maj trufne Bestemmelser, idet vi haabe derved at yde de Afleveringspligtige en Haandsrækning til Forstaaelsen og Udførelsen i Praksis.

§ 1 bestemmer, at af Alt, som trykkes her i Landet af Bogtrykkere, Lithografer, Kobbertrykkere og andre Kunsttrykkere, skal der afleveres ialt 4 Frieksemplarer, nemlig 2 til det store kgl. Bibliothek, 1 til Universitetsbiblioteket og Provindsarkiverne i Forening og 1 til Statsbibliotheket i Aarhus. Som det vil vides, har Universitetsbibliotheket for nogle Aar siden afgivet alle sine Provindsaviser til de paagjældende Provindsers Arkiver, og den nye Lov fastholder denne Fordeling, saa at Universitetsbibliotheket, som hidtil, kun er berettiget til 1 Eksemplar af de kjøbenhavnske Dagblade, medens Provindsbladene sendes direkte til paagjældende Provindsarkiv. Selvfølgelig gjælder dette kun Aviserne, derimod hverken Tidsskrifter, Bøger eller Smaatryk, af hvilket der som hidtil skal afleveres 1 Eksemplar til Universitetsbibliotheket. For det store kgl. Bibliothek og Statsbibliotheket gjælder derimod den Regel, at alle Hovedstadens og Provindsernes Dagblade skulle indsendes til dem, til det store kgl. Bibliothek i 2 og til Statsbibliotheket i 1 Eksemplar. Med Hensyn til Opbevaringen af disse Eksemplarer, indtil Afleveringen finder Sted, kunde det maaske ved denne Lejlighed anbefales Bogtrykkerne at henlægge de 4 afleveringspligtige Eksemplarer for hver Dag i hver sin Bunke, saaledes, at ved Afleveringsterminens Slutning, hvert Eksemplar afleveredes for sig. Det koster Bibliotheket (dette gjælder kun det store kgl. Bibliothek) mere Arbejde, end man rimeligvis tænker sig, at skille de 2 Eksemplarer ad, naar de lægges i samme

Bunke for hver Dag eller endog, som nogle Trykkerier have for Skik, inden i hinanden. Med Hensyn til Bøger maa det tilraades paa lignende Maade at henlægge de afleveringspligtige Eksemplarer af et Ark, saa snart dette har forladt Pressen. Ofte har det ved Eftersynet paa Bibliothekerne vist sig, at et Ark midt inde i et Skrift var glemt og det har krævet et stort og besværligt Arbejde for Bogtrykkeren, der har afleveret hele Oplaget til Forlæggeren, at skaffe det paagjældende Ark til Veje.

Lovens Ord „Alt, som trykkes" forklares nærmere i den ministerielle Bekjendtgørelse, der udtrykkelig fremhæver, *hvad der ikke skal afleveres,* nemlig: Blanketter til Udfyldning (hvorfra dog undtages *Lejekontrakter, Svende- og Lærlingebreve, der ere afleveringspligtige*), Visitkort, Brevpapir, Konvolutter, Korsbaand, Segloblater, Vareposer, Billetter, Adgangskort og Servietter, samt selvfølgelig Pengerepræsentativer, Værdipapirer og hvad der har en fortrolig embedsmæssig Karakter og af den Grund af vedkommende Myndighed anses for ikke egnet til Aflevering. *Derimod* ere for fremtiden *Nodetryk, Love, Regnskaber, Beretninger, Programmer, Plakater af enhver Art, ogsaa Theaterplakater, Reklamer, Forretningsmeddelelser, Prisfortegnelser, alle Kataloger, Cirkulærer, Viser, Sange o.l.* absolut afleveringspligtige. I Virkeligheden er denne Lovbestemmelse, som det ogsaa er blevet udtalt af flere Bogtrykkere, en Lettelse for den, der skal besørge og forestaa Afleveringen. Tidligere maatte den Afleverende træffe et ofte ret besværligt Valg imellem, hvad han i Følge Forordningens Bestemmelse skulde indsende, og hvad han, uden at krænke Bibliothekernes Ret, kunde holde tilbage. Nu derimod har han kun af hver eneste Tryksag, lille eller stor, der udgaar fra hans Officin, med de ovenfor nævnte Undtagelser, at henlægge 4 Eksemplarer og vil saa i alle Tilfælde være sikker paa at have gjort sin Pligt, saa at der ikke med Rette senere kan rejses noget Krav mod ham. Skulde der paa denne Maade løbe noget med, som Bibliothekerne ingen Brug have for, er Skaden ikke stor, *da den kontrollerende Bibliotheksembedsmand jo har Ret til at udskyde, hvad der ikke egner sig til Indlemmelse i Bibliothekernes Samlinger.* Endvidere forordnes det, at ogsaa *alle Kort, Portrætter, Kunstblade o. desl., som fremstilles her i Landet paa anden Maade end ved Trykning, f. Eks. ved Fotografering,* skulle afleveres i 2 Eksemplarer til det store kgl. Bibliothek, 1 til Universitetsbibliotheket og ligeledes 1 til Statsbibliotheket, naar de høre til et Værk, der skal afleveres. Forsaavidt disse Kunstblade, Kort og Portrætter høre til en Bog, bestemmer den ministerielle Bekjendtgørelse (§ 3), at den, der har udført dem, ved Afleveringen er pligtig at opgive, til hvilken Bog de høre eller, saafremt han er uvidende derom, for hvis Regning de ere udførte. Denne Bestemmelse er truffet for at forebygge det tidligere ikke ualmindelige Tilfælde, at Bibliothekerne fik afleveret Ting, der aabenbart hørte til en eller anden Bog, men i det Hav af Skrifter og Bøger, der ved Afleveringstiderne bogstavelig vælter ind ad Døren, var det umuligt at udfinde netop det Skrift, til hvilket det paagjældende Blad hørte. For hvert saadant ubestemmeligt Blad var det da nødvendigt at føre en ofte ret vidtløftig Korrespondence med Kunsttrykkeren, der undertiden endda ikke selv kunde meddele den ønskede Oplysning, men maatte nøjes med at henvise til den, for hvis Regning Bladet var udført.

Endvidere indeholder § 1 den Bestemmelse, *at enhver her i Landet boende Forlægger, der lader trykke eller udføre et Arbejde i Udlandet, skal aflevere 4 Frieksemplarer af det paagjældende Arbejde,* paa samme Maade som af de her i Landet udførte Bog- eller Kunsttryk. Denne Betemmelse er, som det fremgaar af det tidligere udviklede, gjenoptaget fra Forordningen af 10/1 1821 og der er ingen Tvivl om, at denne Forordning ikke blot er berettiget, men i sig selv ogsaa en ingenlunde besværlig Byrde for vedkommende Forlægger. Naturligvis vil det for Bibliothekerne have visse Vanskeligheder paa dette Punkt at øve en virksom Kontrol, men de store Forlæggere, og andre ville vel næppe rammes af denne Bestemmelse, ville sikkert selv have Følelsen af Betydningen af, at deres Forlagsartikler findes bevarede i de offentlige Bibliotheker, hvor de ere let tilgængelige. Det har mere end en Gang vist sig, at Forlæggere af *udenlands trykte Børnebøger,* af hvilke de i sin Tid have skænket det store kgl. Bibliothek et Eksemplar, siden have henvendt sig til dettes Bestyrelse for at faa den paagjældende Bog til Laans, naar det gjaldt om at foranstalte et nyt Oplag og Forlaget ikke selv længere besad Eksemplarer.

Lovens § 2 udtaler, at Afleveringspligten kun gjælder færdige Arbejder, ikke foreløbige Udkast, Korrektur, Prøvetryk eller lignende. Meningen heraf er ganske klar; kun kan Udtrykket „færdige Arbejder" maaske trænge til en Forklaring. Derved forstaas *alt rentrykt, altsaa ogsaa saadanne Bøger og Skrifter, hvoraf der kun trykkes et eller nogle faa Ark, hvorefter Trykningen standses af en eller anden Grund. Et saadant Arbejde er selvfølgelig „færdigt"* og Afleveringspligten undergivet. Det Samme gjælder om *alle, ogsaa de uforandrede Oplag og Udgaver* med alle de tilhørende Bilag. Her kan udtrykkelig, fordi det ofte har været Gjenstand for Misforstaaelse, nævnes, at *ogsaa stereotyperede Bøger* betragtes som nye Oplag, hver Gang der er taget et nyt Aftryk af Satsen. Ligeledes fortjener det at fremhæves, at *naar der til et og samme Skrift straks eller senere trykkes flere Titelblade, der bære forskjellig Oplagsbetegnelse, maa alle disse Titelblade leveres* i lige saa mange Eksemplarer som selve Skriftet. Helst se Bibliothekerne selvfølgeligt, at der leveres lige saa mange Eksemplarer af Skriftet, som der angives Oplag, men dette er kun et Ønske, medens de have Krav paa alle de forskjellige Titelblade.

Loven fastsætter yderligere, at „naar der i Eksemplarer af et Oplag ere Afvigelser i Indholdet, blive de afvigende Eksemplarer med Hensyn til Afleveringspligten at betragte som forskjellige Oplag". Denne Bestemmelse, som næppe ofte vil faa Lejlighed til at træde i Kraft, da dette Forhold kun sjældent indtræffer, har det været nødvendigt at indsætte i Loven, da netop de sidste Aar have fremvist et Par Eksempler paa en under Trykningen i nogle Eksemplarer af et Oplag foretagen Forandring.

For saa vidt der i det samme Oplag findes Eksemplarer med forskjelligt Udstyr, skal *det ene af de til det store kgl. Bibliothek afgivne Eksemplarer høre til de bedst udstyrede,* med mindre disses Tal ikke naar 50. I den nyere Tid er det jo ret hyppigt, at der foruden de almindelige Eksemplarer, navnlig af skjønliterære Arbejder, trykkes en Del Eksemplarer paa finere Papir, Bøttepapir, Marais eller japansk Papir, og det er Hensigten med denne Bestemmelse (der paa en Maade træder i Stedet for den tidligere Forordnings Paabydende om, at et af de afleverede Eksemplarer skulde være paa Skrivpapir) at have et let tilgjængeligt Sted, hvor man til enhver Tid vil kunne gjøre sig bekjendt med Udstyrelsen af Bøger, hvad der vil være af ikke ringe Betydning for Studiet af Boghaandværket og dets Udvikling gjennem Tiderne.

Afleveringspligten udstrækkes, og dette er en helt ny Bestemmelse, *til at omfatte alle Særtryk med selvstændig Angivelse af Sidetal.* Ovenfor er der talt om det Hensigtsmæssige og Gavnlige i denne Foranstaltning, der længe har været ønsket baade af Bibliothekerne og disses Benyttere. Under denne Bestemmelse falder *ogsaa alle de Aftryk, der tages af Dagspressens Feuilletoner.* Adskillige Avisbogtrykkerier have allerede længe afleveret saadanne, men ved den nye Lov indtræder Afleveringspligten for alle de Bogtrykkerier, der til Brug for deres Abonnenter lade tage Aftryk af Feuilletoner. *Ifjor udsendte det kgl. Bibliothek til alle Landets Bogtrykkerier en Anmodning om at indsende saadanne Særtryk af Feuilletoner* [se aktst. nr. 44], og da Adskillige tog denne Anmodning til Følge, fik man et Indblik i, hvor mange originale Bidrag der fremkomme navnlig i Provindsbladenes Feuilletoner, hvoraf den allerstørste Del aldrig tidligere er kommet i Bibliothekernes Eje.

For at imødekomme et almindeligt Ønske bestemmer Loven (§ 2), *at, „hvad der har en udpræget fortrolig, privat Karakter og kun er beregnet paa en mindre Kreds af Personer*, samt hvad der i Forretningslivet kun er beregnet paa en bestemt Kreds af Personer“, *skal Bibliothekerne, naar det forlanges af den Afleveringspligtige, holde utilgængeligt i en nærmere angiven Tid, dog ikke over 100 Aar.* Saadanne Tryksager, hvis Indhold ikke gjør dem egnede til almindelig Benyttelse, have allerede længe været afleverede til Bibliothekerne, og i de faa Tilfælde, hvor Bogtrykkeren efter Bestillerens Ønske har anmodet om, at de maatte blive henlagte, har der altid været taget Hensyn dertil. Men ved den nye Lov er det altsaa fastslaaet, at Bogtrykkeren har Ret til i sin Klients Interesse at *forlange* en saadan Henlæggelse. Den ministerielle Bekjendtgørelse bestemmer, at vedkommende Skrift, der ønskes henlagt og unddraget Benyttelse, skal afleveres direkte til Bibliothekernes Chefer i en forseglet Konvolut, der udvendig forsynes med Angivelse af Forfatterens Navn, Skriftets Titel, Trykkested, Udgivelsesaar samt med en af vedkommende Bogtrykker eller hans ansvarlige Stedfortræder underskrevet Erklæring om, at Værket er komplet; desuden skal det udtrykkeligt angives, hvor mange Aar det ønskes henlagt, idet Tiden regnes fra Begyndelsen af det Aar, der følger umiddelbart efter Skriftets Trykning. Som vejledende Prøve for en saadan Udskrift kan anføres:

> Mathilde Reinhardt: Familie-Erindringer. 1831–1856. Trykt som Manuskript. Kjøbenhavn 1889. Og nedenunder:
> Undertegnede bevidner herved, at det ovenfor nævnte Skrift (15 Ark stort) er komplet og forsynet med Titelblad og alle Bilag.
> (Underskrevet.)

De saaledes fra Benyttelse undtagne Skrifter ville blive henlagte under Laas og Lukke i det Tidsrum, der ønskes, dog ikke over 100 Aar. Hvis Værket, inden den bestemte Frist er udløben, bliver tilgængeligt gjennem Boghandelen og saaledes Offentlighedens Eje, betragter Bibliotheket sig som løst fra sin Forpligtelse og kan optage Skriftet i sine Samlinger. Det behøver næppe at forklares, hvor stor Betydning det vil kunne faa for Efterverdenen at kunne gjøre sig bekjendt med adskillige af disse privat og fortrolig trykte Sager, naar de Forhold, der nødvendiggjorde deres Hemmeligholdelse, forlængst ere hævede. Tidsfristen er med velberaad Hu gjort saa vid, for at ingen berettigede Interesser eller Hensyn kunde blive krænkede ved en Offentliggjørelse.

Skulde noget Skrift være af den Natur, at ikke engang disse Forholdsregler synes tilstrækkelige til at hindre Misbrug, vil Ministeren for Kirke- og Undervisningsvæsenet altid være berettiget til, naar Begjæring derom fremsættes, at fritage Vedkommende for Afleveringspligten; men et saadant Tilfælde vil vel næppe nogensinde indtræde, og skulde det ske, vil der sikkert blive draget Omsorg for, at vedkommende Skrift paa anden Maade bliver bevaret for Eftertiden.

Lovens § 3 bestemmer, at Afleveringspligten for det her i Landet Trykte og Udførte altid paahviler Bog- eller Kunsttrykkeren. Vi have ovenfor set, hvor mange Vanskeligheder det voldte, da man i 1821 forsøgte at lægge Pligten over paa Forlæggerne og hvor hurtigt man atter vendte tilbage til det gamle Forhold. I denne Henseende følger den ny Lov i Forordningen af 1832's Spor, men *ny er den Bestemmelse, at Forlæggerne, hvis Bibliotheket begjærer det, skulle være pligtige til at opgive, hvem der har trykt vedkommende Skrift eller Blad.* Denne Bestemmelse er af ikke ringe Betydning og et absolut Fremskridt fra den ældre Forordning. Den gjælder selvfølgelig ogsaa for Redaktører af Blade og Tidsskrifter, der ofte skifte Bogtrykker midt i en Aargang, og det st. kgl. Bibliothek har havt Eksempel i nyere Tid paa, at en Redaktør trods alle Henvendelser haardnakket har nægtet at opgive, hvor nogle Nr. af det af ham redigerede Tidsskrift var trykt, og Bibliotheket havde ingen Mulighed til at skaffe sig det at vide ad anden Vej.

Fra Forordningen af 1821 er optaget den ganske naturlige Bestemmelse, der hidtil ogsaa har været den gjældende, at Afleveringen skal betragtes som foregaaende *paa Forlæggerens Regning*, idet Bog- og Kunsttrykkeren har Ret til at tilbageholde de pligtige Frieksemplarer i det Oplag, som Forlæggeren har bestilt og bekostet.

Med Hensyn til det *Bog- og Kunsttryk, som en her i Landet boende Forlægger lader udføre udenlands, gjælder det, at vedkommende Forlægger er pligtig til at indsende de befalede Frieksemplarer.*

Skulde den Afleveringspligtige, inden Afleveringen har fundet Sted, gaa Fallit eller afgaa ved Døden, have Bibliothekerne og for Provindsavisernes Vedkommende de paagjældende Arkiver Ret til at faa de dem tilkommende Frieksemplarer udleverede af Boet som deres Ejendom. Paa samme Maade kunne Bibliothekerne rejse Krav mod Forlæggeren, saafremt den Afleveringspligtige har afgivet Oplaget til denne uden at tilbageholde de fornødne Eksemplarer; i dette Tilfælde skulle Bibliothekerne, selv om de erholde de pligtige Frieksemplarer fra Forlæggeren, gjøre Strafansvar gjældende mod vedkommende Bog- eller Kunsttrykker for den skete Forsømmelse.

I den ministerielle Bekjendtgørelse fastsættes, at Afleveringen som hidtil skal ske direkte til den modtagelsesberettigede Anstalt uden Sammenblanding af det, som tilkommer de andre, og hver Aflevering skal være ledsaget af 2 paa Foliopapir skrevne enslydende Fortegnelser over Alt, hvad der afleveres, dog at for Smaatrykkets og Sangenes Vedkommende kun Antallet behøver at angives. Disse Fortegnelser skal for Bøgernes Vedkommende indeholde udførlige Titelangivelser, f. Eks. John Paulsen: Mine Erindringer. Kbh. 1902. og det var at ønske, at Bogtrykkerne ved anonyme Bøger til Bibliothekernes Brug, for saa vidt det er dem bekjendt, vilde opgive Forfatterens Navn, saaledes som det er Skik i adskillige andre Lande. Det er en Selvfølge, at saadanne Oplysninger altid ville blive behandlede med den største Diskretion og ingen Sinde blive tilgjængelige for andre end Bibliothekernes Embedsmænd.

Fordringen om *to enslydende Fortegnelser,* der skulde indsendes med hver Aflevering, fandtes allerede i Forordningen af 1832, men den er langtfra altid bleven overholdt. For Fremtiden vil der imidlertid, i hvert Fald for det st. kgl. Bibliotheks Vedkommende, blive holdt strengt over, at disse Fortegnelser, *skrevne paa Foliopapir,* som Loven udtrykkelig bestemmer, altid medfølge. I Sverige f. Eks., hvor denne Bestemmelse længe har staaet i Kraft, have Bibliothekerne igjennem Trykkeriernes aarlige Afleveringslister samlet et fortrinligt Materiale til de enkelte Bogtrykkeriers Historie, og det har ofte været Tilfældet, at vedkommende Officin selv har søgt hen til de offentlige Bibliotheker, naar det gjaldt om at finde Oplysninger om dets ældre Virksomhed. Et saadant Materiale har det st. kgl. Bibliothek hidtil ikke kunnet yde, da Bogtrykkerne ofte kun indsendte en Fortegnelse eller skrev den paa saa lille et Stykke Papir, at det var umuligt at opbevare den sammen med de andre. Fra og med den ny Lovs Ikrafttræden vil et saadant Bogtrykkerarkiv imidlertid blive indrettet og stadig holdt à jour, hvilket ogsaa vil være i Bogtrykkernes egen velforstaaede Interesse.

Fortegnelserne skulle foruden en Liste over de afleverede Tryksager indeholde en udtrykkelig Erklæring, undertegnet af den Afleveringspligtige eller dennes ansvarlige Stedfortræder, om, at Alt, hvad der efter Loven er afleveringspligtigt, er rigtigt og fuldstændigt afleveret. Denne Erklæring kan affattes i omtrent følgende Form:

> Undertegnede bevidner herved, at der ikke i mit Bog-(eller Kunst-) trykkeri i Halvaaret – er udført Andet, af hvilket der i Følge Loven skal afgives Frieksemplarer.
>
> (Undertegnet.)

Naar Afleveringen er kollationeret og konfereret med Fortegnelserne, tilbagesendes den ene af disse med Kvittering for rigtig Aflevering, saafremt der Intet har været at indvende; i modsat Fald anføres Manglerne, der da maa rettes snarest muligt.

Afleveringen skal foregaa i Begyndelsen af Januar og Juli Maaneder i hvert Aar for det da forløbne Halvaars Vedkommende. Fra denne Regel kan dog for Provindsbogtrykkernes Vedkommende tillades Afvigelser, og det st. kgl. Bibliothek har i saa Henseende tidligere truffet Aftale med de enkelte Bogtrykkere, hvilken Aftale for dette Bibliotheks Vedkommende betragtes som staaende i Kraft, for saa vidt Paagjældende ikke selv maatte ønske nogen Forandring.

Selvfølgeligt skal i Tilfælde af, at den Afleveringspligtige standser sin Forretning eller en Avis ophører at udkomme, de pligtige Frieksemplarer straks indsendes.

Hvis en Bog- eller Kunsttrykker i et Halvaar Intet har udført, hvoraf der i Følge Loven skal afleveres Frieksemplarer, skal han eller hans ansvarlige Stedfortræder meddele Bibliothekerne dette, og for Opbevaringens Skyld ønskede, i det mindste det st. kgl. Bibliothek, at ogsaa disse Meddelelser udfærdigedes paa Folioark.

Saadanne Erklæringer have Bogtrykkerne tidligere været meget forsømmelige med at indsende, og det har voldt baade Bibliothekerne og Bogtrykkerne selv mange unødige Skriverier.

Med Hensyn til Porto og Fragt for alle regelmæssige Indsendelser af Frieksemplarer gjennem Post- eller Jernbanevæsenet gjælder den tidligere Bestemmelse, at de afleveringspligtige Bog- og Kunsttrykkere kunne forlange Udgifterne afholdte eller refunderede af vedkommende modtagelsesberettigede Bibliothek eller Arkiv. Som det udtrykkelig fremhæves i den ministerielle Bekjendtgjørelse (§ 6), skulle større Pakker, naar det ikke er forbundet med særlige Vanskeligheder, altid forsendes med Jernbanen, ikke med Postvæsenet.

Loven fastsætter endelig for Overtrædelser af dennes eller den ministerielle Bekjendtgjørelses Bestemmelser Bøder fra 10 til 400 Kr. og desuden Erstatning, hvis Overtrædelserne har paaført Bibliothekerne eller Arkiverne noget Tab.

Den nye Lovs Bestemmelser træde først i Kraft overfor det efter 1. Juli 1902 trykte.

Denne Afleveringslov, hvis vigtigste Enkeltheder vi nu have gennemgaaet, betegner, som det vil fremgaa ved en Sammenligning med de tidligere, ovenfor nævnte, Forordninger og Reskripter om dette Spørgsmaal, et meget stort Fremskridt, og ved den er Danmark naaet op paa Siden af de Lande, hvis Afleveringsvæsen hidtil har staaet højest og været bedst organiseret, særlig Ungarn og Sverige. Ved den er der Mulighed for at tilvejebringe en fyldig og alle Grene omfattende Repræsentation for Landets Aandsliv, saaledes som dette lægger sig for Dagen i Literaturen, dette Ord taget i sin videste Forstand. Selv om Loven maaske i Øjeblikket kan volde Bog- og Kunsttrykkerne en Smule forøget Ulejlighed, maa den Betragtning, at de ere Medarbejdere ved et stort, i kulturhistorisk Henseende betydningsfuldt og vigtigt Foretagende, vel kunne yde dem Erstatning derfor. Der er ingen Tvivl om, at Eftertiden vil yde ikke blot dem, hvem Loven skyldes, men ogsaa dem, der ærligt og paalideligt opfyldte dens Forskrifter, en varm Tak for det Arbejde, de udførte i Samfundets og Kulturens Tjeneste.

51. *H.O. Lange om accessionen af dansk litteratur i Det kongelige Bibliotek, 1905.*

Naar et Bibliotek, som de 3 danske Statsbiblioteker, modtager Pligteksemplarer af alle Landets Bogtrykkerpressers Frembringelser, – hvilket Forhold ikke i noget Land er ordnet paa en saa tilfredsstillende Maade som i Danmark, undtagen i Sverrig og maaske i Ungarn, – da strømmer Leverancerne fra Bogtrykkerierne ind to eller flere Gange om Aaret, og alt kontrolleres og noteres omhyggeligt; dette Arbejde, der maa udføres med den største Omhu, og som ofte medfører vidtløftige Korrespondancer ja endog Retssager mod forsømmelige Bogtrykkere, lægger Beslag paa en ikke ringe Arbejdskraft. I det kongelige Bibliotek føres desuden Statistiken over Landets litterære Produktion paa Basis af Tilvækstkatalogerne over den danske Afdeling. I Finansaaret 1903–04 indgik der ifølge Loven om Pligteksemplarers Aflevering 231 Aviser, 849 Tidsskrifter, 2,347 Bøger, 24,449 Numre Smaatryk, 9,423 Sange, 333 Musikalier, 7,940 Programmer foruden Plakater fra 7 Teatre og en Række Forlystelsesetablissementer, 214 Gadeplakater, 486 litografiske Tavler, 155 Kort, 732 Prospekt- og Brevkort, 311 Bygningstegninger, 107 Kunstblade, 13 Portrætter, 6 Spil Kort, 130 Blade „Varia" samt 34 Gravskrifter fra islandske Bogtrykkere. Til Behandlingen af disse kolossale Afleveringer og til deres foreløbige Behandling kræves der Plads og atter Plads. I den nye Bygning indrettes der derfor et særligt Lokale for hele dette Arbejde, og dette Lokale bliver forsynet med et til sit Formaal tjenende Inventar af Skabe, Borde, „Dueslag" til Sortering af Smaatryk osv.

Alt dette skal, naar det er kontroleret, stemplet og indført i Tilvækstkatalog og Kontrolbog, først indbindes eller, for saa vidt det indgaar i Gruppen Smaatryk, udskilles og ordnes for senere at indordnes i de lange Rækker af dertil særlig konstruerede Kapsler, der rummer det danske Smaatryk ...

Den danske Afdeling forøges jo imidlertid ogsaa paa anden Maade. Udenlandske Bøger, der staar i Forhold til Danmark, norsk Litteratur og dansk Litteratur i udenlandske Oversættelser, skal anskaffes; der er endnu mange Lakuner fra gammel Tid at udfylde ved Auktionskøb og ved en omhyggelig Gennemgang af Antikvarkataloger. I fremmede Lande, baade i Nord- og Sydamerika, i Australien og Sydafrika, trykkes der danske Bøger, som er vanskelige at skaffe. Ovre i Tandil i Argentina lever der en ældre Kone, der ejer et fuldstændigt Eksemplar af en dansk Avis, der i mange Aar har været udgivet derovre, og som er den eneste Kilde til den derværende danske Kolonis Historie. Biblioteket har forgæves forsøgt at afkøbe hende den, men maa vente. Paa lignende Maade maa Nettet kastes over den halve Verden til Bedste for Bibliotekets danske Afdeling.

[Uddrag af H.O. Lange: Moderne Biblioteker. Med særligt Henblik paa det store kongelige Bibliotek i dets nye Bygning, *Tilskueren* 1905, s. 229f. – I KBs *Aarsberetning* for 1903–04, s. 6, oplyses yderligere: „Medens den gamle Samling af danske Dubletter af Pligteksemplarer efterhaanden sendes til Statsbiblioteket i Aarhus, dannes der en ny Dubletsamling fra 1ste Juli 1902 at regne. Over denne udarbejdes der ikke som tidligere et særligt Katalog; dette Arbejde spares, og Bøgerne ordnes efter Accessionsnumrene, hvormed de indbundne Eksemplarer betegnes, og som findes noterede paa Katalogsedlerne; Tidsskrifter ordnes alfabetisk indenfor hvert Aars Aflevering"].

52. *Aftale om fortolkningen af bestemmelserne om aflevering af provinsaviser, 1912.*

Ifølge Lov af 2. Maj 1902 fordeles ét Eksemplar af den Landets Bogtrykkere paahvilende Pligtaflevering saaledes, at Provinsaviserne afgives til Landsarkiverne, Resten til Universitetsbiblioteket. Da det i de forløbne Aar gentagne Gange havde vist sig, at Bogtrykkerne ikke var i Stand til at fortolke de angivne Bestemmelser paa rette Vis, og at der om Opfattelsen af forskellige Enkeltheder herskede delte Anskuelser, foranledigede jeg ved en Rundskrivelse til Landsarkiverne i April 1912 en Meningsudveksling om alle herhenhørende tvivlsomme Spørgsmaal, hvorved der opnaaedes Enighed om: 1) at fortolke Lovens Betegnelse

Aviser som Dag- og Ugeblade af væsentlig almindelig politisk (ikke kommunalpolitisk) Indhold, 2) at Fejl begaaede af Bogtrykkerier ved Afleveringen, fremtidigt berigtiges af den Institution, der fejlagtigt har modtaget Publikationen, og at denne samtidigt underretter det paagældende Bogtrykkeri om, hvorhen Publikationen fremtidig skal sendes, 3) at med Hovedavisen følger Tillæggene, 4) at, naar en Publikation i Aarenes Løb skifter Karakter, bør ogsaa Opbevaringsstedet skifte, 5) at Ordet „udkommende" (Lov af 2. Maj 1902 § 1) i alle Tilfælde skal forstaas om den Del af Landet, hvor en Avis søger sin Læsekreds, ikke om det Sted, hvor Avisen trykkes.

[Fra overbibliotekar Sofus Larsens årsberetning for Universitetsbiblioteket i *Aarbog for Københavns Universitet* ... 1911–12, 1917, s. 641].

53. *Forslag til Lov om Statens Avissamling i Aarhus, 1916.*

[Forslaget blev fremsat i Folketinget den 25. febr. 1916 af ministeren for Kirke- og Undervisningsvæsenet og er med bemærkninger trykt i *Rigsdagstidende* 1915–16, Tillæg A, sp. 4465–70. Med en lille ændring af avisforvalterens løn, fastsat i par. 4, er forslaget identisk med loven af 17. maj 1916 (se aktst. nr. 54). I bemærkningerne hedder det bl.a.]:

Ved Lov af 10 Maj 1915 om Statens Erhvervelse af den tidligere Fodfolkskaserne i Aarhus er det muliggjort, at Statens Biblioteker og Landsarkiver kan aflastes for en væsentlig Del af de Aviser, der nu afleveres til dem og opmagasineres dér, idet de tidligere til militært Depot og til Bøssemagerbolig benyttede Bygninger er indrettede til Avismagasin.

Da dette vil kunne tages i Brug ved Begyndelsen af Finansaaret 1916–17, vil der være at tage Beslutning om dette Avismagasins Omfang, Virksomhed og Bestyrelse.

Paa Grundlag af Indstillinger fra Overbibliotekaren for Statsbiblioteket i Aarhus og Forhandlinger med Overbibliotekarerne ved det kgl. Bibliotek og Universitetsbiblioteket samt Landsarkivaren for Sjælland, under hvem det direkte Tilsyn med Indbindingen af Landsarkivernes Aviseksemplar har sorteret, er der i Ministeriet udarbejdet nærværende Lovforslag om disse Forhold, med Hensyn til hvilket man skal bemærke følgende:

ad § 1.

I Henhold til Lov Nr. 66 af 2. Maj 1902 afleveres der af hver i Danmark trykt Avis 4 Eksemplarer, af hvilke 2 afgives til det kgl. Bibliotek og 1 til Statsbiblioteket i Aarhus, medens det 4de for de københavnske Avisers Vedkommende afgives til Universitetsbiblioteket og for de udenfor København udkommende Avisers Vedkommende til Landsarkiverne. Af disse 4 Eksemplarer foreslaas det nu, at de 2 fuldstændigt og det 3die for alle ikke-københavnske Avisers Vedkommende skal afleveres til Avissamlingen i Aarhus, saaledes at der udenfor denne kun opbevares en fuldstændig Række af alle aviser i det kgl. Bibliotek og 1 Række af københavnske Aviser i Universitetsbiblioteket. At det kgl. Bibliotek paa anførte Maade afgiver sit Doubleteksemplar til Avissamlingen i Aarhus, vil være en Vinding for Biblioteket, hvis Pladsforhold ikke tillader vedblivende Opbevaring af disse Aviser; paa samme Maade er det for Statsbiblioteket i Aarhus en Nødvendighed at blive fritaget for det Aviseksemplar, der hidtil er afleveret til dette, idet hverken Pladsforholdene eller den tilstedeværende Arbejdskraft tillader en forsvarlig Behandling af disse Aviser. For Landsarkivernes Vedkommende er det dernæst med stor Styrke hævdet, at disse Aviser dels ikke naturligt hører med til Arkivernes Samlinger, dels optager saa megen Plads og lægger Beslag paa saa megen Arbejdskraft, at man vil finde det overordentlig ønskeligt om ogsaa disse Aviser kunde overføres til Avissamlingen; da Benyttelsen af de ved Arkivernes hidtil opbevarede Aviser har været meget ringe, vækker disses Overflytning til Avissamlingen i Aarhus heller ikke denne Henseende nogen Betænkelighed.

ad § 2.

For at Formaalet med Oprettelsen af Avissamlingen kan opnaas, vil det være nødvendigt, at det kongelige Bibliotek, Statsbiblioteket i Aarhus og Landsarkiverne til Samlingen afgiver de hidtil til disse afleverede Aviser, for det kongelige Biblioteks Vedkommende dog kun Doubleteksemplaret, af hvilke for øvrigt allerede tidligere alle Aviser fra Tiden før 1902 er afgivet til Statsbiblioteket i Aarhus.

Herefter vil der i Avissamlingen i Aarhus fremtidig samles to fuldstændige Rækker af alle Aviser og en Række af samtlige udenfor København udkommende Aviser, medens der fra Fortiden ved Aflevering modtages en fuldstændig Række af alle Aviser, en fuldstændig Række af ikke-københavnske Aviser og en Række for Tiden efter 1902, da Aarhusbiblioteket oprettedes, af alle Aviser.

[Efter at forslaget havde været til behandling i Landstingets udvalg afgav dette 16. maj. 1916 betænkning med bilag (*Rigsdagstidende* 1915–

16, Tillæg B sp. 2963–70, hvori det hedder: „Udvalget indstiller Lovforslaget til uforandret Vedtagelse, men vilde dog finde det rigtigt, at det tages under Overvejelse, eventuelt ved Nedsættelsen af en mindre Kommission, hvori mindst een Bogtrykker burde have Sæde, hvorvidt Leveringspligten fra Bogtrykkerierne kunde indskrænkes uden at skade det kulturelle Formaal med Indleveringen af Tryksager til Bibliotekerne. – De til Ministeren stillede Spørgsmaal og Besvarelse herpaa findes i medfølgende Bilag 4".

I bilaget besvarede ministeriet fire af udvalget stillede spørgsmål, hvoraf kun nr. 4 vedrører pligtafleveringen: „Var det ikke ønskeligt og gennemførligt, at de Frieksemplarer, som Bladene skal afgive, blev trykt på noget bedre Papir?" – I svaret anføres, at et en sådan ordning tidligere var blevet drøftet under forberedelsen af loven af 2. maj 1902, men da opgivet på grund af de tekniske vanskeligheder, en sådan bestemmelse ville forvolde. Iøvrigt henvises til H.O. Langes erklæring af 9. dec. 1901, se aktst. nr. 45, Bilag V].

54. *Lov om Statens Avissamling i Aarhus, 17. maj 1916.*

§ 1.

Fra vedkommende Avistrykker vil efter Reglerne i Lov Nr. 66 af 2. Maj 1902 om offentlige Bibliotekers Ret til Frieksemplarer af Tryksager m.m. være at aflevere til Statens Avissamling i Aarhus 2 Frieksemplarer af alle i København og 3 Frieksemplarer af alle udenfor København udkommende Aviser.

Samtidig bortfalder den i nævnte Lovs § 1 paabudte Aflevering af Aviseksemplarer for saa vidt angaar det ene af det kongelige Biblioteks Eksemplarer, Eksemplaret til Statsbiblioteket i Aarhus og det Eksemplar af de udenfor København udkommende Aviser, der ved nævnte Lov er tillagt Landsarkiverne.

§ 2.

Til Statens Avissamling i Aarhus afgiver det kongelige Bibliotek det ene Eksemplar af de hidtil afleverede Aviser, ligesom Statsbiblioteket i Aarhus og Landsarkiverne afgiver de til disse hidtil afleverede Aviser.

§ 3.

Statens Avissamling i Aarhus underlægges Overbibliotekaren for Statsbiblioteket sammesteds.

Af de til Avissamlingen afleverede Aviser skal en fuldstændig Række indbindes og være tilgængelig for Publikum paa en til Samlingen knyttet Læsestue. Resten magasineres og benyttes til Supplering af de i Samlingen, i det kongelige Bibliotek og i Universitetsbiblioteket opbevarede Aviseksemplarer.

§ 4.

Ved Samlingen ansættes en Avisforvalter, der tillige skal være Bogbinder.

Avisforvalteren lønnes med 1,800 Kr. stigende hvert 4de Aar med 200 Kr. indtil 2,600 Kr.; for den ham tillagte Bolig med Lys og Brændsel afkortes der ham 1/5 af Begyndelseslønnen.

Han ansættes af Ministeriet for Kirke- og Undervisningsvæsenet og pensioneres i Overensstemmelse med de i Lov Nr. 181 af 3. Juli 1914 §§ 4 og 5 givne Regler.

§ 5.

Ministeren fastsætter de nærmere Regler for Avissamlingens Bestyrelse og Virksomhed.

[Avissamlingen i Århus åbnedes for publikum maj 1918].

55. *Bekendtgørelse angaaende Gennemførelsen af Lov Nr. 66 af 2den Maj 1902 om offentlige Bibliotekers Ret til Frieksemplarer af Tryksager m.m. og Lov Nr. 181 af 17de Maj 1916 om Statens Avissamling i Aarhus, 28. dec. 1916.*

Efter at det i Lov Nr. 181 af 17de Maj 1916 om Statens Avissamling i Aarhus er bestemt, at der fra vedkommende Avistrykkeri efter Reglerne i Lov Nr. 66 af 2. Maj 1902 om offentlige Bibliotekers Ret til Frieksemplarer af Tryksager m.m. vil være at aflevere til Statens Avissamling i Aarhus 2 Frieksemplarer af alle i København og 3 Frieksemplarer af alle udenfor København udkommende *Aviser*, og at samtidig den i sidstnævnte Lovs § 1 paabudte Aflevering af Aviseksemplarer bortfalder, for saa vidt angaar det ene af det kongelige Biblioteks Eksemplarer, Eksemplaret til Statsbiblioteket i Aarhus og det Eksemplar af de udenfor København udkommende Aviser, der ved nævnte Lov er tillagt Landsarkiverne, fastsættes herved i Medfør af den Undervisningsministeren ved § 5 i Lov Nr. 66 af 2den Maj 1902 givne Bemyndigelse følgende med Hensyn til Gennemførelsen af de nævnte Love.

§ 1.

Bestemmelserne i Lov Nr. 66 af 2den Maj 1902 §§ 1 og 2 om, hvad der skal afleveres til Bibliotekerne, skal bringes til Anvendelse i deres hele Omfang alene med den Undtagelse, at Afleveringspligten for Bogtrykkernes Vedkommende ikke skal gøres gældende med Hensyn til *Blanketter til Udfyldning* (hvorunder *ikke* henregnes *Lejekontrakter, Svendebreve, Lærlingebreve og lignende*), *Visitkort, Brevpapir, Konvolutter, Korsbaand, Segloblater, Vareposer, Billetter, Adgangskort og Servietter.*

§ 2.

Til Statens Avissamling i Aarhus skal afleveres alle Provinsaviser i 3 Eksemplarer, alle københavnske Aviser i 2 Eksemplarer.

Til *Aviser* henregnes alle *Dagblade* og andre mindst 6 Gange ugentlig udkommende Blade i alle Udgaver (Aftryk) og med alt hvad dertil hører (saaledes *Søndags- og andre Tillæg*, ogsaa i alle Udgaver, med *Omslag*, endvidere *Løbesedler og Indholdsangivelser*).

§ 3.

Afleveringen skal foregaa i Begyndelsen af Januar og Juli Maaneder i hvert Aar for det da forløbne Halvaars Vedkommende. Afvigelse herfra er dog tilladt, for saa vidt der foreligger særlig Aftale mellem vedkommende Bibliotek eller Statens Avissamling og den afleveringspligtige om en anden Afleveringstid, og i Tilfælde af, at den afleveringspligtige maatte standse sin i Forbindelse med Afleveringspligten staaende Forretningsvirksomhed eller en Avis ophøre at udkomme, skal vedkommende Frieksemplarer straks afleveres.

§ 4.

Ved hver Aflevering skal medfølge to paa Foliopapir skrevne enslydende Fortegnelser, i hvilke der gives en nøjagtig Specifikation af det, der afleveres, dog saaledes at for Smaatrykkenes vedkommende kun Antallet behøver at angives. I Fortegnelserne skal tillige indeholdes en udtrykkelig Erklæring om, at der ved Afleveringen er medtaget alt, hvad der i Følge Loven, sammenholdt med nærværende Bekendtgørelse, skal afleveres, og de skal undertegnes af den afleveringspligtige eller hans ansvarlige Stedfortræder.

For *Kunsttrykkenes, Planers* og *Tabellers* Vedkommende skal derhos, for saa vidt de er Bestanddele af eller hører som Bilag til et andet Værk, særlig paa Fortegnelserne opgives, til hvilket Værk de hører, eller – naar dette ikke kan oplyses – for hvis Regning de er udførte.

Det, som efter Lov Nr. 66 af 2den Maj 1902 § 2 ønskes holdt utilgængeligt en vis Tid, skal afleveres, hvert Værk for sig, i en forseglet Konvolut, der udvendig er forsynet med en nøjagtig Angivelse af Værkets Indhold samt med en af den afleveringspligtige eller hans ansvarlige Stedfortræder underskreven Erklæring om, at Værket er komplet, og om Udstrækningen af den Tid, i hvilken det ønskes unddraget Offentligheden, hvilken Tid vil være at regne fra Begyndelsen af det Aar, der følger umiddelbart efter det Aar, i hvilket Værket er blevet trykt eller fremstillet.

Hvad der afleveres, skal indpakkes forsvarligt.

§ 5.

Afleveringen skal undtagen for Færøernes Vedkommende ske direkte til hvert Bibliotek eller Statens Avissamling for sig uden nogen Indblanding af det, som tilkommer de andre, og hvad der i Følge Lov Nr. 66 af 2den Maj 1902 § 2 begæres holdt utilgængeligt en vis Tid, skal afleveres til Bibliotekernes Chefer.

For Færøernes Vedkommende skal Afleveringen ske gennem Amtmanden, men iøvrigt paa samme Maade.

§ 6.

Har en Bog- eller Kunsttrykker i et Halvaar eller den for ham særligt vedtagne Afleveringsperiode intet trykt, hvoraf der skal afgives Frieksemplarer, skal der straks ved Halvaarets eller Periodens Udløb gives Bibliotekerne Meddelelse derom – direkte, eller for Færøernes Vedkommende gennem Amtmanden – ved en af Bog- eller Kunsttrykkeren eller hans ansvarlige Stedfortræder underskreven Erklæring.

§ 7.

Porto og Fragt for alle regelmæssige Indsendelser af Frieksemplarer gennem Postvæsenet eller Jernbanevæsenet kan forlanges afholdt af vedkommende Bibliotek eller Statens Avissamling: dog kan for større Pakkers Vedkommende fra Steder, hvor Forsendelse med Jernbanen uden Vanskelighed kan benyttes, kun forlanges afholdt Fragt for saadan Forsendelse, ikke derimod den større Udgift ved Forsendelse med Postvæsenet.

§ 8.

Den ene af de ved Afleveringen medfulgte Fortegnelser skal tilbagesendes vedkommende med Bibliotekets eller Avissamlingens Tilstaaelse for Modtagelsen af det afleverede.

For Modtagelsen af Værker, der i Følge Lov Nr. 66 af 2den Maj 1902 § 2 skal holdes utilgængelige en vis Tid, skal der gives særlig Tilstaaelse, der skal udfærdiges i Henhold til Ordlyden af den i § 3, næstsidste Stykke, angivne Paategning.

§ 9.

Bibliotekerne og Statens Avissamling skal nøje paase, at Lovens Bestemmelser overholdes, og de skal, naar Overtrædelser deraf kommer til deres Kundskab, gøre Ansvar gældende mod vedkommende til Straf og, hvis Overtrædelserne paafører Bibliotekerne eller Arkiverne Tab, tillige til Erstatning.

Ogsaa naar Bibliotekerne eller Statens Avissamling ved Anvendelse af Bestemmelsen i Lov Nr. 66 af 2den maj 1902 § 4, 2det Stykke, maatte faa Frieksemplarer fra Forlæggeren eller hans Bo, skal de gøre Straffeansvar gældende mod den afleveringspligtige Bog- eller Kunsttrykker for den skete Forsømmelse.

§ 10.

Øvrighederne skal fremdeles i samme Omfang og paa samme Maade som efter de hidtil gældende Bestemmelser yde Bistand til Haandhævelse af Bibliotekernes og Statens Avissamlings Ret til Frieksemplarer. Der skal saaledes, hver Gang der meddeles Borgerskab eller Næringsbevis som Bogtrykker, Litograf, Kobbertrykker eller Kunsttrykker, i Overensstemmelse med Indenrigsministeriets Cirlulære af 12te Maj 1863 [aktst. nr. 31] af vedkommende Øvrighed gøres Indberetning derom til Undervisningsministeriet, ligesom Amtmændene er pligtige til at hjælpe Bibliotekerne og Statens Avissamling til Fremskaffelse af manglende Afleveringer fra den afleveringspligtige eller efter Lov Nr. 66 af 2den Maj 1902 § 4 samt ved Foretagelsen af fornødne retslige Skridt mod vedkommende til Straf og Erstatning.

§ 11.

Denne Bekendtgørelse træder i Kraft fra og med Afleveringen i Januar Maaned 1917, fra hvilket Tidspunkt Ministeriets Bekendtgørelse af 26de Maj 1902 ophæves.

Hvilket herved bekendtgøres til Efterretning og Iagttagelse for alle vedkommende.

Undervisningsministeriet, den 28de December 1916.

56. *Betænkning angaaende de offentlige Bibliotekers Ret til Frieksemplarer, jan. 1917.*

[Betænkningen blev afgivet af et lille udvalg, som blev nedsat ved skrivelse fra Undervisningsministeriet af 3. juli 1916. Skrivelsen til H.O. Lange lød:

„Under Behandlingen i Rigsdagen af Forslag til Lov om Statens Avissamling i Aarhus har vedkommende Landstingsudvalg i sin Betænkning udtalt Ønsket om Nedsættelsen af et Udvalg til Overvejelse af, „om Leveringspligten fra Bogtrykkerierne kunde indskrænkes uden at skade det kulturelle Formaal med Indleveringen af Tryksager til Bibliotekerne“ [jvf. aktst. nr. 53].

I Overensstemmelse hermed er Ministeriet sindet at nedsætte et Udvalg bestaaende af Hr. Overbibliotekaren, Rigsarkivar, Dr. phil. Erslev, Overbibliotekar ved Universitetsbiblioteket, Dr. phil. S. Larsen, Overbibliotekar ved Statsbiblioteket i Aarhus Grundtvig og Bogtrykker P. Hansen, Aalborg.

Ved at meddele dette skal Ministeriet anmode Dem om at ville indtræde i et saadant Udvalg, hvis Møder tænkes afholdt her i Ministeriet under Ledelse af Departementschef Weis.

Det tilføjes, at Ministeriet gaar ud fra, at Udvalgets Overvejelse i det væsentlige kan begrænses til at omfatte Spørgsmaalet om Indskrænkning i Bogtrykkeriernes Afleveringspligt med Hensyn til Aviser, og at Hovedspørgsmaalet vil blive, om det skulde kunne lade sig gøre at give Afkald paa de saakaldte Aftryksblade eller dog at finde en Form, hvorved Afleveringspligten med Hensyn til dem kunde indskrænkes“ (KBs arkivs Journalsager A 9 nr. 3107).

Betænkningen er trykt som selvstændig publikation med ovennævnte titel og gengives her i sin helhed]:

Januar 1917.

Ved Skrivelse af 3. Juli d. A. har Ministeriet anmodet undertegnede Rigsarkivar, Dr. phil. *Erslev,* Overbibliotekar ved det kgl. Bibliotek *Lange,* Overbibliotekar ved Universitetsbiblioteket, Dr. phil. *Larsen,* Overbibliotekar ved Statsbiblioteket i Aarhus *Grundtvig* og Formand for Dansk Provins-Bogtrykkerforening, Bogtrykker *P. Hansen* af Aalborg, om at ville sammentræde i et Udvalg under Ledelse af Departementschef *Weis,* idet Ministeriet i sin nævnte Skrivelse som Grund til Udvalgets Nedsættelse har anført det under Behandlingen i Rigsdagen af Forslag til Lov om Statens Avissamling i Aarhus af vedkommende Landstingsudvalg i sin Betænkning udtalte Ønske om Nedsættelsen af en mindre Kommission, hvori mindst én Bogtrykker burde have Sæde, til Overvejelse af, hvorvidt Leveringspligten fra Bogtrykkerne kunde indskrænkes uden at skade det kulturelle Formaal med Indleveringen af „Tryksager til Bibliotekerne".

Samtidig har Ministeriet i sin oftnævnte Skrivelse udtalt, at Ministeriet er gaaet ud fra, at Udvalgets Overvejelser i det væsentlige kan begrænses til at omfatte Spørgsmaalet om Indskrænkning i Bogtrykkeriernes Afleveringspligt med Hensyn til Aviser, og at Hovedspørgsmaalet maatte blive, om det skulde kunne lade sig gøre at give Afkald paa Afleveringer af de saakaldte Aftryksblade eller dog at finde en Form, hvorved Afleveringspligten med Hensyn til dem kunde indskrænkes noget.

I Overensstemmelse med de saaledes givne Rammer for Udvalgets Arbejde har dette anset sig berettiget til kun mere forbigaaende at beskæftige sig med det Spørgsmaal om en Indskrænkning i Bogtrykkernes almindelige Afleveringspligt med Hensyn til Tryksager i det Hele vilde være forsvarlig og ønskelig og i bekræftende Fald hvorledes en Begrænsning kunde gennemføres, men ogsaa dette Spørgsmaal har dog været drøftet i Udvalget, der med Hensyn hertil har delt sig i et Flertal og Mindretal.

Mindretallet (Bogtrykker P. Hansen) ønsker at fremhæve, at det formentlig er ret almindelig antaget, at Afleveringspligten er noget vidtrækkende, naar den strækker sig til ogsaa at omfatte Løbesedler om Møder, Reklameplakater, Begravelsessalmer og merkantile Tryksager af ganske almindelig Art.

Løbesedler til Møder, hvis Karakter ofte er af privat (Forenings) Natur, vil efter Mindretallets Mening næppe have synderlig Interesse for de offentlige Biblioteker, lige saa lidt som Reklameplakater, hvis Indhold ofte bekendtgøres i Bladene.

Begravelsessalmerne er efter Mindretallets Mening med rene Undtagelser Uddrag af Salmebogen og den Omstændighed, at der findes et Navn paa Titelsiden, vil ikke have synderlig Betydning, idet Bladene – ved Dødsfald, hvor der benyttes særtrykte Salmer – altid vil have Annonce om Dødsfaldet og undertiden Nekrolog.

Endvidere finder Mindretallet, at Afleveringen af merkantile Tryksager muligt kunde indskrænkes, og at de kun bør afleveres, hvor særlig fint flerfarvet Tryk fremstilles og hvor Tryksagen derfor er af teknisk-kulturel Interesse.

Endelig forekommer det Mindretallet overflødigt, at Bøger, særlig til

Skolebrug, skal afleveres hver Gang nyt Oplag selv uden nogen Forandring optrykkes.

Flertallet (Udvalgets øvrige Medlemmer) kan overfor Mindretallet indrømme, at skulde der rejses Spørgsmaal om en Indskrænkning i Afleveringspligten, maatte det nærmest være overfor saadanne Tryksager, som af Mindretallet anført; Flertallet kan dog ikke helt dele Mindretallets Betragtninger, men mener f. Eks., at Afleveringen af Begravelsessalmer er af personalhistorisk Interesse, og at ogsaa Løbesedlerne og Reklameplakaterne kan have historisk, i hvert Fald lokalhistorisk Interesse, ligesom Flertallet for de merkantile Tryksagers Vedkommende savner enhver nærmere Angivelse af, hvor og hvorledes Grænsen skulde sættes.

Flertallet maa imidlertid bestemt tilraade, at der ikke sker nogen Indskrænkning i Afleveringspligtens nuværende Omfang; det har herved været afgørende for Flertallet, at man ved et Forslag om en Begrænsning som antydet vilde skrue Udviklingen tilbage og genoptage de Regler, som i Henhold til Forordningen af 20. Januar 1832 var gældende, indtil den nuværende Ordning indførtes ved Lov Nr. 66 af 2. Maj 1902 om Bibliotekers Ret til Frieksemplarer, jevnfør Ministeriets Bekendtgørelse af 26. Maj s. A., og at man navnlig derved vilde svække Betydningen af den gennemgribende Reform, som den nuværende Ordning frembyder, dels derved at der er trukket skarpe Linier op for Afleveringspligtens Omfang, dels ved at det er Bibliotekerne, som indenfor Rammerne skønner over, om noget mulig maatte være uden Interesse for dem og derfor kan kasseres, medens saa vidt muligt ethvert Skøn fra Bogtrykkernes Side er udelukket. Flertallet formener, at enhver Forandring heri vilde have skæbnesvangre Følger i Retning af at unddrage Bibliotekerne Tryksager, paa hvilke de ikke bør give Afkald.

Hvad dernæst angaar Spørgsmaalet om en mulig Indskrænkning i Afleveringspligten med Hensyn til Aviser skal Udvalget først bemærke, at det har haft Lejlighed til at gøre sig bekendt med de af Undervisningsministeren under Avismagasinslovens Behandling i Rigsdagen omtalte Erklæringer fra Rigsarkivet og Landsarkiverne, det kgl. Bibliotek, Universitetsbiblioteket og Statsbiblioteket i Aarhus.

Da meget af det i de nævnte Erklæringer anførte nu ikke har praktisk Interesse, efter at Lovgivningsmagten har bestemt sig til Oprettelsen af et særskilt Avismagasin, finder Udvalget kun Anledning til meddele følgende Udtog af Rigsarkivarens Erklæring af 15. Juli 1912.

... „Jeg maa derimod stærkt betone og understrege, at man i Udlandet (Norge, Sverige og Tyskland) i høj Grad misunder os den ved Lov Nr. 66 af 2. Maj 1902 trufne Ordning om Aflevering af Pligteksemplarer af Aviserne, og kun beklager, at der intet Haab er om at kunne faa gennemført en tilsvarende Ordning der. Man har i Udlandet et aabent Øje for Værdien af Avisernes Indhold som Materiel for Fremtidens Historieforskning, og man vilde ubetinget finde det urigtigt at indskrænke Pligteksemplarernes Antal, fordi de ikke i Nutiden finder tilstrækkelig Anvendelse. Det er jo først fra sidste Fjerdedel af 19. Aarhundrede at regne, at Avisernes Antal er begyndt at vokse i særlig Grad, medens Behandlingen af Danmarks Historie fra Historikernes Side først i de sidste Aartier er naaet til i væsentlig Omfang at beskæftige sig med det 18. og 1. Halvdel af det 19. Aarhundrede. Det er derfor aldeles urigtigt ... at ville slutte, at Nutidens Aviser ikke har nogen Betydning, fordi de ikke i Øjeblikket benyttes i noget stort Omfang. Med Hensyn til Samtidens Aviser maa man altid indskrænke sig til at konservere dem til Brug for Fremtiden i Forvisning om, at den Tid nok skal komme, da de vil blive værdsatte som nogle af den historiske Forsknings vigtigste Kilder. Jeg maa derfor i Modsætning til Landsarkiverne ubetinget tilraade ikke at gøre nogen Forandring i Bestemmelserne i Lov Nr. 66 af 2. Maj 1902."

Udvalget finder Anledning til at tilføje, at naar, som det fremgaar af Rigsarkivarens Skrivelse, Landsarkiverne havde indtaget et noget andet Standpunkt, saa fremgaar det tydeligt af deres Erklæringer, at dette Standpunkt var indtaget under Trykket af den stadig tiltagende Pladsmangel; det udtales saaledes i Erklæring fra Landsarkivet for Sjælland af 24. April 1913: „Arkiverne har som af Arkivar Saxild (Landsarkivet for Nørrejylland) med Tilslutning af Arkivar Wad (Landsarkivet for Fyen) paavist med Hensyn til dette Spørgsmaal kun én Interesse, at blive af med Aviserne igen, fordi de ikke hører hjemme her, fordi de sluger en ganske urimelig stor Del af Arkivernes Tid og Arbejdskraft og som en Gøgeunge optager Pladsen i Arkiverne."

Idet Udvalget meddeler det foranstaaende Udtog af Erklæringen fra Rigsarkivaren, skal man dog hertil bemærke, at man ikke er blind for, at netop den Omstændighed, at der nu er sket en saa stærk Sammenhobning af Aviser i Statens Avissamling, kunde synes at indeholde et Argument for, at man nu kunde nøjes med Aflevering af et mindre Antal Aviseksemplarer, thi medens det tidligere kunde paaberaabes, at om en Ulykke ramte de det ene sted opbevarede Aviser, kunde man dog haabe paa, at de andet Steds opbevarede Aviser skaanedes, maa man nu med Hensyn til de i Avissamlingen opbevarede Aviser indrømme, at Muligheden for Ødelæggelse ved Brand ikke formindskes ved Afleveringen af et større Antal Eksemplarer.

Udvalget maa dog indstændigt fraraade, at man giver Afkald paa noget af de 4 Eksemplarer, som hidtil har skullet afgives, jevnfør dog medundertegnede P. Hansens neden anførte Mindretalsvotum med Hensyn til Aftryksbladene.

Udvalget har ved sit nævnte Standpunkt lagt Hovedvægten paa den Omstændighed, at man kun saaledes kan bevare den Mulighed, at der, naar der senere maatte fremstaa egnede Biblioteker i Landets forskellige Egne, til dem vil kunne afgives Eksemplarer af vedkommende Egnes Aviser, uden at de derfor vil mangle i Centralsamlingen, og Udvalget maa overfor den Kritik af Provinsavisernes Betydning, som paa forskellig Maade er kommet frem, hævde, at de i Fremtiden vil blive en af den historiske Lokalforsknings allervigtigste Kilder, og at det maa anses for utvivlsomt, at der, naar en Aarrække er forløbet efter de vedkommende Avis-Numres Fremkomst, kun vil eksistere de Eksemplarer, som Staten har draget Omsorg for at opbevare.

Ved Siden heraf ønsker Udvalget dog tillige at fremhæve den store Betydning, som Dagbladene har ogsaa som Kilder til Oplysning om det moderne Livs Fænomener og den Rolle, de spiller for mange Sider af det moderne Kulturliv. Hensynet hertil gør Opretholdelsen af Avisafleveringen i dens hidtil gældende Omfang i høj Grad ønskelig i særlig Betragtning af det skrøbelige Materiale, paa hvilket Aviserne er fremstillede, og som ikke taaler det stadige Slid ved en stedse voksende Brug.

Hvad endelig angaar det specielle Spørgsmaal, om der kunde finde en Lempelse i Afleveringspligten Sted, for saa vidt angaar de saakaldte Aftryksblade, da maa Udvalget først gøre opmærksom paa, at de særlige Regler for Aftryksblade dog ikke kunde komme til Anvendelse paa saadanne Blade, der ved Siden af det fælles Stof har en særlig Afdeling for lokalt nyt, og at de heller ikke kunde komme til Anvendelse, selv om det eneste særlige Stof var Avertissementerne, idet disse – som ogsaa under Lovens Behandling i Rigsdagen bemærket – kan være af Betydning, enten af praktiske Grunde, hvad man har haft bestemte Eksempler paa, eller af kulturhistoriske Hensyn.

De særlige Regler vilde saaledes kun kunne komme til Anvendelse overfor de rene Aftryksblade, nemlig saadanne, hvor Bladets Hoved er det eneste særlige Stof.

Naar Udvalgets Flertal (Udvalgets Medlemmer med Undtagelse af

Bogtrykker Hansen) dog heller ikke for disse Blades Vedkommende har ment at kunne foreslaa særlige Regler, er det ud fra den rent praktiske Erfaring, at disse Blade kun sjældent gennem længere Perioder bevarer deres Karakter af rene Aftryksblade, men ofte fra Tid til anden indeholder noget lokalt Stof, eventuelt fra Tid til anden optager særlige Avertissementer, og ligesom det i saadanne Tilfælde vilde føre til store praktiske Vanskeligheder for en tilfredsstillende Ordning, om kun de Numre, der havde lokalt Stof, afleveredes, saaledes maa Udvalgets Flertal i det hele nære store Betænkeligheder ved at henlægge til Trykkerierne Afgørelsen af, om et Blad har den ene eller anden Karakter.

Kun naar der sker fuldstændig Aflevering ogsaa af disse Blade, vil der kunne sikres en paa ensartede Principper grundet Fremgangsmaade med Hensyn til deres Opbevaring, f. Eks. saaledes at kun Hovedavisen indbindes, medens Aftryksbladet kun magasineres mellem Papplader.

Endelig har Udvalgets Flertal ogsaa ved sin Stilling til dette særlige Spørgsmaal om Aftryksbladene, ligesom foran bemærket med Hensyn til Provins-Aviserne i al Almindelighed, lagt Vægt paa det ønskelige i, at der, naar egnede Lokalbiblioteker maatte opstaa, da paa Centralavissamlingen maatte være opbevaret Eksemplarer af den paagældende Egns Aviser, som kunde afgives til Lokalbiblioteket, og som for dette maatte antages at have i det væsentlige samme Interesse, hvad enten det drejede sig om et rent Aftryksblad eller ej.

Et Mindretal af Udvalgets Medlemmer (Bogtrykker P. Hansen) mener – med al Anerkendelse af det store kulturelle Arbejde, der fra de offentlige Biblioteker udfoldes ved Samling af Aviser –, at der uden Skade for Formaalet maa kunde gøres en Indskrænkning i Afleveringspligten, saaledes at Aftryksblade afleveres i 1 højst 2 Eksemplarer, naar der er Forandring i Stoffet fra Hovedbladet. En uvæsentlig Nyhed fra Stedet, hvor Aftryksbladet har Kontor, eller en endnu mindre Væsentlig Bekendtgørelse, som finder Vej til Aftryksbladet, vil som Regel ogsaa findes i Hovedbladet og saaledes overflødiggøre Aftryksbladets Opbevaring. Hvor det kun gælder Forandring af Hovedbladets Titel, maa Aflevering af Aftryksbladet anses som overflødig.

Kr. Erslev. H.O. Lange. Sofus Larsen. V. Grundtvig. P. Hansen.

57. *Lov, hvorved den danske Lovgivning om offentlige Bibliotekers Ret til Frieksemplarer af Tryksager udvides til at gælde for de sønderjyske Landsdele, 15. dec. 1920.*

§ 1.

Den danske Lovgivning om offentlige Bibliotekers Ret til Frieksemplarer af Tryksager, jfr. Lov af 2. Maj 1902 om offentlige Bibliotekers Ret til Frieksemplarer af Tryksager m.m., udvides til at gælde for de sønderjyske Landsdele.

§ 2.

Tidspunktet for denne Lovs Ikrafttræden fastsættes ved kgl. Anordning.

[Den kgl. anordning om lovens ikrafttræden er dateret samme dag og satte den i kraft dags dato].

58. *Bekendtgørelse om Tillæg til Bekendtgørelse angaaende Gennemførelse af Lov Nr. 66 af 2. Maj 1902 om offentlige Bibliotekers Ret til Frieksemplarer af Tryksager m.m. og Lov Nr. 181 af 17. Maj 1916 om Statens Avissamling i Aarhus, 8. aug 1923.*

I Tilslutning til Bestemmelsen i § 10 i Bekendtgørelsen af 28. December 1916 angaaende Gennemførelse af Lov Nr. 66 af 2. Maj 1902 om offentlige Bibliotekers Ret til Frieksemplarer af Tryksager m.m. og Lov Nr. 181 af 17. Maj 1916 om Statens Avissamling i Aarhus, hvorefter der af Øvrigheden skal gøres Indberetning til Undervisningsministeriet, hver Gang der meddeles Borgerskab eller Næringsbrev som Bogtrykker, Litograf, Kobbertrykker eller Kunsttrykker, bestemmes det herved, at der af vedkommende Politimester vil være at gøre Indberetning til Undervisningsministeriet, naar det bliver ham bekendt, at nogen uden Bevilling maatte paabegynde Virksomhed som Bogtrykker, Litograf, Kobbertrykker eller Kunsttrykker.

Denne Bekendtgørelse træder i Kraft fra og med 1. September 1923. Undervisningsministeriet, den 8. August 1923.

59. *Fornuftige Ord i Rigsdagen om Pligtafleveringen til Bibliotekerne, 24. okt. 1923.*

[Under denne overskrift gengives i *Bogens Verden* V, 1923, s. 220–22, nogle bemærkninger fremsat under finanslovsforhandlingerne samt undervisningsministerens svar herpå]:

Under Finanslovsforhandlingen i Folketinget den 24. Oktober fremdrog Folketingsmand *Bertel Dahlgaard* (Radikal) Spørgsmaalet om Pligtafleveringen af danske Tryksager til Det kgl. Bibliotek, Universitetsbiblioteket og Statsbiblioteket i Aarhus og udtalte bl. a. følgende:

Jeg har tidligere haft Lyst til at fremdrage det paagældende Forhold her i Tinget. Jeg tager Anledning dertil nu paa Grund af en Bevilling, der er opført paa den højtærede Ministers Budget, en Bevilling paa 26,000 Kr. til Udvidelse af Det kgl. Bibliotek, fordi man dér mangler Plads. Jeg vil gerne Rejse det Spørgsmaal, om Tiden nu ikke er inde til at faa vore Statsbibliotekers Opbevaringsregler revideret ... Forholdet er nu det, at den mindste Part af, hvad der afleveres til vore store Biblioteker, er Bøger, Hovedmassen er det saakaldte Smaatryk, Reklamer, Prislister, Kataloger, Lejlighedsviser, administrative Tryksager lige fra By- og Amtsraadsforhandlinger til det 22. Tillæg til Tariffer og Takster for Langelandsbanen. Og jeg tror, man tør sige, at hvis denne Masse Smaatryk skulde ordnes til Bunds og konsekvent, vilde det stille Krav til personlig Arbejdskraft, der vilde staa i et skrigende Misforhold til den samfundsmæssige Betydning, som denne Opbevaring har ...

Nu tvivler jeg ikke om, at der er mange Biblioteksfolk, som indser, at det er ganske urimeligt at opretholde disse Bestemmelser, men jeg véd selvfølgelig ogsaa, at vi her er inde paa et Omraade, hvor man møder det, man kalder Sagkundskab, og denne Sagkundskab paa Biblioteksvæsenets Omraade repræsenterer sig sommetider som den, der ligefrem mimrer med Munden, saa snart den ser en Lap Papir med Tryksværte paa. Jeg husker saaledes, at der en Gang i Fjor var en Biblioteksmand, jeg husker ikke, hvem det var, som i et af de københavnske Blade frakendte en Kollega bibliotekariske Anlæg, fordi den paagældende tillod sig at have nogen Tvivl om Lejlighedsvisers Betydning for Videnskaben og at antyde Muligheden af, at den Tid dog maatte komme, da man skred til Kassation af forældede Bøger, hvis Forholdet ikke skulde blive det, at man i Stedet for at oprette nye Biblioteker ligefrem skred til at bygge Biblioteksbyer.

Det forekommer mig, at man kan gaa saa vidt, at man kan sige, at hvis virkelig enhver Lap Papir med Tryksværte paa skal opbevares, hvis man skal opbevare en Plakat fra en Udstilling, hvorpaa der staar: „Genstandene maa ikke berøres", ja, endog opbevare den i 3 Ekspl., saa er der ikke en Ting, som man ikke med samme Ret kunde forlange opbevaret, saa kan man lige saa godt forlange opbevaret et Eksemplar af ethvert Parti Fløjtekedler, der fremkommer. Jeg spørger derfor den højtærede Undervisningsminister: Er det ikke muligt at faa ophævet denne Pligtopbevaring, i hvert Fald for Universitetsbibliotekets og

Statsbibliotekets Vedkommende? Og hvis man ikke mener at kunne ophæve Afleveringspligten, kunde der saa ikke gennemføres en Ordning, hvorefter Bibliotekerne fik Ret til at kassere de Tryksager, som man ikke tillægger nogen Værdi ...

Taleren omtalte endvidere Statens Avissamling i Aarhus og udtalte bl.a.: Der ligger med andre Ord i denne Avissamling, altsaa i samme Bygning, opbevaret 3 Ekspl. af samtlige Provinsaviser og 2 Ekspl. af de københavnske Aviser. Kunde det dog ikke være tilstrækkeligt med et Ekspl., naar der desuden findes et Ekspl. paa Det kgl. Bibliotek? Det drejer sig her om en uhyre Masse Tryksager, som tager en uhyre Plads.

Jeg har fremdraget dette Forhold, fordi jeg er vis paa, at samtidig med, at den høje Rigsdag ønsker, at der skal ydes alt til Landets Biblioteker under Hensyn til Videnskabens og Kulturens Krav, vil den, naar den tænker paa, hvad det er, der her bekostes – efter min Mening unyttigt – ikke bevilge Penge dertil. Jeg spørger derfor den højtærede Undervisningsminister, om han vil drage Omsorg for, at hele den Sag bliver taget under Overvejelse. Jeg kunde tænke mig, at den egner sig til Behandling i den nedsatte Forenklingskommission med tilkaldt sagkyndig Assistance.

I Mødet den 27. Oktbr. svarede Ministeren bl. a.: Det ærede Medlem har her rørt ved et Spørgsmaal, som er af overmaade stort Omfang og ogsaa af stor Betydning for disse Bibliotekers Økonomi og Virksomhed, og det er en Sag, Ministeriet forlængst har taget op til Behandling. – Ministeren meddelte derefter, at der siden Juni 1922 var Forhandlinger i Gang mellem Ministeriet og de tre Statsbiblioteker om Bibliotekernes Stilling i Almindelighed, om deres indbyrdes Stilling, om Spørgsmaalet om Kassation af forældet Litteratur, om Opbevaring af Smaatryk, om et Samarbejde med Hensyn til Indkøb af Bøger, om Udlaansregler og om Avisspørgsmaalet. Der var i Maj d. A. holdt et Møde i Ministeriet mellem Overbibliotekarerne og Biblioteksdirektøren, og Bibliotekerne skal nu fremkomme med detaillerede Forslag.

[Problemerne blev taget op af det af 11. okt. 1924 nedsatte biblioteksudvalg, se aktst. nr. 63ff. – Om nedsættelsen af udvalget se Hartyani 1979].

60. *Pligtafleveringen til vore Biblioteker. Et Reformforslag af Lauritz Nielsen, Dr. phil., Underbibliotekar ved det Kgl. Bibliotek. Kbh. 1923.*

[Udgivet som *Statens Bibliotekstilsyns Publikationer*, VIII (23 s.). – De fremsatte synspunkter er stort set identiske med dem, der senere blev fremført i betænkningen af 30. nov. 1926, se aktst. nr. 67, men redegørelsen for den historiske baggrund er udførligere, og skildringen af de aktuelle problemer stedvis mere detaljeret. Herfra citeres følgende med ændret nummerering af noterne]:

Det tør vist siges, at havde man i 1902 kunnet forudse denne mægtige Vækst i de afleveringspligtige Tryksagers Antal, havde Loven ikke faaet sin nuværende Form. Den har ganske vist beriget de tre Biblioteker med vor Tids danske Litteratur i saa fuldstændigt et Omfang som overhovedet muligt, men samtidig har den belemret dem med kolossale Masser af Tryksager, som intet har med Litteratur at gøre. Ordningen og Opbevaringen heraf kræver efter en næsten ubegrænset Maalestok Tid, Plads og Penge, tre Ting, som intet af Bibliotekerne i Forvejen har tilstrækkeligt af. Der har da ogsaa fra alle tre Biblioteker lydt stadige Klageraab til de bevilgende Myndigheder om mere Arbejdskraft, Udvidelser og større Pengemidler til Imødegaaelse af de indenlandske Tryksagers foruroligende Vækst. Det maa siges, at saa længe Tiderne var til det, har Staten været lydhør overfor disse Krav. Store Summer er ofret paa Pligtafleveringens Alter, og Bibliotekernes Personale er i disse Aar blevet stærkt forøget, indtil den sidste Tids Sparebestræbelser ikke blot har slaaet en Bom for alle yderligere Udvidelser, men endogsaa har medført følelige Reduktioner. Hvis de gamle Synspunkter skal opretholdes, bliver den sikre Følge heraf Desorganisation og Forvirring. Hvad enten man i Princippet er Tilhænger af den Fuldstændighed, som er den danske Afleveringslovs ledende Idé, eller ej, maa man bøje sig for den Kendsgerning, at som Forholdene har udviklet sig, er den i det lange Løb umulig at gennemføre.

Af de afleveringspligtige Tryksager er det Aviserne og Smaatrykket, der bereder de største Vanskeligheder. Heldigvis er nu Statsbiblioteket i Aarhus efter Avissamlingens Oprettelse blevet befriet for sine Aviser, og for Universitetsbiblioteket, som kun modtager de „københavnske", er Spørgsmaalet vel næppe saa brændende, men for det kgl. Bibliotek, som stadig er forpligtet til at opbevare og holde klar til Benyttelse et Eksemplar af alle de 300 Aviser, som hver dag udkommer her i Landet, er Situationen kritisk. Hvorledes Pressen har udviklet sig i de sidste tyve

Aar, véd enhver. De enkelte Aviser er i Omfang vokset efter en uanet Maalestok og forøges stadig med nye Udgaver og Tillæg. Under Krigen drev enkelte store Blade det til i længere Perioder at udkomme tre Gange om Dagen. Hvad disse Mængder af Aviser kræver af Plads og Udgifter til Indbinding, trodser enhver Beregning. En Aargang af „Politiken" fylder nu fire Gange saa meget og koster ti Gange saa meget at indbinde som i 1902. Allerede for 7–8 Aar siden var det kgl. Biblioteks Avismagasin saa overfyldt, at man maatte opgive at føre den regelmæssige Opstilling videre, og siden da har Aviserne bredt sig ud over snart sagt hele Biblioteket, fyldende Gange og Vinduesfordybninger med deres uendelige Rækker til Gene for det almindelige Biblioteksarbejde. At Benyttelsen af Aviserne under disse Omstændigheder vanskeliggøres og foranlediger megen Ulejlighed og Tidsspilde, siger sig selv. Saafremt der ikke findes Udveje, er den Tid ikke fjern, da de nytilkomne Aviser maa stables fra Gulv til Loft i Magasinerne, hvorved enhver Benyttelse af dem falder bort af sig selv.

Med Hensyn til Smaatrykket stiller Sagen sig ikke bedre. Det omfatter bl. a. Eksemplarer af de uoverskuelige Mængder af Accidenstryk, som mellem Aar og Dag fabrikeres i samtlige Landets Trykkerier. Hvilken Tid og Møje Ordningen heraf koster, forstaas vel kun rigtigt af dem, der Aar efter Aar har set denne Strøm af alle mulige Slags Tryksager vælte ind over Bibliotekerne. Det kgl. Bibliotek er med sine bedre Pladsforhold og sit større Personale paa dette Punkt noget bedre stillet end de to andre Biblioteker, som begge kæmper en haabløs Kamp med disse ubarmhjertigt indtrængende Papirmasser. I Universitetsbiblioteket er der ved Indretningen af Lokaliteterne overhovedet ikke taget Hensyn til denne Side af Virksomheden, som kræver Plads og atter Plads. At stille det nødvendige Personale til Raadighed for Smaatrykkets Sortering og Ordning er intet af Bibliotekerne i Stand til. Særlig grelt er Forholdet i Aarhus, hvor der af det forhaandenværende Personale kun kan afses 2 ½ Mand til Ordningen af hele den danske Pligtaflevering; i det kgl. Bibliotek var før Personalets Reduktion 4 Mennesker daglig beskæftiget alene med Smaatrykket. Da dette for at gøres tilgængeligt tilmed kræver en særlig gennemført Findeling, er Benyttelsen af det under de nuværende Forhold i mange Tilfælde umuliggjort.

Som det ses af ovenstaaende Tabel [over pligtafleveringerne 1901–23], er Antallet af danske Tidsskrifter mere end fordoblet i de Aar, der er forløbet siden Afleveringslovens Ikrafttræden. Hertil kommer, at den fremadskridende Forøgelse af Omfanget, som karakteriserer Avisernes Udvikling i disse Aar, ogsaa gør sig gældende for Tidsskrifternes Vedkommende. Sammenligner man af Tidsskrifter hvis Udgivelse spænder over hele Tidsrummet, Aargangen 1902 med den sidst udkomne Aargang, vil man i de fleste Tilfælde se denne Udvikling tydeligt markeret.[1] Saavel Kontrollen med Afleveringen som Konserveringen og Katalogiseringen af denne voksende Mængde Tidsskrifter lægger for hvert Aar mere og mere Beslag paa Bibliotekernes Pengemidler og Arbejdskraft.

For de egentlige Bøgers Vedkommende er Tallet ligeledes steget stærkt. Den Nedgang, som kan spores i de allersidste Aar, vil sikkert vise sig kun at være forbigaaende. Under Højkonjunkturerne i Krigsperioden og de første Fredsaar tog Produktionen af Bøger herhjemme et mægtigt Opsving og naaede op paa Tal, som ingen havde drømt om. Det er forstaaeligt, at den økonomiske Nedgangsperiode ogsaa paa dette Omraade maatte fremkalde en Reaktion. Alligevel ligger Tallet for det sidste Aar 50% højere end for 20 Aar siden.

Foruden det egentlige Bogtryk afleveres ifølge Loven hele den indenlandske Produktion fra Litografer og andre Kunsttrykkere til Bibliotekerne. Der dannes herved omfangsrige „Kunstsamlinger", som for en stor Del bestaar af illustrerede Postkort, Plakater, Papskilte og andre Reklameartikler. Disse forskelligartede Sager, af hvilke adskillige næppe hører hjemme i Bibliotekerne, kræver betydelig Plads og er i det hele vanskelige at opbevare (s. 10–13).

...

Naar der ses bort fra ganske forældede Fundatser, findes der ikke her i Landet – som flere Steder i Udlandet f. Eks. i Sverrig – officielle Instruktioner for Statsbibliotekerne, hvori deres Virkeomraade og Formaal er fastsat, og som med visse Aars Mellemrum revideres. Principperne, hvorefter Bibliotekerne herhjemme ledes, støtter sig udelukkende paa Tradition. Dette har medført en Fastholden ved tidligere Tiders Synsmaader, som paa flere Punkter har kollideret med Udviklingens Krav. Den Sondring mellem forskellige Bibliotekstyper, hver med sine bestemte Opgaver, som er en Betingelse for fuldt ud at kunne

[1] Eksempelvis skal anføres Sidetallene for henholdsvis Aargangene 1902 og 1922 af følgende Tidsskrifter, hentede fra forskellige Omraader indenfor denne Litteratur: „Ugeskrift for Læger" 1248 og 1906 S., „Andelsbladet" 844 og 1356 S., „Gartnertidende" 834 og 1206 S., „Familiejournalen" 416 og 1840 S.

udnytte de Midler, Staten ofrer paa sit Biblioteksvæsen, er endnu ikke gennemført herhjemme. Dette viser sig ikke mindst ved den Maade, hvorpaa Pligtafleveringens Princip er bragt i Anvendelse overfor ikke mindre end tre af Statens Biblioteker. Biblioteksteknisk set bør en fuldstændig Pligtaflevering af alle et Lands Tryksager kun etableres overfor et „Nationalbibliotek", hvorved forstaas et Bibliotek, til hvis Opgaver det i første Række hører at samle og opbevare saa fuldstændigt som muligt Landets hele Bogproduktion. Stillingen som Nationalbibliotek, der herhjemme indtil den ulykkelige Ildebrand 1728 blev varetaget af Universitetsbiblioteket, har Traditionen nu uimodsigeligt tildelt det kgl. Bibliotek. At et Land som Danmark kun kan holde ét Nationalbibliotek – ligesom det kun holder ét Nationalteater og ét Nationalgalleri –, er vel alle enige om. Det kgl. Bibliotek er derfor teoretisk set det eneste Bibliotek her i Landet, til hvilket der bør være fuldstændig Pligtaflevering. Forsøger man at udstrække denne Form for Accession til andre Bibliotekstyper, hvor den ikke hører hjemme, vil den gøre mere Skade end Gavn. Baade Universitetsbiblioteket og Statsbiblioteket i Aarhus er talende Eksempler herpaa (s. 14).

...

Ligesom Bogproduktionens voldsomme Vækst i alle Lande efterhaanden har gjort Begrebet „Universalbibliotek" til en Utopi, nødes man af Forholdenes Udvikling til ogsaa at opgive den herhjemme raadende Opfattelse af Begrebet „Nationalbiblioteket". Allerede længe har det staaet alle kyndige klart, at man før eller senere maatte slaa af paa Fordringen om en biblioteksmæssig Opbevaring af Landets hele typografiske Produktion. Med Rette er vi stolte over, at vor nationale Litteratur lige fra det 17. Aarhundredes Begyndelse og til Nutiden findes bevaret saa godt som fuldstændig i det kgl. Bibliotek, og herfor kan vi først og fremmest takke den i det væsentlige altomfattende Pligtaflevering, som under forskellige Former i over 200 Aar har været knyttet til Biblioteket.[2] Det kunde derfor synes at være et kulturelt

[2] [Under gennemgangen af pligtafleveringens historie har Lauritz Nielsen dog ovenfor s. 6 påpeget uheldige følger af pligtafleveringsloven fra 1821, der frem til 1832 lagde afleveringspligten over på forlæggerne: For Bibliotekerne var det uoverkommeligt, i en Tid da trykte Fortegnelser over den nyudkomne Litteratur endnu ikke eksisterede, at holde Regnskab med, hvad der udkom, og navnlig mange privat udgivne Skrifter, som ofte ikke blev anmeldt noget Sted, gik tabt for dem. De uheldige Følger af den hele Ordning fremgaar tydeligt af den Mangelfuldhed, der præger det kgl. Biblioteks danske Samling fra de Aar, i hvilke den var gældende].

Tilbageskridt at ville træffe Foranstaltninger til en Indskrænkning af Pligtafleveringens Omfang. Forholdet er jo imidlertid det, at en betydelig Del af de Tryksager, som nu ifølge Loven afleveres til Bibliotekerne, ikke under nogen Synsvinkel kan ses under Begrebet „Litteratur", og man tør sikkert sige, at ingen i Fremtiden vil gøre Fordring paa at finde dem opbevaret i et offentligt Bibliotek. Disse Tryksager vil man derfor ikke alene med god Samvittighed, men ogsaa med Følelsen af at handle i Bibliotekets sande Interesse kunne give Slip paa. Men heller ikke dette vil være nok. Skal det kgl. Biblioteks Bygning kunne rumme endnu en længere Aarrækkes Accession, skal dets Penge slaa til overfor Indbindingen, og skal dets danske Afdelings Personale kunne faa Tid til det nødvendige almindelige Biblioteksarbejde – hvortil ikke mindst hører en Revision og Nykatalogisering af hele Afdelingens Bogbestand –, maa Antallet af pligtafleverede Tryksager, som indlemmes i Biblioteket, yderligere nedbringes. Heldigvis vil dette for flere Grupper af Tryksagers Vedkommende kunne lade sig gøre, uden at Bibliotekets Værdi eller Nyttevirkning derved forringes (s. 18).

...

Af de egentlige Bøger vil der indenfor et bestemt Omraade kunne ske en væsentlig Reduktion. I Loven forlanges alle Udgaver og Oplag af en Bog, selv om de er uforandrede, afleveret. Som om flere andre af Lovens Bestemmelser gælder det om denne, at man ikke paa det Tidspunkt, da den blev truffet, kunde forudse dens Konsekvenser. Siden da har Begrebet „Oplag" for en Bog nemlig skiftet ganske Karakter. I de senere Aar har der hersket en sand Kappestrid mellem de danske Forlag om, hvilket af dem der kunde sætte Oplagenes Antal højst i Vejret for sine Forlagsartikler, og Følgen heraf er, at der nu næppe udkommer en dansk Roman, som ikke straks foreligger i flere Oplag. Bibliotekerne modtager mellem Aar og Dag af en Mængde danske Bøger fra Bogtrykkerne – ofte i en og samme Aflevering – en hel Række fuldstændige, ganske ensartede Eksemplarer, blot med forskellig Oplagsbetegnelse. At lade alle disse ensartede Oplag af en og samme Bog indbinde og gaa paa Plads i Biblioteket synes ret hensigtsløst, navnlig da det oftest drejer sig om Romaner, som ifølge Reglementet er unddraget den almindelige Benyttelse. Saafremt det kgl. Bibliotek blev fritaget for at opbevare de Oplag, som er helt uforandrede, vilde adskillig Reolplads og Udgift til Indbinding kunne spares. Tilmed kunde i saa Tilfælde disse mange Bøger, som nu hensættes paa Reolerne for aldrig mere at fremtages, komme andre af

Staten understøttede Biblioteker til Gode, f. Eks. ved at tilstilles Bibliotekstilsynet til Fordeling mellem Folkebibliotekerne[3] (side 20f).

...

Selv om der ved de ovennævnte Foranstaltninger kunde opnaas væsentlige Indskrænkninger, er det dog indenfor Afdelingen af Smaatryk, at den store, virkelig betydende Reduktion burde foretages. I det kgl. Biblioteks officielle Statistik er til Rubrikken „Smaatryk" ikke henført Tryksager som Programmer, Sange, Plakater m.m., skønt de alle indlemmes i Bibliotekets Smaatrykssamling. Regner man disse Tryksager med, kommer men derfor op paa ganske anderledes høje Tal end dem, der er anført i Statistiken. I det sidste Aar indgik der saaledes i Bibliotekets Smaatrykssamling over 70,000 Tryk. Denne mægtige Accession omfatter alle tænkelige Arter af Tryksager: Love, Beretninger, Regnskaber, Cirkulærer, Bekendtgørelser, Lønningsregulativer, Kontrakter, Tariffer, Kataloger, Programmer, Opraab, Attester, Kalendere, Prislister, Reklamer, Køreplaner, Skemaer, Blanketter, Plakater, Sange o.s.v. I denne brogede Samling findes vigtige Grupper af Tryk som Byraadsforhandlinger, Bankregnskaber, Beretninger fra vore store Landbrugsorganisationer, Skoleprogrammer o.l. sammen med ganske værdiløse Sager som Begravelsessange, Menukort, Reklamesedler o.s.v. Det velkendte Argument, som anføres til Støtte for en kritikløs Opbevaring af alle disse Tryksager, uanset deres forskellige Karakter, gaar ud paa, at man ikke nu kan vide, om et tilsyneladende værdiløst Tryk engang i Fremtiden kan faa Betydning for en eller anden Undersøgelse.

[3] At det ikke er smaa Tal, det drejer sig om, viser nogle tilfældigt valgte Eksempler. De saa udbredte „Ungpigebøger" af Forfatterinder som Ingeborg Vollquartz, Helene Hørlyck, Ellinor Kielgast o. a. udsendes ofte i opimod 20 hurtigt paa hinanden følgende Oplag. De store norske Romanforfattere, Knut Hamsun, Bojer, Jacob Bull o. a., som udkommer hos Gyldendal, og hvis Bøger derfor er afleveringspligtige – og som er selvskrevne i Folkebibliotekerne – opnaar gennemgaaende 10–15 Oplag af deres Romaner. Af danske skønlitterære Værker, som har erhvervet særlig Popularitet, udkommer stadig Oplag paa Oplag: Bergsøes „Fra Piazza del Popolo" foreligger i 15 Oplag, Scharlings „Ved Nytaarstid i Nøddebo Præstegaard" i 18, Chr. Winthers „Hjortens Flugt" og Ingemanns „Valdemar Sejr" i 19 o.s.v. Ofte er det ikke Bøgernes litterære Værdi, men en tilfældig Sensation, der knytter sig til deres Udgivelse, som sætter Oplagenes Antal i Vejret, saaledes opnaaede den anonyme Roman „Kvindehjerter" straks 9 Oplag, Johannes Jørgensens „Klokke Roland" 21 Oplag og Erich Erichsen „Den tavse Dansker" endog 25 Oplag. Som et Eksempel paa, til hvilke urimelige Konsekvenser det kan føre at opbevare alle Oplag, skal nævnes, at det kgl. Bibliotek af Vaisenhusets to forskellige Salmebøger ejer henholdsvis 184 og 141 Oplag.

Men, som Bibliotekar Kall saa træffende bemærker i sin Bog om Universitetsbiblioteket, „hvor staar det skrevet, at Staten skal støtte en hvilken som helst Undersøgelse, man kan finde paa, med ubegrænsede Udgifter til Bygninger og Arbejdskraft".[4] Man har anført, at vi nu dybt beklager Savnet af tilsvarende Tryksager fra Fortiden og derfor bør være mere forudseende end vore Forfædre. Det Afguderi overfor alt trykt, som er blevet en Følge af denne Betragtning bunder i en Misopfattelse af dette Stof som historisk Kildemateriale. Ligesaa værdifuld som kulturhistorisk Dokument en Teaterplakat fra det danske Teaters Barndom i det 18. Aarhundrede nu er for os, ligesaa værdiløs er og vil altid være en af Nutidens Tusinder af Biografteaterplakater. For de fleste af den Slags Tryksager gælder det, at deres Indhold kan findes andetsteds, først og fremmest i Aviserne. Vilde man endelig være paa den sikre Side, kunde man opbevare enkelte typiske Eksemplarer som kulturhistoriske Kuriosa, men man kunde da i og for sig ligesaagodt vælge at opbevare andre, ligegyldigt hvilke, af vor Tids mangfoldige Industrifrembringelser. Kun som saadanne maa nemlig en stor Del af disse Tryksager betragtes.

Hvad enten man imidlertid deler den her fremførte Opfattelse eller ej, kan det ikke omtvistes, at en Reduktion af Smaatrykket er nødvendig. Forholdene tvinger simpelthen dertil. At man i et Bibliotek, der har mange andre uimodsigeligt vigtigere Opgaver at varetage, ikke i Længden kan ofre Tid paa at ordne 70,000 Stk. Smaatryk om Aaret – og uordnet er en saadan Samling absolut værdiløs – kan enhver forstaa. Tilmed staar Benyttelsen af Samlingen ikke i Forhold til det Arbejde, den kræver. Af de c. 800 Rekvisitioner, som gennemsnitlig indgaar til det kgl. Biblioteks danske Afdeling om Ugen, vedrører højt regnet de fire Smaatrykket. Spørgsmaalet bliver da kun, hvorledes Reduktionen skal foretages. Afgørelsen heraf er vanskelig og vil kræve indgaaende Undersøgelser og Overvejelser. Enkelte Grupper vil man dog straks uden Betænkelighed kunne udskyde, først og fremmest alle egentlige Accidenser, Skemaer, Blanketter, Plakater o.l., endvidere alle Prislister og Reklamer samt Begravelsessange. Alene Udskydelsen af disse Tryksager vilde betyde en meget væsentlig Reduktion.

Medens der til en Ophævelse af Pligtafleveringen til Universitetsbiblioteket og Statsbiblioteket vilde kræves en Ændring af Afleveringsloven, maatte de her foreslaaede Reformer for det kgl. Bibliotek helst kunne lade sig ordne administrativt gennem Undervisningsministeriet. Ingen

[4] [J.C. Kall: *Universitetsbibliotekets Organisation og Fremtid.* Kbh. 1922].

liotekets Vedkommende gælder det, at man ogsaa dér for længst har maattet opgive Ordning i Detailler af flere store Grupper af Smaatrykket, hvilket selvfølgelig i høj Grad vanskeliggør Benyttelsen af disse Tryksager.

Saafremt Pligtafleveringen vedblivende skulde opretholdes i sin nuværende Udstrækning, vilde derfor for alle tre Biblioteker Pladsudvidelse og Personaleforøgelse i en nær Fremtid være en uomgængelig Nødvendighed.

Almindelige Indskrænkninger i Pligtafleveringen.

Det ligger da nær at spørge, om der er tilstrækkelig Grund til at bringe saa store Ofre af Tid, Plads og Penge, som vilde udkræves til Ordningen og Opbevaringen af disse uhyre Masser af Tryksager. Hvis dette Spørgsmaal maatte besvares bekræftende, vilde det være nødvendigt at søge Udveje til at overvinde Vanskelighederne, men der er indenfor Udvalget fuld Enighed om, at Spørgsmaalet maa besvares benægtende, og at det vil være rigtigt at foretage væsentlige Indskrænkninger i de nu gældende Regler. Disse Indskrænkninger vil først og fremmest kunne rettes mod det saakaldte Smaatryk, men ogsaa for Tidsskrifternes og Bøgernes Vedkommende kan der dog ske ikke uvæsentlige Begrænsninger.

Indenfor *Bøgernes* Omraade skal man først nævne de uforandrede Oplag. I den nu gældende Lov fastslaas udtrykkelig, at alle – ogsaa uforandrede – Oplag skal afleveres. Siden dens Udstedelse i 1902 har imidlertid Begrebet „Oplag“ skiftet Karakter, idet det senere er blevet almindeligt, at Forlagene af Reklamehensyn udsender deres Forlagsartikler i en Række mindre, hurtigt paa hinanden følgende Oplag, som i Virkeligheden kun er Aftryk af en og samme Sats. Allerede nu har Vanskelighederne ved at faa de bevilgede Budgetter til at strække til nødsaget Bibliotekerne til at unddrage alle saadanne uforandrede Oplag fra Indbinding; men at lade dem staa uindbundne paa Plads i Reolerne som en væsentlig død Masse blot for overfor en fjærn Eftertid at aflægge Vidnesbyrd om, hvor mange Gange en Forlægger har fundet det hensigtsmæssigt at skifte Oplagsbetegnelse paa en Bog, der iøvrigt er taget efter samme Sats som dens Forgænger, synes lidet formaalstjenligt i Forhold til den ikke ringe Pladsbesparelse, som fremtidig vil vindes ved, at saadanne Oplag undtages fra Aflevering, saaledes som det ogsaa altid har været Tilfældet i England og nu er Tilfældet efter de nye Afleveringslove i Frankrig.

Det var hændt det Forlag, Taleren repræsenterede [Det Schønbergske Forlag], at der var blevet forlangt flere Eksemplarer af samme Oplag, trykt paa samme Sats ved samtidig Trykning, fordi hvert Tusinde var forsynet med Oplagsangivelse. I den Anledning havde Forlaget fra Aarhus Statsbibliotek modtaget en Skrivelse, hvori der bl. a. stod:

„Men i øvrigt er det af megen Værdi for Statsbiblioteket, hvis Udlaan som bekendt er større end Kgl. Bbl.s og Univ. Bibl.'s tilsammen, at netop Bøger som denne findes i mere end 1 Expl. Det er med Romanlitteraturen, som ikke udlaanes, af mindre Betydning; men netop Bøger af den Slags, som Schønbergske Forlag udgiver, har vi i høj grad Brug for. – – – Af denne Bog af Koch kan vi roligt beregne at skulle bruge 2 Expl. og senere kommende Oplag vil næppe heller være overflødige."

Overbibliotekar *Lange* yttrede, at det med Hensyn til Pligtafleveringen gjorde ham mere ondt for Bogtrykkeren end for Forlæggeren.

I Anledning af Hr. Michael Jensens Forespørgsel fastslog Overbibliotekaren dernæst, at man med Udtrykket „et Oplag" maatte forstaa det Antal Eksemplarer, som ved samme Trykning blev trykt paa samme Sats, saa længe Formen gik gennem Pressen.

Bibliotekar *[H.] Topsøe-Jensen* fra Aarhus forsvarede Aarhusbiblioteket i Anledning af det fremkomne. Biblioteket er smaat aflagt, og naar det havde formel Ret til at kræve de nye Oplag – ogsaa de saakaldte Snydeoplag – kunde det ikke forsvare ikke at benytte sin formelle Ret. Ganske vist var Lovparagrafen ganske urimelig; men Biblioteket benyttede sig ikke af sin formelle Ret for at chicanere Forlæggerne, men for at tilfredsstille det læsende Publikum.

Hr. [forlægger] *Henrik Koppel* sluttede sig nøje til Overbibliotekar Langes Opfattelse af, hvad et Oplag var. At forlange et Eksemplar af hvert Tusinde vilde fra Bibliotekernes Side være et Misbrug, naar Trykningen var sket samtidigt, selv om hvert Tusinde blev særligt betegnet.

Til Overbibliotekar Sophus Larsen vilde Taleren svare, at i Valget mellem Afleveringspligt og Rekvisitionsret vilde han betragte det første som det mindste Onde. Rekvisitionsretten vilde paalægge Forlæggerne nye Byrder. Men han ansaa i øvrigt, at Forlæggerne skulde have betalt for de Bøger, de afleverede.

Efter at Overbibliotekar *Lange* en sidste Gang havde fastslaaet, at *„hvad der ved samme Trykning gaar gennem Pressen er et Oplag"*, takkede Hr. Fr. Gad for alle de gjorde Indlæg, hvorpaa Mødet hævedes.

[Jvf. Forlæggerrådets senere skrivelse om pligtafleveringen i aktst. nr. 68].

62. *Biblioteksdebatten fortsættes (1923–24).*

[Med denne overskrift orienterede *Bogens Verden* VI, 1924, s. 38f, om reaktionen på Lauritz Nielsens reformforslag, citeret i aktst. nr. 60]:

Dr. Lauritz Nielsens Skrift om Pligtafleveringen til Bibliotekerne har allerede givet Anledning til adskillige Indlæg. I „Dansk Boghandlertidende“ har der været ført en skarp Diskussion mellem Redaktionen og Overbibliotekar V. Grundtvig især om Statsbibliotekets Forhold til Afleveringen og om Karakteren af dets Udlaan, som Boghandlertidende havde betegnet som „i overordentlig høj Grad tjenende til Adspredelse, Underholdning og Morskab“, hvilket Bladet dog i et nyt Indlæg indskrænkede til kun at gælde den Benyttelse af dansk Skønlitteratur, som foregaar paa Læsesalen om Aftenen.

En ikke mindre skarp Diskussion har udviklet sig i „Nationaltidende“ (16/1 Aften, 23/1 Aften, 30/1 Aften, 7/2 Morgen, 13/2 Aften, 18/2 Aften) mellem Overbibliotekar Dr. Sofus Larsen, der angreb Dr. Nielsen, og Bibliotekar Carl S. Petersen, der forsvarede hans Synspunkter og navnlig kraftigt hævdede Værdien af for Universitetsbiblioteket at erstatte Pligtafleveringen med en Rekvisitionsret. Dr. Larsen anførte heroverfor væsentlig, at en Del Bøger paa denne Maade vilde unddrage sig Bibliotekerne, og at Rekvisitionsretten overhovedet vilde være vanskelig at praktisere, medens Bibliotekar Petersen mente, at Vanskelighederne ikke var større end ved Pligtafleveringen, og at man let vilde kunne faa alt, hvad man behøvede, og vilde blive befriet for en Mængde Ligegyldigheder.

Paa et Møde d. 18. Februar, hvortil Forlæggerraadet havde indbudt en Kreds af kendte Biblioteksmænd, drøftedes bl. a. Spørgsmaalet om, hvorvidt Staten burde betale for de fra Forlæggerne afleverede Bøger, et Spørgsmaal, som samtlige Biblioteksmænd mente at maatte besvare benægtende. Vi henviser iøvrigt til det udførlige Referat i „Dansk Boghandlertidende“ Nr. 8 [se aktst. nr. 61].

Endvidere er der udsendt en ny Pjece af Underbibliotekar Emanuel Sejr om Statsbiblioteket i Aarhus. Han trækker heri de Anskuelser om Bibliotekets Retningslinier skarpere op, som han allerede fremførte i Pjecen „Kultur-Kilder“, og imødegaar paa forskellige Punkter de af Biblioteksinspektør Svend Dahl her i Bladet fremførte Synspunkter (1923, S. 162), ligesom han i Modsætning til Dr. Nielsen mener, at Statsbibliotekets Pligtaflevering ikke bør afløses af Rekvisitionsret.

Hvis det gamle Ord er rigtigt, at hvor der er Kamp, er der Liv, maa man indrømme, at der for Tiden er endogsaa meget Liv i vore Biblioteksforhold. Men der er heller ingen Tvivl om, at Kampen kan betegnes som de Fødselsveer, hvorunder en ny Opfattelse af vore offentlige Bibliotekers indbyrdes Forhold er ved at komme til Verden.

[Diskussionen i *Dansk Boghandlertidende* findes i årg. 69, 1923, s. 433f (Henrik Koppel) og årg. 70, 1924, s. 1f, 11–14 og 21–24 (Vilhelm Grundtvig, Henrik Koppel og Sofus Larsen). – Titlen på Emanuel Sejrs Pjece er: *Statsbiblioteket i Aarhus. Et Indlæg til Orientering,* Aarhus 1924. Hertil senere et modindlæg, Svend Dahl: *Kræfternes frie Spil eller faste Rammer? Nogle Betragtninger over Statsbiblioteket i Aarhus.* Kbh. 1924].

63. *Lovforslag med bemærkninger om pligtaflevering af aviser til statens samlinger, 31. jan. 1925.*

[Forslaget blev 31. jan 1925 afgivet af Biblioteksudvalget af 11. okt. 1924, jvf. aktst. nr. 67, og er identisk med loven af 18. april 1925, se aktst. nr. 64. Ved forelæggelsen i Landstinget 11. marts 1925 bemærkede undervisningsministeren: „Da Udvalget til Behandlingen af Hovedspørgsmaalet har maattet søge en Del yderligere Oplysninger, hvis Fremskaffelse vil tage Tid, og da Spørgsmaalet om Aflevering og Opbevaring af Aviser allerede var saa vidt behandlet i Ministeriet forinden Udvalgets Nedsættelse, at man kunde forelægge Udvalget et Udkast til en ny Lov for dette Omraade, har Udvalget anset det for rigtigst at færdigbehandle dette Spørgsmaal særskilt, idet Forholdene paa dette Omraade kan omordnes, uden at man derved foregriber Løsningen af de andre Spørgsmaal“ (*Rigsdagstidende* 1924–25, Tillæg A sp. 6556). Landstingets udvalg indstillede 1. april lovforslaget til vedtagelse i uforandret skikkelse, idet det dog bemærkede, „at man vil finde det formaalstjenstligt, at der finder en Begrænsning Sted med Hensyn til Opsamlingen i Bibliotekerne af de gratis omdelte Annonceblade, Juleaviser o. lign., der nu misvisende betegnes som „Aviser“, ligesom man ogsaa vil finde det naturligt at tilstræbe en yderligere Indskrænkning af Opsamlingen af Aflæggerblade, som har overvejende fælles Tekst med Hovedbladet“ (*Rigsdagstidende* 1924–25, Tillæg B sp. 2351–52). – Her gengives biblioteksudvalgets bemærkninger]:

Ved Lov Nr. 66 af 2. Maj 1902 forøgedes Antallet af Frieksemplarer af Aviser, der af vedkommende Avistrykkeri skulde afleveres til de offentlige Samlinger, fra 3 til 4. Dette opretholdtes ved Lov Nr. 181 af 17. Maj

1916 om Statens Avissamling i Aarhus, og Fordelingen af de 4 Eksemplarer ordnedes paa følgende Maade:

Til det kongelige Bibliotek skulde afleveres 1 Eksemplar af alle Aviser, til Statens Avissamling 3 Eksemplarer af Aviser, der udkommer udenfor København, og 2 Eksemplarer af de i København udkommende Aviser, medens 1 Eksemplar af den sidst omtalte Gruppe som hidtil skulde afleveres til Universitetsbiblioteket.

Det er Udvalgets Opfattelse, at det er nødvendigt at foretage en stærk Begrænsning paa dette Omraade. Det er kendt af alle, hvorledes Pressen har udviklet sig i de senere Aar. Ikke alene er Antallet af Aviser steget, men de enkelte Blade er vokset i Omfang langt ud over, hvad man i sin Tid kunde være forberedt paa. – Der udkommer for Tiden omkring 300 Dagblade, og den aarlige Accession, Avis stillet ved Siden af Avis, repræsenterer en Hyldelængde paa 31 m. [Note: Dette Tal refererer sig i Virkeligheden kun til Provinsaviserne; naar de københavnske Aviser medregnes, er Tallet 37]. Det kongelige Biblioteks Samling af den danske Avisproduktion fra dens Begyndelse indtil nu (i et Eksemplar) fylder ca. 1150 løbende Meter, hvortil kommer en stor Samling opmagasinerede Aftryksblade fra Aarene efter 1916. I det kongelige Bibliotek har Pladsspørgsmaalet i længere Tid som Følge heraf frembudt store Vanskeligheder, og Avissamlingen i Aarhus vil meget hurtigt blive overfyldt, hvis den vedvarende skal modtage og opbevare 3 (for københavnske Avisers Vedkommende 2) Eksemplarer af alle udkommende Aviser. Hertil kommer, at Ordningen og Indbindingen eller Pakningen af den store Avismængde kræver stort Arbejde og medfører betydelige Udgifter.

I det kongelige Bibliotek benyttedes i 1919–20 3547 Bind, i 1920–21 3536 Bind, i 1921–22 4001 Bind, i 1922–23 4390 Bind og i 1923–24 5151 Bind; i Avissamlingen i Aarhus benyttedes i 1919 750 Bind, i 1920 813 Bind, i 1921 637 Bind, i 1922 527 Bind, i 1923 877 Bind og i 1924 1143 Bind.

Af Hensyn til Benyttelsen er det ingenlunde nødvendigt at have mere end ét Eksemplar i Avissamlingen i Aarhus, og det er Udvalgets Opfattelse, at det heller ikke kan betragtes som nødvendigt i Avissamlingen at opbevare flere Eksemplarer til eventuel Reserve for det kongelige Bibliotek, naar Forholdet for Hovedstadens Vedkommende ordnes som nedenfor foreslaaet. Udvalget foreslaar derfor, at der fremtidig kun leveres 1 Eksemplar af alle Landets Aviser til Avissamlingen i Aarhus.

Som det fremgaar af de foranstaltede Tal, er Avisbenyttelsen i det kongelige Bibliotek langt større end i Avissamlingen i Aarhus. Det er derhos oplyst for Udvalget, at det i det kongelige Bibliotek igen er væsentligt de københavnske Dagblade, der benyttes; der regnes med, at mindst 3/4 af Ekspeditionerne falder paa de københavnske Aviser. Disse Blade opbevares og benyttes for Tiden baade i det kongelige Bibliotek og i Universitetsbiblioteket. Ganske vist er Benyttelsen i Universitetsbiblioteket, for hvilke der ikke haves en tilsvarende Statistik som for de 2 andre Biblioteker, langt fra saa stor som i det kongelige Bibliotek, men den samlede Benyttelse er dog af et saadant Omfang, at man ikke vil kunne nøjes med at opbevare et enkelt Sæt i Hovedstaden af disse Blade. Udvalget vil derfor ikke kunne foreslaa Nedsættelse af Antallet af Frieksemplarer, der afleveres i København; paa den anden Side er der formentlig heller ingen Grund til at forøge det.

Udvalget er iøvrigt af den Opfattelse, at man ikke i Længden kan opretholde den Ordning at beslaglægge Plads i det kongelige Bibliotek og Universitetsbiblioteket til Aviserne. Der bør i en ikke fjern Fremtid i nøje administrativ og lokal Tilknytning til det kongelige Bibliotek oprettes en særlig Avissamling med særlig Læsestue, indrettet efter de Krav, som Benyttelsen af en saadan Samling stiller. Naar dette sker, mener Udvalget, at baade det kongelige Biblioteks Eksemplar for hele Landet og Universitetsbibliotekets Eksemplar af Hovedstadens Aviser bør afleveres dertil, saaledes at der vedvarende i København afleveres 2 Eksemplarer af de i Hovedstaden udkommende Aviser.

Indtil denne særlige Avissamling oprettes, vil det efter Udvalgets Opfattelse være rigtigst at opretholde den Ordning, at baade det kongelige Bibliotek og Universitetsbiblioteket er Afleverings- og Benyttelsessted for de københavnske Aviser. Dels er der ikke Mulighed for i det kongelige Bibliotek at skaffe Plads til at optage Universitetsbibliotekets Avismængde, dels kan der heller ikke i det kongelige Bibliotek indrettes en saadan Læsestue, som maa være Forudsætningen for, at man skulde kunne inddrage Benyttelsen paa Universitetsbibliotekets Læsestue.

Endnu skal Udvalget herved bemærke, at det er klart, at der er visse Aviser, der i ganske særlig Grad benyttes, baade indenfor de københavnske og indenfor de andre Steder udkommende. Der kan være Aviser, hvis Benyttelse er saa stor, at det Antal, der afgives ifølge Pligtafleveringen, ikke er tilstrækkeligt. Men dette Forhold for enkelte, særlig fremtrædende Avisers Vedkommende kan selvfølgelig ikke begrunde en Udvidelse af Pligtafleveringen, der maa bestemmes generelt, og

Forholdet lader sig let og billigt ordne ved, at Biblioteket abonnerer paa vedkommende Blad, saafremt den nødvendige Supplering ikke som nedenfor omtalt kan opnaas ved Hjælp af Aftryksblade.

Idet man maa anse det for nødvendigt i den her omhandlede Forbindelse at behandle Storkøbenhavn (omfattende Københavns, Frederiksberg og Gentofte Kommuner) som en Enhed, foreslaar Udvalget i Henhold til det anførte i § 1, at der sondres mellem de i og udenfor Hovedstaden udkommende Aviser, og at det bestemmes, at der af førstnævnte Gruppe skal afleveres 3 og af sidstnævnte Gruppe 2 Eksemplarer.

I § 2 har man dernæst foreslaaet, at disse Eksemplarer skal fordeles saaledes, at det kongelige Bibliotek og Avissamlingen i Aarhus hver faar 1 Eksemplar af alle Landets Aviser, og at der til Universitetsbiblioteket afleveres 1 Eksemplar af de i Hovedstaden udkommende Aviser.

Hertil skal man knytte den Bemærkning, at det kongelige Biblioteks Eksemplar efter hele dette Biblioteks Stilling naturligt maa betragtes som Hovedeksemplaret, saaledes at det i givet Fald kan kræves kompletteret fra de andre Samlinger.

Ved den foreslaaede Ordning vil Avissamlingen i Aarhus blive aflastet for et helt Sæt af alle Aviser og desuden for et Sæt af alle udenfor Hovedstaden udkommende Aviser. Dette betyder en overmaade stor Lettelse med Hensyn til Plads og en betydelig Besparelse i Udgifter til Behandlingen. Men ogsaa for de Eksemplarers Vedkommende, der efter Forslaget skal afleveres til de 2 Biblioteker i Københavns og til Avissamlingen i Aarhus, kan der foretages en Begrænsning af det Avismateriale, der skal indbindes og opstilles. Allerede under Behandlingen af Lovforslaget om Avissamlingen i Aarhus blev det fremhævet, at Avisfremstillingen indenfor de forskellige politiske Partier foregaar saaledes, at flere Dagblade af samme Partifarve trykkes samme Sted under fælles Redaktion og i det væsentlige med samme Tekstindhold, ofte kun med forskellige „Hoveder" og lokale Avertissementsafdelinger. Af hele den aarlige Avisaccession, der som anført for Tiden er ca. 31 m., repræsenterer disse saakaldte „Aftryksblade" ca. 13 m., altsaa over 2/5. Naar man ikke foreslaar, at Aftryksbladene undtages fra Afleveringen, skyldes det dels Hensynet til den Betydning, som de ved deres fra Hovedavisen forskellige Stof lejlighedsvis vil kunne faa, bl. a. i Retssager, dels den Omstændighed, at man i dem vil have det naturlige Reserveeksemplar, hvis Hovedavisen under Benyttelsen skulde blive medtaget indtil Ubrugelighed, men disse Aftryksblade vil kunne magasineres i uindbunden Stand, og en Magasinering vil ogsaa kunne omfatte allerede afleverede Aviser af denne Art. Forøvrigt vil der ogsaa kunne foreligge andre Aviser end Aftryksbladene, som det er unødvendigt at indbinde, og som kan magasineres som Aftryksbladene.

Disse Spørgsmaal og den nærmere Ordning indenfor de enkelte Biblioteker vil formentlig kunne afgøres administrativt, og der er derfor ikke optaget noget herom i Lovforslaget.

Udvalget har drøftet Spørgsmaalet, om der i selve Loven burde optages en Definition af Begrebet „Aviser", men er enedes om, at det vilde være rigtigst som tidligere at lade denne Definition optage i en ministeriel Bekendtgørelse, hvorved det muliggøres uden Ændring af selve Loven at foretage saadanne Ændringer, som Udviklingen eventuelt maatte gøre ønskelige. Man har derfor i § 3 nævnt dette Spørgsmaal som et af dem, der afgøres af Ministeren, hvem der iøvrigt i den nævnte Paragraf er tillagt Bemyndigelse til at fastsætte de nærmere Bestemmelser, som maatte være nødvendige til Lovens Gennemførelse.

Endelig har Udvalget i § 3 foreslaaet, at der af Ministeren skal træffes Bestemmelse om, hvorledes der skal forholdes med de Rækker af Aviser, som for Tiden opbevares i Statens Avissamling i Aarhus, men som efter de nye Bestemmelser ikke vil blive fortsatte, altsaa ét Sæt af de københavnske og to Sæt af de andre Aviser. Det er Udvalgets Opfattelse, at Avissamlingen ikke bør beholde disse ufuldstændige Avisrækker, og man skal derfor foreslaa, at der finder en Kassation Sted. Det maa dog betragtes som en Selvfølge, at de 2 københavnske Biblioteker først maa have Lejlighed til at udtage, hvad de maatte have Brug for. Dernæst vil Udvalget finde det naturligt, at der gives offentlige Biblioteker Adgang til at udtage, hvad de maatte ønske til Grundlæggelse af Samlinger eller til Supplering af de Samlinger, der allerede mange Steder er oprettet, ligesom det vilde være rimeligt at give de paagældende Redaktioner Adgang til at udfylde eventuelle Lakuner i Redaktionernes Arkiveksemplarer.

I § 4 er det foreslaaet at bringe de nye Bestemmelser til Anvendelse paa Aviser, udkomne efter 1. Januar 1925, idet Afleveringen for det første Halvaar 1925 først vil finde Sted efter 1. Juli 1925. Der er derhos optaget en bestemmelse om, at Afleveringsreglerne i § 1 i Loven af 17. Maj 1916 ophæves, og at ligeledes Bestemmelsen i nævnte Lovs § 3, 2. Stk. ophæves. idet Udvalget vel vil mene, at Læsestuen bør opretholdes, men det som foran anført ikke kan anses for nødvendigt at indbinde hele den fuldstændige Samling af Aviser i Statens Avissamling i Aarhus.

[*Betænkning vedrørende Statens Biblioteksvæsen afgiven af det af Undervisningsministeriet under 11. Oktober 1924 nedsatte Udvalg,* Kbh. 1927, s. 105–09. Også trykt i *Rigsdagstidende* 1924–25, Tillæg A sp. 6555–60].

64. *Lov om Pligtaflevering af Aviser til Statens Samlinger, 18. april 1925.*

§ 1.

Antallet af Frieksemplarer af Aviser, der skal afleveres i Henhold til Reglerne om Offentlige Bibliotekers Ret til Frieksemplarer af Tryksager, fastsættes til 3 Eksemplarer af alle i Københavns, Frederiksberg eller Gentofte Kommuner udkommende Aviser og 2 Eksemplarer af alle andre her i Landet udkommende Aviser. Frieksemplarerne fordeles paa den i § 2 angivne Maade.

§ 2.

Til det kgl. Bibliotek afleveres 1 Eksemplar af alle Aviser.

Til Statens Avissamling i Aarhus afleveres 1 Eksemplar af alle Aviser.

Til Universitetsbiblioteket afleveres 1 Eksemplar af alle i Københavns, Frederiksberg eller Gentofte Kommuner udkommende Aviser.

§ 3.

Undervisningsministeren fastsætter de nærmere Bestemmelser, som maatte være nødvendige til Gennemførelsen af denne Lov, derunder Bestemmelser om, hvilke Tryksager der skal henregnes til Aviser. Ministeren træffer ligeledes Bestemmelse om, hvorledes der skal forholdes med de Rækker af Aviser, som for Tiden opbevares i Statens Avissamling i Aarhus, men som efter Forskrifterne i denne Lov ikke vil blive fortsat.

§ 4.

Reglerne i denne Lov finder Anvendelse paa Aviser, udkomne siden 1. Januar 1925. Lov Nr. 181 af 17. Maj 1916 om Statens Avissamling i Aarhus § 1 og § 3, 2det Stykke, ophæves.

[Også trykt som forslag i *Betænkning vedrørende Statens Biblioteksvæsen afgiven af det af Undervisningsministeriet under 11. Oktober 1924 nedsatte Udvalg*, Kbh. 1927, s. 105 – Vedrørende den i § 3 stk. 2 bebudede bestemmelse om de ophobede dubletrækker af aviser i Avissamlingen i Århus afgav udvalget 26. maj 1926 en indstilling, trykt smst. s. 110–12, som gik ud på, at dubletterne – 1 sæt provinsaviser fra 1800-tallet frem til 1924 og 1 sæt af alle landets aviser fra 1902 til 1924 – skulle tilbydes folkebibliotekerne og bladredaktionerne, og hvad disse ikke udtog kasseres. Indstillingen blev bifaldet af ministeriet, og i sept. samme år udsendtes fra Avissamlingen et cirkulære til bibliotekerne i de 96 byer, hvori der var udgivet aviser, med tilbud om, at de kunne overtage dubletter af avisrækkerne. 68 biblioteker, 16 avisredaktioner og 2 museer rekvirerede derpå tilsammen 7549 årgange. „De fleste af vore Provinsbyer er saaledes kommet i Besiddelse af en Hovedkilde til deres Historie, delvis fra de sidste 100 Aar, siden 1870erne saa at sige fra Dag til Dag" (Vilh. Grundtvig i *Statsbiblioteket i Aarhus 1902–1927*, Aarhus 1927, s. 171f)].

65. *Bekendtgørelse angaaende Pligtaflevering af Aviser til Statens Samlinger, 6. maj 1925.*

§ 1.

Ved Lov af 18. April 1925 er der med Hensyn til Pligtaflevering af Aviser til Statens Samlinger givet nye Regler, der gaar ud paa følgende:

1. Antallet af Frieksemplarer af Aviser, der skal afleveres i Henhold til Reglerne om offentlige Bibliotekers Ret til Frieksemplarer af Tryksager, fastsættes til 3 Eksemplarer af alle i Københavns, Frederiksberg eller Gentofte Kommuner udkommende Aviser og 2 Eksemplarer af alle her i Landet udkommende Aviser. Frieksemplarerne fordeles paa den under 2 angivne Maade.
2. Til det kgl. Bibliotek afleveres 1 Eksemplar af alle Aviser.
   Til Statens Avissamling i Aarhus afleveres 1 Eksemplar af alle Aviser.
   Til Universitetsbiblioteket afleveres 1 Eksemplar af alle i Københavns, Frederiksberg eller Gentofte Kommuner udkommende Aviser.

§ 2.

Disse Regler finder Anvendelse paa Aviser, udkomne siden 1. Januar 1925.

§ 3.

Med de Ændringer, der følger af de foran anførte nye Regler, opretholdes indtil videre de hidtil gældende Bestemmelser vedrørende Pligtafleveringen, herunder Bestemmelserne i Bekendtgørelse af 28. December 1916 angaaende Gennemførelsen af Lov Nr. 66 af 2. Maj 1902 om offentlige Bibliotekers Ret til Frieksemplarer af Tryksager m.m. og Lov Nr. 181 af 17. Maj 1916 om Statens Avissamling i Aarhus.

Hvilket herved bekendtgøres til Efterretning og Iagttagelse for alle vedkommende.

Undervisningsministeriet, den 6. Maj 1925.

[Også trykt som forslag i *Betænkning vedrørende Statens Biblioteksvæsen afgiven af det af Undervisningsministeriet under 11. Oktober 1924 nedsatte Udvalg*, Kbh. 1927 s. 109–10].

66. *Statsbiblioteket contra forlagsboghandler Aage Prior, 1925.*

[Følgende sag er med titlen „Et højst ejendommeligt Sagsanlæg" gengivet i *Dansk Boghandlertidende*, årg. 71, 1925, s. 378, efter en artikel i *De grafiske Fag* og fremkaldte et svar fra Statsbiblioteket gengivet s. 388f]:

For nogen Tid siden indeholdt Dagspressen en Meddelelse om, at Statsbiblioteket i Aarhus havde gjort Anmeldelse til Politiet om, at det ikke havde modtaget nogle Billedbilag til 4 Bøger, som var udkommet paa kgl. Hofboghandler Priors Forlag, samt at Boghandler Aage Prior, der er Forlagets Indehaver, trods Paamindelse havde undladt at tilstille Statsbiblioteket de begærede Oplysninger om, hvem Bogtrykkeren var. Under Sagens Behandling var det blevet godgjort, at vedkommende Bogtrykker havde sendt Bøgerne til Statsbiblioteket med Oplysning om, at der ingen Billedbilag fandtes, hvorfor Forlagsboghandler Prior blev frifundet for den mod ham rejste Tiltale.

Da det ikke af ovenstaaende klart fremgik, hvorfor der overhovedet var anlagt Sag, og i saa Fald, hvorfor Sagen var rejst mod Forlæggeren og ikke mod Bogtrykkeren, har vi søgt nærmere Underretning om Sagen, som vi gengiver nedenstaaende tillige med en Udskrift af Dommen.

Den 18. April iaar rettede Statsbiblioteket i Aarhus Forespørgsel til Forlagsboghandler Prior ang. Bilag til de omtalte Bøger. Da der imidlertid ikke hørte Bilag hertil og da Hr. Prior fandt Henvendelsen noget formløs, idet den ikke var underskrevet, ligesom der tidligere havde været Gnidninger mellem Forlaget og Statsbiblioteket, følte han sig ikke foranlediget til at besvare Forespørgselen.

Den 19. Maj sendte Statsbiblioteket en ny Forespørgsel, som Forlaget tilbagesendte med Paategning, at man udbad sig Svarporto vedlagt, hvis Statsbiblioteket ønskede sin Skrivelse besvaret.

Statsbiblioteket anmodede derefter Politiet om, at Forlaget foruden at faa Ordre til at give de fornødne Oplysninger maatte faa en Bøde for sin direkte Nægtelse af at efterkomme Loven om Afleveringspligten af

2/5 1902, § 3, Stk. 1, jfr. 6, og udtalte at denne Bøde ønskedes forhøjet som Følge af Forlagets hele uvillige Holdning.

Den 19. September iaar afsagdes dernæst følgende Dom:

Forlagsboghandler Aage Prior, der er født den 14. November 1866, tiltales ved Anklage af 24. Juli 1925 til at lide Straf for Overtrædelse af Lov Nr. 66 af 2/5 1902 § 3 i Anledning af at han trods Paamindelse har undladt at indsende til Statsbiblioteket i Aarhus de rette i Henhold til Lov af 2/5 1902 tilkommende Oplysninger.

Det fremgaar af Sagen, at Tiltalte har undladt at besvare en Skrivelse af 19/5 1925 fra Statsbiblioteket i Aarhus, i hvilken Biblioteket forespurgte, hvor Billedbilagene til fire nærmere angivne, paa Tiltaltes Forlag udkommende Bøger, fandtes.

Eksemplarer af de paagældende Bøger, der er trykt her i Landet, var af vedkommende Bogtrykker afleveret til Biblioteket, og det er oplyst, at der til Bøgerne ikke hørte Billedbilag.

Der foreligger herefter ingen Overtrædelse af den ved Loven hjemlede Afleveringspligt, og da den Forlæggeren paahvilende Oplysningspligt ifølge Lovens § 3 kun gaar ud paa at opgive for Bibliotekerne fra hvilket Trykkeri Bøgerne er udgaaet, findes Tiltalte ikke ved sin Adfærd at have gjort sig skyldig i nogen Overtrædelse af den i Anklageskriftet citerede Lov.

Som Følge heraf vil Tiltalte være at frifinde for det Offentliges Tiltale.

Tiltalte, Forlagsboghandler Aage Prior bør for det Offentliges Tiltale fri at være.

Sagens Omkostninger udredes af det Offentlige.

Carstens.

Statsbiblioteket i Aarhus.
Aarhus, den 24/10 1925.

„Et højst ejendommeligt Sagsanlæg".
Hr. Redaktør.
Da den i „Dansk Boghandlertidende" Nr. 43 optrykte Artikel fra „De grafiske Fag" giver en temmelig ensidig Fremstilling af Konflikten mellem Statsbiblioteket og Hr. Forlagsboghandler Prior, beder vi Dem ogsaa høre den anden Part i Sagen.

Allerførst: den gennem Pressen udsendte Meddelelse, at „vedkommende Bogtrykker havde sendt Bøgerne til Statsbiblioteket med Oplysning om, at der ingen Billedbilag fandtes," er ganske urigtig. Biblioteket har selvfølgelig ingen saadan Meddelelse modtaget, og det fremgaar da ogsaa af Forundersøgelsen og Dommen, at Forholdet har været et ganske andet: først under Sagen – altsaa for Dommeren – er det oplyst, at der ikke til de omtalte Bøger hørte Billedbilag. Det er denne Oplysning, Biblioteket har søgt hos Hr. Prior, og den er det altsaa først lykkedes at fremskaffe gennem Københavns Byret.

Dernæst selve Sagen. Den er ikke noget isoleret Tilfælde, men Slutningsepisoden i en lang Række Uoverensstemmelser mellem Forlæggeren og Biblioteket. Enkeltheder vil det ikke være Stedet at komme ind paa; det skal her blot nævnes, at Biblioteket i Efteraaret 1924 efter tre forgæves Henvendelser maatte søge Politiets Bistand for at faa de Oplysninger, vi efter Loven har Krav paa at faa, om Trykkestedet for nogle Bindomslag.

Vi bad Politiet henstille til Hr. Prior fremtidig at svare paa vore Skrivelser, men Foraaret 1925 var det galt igen, og da Hr. Prior tilsidst paa en for Biblioteket krænkende Maade overhovedet nægtede at besvare Skrivelser af Art og Udstyr som vort Cirkulære (skønt han tidligere to Gange havde besvaret det samme Cirkulære uden Protest), var der igen anden Udvej end en retslig Afgørelse.

Biblioteket havde i Marts Maaned fra en Bogtrykker modtaget en hel del „Billeder til Børnebøger fra Priors Forlag“ – uden nærmere Angivelse af, hvortil disse Billedbilag hørte, og der var paa Forlaget i 1924 udkommet Børnebøger af tilsyneladende samme Type som de fire omstridte, men forsynede med Tavler. Der var altsaa en vis Grund til at spørge Forlaget, om der ogsaa til disse hørte Billedbilag.

Grundlaget for Sagen er da den gentagne Gange dokumenterede Uvilje til at svare, ikke blot Spørgsmaalet om Tavler til fire Børnebøger.

Tilbage staar saa selve Dommen. Dommer Carstens har ikke ønsket at se Sagen i Sammenhæng med det tidligere Mellemværende, som dog er dens Forudsætning, og Dommen fastslaar, at der ikke foreligger nogen negativ Oplysningspligt. Men skal der tillægges denne Dom en principiel Betydning, er det nødvendigt paa dette Punkt at arbejde for en Lovændring. For en Sags Færdigekspedition er den negative Oplysning: at denne Del af et Værk, disse tilsyneladende manglende Numre af Tidsskrifter og Periodica, disse formodede Tavler ikke eksisterer – i en Række daglige Tilfælde af afgørende Betydning. Og det er Bibliotekernes Opgave at overgive vore Dages Bogproduktion i en saa fuldstændig og korrekt Skikkelse som muligt til Efterverdenen. Afviser man principielt den negative Oplysningspligt, som sikkert ikke kan siges at være nogen tung eller besværlig Byrde – det drejer sig i Reglen om et Par Ord paa et Brevkort – vil dette betyde alvorlige Vanskeligheder for Bibliotekernes daglige Arbejde, hvad enhver, der har siddet i en „dansk Afdeling", vil kunne bevidne.

Ærbødigst H. Topsøe-Jensen, Underbibliotekar.

At Herr Underbibliotekar Topsøe-Jensen er mindre tilfreds med, at den Retsag, som Statsbiblioteket har rejst, er gaaet dette imod, er kun naturligt. At Underbibliotekaren efter dette mener det nødvendigt eventuelt at søge en Ændring i de bestaaende Love, er en Sag for sig, hvortil her ikke skal tages Stilling, men det rokker jo ikke den fremdragne Kendsgerning, at Retten – paa Grundlag af de gældende Love og efter at have faaet forelagt alle Oplysninger i Sagen – pure har frikendt Forlagsboghandler Prior.

Red.

[Indstilling afgivet af biblioteksudvalget om udskillelse af ældre avisdubletter 26. maj 1926, se kommentar til aktst. nr. 64].

67. *Betænkning om de tre Statsbibliotekers Forhold til den danske Litteratur afgivet 30. nov. 1926.*

[Udgør med efterfølgende forslag til love og bekendtgørelser kapitel IV (s. 70–112) af *Betænkning vedrørende Statens Biblioteksvæsen afgiven af det af Undervisningsministeriet under 11. Oktober 1924 nedsatte Udvalg,* Kbh. 1927, hvortil slutter sig Bilag 1 (s. 235–44) med en oversigt over de i udlandet gældende regler for pligtaflevering udarbejdet af Lauritz Nielsen. Kapitel IV falder i to dele, hvoraf den første om pligtafleveringen i almindelighed (s. 70–104) gengives her. Anden del (s. 105–12) omhandler aviser og rummer forslag til lov om avisaflevering afgivet 31. jan. 1925 (se aktst. nr. 63), forslag til bekendtgørelse desangående (se aktst. nr. 65) og en 26. maj 1926 afgivet indstilling vedrørende „Spørgsmaalet om Behandlingen af de ved de nye Regler afsluttede Avisrækker i Avissamlingen i Aarhus", dvs. om udskillelse af dubletrækkerne fra før 1925 (s. 110–12), jvf. kommentaren til aktst nr. 64].

Medens det er en Selvfølge, at de tre Statsbiblioteker ligesom Landets andre offentlige Biblioteker indeholder dansk Litteratur, rejser sig det Spørgsmaal, om de – saaledes som det under de nuværende Forhold er Tilfældet – alle tre principielt skal være ligestillede i Henseende til

Omfanget paa dette Omraade, eller om der her skal være en Forskel mellem dem, og i saa Fald efter hvilke Hensyn deres Opgaver overfor den danske Litteratur skal bestemmes.

Lige saa lidt som dette Spørgsmaal efter Udvalgets Opfattelse kan besvares ud fra de samme Synspunkter, som maa lægges til Grund for Bestemmelsen af Bibliotekernes Opgave overfor den udenlandske Litteratur, lige saa lidt kan det løses, uden at deres Stilling indenfor det samlede Biblioteksvæsen tages i Betragtning, og Udvalget har derfor i sine Overvejelser ikke undladt at tage Hensyn til den Betydning, som de statsunderstøttede Biblioteker („Folkebibliotekerne") i den nyeste Tid har faaet og fremtidig i stigende Grad vil kunne faa, naar Talen er om det samlede Biblioteksvæsens Forhold overfor den danske Litteratur.

De tre Statsbibliotekers Forsyning med dansk Litteratur sker for alles Vedkommende gennem lovbefalet Pligtaflevering. En saadan pligtmæssig vederlagsfri Aflevering af den nationale Litteratur til visse Biblioteker i Landet hviler paa en meget lang Tradition og er ogsaa almindelig i Udlandet; ved en Gennemgang af Forholdene i andre Lande vil man de fleste Steder træffe Bestemmelser, der – omend under skiftende Former til forskellige Tider og i de enkelte Lande – betegner Statens Ret til Pligteksemplarer. Med Hensyn til de i Udlandet gældende Regler henvises til den som Bilag 1 til nærværende Betænkning aftrykte, af Udvalgets Medlem Dr. Nielsen affattede Oversigt.

Den første Bestemmelse om Pligtaflevering er givet i Frankrig, hvor en i 1537 udstedt Forordning paabød Aflevering til Kongens Bibliotek af et Eksemplar af enhver Bog, der tryktes. Forordningen indeholder den udtrykkelige Motivering, at Kongen i sit Bibliotek vilde samle alle de samtidige franske Forfatteres Værker, for at Eftertidens Videnskabsmænd paa et Sted kunde finde Frankrigs Litteratur fra hans Regeringstid fuldstændig bevaret, og ud fra et lignende Synspunkt indførtes Pligtaflevering efter det franske Forbillede i en Række andre Landes Fyrstebiblioteker, af hvilke de fleste i Tidens Løb udviklede sig til at blive de paagældende Landes Nationalbiblioteker. Andre Steder indførtes Pligtaflevering til Universitetsbibliotekerne i Kraft af Universiteternes Censurmyndighed eller deres Ret til at uddele Bogtrykkerprivilegier, en Tilknytning, der endnu spores i flere Lande. Visse Steder er Afleveringspligten knyttet til Erhvervelsen af „copyright". Hvor Pligtafleveringen findes, gaar Tendensen i vore Dage dog afgjort i Retning af at give Pligtafleveringen Udtryk gennem en selvstændig Lovgivning og betragte Fordringen om Pligteksemplarer som Statens naturlige Ret, der i Almindelighed ikke forpligter til Kompensation af nogen Art.

Fordelene ved Pligtafleveringen er indlysende. Den franske Forordning fra 1537 peger paa Interessen i, at Eftertidens Videnskabsmænd paa et Sted kan finde hele den nationale Litteratur, men at man i adskillige Tilfælde er gaaet videre, end dette Formaal kræver, er ubestrideligt; naar der til vort kongelige Bibliotek fra først af forlangtes fem, under Christian VI tre Eksemplarer, har Tanken dermed uden Tvivl været at skaffe Biblioteket Materiale til Bytteforbindelse med Udlandet og derved at give Biblioteket Mulighed for billig Erhvervelse af udenlandsk Litteratur. Tilsvarende Hensyn kan ogsaa i Nutiden paapeges ved Ordningen i andre Lande. Men ganske bortset fra, hvad der kan indvendes mod en saadan Anvendelse af Pligtafleveringen til Erhvervelse af Midler til Anskaffelse af anden Litteratur, er den samfundsmæssige Betydning af den ved Pligtafleveringen tilvejebragte Sikkerhed for den danske Litteraturs Tilstedeværelse i det fornødne Omfang i de tre Statsbiblioteker saa stor, at Udvalget ubetinget vil fastholde Statens Ret til Pligteksemplarer. Man er vel ikke blind for, at Udøvelsen af denne Ret betyder en Byrde for Udgivere og Bogtrykkere, men bortset fra enkelte Undtagelsestilfælde, hvor det drejer sig om meget kostbare Værker eller Værker trykte i et meget begrænset Omfang, betyder dog Afleveringspligten økonomisk saa lidt for den enkelte afleveringspligtige, at Hensynet dertil maa vige for den samfundsmæssige Interesse, der har fundet sit Udtryk i Pligtafleveringens Indførelse.

Udvalget maa herved bemærke, at det ikke drejer sig alene om et økonomisk Spørgsmaal. Allerede af Hensyn til, at en Nyordning, hvorefter de tre Statsbiblioteker skulde købe deres Beholdning af dansk Litteratur, vilde nødvendiggøre en meget betydelig Forøgelse af deres Annua, som alene er bestemt til og kun nødtørftigt er tilstrækkelige til Anskaffelse af udenlandsk Litteratur, vilde Udvalget være ude af Stand til at foreslaa en saadan Ordning, men ganske afgørende imod en Forandring af den nuværende Ordning taler det, at man paa denne Maade overhovedet ikke vilde kunne skaffe Bibliotekerne hele den her omhandlede Litteratur, som for store og meget betydningsfulde Deles Vedkommende slet ikke kan faas gennem Køb.

Pligtafleveringens Udvikling i Danmark.

Som allerede nævnt i Indledningen var Universitetsbiblioteket det første Bibliotek, der fik Frieksemplarer ad Pligtafleveringsvejen, idet Konsistorium, der holdt fast Bogtrykker, i 1623 paalagde denne af alt, hvad han trykte, at aflevere et Eksemplar til Universitetsbiblioteket. I 1648 benyttede Konsistorium sin Censurmyndighed til at give Landets øvrige Bogtrykkere et lignende Paabud, dog vistnok uden at det førte til Resultater. Ved kgl. Reskript af 17. Juli 1697 indførtes Pligtafleveringen til det kongelige Bibliotek, idet det bestemtes, at „hvo som noget Skrift i Kongens Riger herefter lader trykke og oplægge, skal levere 5 Eksemplarer deraf i Kongens Bibliotek". Dette Reskript lagde altsaa Afleveringspligten paa Forlæggeren. I 1703 kom der imidlertid et nyt Reskript, hvorefter Afleveringen lagdes over paa Bogtrykkeren, men denne Bestemmelse gjaldt kun for Hovedstaden. Nye Bestemmelser for Hovedstaden gaves derhos ved en Forordning af 25. April 1732, ved hvilken Antallet af Pligteksemplarer blev nedsat til 3, og ved Reskript af 14. December 1753, der udvidede den legale Pligtaflevering til at omfatte et Eksemplar til Universitetsbiblioteket. Da Afleveringen effektueredes daarligt, og da der efterhaanden ogsaa var oprettet vigtige Bogtrykkerier i Provinsen, fik det kongelige Bibliotek – men ikke Universitetsbiblioteket – nye Regler ved en Forordning af 10. Januar 1781. Ved denne Forordning paalagdes det enhver Bogtrykker i Danmark og Norge, paa Island og i Kolonierne at aflevere 3 Eksemparer af, hvad han trykte, til det kongelige Bibliotek, og Afleveringspligten udvidedes til „ugentlige Aviser og Intelligens-Blade samt Auktions- og andre Katalogi over Bøger og Kobberstykker samt Naturalie-, Mynte- og deslige Kabinetter, men derimod ikke andre Katalogi, Auktionsplakater eller Bryllups- og Begravelsesvers". Endvidere skulde Kobberstik afleveres. Ved en Plakat af 3. Februar 1783 indskrænkedes Pligteksemplarernes Antal til 2, hvoraf det ene skulde være paa „Skrivpapir". Disse Regler havde forskellige Mangler. Det var vanskeligt at faa samlet alle Ark, naar ikke hele Trykningen besørgedes samme Sted; det var ogsaa vanskeligt at faa Tavler m. v., der hørte til Bøgerne, og der var ingen Ret til at kræve Eksemplarer af danske Bøger, som vedkommende lod trykke i Udlandet. I Forordning af 19. Januar 1821, der gjaldt for hele Landet og ogsaa omfattede Universitetsbiblioteket, forsøgte man da en ny Ordning, idet man lagde Afleveringspligten paa Forlæggeren. Bibliotekerne savnede imidlertid paa Grund af de daværende bibliografiske Hjælpemidlers Utilstrækkelighed Mulighed for at kunne føre Kontrol, og allerede 20. Januar 1832 kom der da en ny Forordning, hvorved Afleveringspligten igen blev lagt over paa Bogtrykkeren. Tryktes Bogen hos flere, paahvilede Afleveringen den, der havde trykt Slutningen; Kort og Kunstblade skulde afleveres af vedkommende Kobberstikker eller Litograf. Denne Forordnings Bestemmelser opretholdtes lige til 1902. Med Hensyn til Fordelingen af Pligteksemplarerne skete der imidlertid i 1889 den Ændring, at et Sæt Provinsaviser blev overført fra Universitetsbiblioteket til Provinsarkiverne, og da Statsbiblioteket i Aarhus blev oprettet ved Loven af 22. Marts 1897, blev det kongelige Biblioteks Dubleteksemplar overført til det nye Bibliotek. Der var dog i Bestemmelsen herom taget det Forbehold, at det kongelige Bibliotek kunde udtage, hvad det ønskede at have i 2 Eksemplarer, og Følgen heraf var, at Statsbiblioteket gik Glip af en særlig værdifuld Del af den danske Litteratur. Man besluttede sig da til at optage Statsbiblioteket blandt de Biblioteker, der var berettigede til Pligteksemplarer, og da dette udkrævede en ny Lov, og man paa visse Punkter fandt det rigtigt at revidere Forordningen af 1832, udstedtes under 2. Maj 1902 en ny Lov om offentlige Bibliotekers Ret til Frieksemplarer af Tryksager m. m. Som det fremgaar af den i et senere Afsnit givne Fremstilling om Aviserne, er denne Lov senere ændret med Hensyn til dette specielle Omraade, men iøvrigt indeholder Loven af 2. Maj 1902 de nugældende Bestemmelser om Pligtafleveringen.

Ifølge Loven af 2. Maj 1902 paahviler det alle Bog- og Kunsttrykkere her i Landet at aflevere fire Eksemplarer af, hvad de trykker, deraf to til det kongelige Bibliotek, et til Universitetsbiblioteket og et til Statsbiblioteket i Aarhus. Ogsaa Tryksager, der er fremstillet i Udlandet paa Bekostning af danske Forlæggere, er afleveringspligtige; i disse Tilfælde paahviler Afleveringspligten Forlæggerne. Med enkelte Undtagelser som Pengerepræsentativer, Værdipapirer og Tryksager af fortrolig embedsmæssig Karakter forlanger Loven alt, som trykkes. Alle nye Udgaver og Oplag af en Bog skal afleveres, selv om de er uforandrede, ja selv om de er stereotyperede, naar der blot er taget nyt Aftryk af Satsen. Afleveres skal ligeledes Særtryk af Aviser og Tidsskrifter, naar de har selvstændig Paginering. Saafremt der af en Bog findes Eksemplarer i forskelligt Udstyr, skal det ene af det kongelige Biblioteks Eksemplarer høre til de bedst udstyrede, medmindre disses Antal ikke naar 50. Det fremhæves udtrykkeligt i Loven, at Afleveringen skal betragtes som foregaaende paa Forlæggerens Regning, saaledes at Bogtrykkeren har Ret til at tilbageholde de fornødne Eksemplarer i det bestilte Oplag. Undervisningsministeren er bemyndiget til at fastsætte de nærmere Regler for Lovens Gennemførelse og til at træffe Bestemmelse om, over for hvilke Tryksager Afleveringspligten eventuelt ikke skal gøres gældende.

I Henhold til den nævnte Bemyndigelse udsendtes under 26. Maj 1902 en ministeriel Bekendtgørelse, indeholdende dels visse Begrænsninger i Pligtafleveringen, dels de nærmere Regler om Gennemførelsen af denne. Bekendtgørelsen fornyedes under 28. December 1916, og denne Bekendtgørelse indeholder de nu gældende Regler. Ifølge disse er der i Afleveringspligten kun gjort den Begrænsning, at Bogtrykkerne ikke skal aflevere Blanketter til Udfyldning (hvorunder ikke henregnes Lejekontrakter, Svendebreve, Lærlingebreve og lignende), Visitkort, Brevpapir, Konvolutter, Korsbaand, Segloblater, Vareposer, Billetter, Adgangskort og Servietter. Afleveringen skal, medmindre der foreligger anden Aftale, foregaa i Begyndelsen af Januar og Juli for det forløbne Halvaar. Ved hver Aflevering skal medfølge to enslydende Fortegnelser med nøjagtig Specifikation, for Smaatryks Vedkommende dog kun med Antalsangivelse. Afleveringen sker direkte til Biblioteket, og dette bærer Portoudgiften.

Overtrædelser af Loven eller de sig dertil sluttende Bekendtgørelser straffes med Bøder fra 10 til 400 Kr. Det er paalagt Øvrigheden at gøre Indberetning til Undervisningsministeriet, hver Gang der meddeles Borgerskab eller Næringsbevis som Bogtrykker, Litograf, Kobbertrykker eller Kunsttrykker, og ved Bekendtgørelse af 8. August 1923 er det derhos paalagt Politimestrene at gøre Indberetning, naar de bliver bekendt med Trykkerier, der drives uden Borgerskab eller Næringsbevis.

Pligtafleveringens nuværende Omfang.

Medens Udvalget som foran anført maa fastholde Statens Ret til gennem Lovbestemmelser at sikre Opbevaringen af Landets litterære Produktion, finder man ikke den for Tiden her i Landet gældende Ordning holdbar. Før man gaar over til at omtale de Ændringer, man maa anse for nødvendige, vil det imidlertid være rimeligt at give en Skildring af den Udvikling, der har fundet Sted siden Udstedelsen af Loven af 2. Maj 1902.

[Der meddeles derpå statistiske oversigter over pligtafleveringens omfang 1901–26, hvorom henvises til nærværende binds statistikafsnit].

Som det vil ses, er Antallet af de i Kraft af Pligtafleveringen til de tre Statsbiblioteker indgaaede Tryksager i Løbet af de 25 Aar steget til det dobbelte for Bøgers og Tidsskrifters Vedkommende, for visse af de andre Gruppers Vedkommende endnu langt mere. Hvad dette betyder pladsmæssigt, er det ogsaa muligt at redegøre for i Tal, idet det kongelige Biblioteks Bogmasse blev opmaalt i 1906 i Anledning af Bibliotekets Indflytning i dets nye Bygning og atter i Januar 1925 til Brug for nærværende Udvalg. Differencen mellem de to Opmaalingstal giver Tilvæksten i Meter i de forløbne 18 Aar, og som nævnt vil Tallene for det kongelige Bibliotek ogsaa gælde for de to andre Statsbiblioteker, da Pligtafleveringens Omfang er fælles for dem alle tre. (Aviserne ses der i denne Sammenhæng bort fra, da Tilvæksttallene for deres Vedkommende anføres nedenfor i det særlige Afsnit om Aviserne).

Smaatrykket, som pr. 1. Januar 1925 fyldte 7818 Kapsler, optog ved Opmaalingen i 1906 85 Meter, men ved Opmaalingen i Januar 1925 715 Meter. Det er altsaa i Løbet af 18 Aar vokset med 630 Meter, hvilket vil sige gennemsnitlig med 35 Meter aarlig (Runde Taarns Højde er 36 Meter). I Efteraaret 1924 gav Ministeriet Tilladelse til, at det kongelige Biblioteks Dubleteksemplar af Smaatrykket kasseredes; det viste sig at veje 14 928 Kilo.

Med Hensyn til Bøger og Tidsskrifter, den egentlige Bogafdeling, var Meterantallet i 1906 2921 og i 1925 4480; det kongelige Biblioteks danske Bogafdeling er altsaa i de 18 Aar vokset med 1560 løbende Meter. Imidlertid skyldes denne Forøgelse ikke udelukkende Pligtaflevering, da den danske Afdeling stadig foretager Suppleringskøb og modtager Gaver; fraregnes den gennem Køb og ved Gaver indgaaede Bogmasse, hvilken (efter en Beregning paa Grundlag af den førte Statistik) i Tiden 1906–24 udgjorde ca. 372 Meter, faar man Tallet 1188, og med dette Tal, 1188 løbende Meter, har da Pligtafleveringen øget hvert af de tre Statsbiblioteker i de forløbne Aar, hvilket giver en gennemsnitlig aarlig Vækst paa 66 Meter for Bøger og Tidsskrifter.

Af de Oplysninger, som her er givet om Pligtafleveringens Omfang, fremgaar det, at man har naaet en Tilstand, som maa gøre det overordentlig vanskeligt for Bibliotekerne at efterkomme de Forpligtelser med Hensyn til Ordning og Opbevaring, der er Lovens naturlige Konsekvens, og det kan da ogsaa siges, at de her paa flere Punkter allerede har opgivet Ævret. Det skal i saa Henseende anføres, at der i det kongelige Bibliotek, der stadig har søgt at gennemføre en fuldstændig Inddeling, nu fra de sidste 5 Aar henligger uordnet ca. 100.000 Stk. Lejlighedssange (personelle saavel som upersonelle), ca. 60.000 Stk. Plakater samt skematiske Blanketter og Reklamer, ca. 10.000 Stk. Prislister, hvilket vil sige, at dette Materiale er ubrugeligt. Et lignende Forhold gør sig gældende paa Universitetsbiblioteket, hvor ca. 10 Aars Aflevering af Smaatryk henligger kun groft sorteret i nogle faa store Grupper, men indenfor disse ganske uordnet og altsaa ubrugeligt, og for Statsbibliotekets Vedkommende gælder det, at man ogsaa dér for længst har maattet opgive Ordning i Detailler af flere store Grupper af Smaatrykket, hvilket selvfølgelig i høj Grad vanskeliggør Benyttelsen af disse Tryksager.

Saafremt Pligtafleveringen vedblivende skulde opretholdes i sin nuværende Udstrækning, vilde derfor for alle tre Biblioteker Pladsudvidelse og Personaleforøgelse i en nær Fremtid være en uomgængelig Nødvendighed.

Almindelige Indskrænkninger i Pligtafleveringen.

Det ligger da nær at spørge, om der er tilstrækkelig Grund til at bringe saa store Ofre af Tid, Plads og Penge, som vilde udkræves til Ordningen og Opbevaringen af disse uhyre Masser af Tryksager. Hvis dette Spørgsmaal maatte besvares bekræftende, vilde det være nødvendigt at søge Udveje til at overvinde Vanskelighederne, men der er indenfor Udvalget fuld Enighed om, at Spørgsmaalet maa besvares benægtende, og at det vil være rigtigt at foretage væsentlige Indskrænkninger i de nu gældende Regler. Disse Indskrænkninger vil først og fremmest kunne rettes mod det saakaldte Smaatryk, men ogsaa for Tidsskrifternes og Bøgernes Vedkommende kan der dog ske ikke uvæsentlige Begrænsninger.

Indenfor *Bøgernes* Omraade skal man først nævne de uforandrede Oplag. I den nu gældende Lov fastslaas udtrykkelig, at alle – ogsaa uforandrede – Oplag skal afleveres. Siden dens Udstedelse i 1902 har imidlertid Begrebet „Oplag“ skiftet Karakter, idet det senere er blevet almindeligt, at Forlagene af Reklamehensyn udsender deres Forlagsartikler i en Række mindre, hurtigt paa hinanden følgende Oplag, som i Virkeligheden kun er Aftryk af en og samme Sats. Allerede nu har Vanskelighederne ved at faa de bevilgede Budgetter til at strække til nødsaget Bibliotekerne til at unddrage alle saadanne uforandrede Oplag fra Indbinding; men at lade dem staa uindbundne paa Plads i Reolerne som en væsentlig død Masse blot for overfor en fjærn Eftertid at aflægge Vidnesbyrd om, hvor mange Gange en Forlægger har fundet det hensigtsmæssigt at skifte Oplagsbetegnelse paa en Bog, der iøvrigt er taget efter samme Sats som dens Forgænger, synes lidet formaalstjenligt i Forhold til den ikke ringe Pladsbesparelse, som fremtidig vil vindes ved, at saadanne Oplag undtages fra Aflevering, saaledes som det ogsaa altid har været Tilfældet i England og nu er Tilfældet efter de nye Afleveringslove i Frankrig.

Indenfor *Tidsskrifternes* Omraade mener Udvalget, at lokale eller andre Sær-Udgaver uden redaktionelle Ændringer i den egentlige Tekst kan undtages fra Aflevering, hvorved der i Tidens Løb ikke mindst paa et Omraade som de talrige Søndagsblade vil kunne spares en ingenlunde ubetydelig Plads. Endelig mener man uden Skade at kunne stryge Lovens Krav om Afgivelse af Særtryk. Bestemmelsen om Aflevering af Særtryk blev i sin Tid indsat med den Motivering, at da Særtryk af Tidsskrifter ofte citeres i Litteraturen som selvstændige Skrifter uden Angivelse af Tidsskriftets Navn, var Bibliotekerne ofte ude af Stand til paa dette Punkt at betjene Publikum. Det maa imidlertid siges, at efter at Planen om en aarlig Tidsskrift-Index, omfattende alle betydende danske Tidsskrifter, er blevet virkeliggjort, og efter den Fremkomst af en Række Fagbibliografier, som i de senere Aar har fundet Sted, har det nævnte Hensyn tabt saa meget i Vægt, at det langt opvejes af den Besparelse ikke mindst i Katalogiseringsarbejde, som vilde indvindes ved en Ændring af den nu bestaaende Lov paa dette Omraade.

Med Hensyn til Aflevering af *Smaatryk* gaar Loven af 2. Maj 1902 meget vidt, idet de Kategorier, der undtages fra Aflevering, er meget faa. Loven er dog paa dette Punkt ikke mere vidtgaaende end de i enkelte andre Lande gældende Bestemmelser; eksempelvis kan det anføres, at i Sverige kræves endnu mere af Smaatrykket afleveret, end Tilfældet er hos os. Udvalget finder ogsaa Anledning til at anføre, at der i Tyskland, hvor de forskellige Staters Pligtafleveringsbestemmelser som Regel ikke omfatter Smaatryk, i den bibliotekariske Diskussion har været taget til Orde for at samle det i temmelig vidt Omfang.

Naar Udvalget ikke desmindre anser væsentlige Indskrænkninger netop paa dette Omraade ikke blot for nødvendige, men ogsaa for fuldt forsvarlige, skyldes det ikke alene de praktiske Erfaringer, som er gjort siden 1902 med Hensyn til Smaatrykkets Anvendelse, hvilken er meget ringe (i det kongelige Bibliotek gennemsnitlig 4 Ekspeditioner om Ugen), men – og navnlig – den Omstændighed, at en Undersøgelse af selve Arten af dette Materiale fører til et andet Syn paa det end det, som ligger til Grund for den hidtil gældende Lov. I Nutiden med dens stærkt nuancerede Samfunds- og Kulturliv og med den stedse stigende Anvendelse af Trykpressen vil saa godt som alle Foreteelser kunne finde Udtryk i Tryksager og ofte indenfor et enkelt Omraade i meget stort Omfang (man behøver blot eksempelvis at nævne den Mængde Tryksager, som Filmen og Filmsteatrene daglig foranlediger). Men samtidig maa det erindres, at meget af dette Stof kun tjener rent øjeblikkelige og foreløbige Formaal, og at de samme Efterretninger genfindes dels i Dagspressen, dels i de Aarsberetninger, Medlemsblade, Fagblade o. lign., som udgør en ikke mindre karakteristisk Del af Nutidens Bogtrykproduktion i Modsætning til Fortidens. Bevares disse sidste Kategorier af Tryksager, kan deres forhaandsmæssige Raastof trygt forsvinde ikke blot som i sig selv overflødigt, men ogsaa som direkte uheldigt, fordi det ved sin Masse allerede nu gør og i en fjærnere Fremtid endnu mere vil gøre det egentlig værdifulde Kildemateriale af Smaatryk næsten umuligt at arbejde med.

Iøvrigt finder Udvalget Anledning til i denne Forbindelse at udtale, at det ikke kan være Statens Pligt med uforholdsmæssige Ofre af Plads og Penge at sikre Opbevaringen af ethvert Stykke trykt Papir af Hensyn til, at der engang lejlighedsvis vil kunne blive Brug for det i en eller anden Sammenhæng, og endelig maa man pege paa den Tilfældighed, der i vore Dage raader med Hensyn til, om noget bliver trykt eller mangfoldiggjort ad anden mekanisk Vej gennem Duplicering o. lign. Vigtigheden af det paagældende Skriftstykkes Indhold vil i denne Henseende sjælden være afgørende.

Der er indenfor Udvalget ud fra disse Synspunkter blevet taget til Orde for, at af den typografiske Produktion, der ikke har Bog- eller Tidsskriftkarakter, bør den Del, der fabrikeres rent industrimæssigt kun med Henblik paa Øjeblikkets Krav og til praktisk Brug i det daglige Liv, være Bibliotekerne uvedkommende som faldende udenfor de biblioteksmæssige Rammer. Saaledes kan en betydelig Del af de Tryksager, der fremstilles til Brug indenfor Forretnings- og Foreningslivet, betragtes som trykte Privatarkivalier, hvis Opbevaring bør henvises til vedkommende Privatinstitutioner og Foreninger. Der er fra denne Side i Udvalget stillet Forslag om fremtidig at fritage Bogtrykkerne for at aflevere alle Accidenser paa kun et Blad og alle skematiske Tryksager, bestemt til Udfyldning, alle merkantile Tryksager (Prislister, Reklamer, Brugsanvisninger etc.), Kataloger med Undtagelse af Museums- og Udstillingskataloger samt Bog- og Kunstkataloger, Foreningstryk med Undtagelse af Beretninger, Regnskaber og periodiske Meddelelser, alle enkelttrykte Love, Bekendtgørelser og Cirkulærer, alle tjenstlige Tryksager til Brug saavel i Stats- og Kommunalforvaltningen som i private Institutioner og Selskaber, alle Fartplaner, Takster og Tariffer, Programmer med Undtagelse af regelmæssigt udkommende samt alle Fest- og Begravelsessange. Saaledes reduceret vilde Smaatryksafleveringen for største Delen komme til at omfatte Beretninger o. lign. Tryksager, hvori adskilligt af det Materiale, som nu indkommer enkeltvis, har faaet en første Bearbejdelse.

Hertil er der fra anden Side indenfor Udvalget blevet bemærket, at man for det første ikke i al Almindelighed kan tiltræde en Opfattelse, ifølge hvilken Tryksager principielt betegnes som Bibliotekerne uvedkommende, fordi de fabrikeres rent industrimæssigt kun med Henblik paa Øjeblikkets Krav og til praktisk Brug i det daglige Liv; det maa ved Bedømmelsen af en Tryksag i dens Forhold til Bibliotekerne formentlig være dens Art og Indhold, der i hvert enkelt Tilfælde er det afgørende. Dernæst er der fra samme Side med Hensyn til Enkelthederne gjort opmærksom paa, at man ved Afgørelsen af, hvad Statens Biblioteker skal opbevare, ikke med Sikkerhed tør gaa ud fra, at de forskellige Privatinstitutioner og Foreninger vil opbevare de Tryksager, som de lader fremstille; Erfaringen viser tværtimod, at saadanne Institutioner Gang paa Gang tyer til Bibliotekerne for at faa Indblik i deres egne Love, Regnskaber o. lign. Ej heller kan man gaa ud fra, at enkelttrykte Love, Bekendtgørelser, Vedtægter o. s. v. som Helhed taget vil komme til at foreligge i periodiske Offentliggørelser eller paa anden Maade; det sikre er i hvert Fald, at paagældende Smaatryk i adskillige Tilfælde udgør den eneste Form, hvori disse Publikationer udsendes. Dette gælder f. Eks. i mange Tilfælde lokale Vedtægter.

Endelig synes der angaaende Kategorien Kataloger Anledning til at udtale, at Kataloger og kataloglignende Prislister fra industrielle Virksomheder saavel som andre Udtryk for Erhvervslivets Funktioner kan have lige saa stor Interesse som de anførte Undtagelser; tilmed er de, som oplyst fra særlig sagkyndig Side indenfor Udvalget, et uundværligt Materiale ved en Fremstilling af dansk Tekniks og Industris Historie.

Efter at Udvalget paa Grundlag af de saaledes fremførte Opfattelser har gjort hele Spørgsmaalet til Genstand for indgaaende Drøftelse, er man ud fra den Betragtning, at de Grupper, med hvilke der opereres, saa vidt muligt bør være uden Undtagelser – og Undtagelser fra disse –, som vilde gøre Afleveringen meget kompliceret og usikker, enedes om at opstille følgende Undtagelser fra den nugældende Aflevering indenfor Smaatrykket:

Tryksager af enhver Art paa kun ét Blad (medmindre de er Dele af*) eller Tillæg til afleveringspligtige Tryksager);
skematiske og andre Tryksager bestemte til Udfyldning;
Reklamer, Brugsanvisninger og Prislister, der ikke kan betegnes som Kataloger, idet Kataloger af enhver Art skal afleveres;

*) Der tænkes herved paa Publikationer som „Officielle Meddelelser fra Postvæsenet“, „Kundgørelser for Hæren“ o. lign., hvis enkelte Numre ofte udgør blot ét Blad.

Køre- og Fartplaner;
Fest- og Begravelsessange.

De ovenstaaende Fritagelser berører især de egentlige Bogtrykkeriers Aflevering, men ogsaa Afleveringen fra Litografer og Kunsttrykkere vil kunne begrænses. Man vil heraf kunne udskyde alle løse Billeder, som ikke hører til afleveringspligtige Tryksager, med Undtagelse af historiske eller topografiske Billeder og Portrætter. Endelig alle Slags Reklameartikler og Emballager.

For Nodetrykkeriernes Vedkommende vil Afleveringspligten kunne ophæves for alle uforandrede Optryk af Musikalier.

At der ved denne Reduktion navnlig indenfor den første og sidste af de for Bogtrykkerierne anførte Grupper unddrages Bibliotekerne Tryksager, som der i og for sig kunde være Mening i at opbevare, skal ikke benægtes. Naar man alligevel fra alle Sider indenfor Udvalget kan tiltræde den givne Formulering, er Grunden den, at deres Antal er forsvindende i Sammenligning med de Mængder af ganske betydningsløse Sager, som Bibliotekerne herved befries for. Alene Udskydelsen af de til første Gruppe henførte Tryksager paa kun ét Blad, af hvilke Hovedmassen bestaar af Ting, der henhører under det tidligere omtalte Raastof, vil efter et Skøn reducere den nu stedfindende Smaatryksaflevering med en Tredjedel, og hvad angaar Gruppen Fest- og Begravelsessange, der nu udgør mellem en Fjerdedel og en Tredjedel af Smaatryksafleveringen, er Stillingen den, at de enkelte Ting, der kunde være Grund til at opbevare, ganske drukner i den store Mængde af overflødige Tryksager. Følgende Eksempel kan virke illustrerende: En Historiker henvendte sig en Dag paa det kongelige Bibliotek for at søge en (maaske anonym) Vise om en Skomager Hansen i Næstved; da han erfarede, at der fandtes 48 Kapsler med Viser om Personer af Navnet Hansen, opgav han alle videre Forsøg.

Paa den anden Side er det ogsaa klart, at selv med de foran foreslaaede Undtagelser fra Pligtafleveringen vil denne komme til at omfatte adskillige Tryksager, som Bibliotekerne ikke behøver at opbevare. Det er imidlertid umuligt at drage Grænserne saa detaljeret, som det maatte gøres, saafremt de ganske nøje skulde danne Skellet mellem, hvad der skal og ikke skal opbevares. Det maa erindres, at Reglerne om Afleveringen maa formuleres saaledes, at Anvendelsen ikke volder Trykkerierne alt for stort Besvær, og at de giver tilstrækkelig Sikkerhed for, at de bliver forstaaet, saaledes som de er ment. Udvalget har derfor efter indgaaende Drøftelser og Forhandlinger med Bogtrykkerne udarbejdet sit Forslag, formet saaledes, at der fra Afleveringen er undtaget forholdsvis faa, men ret store og let kendelige Grupper. Den Udskillelse, der saa maa foretages indenfor det afleveringspligtige Materiale, maa finde Sted efter Afleveringen og foretages af vedkommende Bibliotek paa Grundlag af Retningslinier, der gives i en Instruks fra Ministeriet.

Endelig maa man bemærke, at den i det foranstaaende foretagne Dragning af Grænserne for den almindelige Pligtaflevering kun sigter til at bestemme dennes Maksimum, medens der ikke herved er talt om det Spørgsmaal, om alle tre Biblioteker i lige Grad skal være Opbevaringssted for den danske Litteratur. Dette Spørgsmaal bliver nærmere drøftet i de efterfølgende Afsnit om de enkelte Biblioteker, hvorunder man samtidig vil komme ind paa Spørgsmaalet, hvorledes Pligtafleveringen skal gennemføres for det enkelte Biblioteks Vedkommende. Forinden man gaar over til Behandlingen af disse Spørgsmaal, vil det være naturligt at fremsætte nogle Bemærkninger om, paa hvilke Maader Pligtafleveringen kan effektueres.

Formerne for Pligtafleveringens Gennemførelse.

Selv om man opretholder den principielle Ordning med Statens Ret til Frieksemplarer, kan der selvfølgelig meget vel ske Ændringer med Hensyn til Afleveringens Teknik. Pligtafleveringens Historie her i Landet viser saadanne Ændringer, idet man f. Eks. i 1821 prøvede at lægge Afleveringen over paa Forlæggerne, et Forsøg, der dog viste sig upraktisk, hvorfor man allerede i 1832 vendte tilbage til at lægge Afleveringen paa Bogtrykkerne. Denne Ordning er opretholdt efter Loven af 1902, men saaledes at Afleveringen sker for Forlæggerens Regning. Denne Form for Pligtafleveringens Gennemførelse er efter Udvalgets Opfattelse ubetinget den eneste mulige, naar det drejer sig om et Bibliotek, der skal have den danske Litteratur i sin Fuldstændighed, det vil sige i hele det Omfang, i hvilket man i det hele taget finder det rigtigt at lade Staten sørge for Opbevaring af danske Tryksager. Selv om man gennemfører den almindelige Begrænsning i Pligtafleveringen, der er foreslaaet i foranstaaende, vil der imidlertid for Universitetsbibliotekets og – omend i mindre Grad – for Aarhus Statsbiblioteks Vedkommende være saa betydelig Forskel paa, hvad der omfattes af Pligtafleveringen, og hvad der skal opbevares i Biblioteket, at det nødvendigvis maa undersøges, om man bør opretholde Afleveringen i dens hidtidige Form, eller om man bør foretrække at gaa over til en anden Fremgangsmaade, der sikrer Biblioteket, at det faar, hvad det skal have, og samtidig slipper for at faa alt det overflødige Materiale.

Det ligger da nær først at spørge, om der ikke kunde træffes den Ordning, at man paalagde Bogtrykkerne Afleveringspligt i forskelligt Omfang for hvert af de tre Biblioteker. Udvalget maa dog bestemt fraraade en saadan Ordning som praktisk uigennemførlig. For det første maa man betragte det som i højeste Grad uheldigt, om Trykkerierne ikke skulde have en enkelt, ganske fast Bestemmelse at rette sig efter; en Ordning med uensartet Pligtaflevering vilde rumme alt for stor Fare for Mangler og Uorden i Afleveringen og medføre megen Besvær baade for Trykkerierne og for Bibliotekerne. Dernæst vilde det – omend man for Bibliotekerne selv saa nogenlunde kan angive Retningslinierne – volde den største Vanskelighed at fastsætte Grænserne for Afleveringen til det enkelte Bibliotek paa en saadan Maade, at Trykkerierne kan effektuere Afleveringen efter Bestemmelserne; atter her vilde man paalægge Trykkerierne Besvær og skabe Usikkerhed for Bibliotekerne. Og endelig maa man fremhæve, at de for Trykkerierne gældende Bestemmelser bør have en fast, vedvarende Karakter, medens der med Hensyn til Bevaringen i Bibliotekerne bør være Plads ikke alene for Ændring i de instruksmæssige Bestemmelser, men ogsaa for Ændring i Bibliotekets Skøn. Det drejer sig her om en Nyordning, der ikke med Sikkerhed kan fastslaas paa Forhaand i Enkeltheder, og med Hensyn til hvilken der bør være Mulighed for en Bevægelighed, der kan tage Hensyn til Erfaringer og hele Udviklingen.

Efter Udvalgets Opfattelse maa man da vælge mellem over hele Linien at opretholde Afleveringen fra Trykkerierne til alle tre Statsbiblioteker i det foran angivne Omfang, efterfulgt af en omfattende Kassation, eller i givet Tilfælde at lade Pligtafleveringen faa den Form, at Aflevering kun finder Sted efter *Rekvisition* fra Biblioteket af de enkelte Tryksager. En saadan Fremgangsmaade er gennem lange Tider blevet praktiseret i England, hvor der kun findes fuldstændig Pligtaflevering til British Museum, medens fem andre større Biblioteker har Ret til vederlagsfrit at rekvirere hos Forlæggerne, hvad de maatte ønske. Da Rekvisitionen ikke hidtil har været gældende her i Landet, skal man fremsætte nogle nærmere Bemærkninger om denne Fremgangsmaade.

Rekvisitionsretten maa udøves over for Udgiverne, hvilket i de fleste Tilfælde vil sige Forlæggerne. Retten bør i hvert enkelt Tilfælde udøves saa hurtigt efter Skriftets Udgivelse som muligt, og af Hensyn til Udgiverne bør der sættes en Frist for Rekvisitionen. Denne Frist maa efter

Udvalgets Opfattelse sættes til ikke over et Aar efter Skriftets Udgivelse, og for Bøger, der er optaget i den i „Dansk Boghandlertidende" ugentlig fremkommende Bogfortegnelse, kan Fristen formentlig gøres betydelig kortere. Rekvireres der efter denne Frist, bør Udgiveren ikke være forpligtet til at skaffe noget Eksemplar til Veje, og hvis han leverer det ønskede Eksemplar, bør han kunne kræve Betaling for det.

Med Hensyn til periodiske Publikationer, Foreningstryk o. lign. vil Rekvisitionen kunne effektueres saaledes, at Biblioteket een Gang for alle henvender sig til alle de Redaktioner, hvis Tidsskrifter skal rekvireres, og til de Institutioner og Foreninger, hvis Publikationer falder indenfor de angivne Rammer. Biblioteket maa naturligvis, hvis det i Løbet af et Aar ikke modtager noget fra en af de paagældende Institutioner, rette en ny Henvendelse til denne. Ligeledes maa det være opmærksomt paa nye Tidsskrifter, Institutions- og Foreningspublikationer, som fremkommer, og som falder indenfor Rammerne af det, der skal rekvireres. Overfor Forlæggere og andre Udgivere af Bøger maa Rekvisitionsretten udøves paa Grundlag af „Dansk Boghandlertidende"s ugentlige Bogfortegnelse, gennem hvilken Hovedparten af det, som falder indenfor Rammerne, vil blive Biblioteket bekendt. Til yderligere Kontrol kunde anvendes de til det kongelige Bibliotek to Gange aarlig indsendte Bogtrykkerdesignationer, idet den hidtidige Afleveringsform i alt Fald forudsættes opretholdt for dette Bibliotek.

Det er indlysende, at Anvendelsen af Rekvisitionssystemet, naar den efter Bibliotekets Opgave er passende for det, vil byde dette betydelige Fordele fremfor den almindelige Aflevering fra Bogtrykkerne. Medens Rekvisitionen paa den ene Side under denne Forudsætning giver Biblioteket Sikkerhed for, at det faar, hvad det har Brug for, medfører den paa den anden Side, at Biblioteket undgaar at faa et stort, overflødigt Materiale, som paa Forhaand er bestemt til Kassation, og som det dog kræver Tid og Arbejde at behandle, ligesom Indsendelsen kræver Plads og Arbejde af de afleveringspligtige. Dernæst undgaar man paa denne Maade at tilintetgøre Værdier, og det kan i givet Tilfælde virkelig dreje sig om Værker af Værdi. Endvidere faar Biblioteket det afleverede i heftet Form, ikke som nu i løse Ark, altsaa Biblioteket vil modtage Materialet i en Tilstand, der gør det lettere at behandle end det ved Levering fra Bogtrykkeren indkommende Materiale. Endelig maa man fremhæve det meget vigtige Moment, at Biblioteket paa denne Maade i Almindelighed vil kunne faa de paagældende Værker væsentlig tidligere end ved de periodiske Afleveringer, idet Biblioteket kan rekvirere Tryksagerne, straks efter at de er udkommet, medens de nu som oftest først efter et halvt eller et helt Aars Forløb bliver tilgængelige for Publikum.

At paalægge Udgiverne (Forlæggerne) Effektueringen af Rekvisitionerne betyder ikke, som det kunde synes, nogen principiel Ændring i de nu gældende Forhold, idet det ogsaa i den hidtidige Lov udtrykkelig er fastslaaet, at Bogtrykkernes Aflevering sker paa Forlæggernes Regning; der vil derfor ikke blive Tale om en Omlægning af Byrderne, men kun om en Forandring i Afleveringens Teknik, og for de almindelige Bogforlag vil det betyde meget lidt blandt de mange andre Frieksemplarer, der udsendes, ogsaa at ekspedere et Eksemplar til et eller to af Bibliotekerne. Det kan i denne Forbindelse nævnes, at Statens Bibliotekstilsyn i flere Aar har faaet tilsendt fra Forlagene et Frieksemplar af alle de nye Bøger, som man har ønsket, saaledes at Rekvisitionsretten her kan siges ad frivillig Vej allerede at være praktiseret.

De Indvendinger, som har været fremført mod Rekvisitionen, gaar ud paa, at det ikke er muligt for et Bibliotek gennem Rekvisitionen at sikre sig, at det faar alt, hvad det har Brug for, dels fordi Bogfortegnelsen i „Dansk Boghandlertidende" er meget mangelfuld, dels fordi mange Bøger allerede vil være udsolgt, naar Rekvisitionen sker. Heroverfor maa et Flertal indenfor Udvalget hævde, at – som allerede anført – den allerstørste Del af de Bøger og Tidsskrifter, som vil falde indenfor de Bibliotekers Rammer, ved hvilke Rekvisition kan tænkes indført, enten optages i Bogfortegnelsen, idet dennes Mangler væsentlig omfatter Ting, som alligevel ikke skulde rekvireres eller ad anden Vej, bl. a. gennem Meddelelser i Dagspressen, kan komme til Bibliotekets Kundskab. Og de fra Statens Bibliotekstilsyn foreliggende Erfaringer gaar ud paa, at selv udsolgte Bøger altid kan skaffes, idet Forlagene ogsaa i saadanne Tilfælde har liggende enkelte Reserveeksemplarer.

Medens Rekvisitionsordningen saaledes for Biblioteker, for hvilke den passer, frembyder betydelige Fordele, kan Udvalget dog ingenlunde anse denne Form for egnet til i al Almindelighed at afløse den nuværende Ordning. Men baade Bogtrykkerafleveringen og Rekvisitionen betyder Former for Pligtafleveringen, som hver for sig kan virke tilfredsstillende alt efter Forholdene ved det Bibliotek, det drejer sig om. Hvilken af de to Fremgangsmaader der fremtidig efter Udvalgets Mening bør vælges, vil for hvert af Bibliotekernes Vedkommende blive omtalt i det følgende, efter at man har redegjort for, hvad Biblioteket bør indeholde.

Det kongelige Bibliotek.

Som foran nævnt blev ved Plakaten af 3. Februar 1783 Antallet af de Pligteksemplarer, som skulde afleveres til det kongelige Bibliotek, indskrænket til to, og dette Tal er fastholdt ogsaa i Loven af 1902. Maaske var Bestemmelsen blot et Udtryk for Bibliotekets gamle Forret, men efter at det 1793 var blevet et offentligt Bibliotek, til hvis Bøger enhver Statsborger paa nærmere Betingelser havde fri Adgang, laa det i alt Fald nær at begrunde Dubleteksemplarets Tilstedeværelse med, at det skulde kunne tjene til Erstatning for, hvad der under Brugen af det andet Eksemplar ødelagdes ved Slid, og som Helhed være Materiale til Oprettelse af et nyt Nationalbibliotek, saafremt en Ulykke overgik det gamle.

At man imidlertid paa Biblioteket selv ikke har tillagt saadanne Hensyn større Betydning, men snarere betragtet Dubletten som en ubekvem Byrde, synes at fremgaa af den Omstændighed, at man Gang paa Gang har skilt sig af med eller søgt at skille sig af med de paa et givet Tidspunkt foreliggende Dubletter. Ved Oprettelsen af Universitetsbiblioteket i Kristiania 1811 overgik saaledes det kongelige Biblioteks opmagasinerede Dubleteksemplar dertil, og ved Loven af 22. Marts 1897 om Oprettelsen af Statsbiblioteket i Aarhus fastsattes det, at ikke blot det da forhaandenværende, men ogsaa (hvad allerede Biblioteks-kommissionen af 1848 havde været inde paa) det i Fremtiden indgaaende Dubleteksemplar af det kongelige Bibliotek skulde overlades til det nyoprettede Bibliotek. Dette sidste skete ganske vist ikke; i Loven af 1902, ifølge hvilken Statsbiblioteket fik Ret til et selvstændigt Frieksemplar, opretholdtes alligevel Bestemmelsen om to Eksemplarer til det kongelige Bibliotek, og med den foregaaende Udvikling for Øje kan det da ikke undre, at den Tanke senere (i Bibliotekets i 1918 udkomne Aarsberetning) igen fremsattes, at man skulde give den resterende, siden 1902 opsamlede Dubletmasse Anvendelse i det danske Biblioteksvæsen, men udenfor det kongelige Bibliotek.

Det maa da ogsaa erkendes, at i Virkeligheden er Dubleteksemplarets Værdi for Biblioteket af temmelig problematisk Natur. Hvad angaar dets Betydning som Reserve, saafremt Brugseksemplaret skulde gaa til Grunde, maatte en Forudsætning herfor i alt Fald være, at det opbevaredes udenfor Bibliotekets Mure, hvilket længe ikke har været Tilfældet. Skulde det imidlertid ske, at Hovedsamlingen helt eller delvis gik tabt, medens Dubletten forblev i Behold, vilde den jo dog, saaledes som Udviklingen er foregaaet, kun kunne erstatte Bogbestanden siden 1902, altsaa den Del, der lettest lader sig tilvejebringe, medens man paany ad anden Vej maatte fremskaffe hele den ældre Litteratur, forsaavidt dette overhovedet blev muligt. Værdien som Reserve er saaledes næppe tilstrækkelig til at opveje de Omkostninger og det Arbejde, der er forbundet med at modtage og bevare Dubletten, der selv sagt kræver en ikke ringe Plads. Derimod har Dubletten selvfølgelig en vis Betydning ved, at man fra den kan faa det andet Eksemplar af Bøger, som Biblioteket maa indlemme i Samlingen i 2 Eksemplarer. Men heller ikke denne Interesse i Dublettens Bevaring vejer tungt. Efter en foretagen Beregning vil Købet af de Bøger, som nu af Biblioteket udtages af Dubletten og indbindes – især til Brug for Læsesalens Haandbibliotek – næppe overstige en Sum af ca. 1500 Kr. om Aaret, og selv om Bibliotekets Indkøbskonto skulde belastes med dette Beløb, kan det ikke siges at være meget i Forhold til den Fordel, det pladsmæssig vilde være for Biblioteket at blive fri for Dubleteksemplaret. Hertil kommer endnu, at man ved den Ordning, som nedenfor er foreslaaet for Aarhus Statsbiblioteks Vedkommende, vil opnaa at faa en ikke helt lille Del af den danske Litteratur liggende opmaganiseret, tjenende til Reserve, hvorfra det kongelige Bibliotek kan faa Erstatning ogsaa for bortkomne eller makulerede Eksemplarer. Tages alle disse Momenter i Betragtning, tager Udvalget ikke i Betænkning at foreslaa Dubletten afskaffet, saaledes at der fremtidig kun leveres et Eksemplar til det kongelige Bibliotek.

Naar Udvalget saaledes mener, at Dubleteksemplaret fremtidig bør bortfalde, vil det dog have taget et Forbehold med Hensyn til saadanne Værker (ikke Tidsskrifter), hvis Udgivelse er paabegyndt, men ikke afsluttet inden den nye Pligtafleveringslovs Ikrafttræden; saadanne Værker bør ogsaa efter den nye Lovs Ikrafttræden afleveres i to Eksemplarer, saa at Biblioteket ikke foruden med et helt Eksemplar skal komme til at staa med et andet, af hvilket den sidste, større eller mindre Del mangler.

Med den ved Dubleteksemplarets Bortfald foretagne Ændring er det kongelige Bibliotek iøvrigt det af de tre Statsbiblioteker, overfor hvilket Udvalget mener i mindst Omfang at burde foreslaa Indskrænkninger ud over de i et foregaaende Afsnit anførte generelle Begrænsninger i Pligtafleveringen. Det kongelige Bibliotek har fra gammel Tid været betragtet som Landets Nationalbibliotek og ejer den danske Litteratur fra de ældste Tider til vore Dage i større Fylde end noget andet Bibliotek. Det har endvidere siden Slutningen af det 18. Aarhundrede haft sin danske Bogbestand udskilt som en særlig Afdeling, til hvilken den væsentligste Del af vort nationalbibliografiske Arbejde gennem Tiderne har været knyttet, og dets Stilling som Nationalbibliotek har da ogsaa paa forskellig Maade fundet Udtryk i de hidtidige Pligtafleveringsbestemmelser, selv om disse iøvrigt i de store Træk har stillet de tre Biblioteker ens.

Af denne Bibliotekets historisk givne Stilling følger, at det ogsaa fremtidig maa varetage den Opgave at være Samlingsstedet for den danske Litteratur i saa vidt Omfang, som man overhovedet finder det rigtigt at bevare den, og at det tillige har den særlige Opgave at sikre den bevaret for Efterverdenen til Brug for kommende Tider uden Hensyn til den øjeblikkelige Efterspørgsel eller til den større eller mindre Interesse, som skiftende Opfattelser vil tillægge det Materiale, der samles, en Opgave, der ogsaa bør berettige Biblioteket til ved sin danske Bogbestand under Hensyn til de forskellige Faktorer, der gør sig gældende indenfor det samlede Biblioteksvæsen, at tage reglementsmæssige Forholdsregler mod det alt for stærke Slid, som en ubegrænset Benyttelse vilde kunne medføre.

Med Hensyn til Fremgangsmaaden ved Forsyningen af det kongelige Bibliotek med dansk Litteratur er der dernæst indenfor Udvalget fuld Enighed om, at man bør opretholde den nuværende Ordning med Aflevering fra Trykkerierne. For et Bibliotek, der som det kongelige Bibliotek skal have Litteraturen i den største Fuldstændighed, er denne Form den eneste mulige; den byder den største Sikkerhed og kun relativt faa Ulemper, medens Rekvisitionsrettens Udøvelse i dette Tilfælde vilde medføre et overordentligt besværligt Arbejde uden samtidig at give Sikkerhed for et tilfredsstillende Resultat.

I Henhold til disse Betragtninger vil Udvalget altsaa for det kongelige Biblioteks Vedkommende anbefale, at man opretholder den nugældende Afleveringsform, ligesom Udvalget maa foreslaa, at Opbevaringspligten anses principielt som omfattende hele Pligtafleveringen, idet man ikke kan nævne bestemte Kategorier af Tryksager, der vel skal afleveres, men ikke opbevares i det kongelige Bibliotek. Dette er imidlertid ikke ensbetydende med, at det kongelige Bibliotek skulde opbevare hver Tryksag, der afleveres. De særlige tekniske Hensyn, der maa være medbestemmende for Afgrænsningen af Pligtafleveringen, giver nødvendigvis Rammerne for denne en Vidde, som medfører, at der afleveres en Del Tryksager, der ikke kan være Grund til at kræve opbevaret. Men Afgørelsen i det enkelte Tilfælde, den dertil fornødne Vurdering, maa overlades til Biblioteket, der bør have ikke alene Ret, men ogsaa Pligt til at kassere, hvad der efter en fornuftig Vurdering maa siges at falde udenfor Rammerne for, hvad der bør opbevares.

Universitetsbiblioteket.

Medens Afgørelsen af det kongelige Biblioteks Stilling til Pligtafleveringen i første Række maa træffes ud fra dets Opgave som Nationalbibliotek, vil det for Universitetsbibliotekets Vedkommende alene være Hensynet til Benyttelsen, som maa blive bestemmende. Dette Bibliotek har, skønt det indeholder adskillige gamle danske Bøger som ikke findes andetsteds, heller ikke i det kongelige Bibliotek, ikke haft og bør ikke have nogen Opgave som Bogmuseum for den danske Litteratur og har derfor hverken Forpligtelser i Henseende til at opnaa den størst mulige Fuldstændighed eller til i og for sig at bevare Materialet for Efterverdenen, men det har den Pligt at opretholde en saa fyldig Samling af dansk Litteratur, at den kan tjene Universitetets Lærere og Studerende ved deres Studier.

For Universitetsbiblioteket maa der derfor anlægges et helt andet Synspunkt overfor de enkelte Dele af Pligtafleveringen, og ikke blot vil de almindelige Indskrænkninger ogsaa her blive effektive, men man vil kunne foretage adskilligt videregaaende Begrænsninger.

Indenfor de egentlige Bøgers Omraade vil en Række Kategorier ifølge den ovenfor angivne Opgave kunne udskydes, fordi det enten drejer sig om elementært og rent populært Stof eller om Litteratur af praktisk Tilsnit i Fag, der ligger helt udenfor Universitetets Omraade (f. Eks. Vejledning i Landbrug, Haandværk, Industri o. lign.). Med Hensyn til Størstedelen af dette Stof, der altsaa ikke omfattes af de særlige Hensyn til Universitetets Lærere og Studerende, vil man nu kunne henvise Publikum til Københavns Kommunebiblioteker, hvis stærke Udvikling i Løbet af de senere Aar har overflødiggjort den Udlaansvirksomhed af mere populær Art, der hidtil er foregaaet i Universitetsbiblioteket; dettes enkelte Eksemplar af disse Bøger betyder nu meget lidt i Sammenligning med de mange Eksemplarer, som Kommunebibliotekerne kan stille til Raadighed.

Blandt de Kategorier af Bøger, som efter Udvalgets Opfattelse helt eller i det væsentlige falder udenfor Universitetsbibliotekets Omraade, skal eksempelvis nævnes: Kalendere, Almanakker og Julehefter, Afholdstraktater, opbyggelige Smaaskrifter, Bønne- og Andagtsbøger, Salmebøger, Vise- og Sangbøger, Lege- og Spillebøger, Børnebøger samt i betydelig Udstrækning Skolebøger, oversat udenlandsk Skønlitteratur og talrige Skrifter indenfor de praktiske Fag. Mange af disse Kategorier repræsenterer et meget stort Antal Tryksager aarlig.

Af Tidsskrifter og Fagblade vil Universitetsbibliotekets Behov i Hovedsagen falde sammen med de i „Dansk Tidsskrift-Index“ optagne, idet herunder falder alle videnskabelige og populær-videnskabelige samt faglige Specialtidsskrifter, medens Biblioteket vil kunne se bort fra de talrige rene Foreningsorganer, Børne- og Ungdomsblade, opbyggelige og rent underholdende Blade o. lign., der udgør Hovedparten af Produktionen.

Udvalget mener dog at maatte anbefale, at Biblioteket gaar videre indenfor de Fag, der ifølge Udvalgets Forslag fremtidig bliver dets Hovedfag med Hensyn til udenlandsk Litteratur, nemlig Naturvidenskaberne, Matematik og Medicin. Medens saaledes i Almindelighed den allerstørste Del af Smaatrykket vil falde udenfor Universitetsbibliotekets Omraade, vil der indenfor de nævnte Fag være Grund til at medtage en Del mere. Derimod vil Biblioteket kunne se bort fra Musikalier og Billeder og for Kortenes Vedkommende kunne nøjes med saadanne, der ikke er beregnede paa rent populær Brug eller Skolebrug.

Ved Overvejelsen af Spørgsmaalet, hvilken Fremgangsmaade der vil passe for Pligtafleveringen til Universitetsbiblioteket, vil man let se, at Forholdet i dette Tilfælde stiller sig ganske anderledes end ved det kongelige Bibliotek. Ved Universitetsbiblioteket er Forskellen mellem, hvad der vilde indkomme i Biblioteket ved Pligtafleveringen, og hvad der efter Udvalgets Forslag skal opbevares, overordentlig stor. Ca. to Tredjedele af den samlede aarlige Bogproduktion vil falde udenfor Universitetsbibliotekets fremtidige Rammer; af de ca. 1800 Blade og Tidsskrifter vil kun ca. 200 komme i Betragtning, og selv naar Hensyn tages til Naturvidenskaben, Matematik og Medicin, vil i Sammenligning med det hele kun en ganske forsvindende Del af Smaatrykket blive tilbage. Bogtrykkerafleveringen maatte altsaa her efterfølges af en ganske overordentlig omfattende Kassation, saa omfattende, at det efter Udvalgets Opfattelse næppe lader sig forsvare paa dette Grundlag at kræve afleveret den samlede Masse af Tryksager, for den overvejende Dels Vedkommende blot med en Kassation for Øje. For Forlæggernes Vedkommende maa herved bemærkes, at det i adskillige Tilfælde vilde dreje sig om Bøger med en ingenlunde ubetydelig Salgsværdi, og for Bogtrykkernes Vedkommende er Forholdet det, at af Landets ca. 800 Bogtrykkerier trykker Flertallet kun Accidenser og ubetydelige Periodica eller Smaaskrifter, saaledes at disse Bogtrykkeres Produktion i alt

Fald for Størstedelens Vedkommende allerede før Indsendelsen vilde være forudbestemt til Kassation. En Ordning, hvorefter Biblioteket meddelte saadanne Trykkerier, at de ikke behøvede at aflevere noget til dette Bibliotek, vilde være alt for betænkelig, og en Tilbagesendelse til Trykkerierne af de Mængder af Tryksager, der her er Tale om, vil heller ikke kunne realiseres; en saadan Ordning vil kræve alt for store Udgifter og være forbundet med alt for meget Arbejde til, at man skulde kunne anbefale denne Udvej.

Medens altsaa Ulemperne og Betænkelighederne ved at opretholde den nuværende Ordning for dette Biblioteks Vedkommende er meget store, vil paa den anden Side Ulemperne ved Anvendelsen af Rekvisitionen her være relativt lidet fremtrædende. Det mindre Omraade for Universitetsbibliotekets danske Samling og dennes Sammensætning efter Brugshensynet gør det forholdsvis let for Biblioteket at skønne over, hvad det skal rekvirere, ligesom det ogsaa kan regne med, at det i Bogfortegnelsen m. v. kan finde tilstrækkelig Oplysning til Brug ved de Overvejelser, Rekvisitionen vil nødvendiggøre. De Tidsskriftsredaktioner, Universitetsbiblioteket behøver at henvende sig til, er ikke flere, end at Ordningen heller ikke paa dette Punkt kan volde større Vanskelighed, og det med Rekvisitionsrettens Udøvelse forbundne Kontorarbejde vil efter Udvalgets Opfattelse snarere blive mindre end under den nugældende Ordning.

I Henhold til disse Betragtninger er der indenfor Udvalget Enighed om for Universitetsbibliotekets Vedkommende at anbefale, at den nuværende Ordning afløses af en Rekvisitionsordning af den foran angivne Karakter.

Statsbiblioteket i Aarhus.

I Afsnittet om den udenlandske Litteratur har henholdsvis et Flertal og et Mindretal indenfor Udvalget gjort Rede for, hvilken Plads i Bibliotekssystemet og hvilke Opgaver indenfor dettes Rammer der efter de paagældende Medlemmers Opfattelse bør gives Statsbiblioteket i Aarhus. Som det fremgaar af Udviklingen paa det omtalte Sted i Betænkningen, staar Modsætningen mellem de to Opfattelser i nær Forbindelse med Spørgsmaalet om, hvilken Vægt der bør lægges paa Opgaven henholdsvis overfor Folkeoplysningen og overfor Videnskaben. Denne Modsætning, der, som Forholdene foreligger, med Hensyn til den udenlandske Litteratur navnlig har givet sig Udtryk i den af Flertallet foreslaaede Begrænsning af Opgaverne paa det videnskabelige Omraade, kommer ikke paa tilsvarende Maade frem i Forholdet til den danske Litteratur. Der er nemlig indenfor Udvalget Enighed om, at Statsbiblioteket bør indeholde en meget fyldig Samling af dansk Litteratur, omfattende bl. a. hele den danske videnskabelige litterære Produktion, spændende over alle Aandslivets og Kulturens Omraader. Der er herved fastslaaet et vist Modsætningsforhold til Universitetsbiblioteket, der i særlig Grad skal tage Hensyn til de ved Universitetet dyrkede videnskabelige Fag, medens Statsbibliotekets Samling paa dette Omraade ligesom det kongelige Biblioteks faar en udpræget universel Karakter.

Naar der ikke desto mindre ogsaa med Hensyn til den danske Litteratur i Statsbiblioteket gør sig forskellige Opfattelser gældende, staar det i Forbindelse med det større eller mindre Hensyn, man ved Dragningen af Grænserne for Statsbibliotekets Samling af dansk Litteratur vil tage til de paagældende Tryksagers Brugsværdi for det biblioteksøgende Publikum. Som det vil fremgaa af det følgende, er det lykkedes at samle hele Udvalget om et Fællesforslag, men man har dog fundet det af Interesse at gøre Rede for de principielle Synspunkter, der ligger til Grund for de forskellige Opfattelser ogsaa paa dette Punkt.

Maaske bør man forudskikke den Bemærkning, at det næppe var heldigt og i alt Fald ikke bidrog til at klargøre Statsbibliotekets Stilling, naar man i 1897 gav Biblioteket – baade for den daværende Samlings og for den fremtidige Afleverings Vedkommende – det kongelige Biblioteks Dubleteksemplar med Undtagelse af, hvad det kongelige Bibliotek ønskede at beholde. Man paabyrdede derved efter et Flertals Opfattelse Statsbiblioteket en stor Mængde overflødige Tryksager, og man unddrog det samtidig en væsentlig og meget benyttet Del af den danske Litteraturs Frembringelser. Dette sidste raadede man ved Loven af 1902 Bod paa for Fremtiden, men man lod Statsbiblioteket beholde Byrden ved Modtagelsen af hele Pligtafleveringen, om hvis umaadelige Stigning som Følge af den nye Lov man dengang ikke kunde have nogen begrundet Forestilling. Dette har paaført Statsbiblioteket et stort Arbejde, som det kunde have været sparet for til Fordel for vigtigere Opgaver. Der er indenfor Udvalget Enighed om, at der fremtidig for Statsbiblioteket ligesom for Universitetsbibliotekets Vedkommende bør drages Grænser for Opbevaringen af dansk Litteratur. Der er ligeledes Enighed om, at Grænsen i dette Tilfælde bør drages snævrere end den, der er angivet ved den generelle Indskrænkning af Pligtafleveringen, og at det ikke vil være nødvendigt at give Statsbiblioteket saa vidtgaaende Opbevaringsforpligtelser som det kongelige Bibliotek, idet man ved Bestemmelsen af det kongelige Biblioteks Opbevaringspligt har ment at burde gaa til den yderste rimelige Grænse med Medtagen af en Del Tryksager, hvis Interesse i Virkeligheden skønnes meget ringe, men som man dog har ment, det kan være rigtigt at opbevare et enkelt Sted. Statsbiblioteket bliver altsaa i denne Henseende placeret et Sted mellem det kongelige Bibliotek og Universitetsbiblioteket, og ved den nærmere Bestemmelse af dette Sted er det, de forskellige principielle Synspunkter gør sig gældende.

Det er fra én Side hævdet, at det afgørende ved Bestemmelsen af Omfanget af Samlingen af dansk Litteratur i Statsbiblioteket bør være Hensynet til Brugsværdien af de paagældende Tryksager. Man lader ved det kongelige Bibliotek, ogsaa efter den foreslaaede nye Ordning, Opbevaringen omfatte en stor Mængde Tryksager, for hvis Vedkommende det allerede ved deres Fremkomst kan siges, at Benyttelsen vil blive minimal, saaledes at Opbevaringen sker af, hvad der kunde betegnes som „arkivmæssige" Hensyn, altsaa Hensynet til, at vedkommende Tryksag skal kunne findes i dens naturlige Sammenhæng, hvis der engang i Tiden bliver Spørgsmaal om den. Hverken af Hensyn til det kongelige Bibliotek eller af nogen anden Grund kan det imidlertid siges at være nødvendigt at lade Statens Biblioteker opbevare mere end et enkelt Eksemplar af saadanne Tryksager, nemlig det kongelige Biblioteks; der er ingen Fare for Slid paa dette Eksemplar, selv om det ogsaa skal staa til Disposition for Provinsen. Nytten af at opbevare to Eksemplarer af disse Tryksager er forsvindende ringe i Forhold til det Arbejde, Behandlingen af dem vil kræve, og den Gène, det vil volde at have dem staaende i Statsbiblioteket, hvor de kun vil fylde op paa Hylderne og forringe Bibliotekets Overskuelighed og praktiske Brugbarhed. Man bør nu, da man er blevet klar over de uheldige Følger af, at man i sin Tid gav Statsbiblioteket den fuldstændige Aflevering, træffe en Ordning, der virkelig kan siges at være rationel, og det rationelle vil være, at Statsbiblioteket, der skal være et praktisk og aktuelt arbejdende Bibliotek, kun opbevarer den Del af den danske Produktion, hvis Benyttelse staar i et rimeligt Forhold til den med Opbevaringen forbundne Ulejlighed og Bekostning. Biblioteket bør i Almindelighed heller ikke lægge an paa at supplere sine ældre Samlinger af dansk Litteratur; thi Efterspørgslen efter Størstedelen af denne er erfaringsmæssigt af saa ringe Omfang, at det kongelige Bibliotek uden at gaa sine Interesser som Nationalbibliotek for nær kan imødekomme ogsaa de fra Provinsen kommende Ønsker om Udlaan, navnlig da der nu gennem Folkebibliotekerne er skabt Mulighed for, at de sjældnere Værker kan gøres tilgængelige udenfor København under betryggende Former ved Udlaan til Brug paa de paagældende Bibliotekers Læsesale. Og særlig bør Statsbiblioteket ikke af museumsmæssige Hensyn købe ældre dansk Litteratur, idet det er tilstrækkeligt, at det kgl. Bibliotek dyrker Opgaven som Bogmuseum.

Overfor denne Opfattelse staar en anden, hvorefter det hævdes, at der i det foregaaende er givet Statsbiblioteket en alt for snævert begrænset Opgave overfor den nationale Litteratur. Det vilde være urigtigt udelukkende at tage Hensyn til den Brug, der i Øjeblikket gøres af de paagældende Tryksager. Det maa erindres, at Udvalgets Forslag gaar ud paa at afskaffe Dubletten ved det kongelige Bibliotek; endvidere vil Gennemførelsen af Udvalgets Forslag medføre, at man udelukker meget af den her omtvistede Del af Litteraturen fra Universitetsbiblioteket; selv om man beholder den i Statsbiblioteket, vil den nye Ordning altsaa dog betyde, at Antallet af Eksemplarer, der opbevares, nedsættes fra 4 til 2, og at reducere Antallet yderligere vilde ikke være tilraadeligt. En stor Del af de Tryksager, som der efter det første Synspunkt vilde blive Tale om at udskyde, er vigtige Kilder til Oplysning om vort Lands Kultur, og det er i og for sig ikke for meget, om de opbevares i et dobbelt Sæt. Dertil kommer, at Synspunktet Reserve for Samlingen i Nationalbiblioteket paa forskellig Maade har sin Berettigelse. Skulde den ene Samling gaa til Grunde, vilde det være meget beklageligt, om dette Materiale dermed helt var forsvundet, og for en stor Dels Vedkommende vilde det næppe være muligt at erstatte det ad anden Vej. Paa Grund af deres ringe Omfang og ofte uanselige Ydre er en Mængde af de paagældende Tryksager i langt højere Grad end større Bøger og Haandskrifter udsat for at forsvinde, især da det allermeste ikke samles og gemmes udenfor de to Biblioteker. Der er saaledes al mulig Grund til at lade Statsbiblioteket som det eneste store Statsbibliotek udenfor Hovedstaden deltage i Opgaven med Hensyn til Opbevaring for Fremtiden, omend Grænserne bør drages snævrere her end ved det kongelige Bibliotek, og saaledes at selve Museumsopgaven som saadan overlades til det kongelige Bibliotek, ligesom man ogsaa maa overlade til dette at sørge for Komplettering af Samlingerne af den gamle danske Litteratur.

Som det vil fremgaa af det udviklede, vil Divergensen kun vise sig indenfor et begrænset Omraade. Det lader sig ikke gøre positivt at opregne, hvad der efter de to forskellige Opfattelser skal rummes i Statsbiblioteket, men gennem Eksempler paa, hvad der ud fra det ene og det andet Standpunkt skulde udelades af Samlingen, vil det dog være muligt at illustrere, hvad Forskellen praktisk betyder, og hvorledes den gør sig gældende baade paa Bøgernes, Tidsskrifternes og andre Tryksagers Omraade.

Ud fra den Opfattelse, der giver Samlingen det videste Omfang, vil man lade Statsbiblioteket have alle Bøger og Pjecer, idet man dog eksempelvis med visse Undtagelser kan se bort fra Skolebøger i almindelig Forstand, endvidere fra Børnebøger undtagen de litterært betydningsfulde, fra Oversættelser af ligegyldig udenlandsk Skønlitteratur, Salme- og Sangbøger og -hefter, Almanakker og Kalendere uden egentlig Tekst, opbyggelige Smaaskrifter, Enkeltprædikener og Bønnebøger samt en Del af den populære og agitatoriske Pjecelitteratur. Af Tidsskrifter kan der ses bort fra Roman- og Novellemagasiner, lokale kirkelige og opbyggelige Blade („Søndagsblade" o. lign.) samt, naar de ledende, landsomfattende Foreningers Organer undtages, Foreningsblade, der væsentlig indeholder Foreningsmeddelelser. Af det saakaldte Smaatryk vil der kun blive Tale om at opbevare Beretninger, Love og Regnskaber fra Foreninger, Banker og Sparekasser samt Beretninger og Regnskaber fra Myndigheder og Institutioner, endvidere Kataloger over Bøger, Kunst, Antikviteter, Naturalier o. lign. samt Dyrskue- og Udstillingskataloger. Endvidere ønskes alle Land-, Sø- og Bykort (men ikke Planer af Bygninger og industrielle Anlæg), alle Portrætter, historiske og topografiske Billeder. Endelig maa al dansk Musik, d. v. s. Kompositioner af danske Komponister, forefindes i Statsbiblioteket undtagen Salonorkestersager, Hornhefter samt Skolesangbøger; al udenlandsk Musik, trykt i Danmark, maa ligeledes forefindes undtagen Dansemusik, Revueviser og Salonmusik.

De Medlemmer af Udvalget, der mener, at Statsbibliotekets Samling af dansk Litteratur bør have en mere begrænset Skikkelse, finder derimod, at de angivne Indskrænkninger er af altfor ringe Omfang, og navnlig, at det indenfor flere af de opstillede Kategorier ikke vil være nødvendigt atter at gøre Undtagelser. Man vil endvidere understrege Fordelen ved at kunne opstille større Grupper af Bøger, der helt vil kunne udgaa, og vil som Eksempler i saa Henseende nævne Børnebøger og Skolebøger, da de normalt vil være undtagne fra Udlaan og i de enkelte Tilfælde, hvor der er Brug for dem, vil kunne rekvireres fra det kgl. Bibliotek. Af Tidsskrifter vil et Udvalg, der gaar noget ud over Rammerne for „Dansk Tidsskrift-Index", være tilstrækkeligt, og af Smaatrykket vil man kunne nøjes med Beretninger fra en Del vigtigere Institutioner og Foreninger samt en Del Kataloger. Af Musikalier vil der kunne ses bort fra al Døgnmusik, ogsaa den af danske Komponister forfattede, og indenfor Kortenes og Billedernes Omraade vil Rammerne kunne fastsættes paa samme Maade som for Universitetsbiblioteket.

Udvalget har ikke villet undlade at indsætte denne Redegørelse, fordi den efter Udvalgets Opfattelse giver et Bidrag til Belysning af Spørgsmaalet om Statsbibliotekets Stilling i det hele. Naar man imidlertid ikke har taget sit Standpunkt alene paa Grundlag af disse principielle Betragtninger, er det, fordi Spørgsmaalet om Indholdet af Statsbibliotekets Samling praktisk set staar i naturlig og nøje Forbindelse med Spørgsmaalet om Formen for Afleveringen til Biblioteket.

Saafremt man vil give Samlingen det stærkere begrænsede Omfang, vil det være en naturlig Konsekvens at lade Afleveringen fra Trykkerierne afløse af Aflevering efter Rekvisition i Lighed med, hvad der er foreslaaet for Universitetsbiblioteket. Selv om Samlingen vil faa en Del større Omfang end sidstnævnte Biblioteks, vil nemlig den Kassation, der maatte gennenføres, hvis den fuldstændige Aflevering opretholdtes, dog blive saa omfattende, at det næppe kunde anses forsvarligt at opretholde en saadan Ordning, der jo ogsaa vilde paalægge baade Trykkerierne og Biblioteket et meget stort Arbejde, ligesom det næppe vilde virke heldigt for hele Pligtafleveringen, om Trykkerierne skulde aflevere med den Bevidsthed, at langt den overvejende Del blot var bestemt til Kassation. Paa den anden Side maa det ogsaa erkendes, at Rekvisitionsordningen nødvendigvis forudsætter et stærkt begrænset Omfang af Samlingen. Jo mere denne udvides, og jo mindre fast dens Omraade kan angives, des større bliver baade Usikkerheden og Arbejdet med Rekvisitionen, des vanskeligere bliver det for Biblioteket at følge med ved Tryksagernes Fremkomst og paa Forhaand at bedømme, om Indholdet af dem kan antages at bestemme dem til Optagelse i Biblioteket eller ej. Medens saaledes Opretholdelsen af den fulde Aflevering maatte anses for meget betænkelig, saafremt man vilde give Biblioteket det mest begrænsede Omfang og kassere alt det overskydende Materiale, vilde den efter Udvalgets Opfattelse være den Afleveringsform, der var bedst egnet for Samlingen i dens udvidede Skikkelse. Navnlig maa man ogsaa fremhæve, at Rekvisitionsordningen under denne Forudsætning paa Grund af Vanskeligheden ved en Forhaandsbedømmelse let vilde kunne føre Biblioteket til for Sikkerheds Skyld at rekvirere alt for meget, hvilket atter vilde medføre, at Grænserne ganske forflygtigedes, idet man vanskeligt kunde kassere, hvad man selv direkte havde rekvireret.

Imidlertid kan man heller ikke være blind for, at ogsaa efter det videregaaende Forslag med Hensyn til Omfanget af Statsbibliotekets

Litteratur maatte, saafremt man vilde anordne den fuldstændige Aflevering med derpaa følgende Kassation af alt, hvad der ikke skulde opbevares i Statsbiblioteket, denne Kassation blive meget vidtgaaende. Den vilde nemlig komme til at omfatte omtrent en Trediedel af de egentlige Bøger, omkring to Trediedele af Tidsskrifterne og en betydelig Del af Smaatrykket. Det Arbejde, denne Gennemgang vilde medføre for Biblioteket, vil Udvalget ikke lægge Vægt paa; det bliver uundgaaeligt, og en Rekvisitionsordning vilde sikkert medføre endnu større Arbejde. Man mener heller ikke, at denne store Kassation vil rumme nogen Betænkelighed for Smaatrykkets Vedkommende; naar Trykkerierne dog skal aflevere ét Eksemplar, nemlig til det kongelige Bibliotek, kan det arbejdsmæssigt ikke være af større Betydning, om de ogsaa skal aflægge og sende et Eksemplar til Statsbiblioteket, og de paagældende Tryksager repræsenterer ingen økonomisk Værdi, der forspildes ved Kassationen. Det samme kan imidlertid ikke siges for Tidsskrifternes og for Bøgernes Vedkommende; her kan det virkelig dreje sig om Tryksager, der vilde have Salgsværdi. Udvalget har derfor ogsaa drøftet, om der var Mulighed for at undgaa en Tilintetgørelse af disse Tryksager. For Tidsskrifternes Vedkommende har den Tanke været fremsat, at det fra Biblioteket kunde meddeles de paagældende Trykkerier, at det og det Tidsskrift ikke behøves at indsendes til Statsbiblioteket. Det er imidlertid hævdet fra anden Side, at dette – lige saavel som en uensartet egentlig Afleveringspligt – uhjælpelig vil bringe Uorden i Trykkeriafleveringen, og Udvalget maa derfor se bort fra Muligheden af en saadan Ordning. For Bøgernes Vedkommende er der fremført den Mulighed, at Biblioteket kunde tilbagesende, hvad det ikke ønskede at bevare. Heller ikke dette mener man at turde forudsætte gennemført; dels vil det betyde et meget stort Arbejde, og dels turde det være tvivlsomt, om Bogtrykkeriet i ret mange Tilfælde har Interesse i at faa det paagældende Materiale tilbage paa saa sent et Tidspunkt, som der her er Tale om. Ogsaa denne Mulighed maa man derfor bortse fra.

Under de foreliggende Omstændigheder har ogsaa de Medlemmer af Udvalget, som ønsker at give Statsbibliotekets Samling det mere begrænsede Omfang, og som i og for sig anser Rekvisitionsordningen for anvendelig og egnet for et Bibliotek af denne Type, erkendt, at der kan være adskillige Betænkeligheder ved paa nærværende Tidspunkt at gennemføre den nye Fremgangsmaade baade ved Universitetsbiblioteket og Statsbiblioteket i Aarhus. Der kan være god Grund til at vise Varsomhed med at forlade et kendt og indarbejdet System, om hvilket man ved, at det – omend med et ikke ringe Arbejde – vil kunne sikre Biblioteket dets Behov, for at gaa over til et andet System, der endnu er uprøvet her i Landet, og med Hensyn til hvilket man først skal til at gøre sine Erfaringer. Det maa ogsaa indrømmes, at man ved Anvendelsen af Rekvisitionen ved Statsbiblioteket vil komme til at staa overfor skønsmæssige Afgørelser, der kan have sine store Vanskeligheder. Da man tilmed fra Statsbibliotekets Side – foruden Umuligheden af at sikre sig, at man faar, hvad man bør have – stærkt fremhæver Vanskelighederne ved at udøve dette Skøn uden at have det paagældende Materiale for sig, kunde det let risikeres, at Rekvisitionsordningen ved dette Bibliotek, om den indførtes nu, kunde ikke alene komme til at virke uheldigt for Biblioteket, men ogsaa fra først af bringe en i og for sig god og rationel Ordning i Miskredit. Man har derfor ogsaa fra denne Side sluttet sig til Forslaget om for Statsbibliotekets Vedkommende at opretholde den fuldstændige Aflevering fra Trykkerierne. Det vil saa blive Fremtidens Sag til sin Tid, naar de tilstrækkelige Erfaringer er gjorte ved Universitetsbiblioteket om Rekvisitionsordningens Egnethed i Praksis, at afgøre, om dette System ogsaa skal overføres til Statsbiblioteket, hvilket efter det nedenstaaende Lovforslag vil kunne ske administrativt.

Det har herefter været af Betydning for Udvalget, om der kunde findes en Ordning, hvorved man med Iagttagelse af en passende Begrænsning af Statsbibliotekets danske Samling kunde – i Stedet for ligefrem at tilintetgøre hele den store Del af Pligtafleveringen, der ikke skulde optages i Biblioteket – bevare og udnytte den mere værdifulde Del af Materialet. Der har været fremsat den Tanke, at Statsbiblioteket kunde afgive disse Tryksager til andre Biblioteker (Faginstitutioner), saafremt disse maatte være villige til at modtage dem, men Udvalget kan for sit Vedkommende ikke tilraade at forøge den Byrde, Pligtafleveringen lægger paa Forlæggere og Trykkerier, ved paa denne Maade at gennemføre en Udvidelse af Leveringen af Frieksemplarer til at omfatte Biblioteker – det være sig offentlige eller private –, som efter den bestaaende Ordning maa købe deres Bøger. Set fra de afleveringspligtiges Standpunkt vilde i Forhold hertil en Tilintetgørelse utvivlsomt være at foretrække. De paagældende Værker kan imidlertid komme til Nytte paa en Maade, der ligger indenfor den gældende Pligtafleverings Formaals Rammer. Som allerede anført, vil allerede Afskaffelsen af det kongelige Biblioteks Dublet og Indskrænkningerne ved Universitetsbiblioteket betyde en meget radikal Reduktion i Forhold til den nuværende Ordning. Naar Udvalget saa stærkt ønsker ogsaa at begrænse

Statsbibliotekets Samling, er det for at præcisere dettes Linier mere, og for gennem en Lettelse for et stort Arbejde med Pligtafleveringen at give dette større Mulighed for at spare Penge i Plads og at ofre Tid og Arbejde paa dets andre store Opgaver. Man erkender imidlertid, at det af forskellige Grunde kunde være ønskeligt for den mere værdifulde Del af de Tryksager, som det kongelige Bibliotek vilde blive ene om at rumme, at have liggende en Reserve, som i givet Tilfælde kunde udnyttes, men som iøvrigt kunde henligge opmagasineret ordnet og registreret paa en mere summarisk Maade.

Udvalget stiller da det Forslag, at man hertil udnytter den store Plads, der ved Reduktionen af Avisafleveringen bliver disponibel i Statens Avissamling i Aarhus. Her vil man med Lethed kunne opsamle og ordne summarisk og let tilgængeligt i store Pakker den Del af Pligtafleveringen til Aarhus Statsbibliotek, som ikke skal anbringes i selve Samlingen i Statsbiblioteket, men som dog skønnes at være saa værdifuld, at den bør opbevares. Der vil gennem denne Magasinering være skabt Mulighed for, at Statsbiblioteket kan begrænse sin Samling noget i Sammenligning med, hvad der vilde være Tilfældet, hvis hele Resten skulde kasseres, idet Statsbiblioteket ved Hjælp af det magasinerede Materiale kan rette paa eventuelle Fejl med Hensyn til Skøn ved Fordelingen, ligesom Ændringer i Instruksen for Biblioteket senere kan udvide Samlingen, saafremt Grænserne skulde vise sig at være draget for snævert. Fremgangsmaaden for Statsbiblioteket ved Behandlingen af Pligtafleveringen bliver da den, at Materialet deles i 3 Dele. Den første Del indlemmes i Statsbibliotekets egen Samling. Den anden Del skal kasseres og tilintetgøres, og denne Del maa omfatte alt, hvad der kasseres ved det kongelige Bibliotek, men Kassationen kan endda her gaa en Del videre, saaledes at den f. Eks. maa kunne omfatte saa godt som alt Smaatryk, der ikke skal optages i Statsbiblioteket. Den resterende Del overføres til Avismagasinet og opmagasineres der til eventuel Anvendelse for Statsbiblioteket i de ovenfor nævnte Tilfælde og iøvrigt som Reserve for det kongelige Bibliotek.

Forslag til Lov og ny Bekendtgørelse om Pligtafleveringen.

Som anført foran Side 84 [her s. 450] kan Spørgsmaalet om Anvendelse af den ene eller den anden Fremgangsmaade ved Pligtafleveringens Gennemførelse ikke betragtes som et Spørgsmaal vedrørende Pligtafleveringens principielle legale Karakter, men kun som et Spørgsmaal om Pligtafleveringens Teknik. De hertil sigtende Bestemmelser hører derfor efter Udvalgets Opfattelse hjemme i den sig til Pligtafleveringsloven sluttende Bekendtgørelse, ikke i Loven selv, der kun bør indeholde den fornødne Bemyndigelse for Ministeren til at træffe Bestemmelse om, at Rekvisitionsordningen skal anvendes ved det Bibliotek eller ved de Biblioteker, for hvilke denne Fremgangsmaade skønnes bedst egnet, altsaa efter Udvalgets Forslag for Universitetsbiblioteket. Den dertil sigtende Bestemmelse er i nedenstaaende Udkast optaget i Lovforslagets § 1.

I denne Paragraf er dernæst stillet Forslag om Afskaffelse af det kongelige Biblioteks Dubleteksemplar, idet det er fastsat, at der kun skal leveres ét Frieksemplar til hvert af de tre Biblioteker. Den deraf nødvendiggjorte Overgangsbestemmelse, hvorefter det kongelige Bibliotek dog er berettiget til for paabegyndte, men endnu ikke afsluttede, sammenhængende Værker af Dubletten at kræve Fortsættelsen leveret vederlagsfrit, er optaget i § 7.

Endelig har man, da Afleveringen fremtidig i større Omfang end hidtil vil komme til at paahvile Forlæggeren, anset det for praktisk i § 1 at optage en udtrykkelig Definition af „Forlægger", nemlig den, for hvis Regning Trykningen eller Fremstillingen finder Sted.

I § 2, der iøvrigt som hidtil fastslaar de principielle Undtagelser fra Afleveringspligten, er udgaaet den hidtidige Bestemmelse om, at uforandrede Oplag og Udgaver samt Særtryk skal afleveres. Der er derhos blandt Eksemplerne paa ufærdige Arbejder optaget „Fortryk" af Rigsdagsforhandlinger o. lign.

Derimod er der som hidtil ikke i Loven optaget de af Udvalget foreslaaede nye Indskrænkninger i Pligtafleveringen. Disse findes i Udkastet til Bekendtgørelsen, idet det maa anses for rigtigt at give Administrationen Myndighed til at ændre Enkelthederne i disse Regler, uden at Lovgivningsmagten i denne Anledning skal sættes i Bevægelse.

Da det maa synes praktisk paany at samle alle Pligtafleveringsbestemmelserne i samme Lov, altsaa ogsaa Bestemmelserne om Aflevering af Aviser, ligesom ogsaa Bekendtgørelsen maa indeholde en Omtale af Aviserne, bl. a. Reglerne om Afgrænsning af Begrebet „Aviser", har man som § 3 optaget de i §§1 og 2 i Lov Nr. 142 af 18. April 1925 angaaende Pligtaflevering af Aviser til Statens Samlinger indeholdte Regler. Bestemmelserne i nævnte Lovs § 3 er optaget i Udkastets § 6.

I § 4 er optaget en ny Bestemmelse om, at Pligten til Aflevering efter Rekvisition paahviler Forlæggeren.

I § 8 er optaget de hidtidige Straffebestemmelser med den Ændring, at Bødens Maksimum er foreslaaet forhøjet til 1000 Kr.

Da Sager angaaende Overtrædelser af Bestemmelser om Pligtafleveringen efter de gældende processuelle Regler vil blive behandlet som offentlige Politisager og Bøderne tilfalde Politikassen, i København Kommunekassen, har man anset det for unødvendigt i denne Lov særlig at optage Bestemmelser i denne Henseende.

[Herpå følger lovudkastets tekst. Afvigelser fra den vedtagne lov er angivet i noter til akst. nr. 70].

68. *Skrivelse fra Forlæggerraadet til Undervisningsministeriet, 17. Marts 1927.*

Til Undervisningsministeriet.

I Anledning af det Udkast til „Lov om offentlige Bibliotekers Ret til Frieksemplarer af Tryksager" der er udarbejdet af Bibliotheksudvalget af 11. Oktober 1924, tillader Forlæggerraadet sig ærbødigst at afgive følgende Betænkning, ud fra det Synspunkt, at det for Lovgivningsmagten ikke vil være ligegyldigt at lære Forlæggernes Opfattelse af Problemet at kende, da det dog Forlæggerne, der eventuelt skal bære Byrden af den fastsatte Pligtaflevering af en væsentlig Del af Tryksagerne.

Som det fremgaar af den af Bibliotheksudvalget afgivne Betænkning, var al Pligtaflevering ikke blot her i Landet, men ogsaa i de fleste andre Lande, hvor Systemet praktiseres, oprindelig knyttet til Censuren og senere til Privilegiesystemet, idet Pligtafleveringen betragtedes som rimeligt Vederlag for Tildeling af Bogtrykkerprivilegier. Naturligt vilde det da have været, om Pligtafleveringen var bortfaldet samtidigt med Privilegiernes Ophævelse her i Danmark, saaledes som det er sket i nogle andre Lande. Og det er da ogsaa vor principielle Opfattelse, at den hidtil ved Lov opretholdte Pligtaflevering i Virkeligheden mangler et egentligt Retsgrundlag.

I et ikke ringe Antal Lande er derfor ogsaa efterhaanden Pligtafleveringen helt afskaffet, medens der i et Par Lande gives Forlæggerne Ret til at forlange Betaling for alle kostbare Værker.

I *Sachsen* – dette Verdenscentrum for Bogproduktion – ophævedes saaledes Bestemmelserne om Pligtaflevering i 1870.

I *Baden, Thüringen, Brunsvig* eksisterer ikke mere nogen Afleveringspligt, ej heller i *Bremen* eller *Hamborg*.

I *Holland* er den pligtmæssige Aflevering ophævet i 1912.

I *Belgien* afskaffedes den i 1886.

I *Schweiz* findes nu ikke mere nogen Pligtaflevering.

I *Norge*, hvor der kun afleveres et Pligteksemplar, er Forlæggeren berettiget til at fordre Betaling for, hvad Tryksager efter Bogladeprisen koster over 10 kroner.

I *Østrig*, hvor der afleveres to Pligteksemplarer, godtgøres Halvdelen af Bogladeprisen for særlig kostbare Værker.

Det kan saaledes paa ingen Maade siges at være et i Europa almindeligt anerkendt Retsprincip, at Forlæggeren uden Vederlag skal aflevere sin Ejendom til Bibliothekerne. Tværtimod gør der sig vel i andre Lande altmere en Tendens gældende til at komme bort fra denne til Enevoldstidens Priviligiesystem knyttede Undtagelseslovgivning.

Naar vi ud fra disse Synspunkter gør os til Talsmænd for, at den pligtmæssige Aflevering afskaffes ogsaa i Danmark, er det naturligvis ingenlunde, fordi vi mindre end Bibliothekernes Mænd skulde sympatisere med de Opgaver, der paahviler de tre store Bibliotheker. Tværtimod. Vi betragter det som en Nødvendighed af største kulturelle Betydning, at Nationallitteraturen som en samlet Enhed gøres tilgængelig og opbevares til Efterverdenen, og at i hvert Fald eet Bibliothek sættes i Stand til at opfylde denne kulturelle og nationale Pligt. Men vi kan ikke indse det selvfølgelige i, at et Kulturland som Danmark vælter Byrden ved selve Anskaffelsen over paa Forlæggerne. Denne Byrde, der kun vilde repræsentere et ringe Procenttal af Statens aarlige øvrige Udgifter til de tre Bibliotheker, bør bæres af alle Skatteborgere i Fællesskab, men den bør ikke skubbes over paa den lille Gruppe Medborgere, som netop skal leve af at udgive Bøger, saa meget mindre som Salgsmulighederne netop for den kulturelt mest værdifulde Litteratur her i vort lille Land er forholdsvis smaa og Risikoen ved Udgivelsen er forholdsvis stor. Der burde ikke nægtes Udgiverne af kostbare, kulturelt værdifulde Værker den Støtte, der vilde ligge i, at i hvert Fald to af de tre Bibliotheker optraadte som Købere til disse Værker.

Hele Spørgsmaalet maa desuden ogsaa ses i Belysning af den Kendsgerning, at Bibliothekernes Anvendelse af de pligtafleverede Bøger i de sidste Decennier i ret stor Udstrækning har skiftet Karaktér. Medens Eksemplarerne oprindelig benyttedes af Forskere og Videnskabsmænd i Forskningsøjemed, har en iøvrigt glædelig Udvikling ført med sig, at Bibliothekerne – og da særlig Statsbiblioteket i Aarhus – i stigende Grad har lagt sig efter det saakaldte populære Udlaan. Statsbiblioteket har saaledes i Aftentimerne aabnet Læsesalen for det bredeste Publikum, der i Bøgerne søger ikke blot Oplysning, men ogsaa Adspredelse og Morskab; Vandrebibliotheker er udsendt til Folkebibliotheker, Foreninger og Studiecirkler, saa at det i Udvalgets Betænkning ligefrem kan siges, at Aarhus Statsbibliothek i et vist Omfang virker som Folkebibliothek (se Side 119). Alle disse Bestræbelser er yderst paaskønnelsesværdige og vilde være det end mere, dersom Udlaanet skete med Bøger, som Bibliothekerne havde købt eller faaet som frivillige Gaver. Men det er urimeligt, at Forlæggerne skal tvinges til at aflevere deres Ejendom vederlagsfrit i saadanne, om end nok saa udmærkede Øjemed. I Anledning af et Forslag om at uddele de store Bibliothekers Dubletter til Folkebibliothekerne skrev daværende Overbibliothekar, Dr. phil. Sofus Larsen i 1924: „Det kan ikke være Meningen med den pligtmæssige Aflevering, at Staten skal benytte den til uforsvarlig Konkurrence med Forlæggerne." I disse Ord, der rummer Sandhed, rammes ogsaa den Anvendelse, som nu i udstrakt Grad gøres af de pligtafleverede Bøger.

Bibliotheksudvalget har foreslaaet, at Pligtafleveringen delvis skulde afløses af en Rekvisitionsret, saa at Universitetsbiblioteket fik Ret til vederslagsfrit at rekvirere et Eksemplar af alle de Bøger, Bibliotheket havde Brug for. I Anledning heraf vil vi gerne fremhæve, at vi for vort Vedkommende ikke har nogen Interesse af en saadan Forandring i Afleveringsbestemmelserne, der nærmest for os kun vilde føles som et ekstra Arbejde. For os er det afgørende ikke, om Universitetsbiblotheket faar nogle Bøger mere eller mindre men derimod, hvorvidt vi overhovedet skal aflevere vor Ejendom uden Vederlag eller ikke.

Men naar man allerede er inde paa Tanken om at erstatte Pligtafleveringen med en Rekvisitionsret, synes det os at være den naturligste Ordning, at baade Universitetsbibliotheket og Statsbibliotheket i Aarhus fremtidigt kun rekvirerede, hvad de behøvede, og at Staten betalte disse Leverancer. Af bibliotheksmæssige Grunde bør derimod Pligtafleveringen til det kongelige Bibliothek opretholdes.

Vi tillader os ærbødigst at henstille, at ovenstaaende Betænkning maatte blive taget i Betragtning ved Sagens videre Behandling i det ærede Ministerium og paa Rigsdagen.

I Ærbødighed
(sign.) Fr. Gad, Formand.

[*Dansk Boghandlertidende* 73, 1927, s. 122f. – Drivende kraft bag henvendelsen var utvivlsomt forlagsboghandler Henrik Koppel, som foruden at anmelde biblioteksbetænkningen (smst. s. 41f) er forfatter til en artikel om Pligtaflevering og Rekvisitionsret (smst. s. 49–51), hvis indhold til dels ordret går igen i henvendelsen].

69. *Betænkning over Forslag til Lov om offentlige Bibliotekers Ret til Frieksemplarer af Tryksager m.m. Afgiven af Landstingets Udvalg den 4. Maj 1927.*

Udvalget, der gennem en Række Møder har behandlet det foreliggende Lovforslag [jvf. aktst. nr. 67], er fuldstændig enigt med Undervisningsministeren om dettes Betydning. Forslaget betegner en afgørende Indskrænkning i Pligtafleveringsbegrebet,

dels derved, at det kongelige Bibliotek befries for Dubletterne, der i nær Fremtid vilde fremkalde de største Vanskeligheder med hensyn til Plads,

dels derved, at Universitetsbiblioteket faar en Paakravsret, saaledes at det kan sammensætte sin danske Samling efter sit eget Behov under Hensyn til, at det kongelige Bibliotek, der som Nationalbibliotek modtager alle afleveringspligtige Tryksager, ligger i samme By, og

endelig derved, at de uforandrede Oplag, der aarligt udgør en stor Mængde, som for Forlæggerne repræsenterer en Pengeværdi og ikke har nogen Værdi for Bibliotekerne, ikke mere skal afleveres. Dertil kommer, at man begrænser Smaatryksafleveringen og – hvad der ikke har været Tilfældet før – giver Bibliotekerne Kassationspligt overfor saadanne Smaatryk, der fra ethvert Synspunkt er uden Biblioteksværdi.

Man er ved med Overbibliotekarerne og ved Besøg paa det kongelige Bibliotek blevet overbevist om Nødvendigheden af, at der sker en saadan Beskæring af Pligtafleveringen. Men Udvalget er lige saa stærkt besjælet af Ønsket om, at der ved denne Beskæring ikke tilføjes Bibliotekerne Skade af nogen Art.

Udvalgets Overvejelser har bl. a. stilet mod det Maal, at der i selve Loven optages yderligere Enkeltbestemmelser om, hvad der skulde fritages for Pligtaflevering. Men de mangeartede Hensyn, der maatte gøre sig gældende ved en saadan Detaillering, har gjort, at man er blevet staaende ved den Linie, som Undervisningsministeren med Støtte af Biblioteksagkundskaben har optrukket i Bemærkningerne til det forelagte Lovforslag.

Medens der til § 1 stilles et Ændringsforslag, der med Hensyn til Pligtafleveringen ligestiller Det kongelige Bibliotek og Statsbiblioteket i

Aarhus og giver Universitetsbiblioteket Ret til ved Paakrav at sikre sig, hvad det maatte ønske, bevares § 2 uforandret, saaledes at der gives Undervisningsministeren en almindelig Bemyndigelse til gennem Bekendtgørelse at fastsætte Enkeltbestemmelserne. Udvalget mener, at Bibliotekerne, der jo er levende Organismer med Trang til Bevægelses- og Handlefrihed, vil være tjente med denne Ordning. Udvalget maa dog mene, at den i Bemærkningerne til Lovforslaget anførte Liste maa ændres noget. Udvalget ønsker *undtaget* fra Pligtaflevering: Nye uforandrede Oplag efter staaende Sats, lokale eller andre redaktionelt uændrede Særudgaver af Tidsskrifter, Særtryk (dog afleveres Særtryk af Afhandlinger i Dagblade), skematiske og andre Tryksager, bestemte til Udfyldning, Køre- og Fartplaner, Pengerepræsentativer og Værdipapirer. Med Hensyn til Spørgsmaalet om „Tryksager paa eet Blad" har der været nogen Betænkelighed ved helt at undtage disse fra Pligtaflevering, da ogsaa vigtige Ting kan trykkes paa den Maade. Det maa under alle Omstændigheder være Bibliotekernes Pligt her at skelne mellem, hvad der bør bevares og hvad ikke, og at søge at opstille bestemte Regler, hvorefter Kassation kan finde Sted. Med Hensyn til det store Begreb „Fest- og Begravelsessange" har der i Udvalget ligeledes været adskillig Betænkelighed ved helt at stryge Afleveringspligten for saadanne. Aflevering af Begravelses*salmer*, der for det alt overvejende Tals Vedkommende er ensartede Optryk efter Salmebøger, bør dog ikke finde Sted; derimod af Sange med Digte til eller om den afdøde. Festsange bør kun afleveres, for saa vidt de angaar Institutioner eller er skrevet til eller om Enkeltpersoner for deres offentlige Virksomhed (Konfirmations-, Bryllups-, Sølv-, og Guldbryllupssange eller andre Sange ved private Begivenheder undtages fra Aflevering).

Ændringsforslagene til Lovforslagets Titel og til §§ 3 og 5 tilsigter kun Forenkling og Tydeliggørelse af Paragrafferne. Ændringsforslaget til § 4 er rent redaktionelt. Ændringsforslaget til § 8 tilsigter Ensartethed i Reglerne for København og det øvrige Land.

[*Rigsdagstidende* 1926–27, Tillæg B, sp. 1275–78. – Lovforslagets titel blev ændret til „Forslag til Lov om pligtig Aflevering af Tryksager til offentlige Biblioteker". De øvrige ændringer fremgår af varianterne til gengivelsen af loven af 1. juli 1927, se aktst. nr. 70].

70. *Lov om pligtig Aflevering af Tryksager til offentlige Biblioteker, 1. Juli 1927.*

[Udkast hertil er trykt i *Betænkning vedrørende Statens Biblioteksvæsen afgiven af det af Undervisningsministeriet under 11. Oktober 1924 nedsatte Udvalg,* Kbh. 1927, s. 97–99. Herfra meddeles varianterne i noterne].

§ 1.

Af alt, som her i Landet af [1]Bog- eller Kunsttrykkere, herunder Litografer, Nodetrykkere, Kobbertrykkere og andre Kunsttrykkere[1], skal der med de nedenfor nævnte Undtagelser afleveres 1 Frieksemplar til det kongelige Bibliotek, 1 til Statsbiblioteket i Aarhus og 1 til Universitetsbiblioteket. [2]Afleveringen til Universitetsbiblioteket finder dog kun Sted efter Paakrav fra nævnte Biblioteks Side af de enkelte Tryksager.[2]

Samme Forpligtelse gælder Kort, Portrætter, Kunstblade og deslige, som fremstilles her i Landet paa anden Maade end ved Trykning, f. Eks. ved Fotografering, naar de udgør Dele af et Værk, af hvilket Frieksemplarer skal afleveres, eller hører som Bilag til et saadant Værk.

Ligeledes skal der afleveres Frieksemplarer som nævnt af ethvert for en her i Landet boende Forlægger i Udlandet trykt eller paa anden Maade fremstillet Arbejde, som, hvis det havde været trykt eller fremstillet her i Landet, vilde have været underkastet Afleveringspligt ifølge foranstaaende Regler.

Ved Forlægger forstaas i denne Lov den, for hvis Regning Trykningen eller Fremstillingen finder Sted.

§ 2.

Den i § 1 nævnte Afleveringspligt gælder alene færdige Arbejder og ikke de kun *forløbige Udkast, Korrekturer, Prøvetryk, Fortryk af Rigsdagstidende eller lignende.* Naar der i Eksemplarer af et Oplag er Afvigelser i Indholdet, bliver de afvigende Eksemplarer med Hensyn til Afleveringspligten at betragte som forskellige Oplag. Er der til Eksemplarer af et Oplag anvendt forskelligt Udstyr, skal Frieksemplaret til det kongeli-

[1] ... [1] I lovudkastet: Bogtrykkere, Litografer, Kobberstikkere og andre Kunsttrykkere.

[2] ... [2] I lovudkastet: Undervisningsministeriet skal dog kunne bestemme, at Aflevering til Statsbiblioteket og Universitetsbiblioteket eller til sidstnævnte Bibliotek alene kun finder sted efter Rekvisition fra vedkommende Bibliotek af de enkelte Tryksager.

ge Bibliotek høre til de bedst udstyrede, medmindre disses Tal ikke naar 50.

Hvad der har en udpræget fortrolig privat Karakter og kun er beregnet paa en bestemt mindre Kreds af Personer, samt hvad der i Forretningslivet kun er beregnet paa en bestemt Kreds af Personer, der staar i Forhold til den paagældende Forretning, skal Bibliotekerne, naar saadant af den afleveringspligtige forlanges, holdes utilgængelig i en nærmere angiven Tid, dog ikke over 100 Aar, og de er pligtige til ved Modtagelsen deraf paa Begæring at give Tilstaaelse for, at en saadan Fordring er stillet. Undervisningsministeren kan derhos paa vedkommendes Begæring undtage de heromhandlede Ting fra Afleveringspligten.

Undtagne fra Afleveringspligten er *Pengerepræsentativer og Værdipapirer*, samt hvad der har en *fortrolig embedsmæssig Karakter* og af den Grund af vedkommende Myndighed anses for ikke egnet til Aflevering.

§ 3.

[3]For *Aviser* gælder følgende Regler: Til det kongelige Bibliotek afleveres 1 Eksemplar af alle Aviser. Til Statens Avissamling i Aarhus afleveres 1 Eksemplar af alle Aviser. Til Universitetsbiblioteket afleveres, uanset Bestemmelsen i § 1, 1 Eksemplar af alle Aviser i København.[3]

§ 4.

Afleveringspligten paahviler vedkommende Bog- eller Kunsttrykker – hvem Forlæggeren er pligtig paa Begæring at opgive for Bibliotekerne (Statens Avissamling) –, medmindre Aflevering finder Sted efter Begæring i Henhold til § 1, Stk. 1, Pkt. 2, i hvilket Fald Afleveringspligten paahviler Forlæggeren.

Er Trykningen eller Fremstillingen sket i Udlandet, paahviler Afleveringspligten i alle Tilfælde Forlæggeren.

Afleveringen skal altid betragtes som foregaaende for Forlæggerens

[3] ... [3] I lovudkastet lyder § 3: Uanset Bestemmelserne i § 1 fastsættes Antallet af Frieksemplarer af Aviser, der skal afleveres, til 3 Eksemplarer af alle i Københavns, Frederiksberg eller Gentofte Kommuner udkommende Aviser og 2 Eksemplarer af alle andre her i Landet udkommende Aviser. Frieksemplarerne fordeles paa følgende Maade:

Til det kongelige Bibliotek afleveres 1 Eksemplar af alle Aviser. Til Statens Avissamling i Aarhus afleveres 1 Eksemplar af alle Aviser. Til Universitetsbiblioteket afleveres 1 Eksemplar af alle i Københavns, Frederiksberg eller Gentofte Kommune udkommende Aviser.

Regning, saaledes at Bog- eller Kunsttrykkeren, naar Forpligtelsen til Aflevering paahviler ham, har Ret til at tilbageholde de fornødne Eksemplarer i det Oplag, som Forlæggeren har bestilt og bekostet.

§ 5.

I Tilfælde af den afleveringspligtiges Fallit eller Død er Bibliotekerne (Statens Avissamling) berettiget til at faa [4]Frieksemplarerne udleveret af Boet.[4] Har en afleveringspligtig Bog- eller Kunsttrykker afgivet Oplaget til Forlæggeren uden at opfylde sin Afleveringspligt eller at tilbageholde de fornødne Eksemplarer til dens Opfyldelse, [5]paahviler Afleveringspligten Forlæggeren (Udgiveren) eller hans Bo.[5]

§ 6.

Undervisningsministeren bemyndiges til at fastsætte de nærmere Bestemmelser, som maatte være nødvendige til Gennemførelsen af denne Lov, saaledes navnlig:

a. angaaende Øvrighedens Pligt til at gøre Indberetning om nyoprettede Trykkerier og til i det hele at yde Bistand til Lovens Haandhævelse,
b. angaaende Tiden for Afleveringen og dennes Udførelse,
c. angaaende de Tilfælde, i hvilke Afleveringspligten ikke vil blive gjort gældende,
d. angaaende, hvilke Tryksager der skal henregnes til Aviser,
e. angaaende, hvorledes der skal forholdes med de Rækker af Aviser, som for Tiden opbevares i Statens Avissamling i Aarhus, men som i Henhold til Lov Nr. 142 af 18. April 1925 ikke er blevet fortsat efter 1. Januar 1925.

§ 7.

Uanset Bestemmelserne i § 1 om Antallet af Frieksemplarer tillægges der det kongelige Bibliotek Ret til for endnu ikke afsluttede, sammenhængende Værker, hvoraf der efter de hidtil gældende Regler er paabegyndt Aflevering til Biblioteket i 2 Eksemplarer, at kræve Fortsættelsen af Dubleteksemplaret afleveret vederlagsfrit.

[4] ... [4] I lovudkastet: de dem tilkommende Frieksemplarer udleverede af Boet som deres Ejendom.

[5] ... [5] I lovudkastet: har Bibliotekerne (Avissamlingen) ligeledes Ret til at faa de dem tilkommende Frieksemplarer udleverede af Forlæggeren eller hans Bo som deres Ejendom.

§ 8.

Overtrædelser af denne Lov eller af de ministerielle Bestemmelser, der slutter sig til den, straffes med Bøder fra 10 til 1000 Kr. [6]Bøderne tilfalder Kommunekassen i den Kommune, hvor Overtrædelse er sket.[6]

§ 9.

Samtidig med denne Lovs Ikrafttræden ophæves Lov Nr. 66 af 2. Maj 1902 om offentlige Bibliotekers Ret til Frieksemplarer af Tryksager m.m. og Lov Nr. 142 af 18. April 1925 om Pligtaflevering af Aviser til Statens Samlinger.

[1991 blev der gjort en tilføjelse til § 4, se aktst. nr. 97].

71. *Bekendtgørelse angaaende Gennemførelsen af Lov af 1. Juli 1927 om pligtig Aflevering af Tryksager til offentlige Biblioteker, 15. juli 1927.*

[Udkast hertil er trykt i *Betænkning vedrørende Statens Biblioteksvæsen afgiven af det af Undervisningsministeriet under 11. Oktober 1924 nedsatte Udvalg*. Kbh. 1927, s. 100–104. Herfra meddeles varianterne i noterne].

I Henhold til den Undervisningsministeren ved § 6 i Lov 1. Juli 1927 om pligtig Aflevering af Tryksager til offentlige Biblioteker givne Bemyndigelse fastsættes herved følgende med Hensyn til Gennemførelsen af den nævnte Lov:

Formen for Pligtafleveringen.

§ 1.

Til det kongelige Bibliotek og Statsbiblioteket i Aarhus skal der af vedkommende Bog-, Kunst-, eller Avistrykkeri eller – forsaavidt de paagældende Tryksager er fremstillet i Udlandet – af vedkommende Forlægger (bortset fra Aviser) afleveres et Eksemplar af alt, hvad der ikke i de nedenstaaende Bestemmelser er undtaget fra Pligtaflevereing.

Til Universitetsbiblioteket skal der af vedkommende Forlægger indenfor de samme Grænser afleveres et Eksemplar [1]efter Paakrav fra Biblioteket af de enkelte Tryksager.[1]

[6] ... [6] Findes ikke i lovudkastet.

[1] ... [1] I udkastet: efter Rekvisition fra Biblioteket af de enkelte Tryksager.

Af de her i Landet udkommende Aviser skal der af vedkommende Trykkeri eller – forsaavidt Avisen er fremstillet i Udlandet – af vedkommende Forlægger afleveres 1 Eksemplar af alle Aviser til det kongelige Bibliotek, 1 Eksemplar af alle Aviser til Statens Avissamling i Aarhus og 1 Eksemplar af alle i København udkommende Aviser til Universitetsbiblioteket.

Afleveringspligtens Omfang.

§ 2.

Bestemmelserne i Lovens §§ 1–3 om, hvad der skal afleveres til Bibliotekerne og Avissamlingen i Aarhus, skal bringes til Anvendelse i hele deres Omfang alene med følgende Undtagelser og Begrænsninger:

For *Bogtrykkernes* Vedkommende skal Afleveringspligten ikke gøres gældende med Hensyn til:

1. nye uforandrede Optryk efter staaende Sats,
2. lokale eller andre Særudgaver af Tidsskrifter uden redaktionelle Ændringer i den egentlige Tekst,
3. Særtryk [2](dog afleveres Særtryk af Afhandlinger i Dagblade),[2]
[3]4. skematiske og andre Tryksager bestemte til Udfyldning,
5. Køre- og Fartplaner,
6. Sange ved Familiebegivenheder (Konfirmation, Bryllup, etc.),
7. Begravelsessange, der er Optryk efter Salmebogen,
8. Kalendere af enhver Art uden Tekst.[3]

For *Litografernes* og *Kunsttrykkernes* Vedkommende skal Afleveringspligten ikke gøres gældende med Hensyn til løse Billeder, medmindre disse hører til afleveringspligtige Tryksager eller er Portrætter, historiske eller topografiske Billeder. Undtagne fra Aflevering er endvidere alle Slags Reklameartikler og Emballager.

For *Nodetrykkernes* Vedkommende skal Afleveringspligten ikke gøres gældende med Hensyn til uforandrede Optryk af Musikalier.

[2] ... [2] Findes ikke i udkastet.

[3] ... [3] I udkastet: 4. Tryksager af enhver Art paa kun ét Blad (med mindre de er Dele af* eller Tillæg til afleveringspligtige Tryksager, jfr. også § 3), 5. Skematiske og andre Tryksager bestemte til Udfyldning, 6. Reklamer, Brugsanvisninger og Prislister, der ikke kan betegnes som Kataloger, idet Kataloger af enhver Art skal afleveres, 7. Køre- og Fartplaner, 8. Fest- og Begravelsessange.

* Der tænkes paa Publikationer som „Officielle Meddelelser fra Postvæsenet", „Kundgørelser for Hæren" o. lign., hvis enkelte Numre ofte udgør blot ét Blad.

Aviser.

§ 3.

Til Aviser henregnes alle Dagblade og andre mindst 6 Gange ugentlig udkommende Blade i alle Udgaver (Aftryk) med dertil hørende Søndags- og andre Tillæg.

Aflevering til det kongelige Bibliotek, Statsbiblioteket i Aarhus og Avissamlingen i Aarhus samt Avisafleveringen til Universitetsbiblioteket.

§ 4.

Afleveringen skal foregaa i Begyndelsen af Januar og Juli Maaneder i hvert Aar for det forløbne Halvaars Vedkommende. Afvigelse herfra er dog tilladt, forsaavidt der foreligger særlig Aftale mellem vedkommende Bibliotek (Avissamling) og den afleveringspligtige om en anden Afleveringstid, og i Tilfælde af, at den afleveringspligtige maatte standse sin i Forbindelse med Afleveringspligten staaende Forretningsvirksomhed eller en Avis ophøre med at udkomme, skal vedkommende Frieksemplar straks afleveres.

§ 5.

Ved hver Aflevering skal medfølge to trykte eller skrevne enslydende Fortegnelser, i hvilke der gives en nøjagtig Specifikation af det, der afleveres, dog saaledes at for Smaatrykkets Vedkommende kun Antallet indenfor hver Kategori behøver at opgives. I Fortegnelserne skal tillige indeholdes en udtrykkelig Erklæring om, at der ved Afleveringen er medtaget alt, hvad der ifølge Loven, sammenholdt med nærværende Bekendtgørelse, skal afleveres, og de skal undertegnes af den afleveringspligtige eller hans ansvarlige Stedfortræder.

For Kunsttryks, Planers og Tabellers Vedkommende skal derhos, forsaavidt de er Bestanddele af eller hører som Bilag til et Værk, opgives særlig paa Fortegnelserne, til hvilket Værk de hører, eller – naar dette ikke kan oplyses – for hvis Regning de er udførte.

§ 6.

Afleveringen skal undtagen for Færøernes Vedkommende ske direkte til vedkommende Bibliotek (Avissamling).

For Færøernes Vedkommende skal Afleveringen ske gennem Amtmanden, men iøvrigt paa samme Maade.

§ 7.

Har en Bog- eller Kunsttrykker i et Halvaar eller den for ham særlig vedtagne Afleveringsperiode intet trykt, hvoraf der skal afgives Frieksemplarer, skal der straks ved Halvaarets eller Periodens Udløb gives Bibliotekerne Meddelelse derom – direkte, eller for Færøernes Vedkommende gennem Amtmanden – ved en af Bog- eller Kunsttrykkeren eller hans ansvarlige Stedfortræder underskreven Erklæring.

§ 8.

Den ene af de ved Afleveringen medfulgte Fortegnelser skal tilbagesendes vedkommende med Bibliotekets eller Avissamlingens Tilstaaelse for Modtagelsen af det afleverede.

Universitetsbibliotekets [4]Paakrav.[4]

§ 9.

[5]Bibliotekets Paakrav fremsættes overfor vedkommende Forlægger.[5] Det skal udtrykkelig angivne de enkelte Værker, der ønskes afgivet; for Forsættelsesværker, periodiske Værker og Tidsskrifter er det dog tilstrækkeligt, at Biblioteket én Gang for alle meddeler Forlaget, at vedkommende Værk ønskes afleveret. Forlæggeren er, forsaavidt det drejer sig om Bøger, der har været optaget i den i „Dansk Boghandlertidende" optagne ugentlige Bogfortegnelse, kun pligtig at efterkomme [6]Paakrav[6], der fremkommer inden 1 Maaned efter, at Bogen er blevet annonceret i nævnte Bogfortegnelse, og for andre Tryksagers Vedkommende [6]Paakrav[6], der fremkommer inden 1 Aar efter, at vedkommende Tryksag er fremkommet.

§ 10.

Inden 1 Maaned efter at [7]Paakrav[7] er modtaget eller – for saadanne Værkers Vedkommende, med Hensyn til hvilke der i Henhold til § 9 er afgivet gyldigt [8]Paakrav[8] een Gang for alle – Værket er udkommet, skal Forlæggeren direkte til Biblioteket – paa Færøerne dog gennem Amt-

[4] ... [4] I udkastet: Rekvisition.

[5] ... [5] I udkastet: Rekvisitionen sendes fra Biblioteket til vedkommende Forlægger.

[6] ... [6] I udkastet: Rekvisitioner.

[7] ... [7] I udkastet: Rekvisitionen.

[8] ... [8] I udkastet: Rekvisition.

manden – indsende det [9]krævede.[9] Efter Modtagelsen sender Biblioteket Kvittering for det modtagne.

Fællesregler vedrørende Afleveringen.

§ 11.

Det, som efter Lovens § 2 ønskes holdt utilgængeligt en vis Tid, skal afleveres, hvert Værk for sig, i en forseglet Konvolut, der udvendig er forsynet med en nøjagtig Angivelse af Værkets Indhold samt med en af den afleveringspligtige eller hans ansvarlige Stedfortræder underskreven Erklæring om, at Værket er komplet, og om Udtrækningen af den Tid, i hvilken det ønskes unddraget Offentligheden, hvilken Tid vil være at regne fra Begyndelsen af det Aar, der følger umiddelbart efter det Aar, i hvilket Værket er blevet trykt eller fremstillet.

Saadan Aflevering sker til vedkommende Biblioteks Chef, og for Modtagelsen afgives særlig Tilstaaelse, der skal udfærdiges i Henhold til den i Stk. 1 nævnte Paategning.

§ 12.

Hvad der afleveres, skal være forsvarligt indpakket.

§ 13.

Porto og Fragt for alle gennem Postvæsenet eller Jernbanevæsenet stedfindende Indsendelser i Henhold til Pligtafleveringen kan forlanges afholdt af vedkommende Bibliotek (Avissamling); dog kan for større Pakkers Vedkommende fra Steder, hvor Forsendelse med Jernbanen uden Vanskelighed kan benyttes, kun forlanges afholdt Fragt for saadan Forsendelse, ikke derimod en større Udgift ved Forsendelse med Postvæsenet.

Kontrol med Afleveringspligtens Opfyldelse.

§ 14.

Bibliotekerne og Statens Avissamling skal nøje paase, at Lovens Bestemmelser overholdes, og de skal, naar Overtrædelser deraf kommer til deres Kundskab, foranledige, at der gøres Ansvar gældende mod vedkommende til Straf, og hvis Overtrædelserne paafører Bibliotekerne (Avissamlingen) Tab, tillige Erstatning.

Ogsaa naar Bibliotekerne (Avissamlingen) ved Anvendelse af Be-

[9] ... [9] I udkastet: rekvirerede.

stemmelsen i Lovens § 5 maatte faa Frieksemplarer, som skulde afleveres af Trykkeren, fra Forlæggeren eller hans Bo, kan der gøres Strafansvar gældende mod den afleveringspligtige Bog- eller Kunsttrykker.

§ 15.

Øvrighederne skal fremdeles i samme Omfang og paa samme Maade som efter de hidtil gældende Bestemmelser yde Bistand til Haandhævelse af Bibliotekernes (Avissamlingens) Ret til Frieksemplarer. Der skal saaledes, hver Gang der meddelse Borgerskab eller Næringsbevis som Bogtrykker, Litograf, Nodetrykker, Kobbertrykker eller Kunsttrykker, i overensstemmelse med Indenrigsministeriets Cirkulære af 12. Maj 1863 af vedkommende Øvrighed gøres Indberetning derom til Undervisningsministeriet, ligesom det skal paahvile Politimestrene at gøre Indberetning til Undervisningsministeriet, naar det maatte blive dem bekendt, at nogen uden Adkomst maatte paabegynde Virksomhed som Bogtrykker, Litograf, Nodetrykker, Kobbertrykker eller Kunsttrykker.

Endvidere skal Politimestrene være Bibliotekerne (Avissamlingen) behjælpelige med Fremskaffelse af manglende Afleveringer samt Erklæringer og nødvendige Oplysninger fra Trykkeren, Forlæggeren eller vedkommende Bo.

[10]Ikrafttræden, Ophævelse af tidligere Bestemmelser.

§ 16.

Reglerne i nærværende Bekendtgørelse træder i Kraft samtidig med Loven af 1. Juli 1927, og samtidig ophæves Ministeriets Bekendtgørelse Nr. 406 af 28. December 1916, Nr. 322 af 8. August 1923 og Nr. 164 af 6. Maj 1925. Med Hensyn til Aflevering af Tryksager, der fremkommer efter 1. Juli 1927, kan Trykkerierne forholde sig efter Reglerne i nærværende Bekendtgørelse, medens Afleveringen for Tiden fra 1. Januar til 30. Juni 1927 maa foregaa efter de hidtil gældende Regler.[10]

Hvilket herved bekendtgøres til Efterretning og Iagttagelse for alle Vedkommende.

Undervisningsministeriet, den 15. Juli 1927.

[10] ... [10] Afviger fra udkastet.

72. *Rekvisitionsrettens første Aar paa Universitetsbiblioteket, 1930.*

[Med denne titel er optrykt et uddrag af Universitetsbibliotekets beretning for 1927-30 i *Bogens Verden* XII, 1930, s. 189-91, om rekvisitionen af danske tryk i henhold til pligtafleveringsloven af 1927. – Herfra citeres]:

Skal man bedømme Rekvisitionsretten fra de nu indvundne Erfaringer, maa man for det første sige, at den har vist sig overordentlig let at praktisere; Biblioteket faar saa godt som altid omgaaende de rekvirerede Bøger tilstillet, og kun i ganske faa Tilfælde, hvor det har drejet sig om private Udgivere, som ikke har været bekendt med Loven, har det været nødvendigt at udsende en eller to Paamindelser. Endvidere har det vist sig, at det Arbejde, som er forbundet med Rekvisitionen, er langt mindre end det, som Pligtafleveringens Administration nødvendiggjorde; selv naar man medregner Arbejdet med at gennemgaa Tidsskrifternes Anmeldelser, drejer det sig alt i alt næppe om 2 hele Arbejdsdage om Ugen for den Bibliotekar, der har med Rekvisitionen at gøre, medens tidligere hele hans Tid var optaget af Pligtafleveringen. Biblioteket har yderligere den Fordel at modtage Bøgerne langt hurtigere efter deres Fremkomst end under den gamle Ordning og i heftet, eller ikke sjældent endda i indbunden, Stand med alle tilhørende Bilag. Biblioteket har endelig – og dette er det væsentlige – Mulighed for at undgaa store Masser af ligegyldige Tryksager, som Pligtafleveringen tidligere tilførte det; af de i Boghandlertidende registrerede Bøger er det gennemsnitlig ca. 60%, der ikke rekvireres, og dertil kommer jo en Mængde Smaatryk o.l., som ikke optages i Bogfortegnelsen. Med Hensyn til de Kategorier af Litteratur, som falder indenfor Rekvisitionens Omraade, følges de af Fællesraadet for de videnskabelige Biblioteker udformede og af Ministeriet godkendte Regler. Af større Kategorier, som ikke eller kun i faa Undtagelsestilfælde rekvireres, kan nævnes: *Børnebøger, Skolebøger, Opbyggelsesskrifter* og *Salmebøger, Sangbøger, elementære Vejledninger i Haandværk, Industri, Landbrug o. a. praktiske Fag* samt *Musikalier* og *Billeder.* Af *Kort* rekvireres kun Geodætisk Instituts o. a. af større Betydning, af *Smaatryk* kun enkelte, som har medicinsk eller naturvidenskabelig Interesse. Af *dansk Skønlitteratur* rekvireres især saadanne Skrifter, som kan antages senere at blive benyttet som Tekster ved Universitetsundervisningen i dansk Litteraturhistorie; af *oversat Skønlitteratur* rekvireres kun Bøger oversatte fra slaviske og andre mindre kendte Sprog. Ialt er der i de forløbne 3 Aar (1. Juli 1927 – 31. Marts 1930) rekvireret 2445 Værker (Accessionsnumre).

Da Rekvisitionsretten i sin Tid diskuteredes, blev det af dens Modstandere særlig gjort gældende, at Biblioteket i mange Tilfælde ikke vilde blive opmærksom paa Bøger, som det burde have, fordi de ikke fremkom i Bogfortegnelsen. Det tør med Sikkerhed siges, at dette, ialt Fald med de for Universitetsbibliotekets Rekvisition fastsatte Retningslinier, er af meget ringe Betydning i Praksis. ... Det skal i denne Forbindelse ... nævnes, at det kun et Par Gange i de forløbne 3 Aar er hændet, at der af Publikum er bleven forlangt Bøger, som Biblioteket burde have rekvireret; de er da naturligvis bleven fremskaffet, og det har vist sig, at der endnu aldrig har været Vanskeligheder ved at faa Skrifter, som først rekvireres 1 á 2 Aar efter deres Udgivelse; det er hændet, at Udgiveren i saadanne Tilfælde har benyttet sin Ret til at forlange Betaling for Bogen, men den Sum, der i de 3 Aar er ofret paa denne Konto, er ganske minimal.

Alt i alt kan det fastslaas, at Rekvisitionsretten har vist sig at være et stort Gode for Biblioteket.

[Det nævnte Fællesråd for de videnskabelige Biblioteker var nedsat af Undervisningsministeriet 1928 som et rådgivende udvalg, der bl. a. afgav indstilling om pligtafleverings- og kassationsspørgsmål, se Hartyani 1981; jvf. Emanuel Sejr: *Statsbiblioteket i Århus 1902–1952*, Aarhus 1952, s. 34f. – Ifølge Torben Nielsen 1980 s. 455 blev anvendelsen af rekvisitionsretten senere mindre restriktiv, bl.a. over for den danske skønlitteratur, da det viste sig, at tidlige arbejder af senere kendte forfattere ikke var blevet påagtet. – Rekvisitionen af den danske litteratur til Universitetsbiblioteket blev i perioden 1938–47 (for begge afdelingers vedkommende) administreret af bibliotekar Carl Dumreicher, der har skrevet en kort orientering herom i *Philobiblon* III, 1949–50, s. 25–27. Han fremhæver, at loven af 1927 mere end halverede den bogmængde, der tidligere modtoges, og muliggjorde, at der blev sat et skarpt skel mellem væsentligt eller værdifuldt og uvæsentligt eller ligegyldigt, men anfører også, at rekvisitionsretten „er trængt saa lidt ind i Offentlighedens Bevidsthed, at jeg en Dag kunde kalde Afleveringsloven af 1927 for 'den ukendte Lov'". Især rent *private tryksager* kunne det være vanskeligt at få fat på, da der ofte ikke var noget eksemplar til overs, når rekvisitionen nåede frem til udgiveren. Til sidst berøres spørgsmålet, hvad der sker, hvis en forlægger eller udgiver trods rekvisitionen ikke vil eller ikke kan aflevere et eksemplar til UB. Herom hedder det: „Ja, det kan være, at vi i visse Tilfælde ræsonnerer: 'Tryksagen er ikke af afgørende Betydning for os. Vi trøster os med, at den ialtfald en Dag er tilgængelig på KB'. Men i de fleste Tilfælde – og vi ønsker jo væsentlig, hvad vi virkelig har Brug for – maa Forlæggeren eller Udgiveren ved Køb eller ad anden Vej en skønne Dag skaffe Eksemplaret og ellers finde sig i at faa Politiet paa Halsen. Det er en Udvej, som jeg selv vistnok kun 2 Gange har benyttet, men den staar til vor Raadighed og har hidtil ført til Resultat. Lov er Lov og Lov skal holdes – vi er jo ikke blot ansvarlige overfor Øjeblikket, men overfor Fremtiden ... Men som sagt – naar vi blot forhandler paa den fredeligste Vis og gerne venter en Tid, møder vi saa at sige altid og overalt fuld Forstaaelse af, at den, der møder med Loven i Haanden og Politiet i Baghaanden, men alligevel er langmodig og venlig i enhver Henseende, næppe er til at komme udenom". – I sine erindringer fortæller Dumreicher yderligere, at hans forgænger i bestillingen ikke kunne lide at forlange sjældne tryk i små oplag, da han anså det for tyveri fra forlag, forfatter eller bogtrykker, så Dumreicher senere måtte søge nogle af de fremkomne huller i bestanden udfyldt. Besværlighederne med at få privattryk i hus illustreres med følgende forløb af en rekvisition: „Navnlig gjorde en gammel Vognmand, der havde udgivet en stamtavle, alle mulige ophævelser. Først svarede han: 'Koster 5,65'. Underrettet om, at det efter loven skulle være gratis: 'Hvad for en Lov?' Efter tilsendelsen: 'Klager til Ministeriet. Iøvrigt Glædeligt Jul'. Tilsidst bad jeg det lokale politi bistå mig og fik en skrivelse: „Undertegnede indfandt sig Dags Dato hos Vognmand N.N., der er min gamle Krigskammerat. Adspurgt, om han var villig til at udlevere Bogen, svarede Komparenten: 'Ja, til Dig'. Dette skete da, hvorfor Bogen ærbødigst medfølger". Endelig et brev fra vognmanden til mig: 'Kan vi ikke enes om ialtfald 3 Kr.?'" (*Mellem Bøger og Biblioteker*, 1959, s. 70 og 90f)].

73. *Cirkulære fra Justitsministeriet til politidirektøren i København og samtlige politimestre om aflevering af beslaglagte skrifter, 24. juni 1939 og 21. aug. 1940.*

Justitsministeriet.
København, den 24. Juni 1939.

Man skal herved anmode D'Herrer om at ville drage Omsorg for, at der af beslaglagte Skrifter tilstilles det kongelige Bibliotek i København og Statsbiblioteket i Aarhus de i Lov Nr. 160 af 1. Juli 1927, jfr. Bekendtgørelse Nr. 206 af 15. Juli 1927 omhandlede Eksemplarer af Skrifterne.

Justitsministeriet.
København, den 21. August 1940.
Under Henvisning til Justitsministeriets Cirkulæreskrivelse af 24. Juni 1939 angaaende Aflevering af Eksemplarer af beslaglagte Skrifter til det kongelige Bibliotek og Statsbiblioteket i Aarhus skal man herved anmode om, at Aflevering fremtidig tillige maa finde Sted til Universitetsbiblioteket.

[KBs arkiv F 58, lægget: Løbende Politisager. – Skrivelsen af 24. juni 1939 er gengivet i en artikel om bogtrykkerne og politiet af overbetjent V. Fr. Henriksen [jvf. aktst. nr. 79] i *De grafiske Fag* 36, 1940, s. 178. Det hedder her iøvrigt om politiets arbejde: „Naar der fra et af Bibliotekerne fremkommer Begæring om Fremskaffelsen af et Skrift, som en Bogtrykker har forsømt at aflevere, har man i de senere Aar indenfor Københavns Politi fulgt den Fremgangsmaade – forinden videre foretages – at spørge det andet Bibliotek, hvorledes det forholder sig med Afleveringen dertil, og denne af Politiet indførte Coordination i Arbejdet paa at opfylde Bibliotekernes Interesse og paa at holde Bogtrykkerne til Ilden har simplificeret Politiets Arbejde og været til Gavn for Bibliotekerne"].

74. *Skrivelse fra Det kongelige Bibliotek til Undervisningsministeriet med forslag om en indskrænkning af pligtafleveringen af aviser, 4. nov. 1939.*

4. November 1939.
Til Undervisningsministeriet.
Herved tillader jeg mig tjenstligst at fremsætte følgende over for det høje Ministerium.

For at begrænse den overordentlige Tilvækst af Aviser, som baade med Hensyn til Plads og Indbinding oversteg det kgl. Biblioteks Evner har man siden 1922 ikke indbundet de saakaldte Aftryksblade eller Aflæggere, hvorved forstaas lokale Filialblade, navnlig af Provinsaviser, beregnet for Abonnenter i Omegnens Byer. Aftryksbladene, der repræsenterer godt Halvdelen af Provinsaviserne (1938: 137 af 253), er 1922–38 blevet indpakket aargangsvis og siden 1926 ved Ministeriets Foranstaltning magasineret i den tidligere Hestgardekaserne i Frederiksholms Kanal, hvorhen de indbundne Aftryksblade før 1921 ogsaa er blevet anbragt. Den hidtil disponible Plads her er imidlertid nu opbrugt, og i Stedet for at fortsætte den hidtidige Praksis, hvilket vil kræve Tilvejebringelse af nye Lokaler, tillader jeg mig at foreslaa en Indskrænkning af Pligtafleveringen paa dette Omraade. Til Støtte for en saadan Indskrænkning taler, foruden Pladshensynet, ogsaa, at der er adskilligt Arbejde forbundet med Afkontrollering af de indsendte Aftryksblade, med Inddrivning, eventuelt ved Politiets Hjælp, af manglende Numre, med Aargangens Indpakning, der tillige kræver store Mængder Emballage (1938: 291 Pakker), og med Transporten til Kasernen; til Omkostningerne maa yderligere henregnes den Portorefusion for Indsendelsen, som Trykkerierne har Krav paa. Arbejdet og Udgiften, der saaledes er forbundet med Aftryksbladenes Indsendelse og Opbevaring, kan let finde mere produktiv Anvendelse. De magasinerede Blade benyttes kun meget sjældent; er et af dem blevet forlangt til Brug, har Laaneren næsten altid været tilfreds med at faa det tilsvarende Hovedblad udleveret straks frem for at skulle vente paa, at det magasinerede Blad blev fundet frem i Kasernen og bragt til Biblioteket (efter Provinsavisernes Flytning 1938 til Universitetsbibliotekets 1. Afdeling). Opretholdes Afleveringen af Aftryksblade til Statens Avissamling i Aarhus, vil i givet Fald det ønskede Nummer af et Aftryksblad kunne laanes derfra, og da Aftryksbladene heller ikke indbindes der, vil Forsendelsen af enkelte Numre let kunne praktiseres. At det bliver Statens Avissamling, der bibeholder Aftryksbladene, vilde for saavidt være naturligt, som disse saa godt som alle er Provinsaviser, og Benyttelsen af Provinsaviser er størst i Aarhus.

Foruden Aflæggere af egentlige Dagblade har det kgl. Bibliotek i Kasernen magasineret de talrige Aftryksblade af Distriktsblade og andre Lokalaviser, udkommende en eller kun faa Gange ugentlig, overvejende indeholdende Annoncer; det samme gælder Lokaludgaver af Kirkeblade, af Medlemsblade for K.F.U.M. og K. osv., som praktisk talt aldrig efterspørges. Ifølge Min. Bek. 15/7 1927 § 2, Punkt 2 er alle sadanne Blade kun undtaget fra Aflevering, naar der ikke er foretaget redaktionelle Ændringer i den egentlige Tekst, men da der af Hensyn baade til Bogtrykkerne og Bibliotekerne bør tilstræbes ensartede Regler for Aflevering af Aviserne og de andre Blade, der principielt er af samme Type, foreslaas det at udvide Bestemmelsen til at omfatte alle Blade, der har Tekstfællesskab med et Hovedblad. Mig bekendt kasseres i Statsbiblioteket, Aarhus, allerede nu alle kirkelige Søndagsblade.

Til en Indskrænkning i Pligtafleveringen som den her foreslaaede kræves ingen Lovændring, da der i Lov Nr. 160 – 1927 § 6 er givet Ministeren Bemyndigelse til at træffe Afgørelse om, i hvilke Tilfælde Afleveringspligten ikke vil blive gjort gældende. Jeg tillader mig derfor i Henhold til ovenstaaende og under forventet Tilslutning fra de to andre Statsbiblioteker at henstille, at der udstedes en ministeriel Bekendtgørelse af nedenstaaende Indhold, idet jeg bemærker, at Datoen for Bekendtgørelsens Ikrafttræden maa være 1. jan. eller 1. Juli, da Bogtrykkerafleveringen finder Sted halvaarsvis:

I Henhold til den Undervisningsministeren ved § 6 i Lov 1. Juli 1927 om pligtig Aflevering af Tryksager til offentlige Biblioteker givne Bemyndigelse fastsættes herved følgende med Hensyn til Afleveringspligtens Omfang:

Fra 1. .... 1940 skal Aftryksblade (Aflæggere) af Dagblade ikke afleveres til det kgl. Bibliotek; der afleveres kun et Eksemplar til Statens Avissamling i Aarhus.

Afleveringen af alle andre Aftryksblade saavel til kgl. Bibliotek som til Statsbiblioteket i Aarhus bortfalder.

Til Aftryksblade henregnes ethvert Blad eller Tidsskrift, som helt eller delvis har Stof fælles med et Hovedblad.

Med Hensyn til den Avismasse, der beror i Kasernen, udbeder jeg mig Bemyndigelse til at foretage Kassation efter Samraad med de to andre Overbibliotekarer samt Biblioteksdirektøren, idet der tages Hensyn dels til Statens Avissamling dels til Avislæsesalen i Fiolstræde og endelig til eventuelle ønsker fra Folkebibliotekernes Side.

Et Eksemplar af Lov og Bekendtgørelse om Pligtaflevering vedlægges.

Allerærbødigst
[Carl S. Petersen]

[Kopi (gennemslag) i KBs arkiv, A 9, Journalsager 1924–43, nr. 6003].

75. *Bekendtgørelse om Ændring af Undervisningsministeriets Bekendtgørelse af 15. Juli 1927 angaaende Gennemførelsen af Lov af 1. Juli 1927 om pligtig Aflevering af Tryksager til offentlige Biblioteker, 18. dec. 1939.*

§ 1, Stk. 3 i ovennævnte Bekendtgørelse af 15. Juli ændres til følgende Formulering:

„Af vedkommende Trykkeri eller – forsaavidt Avisen er fremstillet i Udlandet – af vedkommende Forlægger skal der afleveres: til Statens Avissamling i Aarhus 1 Eksemplar af alle her i Landet udkommende Aviser, til Universitetsbiblioteket 1 Eksemplar af alle i København udkommende Aviser og til Det kongelige Bibliotek 1 Eksemplar af alle her i Landet udkommende Aviser, der ikke er Aftryksblade (Aflæggere)."

§ 2, Stk. 1 affattes saaledes:

„I det i Lovens §§ 1–3 foreskrevne Omfang for Afleveringspligten sker der – foruden den i nærværende Bekendtgørelses § 1, Stk. 3 nævnte Begrænsning vedrørende Aviser – følgende Indskrænkninger:"

§ 2, Stk. 2, Nr. 2 formuleres som følger:

„2. lokale eller andre Særudgaver af Tidsskrifter eller Blade, som helt eller delvis har Stof fælles med et Hovedblad".

Nærværende Bekendtgørelse træder i Kraft 1. Januar 1940.

Undervisningsministeriet, den 18. December 1939.

76. *Cirkulære til bogtrykkerne fra Det kongelige Bibliotek vedrørende den nye bekendtgørelse, dec. 1939.*

Det kongelige Bibliotek,
Danske Afdeling.
København i December 1939.

Hermed sendes Dem Undervisningsministeriets nye Bekendtgørelse om Afleveringen til Bibliotekerne.

Der er kun sket Ændring paa et Punkt, nemlig med Hensyn til Aftryksblade (Aflæggere) af Aviser og Tidsskrifter. Ved Aflægger forstaas ethvert Blad, der helt eller delvis har Stof fælles med et Hovedblad.

For Fremtiden skal Aflæggere af Aviser *ikke* afleveres til Det kgl. Bibliotek, men *kun* til Statens Avissamling i Aarhus. Ved Aviser forstaas Blade, der udkommer mindst 6 Gange ugentlig.

Afleveringen af alle andre Aflæggere baade til Det kgl. Bibliotek og til Statsbiblioteket i Aarhus bortfalder.

Alle Hovedblade afleveres som før.

Afleveringen til Politiet berøres ikke af den nye Bekendtgørelse, men foregaar uforandret.

P.B.V. E.B.
H. Topsøe-Jensen

[Et-bladstryk i KBs arkiv, A 9, Journalsager 1924–43, nr. 6003. – Om afleveringen til politiet se politicirkulæret gengivet i aktst. nr. 79].

77. *Redegørelse for Det kongelige Biblioteks kassation af pligtafleverede dubletter fra 1902 til 1927 samt aftryksblade til 1939 (1943).*

Ved Skrivelse af 10. Jan. 1930 gav Undervisningsministeriet Tilladelse til, at Dubleteksemplaret af Pligtafleveringen fra 1902 til 1927 blev kasseret, forsaavidt det ikke kunde finde Anvendelse paa anden Maade. I Henhold hertil blev under Overbibliotekarens Ledelse hele Materialet gennemgaaet og delt i tre Dele: 1) den Del, som Biblioteket selv havde Brug for som Reserveeksemplar (for de natur- og lægevidenskabelige Fags Vedkommende blev denne Del dog i 1933 afgivet til Universitetsbiblioteket), 2) saadan Litteratur, som kunde anvendes i Folkebiblioteksvirksomhed, og som blev afgivet til Statens Bibliotekstilsyn, 3) Tryksager, som kunde kasseres. Den under 2) nævnte Del blev ved velvillig Imødekommenhed fra Christiansborg Slotsforvaltning en Tid lang anbragt i Frederiksholms Kanals Kaserne.

Her blev der ogsaa skaffet Plads til de saakaldte Aftryksblade (lokale Særudgaver af Hovedblade, med hvilke Stoffet for en Del er fælles). Da der under 18. December 1939 efter Overbibliotekarens Indstilling blev udstedt en Bekendtgørelse om Ændring i Bekendtgørelsen af 15. Juli 1927 vedrørende Pligtafleveringen, gaaende ud paa, at disse Aftryksblade ikke fremtidig skulde afleveres [se aktst. nr. 75], bortfaldt Grundlaget for Opbevaring af de tidligere afleverede, og da det i Efteraaret 1942 blev nødvendigt at forbedre en Rømning af Lokalerne i Frederiksholms Kanals Kaserne, som skulde anvendes til andet Formaal, blev der gennem Statens Bibliotekstilsyn givet Folkebibliotekerne i Købstæderne Tilbud om at overtage de Aftryksblade, som de maatte ønske; Resten blev i Marts 1943 kasseret.

[Fra *Aarsberetning for Det kongelige Bibliotek for Finansaarene 1929/30 – 1942/43*, Kbh. 1946, s. 19–21].

78. *Bekendtgørelse om midlertidig Ændring af Bekendtgørelse af 15. Juli 1927 angaaende Gennemførelsen af Lov af 1. juli 1927 om pligtig Aflevering af Tryksager til offentlige Biblioteker, 28. aug. 1943.*

I Henhold til den Undervisningsministeren ved § 6 i Lov af 1. Juli 1927 om pligtig Aflevering af Tryksager til offentlige Biblioteker givne Bemyndigelse fastsættes herved følgende Bestemmelser som midlertidige Ændringer af §§ 6, 9 og 16 i Undervisningsministeriets Bekendtgørelse af 15. Juli 1927 angaaende Gennemførelsen af den nævnte Lov:

Ad § 6.

Hvis Forbindelsen mellem Landsdelene Vest og Øst for Storebælt som Følge af Krigsbegivenheder skulde blive afbrudt, vil afleveringspligtige Tryksager til Statsbiblioteket i Aarhus fra Trykkerier Øst for Storebælt være at sende til Det kongelige Bibliotek til foreløbig Opbevaring sammen med den ordinære Aflevering til Biblioteket, medens Trykkerier Vest for Storebælt indsender den for Det kongelige Bibliotek bestemte Aflevering til Statsbiblioteket i Aarhus sammen med Afleveringen til dette Bibliotek. Tryksagerne maa forsendes i Pakker, beregnede til hvert af de to Biblioteker. I de for Statsbiblioteket i Aarhus bestemte Pakker medtages i samme Omfang som hidtil Aftryksblade af Aviser – jfr. Bekendtgørelse af 18. December 1939.

Ad § 9.

Under Forudsætning af den i § 6 omtalte Situations Indtræden varetages Universitetsbibliotekets Paakrav i Landsdelene Vest for Storebælt af Overbibliotekaren ved Statsbiblioteket i Aarhus.

Ad § 16.

Ovenstaaende Ændringer forbliver i Kraft, indtil anden Bestemmelse træffes ved nærmere Bekendtgørelse.

Hvilket herved bekendtgøres til Efterretning og Iagttagelse for alle Vedkommende.

Undervisningsministeriet, den 28. August 1943.

79. *Udtalelse om politiassistent V. Fr. Henriksens bistand vedrørende pligtafleveringen, 26. april 1944.*

26.4. 1944.

Paa given Foranledning skal jeg udtale, at Hr. Politiassistent V. Fr. Henriksen har ydet de københavnske Statsbiblioteker en fortrinlig Bistand i de Aar, han har varetaget den politimæssige Virksomhed vedrørende Pligtafleveringen. Han har paa en langt mere effektiv Maade end tidligere sørget for at skaffe Det kgl. Bibliotek de afleveringspligtige Tryksager fra efterladende Bogtrykkere, og han har indført den for Biblioteket meget værdifulde Praksis at give Meddelelse om, hvilke nye Tidsskrifter der begynder at udkomme med Angivelse af, hvilken Bogtrykker der trykker dem. Med Hensyn til Universitetsbiblioteket tog han i sin Tid Initiativet til, at Justitsministeriets cirkulære om beslaglagte Skrifter ogsaa kom til at omfatte dette Bibliotek [se aktst. nr. 73].

Endelig har Politiassistent Henriksen vist Interesse for at skaffe Det kgl. Bibliotek pornografiske Værker, som var blevet konfiskeret, og har derved skaffet Biblioteket adskillige kulturhistorisk interessante Forøgelser.

Alt i alt kan jeg udtale, at Politiassistent Henriksen med overordentlig Nidkærhed og Forstaaelse af Opgavens Betydning har varetaget den Del af sin Embedsvirksomhed, som har Relation til Bibliotekerne.

S[vend] D[ahl]

[Kopi (gennemslag) i KBs arkiv, Journalsager A 9, 1943–47, læg vedr. Danske Afdeling. – Politiet blev inddraget, når en bogtrykker ikke efterlevede pligtafleveringsbestemmelserne, eller når han ikke fulgte presselovens krav om dels at angive navnet på sit bogtrykkeri på alt, hvad han trykte, dels at indlevere eksemplarer af periodiske skrifter til gennemsyn hos politiet straks efter trykningen. I pressseloven af 1938 var disse bestemmelser i §§ 1–3 en gentagelse fra presseloven af 1851, men lovfornyelsen førte til, at V. Fr. Henriksen, som åbenbart behandlede det københavnske politis bogtrykkersager, gjorde Det kongelige Bibliotek den praktiske tjeneste at koordinere sine funktioner ved at videregive oplysninger om nyudkomne aviser og tidsskrifter til biblioteket, så det kunne kontrollere, at de blev pligtafleverede. Jvf. KBs arkiv, F 58, pakken 1939–44: Københavns Politi, og en artikel, som Henriksen publicerede om politiet og bogtrykkerne i *De grafiske Fag* 36, 1940, s. 177–81 og 223. Smst s. 190 gengives følgende politicirkulære vedrørende bestemmelserne i 1938-loven]:

Cirkulære til Bogtrykkerne i København

Den 1. Juli 1938 træder Lov Nr. 147 af 13. April 1938 om Pressens Brug i Kraft, og samtidig bortfalder Presseloven af 3. Januar 1851.

I denne Anledning meddeles herved følgende til Underretning for samtlige Bogtrykkere i København.

1) Bogtrykkerens *Navngivelsespligt* (Lovens § 1).
Paa *ethvert* her i Riget trykt Skrift skal Bogtrykkeren anføre sit Navn eller Firma samt Trykkestedet. Paa ethvert i Udlandet i det danske Sprog trykt Skrift, der gøres til Genstand for forretnings-

mæssig Indførsel eller offentlig Udbredelse her i Riget, skal Bogtrykkerens Navn eller Firma samt Trykkestedet være anført.

2) *Redaktørangivelse* paa *periodiske* Skrifter (Lovens § 2).
Paa periodiske Skrifter, der udkommer her i Riget, skal Redaktøren angive sig som saadan.

3) Bogtrykkerens *Afleveringspligt* (Lovens § 3).
Af alle *periodiske* Skrifter, der udleveres fra Trykkerierne her i Riget, skal Bogtrykkeren *inden en Time* efter Udleveringens Paabegyndelse afgive et Eksemplar til Politiet. De nævnte Skrifter, der trykkes her i København, afleveres inden Udløbet af den foran fastsatte Frist til *Københavns Politis IV. Afdeling*, Anker Heegaardsgade Nr. 5. Hverdage fra Kl. 9 til kl. 16. I Tiden fra kl. 16 til Kl. 23 paa Hverdage og fra Kl. 9 til Kl. 17 paa Søn- og Helligdage: Anker Heegaardsgade Nr. 7.

Anmærkning.
Lovens § 16 udtaler følgende:
Hvad der i denne Lov er fastsat om *Skrifter*, finder *tilsvarende* Anvendelse paa *billedlige* og *lignende* Fremstillinger og gælder, hvad enten Fremstillingen af Skriftet eller det dermed ligestillede sker ved Trykken eller paa *anden mekanisk eller kemisk Maade.* Et Skrift anses ikke for *periodisk*, medmindre det er bestemt til at udkomme mindst 2 Gange aarlig. Ved *Redaktør* af et periodisk Skrift forstaas i denne Lov den, der træffer Afgørelse om Skriftets Indhold, uanset om han betegnes som Redaktør eller som Udgiver eller paa anden Maade.

Lovens § 8: *Løbesedler, Indholdsplakater o. desl. fra Bladforetagender* anses som Bestanddele af det Blad, hvortil de henviser, eller hvorfra de stammer. Denne Bestemmelse forstaas saaledes, at de nævnte Tryksager skal afleveres sammen med det paagældende Blad ved dettes Aflevering til Politiet. Ved *Udgiver* forstaas ifølge Lovens § 12 den, for hvis Regning Skriftet udgives.

Overtrædelse af Presseloven.
For Overtrædelse af Presselovens Bestemmelser hjemler Lovens § 19 Straf af Bøde eller Hæfte.

Ansvar for Skriftets Indhold.
Ansvar saavel til Straf som Erstatning for Indholdet af et trykt Skrift vil alt efter de nærmere Omstændigheder kunne gøres gældende ikke blot over for Forfatter, Redaktør, Udgiver, Forlægger, Forhandler med

flere, men ogsaa over for Bogtrykkeren. Herom skal man henvise Dem til de nærmere Regler i Loven.

Københavns Politikammer, den 28. Juni 1938.

P.P.V. Arbøl Politiinspektør.

80. *Henvendelse fra rigsbibliotekar Svend Dahl til Undervisningsministeriet om anvisning på en myndighed, der kunne træde i politiets sted, 11. nov. 1944.*

11. Nov. 44

Til Undervisningsministeriet.
I det høje Ministeriums Bekendtgørelse af 15. Juli 1927 vedr. Gennemførelsen af Lov af 1. Juli 1927 om pligtig Aflevering af Tryksager til offentlige Biblioteker § 15 hedder det, at Øvrigheden skal yde Bistand til Haandhævelse af Bibliotekernes Ret til Frieksemplarer, og at Politimestrene skal være behjælpelige med Fremskaffelse af manglende Afleveringer.

Det har hidtil været forholdsvis let for Bibliotekerne ved Henvendelse til Politiet at faa efterladende Bogtrykkere til at gøre deres Pligt, i Reglen har blot en enkelt Henvendelse fra Politiet straks ført til Resultat. Almindeligvis plejer en halv Snes Bogtrykkere hvert Halvaar at maatte rykkes gennem Politiet, men i Aar er Antallet oppe paa ca. 30, og Bibliotekerne staar nu efter Politiets Fjernelse i den Situation ingen Myndighed at have at henvende sig til. Da dette vil føre til store Vanskeligheder, tillader jeg mig at anmode det høje Ministerium at anvise mig en Myndighed, til hvilken jeg kan rette Henvendelse om dette Forhold, saaledes at Bibliotekerne faar den fornødne Støtte til Lovens Gennemførelse.

Ærbødigst [Svend Dahl]

[Kopi (gennemslag) i KBs arkiv, Journalsager A 9, 1943–47, læg vedr. Danske Afdeling. – Ministeriet svarede 6. dec. 1944, at man efter stedfunden brevveksling med Justitsministeriet ikke så sig i stand til at give anvisning på nogen myndighed, der i så henseende kunne overtage politiets funktioner. – En genopretning af den politimæssige bistand fandt sted i juni-juli 1945. Med henblik på bogtrykkernes indlevering af nyudkomne periodica (jvf. aktst. nr. 79) meddeltes i en notits i juninummeret af *De grafiske Fag* 41, 1945, s. 152: „Politiassistent Henriksen, Politiets 4. Afdeling, Hambrosgade, har henstillet til Københavns Bogtrykkerforening, at vi opfordrer Medlemmerne til at aflevere de Tryksager, som Bogtrykkerne selv har opbevaret til senere Aflevering til Politiet. (Meddelelsen har ikke kunnet udsendes officielt fra Politiet, fordi 4. Afdeling endnu ikke er reetableret)"].

81. *Henvendelse fra rigsbibliotekar Svend Dahl til redaktionerne af 'De grafiske Fag' og 'Typograf-Tidende' om at optage en notits om aflevering af privattryk, 18. nov. 1944.*

Herved tillader jeg mig at forespørge, om den ærede Redaktion ikke kunde tænke sig at optage en Notits som vedlagte. Da Spørgsmaalet er særlig aktuelt ved Jule- og Nytaarstid, vilde det være af Betydning, om Optagelsen kunde finde Sted i December Maaned.

Med Tak paa Forhaand
Deres ærbødige [Svend Dahl]

[Vedlagt notitsen]:
Paa given Foranledning gør Rigsbibliotekaren opmærksom paa at Tryksager ikke er undtaget fra Afleveringspligten til Bibliotekerne, fordi de er betegnet som Privattryk. Ved Auktionen over Niels P. Thomsens efterladte Bogsamling forekom der adskillige Smaabøger, der kun var beregnet som Jule- eller Nytaarshilsen e.lign. til en snæver Venne- eller Kundekreds, og som deres Fremstillere uberettiget havde forsømt at indsende til Bibliotekerne. Da der ofte er anvendt stor Omhu paa disse Privattryk, hvis Hensigt det netop er at vise, hvad Fremstilleren typografisk formaar, repræsenterer de en vigtig Side af dansk Bogkunst, som det er af Betydning ogsaa for de typografiske Fags Udøvere at have samlet i Statens eje som Vidnesbyrd om Fagets kunstneriske Standard.

[Kopier (gennemslag) i KBs arkiv, Journalsager A 9, 1943–47, læg vedr. Danske Afdeling. – Notitsen blev trykt i *De grafiske Fag* 40, 1944, s. 386, og *Typograf-Tidende* 71, 1944, s. 407. – Auktionen over bogtrykker Niels P. Thomsens bogsamling fandt sted 20. nov. 1944. Som bogtrykker i Holstebro var han den første, der siden 1911 og fra 1918 regelmæssigt udsendte en publikation som jule- eller nytårshilsen til venner og forretningsforbindelser, berømmet for trykkenes typografiske kvalitet, og i 1920rne bredte skikken sig til andre trykkerier. Disse „privattryk" var i små oplag og kom ikke i boghandlen. Af en medarbejder ved KB findes udarbejdet et „Forsøg til en Bibliografi over danske Jule- og

Nytaarsbøger", trykt i *Bogvennen* 1945, s. 79–100, der også omfatter jule- og nytårshilsner udsendt af forlagene, men bibliografien karakteriseres, ikke uforståeligt ud fra ovenstående, som meget ufuldstændig, Torben Smistrup: *Privattrykket / Det danske Privattryk,* Odense 1987, s. 22–25].

82. *Brev fra rigsbiblotekar Svend Dahl til overbibliotekar Emanuel Sejr, Statsbiblioteket, om indskrænkning i opbevaring af lokale foreningsblade, 4. juni 1946.*

Rigsbibliotekaren
Det kongelige Bibliotek
Den 4. Juni 1946.

Kære Sejr,
Maa jeg ulejlige Dig med at omtale et Forhold vedrørende Pligtafleveringens Administration, som jeg gerne vil have reformeret, hvis det er muligt.

Vi modtager jo baade i Statsbiblioteket og Det kgl. Bibliotek hvert Aar en artig Mængde *lokale* Lejerblade, Menighedsblade, Idrætsforeningsblade, og Elevforeningsblade, og hos os har vi efterhaanden maattet gaa over til at behandle dette Stof meget summarisk, ligesom vi intet alvorligt foretager os for at faa udfyldt eventuelle Lakuner i Afleveringen, idet vi anser alle disse Blade for at ligge saa tæt op ad Kassationsgrænsen, at Ulykken ved at mangle nogle Numre er minimal i Forhold til den Ulejlighed og Tid, der ofres paa at faa eventuelle Mangler udfyldt.

Imidlertid véd vi, at man i SB følger en anden Praksis, idet man her inddriver alt hvad der mangler og om fornødent sætter Politiet i Bevægelse. Vi faar hvert Aar en længere Liste fra Politiet over de af SB paaklagede Mangler med Anmodning om at oplyse, hvorvidt de paagældende Numre ogsaa mangler hos os. Denne Undersøgelse spilder meget af [lederen af modtagelsen af pligtafleveringen H.] Topsøe-Jensens i Forvejen til Bristepunktet belastede Tid, og for at kunne besvare Spørgsmaalene maa vi føre en detailleret Registrant over disse Blade, hvilket vi i Virkeligheden heller ikke har Tid til.

Jeg har derfor nu maattet træffe den Bestemmelse, at vi ikke mere registrerer de enkelte Numre af Bladene, og at vi, hvis vi atter faar Henvendelse fra Politiet om Lakuner, erklærer os ude af Stand til at give Oplysninger derom, hvilket Politiet let vil forstaa, da man gentagne

Gange overfor os har ladet den Forargelse skinne igennem, som man føler over, at hele Maskineriet sættes i Bevægelse for Fremskaffelse af et flere Aar gammelt Nummer af et af disse i alle Henseender ligegyldige Blade.

Jeg véd, at [biblioteksassistent på Statsbiblioteket] Frk. Appel i sin iøvrigt højst paaskønnelsesværdige Nidkærhed mener det nødvendigt af pædagogiske Grunde at forfølge Bogtrykkerne ogsaa ud i den Kulturens Ørken, hvor disse Tryksags-gevækster hører hjemme, men jeg tror, det er en forkert Beregning; hun opnaar snarere, at Pligtafleveringsloven bliver endnu mere upopulær blandt Bogtrykkerne, end den er i Forvejen, og at Irritationen breder sig baade blandt disse og hos Politiet.

Jeg vilde derfor gerne foreslaa, at SB, hvis man i det hele taget fortsat vil opbevare dette Stof (hvilket jeg egentlig har svært ved at finde nogen Begrundelse for), fremtidig undlader at gaa til Politiet om det. Jeg synes i det hele taget kun, at man skal bruge Politiet, hvor det er Sager af virkelig Betydning, det drejer sig om. Naar man betænker, hvor mange reelle Bøger, vi bliver snydt for, fordi vi ikke aner deres Eksistens, og hvor mange meget vigtige Sager vi ikke faar, fordi de tilfældigvis ikke bliver trykt, men duplikeret, synes jeg, det virker urimeligt at ofre Kræfter, Tid og Politiassistance paa at inddrive Nr. 5 fra 1944 af Lejerforeningen „Tagensbo"s komplet ligegyldige Blad.

Du maa ikke tro, at jeg med dette Brev vil blande mig ind i SBs Sager; det er blot, fordi SBs Nidkærhed paa dette Omraade faar Virkninger ogsaa indenfor KBs Mure, at jeg mener at burde henlede Din Opmærksomhed paa dette Forhold og paa den Fare, der er for, at det en skønne Dag fremdrages offentligt som et afskrækkende Eksempel paa de Urimeligheder, Pligtafleveringen kan føre til, naar den drives ud i sine yderste Konsekvenser.

De venligste Hilsner
din hengivne Svend Dahl

[Kopi (gennemslag) i KBs arkiv, Journalsager A 9, 1943–47, læg vedr. Danske Afdeling. Via henvendelse til førstebibliotekar Svend Larsen, Statsbiblioteket, er originalbrevet samt aktst. nr. 83 og 85–89 blevet stillet til rådighed fra Statsbibliotekets arkiv].

83. *Brev fra overbibliotekar R. Paulli, Det kongelige Bibliotek, til overbibliotekar Sejr, Statsbiblioteket, om aflevering af lokale foreningsblade, 23. juni 1946.*

Det kgl. Bibliotek
Den 23-7-46.

Kære Sejr.

...

Mens Topsøe har Ferie, ser jeg endel af Pligtafleverings-Posten, og opdager gennem en Skrivelse fra Politiet, at Frøken Appel fremturer med at rykke for enkelte Numre af Medlemsblade for lokale Idrætsforeninger. Ialfald her i Kbh. har Politiet saa meget at gøre, at vi bestemt vægrer os ved at belemre det med den Slags Ligegyldigheder, og paa Politiets Forespørgsel kan vi da kun svare, at Sagen har ingen Betydning for Det kgl. Bibliotek. Dette til velvillig Overvejelse.

Endelig vil jeg bede Dem ved Lejlighed at befri os for Deres Islandica. Vi har liggende til Dem 5 Aars Aflevering fra Island. Jeg gaar ud fra, at De kun vil beholde en Brøkdel deraf (vi har kasseret Bunker af vort Eksemplar), og da det er Vognlæs det drejer sig om, synes jeg, det er urimeligt at ofre Arbejde, Emballage og Fragt paa en Enbloc-Forsendelse. Kan De ikke sende en kyndig og kritisk Mand herover og lade ham besigtige det her paa Aastedet, hvor ialfald en meget betydelig Frasortering straks kan finde Sted?

Mange venlige Hilsener
Deres hengivne Paulli

[Statsbibliotekets arkiv].

84. *Meddelelse fra Undervisningsministeriet til Rigsbibliotekaren, at et cirkulære er sendt til samtlige ministerier om aflevering af tryksager af fortrolig karakter, 27. aug. 1946.*

Undervisningsministeriet
København, den 27. August 1946.

Undervisningsministeriet har under Dags Dato henstillet til samtlige Ministerier, at Ministerierne træffer en Ordning, hvorefter *Tryksager af fortrolig embedsmæssig Karakter,* der ifølge § 2, sidste Stk. i Lov Nr. 160 af 1. Juli 1927 om pligtig Aflevering af Tryksager er undtaget fra den ved Loven anordnede Afleveringspligt til Det kgl. Bibliotek, Statsbiblioteket i Aarhus og Universitetsbiblioteket, leveres til Det kgl. Bibliotek og

Statsbiblioteket af Trykkeriet eller Ministeriet i forseglet Indpakning med paaskreven Titel og Angivelse af den Tidsgrænse, inden for hvilken hver enkelt Tryksag ikke maa benyttes.

Man har endvidere henstillet, at Ministerierne anmoder de i Betragtning kommende Trykkerier om paa Listerne til Bibliotekerne over den normale Pligtaflevering at anføre, hvilke fortrolige Tryksager der i den paagældende Periode paa nævnte Maade er afgivet til Ministeriet.

Man har dog overfor Udenrigsministeriet tiltraadt en Særordning, hvorefter de omhandlede Tryksager, indtil Hemmeligholdelsen frigives, opbevares i Udenrigsministeriets Arkiv, subsidiært i Rigsarkivet, saaledes at der samtidig lægges Eksemplarer til Side til senere Afgivelse til Det kgl. Bibliotek og Statsbiblioteket i Aarhus, og overfor Marineministeriet har man indtil videre tiltraadt den i den i Afskrift hosfølgende Skrivelse af 18. Juli 1944 fra nævnte Ministerium omhandlede Særordning, idet man dog har henstillet, at denne snarest belejligt afløses af den almindelige Ordning.

Hvilket herved meddeles Hr. Rigsbibliotekaren under Henvisning til Deres Skrivelse af 19. Februar d. A.

[KBs arkiv, Journalsager A 9, 1943–47, læg vedr. Danske Afdeling. – Spørgsmålet var rejst af Svend Dahl over for ministeriet 10. marts 1944, „da Biblioteket har bragt i Erfaring, at en Del vigtige Tryksager, der har en fortrolig embedsmæssig Karakter, og som udføres af J.H. Schultz' Bogtrykkeri, ikke mere bliver afleveret til Bibliotekerne"].

85. *Brev fra Statsbiblioteket til politiassistent V. Fr. Henriksen, om rekvisition af småtryk, 25. sept. 1946.*

Aarhus, d. 25–9–46.

Kære Politiassistent Henriksen.
Ja, saa kommer jeg igen med en Dynge uinteressante Ting. Desværre traf jeg Dem jo ikke, da jeg sidst var i København og gerne vilde have talt med Dem og hørt Deres Mening om saadanne Tryksager.

Det kgl. Bibliotek har henstillet til os at lade være at rekvirere slige Kategorier, men jeg svarede – i Overenstemmelse med Overbibliotekar Sejr – at vi af pædagogiske Grunde ansaa det for vor Pligt at paatale og inddrive Manglerne, hvad enten de havde vor Interesse eller ej. Hvorledes iøvrigt afgøre, hvad der har Interesse og Betydning? Netop i de

Dage, ovennævnte Korrespondance stod paa, blev vi 2 Gange ringet op af Københavns Politi, der bad os – efter forgæves Henvendelse til det kgl. Bibliotek – laane dem nogle Numre af forskelligt „Møg" til Brug i Værnemagersager, og det lykkedes os at hjælpe dem. – Naa, nu skal man selvfølgelig ikke samle paa „Møg" for at tækkes Politiet, men saa længe Afleveringspligten bestaar, mener jeg ikke, man bør slække Kravet om dens Opfyldelse. Hvad mener De?

Jeg ærgrer mig ofte over at spilde Tid paa at indkræve underlødige Tryksager, og jeg vil, som jeg sagde til Opdagelsesbetjent Ingolf Petersen, være uhyre forstaaende, hvis Politiet ved Modtagelsen af mine Rykkerskrivelser sorterer dem fra, De synes er „umulige" og returnerer dem med Paategnelsen „uerholdelige", specielt hvor det drejer sig om Smaablade, der skal inddrives gennem „Redaktører". –

De venligste Hilsner fra Deres

[Kopi (gennemslag) uden underskrift i Statsbibliotekets arkiv].

86. *Brev fra politiassistent V.Fr. Henriksen til overbibliotekar Sejr, om rekvisition af periodiske småtryk, 17. nov. 1946.*

Københavns Politi
IV. Politiinspektorat
d. 17. November 1946.

Hr. Overb. Bibliotekar Sejr.
I Anledning af Deres Brev af 6. ds. vedrørende Politiets Bistand til at faa visse periodiske Skrifter inddrevet skal jeg ganske entre nous udtale, at vi her i 4. Afdeling er indstillede paa – paa bedste Maade – at betjene Bibliotekerne, saaledes som disse ønsker det.

Naar en Bogtrykker har været forsømmelig med Hensyn til Afleveringspligten efter Presseloven, vil han ofte undskylde sig med, at han troede, at Politiet ingen Interesse havde i at faa betydningsløse Ting; men vi svarer altid dertil, at han aldeles ikke skal gøre sig Tanke om den politimæssige Betydning af de Skrifter, der skal afleveres, men blot aflevere.

Paa samme Maade spekulerer vi ikke paa, om dette eller hint Skrift, som et Bibliotek beder os skaffe, er mere eller mindre vigtigt, og vi gør os ingen Tanker, hvis eet Bibliotek skulde rekvirere mere end et andet.

Dette siger jeg saadan Mensch zu Mensch, men det er muligt, at vi officielt ikke kan udtale os saaledes.

I disse Tider, hvor alle offentlige Institutioner er overbebyrdede med Arbejde, og hvor man ikke kan gennemføre noget til Gavns – og hvor der til og med er nedsat Forenklingskommisioner og deslige – er det mulig vor Pligt principielt og officielt at indtage det Standpunkt: Det mindst mulige Arbejde for andre.

Og naar vi som her konstaterer, at *et* Bibliotek rekvirerer mindre end et andet, *var* det maaske derfor naturligt for os at sige til det graadigste: Kan De ikke nøjes med lige saa lidt som det beskedne?

Men saalænge i alt Fald som Spørgsmaalet ikke officielt er rejst, vil vi dog her i 4. Afdeling med god Vilje ekspedere Bibliotekernes Rekvisitioner uden at sammenligne.

Deres ærbødige
V. Fr. Henriksen Politiassistent.

[Statsbibliotekets arkiv].

87. *Brev fra overbibliotekar Paulli til overbibliotekar Sejr, om samme spørgsmål, 30. nov. 1946.*

Det kongelige Bibliotek
Den danske Afdeling
København, den 30. Nov. 1946

Kære Sejr.

...

maa jeg med det samme meddele, at Topsøe idag med min – og jeg véd ogsaa: Dahls – Billigelse har skrevet til Politiet angaaende nogle i Aarhus manglende Nrr. af et Lejerblad og 2 lokale Idrætsblade, at Det kgl. Bibliotek ansaa det for uforsvarligt at ulejlige Politiet med den Slags, og at man gentagne Gange havde meddelt Statsbiblioteket dette. Vi kan simpelthen ikke være det bekendt. Kan De ikke faa sat en Stopper for det?

Mange venlige Hilsner
Deres hengivne Paulli.

[Statsbibliotekets arkiv].

88. *Brev fra Statsbiblioteket til politiassistent V. Fr. Henriksen om samme spørgsmål, 6. dec. 1946.*

Statsbiblioteket i Aarhus
Aarhus d. 6. December 1946

Hr. Politiassistent Henriksen.

Paa Grundlag af Deres Telefonsamtale med Frøken Appel angaaende Mangler i visse Kategorier af Blade, som f. Ekspl. Lejerblade, lokale Idrætsblade o.lign., som ønskes inddrevet af Statsbiblioteket men ikke af Det. kgl. Bibliotek, har jeg faaet det Indtryk, at Politiet ikke har noget imod at inddrive disse til Statsbiblioteket alene, selv om Det kgl. Bibliotek giver Politiskrivelsen en Paategning om, at denne eller hin Tryksag ikke interesserer Det kgl. Bibliotek.

Hvis denne Opfattelse er rigtig, beder jeg Dem venligst bekræfte den, inden jeg meddeler Det kgl. Bibliotek, at Statsbiblioteket stadig mener det rigtigst at forsøge paa at gøre ogsaa disse Tidsskriftrækker saa komplette som muligt i Overensstemmelse med Pligtafleveringslovens Krav.

[Kopi (gennemslag) uden underskrift i Statsbiblioteket arkiv].

89. *Brev fra overbibliotekar Sejr til overbibliotekar Paulli om samme spørgsmål, 17. dec. 1946.*

Statsbiblioteket i Aarhus
Overbibliotekaren
d. 17. December 1946

Kære Paulli.

...

Med Hensyn til Inddrivning af Pligtaflevering er vi efterhaanden ikke helt enige. Men jeg haaber, vi kan drøfte Synspunkterne i al Venskabelighed. Først Det kgl. Biblioteks Grundsynspunkt: „Vi kan ikke være bekendt at ulejlige Politiet med den Slags“. Ja, hvor er Grænsen for, hvad man kan være bekendt: Efter min Mening kan man lige saa godt sige: Vi kan ikke være bekendt *ikke* at inddrive efter Loven, som det jo faktisk er Bibliotekernes Pligt at haandhæve. Det er ogsaa meget upædagogisk at lade Bogtrykkerne forstaa, at det betyder saamænd ikke saa meget, om de afleverer eller ej. Hvordan vilde det gaa, hvis f.Ex. Politiet antydede overfor Tyveknægtene: det gør ikke saa meget, om I stjæler ca. 25 Kr., men kommer I op paa 100 Kr., saa kan I tro, vi skal være der.

Saa meget om det principielle, hvor jeg i og for sig synes, KB.s Standpunkt er lidt betænkeligt i sine Konsekvenser. Angaaende det praktiske og reelle: Trods de principielle Betænkeligheder, var jeg i sin Tid indstillet paa, at Statsbiblioteket gerne kunde kassere Lejerblade og lokale Idrætsblade, ligesom vi har kasseret lokale Søndagsblade. Det vilde ogsaa være sket, hvis jeg havde vidst, at KB havde de paagældende Blade, for ét Eksemplar her i Landet kan saamænd være tilstrækkeligt. Men jeg fik altsaa netop understreget, at KB ikke søgte at opnaa Fuldstændighed. Dertil kom, at Københavns Politi i det sidste Aars Tid flere Gange har rekvireret – og faaet – forskelligt Smaatryk fra Statsbiblioteket med den Motivering, at KB ikke havde det. Her kunde man maaske snarere sige: Kan Det kgl. Bibliotek som Nationalbibliotek være det bekendt?

Hvorom alting er, jeg har baade principielle og praktiske Betænkeligheder ved at slække altfor meget paa Inddrivningen af Pligtaflevering. Mangel paa Arbejdskraft kan være en Undskyldning, og ingen kan forlange, at Biblioteket skal naa mere, end det har Personale til. Men paa det Punkt synes jeg ikke, der behøver at være nogen Misstemning Bibliotekerne imellem, for hvis Statsbiblioteket rekvirerer noget, KB ingen Interesse har af – eller omvendt – kan jo bare paaføres Skrivelsen, at de paagældende Tryk har „ingen Interesse for os". Det tager Politiet næppe ilde op.

Men vi kan maaske drøfte Problemerne nærmere mundtligt. Jeg kommer til København i Morgen og skal da se at komme et Smut ogsaa paa Det kgl. Bibliotek.

[Kopi (gennemslag) uden underskrift i Statsbibliotekets arkiv].

90. *Redegørelse for Det kongelige Biblioteks erhvervelser af særlige tryk 1944–46.*

Efter krigen modtoges, dog med nogle lakuner, den under krigen i Island trykte litteratur ligesom de islandske trykkerier også efter krigens ophør er fortsat med at tilsende biblioteket et eksemplar af de af dem fremstillede tryksager.

...

Juni 1944 henvendte man sig til politiet og bogtrykkerforeningerne om at få meddelelse, når et trykkeri blev ødelagt eller på anden måde standset i sin virksomhed, så at bibliotekerne straks kunne sætte sig i bevægelse for så vidt muligt at få eksemplarer af dets tryksager erstattet. Efter at politiet var opløst, havde man ingen myndighed til at gribe ind overfor uefterrettelige trykkerier [jvf. aktst. nr. 80], og biblioteket har sikkert fra årene 1943–44 adskillige lakuner.

August 1944 henvendte man sig til rigspolitichefen og fik et eksemplar af de daglige, til ministerierne udsendte, maskinskrevne fortrolige rapporter om situationsforholdene. Såvel disse som de 2 gange ugentligt udsendte strengt fortrolige indberetninger om forholdene blev derefter sendt biblioteket.

Juli 1945 henvendte man sig til de sønderjyske amtskolekonsulenter for at få de i de tyske mindretalsskoler benyttede skolebøger, som ikke er trykt i København.

Efter befrielsen henvendte biblioteket sig til amtmanden på Færøerne, til Grønlands Styrelse og til det kgl. danske gesandtskab i Washington for at få de under krigen på Færøerne udkomne tryksager, de i Grønland fremstillede tryk og duplikater af bøger og de dansk-amerikanske blade og bøger. For de sidstnævnte bøgers vedkommende er en stor indsats gjort af direktør C.H.W. Hasselriis, New York.

På bibliotekets foranledning henstillede Undervisningsministeriet ved skrivelse af 27. august 1946 til samtlige ministerier [se aktst. nr. 84], at tryksager af fortrolig embedsmæssig karakter, der er undtaget fra pligtaflevering, afleveres til Det kgl. Bibliotek og Statsbibliotek i Århus af trykkeriet eller det pågældende ministerium i forseglet indpakning med påskreven titel og angivelse af den tidsgrænse, indenfor hvilken den enkelte tryksag ikke må benyttes. Udenrigsministeriets sager opbevares dog i ministeriet til senere afgivelse, og fra Marineministeriet skal trykkeriet i hvert enkelt tilfælde indhente tilladelse.

I september 1946 søgte man gennem Udenrigsministeriet at få alle tryksager vedrørende Sydslesvig, nationalitetskampen og flygtningespørgsmålet.

[Fra *Beretning om Rigsbibliotekarembedet, Det kongelige Bibliotek og Universitetsbiblioteket for finansårene 1943/44–1946/47*, udg. af rigsbibliotekaren, Kbh. 1952, s. 46–48; smst. s. 48f om indsamling af illegale tryk. – Korrespondance vedr. de nævnte forhold findes i KBs arkiv, Journalsager A 9, 1943–47, læg vedr. Danske Afdeling].

91. *Østre Landsrets dom i sag mellem Universitetsbiblioteket og forlagsboghandler Poul Carit Andersen, 16. febr. 1960.*

Ekspropriation.

Antaget, at den ved lov nr. 160 af 1. juli 1927 hjemlede begrænsede pligt til uden vederlag at aflevere tryksager, bl. a. til Universitetsbiblioteket, er et ejendomsindgreb af en sådan karakter, at det ikke strider mod Grundlovens § 73.[1]

Under anke X 337/1959 var forlagsboghandler *Poul Carit Andersen* tiltalt for overtrædelse af lov nr. 160 af 1. juli 1927 § 1, stk. 1, jfr. §§ 4, stk. 1. 6 og 8, jfr. Undervisningsministeriets bekendtgørelse nr. 206 af 15. juli 1927 § 10, ved som direktør for Carit Andersens forlag a/s, at have undladt at efterkomme nogle ved Universitetsbibliotekets skrivelser fremsatte begæringer om aflevering af nogle nærmere angivne bøger.

I *Københavns Byrets 21. afdelings dom 11. september 1959* siges det:

Tiltalte – – – har nedlagt påstand på frifindelse, idet han under henvisning til, at der ikke ydes betaling eller erstatning for de afleverede bøger, gør gældende, at den i loven foreskrevne pligtaflevering er i strid med bestemmelsen i grundlovens § 73. Tiltalte har yderligere anført, at pligtafleveringen stammer fra privilegietiden og dengang var et beskedent gengæld for det monopol, som bogtrykkerprivilegiets tildeling indebar, ligesom censurhensyn kan have motiveret pligtens opretholdelse. Efter grundlovens givelse kan kun kulturelle hensyn begrunde, at pligtafleveringen opretholdes. Tiltalte billiger fuldt ud, at samtidens publikationer sikres for efterverdenen, men finder det urimeligt, at omkostninger herved pålægges forlæggerne, ikke mindst da bibliotekerne stiller bøgerne til rådighed for udlån. Tiltalte har yderligere fremhævet, at pligten kan være særdeles byrdefuld, idet den omfatter alle tryksager uden hensyn til oplagets størrelse, og således også det ikke sjældent forekommende tilfælde, at bøger og værker udsendes i privattryk i ganske få eksemplarer.

Anklagemyndigheden har henvist til lovens ordning og til, at pligtafleveringen er mere end 300 år gammel, ligesom det er anført, at pligtafle-

[1] Jfr. U 1905.559 og Poul Andersen: *Dansk Statsforfatningsret* (1954) s. 741.

veringen er en nødvendighed, hvis udgivelserne skal sikres for samtidens forskere og for efterverdenen, idet langt fra alt, hvad der trykkes, udsendes i boghandlen, og derfor heller ikke ville kunne skaffes ved køb. Således er mere end halvdelen af, hvad Universitetsbiblioteket modtager, bøger og værker, der ikke vil kunne købes i den almindelige boghandel. – – –

I følge kommissionsbetænkningen til loven[2] indførtes pligtafleveringen til Universitetsbiblioteket i 1623 og 1648. For Det kgl. Biblioteks vedkommende indførtes pligten ved kgl. reskript af 17. juli 1697 og omfattede siden plakat af 3. februar 1783 2 frieksemplarer. Ved loven af 2. maj 1902 om offentlige bibliotekers ret til frieksemplarer fastsattes antallet til 4, hvoraf 2 skulle afleveres til Det kgl. Bibliotek, 1 til Statsbiblioteket i Århus og 1 til Universitetsbiblioteket. Denne lov afløstes af den nugældende lov.

Ved dommen idømtes tiltalte en bøde på 200 kr., subsidiært hæfte i 8 dage.

I **Ø. L. D. 16. februar 1960** siges det:
Anklagemyndigheden har henvist til sin i dommen gengivne procedure og har yderligere anført, at det omhandlede forhold ligger uden for ekspropriationens område og nærmere kan opfattes som en art beskatning af det bogkøbende publikum, idet en forlægger kan indkalkulere udgiften ved de eksemplarer, han har pligt til at aflevere, i den pris, han vil tage for bogen. Hertil kommer, at dette skattepålæg som regel har meget ringe økonomisk betydning for den afleveringspligtige, der i forvejen er indstillet på at afgive en del frieksemplarer til anmeldere og andre. Pligten påhviler ikke en lille begrænset del af befolkningen, men foruden landets ca. 80 forlæggere tillige avisudgivere, nodetrykkere, litografer, bogtrykkere etc.

Tiltalte har ligeledes gentaget sin procedure for byretten. Han har anerkendt, at afleveringspligten, der beror på en herom given lov, er pålagt af hensyn til almenvellet, men har hævdet, at den manglende fulde erstatning gør pligten stridende mod grundlovens § 73. At pligten har eksisteret siden det 17de århundrede og har været opretholdt uanset grundlovens tilblivelse og senere ændringer, kan ikke ændre dens grundlovsstridende karakter idag, og tiltalte henviser herved til

[2] af 1. juli 1927.

det af ham tidligere anførte, at baggrunden for dens indførelse oprindelig dels var bogtrykkernes daværende privilegium, dels den dengang eksisterende censur, hvorimod pligten idag hovedsagelig er af økonomisk natur, når det fastholdes, at der ikke skal betales vederlag for bøgerne. Man kan ikke sammenholde pligten med en skat eller en omsætningsafgift, idet det ofte ikke er muligt at indkalkulere udgiften i bogens pris, og udgiften ved afleveringspligten beregnes ikke som skatter i forhold til den pågældendes indtægt og formue. At der har været mulighed for at protestere mod afleveringspligten ved de i 1902 og 1927 gennemførte ændringer, uden at dette er sket, kan ikke komme tiltalte til skade, da han for sit vedkommende ikke har haft lejlighed til at protestere på de pågældende tidspunkter. Tiltalte må herefter fastholde, at det drejer sig om en ekspropriation uden erstatning, som derfor er grundlovsstridig.

Under hensyn til den historisk udvikling på det heromhandlede område, og når henses til, at pligtafleveringen påhviler samtlige forlæggere, og at den økonomiske byrde herved i et vist omfang vil kunne videreføres til det købende publikum, finder landsretten, at den ved lov nr. 160 af 1. juli 1927 hjemlede begrænsede pligt til uden vederlag at aflevere tryksager bl.a. til Universitetsbiblioteket er et ejendomsindgreb af en sådan karakter, at det ikke kan anses for stridende mod grundlovens § 73.

Herefter, og da straffen findes passende, vil dommen være at stadfæste.

[Fra *Ugeskrift for Retsvæsen* 1960, s. 695–96].

92. *Cirkulære fra Ministeriet for kulturelle Anliggender til samtlige ministerier om aflevering af ikke-bogtrykt materiale, 28. sept. 1971.*

Ministeriet for kulturelle
Anliggender, 2. kontor
København d. 28. sept. 1971

Samtlige ministerier.

Som Danmarks nationalbibliotek har Det kgl. Bibliotek pligt til at indsamle og bevare den danske nationallitteratur. For at sikre en så fuldstændig indsamling af denne litteratur som muligt har det siden 1697 været pålagt landets trykkerier (eller forlag) at aflevere eksemplarer af alt, hvad de trykker (eller forlægger) til Det kgl. Bibliotek. Den gældende lov herom er lov. nr. 160 af 1. juli 1927 om pligtig aflevering af tryksager til offentlige biblioteker, i henhold til hvilken afleveringspligten for de her i landet fremstillet tryksagers vedkommende påhviler bog- og kunsttrykkerne, jfr. lovens § 4, stk. 1. Af de tryksager, der er omfattet af afleveringspligten, skal der efter lovens § 1, stk. 1., afleveres 1 eksemplar til Det kgl. Bibliotek og 1 eksemplar til Statsbiblioteket i Århus. Til Universitetsbiblioteket i København skal der afleveres 1 eksemplar efter påkrav fra dette bibliotek.

I de senere år er tryksager i stigende omfang blevet fremstillet udenfor de almindelige erhvervstrykkerier i takt med den øgede anvendelse af utraditionelle trykningsmetoder (off-set, lyskopiering m.v.). Da disse tryksager udgør en del af den danske nationallitteratur, har Det kgl. Bibliotek pligt til at indsamle og bevare også disse publikationer. Indsamlingen af tryksager af denne art rejser imidlertid betydelige problemer for Det kgl. Bibliotek, idet de omhandlede, ikke-bogtrykte publikationer ikke er omfattet af afleveringspligten, som i henhold til loven af 1927 alene vedrører bog- og kunsttrykt materiale. Det kgl. Bibliotek har hidtil søgt problemet vedrørende indsamling af sådanne ikke-bogtrykte publikationer løst ved indgåelse af aftaler med såvel private udgivere som offentlige myndigheder om frivillig aflevering til biblioteket af tryksager af den nævnte art. På grund af fremkomsten af det stadig stigende antal af sådanne tryksager er Det kgl. Biblioteks hidtidige indsamlingsmetode imidlertid blevet forbundet med betydelig vanskelighed, ligesom det må antages, at en del ikke-bogtrykt materiale ikke kommer til Det kgl. Biblioteks kundskab og således ikke erhverves af biblioteket til bevaring for eftertiden.

På denne baggrund har rigsbibliotekaren anmodet ministeriet for kulturelle anliggender om for så vidt angår de publikationer, der udgives eller subventioneres af offentlige myndigheder, at ville søge hidført en ordning, der sikrer, at Det kgl. Bibliotek kommer i besiddelse af materiale, der som en del af nationallitteraturen skal erhverves og bevares af Det kgl. Bibliotek, men som ikke er bogtrykt og derfor ikke afleveres til biblioteket i henhold til pligtafleveringsloven.

I denne anledning skal man anmode ministeriet om at ville overveje, om man mener, at rigsbibliotekarens henstilling om en styrkelse af den nuværende afleveringsordning vil kunne imødekommes for så vidt angår ministeriet og de under dette sorterende styrelser og institutioner m.v., herunder kommunale organer. Såfremt ministeriet mener at kunne medvirke til en sådan sikrere ordning med hensyn til aflevering af materiale til Det kgl. Bibliotek, skal man anmode ministeriet for sit eget og for sine institutioners vedkommende at ville drage omsorg for, at der sker aflevering til Det kgl. Bibliotek af 1 eksemplar af ikke-bogtrykte publikationer, som udgives eller subventioneres af ministeriet eller dets institutioner, og som kan karakteriseres som værende af mere almen interesse.

Ved afgørelsen af, om en publikation har en sådan interesse, at den bør afleveres til Det kgl. Bibliotek, bør der lægges vægt på, om publikationen er beregnet til distribution – eller bliver distribueret – uden for den styrelse eller institution, der udarbejder den pågældende publikation eller foranlediger den udarbejdet. Det kgl. Bibliotek er derimod ikke interesseret i at modtage publikationer af blot intern eller arkivalsk karakter, det vil sige publikationer, der ikke distribueres, men er at betragte som arbejdsmateriale udelukkende beregnet til brug for de offentlige myndigheder, der udarbejder det eller lader det udarbejde.

Som nævnt ovenfor sker pligtaflevering af bogtrykt materiale i henhold til loven af 1. juli 1927 foruden til Det kgl. Bibliotek også til Statsbiblioteket i Århus. På denne baggrund må man anse det for ønskeligt, at også de omhandlede ikke-bogtrykte publikationer sikres afleveret til Statsbiblioteket i Århus, og såfremt ministeriet kan medvirke til, at ikke-bogtrykt materiale af mere almen interesse afleveres i 1 eksemplar til Det kgl. Bibliotek, skal man derfor anmode om, at der samtidig med denne aflevering sker aflevering også til Statsbiblioteket i Århus af 1 eksemplar af de pågældende publikationer.

[Duplikeret skrivelse i KB, Danske Afdelings arkiv].

93. *Cirkulære fra Det kongelige Bibliotek til statens institutioner om aflevering af ikke-bogtrykte publikationer til Det kongelige Bibiliotek, 8. nov. 1972.*

Det kongelige Bibliotek,
Danske Afdeling.
8.11. 1972

En af Det kongelige Biblioteks hovedopgaver er at indsamle og bevare den danske nationallitteratur. I henhold til pligtafleveringsloven af 1927 har alle danske bogtrykkerier afleveringspligt til biblioteket, men den væsentlige del af de mange publikationer, der fremstilles ved utraditionelle trykmetoder, må søges skaffet på en anden måde.

Vi tillader os derfor herved at erindre om skrivelse fra Ministeriet for kulturelle Anliggender af 28.9 1971 (2. kt. j. nr. 2059–1–67) om offentlige myndigheders aflevering af ikke-bogtrykte publikationer af mere almen interesse til Det kongelige Bibliotek [aktst. nr. 92], idet vi samtidig anmoder Dem om at indsende Deres egen institutions publikationer af denne karakter til biblioteket.

Som hovedregel vil en publikation have en sådan mere almen interesse

når den optages i Bibliografi over Danmarks Offentlige Publikationer (Impressa Publica Regni Danici) eller på anden måde gøres til genstand for offentlig omtale, *eller*

når den er beregnet til distribution eller faktisk distribueres uden for Deres institution og de institutioner, som denne tjenstligt er knyttet til, *eller* iøvrigt

når den har et færdigt præg og ikke blot indgår som arbejdsmateriale i en sags behandling eller er af rent foreløbig karakter.

Note: Herunder også *interne* publikationer, bl.a. sådanne, som kan belyse institutionens forhold og historie (eksempelvis personalehåndbøger og -vejledninger, interne tidsskrifter, årsberetninger og lignende, derimod som regel ikke tryksager af mere arkivalsk karakter som regnskaber, mødeindkaldelser, -oplæg og -referater, interne cirkulærer og lignende).

I tvivlstilfælde kan nærmere oplysninger fås ved henvendelse til forskningsbibliotekar Lise Hesselager (lokaltlf. 405).

Publikationerne bedes indsendt til: Det kongelige Bibliotek, Danske Afdeling, Pligtafleveringskontoret, Christians Brygge 8, 1219 København K.

Med venlig hilsen
Nils-Henning Jeppesen
Førstebibliotekar

[KB, Danske Afdelings arkiv. – Kommentar hertil i Lise Hesselager 1988, s. 58f].

94. *Skrivelse fra Ministeriet for kulturelle Anliggender til Det kongelige Bibliotek om cirkulære sendt til samtlige ministerier om hurtig aflevering, 26. okt. 1977.*

Ministeriet har i dag tilskrevet samtlige ministerier således:

„Ved skrivelse herfra af 28. september 1971, hvortil henvises [aktst. nr. 92], henstillede ministeriet for kulturelle anliggender efter anmodning fra rigsbibliotekaren til samtlige ministerier, at der gennemførtes en styrkelse af den gældende afleveringsordning, hvis retslige grundlag er lov nr. 160 af 1. juli 1927 om pligtig aflevering af tryksager til offentlige biblioteker, således at der fremtidig af alle *ikke-bogtrykte publikationer*, som udgives eller subventioneres af et ministerium eller dets institutioner, og som kan karakteriseres som værende af mere almen interesse, straks efter fremstillingen tilsendes det kgl. Bibliotek 1 eksemplar og Statsbiblioteket i Århus 1 eksemplar [aktst. nr. 91].

Den ovennævnte henstilling er i alt væsentlig blevet efterkommet, og man skal nærværende blot erindre om betydningen af, at den således etablerede ordning fortsat overholdes.

Imidlertid har der i de senere år manifesteret sig et stigende behov for en udvidet statslig information, et behov som også er kommet til udtryk i betænkning nr. 787 om udvidet statslig information om love m.v.

Dette behov stemmer helt overens med de fra forskellig side, bl.a. fra folkebibliotekerne, fremsatte ønsker om, at der løbende og hurtigt bliver givet information om, hvilke offentlige publikationer som udgives af statslige og kommunale myndigheder, idet man med rette kritiserer, at disse publikationer ikke altid og ofte med forsinkelse bliver registreret i de ugentlige danske bogfortegnelser.

Det kongelige Bibliotek har i denne sammenhæng som nationalbibliotek et centralt ansvar, idet biblioteket ikke alene har pligt til at indsamle og opbevare alle offentlige publikationer, såvel bogtrykte som ikke-bogtrykte, men også har til opgave at sørge for, at den ugentlige (og dermed også den årlige og den flerårlige) danske bogfortegnelse bliver så komplet som mulig, derved at biblioteket meddeler bogfortegnelsens redaktion sådanne titler, som ikke på anden måde kommer til redaktionens kundskab, og en sådan registrering er en basal forudsætning for, at bibliotekerne over hele landet kan varetage deres opgaver i informationsformidlingen således, som det bl.a. er nærmere omtalt i den ovennævnte betænkning 787.

Et første skridt til en forbedring af forholdene på dette område blev taget ved ministeriet for kulturelle anliggenders ovennævnte henvendelse til samtlige ministerier af 28. september 1971 for så vidt angår ikke-bogtrykte publikationer.

Den voksende efterspørgsel efter offentlige publikationer har imidlertid aktualiseret et problem, som knytter sig til det forhold vedrørende *bogtrykte publikationer*, at bogtrykkerne i henhold til pligtafleveringsloven kun er forpligtet til at indsende deres produkter to gange årligt. Det vil sige, at det ofte kan tage op til 8–9 måneder, før en bogtrykt publikation når frem til registrering i bogfortegnelsen.

Dette og andre forhold har gennem en årrække medført overvejelser i retning af udarbejdelse af forslag om ændring af den nugældende pligtafleveringslov – en ændring, der dog gerne ses gennemført som led i en ensartet nordisk lovgivning på området, hvilket ikke lader sig gennemføre uden et dybtgående (og dermed langvarigt) nationalt og nordisk forarbejde, der i øvrigt nu søges fremmet gennem det officielle nordiske samarbejdsorgan NORDINFO.

For tiden indtil en ændring af den nugældende pligtafleveringslov kan gennemføres, skal man indtrængende henstille,

at også *bogtrykte* publikationer, der udgives eller subventioneres af offentlige myndigheder, fremtidig straks ved udgivelsen stilles til rådighed for dansk biblioteksvæsen ved aflevering af 1 eksemplar til Det kgl. Bibliotek og 1 eksemplar til Statsbiblioteket i Århus.

Det vil herigennem blive muliggjort, at alle landets biblioteker, boghandlere og offentligheden i det hele via offentliggørelsen i den ugentlige bogfortegnelse orienteres om udgivelsen.

Rent praktisk foreslår man, at de to nævnte pligtafleveringsbiblioteker optages på de forskellige ministeriers og institutioners postlister og således får tilsendt publikationen samtidig med, at den udsendes til folketing, andre myndigheder samt pressen.

Da næppe alle kommunale publikationer kan forventes afleveret efter den her foreslåede ordning, har Det kgl. Bibliotek indledt forhandlinger med Amtsrådsforeningen i Danmark og Kommunernes Landsforening om etablering af en lignende ordning vedrørende aflevering af offentlige publikationer fra amtskommuner og kommuner."

Man anmoder de under ministeriet for kulturelle anliggender sorterende institutioner om fremtidig at følge de givne henstillinger vedrørende aflevering af såvel ikke-bogtrykte som bogtrykte publikationer.

[KB, Danske Afdelings arkiv].

95. *Skrivelse fra overbibliotekarerne ved Det Kongelige Bibliotek og Statsbiblioteket til Ministeriet for kulturelle Anliggender om pligtafleveringsordningen, 4. febr. 1986.*

[Med henvisning til, at et meget betydeligt flertal af mediekommissionens medlemmer i dens betænkning anbefalede en revision af pligtafleveringslovgivningen, anmodede ministeriet i skrivelse af 2. juli 1985 Det Kongelige Bibliotek og Statsbiblioteket om at fremkomme med en vurdering af erfaringerne fra den hidtil gældende pligtafleveringsordning samt en orientering om, hvilke overvejelser de to biblioteker gjorde sig om indholdet af en kommende pligtafleveringslov. De to biblioteker valgte at besvare skrivelsen i fællesskab, og fra svarskrivelsen dateret 4. febr. 1986 gengives indledningen og det første afsnit om de hidtige erfaringer]:

Ministeriet for kulturelle Anliggender
Nybrogade 2
1203 København K

I skrivelser af 2. juli 1985 har ministeriet med henblik på en revision af pligtafleveringsloven anmodet Det kongelige Bibliotek og Statsbiblioteket om dels en vurdering af erfaringerne fra den hidtil gældende pligtafleveringsordning, dels en orientering om de overvejelser, bibliotekerne gør sig om indholdet af en kommende pligtafleveringslov. De to biblioteker har valgt at samarbejde om sammenstillingen af det ønskede materiale, fordi deres erfaringer med den nuværende pligtafleveringslov er meget ensartede, og fordi der er overensstemmelse mellem dem i de foreløbige synspunkter, der på indeværende tidspunkt kan anlægges på hovedtrækkene i en ny pligtafleveringslov.

På en række møder har repræsentanter for de to biblioteker gennemgået problemerne, og man har kunnet støtte sig til en arbejdsgruppe, der i årene 1980–82 på foranledning af de daværende chefer for Det kgl. Bibliotek og Statsbiblioteket bearbejdede spørgsmålet om en ændring af pligtafleveringsloven. Desuden har man forhandlet med Bibliotekscentralen, der i kraft af, at nationalbibliografien udarbejdes der, nødvendigvis må inddrages i overvejelser over administrationen af pligtafleveringsloven.

I det følgende fremlægges først de væsentligste punkter i de erfaringer, de to pligtafleveringsbiblioteker har gjort med den gældende lov. Derefter fremlægges de overvejelser, man har gjort sig med hensyn til organisationen og styringen af en fremtidig pligtafleveringsordning. Det skal understreges, at på begge områder møder man en række komplicerede problemer, både detailspørgsmål og spørgsmål af principiel karakter, som det ikke har været muligt for de to biblioteker at udrede til bunds inden for den givne tidsramme. Nærværende skrivelse må derfor betragtes som et første skridt frem mod etableringen af grundlaget for en revideret pligtafleveringslov, og der peges på en række områder, som kræver mere detailleret analyse.

De hidtidige erfaringer

De to pligtafleveringsbiblioteker har hver især udarbejdet notater til belysning af erfaringerne med 1927-loven. I disse erfaringer er naturligvis indbygget vurderinger af loven og dens funktion og dermed også ønsker til en fremtidig ordning. De to notater er vedlagt som bilag 1 a-b, og i det følgende sammenfattes de væsentligste bemærkninger til loven samt til de bekendtgørelser, der er knyttet til loven.

Lovens gyldighedsområde er for snævert, også geografisk. Det bør præciseres i en ny lov, at den skal gælde hele riget, altså også Grønland og Færøerne. Specielt har der vist sig vanskeligheder med at få det færøske materiale, og det kan betvivles, at en præcisering af lovteksten vil ændre dette forhold mærkbart. Imidlertid er det væsentligt, at den færøske litteratur indgår i de danske samlinger, og det kan blive nødvendigt at overveje, om ikke køb af de færøske publikationer vil være en både effektivere og i virkeligheden også økonomisk mere fordelagtig vej at gå.

Også med hensyn til, hvad der skal afleveres, er tiden forlængst løbet fra den nugældende lov. Den teknologiske udvikling inden for trykketeknik og andre mangfoldiggørelsesmetoder, der ikke i gammeldags forstand er bogtryk, har medført, at en lang række publikationer næppe i strikte forstand er afleveringspligtige efter den gældende lov. Desuden fremstilles mange boglige materialer uden for de egentlige erhvervstrykkerier, hvad der har gjort opsporing af sådanne udgivelser uhyre vanskelig, ofte umulig. Dette gælder ikke blot private foretagender, men også offentlige virksomheder og organisationer. Endelig er boglige materialer i de senere år i stigende omfang blevet suppleret eller erstattet af ikke-boglige materialer som bærere af information i videste forstand. Disse forhold nødvendiggør en udvidelse af lovens definitioner både af hvem, der skal aflevere, og af hvad, der skal afleveres.

Til at sikre en så fuldstændig samling som muligt er en trykkeraflevering ikke tilstrækkelig. En forlæggeraflevering vil være hurtigere og vil kunne levere det afleverede materiale i komplet stand, også når der er tale om værker, der er fremstillet forskellige steder eller består af en kombination af boglige og ikke-boglige materialer. En trykker- eller fremstiller-aflevering vil være langsommere, usikrere med hensyn til kombinerede publikationer, men i andre henseender mere fuldstændig.

Begge afleveringsformer supplerer hinanden, og en forhøjelse af eksemplartallet til 2 på hvert pligtafleveringsbibliotek er også af hensyn til sikkerheden og benyttelsen i høj grad ønskelig. Pligtafleveringssamlinger vil altid befinde sig i det dilemma, at hensynet til bevaring og hensynet til brug trækker i hver sin retning. Men denne knude bliver uløselig, når pligtafleveringssamlingerne kun modtager ét eksemplar af hver publikation. Samtidig kan man kun sikre fuldstændighed i afleveringen gennem en kombination af trykker- og forlagsaflevering. Denne situation er den samme for begge pligtafleveringsbiblioteker, og de påpegede problemer løses kun gennem en aflevering af to eksemplarer, dvs. både fra trykker og fra forlægger. Denne dobbeltaflevering er drøftet nærmere nedenfor i afsnittet om en fremtidig ordning.

Selv om den side af en kommende pligtafleveringslov, der må angå ikke-boglige medier, ikke skal behandles i denne sammenhæng, må det dog her understreges, at ikke-boglige bilag til bogligt materiale og kombinerede boglige og audio-visuelle udgivelser skal afleveres sammen med den boglige del af værket, som indgår i pligtafleveringsbibliotekerne. På samme måde bør mikroformer og andre transformationer af litteratur som fx. lydtidsskrifter være afleveringspligtige.

Definitionen af det afleveringspligtige bør udvides. Den gamle rent økonomiske definition af en forlægger har vist sig for snæver, og det har været vanskeligt i praksis at fa afgjort, hvem der er producent (trykker) i den gamle lovs forstand i tilfælde, hvor et trykkeri betjener sig af andre trykkerier som underleverandører. Det bør fastslås, at den, der figurerer som producent, er afleveringspligtig. Endvidere er det af flere grunde upraktisk, at pligtafleveringsloven ikke enten selv indeholder eller indskærper presselovens krav om, at trykkested og -år skal fremgå af publikationerne.

1927-lovens bestemmelser om, at kun ændrede oplag skal afleveres, har voldt betydelige vanskeligheder både for de afleverende og for bibliotekerne. Meget taler for, at denne indskrænkning i afleveringen bortfalder i en ny lov, så også uændrede oplag skal afleveres.

I den gældende lov er der givet mulighed for, at afleveret materiale gøres utilgængeligt i indtil 100 år, såfremt det har fortrolig, privat karakter, er beregnet på en mindre kreds eller angår et bestemt firmas interne forhold. Dette er rimeligt, men der bør gives bibliotekerne mulighed for at hæve sådanne henlæggelser, inden den forlangte periodes udløb, såfremt det pågældende materiale gøres legalt tilgængeligt. Pligtafleveringens fuldstændighed begrænses yderligere af offentlige myndigheders ret til at unddrage, hvad der har fortrolig, embedsmæssig karakter, den almindelige aflevering. Da også dette krav på hemmeligholdelse med tiden må blegne, burde der i stedet for unddragelsesret gives udskydelsesret med hensyn til tidspunktet for afleveringen.

Lovens håndhævelse har været besværliggjort af forskellige forhold. Det har ikke altid været muligt at effektuere bibliotekernes rettigheder over for fallit- og dødsboer. Man har savnet en bestemmelse om, at politiet skulle aflevere eksemplarer af forbudt eller beslaglagt materiale, men især har det været uheldigt, at bøderammen er fastsat i selve loven, hvorved dens præventive virkning er blevet fuldstændig udhulet i takt med inflationen.

Også de til loven knyttede bekendtgørelser er tiden løbet fra, nogle har fra første færd været mindre heldige. Særligt må fremhæves, at afskaffelsen af krav om næringsbrev til trykkerivirksomhed [ved næringsloven af 1975] satte bestemmelsen i 1927-bekendtgørelsens § 15 ud af kraft, hvorved selv erhvervstrykkerier er blevet vanskelige at opspore. Som eksempel på bestemmelser, der fra ikrafttrædelsen har været uheldige, kan nævnes samme bekendtgørelses § 2, stk. 3, der begrænser litografers og kunsttrykkeres afleveringspligt på en sådan måde, at man i Danmark ikke længere har en blot nogenlunde komplet offentlig plakatsamling.

Af disse resumerende bemærkninger om erfaringerne med loven af 1927 vil det fremgå, at en række af vanskelighederne ved at administrere loven efter dens hensigt udspringer af dens tidsbundethed og dens specifikationsgrad. Det ville være en lettelse, hvis flere af de konkrete bestemmelser – fx. om undtagelser fra pligtafleveringen, eventuelle bestemmelser om fortrolighed etc. – blev bekendtgørelsesstof.

Sammenfattende må man sige, at loven om pligtig aflevering af tryksager til offentlige biblioteker med de til denne hørende betænkninger ingenlunde sikrer pligtafleveringsbibliotekerne, at det ønskede materiale afleveres, ej heller at de afleverede publikationer tilgår bibliotekerne i fuldstændig stand. Herved er bibliotekerne blevet påført et ofte forgæves opsøgende arbejde, og samlingerne rummer ikke nationallitteraturen i det ønskede omfang. Denne konklusion er uddybet i de vedlagte notater fra de to biblioteker.

[Fra *Pligtaflevering i Fremtiden. Beregning af materialemængder og ressourceforbrug ved forskellige pligtafleveringsordninger.* (Internt distribueret rapport udført af en arbejdsgruppe nedsat af Overbibliotekaren 10. marts 1986). Det Kongelige Bibliotek 1986, Bilag 2. – Da der kort efter tiltrådte en ny overbibliotekar ved Det kongelige Bibliotek, returnerede ministeriet skrivelsen med vedlagte bilag til denne for at give ham lejlighed til at sætte sig ind i sagen].

96. *Pligtafleveringen i mediebilledet – set fra forlagsside, 1987.*

Bogtrykkernes pligt til at aflevere et eksemplar af hver ny tryksag ... skriver sig tilbage til enevældens tid.

Pligtafleveringen betyder som oftest lidet for forlagene, men i visse tilfælde – f.eks. i forbindelse med udgivelse af store værker i små oplag – kan den udgøre en belastning.

Fra forlagsside er der stor forståelse for betydningen af, at alle udgivelser registreres og opbevares på vore to største biblioteker. Men det har i mange år været uforståeligt, at det offentlige ikke har villet betale for de bøger, ordningen omfatter.

For nogle år siden opgjorde Bibliotekstilsynet værdien til bogladepris af alle de bøger, der blev registreret i Dansk Bogfortegnelse. Det drejede sig om ialt 12.242 titler, hvoraf 1.309 var gratis. Man kunne ifølge optællingen have erhvervet den samlede 1982-produktion for kr. 833.933. Da der er to modtagere af pligtafleveringseksemplarer, vil det sige, at det offentlige for kun 1,7 mio kroner kunne have købt de registreringsbøger, der skal bruges, i stedet for at pålægge branchen denne ekstra udgift.

Men pragmatisk rationalisme har – til trods for økonomisk overkommelighed og enkelhed – ofte svært ved at stå sig mod historisk tradition. For bøgernes vedkommende er der over 500 år at se tilbage på.

[Erik V. Krustrup: *Bogen i mediebilledet*, Den danske Forlæggerforening 1987, s. 61f. – I en tidligere beregning fra ca. 1971–72 blev det anslået, at pligtafleveringen udgjorde en årlig „ekstrabeskatning“ af forlæggerne på knap ½ mill. kr., Bo Bramsen: *Bogens vilkår i Danmark*, Den danske Forlæggerforening og Den danske Boghandlerforening 1973, s. 83].

97. *Tilføjelse til pligtafleveringsloven af 1. juli 1927 i medieansvarsloven af 6. juni 1991 om bogtrykkernes oplysningspligt.*

[Presselovene af 1851 og 1938, sidstnævnte med ændringer optrykt i Justitsministeriets lovbekendtgørelse nr. 533 af 18. aug. 1986, indeholdt bestemmelser om, at en bogtrykker skulle angive sit navn på alt, hvad han trykte (jvf. aktst. nr. 14 og 79). Da presseloven af 1938 ophævedes med medieansvarsloven af 6. juni 1991, blev bestemmelserne indsat i denne som en tilføjelse til pligtafleveringsloven (aktst. nr. 70)]:

§ 58.

I lov nr. 160 af 1. juli 1927 om pligtig aflevering af tryksager til offentlige biblioteker tilføjes i *§ 4* som *stk. 4–6:*

„På ethvert her i riget trykt eller på anden måde mangfoldiggjort skrift skal bogtrykkeren anføre sit navn eller firma samt trykkestedet.

Det samme gælder skrifter, der er trykt eller på anden måde mangfoldiggjort i det danske sprog i udlandet, når skriftet indføres her i landet med henblik på salg eller anden offentlig udbredelse.

Den, der indfører eller offentligt udbreder de i stk. 4 og 5 nævnte skrifter, ifalder ansvar efter § 8, såfremt skriftet ikke er forsynet med angivelse af bogtrykkernes navn eller firma samt trykkestedet, eller såfremt den pågældende er vidende om, at angivelsen er urigtig."

§ 59.

Loven gælder ikke for Færøerne og Grønland. §§1–54 og § 58 kan ved kongelig anordning helt eller delvis sættes i kraft for Færøerne og Grønland med de afvigelser, som de særlige færøske og grønlandske forhold tilsiger.

98. *Bemærkninger ved fremsættelse af lovforslag i Folketinget, 12. marts 1997.*

[Om forholdet mellem forslag og lov se aktst. nr. 99].

Almindelige bemærkninger til lovforslaget

Den tekniske udvikling har medført, at information i stigende grad fremstilles uden for bogtrykkerier og udgives i andre former end traditionelle papirudgaver. Der er derfor behov for at forny den gældende pligtafleveringslov, der er fra 1927, og som alene omfatter bogtrykt materiale.

Baggrund

Pligtaflevering, forstået som en pligt for personer, der fremstiller publikationer mv., til at aflevere eksemplarer til et offentligt bibliotek, har en lang tradition i Danmark. Siden 1697 har det været pålagt først danske forlæggere, fra 1703 bogtrykkere, at aflevere eksemplarer af trykte materialer til Det Kongelige Bibliotek.

Den mest omfattende pligtafleveringslov kom i 1902, hvorved praktisk taget alt trykt materiale blev afleveringspligtigt. Som pligtafleveringsbiblioteker fungerede udover Det Kongelige Bibliotek, Statsbiblioteket og Universitetsbiblioteket.

Den seneste lov på området er Lov nr. 160 af 1. juli 1927 om pligtig aflevering af tryksager til offentlige biblioteker.

I forhold til 1902-loven havde 1927-loven flere indskrænkninger. Det Kongelige Bibliotek og Statsbiblioteket fortsatte som pligtafleveringsbiblioteker, medens Universitetsbiblioteket fik en rekvisitionsret. Der var endvidere indskrænkninger med hensyn til arten af afleveringspligtigt materiale og med hensyn til antallet af pligtafleveringseksemplarer.

Der henvises til den mere detaljerede beskrivelse af den gældende ordning i bilag 1.

Om behandlingen af 1927-loven henvises til Rigsdagstidende 1926–27: Landstingstidende 731, 771, 1294, 1318; Folketingstidende 5771, 5800 og 5930; A 4865 og B 1275.

I forbindelse med vedtagelsen af medieansvarsloven i 1991 blev bestemmelserne i den tidligere presselovs § 1 om navngivning af trykkere overført til pligtafleveringslovens § 4, stk. 4–6.

Om behandlingen af medieansvarsloven henvises til Folketingstidende 1990–91, 2. samling: 1544, 2112, 6184, 6536; A 3047 og B 625.

Lovforslaget

Det foreliggende lovforslag tilsigter en modernisering af grundlaget for pligtafleveringsordningen, og der kan i den forbindelse henvises til, at en sådan modernisering i de senere år er blevet gennemført i andre nordiske lande.

Den informationsteknologiske udvikling har understreget nødvendigheden af en sådan modernisering, og en reform på pligtafleveringsområdet indgik derfor i kommissoriet for det udvalg om bibliotekerne i informationssamfundet, som Kulturministeriet nedsatte i juni 1995.

Udvalget har i juni 1996 afgivet en delbetænkning om pligtaflevering, og denne betænkning danner grundlag for lovforslaget.

Betænkningen har været udsendt til høring hos berørte myndigheder, institutioner og organisationer, jf. oversigt nedenfor. Høringssvarene er indgået i den videre bearbejdning af betænkningens forslag.

Det afgørende element i den foreslåede nyordning er, at pligtafleveringen baserer sig på et *udgivelseskriterium* og ikke som den gældende ordning på fremstillingsmåden. Pligtaflevering vil således komme til at omfatte alle udgivne værker uden hensyn til det medium, der er anvendt ved fremstilling og spredning af værkerne.

Pligtaflevering udstrækkes hermed til at omfatte en række værker, som ikke i dag er afleveringpligtige, men som har stor betydning for kulturarven. Som eksempler kan nævnes værker i fotografisk reproduktion, fonogrammer (plader, kassetter, cd), videogrammer, udgivelser i digital form, mikrofiche og mikrofilm.

Nyordningen indebærer således en udvidelse af pligtafleveringens område, som må anses for nødvendig for at tilgodese formålet med en sådan ordning.

Der er imidlertid også lagt vægt på at tilrettelægge ordningen på en sådan måde, at den bliver så lidt byrdefuld for de berørte kredse som muligt. Man har således fundet det rigtigt, at borgeren foretager aflevering ét sted, hvorefter der vil ske fordeling til de relevante pligtafleveringsinstitutioner, primært Det Kongelige Bibliotek og Statsbiblioteket. Endvidere er det fundet rimeligt, at den gældende rekvisitionsret for Universitetsbiblioteket (nu Danmarks Natur- og Lægevidenskabelige Bibliotek og Det Kongelige Biblioteks Universitetsbiblioteksafdeling, jf. bilag 1) ikke videreføres.

Endelig skal bemærkes, at den informationsteknologiske udvikling må antages at medføre behov for en revision af bestemmelserne om pligtaflevering inden for en kortere årrække.

Pligtafleveringens formål

Formålet med pligtaflevering af udgivne værker kan sammenfattes således:

- at sikre indsamling af de udgivne værker af hensyn til bevaring og videreførelse af den nationale kultur
- at sikre, at de udgivne værker også i fremtiden er tilgængelige for forskningen og for almenheden
- at sikre grundlaget for en dækkende registrering af de udgivne værker i nationalbibliografien.

Det er derimod ikke et formål med pligtafleveringen at skaffe gratis eksemplarer til bibliotekernes almindelige virksomhed.

Kulturarven, for så vidt som den består af rørlige ting, kan groft opdeles i tre kategorier:

- arkivalier
- genstande
- offentliggjorte værker.

Arkivalier

Arkivalier opbevares og registreres primært af de offentlige arkiver. Aflevering af offentlige arkivalier til Statens Arkiver er fastlagt i Arkivloven. En række private arkivalier indsamles ikke blot af Statens Arkiver og kommunale arkivinstitutioner, men også af Det Kongelige Bibliotek, Statsbiblioteket og af lokalarkiver mv.

Genstande

Genstande opbevares og registreres primært af de kulturhistoriske, tekniske og naturvidenskabelige museer. Der er afleveringspligt for visse genstande efter museumsloven („Danefæ").

Offentliggjorte værker

Et værk kan være offentliggjort ved, at det offentligt *spredes* (herunder udgives), *fremvises* eller *fremføres*.

Det foreliggende lovforslag drejer sig alene om *udgivne værker*. Et værk er udgivet, når eksemplarer af værket med ophavsmandens samtykke er bragt i handelen eller på anden måde spredt blandt almenheden.

Udgivne værker opbevares og registreres primært af biblioteker.

Også materiale, som kun har begrænset kulturel værdi i sig selv, kan have stor kulturhistorisk værdi og værdi for anden humanistisk og samfundsvidenskabelig forskning, når det indgår i en større sammenhæng. Det er derfor vigtigt, at pligtafleveringen omfatter alle typer af udgivet materiale, suppleret med bestemmelser, som gør det muligt at udskille materiale, hvis forskningsmæssige værdi viser sig at være begrænset.

Det indsamlede materiale registreres, dels med henblik på hensigtsmæssig opbevaring og genfinding af materialet, dels med henblik på at fastholde informationer om materialet og dets oprindelse, som ikke umiddelbart fremgår af materialet selv. Endvidere bidrager registreringen til at skabe overblik over de danske udgivelser. Pligtafleveringen har således væsentlig betydning for den registrering af udgivne værker, der finder sted i nationalbibliografien.

Det pligtafleverede materiale indgår i pligtafleveringsinstitutionernes samlinger og er tilgængeligt for brugerne på lige fod med materiale anskaffet på anden måde. Af hensyn til bevaringen kan der dog være fastsat særlige begrænsninger i tilgængeligheden, ligesom bibliotekerne har mulighed for at erstatte originalmaterialet med en kopi.

Særligt om radio, fjernsyn og film

Værker, der er offentliggjort på anden måde end ved udgivelse, dvs. ved offentlig *fremvisning* eller offentlig *fremførelse,* opbevares og registreres af dertil indrettede institutioner, f.eks. kunstværker på museerne, film i

Det Danske Filmmuseum og radio-og fjernsynsudsendelser i Statens Mediesamling ved Statsbiblioteket.

For så vidt angår film, er området reguleret i filmlovgivningen.

Aflevering af radio- og fjernsynsudsendelser beror på en frivillig ordning.

Det har været overvejet, om der skal gennemføres en samlet pligtafleveringslov, der også omfatter værker, der offentliggøres ved offentlig *fremførelse.*

Det er ministeriets opfattelse, at det ikke er hensigtsmæssigt at søge en sådan ordning gennemført i sammenhæng med nærværende lovforslag.

Lovforslagets økonomiske konsekvenser

Lovforslaget medfører merudgifter for plipafleveringsinstitutionerne til at håndtere de nye materialer, som loven kommer til at omfatte.

Med lovforslaget bortfalder endvidere som nævnt rekvisitionsretten efter den gældende lovs § 1, stk. 1, hvilket gør det nødvendigt at kompensere institutionerne for udgifter til indkøb af danske bøger og tidsskrifter.

Det øgede antal registreringer, der skal finde sted i nationalbibliografien som følge af lovforslaget, vil medføre en yderligere udgift til denne opgave.

Merudgifterne udgør skønsmæssigt 4,5 mio. kr. årligt fordelt på følgende udgiftsområder:

1. Håndteringsomkostninger	2.425.000
2. Rekvisitionsrettens bortfald	1.475.000
3. Konsekvens for nationalbibliografien	600.000
I alt	4.500.000

Hertil kommer éngangsudgifter på 650.000 kr. i forbindelse med overgang til den ny ordning, herunder til at gennemføre en informationskampagne for at sikre en hurtig udbredelse af kendskab til lovens krav.

Kulturministeriet afholder udgifterne inden for sin ramme.

Den nærmere fordeling af opgaver og bevillinger mellem pligtafleveringsbibliotekerne vil blive aftalt i forbindelse med flerårige resultatkontrakter med de berørte institutioner.

Lovforslagets administrative konsekvenser

Bortset fra de ovennævnte institutioners opgaver, forventes forslaget ikke at få administrative konsekvenser.

Lovforslagets øvrige konsekvenser

Lovforslaget forventes ikke at medføre finansielle eller administrative konsekvenser for kommunerne.

Lovforslaget forventes ikke at få erhvervsøkonomiske eller miljømæssige konsekvenser, og det indeholder ikke EU-retlige aspekter.

Hørte myndigheder, institutioner og organisationer

Betænkningen, som danner baggrund for lovforslaget, har varet sendt til høring hos: Bibliotekarforbundet, Biblioteksledersforeningen, COPY-DAN, Danmarks Biblioteksforening, Danmarks Blindebibliotek, Danmarks Forskningsbiblioteksforening, Danmarks Natur- og Lægevidenskabelige Bibliotek, Danmarks Skolebibliotekarforening, Danmarks Skolebiblioteksforening, Dansk BiblioteksCenter a/s, Danske Billedautorer, Danske Dagblades Forening, Danske Dramatikeres Forbund, Danske Jazz-, Beat- og Folkemusikautorer, Danske Populærautorer, Danske Reklamebureauers Brancheforening, Danske Skønlitterære Forfattere, Dansk Fagpresse, Dansk Filmfotograf Forbund, Dansk Forfatterforening, Dansk Journalistforbund, Dansk Komponist Forening, Dansk Kunstnerråd, Dansk Musikbiblioteksforening, Dansk Musiker Forbund, Dansk Musikforlæggerforening, Dansk Solist-Forbund, Dansk Skuespillerforbund, Den Danske Boghandlerforening, Den Danske Forlæggerforening, Det Danske Filmmuseum, Det Kongelige Bibliotek, Forskningsministeriet, Frederiksberg Kommune, Fællesrådet for Udøvende Kunstnere, Grafisk Arbejdsgiverforening, Grafisk Forbund/Mediefag-gruppen, Gramex, HK/STATs Biblioteksudvalg, IFPI International Federation of the Phonographic Industry (Herunder Foreningen af Filmudlejere i Danmark, Foreningen af Videogramdistributører og Multimedieforeningen), Industrielle Designere Danmark, Kommunernes Landsforening, Københavns Kommune, Nationalbibliografisk Råd, Nordisk Copyright Bureau, Rigsarkivet, Sammenslutningen af Danske Filminstruktører, Sammenslutningen af Scenografer, Instruktører og Filmarbejdere, Samrådet for Ophavsret, Skuespillerforeningen af 1879, Solistforeningen af 1921, Speaker- og

Indlæserforeningen, Statens Bibliotekstjeneste, Statens Filmcentral, Statsbiblioteket, UBVA (Akademikernes Centralorganisations Udvalg til Beskyttelse af Videnskabeligt Arbejde) og Undervisningsministeriet.

Bemærkninger til lovforslagets enkelte bestemmelser

Til § 1

Bestemmelsen er ny.

Med den foreslåede udformning ændres kriteriet for pligtafleveringen. I den gældende lov er kriteriet dels mangfoldiggørelsesmetoden, trykning på papir og tilsvarende, dels de virksomheder eller institutioner, der udfører mangfoldiggørelsen, „bog- og kunsttrykkere".

Det foreslås, at der i stedet anlægges et udgivelseskriterium, og at pligtaflevering omfatter alle udgivne værker, uden hensyn til det medium eller den mangfoldiggørelsesteknik, som er anvendt. Udgivelse og spredning af eksemplarer forstås som udgangspunkt på samme måde som i lov af 14. juni 1995 om ophavsret. Der henvises specielt til ophavsretslovens § 8, stk. 2.

Lovforslagets værksbegreb er defineret i § 1, stk. 2.

Pligtafleveringen kommer efter den foreslåede ordning til at omfatte en lang række udgivelser, som ikke i dag er afleveringspligtige, men har lige så stor betydning for kulturarven og for forskningen som trykte udgivelser.

En række tryksager, som skal afleveres efter den gældende lov, men som ikke er beregnet på udgivelse, vil derimod ikke længere være afleveringspligtige. Det drejer sig først og fremmest om materiale, som alene er beregnet til *privat* brug eller *intern* brug i virksomheder, organisationer eller institutioner, hvor offentligheden ikke har fri adgang til materialet, jf. nærmere bemærkningerne til § 1, stk. 3. En del af materialet vil være omfattet af *Lov om offentlige arkiver m.v.* I det omfang det øvrige materiale ønskes indsamlet og bevaret, kan denne opgave i givet fald varetages af arkiverne og andre forskningsinstitutioner med særlig interesse for materialet.

Der er en række grunde, der taler til fordel for udgivelseskriteriet. Nye produktionsformer og publikationsmåder har gjort det hidtidige kriterium forældet. Det virker i dag forholdsvis tilfældigt, hvad der skal afleveres efter den gældende lov. I og med at publikationsformerne og dermed også mangfoldiggørelsesteknikkerne bliver stadigt mere differentierede, bliver det vanskeligt at anlægge et nyt – fælles – kriterium, som er baseret på den anvendte teknik. Kriteriet skal kunne anvendes på alle de forskellige publikationstyper, som kendes i dag, og det skal ikke være nødvendigt at ændre det, hver gang der opstår nye teknologiske muligheder.

Udgivne værker offentliggøres i en endelig form og spredes i form af eksemplarer på samme måde som tryksager. Der kan være tale om, at eksemplarerne fremstilles ved udgiverens foranstaltning. Men den informationsteknologiske udvikling giver også mulighed for, at udgiveren giver brugeren adgang til selv at hjemtage eksemplarer af værket i digital form gennem online netværk.

Ved hjemtagelse forstås, at brugeren kan bestille en transmission og fremstille et eksemplar, jf. § 1 stk. 4 og § 2 stk. 3.

I de tilfælde, hvor værket er udgivet i en online database, og hvor eksemplarfremstillingen ikke foranstaltes af udgiveren, men hos den enkelte bruger, bliver afleveringspligten til en pligt til at give meddelelse om udgivelsen samt en ret for pligtafleveringsinstitutionen til selv at hjemtage et digitalt eksemplar af værket.

Udgivelseskriteriet forudsætter i overensstemmelse med de basale ophavsretlige principper, at eksemplarspredningen er sket med ophavsmandens samtykke (ophavsretslovens § 8 stk. 2). Heri ligger, at der ikke kan stilles krav om aflevering af eksemplarer, der er fremstillet og/eller spredt uden det fornødne samtykke. Har ophavsmanden imidlertid givet sit samtykke til udgivelsen, kan dette ikke senere tilbagekaldes med den virkning, at de allerede udgivne eksemplarer skal kaldes tilbage.

En række bestemmelser i ophavsretslovens kapitel 2 giver mulighed for en eksemplarspredning, som bør være omfattet af en pligtaflevering, selv om der ikke er tale om udgivelse i ophavsretlig forstand, f.eks. fordi ophavsmanden ikke har givet samtykke til eksemplarspredningen. Det foreslås derfor i § 1, stk. 5 at udvide udgivelsesbegrebet i pligtafleveringslovens forstand til også at omfatte en sådan eksemplarspredning.

Herefter vil følgende udgivelsestyper være omfattet af lovforslaget:

Trykte udgivelser

Udgivelser i form af eksempelvis bøger, seriepublikationer, herunder aviser, blade, tidsskrifter, årbøger, beretninger, regnskaber, kataloger, pjecer, teaterprogrammer, foldere, noder, kort og billeder inkl. plakater, vil alle være omfattet af afleveringspligten.

Vedrørende bestillingsudgivelser, også kaldet „publish on demand", se nærmere nedenfor om § 1, stk. 4.

Vedrørende billeder og plakater bemærkes, at bekendtgørelsen fra 1927 indskrænker litografernes og kunsttrykkernes afleveringspligt til kun at omfatte løse billeder, som hører til afleveringspligtige tryksager eller er portrætter, historiske billeder eller topografiske billeder.

Dette har haft den uheldige virkning, at visse dele af den danske plakatproduktion, som er en vigtig del af kulturarven, ikke er blevet bevaret.

Med det foreliggende lovforslag vil alle trykte billeder, herunder plakater, være afleveringspligtige, såfremt der er tale om udgivelser. Dette gælder også trykte reproduktioner af kunstværker og fotografier.

Det er hensigten fortsat at undtage litografier og andre etbladskunsttryk fra pligtaflevering i medfør af § 9, stk. 3.

Udgivelser i mikroform

Værker, der er udgivet i mikroform, typisk på mikrofiche eller mikrofilm, har hidtil ikke været afleveringspligtige, men vil efter lovforslaget være det.

Fotografiske udgivelser

Fotografier, som mangfoldiggøres med henblik på udgivelse, har hidtil ikke være omfattet af pligtafleveringen, med mindre mangfoldiggørelsen skete ved trykning. Efter lovforslaget vil også fotografiske udgivelser fremstillet ved fotografisk reproduktion, f.eks. som diasbilleder eller papirbilleder, være omfattet.

Det er hensigten i medfør af § 9, stk. 3 at undtage udgivelser, hvor det samlede antal eksemplarer ikke overstiger 100.

Udgaver i punktskrift

Udgaver af et værk i punktskrift vil være afleveringspligtige, uanset om der er sket pligtaflevering af den normale udgave af værket, og uanset om eksemplarspredningen er sket med ophavsmandens samtykke, jf. § 1, stk. 1 og 5 samt § 2, stk. 4.

Afleveringspligten bør dog kun gælde, såfremt værket er specielt bearbejdet med henblik på udgivelsen i punktskrift. Værker, der foreligger i anden form, og hvor der kun er sket en rent mekanisk, ubearbejdet, overførsel til punktskrift, bør derimod undtages.

De nærmere bestemmelser herom fastsættes ved bekendtgørelse, jf. § 9, stk. 3.

Hvor der kun er fremstillet enkelte eksemplarer af et værk til privat eller personlig brug for en synshandicappet, vil der ikke være tale om en udgivelse, og der foreligger derfor ikke afleveringspligt.

Udgivelser af fonogrammer

Ved fonogrammer forstås lydoptagelser, herunder optagelser af musik og tale. Ved udgivelser af fonogrammer anvendes en række forskellige medier, typisk grammofonplader, lydkassetter og cd'er. Denne type materiale har ikke hidtil været afleveringspligtig, men er blevet indsamlet (ved køb eller gave) af Nationaldiskoteket, der indgår i Statens Mediesamling ved Statsbiblioteket. Efter lovforslaget vil fonogrammer, som udgives i Danmark, være afleveringspligtige.

Fonogrammer i form af lydbøger (dvs. tekster indtalt på lydbånd el. lign.) vil ligeledes være afleveringspligtige. Indtaling af enkelte eksemplarer af et værk til privat eller personlig brug for en synshandicappet udløser ikke afleveringspligt, da der ikke vil være tale om en udgivelse.

Udgivelser af videogrammer

Ved videogrammer forstås optagelser af levende billeder, med og uden lyd. Videogrammer i form af spolefilm, videokassetter eller videodiske har hidtil ikke været afleveringspligtige, bortset fra visse udgivelser af danske film, som skal afleveres til Filmmuseet efter filmlovens § 13: „Af enhver dansk film, der distribueres og sælges i Danmark i videokassetteform i over 50 eksemplarer, skal distributøren af egen drift vederlagsfrit aflevere en ubrugt kopi til Det Danske Filminstitut."

Efter lovforslaget vil alle videogram*udgivelser* være omfattet, herunder udgivelser af udenlandske filmværker, som er forsynet med dansk tale eller danske undertekster (jf. bemærkningerne til § 1, stk. 6).

Derimod vil film, der alene distribueres med henblik på offentlige fremførelser, f.eks. biograffilm og kortfilm fra Statens Filmcentral, som tidligere nævnt ikke være omfattet af lovforslaget.

Kunstneriske eksperimentalfilm, undervisnings-og salgsmateriale og lignende, som produceres i ét eller nogle få eksemplarer på videokassette eller videodisk med henblik på offentlig fremførelse på udstillinger, konferencer mv., vil heller ikke være omfattet.

For så vidt angår videokassetteudgivelser af danske film skal forholdet til filmlovens ordning afklares.

Kombinerede udgivelser

Udgivelser, der er kombinationer af forskellige fysiske medier (trykt materiale, lysbilleder, film eller video, lydbånd, 3-dimensionale genstande mv.), har hidtil ikke varet afleveringspligtige i deres helhed. Kombinerede værker betegnedes tidligere i bibliotekerne som AV-materialer.

Efter lovforslaget vil disse værker være afleveringspligtige, hvis der er tale om en udgivelse, mens produktion og distribution af enkelte eksemplarer alene til brug for fremførelse i forbindelse med undervisning, ved udstillinger eller konferencer og lignende ikke medfører afleveringspligt.

Udgivelser i elektronisk form

Værker, der udgives i elektronisk (digital) form, kan omfatte mange forskellige værkformer: Skrevet tekst, tale, musik, anden lyd, edb-grafik, gengivelser af billedkunst og fotografier, edb-animeringer, gengivelser af film/video-sekvenser m.m., samt kombinationer af disse i de såkaldte „multimedieværker". Nogle af disse værker foreligger også på andre medier, uafhængigt af den elektroniske form, mens andre kun kan eksistere i og med den digitale form, typisk interaktive værker som computerspil og hypertekst-værker. Værkerne kan udgives som „fastformsprodukter" på diskette eller cd-rom og lignende, men kan også spredes ved f.eks. fil-overførsel via et elektronisk netværk.

Denne type udgivelser har ikke tidligere være afleveringspligtig, men vil være omfattet af det foreliggende lovforslag.

Edb-programmer af typen operativsystemer, programmeringsværktøj, tekstbehandlingsprogrammer, databasesystemer, regneark mv. er ligeledes omfattet af afleveringspligten.

Edb-programmer kan i øvrig være en forudsætning for adgang til de afleveringspligtige elektroniske udgivelser, jf. bemærkningerne til § 2, stk. 2.

Det afgørende for afleveringspligten er, om der er tale om *værker,* samt om der er sket *udgivelse.*

Lovforslagets definitioner af disse begreber betyder, at en del elektronisk materiale, der er tilgængeligt for offentligheden i online netværk, ikke er afleveringspligtigt, jf. nærmere bemærkningerne nedenfor.

Til stk. 1.

Bestemmelsen viderefører kravet om aflevering af 2 eksemplarer fra den gældende lovs § 1, stk. 1.

Derimod bortfalder rekvisitionsretten til fordel for Universitetsbiblioteket (nu Danmarks Natur- og Lægevidenskabelige Bibliotek og Det Kongelige Biblioteks Universitetsbiblioteksafdeling) som nævnt i de almindelige bemærkninger.

Ændringen fra „frieksemplarer" til „eksemplarer" er alene redaktionel. Eksemplarerne skal fortsat afleveres uden godtgørelse, jf. dog nærmere bemærkningerne til § 6.

Til stk. 2.

Værksbegrebet er ikke udtrykkeligt defineret i ophavsretsloven. Ophavsretlig praksis opererer med begrebet „værkshøjde". Dette begreb anvendes ikke i det foreliggende lovforslag.

Lovforslagets definition medfører, at en *afgrænset informationsmængde* skal anses som et værk, såfremt den udgør en *afsluttet* og *selvstændig* enhed. Værket kan være udtrykt gennem ord, billeder, lyd, symboler eller andre udtryksformer eller kombinationer af disse. Det er uden betydning, hvilket formål værkskaberen har med sit værk.

Værksbegrebet er hermed meget omfattende.

Afgrænsningen vil i de fleste tilfælde ikke volde vanskeligheder, navnlig ikke hvor der er tale om fastformsprodukter som f.eks. trykte bøger, cd-rom, videokassetter osv.

I forhold til elektronisk materiale, der ikke foreligger som fastformsprodukter, har afgrænsningen imidlertid krævet nærmere overvejelser.

Eksempler på afleveringspligtige værker i denne form, er elektroniske bøger eller edb-programmer, som kan hjemtages fra online netværk, f.eks. internettet.

På grundlag af drøftelser i Udvalget om Bibliotekerne i Informationssamfundet er værksdefinitionen i lovforslaget udformet således, at en del materiale, der tilbydes offentligheden i elektronisk form, ikke vil opfylde værksbetingelserne.

Materiale i online databaser vil ofte – i medfør af mediets store egnethed hertil – være under løbende opdatering. Sådant *dynamisk* materiale vil ikke opfylde kravet om, at der skal være tale om *afsluttede* enheder af information.

Det afgørende for afgrænsningen mellem det dynamiske og det afsluttede materiale, er hvorvidt materialet af ophavsmanden *forudsættes* ændret *løbende* i modsætning til tilfælde, hvor ændring alene foretages med mellemrum (eller evt. slet ikke), jf. bemærkningerne til § 2, stk. 4.

Eksempler på databaser, der herefter typisk indeholder dynamiske data er forskellige elektroniske registre, vejvisere eller fortegnelser, som f.eks. E-post Danmark Adressekataloget, Kraks Virksomheds Information og lignende. Her forudsættes ændringer i basens data indføjet, når de foreligger for redaktionen, altså løbende, og der foreligger ingen afleveringspligt.

I visse tilfælde vil data i online-tilgængelige databaser være så integrerede i helheden, at de ikke vil opfylde betingelsen om at være *selvstændige* enheder. Eksempler herpå kan være data i en bibliografisk database (som Danbib-basen) eller i en historisk fortegnelse (f.eks. Dansk Demografisk Database).

Der er en klar tendens til, at mere og mere information tilgængeliggøres i online databaser.

Mange af databaserne har hidtil dannet grundlag for periodiske udgivelser, f.eks. årlige eller halvårlige, i *trykt* form eller evt. på cd-rom. Sådanne fastformsprodukter vil som nævnt efter lovforslaget være afleveringspligtige.

Man må imidlertid forudse, at udviklingen af de netbaserede tjenester vil medføre, at mange sådanne databaser i fremtiden ikke mere vil blive udgivet, men kun vil foreligge i online-tilgængelig form.

Denne type materiale er af stor dokumentarisk værdi, og de ældre årgange af de udgivne versioner efterspørges hyppigt på pligtafleveringsbibliotekerne. Efterhånden som de overgår til kun at udkomme som online-tilgængelige databaser, er et betydningsfuldt historisk kildemateriale i fare for at forsvinde. Det er derfor vigtigt at finde en form, hvorunder også sådanne databaser kan blive omfattet af pligtaflevering. Tiden er imidlertid ikke inde til at fastlægge bestemmelser om en pligtaflevering af denne type materiale. Dertil er der for mange uafklarede tekniske og juridiske problemer knyttet til indsamlingen, bevaringen og tilgængeliggørelsen.

Til stk. 3.

Udgivelse defineres som udgangspunkt i overensstemmelse med ophavsretslovens § 8, stk. 2: „Et værk anses for udgivet, når eksemplarer af værket med ophavsmandens samtykke er bragt i handelen eller på anden måde spredt blandt almenheden."

Spredningen kan således ske ved salg, udlejning eller udlån eller på anden måde. Det er herunder uden betydning, om der sker endelig overdragelse, og om der ydes vederlag.

Pligtafleveringen kommer med udgivelsesbegrebet ikke til at omfatte alle offentliggjorte værker. Et eksempel på en værktype, der som tidligere nævnt ikke er omfattet, er værker beregnet på offentlig fremførelse, f.eks. biograffilm og radio- og TV-udsendelser. Her spredes *eksemplarer* af værket nemlig ikke blandt almenheden.

Begrebet „spredt blandt almenheden" er ikke veldefineret i ophavsretten, men der stilles ikke omfattende krav til eksemplarantal eller spredningskreds.

Der foreligger ingen afklaret ophavsretlig praksis for så vidt angår afgrænsningen af det private område over for almenheden i udgivelsessituationen. Da reglerne om pligtaflevering af udgivne værker vedrører sikring og bevaring af kulturarven, bør grænsen for det private område trækkes snævert.

Spredning til almenheden omfatter således også spredning via foreninger og lignende, hvortil adgangen står åben for alle med de relevante forudsætninger eller interesser, samt spredning af materialer, som primært er henvendt til en afgrænset gruppe, men som normalt kan rekvireres af enhver interesseret.

Eksempler herpå er foreningsblade, der henvender sig til medlemmerne af en forening, virksomhedsberetninger og personaleblade, der henvender sig til aktionærerne eller medarbejdere i en virksomhed, men som kan rekvireres af offentligheden.

Bogklubudgaver og tilsvarende vil også være omfattet af kriteriet.

Det er ikke afgørende for afleveringspligten, hvor stor kredsen af primære modtagere er, men om værkerne i princippet tilbydes almenheden. Kan der imidlertid være tvivl herom, bør sådanne publikationer afleveres, såfremt oplagets størrelse overstiger 50 eksemplarer.

Efter den gældende lov omfatter afleveringspligten også mangfoldiggjort materiale beregnet til en lukket kreds og af fortrolig karakter, i hvilket tilfælde det kan kræves klausuleret i maksimalt 100 år. Med overgangen til et udgivelseskriterium kan der ikke kræves aflevering af værker, som ophavsmanden ikke har ønsket spredt til almenheden. Der er derfor ikke behov for særlige klausuleringsbestemmelser.

Visse værker er først alment tilgængelige efter en bestemt dato, typisk 14 dage, en måned eller længere. Det gælder f.eks. kongresberetninger og pressemeddelelser, som pressen først må offentliggøre efter en generalforsamling eller anden begivenhed. Ved aflevering af sådanne værker bør bibliotekerne respektere, at de først vil være tilgængelige for offentligheden, når frigørelsestidspunktet er passeret.

Til stk. 4.

Bestemmelsen, der udvider det traditionelle udgivelsesbegreb, er affattet i overensstemmelse med de synspunkter, der fremgår af Ophavsretsudvalgets betænkning nr. 1064 om *Edb og ophavsret,* Kbh. 1986, side 26f og 33f. Bestemmelsen skal hindre, at der kan opstå tvivl om, at visse nye udgivelsesformer er omfattet af lovforslaget. Det er således ikke afgørende, om der på forhånd fremstilles et antal eksemplarer, som udbydes, eller om eksemplarfremstillingen først sker, når der foreligger en konkret bestilling, den såkaldte „publish-on-demand" (bestillingsudgivelse).

Ligeledes vil værker, hvor brugeren selv kan hjemtage et eksemplar af værket være omfattet af lovforslaget. Ved hjemtagelse forstås, at brugeren kan bestille en transmission og fremstille et eksemplar af værket. Efter Betænkning nr. 1064 vil der under alle omstændigheder være tale om en udgivelse, når et værk er indlagt i en database, fra hvilken brugerne har tilladelse til at fremstille udskrifter. Det samme gælder, hvis værkerne på anden måde stilles til rådighed via et elektronisk netværk, hvor brugerne frit eller efter aftale kan hjemhente et eksemplar af værkerne.

I de tilfælde, hvor brugeren selv foretager eksemplarfremstillingen, er der ikke behov for nogen aflevering, idet pligtafleveringsinstitutionen selv kan fremstille de nødvendige eksemplarer, og afleveringspligten konverteres derfor til en pligt til at give meddelelse om udgivelsen og fornøden adgang til databasen, jf. § 2 stk. 3.

Et værk omfattet af § 1, stk. 4, må anses for at være udgivet og dermed afleveringspligtigt, når rekvisitionsadressen er offentliggjort.

Ændringer i eller opdatering af en database, der ligger til grund for en bestillingsudgivelse, skal behandles i overensstemmelse med § 2, stk. 4 om nye udgaver. Såfremt der er tale om løbende opdatering, foreligger der imidlertid som nævnt ingen afleveringspligt.

Til stk. 5.

En række bestemmelser i ophavsretslovens kapitel 2 giver mulighed for en eksemplarspredning, som bør være omfattet af pligtaflevering, selv om der ikke foreligger udgivelse i ophavsretslovens forstand. Dette gælder f.eks. § 17, stk. 1 (som ændret ved lov nr. 1207 af 27. december 1996), hvorefter gengivelse og spredning af eksemplarer af et værk, der allerede er udgivet, kan ske uden ophavsmandens samtykke, når eksemplarerne er særligt bestemt til brug for personer, der på grund af handicap er ude af stand til at læse trykt tekst.

Det foreslås derfor, at en sådan eksemplarspredning også skal være omfattet af udgivelsesbegrebet i pligtafleveringslovens forstand.

Til stk. 6.

Bestemmelsen definerer, hvorledes begrebet *her i landet* i § 1, stk. 1 skal forstås.

Begrebet omfatter for det første værker, der er fremstillet og spredt i Danmark.

Bestemmelsen fastslår dernæst, at værker, der er fremstillet i udlandet, men som efter deres form eller indhold klart er beregnet på spredning her landet, også skal opfattes som udgivet her i landet. Ved bedømmelsen af dette vil man først og fremmest lægge vægt på sproget, således at værker, der er formuleret på eller oversat til dansk, samt værker forsynet med dansk tale eller danske tekster, er omfattet. Men også andre forhold kan indgå i vurderingen af, om værket er beregnet for et dansk publikum, f.eks. om producent eller udøvende kunstner(e) er danske.

Udenlandsk fremstillede værker produceret for et internationalt publikum, eller for publikum i et andet land og importeret til Danmark, vil derimod ikke være omfattet.

Til § 2

Til stk. 1.

Bestemmelsen er ny.

Den gældende lovs § 2 kræver, at det er færdige arbejder, der afleveres, mens foreløbige udkast, korrekturtryk, prøvetryk, fortryk mv. ikke skal afleveres.

Da afleveringspligten påhviler trykkerierne, medfører kravet om færdige, men ikke nødvendigvis udgivelsesklare arbejder, i mange tilfælde, at værkerne afleveres i enkelte dele, som ikke er samlet, hæftet eller indbundet og i det udstyr, hvori de distribueres til slutbrugerne. Er trykningen af delene fordelt på forskellige trykkerier, kan der desuden opstå problemer med at sammenføre delene til en helhed efter afleveringen.

Med det nye kriterium for afleveringspligten følger, at værkerne som hovedregel skal afleveres i den form og stand, hvori de udgives. Fravigelser fra dette udgangspunkt kan fastsættes i medfør af § 9, stk. 1.

Såfremt et værk udgives samtidigt i flere forskellige udgaver, dvs. på forskellige medier eller i forskellig form, skal to eksemplarer af hver udgave afleveres. Efterfølgende nye udgaver er omfattet af § 2, stk. 4.

Foreløbige udkast, prøveudgaver, eksemplarer fremstillet med henblik på kvalitetskontrol mv. vil fortsat ikke udløse afleveringspligt.

Til stk. 2.

Bestemmelsen er ny.

Lovforslaget indebærer, at afleveringspligten for fremtiden også omfatter værker, som kun kan gøres tilgængelige ved hjælp af særligt apparatur. Den fremtidige anvendelse af materialet er derfor afhængig af, at der fortsat eksisterer funktionsdygtigt udstyr til fremførelsen, eller at materialet kan overføres til nye former, der kan gengives på det udstyr, som er til rådighed på det pågældende tidspunkt.

Når det udstyr, som forudsættes anvendt, overholder velbeskrevne standarder, vil det ofte være tilstrækkeligt med information om, hvilken type udstyr materialet er produceret til. Eksemplarer af afspilningsudstyret vil da kunne anskaffes og vedligeholdes, eller udstyret kan i givet fald rekonstrueres efter de originale specifikationer.

Denne type problemer kendes allerede fra Statens Mediesamling med gengivelse af ældre lydoptagelser på pianorulle, forskellige typer af lydbånd, grammofonplader mv. og fra Filmmuseet med gengivelse af forskellige typer af film.

Den fremtidige tilgængelighed vil i en række tilfælde også kunne sikres ved, at materialet i tide overføres til et nyt medium eller til nyere standarder inden for samme medium, f.eks. ved overspilning fra pianoruller, ukurante typer af lydbånd og grammofonplader til moderne lydbånd eller til digitale lyd-medier. Hjemmel til dette findes i ophavsretslovens § 16.

Datamaskiner er præget af en meget hurtig forældelse, således at det tekniske udstyr og den tilhørende programmer hurtigt går ud af handelen, samtidig med at udstyret er vanskeligt at vedligeholde over længere tid, fordi de nødvendige komponenter ikke kan genskabes af udenforstående, og fordi de programmeringsteknikker og repræsentationsformer, der er udnyttet i det specifikke produkt, ikke er tilgængelige for andre under normale forhold.

Pligtaflevering af udgivelser, der bygger på ikke-standardiseret udstyr eller på gengivelse via datamaskiner, vil derfor på længere sigt være meningsløs, hvis det ikke er muligt for de bevarende institutioner at få adgang til den nødvendige tekniske dokumentation i tide. Lovforslaget indeholder derfor hjemmel til at afkræve den afleveringspligtige en sådan dokumentation, hvor det skønnes nødvendigt.

Indeholder dokumentationen udelukkende informationer, som er alment tilgængelige, f.eks. i form af nationale eller internationale standarder, kan den afleverede dokumentation alene bestå i en henvisning til de relevante dokumenter, eventuelt med angivelse af, hvorledes de er anvendt i det konkrete tilfælde.

Teknisk dokumentation af den her omhandlede type vil i mange tilfælde indeholde information, der er eller opfattes som forretningshemmeligheder og lignende. Den afleveringspligtige kan derfor i forbindelse med afleveringen af den nævnte tekniske dokumentation betinge sig, at indholdet ikke gøres tilgængeligt for udenforstående inden for en nærmere fastsat frist.

Til stk. 3.

Bestemmelsen er ny.

Bestemmelsen pålægger udgiveren af et værk, der er udgivet i en database, jf. § 1, stk. 4, en pligt til at give meddelelse om udgivelsen og fornøden adgang til databasen. Meddelelsen til pligtafleveringsinstitutionen skal gives samtidig med udgivelsen, dvs. når rekvisitionsadressen offentliggøres, med mindre andet er bestemt i medfør af § 9.

Formålet hermed er at sikre, at aflevering af værker, der udgives i databaser, kan ske derved, at pligtafleveringsinstitutionen selv rekvirerer eller foranstalter den nødvendige eksemplarfremstilling.

Til stk. 4.

Bestemmelsen er ny, men viderefører den gældende retsstilling (for så vidt angår trykte værker).

Efter den gældende lov er alt trykt materiale som tidligere nævnt afleveringspligtigt. Undtaget er dog „nye uforandrede Optryk efter staaende Sats", jf. bekg. nr. 206 af 15. juli 1927 § 2, stk. 2, nr. 1.

Med overgangen til udgivelseskriteriet bliver det nødvendigt at fastsætte særlige regler for nye udgaver af et værk, idet sådanne efter ophavsretlig praksis ikke betragtes som selvstændige udgivelser i medfør af ophavsretslovens § 8, stk. 2.

Det foreslås derfor, at nye udgaver af et værk tillige skal være afleveringspligtige.

Det er en forudsætning for afleveringspligten, at den nye udgave spredes blandt almenheden på samme måde som ved en udgivelse, jf. bemærkningerne til § 1, stk. 3.

Der foreligger en ny udgave af et værk, såfremt der er foretaget ændringer i form eller indhold.

Såfremt der er tale om et uforandret genoptryk m.v. af et værk, foreligger der alene et nyt oplag, som ikke udløser fornyet afleveringspligt (i lighed med den ovenfor nævnte undtagelse til den gældende lov).

I tilfælde, hvor værker udgivet i elektronisk form opdateres med jævne mellemrum, bør der fastsættes særlige regler herfor med angivelse af rimelige frister for aflevering. Hvor intet andet er bestemt, bør det ske to gange årligt.

De nærmere regler herom fastsættes ved bekendtgørelse, jf. § 9, stk. 1.

Hvor der ikke – for så vidt angår materiale i online netværk – er tale om *periodiske* ændringer, men en *løbende* opdatering (dynamisk materiale), foreligger der som nævnt i bemærkningerne til § 1, stk. 2 intet afleveringspligtigt værk.

Til § 3

Bestemmelsen er ny.

Efter den gældende lovs § 4, stk. 1 påhviler afleveringspligten bog- og kunsttrykkere, dvs. de virksomheder, som står for den tekniske fremstilling af de afleveringspligtige værker. For tryksager fremstillet i udlandet påhviler pligten dog efter § 4, stk. 2 forlæggeren, som forstås som den, for hvis regning trykningen er sket.

Til stk. 1.

Bestemmelsen er ny, men viderefører og udvider principperne i den gældende lov.

Med indførelsen af et generelt udgivelseskriterium foreslås det, at afleveringspligten som udgangspunkt påhviler den, der står for den tekniske fremstilling af eksemplarer, i analogi med den gældende regel om trykkeren som afleveringspligtig. Da der i mange tilfælde, ikke mindst ved de nye medier, som inddrages under ordningen efter lovforslaget, vil være tale om en teknisk fremstilling, som fordeles over flere, og da afleveringen efter lovforslagets § 2, stk. 1 kun skal omfatte udgivelsesklare eksemplarer, fastslås det, at afleveringspligten påhviler den, der fremstiller det færdige eksemplar. Dette kan eventuelt ske ved at enkeltdele, fremstillet af andre, samles til et hele.

Præciseringen af, at afleveringspligten påhviler den, som færdiggør eksemplarerne til udgivelse, medfører for de trykte værkers vedkommende, at pligten i en række tilfælde flytter fra trykkerierne til bogbinderne. I andre tilfælde vil der opstå sammenfald mellem fremstiller og udgiver i lovforslagets forstand, nemlig når den tekniske færdiggørelse sker hos udgiveren.

Ved en bestillingsudgivelse efter § 1, stk. 4 på basis af en elektronisk master vil den afleveringspligtige fremstiller være den, der står for fremstilling og distribution af eksemplarer.

Ved udgivelser i online-tilgængelige databaser, hvor brugeren selv foretager fremstillingen af det enkelte eksemplar, jf. bemærkningerne til § 1, stk. 4, vil den afleveringspligtige fremstiller være den, der indlægger den elektroniske master i databasen til hjemtagelse.

Bestemmelsen indebærer, at fremstilleren skal have information fra udgiveren (den der bestiller produktionen) om, hvad materialet er beregnet til. Ligeledes bør det foreligge klart for fremstilleren, om der er tale om en delproduktion eller om en endelig produktion.

Til stk. 2.

Bestemmelsen er ny.

Bestemmelsen medfører, at afleveringspligten efter påkrav fra pligtafleveringsinstitutionen overgår til udgiveren, hvis den principalt afleveringspligtige, fremstilleren, ikke kan identificeres.

Den gældende lov indeholder en bestemmelse i § 5, stk. 1, 2. pkt. om, at afleveringspligten overgår til forlæggeren, hvis trykkeren har afleveret hele oplaget til den pågældende uden at tilbageholde de nødvendige eksemplarer til pligtafleveringen. Denne bestemmelse videreføres ikke, da den indebærer, at fremstilleren kan fraskrive sig sin afleveringspligt og dermed sit strafansvar ved at aflevere hele oplaget til udgiveren.

Til stk. 3.

Bestemmelsen er ny, men viderefører principperne i den tilsvarende bestemmelse i den gældende lov, dog udvidet med en afleveringspligt for importører, når både fremstiller og udgiver befinder sig i udlandet.

Såfremt der hverken findes fremstiller, udgiver eller importør her i landet, medfører bestemmelsen, at afleveringspligten falder tilbage på udgiveren. Ved udgiveren forstås den, der foranstalter spredningen, jf. § 3, stk. 2.

Det vil efter sagens natur vare vanskeligt at gennemtvinge aflevering i tilfælde, hvor den ansvarlige befinder sig i udlandet.

Kun værker, der klart er beregnet for et dansk publikum, er afleveringspligtige, jf. bemærkningerne til § 1, stk. 6.

Til § 4

Bestemmelsen er ny, men viderefører principperne i den gældende lovs § 4, stk. 4–6 om navngivning af trykkere. Bestemmelsen er som konsekvens af overgangen til udgivelseskriteriet ændret til at omfatte angivelse af udgivere frem for trykkere.

Den gældende lovs bestemmelser om navngivning af trykkere er overført til loven i 1991 fra den tidligere presselovs § 1. Det skete i forbindelse med vedtagelsen af medieansvarsloven (lov nr. 348 af 6. juni 1991).

Bestemmelsen har først og fremmest betydning for efterforskningen af sager, hvori der gøres ansvar gældende for indholdet i udgivne skrifter.

Til § 5

Bestemmelsen er ny.

Bestemmelsen har til formål at sikre grundlaget for den registrering, der finder sted i nationalbibliografien, jf. lov nr. 1100 af 22. december 1993 om folkebiblioteker m.v § 15. Registreringen varetages af Dansk BibliotekCenter A/S efter kontrakt med Kulturministeriet samt af Det Kongelige Bibliotek.

Når det drejer sig om udgivelser i bogform, er der en lang tradition for at de udgivne eksemplarer forsynes med oplysninger om forlag, udgivelsessted, udgivelsesår, forfattere og andre ophavsmand. Området er også dækket af internationale og nationale standarder.

Behovet for korrekt registrering af de udgivne værker imødekommes bedst ved en øget indsats for standardisering af de informationer, der bør følge med enhver udgivelse, uanset det anvendte medium, og ved en indsats for at få standarderne anvendt i praksis.

Derimod kan der være behov for at kunne fremskaffe supplerende oplysninger om værket med henblik på f.eks. den korrekte tilskrivning af værket til bestemte ophavsmænd. På grund af navnesammenfald og anvendelse af skiftende navneformer er det i mange tilfælde umuligt for den registrerende at identificere ophavsmanden eller -mændene korrekt på grundlag af værkets egne oplysninger, også selv om standardens forskrifter er overholdt. Disse oplysninger må så indhentes fra udgiveren. Det foreslås derfor, at loven giver hjemmel til at kræve sådanne oplysninger, når det er nødvendigt.

Det er ikke hensigten med bestemmelsen, at udgiveren skal være forpligtet til at opgive identiteten på ophavsmænd, som optræder anonymt eller under pseudonym, i de tilfælde hvor ophavsmanden udtrykkeligt har ønsket ikke at være kendt af offentligheden. Bestemmelsen skal alene bidrage til den entydige identifikation af de ophavsmænd, der ikke har stillet sådanne krav til udgiveren.

Til § 6

Bestemmelsen er ny.

Til stk. 1.

Bestemmelsen viderefører princippet i den gældende lovs § 4, stk. 3. Ændringerne er alene redaktionelt bestemt, idet det er blevet vurderet, at den nærmere beskrivelse af, hvorledes det økonomiske mellemværende mellem fremstilleren og udgiveren gøres op, ikke hører hjemme i lovteksten.

Til stk. 2.

Bestemmelsen viderefører den gældende retstilstand efter bekg. nr. 206 af 15. juli 1927 § 13, dog således, at retten til at få godtgørelse for porto, fragt og lignende fastsættes i lovteksten med nærmere udfyldning ved bekendtgørelse.

Til stk. 3.

Bestemmelsen indebærer, at kulturministeren ved bekendtgørelse fastsætter bestemmelser om godtgørelse i tilfælde, hvor de pligtafleverede eksemplarer repræsenterer en uforholdsmæssig stor udgift for den afleveringspligtige. Herefter kan den modtagende institution, f.eks. hvor fremstillingen af det enkelte eksemplar er særligt krævende og hvor oplaget er meget lille, efter ansøgning give hel eller delvis godtgørelse for produktionsomkostningerne.

Til § 7

Bestemmelsen er en videreførelse af den tilsvarende bestemmelse i den gældende lovs § 5.

Til § 8

Bestemmelsen er ny.

I den gældende lov nævnes de modtagende institutioner udtrykkeligt i lovteksten. Det findes mere hensigtsmæssigt, at det alene fastslås, at de 2 pligtafleverede eksemplarer skal opbevares på to forskellige lokaliteter af bevaringshensyn.

Det er bl.a. dette hensyn, der ligger bag den nuværende ordning, hvor eksemplarerne indgår i samlingerne i henholdsvis Det Kongelige Bibliotek og Statsbiblioteket. Der tilsigtes ikke nogen ændring i dette forhold som hovedregel, men det må anses for ønskeligt, at kulturministeren kan træffe nærmere beslutning herom, og således vælge i nogle tilfælde at placere et eller begge eksemplarer ved andre relevante institutioner. Dette kunne være tilfældet, hvis materialet primært anvendes af en gruppe brugere, som i øvrigt betjenes af en særlig institution, som f.eks. punktskriftudgaver til blinde og lydbøger, hvor det ene eksemplar kunne placeres ved Danmarks Blindebibliotek. Ligeledes hvis materialet stiller tekniske krav, der gør det naturligt at opbevare det sammen med andet materiale af samme type, f.eks. videogrammer som i forvejen opbevares af Det Danske Filmmuseum.

Det forudsættes, at materialerne indgår i de pågældende institutioners samlinger og gøres tilgængelige for brugerne indenfor rammerne af ophavsretslovgivningen. Dette kan ske på samme vilkår som de øvrige materialer i de pågældende samlinger, men der bør dog tages særlige hensyn til bevaringsforpligtelsen.

Det har hidtil været sådan, at det pligtafleveringseksemplar, som opbevares af Det Kongelige Bibliotek, indgår som musealt eksemplar i nationalbiblioteket, og normalt ikke må hjemlånes. Disse eksemplarer kan kun bruges på stedet eller på andre bibliotekers og statsinstitutioners læsesale.

Eksemplaret på Statsbiblioteket indgår i funktionen som overcentral for folkebibliotekerne (jf. bibliotekslovens § 13, stk. 1) og i fjernlånet til de øvrige forskningsbiblioteker. For så vidt angår materialerne i Mediesamlingen har Statsbiblioteket dog samme museale forpligtelser som Det Kongelige Bibliotek.

Der tilsigtes ikke nogen ændringer i disse ordninger. Det understreges i denne forbindelse, at der ikke i kraft af dette lovforslag vil blive tillagt bibliotekerne rettigheder ud over hvad der følger af ophavsretsloven eller af eventuelle aftaler med rettighedshaverne.

Til § 9

Bestemmelsen er ny.

Forslaget er begrundet i, at en række forhold, som hidtil har været behandlet i selve loven, mere hensigtsmæssigt kan henlægges til regulering ved bekendtgørelse.

Til stk. 1.

Bestemmelsen er ny, men viderefører princippet i gældende lovs § 6, stk. 1, litra b.

Den teknologiske eller øvrige samfundsmæssige udvikling kan medføre, at administrationen af loven bør undergå forandring.

Kulturministeren bemyndiges derfor til at træffe bestemmelse om afleveringens form, herunder hvilke oplysninger der skal ledsage det afleverede, terminer for afleveringen og på hvilket sted afleveringen skal ske.

For at modtageren af de afleverede værker skal kunne identificere dem og sikre den fornødne kontrol, bør de ledsages af fortegnelser over, hvad der afleveres, hvem der afleverer og, for værker på apparaturafhængige medier, den fornødne tekniske dokumentation, (jf. § 2 stk. 2).

Afleveringstiden bør fortsat være 2 gange om året, med mindre andet fastsættes.

De afleveringspligtige bør kunne nøjes med at aflevere til én institution. Til grund for dette synspunkt ligger ikke rationaliseringsovervejelser, men alene det hensyn, at den afleveringspligtige bør belastes mindst muligt. Fordelingen af de afleverede værker til registrering og til endelig opbevaring ved f.eks. Det Kongelige Bibliotek og Statsbiblioteket bør være den afleveringspligtige uvedkommende.

Til stk. 2.

Bestemmelsen er ny.

Det er hensigten at fastsætte bestemmelser om, hvor opbevaring af de afleverede eksemplarer skal ske, samt om vilkår for tilgængeliggørelsen af det afleverede.

Det understreges, at denne bestemmelse alene giver adgang til at regulere tilgængeliggørelsen indenfor rammerne af ophavsretsloven.

Til stk. 3.

Bestemmelsen er ny, men viderefører princippet i gældende lovs § 6, stk. 1, litra c.

I den nugældende bekendtgørelse er følgende undtaget fra afleveringspligten:

1. Nye, uforandrede optryk efter stående sats
2. Lokale eller andre særudgaver af tidsskrifter eller blade, som helt eller delvist har stof fælles med et hovedblad
3. Særtryk (dog afleveres særtryk af afhandlinger i dagblade)
4. Skematiske og andre tryksager bestemte til udfyldning
5. Køre- og fartplaner
6. Sange ved familiebegivenheder (konfirmation, bryllup etc.)
7. Begravelsessange, der er optryk efter salmebogen
8. Kalendere af enhver art uden tekst

Litografier og kunsttryk er kun afleveringspligtige, for så vidt angår løse billeder, hvis de hører til afleveringspligtige tryksager eller er portrætter, historiske billeder eller topografiske billeder.

Reklametryk og emballager er ligeledes undtaget.

Ved overgang til et udgivelseskriterium skal bekendtgørelsen revideres, og der kan også være andre grunde til at ændre bestemmelserne.

Såvel reklametryk som køre- og fartplaner har vist sig at være værdifulde kilder for forskningen. Det bør derfor overvejes at lade afleveringspligten omfatte materiale af denne type, som er beregnet på udgivelse, f.eks. husstandsomdelte reklamer. Til gengæld bør bibliotekerne kunne kassere dele af dette materiale, så det kun bevares som stikprøver, jf. nedenfor.

Der kan være grund til at give afkald på pligtaflevering, når det samlede antal eksemplarer ikke overskrider en vis minimumsgrænse. I forbindelse med bemærkningerne til § 1 er sådanne overvejelser nævnt i forbindelse med fotografier. Der bør ikke fastlægges en generel minimumsgrænse, men alene sådanne grænser for nærmere afgrænsede kategorier af værker.

Som noget nyt foreslås det, at kulturministeren kan fastsatte nærmere regler for kassation af afleveret materiale, som ikke skønnes egnet til bevaring . Hermed tænkes på materiale, som ikke skønnes bevaringsværdigt, hverken af kulturelle eller forskningsmæssige grunde.

Indholdet af elektroniske publikationer kan ikke som indholdet af bøger bevares ved, at man blot gemmer eksemplarer af dem. Bevaring af elektroniske publikationers indhold kræver efter alt at dømme en helt anden strategi: nemlig at man opgiver at bevare de originale eksemplarer af publikationerne og i stedet for koncentrerer sig om at bevare den information, de indeholder. Dette kan eksempelvis ske ved, at man systematisk overfører information fra originalen til stabile og understøttede medier, formater og omgivelser, der tillader bevaring og udnyttelse på eksisterende udstyr – og at man gentager denne procedure, når det aktuelle standardmedium får en afløser.

Værker i elektronisk form kan formentlig bevares på en teknisk og økonomisk forsvarlig måde ved, at de ved modtagelsen overføres til et standardmedium med ledsagende beskrivelser af originalens udformning, idet man herefter kan tage vare på deres opbevaring og videre migration på en rationel måde. Det må dog understreges, at teknikken hertil først er i sin vorden, og at de relevante procedurer endnu ikke er udviklet. Der er derfor behov for forskning og udvikling. Det Kongelige Bibliotek og Statsbiblioteket deltager i dette forsknings- og udviklingsarbejde såvel i nordisk sammenhæng som i EU. Der vil imidlertid være behov for at styrke indsatsen i de kommende år.

Til § 10

Bestemmelsen viderefører bestemmelsen i den gældende lovs § 8. Ændringerne er bestemt af ændringer i den lovtekniske praksis.

Til § 11

Bestemmelsen indeholder lovforslagets ikrafttrædelsesbestemmelser.

Til stk. 1.

Det foreslås, at loven træder i kraft den 1. januar 1998.

Til stk. 2.

Lovforslaget erstatter den gældende pligtafleveringslov fra 1927, som ændret ved medieansvarsloven (lov nr. 348 af 6. juni 1991).

Til § 12

Bestemmelsen fastslår, at lovforslaget ikke omfatter Færøerne og Grønland.

Pligtaflevering på Færøerne er reguleret ved Lagtingslov nr. 31 om Landsbibliotek m.v. af 2. maj 1952 med tilhørende bekendtgørelse af 16. juni 1952. I Grønland er pligtaflevering reguleret ved Landstingsforordning nr. 4 af 15. oktober 1979.

Kulturministeriet vil orientere de berørte myndigheder på Færøerne og i Grønland om det foreliggende lovforslag med henblik på en eventuel reform af de ovennævnte regler efter forslagets retningslinier.

[Herefter følger bilag 1, hvori der meddeles en oversigt over „Gældende ret på pligtafleveringsområdet" med henvisninger til gældende bestemmelser siden 1927. Det oplyses, at efter sammenslutningen af Universitetsbiblioteket og Det kongelige Bibliotek blev afleveringen af københavnske aviser til førstnævnte standset den 1. jan. 1996 (jvf. *Årsberetning 1996,* Det kongelige Bibliotek 1997, s. 16)].

99. *Betænkning over Forslag til lov om pligtaflevering af udgivne værker afgivet af Folketingets Kulturudvalg, 14. maj 1997.*

Udvalget har behandlet lovforslaget i nogle møder og har herunder stillet spørgsmål til kulturministeren, som denne har besvaret skriftligt.

Endvidere har udvalget modtaget skriftlige og/eller mundtlige henvendelser fra:

Den danske Forlæggerforening,
Fonden for Aktive Blinde og
IT-Brancheforeningen.

Der er af kulturministeren og af et mindretal stillet ændringsforslag, hvorom henvises til de ledsagende bemærkninger.

Kulturministeren har tilkendegivet, at IT-Brancheforeningen over for Kulturministeriet har udtrykt betænkelighed ved en række konsekvenser af lovforslaget dels vedrørende arten og omfanget af de edb-program-oplysninger, der ville skulle afleveres, og dels ved pligtafleveringsinstitutionernes formidling af digitale værker.

Der henvises i denne forbindelse til ministerens ændringsforslag.

IT-Brancheforeningen finder det fortsat påkrævet, at der sker en konkret afgrænsning af omfanget og karakteren af de edb-programoplysninger, der vil skulle afleveres, herunder en afklaring af pligtafleveringsinstitutionernes sikringsforanstaltninger og anvendelse af de afleverede edb-programoplysninger.

IT-Brancheforeningen finder det endvidere påkrævet at afklare de nærmere vilkår for pligtaflevering af værker i databaser.

Kulturministeren er derfor indstillet på at inddrage de berørte parter ved udformningen af de nærmere bestemmelser om vilkår for pligtaflevering i medfør af lovforslagets § 9, herunder afgrænsning af de i loven anvendte begreber. Der kan i givet fald foretages en trinvis implementering af bestemmelserne.

Specielt hvad angår udgivelser i elektronisk form, er det nødvendigt at afveje formålet med pligtaflevering af værker af kulturbevaringsmæssig interesse over for hensynet til IT-branchens behov for beskyttelse mod uberettiget kopiering. Kulturministeren har derfor givet tilsagn om at ville fastsætte de nærmere bestemmelser om elektroniske udgivelser i et nært samarbejde med denne branches repræsentanter og i nødvendigt omfang basere disse bestemmelser på en forsøgsvis udvikling med hensyntagen til den internationale udvikling på området.

Eftersom lovforslaget indebærer en omfattende udvidelse af pligtafleveringen til helt nye områder med deraf følgende afgrænsningsproblemer, har kulturministeren givet tilsagn om, at der senest medio 1998 afgives en redegørelse til Folketingets Kulturudvalg vedrørende status for dels udformning af gennemførelsesbestemmelser og dels vedrørende den forudsatte informationsindsats over for berørte kredse.

Herefter indstiller *udvalget* lovforslaget til *vedtagelse* med de af kulturministeren og det af et mindretal stillede ændringsforslag.

Ændringsforslag

Af *kulturministeren,* tiltrådt af *udvalget:*

Til § 1

1) Efter stk. 6 indsættes som nyt stykke:

„*Stk. 7.* Værker i form af edb-programmer skal ikke afleveres, medmindre et eksemplar af et edb-program udgør en del af et værk af en anden art og udgives sammen med dette."

Til § 8

2) Efter stk. 1 indsættes som nyt stykke:

„*Stk. 2.* Eksemplarerne indgår i de modtagende institutioners samlinger og gøres tilgængelige for brugerne inden for rammerne af ophavsretsloven. Eksemplarer af værker i digital form må dog alene stilles til rådighed for enkeltpersoner til personligt gennemsyn eller studium på stedet ved hjælp af teknisk udstyr. Eksemplarfremstilling i digital form er ikke tilladt."

Af et *mindretal* (V og KF), tiltrådt af et *flertal* (det øvrige udvalg):

Til § 9

3) I *stk. 3, 2. pkt.,* ændres „egnede til bevaring" til: „bevaringsværdige af kulturelle eller forskningsmæssige grunde".

Af *kulturministeren,* tiltrådt af *udvalget:*

Til § 11

4) Efter stk. 2 indsættes som nyt stykke:
„*Stk. 3.* I lov nr. 186 af 12. marts 1997 om film ophæves *§ 13*".

Bemærkninger

Til nr. 1

Edb-programmer skal efter denne bestemmelse som hovedregel ikke afleveres.

Et edb-program indeholder instruktioner eller oplysninger, som får en computer til at angive, udføre eller opnå en bestemt funktion, opgave eller et bestemt resultat. Edb-programmer indeholder således ikke i almindelighed information af kulturel betydning i bred forstand, og ministeriet finder på denne baggrund at måtte afvente udviklingen på området, før end der fastsættes bestemmelser om en eventuel pligtaflevering i større omfang.

Et edb-program skal imidlertid efter bestemmelsen afleveres, såfremt det indgår som en del af et værk af en anden art (f.eks. litterært eller billedligt) og udgives sammen med dette. I denne situation får edb-programmet en direkte informationsformidlende funktion, idet programmet indgår som en del af en større helhed.

Eksempler på afleveringspligtige værker, som indeholder edb-programmer, er herefter digitaliserede bøger eller opslagsværker, som indeholder et program til at styre, læse og søge i værket, herunder såkaldte multimedieværker, som indeholder flere forskellige værkstyper foruden edb-programmet. Computerspil og andre interaktive værker vil også være omfattet; programmet har også her en funktion som formidler af værkets information over for brugeren (i form af billeder, animationer, tekst, musik, lys m.m.).

Heroverfor står f.eks. almindelige kontorprogrammer som tekstbehandlingsprogrammer, regneark m.m. samt systemprogrammer som operativsystemer, overvågningsprogrammer og lignende. Disse kan ikke anses for at være andet end rene edb-programmer, der har til formål at udføre en funktion og ikke at formidle information.

Til nr. 2

Bestemmelsen understreger, at tilgængeliggørelsen af de afleverede værkseksemplarer alene kan ske inden for rammerne af ophavsretslovgivningen. Udstedelse af nærmere regler herom i medfør af hjemmelen i § 9, stk. 2, må således respektere dette udgangspunkt, som også gælder for institutionernes øvrige materiale. De nærmere regler kan herunder indskrænke, men ikke udvide adgangen til de pligtafleverede eksemplarer i forhold til ophavsretslovens regler.

De nye medier, der inddrages under pligtafleveringen, kan også tilsige særlige begrænsninger i adgangen til de afleverede eksemplarer. Digitale udgivelser, som efter lovforslaget er afleveringspligtige, medfører høj risiko for uberettiget eksemplarfremstilling på grund af mediets store egnethed hertil, såfremt de afleverede eksemplarer udlånes. Da pligtafleveringsordningen i sagens natur ikke giver mulighed for begrænsninger i modtagernes adgang til at gøre materialet tilgængeligt baseret på aftaler mellem udgiverne og institutionerne, bør adgangen til de pligtafleverede eksemplarer af digitale udgivelser af hensyn til de afleverendes interesser generelt ikke omfatte udlån.

Det fastsættes på denne baggrund i bestemmelsens 2. pkt., at pligtafleverede eksemplarer af digitale værker alene må stilles til rådighed på stedet, dvs. fysisk på den opbevarende institution, til personligt gennemsyn eller studium, afviklet på institutionernes maskiner. Ved værker i digital form forstås her ethvert afleveret værk lagret på et maskinlæsbart medie, som f.eks. cd-rom, disketter eller institutionens harddisk. Den mulighed, der ellers måtte være for udlån af denne type værker efter de ophavsretlige bestemmelser (jf. navnlig ophavsretslovens § 19), finder således ikke anvendelse på de pligtafleverede eksemplarer.

Det pålægges med bestemmelsen institutionerne at sikre, at der ikke er mulighed for digital eksemplarfremstilling på stedet ved hjælp af det anvendte maskinel, hvorimod anden eksemplarfremstilling inden for rammerne af ophavsretsloven er tilladt. Det er således f.eks. tilladt at tilbyde en papirkopi af informationer i elektroniske leksika og lignende til en persons private brug, jf. ophavsretslovens § 12.

Til nr. 3

Ændringsforslaget præciserer baggrunden for kassationsmuligheden for afleveret materiale.

Til nr. 4

I bemærkningerne til lovforslaget er der gjort opmærksom på, at for så vidt angår videokassetteudgivelser, er der behov for at afklare forholdet til filmloven.

Filmlovens § 13 fastsætter pligtaflevering af videokassetteudgaver af danske film i ét eksemplar.

Denne bestemmelse vil komme i konflikt med det fremsatte forslag til lov om pligtaflevering, hvorefter der af alle videokassetteudgivelser, der er bestemt for det danske marked, skal afleveres to eksemplarer.

En sådan afleveringspligt vil omfatte såvel videokassetter med danske film som videokassetter med udenlandske film med dansk tale eller med danske undertekster.

Det må anses for mest hensigtsmæssigt, at også videokassetteudgaver af danske film omfattes af pligtafleveringslovens generelle ordning.

Ved at ophæve filmlovens § 13 undgås således den nævnte lovkonflikt.

Hanne Andersen (S) fmd. Søren Hansen (S) Eva Fatum (S)
Poul Qvist Jørgensen (S) Peder Sass (S) Margrete Auken (SF)
Henrik Svane (RV) Aage Frandsen (SF) Peter Duetoft (CD)
Ester Larsen (V) Helge Sander (V) Lars Løkke Rasmussen (V) nfmd.
Hans Christian Schmidt (V) Torben Rechendorff (KF)
Agnete Laustsen (KF) Brian Mikkelsen (KF) Ole Donner (DF)

Fremskridtspartiet og Enhedslisten havde ikke medlemmer i udvalget.

100. *Lov om pligtaflevering af udgivne værker, 10. Juni 1997.*

§ 1. Af værker, der udgives her i landet, skal der afleveres to eksemplarer til en pligtafleveringsinstitution, jfr. § 9, stk. 1. Pligten gælder, uanset hvilket medium der er anvendt ved eksemplarfremstillingen.

Stk. 2. Ved et værk forstås en afgrænset mængde af information, som må betragtes som en afsluttet og selvstændig enhed.

Stk. 3. Et værk anses for udgivet, når eksemplarer af værket med ophavsmandens samtykke er bragt i handelen eller på anden måde spredt blandt almenheden.

Stk. 4. Som udgivelse anses også det forhold, at der med ophavsmandens samtykke tilgår almenheden meddelelse om, at eksemplarer af værket fremstilles og distribueres på bestilling, eller at værket er til-

gængeligt i en database, hvorfra brugeren kan hjemtage eksemplarer.
Stk. 5. Som udgivelse anses endvidere eksemplarspredning blandt almenheden i medfør af bestemmelserne i kapitel 2 i lov om ophavsret.
Stk. 6. Udgivelse her i landet omfatter tilfælde, hvor eksemplarerne er fremstillet her i landet, og tilfælde, hvor eksemplarerne er fremstillet i udlandet med særligt henblik på spredning her i landet.
Stk. 7. Værker i form af edb-programmer skal ikke afleveres, medmindre et eksemplar af et edb-program udgør en del af et værk af en anden art og udgives sammen med dette.

§ 2. Værkerne skal afleveres i den form, hvori de udgives, medmindre andet er bestemt i medfør af § 9, stk. 1.
Stk. 2. Kan et værk kun gøres tilgængeligt ved brug af teknisk udstyr, skal den nødvendige vejledning hertil ledsage de afleverede eksemplarer. Ved udgivelse i digital form og ved udgivelser, der anvender udstyr, som ikke følger normale standarder, skal den afleveringspligtige efter påkrav fra pligtafleveringsinstitutionen aflevere den tekniske dokumentation, som er nødvendig, for at værket kan gøres tilgængeligt på et tidspunkt, hvor det anvendte tekniske udstyr ikke længere er i almindelig handel. Den afleveringspligtige kan kræve, at den tekniske dokumentation ikke gøres tilgængelig for udenforstående.
Stk 3. Ved udgivelse af værker i databaser, jf. § 1, stk. 4, skal den afleveringspligtige give pligtafleveringsinstitutionen meddelelse om udgivelsen og samtidig medsende de adgangskoder og andre oplysninger, der måtte være nødvendige, for at institutionen kan få adgang til værkerne. Afleveringspligten opfyldes derved, at pligtafleveringsinstitutionen har adgang til at rekvirere eller fremstille eksemplarer af værkerne.
Stk. 4. Nye udgaver af et værk er tillige afleveringspligtige.

§ 3. Afleveringspligten påhviler den, der fremstiller færdige eksemplarer til udgivelse.
Stk. 2. Kan fremstilleren ikke entydigt identificeres, påhviler afleveringspligten efter påkrav fra pligtafleveringsinstitutionen udgiveren. Ved udgiveren forstås den, der foranstalter spredningen, jf. § 1, stk. 3.
Stk. 3. Ved udgivelse, hvor eksemplarfremstillingen er sket i udlandet, påhviler afleveringspligten udgiveren eller, hvis denne ikke er bosiddende her i landet, den importør, som repræsenterer udgiveren her i

landet. Såfremt udgiveren er bosiddende i udlandet og der ikke findes en importør her i landet, påhviler afleveringspligten udgiveren.

§ 4. I ethvert her i landet udgivet værk, jf. § 1, skal udgiveren anføre sit navn eller firma samt hjemsted.

§ 5. Udgiveren er forpligtet til efter påkrav fra pligtafleveringsinstitutionen at give sådanne oplysninger, som er nødvendige for den korrekte registrering af værket i nationalbibliografien.

§ 6. Udgifterne til fremstilling af de pligtafleverede eksemplarer afholdes af udgiveren. Ved eksemplarer, der er fremstillet i udlandet, afholdes de tilsvarende udgifter af den afleveringspligtige efter § 3, stk. 3.
Stk. 2. Udgifter til porto, fragt og lignende afholdes af pligtafleveringsinstitutionen efter kulturministerens nærmere bestemmelse.
Stk. 3. Kulturministeren fastsætter endvidere nærmere bestemmelse om tilfælde, hvor pligtafleveringsinstitutionen kan give hel eller delvis godtgørelse for produktionsomkostningerne.

§ 7. Afgår den afleveringspligtige ved døden, eller kommer den pågældende under konkurs, påhviler afleveringspligten boet.

§ 8. De afleverede eksemplarer opbevares på to forskellige geografiske lokaliteter efter kulturministerens nærmere bestemmelse.
Stk. 2. Eksemplarerne indgår i de modtagende institutioners samlinger og gøres tilgængelige for brugerne inden for rammerne af ophavsretsloven. Eksemplarer af værket i digital form må dog alene stilles til rådighed for enkeltpersoner til personligt gennemsyn eller studium på stedet ved hjælp af teknisk udstyr. Eksemplarfremstilling i digital form er ikke tilladt.

§ 9. Kulturministeren fastsætter nærmere bestemmelser om afleveringsformen, herunder hvilke oplysninger der skal ledsage det afleverede, terminer for afleveringen, og til hvilken institution aflevering skal ske.
Stk. 2. Kulturministeren fastsætter endvidere nærmere bestemmelser om bevaring og tilgængeliggørelse af det afleverede.

Stk. 3. Kulturministeren kan fastsætte bestemmelser om undtagelser fra afleveringspligten, herunder at visse typer af værker eller værker, der fremstilles i begrænset antal eksemplarer, ikke skal afleveres. Ministeren kan endvidere fastsætte bestemmelser om kassation af afleverede eksemplarer, som ikke skønnes bevaringsværdige af kulturelle eller forskningsmæssige grunde.

§ 10. Overtrædelse af § 1, stk. 1, § 2 og § 4 straffes med bøde.
Stk 2. Med bøde straffes endvidere den, der undlader at efterkomme et påkrav efter § 2, stk. 2, eller § 5.
Stk. 3. I forskrifter, der fastsættes i medfør af § 9, kan der fastsættes straf i form af bøde for overtrædelse af bestemmelserne i forskrifterne.
Stk. 4. Der kan pålægges selskaber m.v. (juridiske personer) strafansvar efter reglerne i straffelovens 5. kapitel.

§ 11. Loven træder i kraft den 1. januar 1998.
Stk 2. Lov nr. 160 af 1. Juli 1927 om pligtig Aflevering af Tryksager til offentlige Biblioteker ophæves.
Stk. 3. I lov nr. 186 af 12. marts 1997 om film ophæves § 13.

§ 12. Loven gælder ikke for Færøerne og Grønland.

101. *Bekendtgørelse nr. 1041 af 17. dec. 1997 om pligtaflevering af udgivne værker.*

I medfør af § 6, stk. 2 og 3, § 8, stk. 1, § 9 og § 10, stk. 3 i lov nr. 423 af 10. juni 1997 om pligtaflevering af udgivne værker [aktst. nr. 100] fastsættes følgende:

Hvad skal afleveres

§ 1. Af værker, der udgives her i landet, skal der afleveres to eksemplarer til en pligtafleveringsinstitution, jf. lov om pligtaflevering af udgivne værker § 1, stk. 1.

Ved et værk forstås en afgrænset mængde af information, som må betragtes som en afsluttet og selvstændig enhed, jf. lovens § 1, stk. 2.

Et værk anses for udgivet, når eksemplarer af værket med ophavsmandens samtykke er bragt i handelen eller på anden måde spredt blandt almenheden, samt når der med ophavsmandens samtykke tilgår almenheden meddelelse om, at eksemplarer af værket fremstilles og distribueres på bestilling, eller at værket er tilgængeligt i en database, hvorfra brugeren kan hjemtage et eksemplar, jf. lovens § 1, stk. 3 og 4.

Som udgivelse anses endvidere, jf. lovens § 1, stk. 5, eksemplarspredning blandt almenheden i medfør af bestemmelserne i kapitel 2 i lov om ophavsret.

Stk. 2. Afleveringspligtige værker er:

1) Trykte udgivelser

Omfattet er eksempelvis udgivelser i form af bøger, seriepublikationer, herunder aviser, blade, tidsskrifter, årbøger, beretninger, regnskaber m.v., prislister, kataloger, pjecer, teaterprogrammer og lign., foldere, løbesedler, noder, kort og billeder, inkl. plakater, køre- og fartplaner, produktbeskrivelser, glober, reliefkort, reklamer, salgsmateriale og postkort.

Undtaget fra afleveringspligten er dog:

a) Nye, uforandrede optryk.
b) Pengerepræsentativer og værdipapirer.
c) Lokale eller andre særudgaver af tidsskrifter eller blade, som udelukkende har stof til fælles med et hovedblad.
d) Særtryk.
e) Skemaer, formularer bestemt til udfyldning.
f) Spillekort og spilleplader.
g) Emballager, brevpapir, visitkort, kuverter.
h) Kalendere uden redaktionel bearbejdning.
i) Litografier og andre etbladskunsttryk.

2) Udgivelser i mikroform

Omfattet er eksempelvis udgivelser på mikrofiche eller mikrofilm.

Undtaget fra afleveringspligten er dog mikroformer, der fremstilles af en af statens bevaringsinstitutioner for at sikre originaldokumenter i egne samlinger, uanset om de fremstilles og spredes i et mindre oplag til brug for andre tilsvarende institutioner.

3) Fotografisk gengivelse

Omfattet er fotografier, eksempelvis udgivet som dias eller papirbilleder.

Undtaget fra afleveringspligten er dog fotografiske udgivelser, hvor det samlede antal ikke overstiger 100.

4) Udgivelser i punktskrift

Omfattet er værker, der er trykt i punktskrift, herunder andre taktile fremstillinger, kort, tegninger m.v.

Undtaget fra afleveringspligten er dog værker, der foreligger i anden form, og hvor der kun er sket en rent mekanisk, ubearbejdet overførsel til punktskrift.

5) Udgivelser af fonogrammer

Omfattet er lydoptagelser, herunder optagelser af musik og tale, uanset hvilket medium der er anvendt ved eksemplarfremstillingen, f.eks.: grammofonplader, lydkassetter eller cd'er (Compact Disc). Fonogrammer i form af lydbøger og lydaviser, dvs. tekster indtalt på lydbånd el. lign., er ligeledes afleveringspligtige.

6) Udgivelser af videogrammer

Omfattet er optagelser af levende billeder, med og uden lyd, uanset om videogrammerne udgives i form af spolefilm, filmkassetter, videokassetter eller videodiske. Afleveringspligten omfatter også videogramudgivelser af udenlandske film, som er forsynet med dansk tale eller danske undertekster.

Ikke omfattet er videogrammer, der alene distribueres med henblik på offentlig fremførelse, som f.eks. biograffilm og kortfilm samt kunstneriske eksperimentalfilm. Ligeledes er undervisnings- og salgsmateriale og lign., som produceres i eet eller nogle få eksemplarer på videokassette eller videodisk med henblik på offentlig fremførelse på udstillinger, konferencer m.v., ikke omfattet.

7) Kombinerede udgivelser

Omfattet er udgivelser, der er kombinationer af forskellige fysiske medier, som f.eks. trykt materiale, diasbilleder, film, videokassetter, lydkassetter og tredimensionale genstande. Eksempelvis udgivelser af trykte publikationer med bilag i form af videokassetter, lydkassetter, dias, datadisketter eller cd-rom. Ligeledes billedværker i form af diasserier med ledsagende lyd.

Ikke omfattet er kombineret materiale, som er fremstillet i eet eller ganske få eksemplarer, som alene distribueres med henblik på fremførelser i forbindelse med udstillinger, konferencer, foredrag og undervisning m.v.

8) Udgivelser af digitale værker på fysiske medier

Omfattet er værker, der udgives på diskette, cd-rom eller lignende, herunder de under afsnit 1-7 nævnte værkstyper i digitaliseret form samt computerspil og andre interaktive værker.

Ikke omfattet, jf. lovens § 1, stk. 7, er værker i form af edb-programmer, med mindre et eksemplar af et edb-program udgør en del af et værk af en anden art og udgives sammen med dette. Ikke afleveringspligtige er herefter f.eks. tekstbehandlingsprogrammer, regneark og operativsystemer, mens f.eks. edb-programmer, der indgår i eller udgives sammen med digitaliserede bøger eller opslagsværker, multimedieværker, computerspil og andre interaktive værker er afleveringspligtige.

9) Udgivelser af digitale værker i databaser (netudgivelser)

Omfattet er værker, der udgives i databaser. Ved en database forstås her et digitalt netværk, herunder navnlig Internet, hvorfra en bruger - frit eller mod vederlag eller særlig aftale - kan hjemtage et eksemplar af et værk.

Ikke omfattet er edb-programmer, med mindre et eksemplar af et edb-program udgør en del af et værk af en anden art og udgives sammen med dette, jf. afsnit 8.

Som værker anses, jf. stk. 1, afgrænsede informationsmængder, der udgør afsluttede og selvstændige enheder. En løbende opdateret (dynamisk) enhed, f.eks. en hjemmeside på Internet, er således ikke afleveringspligtig som helhed, mens afsluttede (statiske) og selvstændige værker, der kan hjemtages, herunder fra en hjemmeside, er afleveringspligtige.

Undtaget fra afleveringspligten er dog:

a) Indlæg i nyhedsgrupper på Internet.
b) Artikler, der indgår i dynamiske internetaviser, -tidsskrifter og -magasiner, selv om artiklerne udgør afsluttede og selvstændige enheder, som kan hjemtages separat.
c) Artikler, der indgår i online-tilgængelige leksika og lignende, når leksikonet ikke er udgivet som helhed. Dette gælder, selv om artiklerne udgør afsluttede og selvstændige enheder, som kan hjemtages separat.

Stk. 3. Et værk, der fremstilles og distribueres på bestilling, jf. stk. 1, 3. pkt., er udgivet, når rekvisitionsadressen er offentliggjort. Distribueres værket via en online-tilgængelig database, jf. stk. 2, afsnit 9, er det udgivet, når værket er tilgængeligt i databasen for hjemtagelse.

Stk. 4. Udgivelse her i landet omfatter tilfælde, hvor eksemplarerne er fremstillet her i landet, og tilfælde, hvor eksemplarerne er fremstillet i udlandet med særligt henblik på spredning her i landet, jf. lovens § 1, stk. 6.

Bestemmelsen i 1. pkt. gælder tilsvarende for værker, der udgives i databaser, jf. stk. 2, afsnit 9, for så vidt angår fremstillingen af det digitale eksemplar, der indlægges i databasen.

Omfattet er herefter eksempelvis værker på dansk eller oversat til dansk samt værker forsynet med dansk tale eller danske tekster.

Undtaget fra afleveringspligten er dog værker, som fremstilles her i landet med henblik på spredning til et internationalt publikum, såfremt værkets indhold ikke har tilknytning til Danmark.

Som tilknytning til Danmark forstås navnlig, om ophavsmanden til værket er dansk, om værket vedrører danske forhold, om det fremføres på dansk, eller om udøvende kunstnere er danske.

Hvordan skal aflevering ske

§ 2. Et værk skal afleveres i den form og stand, hvori det udgives, og sammen med det materiale, som er fremstillet med henblik på at ledsage værket ved salget eller overdragelsen, f.eks. omslag, kassetter, teksthæfter, brugsanvisninger, vejledninger, bilag i andre medier og lign.

Edb-manualer er kun afleveringspligtige, hvis de vedrører programmer, der skal afleveres, jf. § 1, stk. 2, afsnit 8 og 9, eller hvis de udgives selvstændigt, jf. § 1, stk. 2, afsnit 1.

Stk. 2. Et værk i punktskrift, jf. § 1, stk. 2, afsnit 4, skal ledsages af de nødvendige oplysninger til identifikation og registrering i almindelig skrift.

Stk. 3. Kan et værk kun gøres tilgængeligt ved brug af teknisk udstyr, skal den nødvendige vejledning hertil ledsage de afleverede eksemplarer, jf. lovens § 2, stk. 2, 1. pkt.

Ved udgivelser i digital form og ved udgivelser, der anvender udstyr, som ikke følger normale standarder, skal den afleveringspligtige efter påkrav fra pligtafleveringsinstitutionen aflevere den tekniske dokumentation, som er nødvendig, for at værket kan gøres tilgængeligt på et tidspunkt, hvor det anvendte tekniske udstyr ikke længere er i almindelig handel, jf. lovens § 2, stk. 2, 2. pkt.

Den afleveringspligtige kan kræve, at den tekniske dokumentation ikke gøres tilgængelig for udenforstående, jf. lovens § 2, stk. 2, 3. pkt.

Stk. 4. Udgives et værk i en database, jf. § 1, stk. 2, afsnit 9, skal den afleveringspligtige meddele dette til den pligtafleveringsinstitution, der har ansvaret for indsamling af værket, jf. § 4, stk. 1.

Stk. 5. Meddelelsen, jf. stk. 4, skal afgives via pligtafleveringsinstitutionens hjemmeside og skal indeholde følgende oplysninger:

1) Værkets titel, ophavsmand (jf. dog § 6, stk. 2), udgiver og fremstiller (jf. § 3, stk. 2).
2) Værkets sted på nettet, dvs. URL (Unified Resource Locator).
3) Eventuelt supplerende oplysninger som f.eks. DOI (Document Object Identifier), (P)URL (Persistent Unified Resource Locator) eller anden internationalt anerkendt identifikation.
4) Oplysninger, der sætter pligtafleveringsinstitutionen i stand til at hjemtage værket i en form, så værket kan benyttes som på oprindelsesstedet, herunder f.eks.:
   a) kodeord eller lignende, der sikrer pligtafleveringsinstitutionen adgang til at hente værket til egen server,
   b) anvendte dataformater og programmer, inkl. version, samt operativsystem og specifikation af hardware, som udgiveren anbefaler til afvikling af værket,
   c) omfanget af værket (antal og størrelse af filer i værket),
   d) henvisning til eksempler på billeder, lyd, m.v. i værket (for at den modtagende institution kan efterprøve, om værket kan ses/høres/læses, som det var bestemt fra udgiverens side), og
   e) referencer, der kæder værket sammen til en helhed.

Stk. 6. Afleveringspligten, jf. stk. 4, opfyldes derved, at pligtafleveringsinstitutionen har adgang til at rekvirere eller fremstille et eksemplar af værket, jf. lovens § 2, stk. 3, 2. pkt. Pligtafleveringsinstitutionen fremsender digital kvittering for modtagelse af værket.

Stk. 7. Bestemmelserne i stk. 5 kan fraviges ved aftale mellem den afleveringspligtige og pligtafleveringsinstitutionen.

Hvem skal aflevere

§ 3. Afleveringspligten påhviler den, der fremstiller færdige eksemplarer til udgivelse, herunder foretager samlingen af værket og det eventuelt ledsagende materiale, jf. lovens § 3, stk. 1.

Stk. 2. Ved udgivelse af et værk i en database, jf. § 1, stk. 2, afsnit 9, er den afleveringspligtige den, der står for den tekniske færdiggørelse af det digitale eksemplar, der indlægges i databasen.

Stk. 3. Såfremt den, der efter stk. 1 er afleveringspligtig, ikke kan identificeres, eller hvis det ikke er muligt at fastslå, hvilken af flere fremstillere, der er den afleveringspligtige, er udgiveren efter påkrav fra pligtafleveringsinstitutionen afleveringspligtig, jf. lovens § 3, stk. 2. Ved udgiveren forstås den, der foranstalter spredningen, jf. lovens § 3, stk. 2, 2. pkt.

Stk. 4. Såfremt eksemplarerne er fremstillet i udlandet, påhviler afleveringspligten udgiveren eller, hvis denne ikke er bosiddende her i landet, den importør, som repræsenterer udgiveren her i landet, jf. lovens § 3, stk. 3, 1. pkt.

Såfremt udgiveren er bosiddende i udlandet, og der ikke findes en importør her i landet, påhviler afleveringspligten udgiveren, jf. lovens § 3, stk. 3, 2. pkt.

Bestemmelserne i 1. og 2. pkt gælder tilsvarende for værker, der udgives i databaser, såfremt det digitale eksemplar, der indlægges i databasen, er fremstillet i udlandet.

Stk. 5. Udgiveren skal, samtidig med bestillingen, underrette den, der fremstiller et værk med henblik på udgivelse, om der er tale om en delproduktion eller om en endelig færdiggørelse af værket, der medfører afleveringspligt.

Stk. 6. Udgiveren skal ligeledes give fremstilleren af et værk meddelelse herom, såfremt værket ikke skal udgives her i landet og derfor ikke vil være afleveringspligtigt.

Stk. 7. Udgifterne til fremstilling af de pligtafleverede eksemplarer afholdes af udgiveren, jf. lovens § 6, stk. 1, 1. pkt.

Ved eksemplarer, der er fremstillet i udlandet afholdes de tilsvarende udgifter af den afleveringspligtige efter stk. 4, jf. lovens § 6, stk. 1, 2. pkt.

Stk. 8. De modtagende institutioner afholder eller refunderer udgifterne til porto eller fragt, jf. lovens § 6, stk. 2.

Hvis de pligtafleverede eksemplarer repræsenterer en uforholdsmæssig stor udgift for den afleveringspligtige, kan den modtagende institution efter ansøgning give hel eller delvis godtgørelse for produktionsomkostningerne.

Stk. 9. Den, der tidligere har fremstillet afleveringspligtige værker, men som ikke i afleveringsperioden, jf.§ 4, stk. 3, har fremstillet noget afleveringspligtigt, eller som helt ophører med sådan fremstillingsvirksomhed, skal meddele dette til pligtafleveringsinstitutionen.

Stk. 10. Afgår den afleveringspligtige ved døden eller kommer han under konkurs, påhviler afleveringspligten boet, jf. lovens § 7.

Til hvem skal der afleveres

§ 4. Trykte værker, værker i mikroform, fotografier, værker i punktskrift, kombinerede værker og værker, der udgives i digital form på fysiske medier, jf. § 1, stk. 2, afsnit 1–4 og 7–8, afleveres til Det Kongelige Bibliotek. Dog afleveres aviser til Statsbiblioteket.

Værker, der udgives på andre medier, fonogrammer, videogrammer, jf. § 1, stk. 2, afsnit 5–6 afleveres til Statsbiblioteket.

Meddelelse om udgivelse af digitale værker i databaser, jf. § 1, stk. 2, afsnit 9 samt § 2, stk. 4, gives til Det Kongelige Bibliotek.

Stk. 2. De afleverede værker opbevares på to forskellige geografiske lokaliteter, jf. § 5, stk. 1.

Det påhviler de modtagende institutioner at reklamere over eventuelle mangler ved det afleverede og at videresende værkerne til den anden bevaringsinstitution.

Stk. 3. Afleveringen sker samtidig med udgivelsen eller i begyndelsen af januar og juli for det forløbne halvårs vedkommende. Afvigelse herfra kan dog ske efter særlig aftale med den modtagende institution.

Såfremt den afleveringspligtige ophører med sin virksomhed, skal det afleveringspligtige straks afleveres.

Meddelelse om udgivelse af digitale værker i databaser, jf. § 2, stk. 4, skal gives løbende i elektronisk form. Værket skal forblive tilgængeligt i 3 måneder efter meddelelsen, med mindre den afleveringspligtige af den modtagende institution forinden underrettes om, at værket er hjemtaget og kan slettes, eller med mindre andet aftales.

Stk. 4. Ved hver aflevering skal medfølge to enslydende fortegnelser med en nøjagtig specifikation over det, der afleveres. For småtryk såsom brochurer, foldere, løbesedler og lign., er det dog kun nødvendigt at opgive antallet.

Fortegnelsen skal desuden indeholde en erklæring om, at der ved afleveringen er medtaget alt, hvad der efter loven og denne bekendtgørelse skal afleveres, underskrevet af den afleveringspligtige eller dennes stedfortræder.

Denne regel gælder ikke for værker, der udgives i databaser, jf. § 1, stk. 2, afsnit 9, hvor der skal gives oplysninger i forbindelse med meddelelse efter § 2, stk. 4.

Stk. 5. Den ene af de medsendte fortegnelser skal af den modtagende institution returneres i kvitteret stand.

Hvem opbevarer det afleverede

§ 5. De afleverede eksemplarer opbevares på Det Kongelige Bibliotek i København og på Statsbiblioteket i Århus, dog således at

1) værker i punktskrift opbevares på Det Kongelige Bibliotek og på Danmarks Blindebibliotek,
2) lydbøger opbevares på Statsbiblioteket og på Danmarks Blindebibliotek,
3) videogrammer opbevares på Statsbiblioteket samt i København fordelt på Filmmuseet for så vidt angår danske og udenlandske spillefilm og kortfilm og på Det Kongelige Bibliotek for så vidt angår øvrige videogrammer.

Stk. 2. Eksemplarerne indgår i de modtagende institutioners samlinger og gøres tilgængelige for brugerne indenfor rammerne af ophavsretsloven på samme vilkår som de øvrige materialer, idet der dog tages særlige hensyn til bevaringsforpligtelsen.

Stk. 3. De afleverede eksemplarer af værker i digital form må dog alene stilles til rådighed for enkeltpersoner til personligt gennemsyn eller studium på stedet ved hjælp af teknisk udstyr. Eksemplarfremstilling i digital form er ikke tilladt, jf. lovens § 8, stk. 2, 2. og 3. pkt.

Stk. 4. Af de pligtafleveringseksemplarer, som i henhold til § 4, stk. 1 afleveres til Det Kongelige Bibliotek, indgår det ene som musealt eksemplar i nationalbiblioteket og kan normalt ikke hjemlånes.

Stk. 5. Af de pligtafleveringseksemplarer, som i henhold til § 4, stk. 1, afleveres til Statsbiblioteket, indgår det ene som musealt eksemplar i Statsbiblioteket og kan normalt ikke hjemlånes.

Stk. 6. Pligtafleveringsvistitutionen kan foretage kassation af afleverede eksemplarer, hvis disse ikke skønnes bevaringsværdige af kulturelle eller forskningsmæssige grunde, jf. lovens § 9, stk. 3.

Øvrige bestemmelser

§ 6. Udgiveren er forpligtet til efter påkrav fra den, der producerer nationalbibliografien, at give sådanne oplysninger, som er nødvendige for den korrekte registrering af værket i nationalbibliografien, f.eks. ophavsmandens fulde navn, fødselsdag og -år, jf. lovens § 5.

Stk. 2. Udgiveren er dog ikke forpligtet til at opgive identiteten på ophavsmænd, som optræder anonymt eller under pseudonym.

§ 7. I ethvert her i landet udgivet værk skal udgiveren anføre sit navn eller firma samt hjemsted, jf. lovens § 4.

Straffebestemmelser og ikrafttræden

§ 8. Overtrædelser af § 1, stk. 1, § 2, stk. 1., § 2, stk. 3, 1. pkt. og § 7 straffes med bøde, jf. lovens § 10, stk. 1.

Stk. 2. Med bøde straffes endvidere den, der undlader at efterkommet et påkrav efter § 2, stk. 3, 2. pkt., § 3, stk. 3 eller § 6, stk. 1., jf. lovens § 10, stk. 2.

Stk. 3. Overtrædelser af § 2, stk. 2 og 4 samt § 4, stk. 3 og 4 straffes med bøde.

Stk. 4. Der kan pålægges selskaber m.v. (juridiske personer) strafansvar efter reglerne i straffelovens 5. kapitel.

§ 9. Bekendtgørelsen træder i kraft den 1. januar 1998.

Kulturministeriet, den 17. december 1997

Ebbe Lundgaard
/ Torben S. Holm

PLIGTAFLEVERINGSSTATISTIK 1790–1996

AF

Henrik Horstbøll og John T. Lauridsen

Der har hidtil ikke foreligget en samlet statistik over de materialer, der er indkommet til Det Kongelige Bibliotek via pligtafleveringslovene. Her og der i de foregående bidrag findes kun en punktvis statistik for enkeltperioder og visse materialekategorier. I det følgende skal der gives et første bidrag til en samlet oversigt over nogle af de væsentligste typer af materialer, nemlig aviser, tidsskrifter/periodika, bøger, pjecer og småtryk siden 1790.[1] Det må være en af de fremtidige opgaver at gå mere i dybden med også de øvrige materialetyper, kort, billeder, musikalier, der kommer ind i kraft af pligtafleveringen. Det vil fremgå af både Harald Ilsøes og Henrik Horstbølls ovenstående bidrag, hvorfor året 1790 er valgt som udgangspunkt. I tiden forud er grundlaget for at afdække pligtafleveringens omfang langt mere sporadisk.

Den årlige pligtaflevering kan opgøres på flere måder og er blevet det gennem skiftende tidsperioder under hensyn til forskellige behov og retningslinier. Groft taget har der været anvendt tre kriterier: 1) antal titler, 2) antal bind/hefter og 3) antal hyldemeter. I det følgende anvender vi – så vidt muligt – kun det første, nemlig antallet af årlige titler inden for de forskellige materialekategorier. Dermed være ikke udtrykt, at de andre kriterier er uinteressante, men de retter sig dog i sidste ende mere mod bibliotekets interne magasinforvaltning end mod samfundet, mens antallet af forskellige aviser, tidsskrifter og bøger har interesse i et bredere samfundsperspektiv, når bortses fra det rent omfangsmæssige. Bindtallet kan være af interesse, selv om „et bind" i sig

[1] Vi har alene valgt at koncentrere os om statistikken fra Det Kongelige Bibliotek, da det er den ældste institution og dermed kan afgive den længste sammenhængende statistik. Endvidere er der ingen tvivl om, at Statsbibliotekets og Det Kongelige Biblioteks pligtafleveringsstatistik i dette århundrede er tæt afhængig. For mange år opgiver Statsbiblioteket de samme pligtafleveringstal som Det Kongelige Bibliotek. Det er kun muligt ved, at der er udvekslet tal mellem de to institutioner, d.v.s. fra København til Århus.

selv ikke er nogen præcis omfangsangivelse. Det kan dække over seks sider i oktav eller 1500 dobbeltspaltede foliosider. Pligtafleveringsstatistikken venter som den øvrige biblioteksstatistik på at blive udnyttet af bl.a. massekommunikationsforskere.

Kvaliteten af den foreliggende statistik er ikke bedre end de metoder, der har været anvendt til at frembringe den. I tabel A-C er der foretaget dels en egentlig optælling i de originale pligtafleveringsprotokoller, dels anvendt de interne indberetninger fra Danske Afdeling. Allerede af indberetningerne fremgår det, hvor afhængig den fremkomne statistik er af de skøn og kriterier, der blev anvendt. Det skønsmæssige bliver ikke mindre for tiden efter 1864, da der foreligger en ubrudt trykt statistik, som oven i købet er ret homogent udformet frem til 1947 (tabel D).[2] I tabel D lader konsekvenserne af både pligtafleveringsloven af 1902 og 1927 sig tydeligt aflæse, ligesom anden verdenkrig eller andre forhold 1940–46 påvirkede specielt antallet af avistitler.

Efter 1947 gik Det Kongelige Bibliotek i lighed med andre institutioner officielt over til udelukkende at anvende en opgørelsesmetode, der skulle gøre forskningsbibliotekernes statistik mere ensartet og sammenlignelig. Det førte til en nedprioritering af pligtafleveringsstatistikken, der herefter dels blev henvist til fodnoterne i Biblioteksårbogen, dels i en årrække ikke medtog periodika og helt og permanent har udeladt aviserne. Dog synes interne definitioner ikke opgivet af hensyn til de fælles retningslinier. Således definerede Danske Afdeling i tiden fra ca. 1930–59 pjecer som værende visse monografier på under 100 sider, fra 1960–70 på 70 sider.[3] Og der er ingen tegn på, at afdelingen har foretaget en optælling både efter Statsbibliotekets og folkebibliotekernes definition af pjecer som tryk på under 49 sider og sine egne. Fra 1970 løste det problem sig selv, da Danske Afdeling lukkede sin pjecesamling. Derfor er pligtafleveringsstatistikken for bøger og pjecer fra 1970 lagt sammen.

De stærkt ekspanderende småtryksperiodika blev fra 1960 registreret for sig i Danske Afdeling og blev nogle år senere permanent medtaget som en selvstændig kategori i den publicerede statistik. I det hele taget har de stigende mængder af materiale været et problem. Hvordan nå at registrere og tælle det hele? I en årrække var der ikke et præcist

[2] I KB's arkiv (I.9) er grundmaterialet for perioden 1861–1929 bevaret samlet i en pakke.

[3] *Katalognøgle.* Det kongelige Bibliotek. Publikumsorienteringer 5, 1983, s. 18.

overblik over antallet af periodika, hvilket alene fremgår af, at de samme tal med cirkaangivelse blev publiceret år efter år i 1950'erne.

Med hensyn til de øvrige materialekategorier synes statistikken for småtryk at være blevet mere skønsmæssig fra årene 1958 og 59. Forud blev de pligtafleverede bøger og småtryk registreret på dato for deres udpakning i Danske Afdeling. Det nøjagtige tal blev derpå indført i afdelingens protokol over pligtafleveringsstatistik. Derefter blev statistikken for småtryk mere summarisk, først opgivet måned for måned i årene 1959–60 og derefter endnu sjældnere, indtil statistikken kun indeholder et samlet rundt tal i afdelingens interne protokol.[4] For småtrykkenes vedkommende har der fra et tidspunkt i 1960'erne slet ikke kunnet være tale om at tælle publikationerne hver og en. I stedet blev der foretaget en opmåling af, hvor mange enheder, der var i en meter småtryk. Tallet 1.200 blev brugt til 1980, hvilket år der blev fortaget en omfattende opmåling året igennem for at få et mere præcist mål. Derved blev omregningstallet 1.100 enheder pr. løbende meter nået. Det bruges stadig. Selv med dette forbehold forekommer udsvingene i omfanget af de årligt pligtafleverede småtryk nogle år at være betydelig. Der foreligger i hvert fald den teoretiske mulighed, at småtryk indkommet et år, først er blevet indlemmet og medtaget i opgørelsen det følgende. Det mindste efterslæb i behandlingen af så omfattende materialemængder vil øjeblikkelig sætte sig spor i den opgivne statistik.

Fra og med 1988 er pligtafleveringsstatistikken helt udeladt af den forskningsbiblioteksstatistik, der publiceres af Statens Bibliotekstjeneste. Fra nævnte år gik man over til at anvende nye retningslinier, der er i overensstemmelse med såvel en nordisk, som en international standard (ISO/DIS 2789 International Library Statistics).[5] I stedet er Det Kongelige Biblioteks interne statistik anvendt som grundlag i tabel G for årene fra 1988. Heller ikke den retter sig kun mod antallet af titler, men fortsætter for bøgernes og småtryks vedkommende med at optælle fysiske enheder. Disse opgivelser er medtaget fremfor at udelade pligtafleveringsstatistikken helt for de seneste år. For interesserede i antallet af udkomne bogtitler henvises til den årlige statistik i *Dansk Bogfortegnelse.*

Stedet er ikke for en gennemgribende kommentering af det fremlagte talmateriale, heller ikke for at søge at forklare de punktvise store

[4] KB's arkiv: Protokol over Danske Afdelings Statistik 1. januar 1945–[1970].

[5] *Biblioteksårbog '88. Statistik for folke- og forskningsbibliotekerne,* 1989, s. 115.

hop for enkelte materialegruppers vedkommende; f.eks. springet i antallet af bøger og pjecer fra 1981 til 1982 fra 12.511 til 20.027. Det kan ikke skyldes ydre forhold, men må – som i en del andre tilfælde – have sin forklaring i bibliotekets håndtering af materialet.

Tabel A: Pligtaflevering til Det Kongelige Bibliotek 1790–1863/64.
Kilde: Det Kongelige Biblioteks Arkiv.
Antal bogførte bibliografiske enheder år for år, således som de er indført under afleveringsår i protokollerne F42, F43, F44, F45 samt F4 i KB's arkiv. Der er ikke tale om produktionsår, og en del af det afleverede materiale tilhører forrige års bogproduktion. Af denne grund opgives kalenderåret som ramme fra og med 1863–64.

Vedrørende leverancernes regionale fordeling og fordeling på enkelte bogtrykkere henvises til afsnittet Pligtaflevering og nationalbibliotek 1781–1850 ovenfor.

År	Titler	År	Titler	År	Titler
1790	295	1815	252	1840	810
1791	347	1816	208	1841	646
1792	397	1817	276	1842	691
1793	341	1818	250	1843	712
1794	350	1819	349	1844	824
1795	325	1820	254	1845	934
1796	430	1821	476	1846	899
1797	445	1822	131	1847	946
1798	458	1823	175	1848	888
1799	263	1824	195	1849	720
1800	362	1825	221	1850	857
1801	323	1826	323	1851	887
1802	431	1827	294	1852	1011
1803	350	1828	548	1853	1141
1804	271	1829	293	1854	1404
1805	297	1830	398	1855	1119
1806	309	1831	413	1856	1275
1807	249	1832	659	1857	1253
1808	218	1833	645	1858	1153
1809	224	1834	600	1859	1207
1810	172	1835	567	1860	1205
1811	209	1836	602	1861[1]	1626
1812	195	1837	628	1862	1853
1813	243	1838	612	1863	1054
1814	206	1839	562	1863–64	1925

[1] Opgørelsen 1861–1863/64 jvf. tabel C. Den voldsomme vækst fra 1860 til 1861 skyldes ikke ændret optællingsmåde, men at Johannes Vahl, som overtog Danske Afdeling i 1861, medtog flere småtryk i protokollen.

Tabel B: Pligtaflevering til Det Kongelige Bibliotek 1840–1860.
Kilde: Frederik Fabricius' utrykte indberetninger fra Danske Afdeling til overbibliotekar E. C. Werlauff, Det Kongelige Biblioteks Arkiv. A 8 Journalsager. Ældre række nr. 1023, 1144, 1171, 1190, 1208, 1227, 1245, 1255, 1265, 1281, 1309, 1336, 1356, 1419, 1445, 1458, 1488, 1529.

Afleveringsår	Skrifter[1] (uden småtryk)	Blade og Tidsskrifter ialt	Blade og tidsskrifter regionalt
1840	500	?	
1841[2]	350	?	
1842[2]	494	86	
1843[2]	450	?	
1844	509	87	
1845	618	108	Danmark: 74; Hertugdømmerne: 29 (heraf 2 danske); Island: 3; Vestindien: 2.
1846	530	100	
1847	550	123	København: 65 (heraf 2 tyske og 3 islandske); danske provinser: 29; Hertugdømmerne: 27 (4 danske og 1 dansk-tysk); Vestindien: 2.
1848	600	?	
1849	450	73	
1850	550	101	
1851	544	113	Slesvig: 8; øvrige: 105.
1852	550	108	Kongeriget: 90; Slesvig: 9; Island: 7; Vestindien: 2.
1853	700	106	Kongeriget: 89; Slesvig: 9; Holsten: 1; Island: 4; Færøerne: 1; Vestindien: 2.
1854	800	123	København: 62; danske provinser: 34; Slesvig: 10 (4 danske); Holsten: 11; Island: 4; Vestindien: 2.
1855	600	132	

Fortsættes

Afleveringsår	Skrifter[1] (uden småtryk)	Blade og Tidsskrifter ialt	Blade og tidsskrifter regionalt
1856	ca. 600	157	København: 71; danske provinser: 47; Slesvig: 16; Holsten: 14; Island: 7 (hvoraf 2 trykkes i København); Vestindien: 2.
1857	ca. 600	136	København: 66; danske provinser: 44; Slesvig: 10; Holsten: 11; Island: 3; Vestindien: 2.
1858	ca. 600	131	København: 55; danske provinser: 46; Slesvig: 16; Holsten: 8; Island: 4; Vestindien: 2.
1859	ca. 550	153	København: 66; danske provinser: 57; Slesvig: 13; Holsten: 10; Island: 5; Vestindien: 2.
1860	ca. 650	166	København: 80; danske provinser: 52; Slesvig: 17; Holsten: 11; Island: 4; Vestindien: 2.

[1] Med skrifter forstod Fabricius bogtitler, uanset bindtal. Han medtalte ikke regnskaber, laugsartikler, love, selskabslister- og sange, lejlighedsdigte, historier, programmer og andre »Smaasager, hvis antal fra Aar til Aar tiltager«, som han skrev i indberetningen for 1854, og ordningen heraf »medfører megen Tidsspilde, uden at det bør forsømmes«. Det sidste kunne Fabricius ikke helt sige sig fri for. I bibliotekets pligtafleveringsprotokol noterede han vedrørende bogtrykker Elvius' aflevering d. 29. juni 1856 alene: »Forskellige Ubetydeligheder«. Fra midten af 1850'erne blev Fabricius tal for skrifterne mere omtrentlige, i modsætning til tallene for blade og tidsskrifter. Ved at sammenholde Fabricius optælling med protokollernes samlede leverancer (jvf. tabel A.) får man et indtryk af småtrykkenes vækst i perioden.

[2] For årene 1841 til 1843 savnes Fabricius' egenhændige indberetninger i KB's arkiv og tallene er taget fra E. C. Werlauffs årsberetninger til Konge og Kancelli om Det Kongelige Bibliotek, hvor bl.a. Fabricius' tal fra Danske Afdeling blev anført (A 8 Journalsager. Ældre række nr. 1100, nr. 1127).

Tabel C: Pligtaflevering til Det Kongelige Bibliotek 1861–1863/64. Kilde: Johannes Vahls utrykte indberetninger fra Danske Afdeling til overbibliotekarerne J. A. Bølling og Chr. Bruun. Det Kongelige Biblioteks Arkiv I 9. (Årsberetninger fra Danske Afdeling 1861–1929).[1]

Afleveringsår	Aviser	Tidsskrifter	Bøger	Småtryk	Sum
1861[2]					
Kongeriget[3]	82	81	1105		1268
Slesvig	11	5	125		141
Holsten	10	10	197		217
Sum	103	96	1427		1626
1862					
Kongeriget	83	97	759	518	1457
Slesvig	11	8	52	94	165
Holsten	15	7	77	132	231
Sum	109	112	888	744	1853
1863 (første kvartal)					
Kongeriget	62	74	425	292	853
Slesvig	9	5	20	19	53
Holsten	14	7	51	76	148
Sum	85	86	496	387	1054
1863–64					
Kongeriget	83	110	946	679	1818
Slesvig	7	3	21	18	49
Holsten	9	1	11	37	58
Sum	99	114	978	734	1925

[1] I 1870 udkom første bind af de trykte *Aarsberetninger og Meddelelser fra Det Store Kongelige Bibliothek.* Som skæringsår valgtes 1864–65, således at de trykte beretninger alene omfatter kongeriget. Ikke alle oplysninger i indberetningerne blev trykt. Eksempelvis findes i Vahls embedsperiode frem til 1899–1900 år for år tabeller over, hvor meget hver enkelt bogtrykker i hele landet afleverede til Det Kongelige Bibliotek.

[2] I 1861 skelnes ikke mellem bøger og småtryk.

[3] Kongeriget generelt med Island og Vestindien.

Tabel D: Pligtafleveringen 1864/65–1947.
Kilde: mellem 1864/65 og 1886/97 fra Danske Afdelings årsberetninger i Chr. Bruun: *Aarsberetninger fra Det Store Kongelige Bibliothek 1864/65 til 1896/97*, 1–4, *Aarsberetninger fra Det Store Kongelige Bibliothek 1897–1901*, 1902, for årene 1901/02 til 1925/26 fra *Betænkning vedrørende Statens Biblioteksvæsen*, 1927, s. 75 (tillige særskilt i Det Kongelige Biblioteks årsberetninger for perioden) og fra 1926/27 til 1947 i Det Kongelige Biblioteks følgende årsberetninger.
Det er en opgørelse af antal titler.

År	Aviser	Tidsskrifter	Bøger	Småtryk
1864–65	67	107	842	493
1865–66	78	114	1.142	513
1866–67	87	135	1.035	582
1867–68	103	132	1.166	654
1868–69	94	130	1.039	618
1869–70	105	127	1.078	605
1870–71	108	127	1.002	731
1871–72	108	140	1.001	701
1872–73	121	156	1.160	908
1873–74	117	150	1.184	851
1874–75	121	138	1.202	1.026
1875–76	124	148	1.278	1.162
1876–77	135	140	1.326	973
1877–78	144	182	1.439	1.098
1878–79	143	185	1.419	889
1879–80	148	201	1.468	1.114
1880–81	140	206	1.475	1.189
1881–82	166	218	1.527	1.383
1882–83	178	211	1.640	1.425
1883–84	175	244	1.730	1.687
1884–85	177	243	1.905	1.752
1885–86	172	230	1.937	1.965
1886–87	171	239	1.853	1.872
1887–88	163	257	1.935	2.177
1888–89	179	261	2.102	2.416
1889–90	190	319	2.224	2.099
1890–91	187	317	2.146	2.763
1891–92	204	238	2.201	2.962
1892–93	199	340	2.177	3.213
1893–94	216	359	2.440	3.169
1894–95	218	368	2.542	3.379
1895–96	226	391	2.720	3.355
1896–97	226	391	2.567	4.197
1897–98	229	398	2.855	3.939
1898–99	237	437	2.595	4.349
1899–1900	238	450	2.915	4.293

Fortsættes

År	Aviser	Tidsskrifter	Bøger	Småtryk
1900–01	234	524	1.762	5.495
1901–02	221	601	1.980	7.157
1902–03	230	673	2.225	23.626
1903–04	231	841	2.347	41.812
1904–05	220	893	2.673	43.482
1905–06	241	993	2.798	45.652
1906–07	253	982	2.813	50.625
1907–08	268	1.072	2.970	51.671
1908–09	261	1.171	3.680	62.501
1909–10	258	1.163	3.439	59.351
1910–11	261	1.187	3.485	59.791
1911–12	283	1.277	3.633	65.993
1912–13	269	1.314	3.537	63.378
1913–14	277	1.420	3.635	68.622
1914–15	263	1.392	3.742	62.703
1915–16	272	1.422	3.931	64.314
1916–17	281	1.485	3.948	67.720
1917–18	275	1.473	3.687	64.455
1918–19	283	1.561	4.305	67.894
1919–20	289	1.596	4.490	68.373
1920–21	291	1.600	3.756	67.497
1921–22	301	1.585	3.738	67.941
1922–23	301	1.718	3.586	67.431
1923–24	298	1.848	4.457	73.336
1924–25	308	1.880	3.695	68.718
1925–26	304	1.915	3.753	73.134
1926–27	293	2.004	3.295	69.195
1927–28	299	2.129	3.292	46.686
1928–29	301	1.991	2.893	31.617
1929–30	292	2.105	3.272	26.807
1930–31	281	2.083	3.241	23.870
1931–32	271	2.155	3.128	24.743
1932–33	268	2.217	3.142	23.068
1933–34	280	2.393	3.306	25.754
1934–35	281	2.352	3.188	25.434
1935–36	289	2.408	3.243	24.691
1936–37	272	2.521	3.541	29.282
1937–38	277	2.487	3.423	28.192
1938	261	2.603	1.490[1]	19.487[2]
1939	262	2.505	2.892	36.200
1940	138	2.371	2672	32.238
1941	138	2.466	2830	31.483
1942	138	2.599	3091	32.365
1943	131	2.815	3289	35.527
1944	131	2.852	3692	32.380
1945	134	1.918	3981	28.560
1946	130	2.009	4068	31.185
1947	214	1.958	3353	29.190

[1] Dog kun i tidsrummet 1. april–31. december 1938.

[2] Dog kun i tidsrummet 1. april–31. december 1938.

Tabel E: Pligtafleveringsstatistik 1948–1970.
Kilde: Hvor andet ikke angives, er oplysningerne fra *Biblioteksårbog* 1948–1970.

År	Aviser[1]	Periodika	Bøger	Pjecer	Småtryk	Småtryksperiodika
1948			2.188	1.866	41.058	
1949			1.918	1.792	46.800	
1950			2.053	14.055[???]	43.000	
1951			1.834	1.427	40.000	
1952			1.588	1.604	34.878	
1953		1.700[2]	1.630	1.734	31.270	
1954		1.600	1.835	1.519	36.000	
1955		1.600	1.722	1.743	33.000	
1956		1.600	2.253	2.047	32.000	
1957		1.600	2.004	1.857	32.650	
1958		1.600	2.537	1.639	34.244	
1959		1.600	2.160	1.393	32.000	
1960		1.550	2.429	1.801	39.141	
1961		3.873	2.971	2.121	41.234	
1962		4.713	3.774	2.581	58.668	
1963		4.713[3]	4.440	1.695	43.968	[ca. 2.500][4]
1964		4.713[5]	3.862	339	60.000	[godt 2.500][6]
1965		5.939	6.036	2.707	50.000	
1966		6.418	7.022	3.157	50.000	[ca. 7.000][7]
1967		6.472	5.110	1.828	56.040	
1968		7.040	5.202	1.647	37.541	8.355 [8]
1969		14.564[9]	6.417	2.299	38.590	[8.355][10]
1970		3.261[11]	6.414	2.412	45.180[12]	12.179[13]

[1] Antallet af aviser kan til 1970 søges i Niels Thomsen: *Dagbladskonkurrencen 1870–1970*, 1-2, 1972.

[2] „Herunder ikke helt små foreningsblade".

[3] I *Meddelelser fra Rigsbibliotekaren* 14:2, 1963, s. 1 oplyses: „Tidsskriftaccessionen har tilendebragt arbejdet med oprettelsen af en ny registrant over Danske afdelings periodika. Periodikaregistranten omfatter pr. 1.6.1963 5.463 titler."

[4] Småtryksafdelingen foretog i løbet af finansåret det grundlæggende arbejde med indretningen af en registrant over afdelingens løbende årsskrifter fra 1.1.1960. Registranten omfatter ca. 2.500 titler. *Meddelelser fra Rigsbibliotekaren* 14:2, 1963, s. 1.

[5] Lig med det tal, som *Meddelelser fra Rigsbibliotekaren* 16:2, 1965, s. 1 opgiver som pligtafleverede titler i periodikaregistranten.

[6] *Meddelelser fra Rigsbibliotekaren* 16:2, 1965, s. 1.

[7] *Meddelelser fra Rigsbibliotekaren* 18:2, 1967, s. 6.

[8] Hidtil ikke registrerede, iflg. *Biblioteksårbog* 1968, s. 62. Se også *Meddelelser fra Rigsbibliotekaren* 20:1–2, 1969, s. 20.

[9] Heri indgår uden tvivl småtryksperiodika, idet *Meddelelser fra Rigsbibliotekaren* 20:1–2, 1969, s. 20 oplyser, at der pr. 31.3.1969 var registreret 7.040 løbende tidsskrifter, årbøger og monografiserier indkommet gennem pligtafleveringen i tidsskriftsregistranten (foruden 802 ved gaver og køb).

[10] Opgives pr. 31.3.1969 som registrede som småtryksperiodika (*Meddelelser fra Rigsbibliotekaren* 20:1–2, 1969, s. 20).

[11] Pr. 31.3.1970 var der registreret 6.798 løbende tidsskrifter, årbøger og monografiserier indgået ved pligtaflevering (*Meddelelser fra Rigsbibliotekaren* 23:1, 1972, s. 10).

[12] Kun antallet af indlemmede småtryk er medtaget. I en periode anføres både antallet af modtagne og indlemmede småtryk.

[13] Småtryks periodikaregistrant rummede pr. 31.3.1970 7.766 periodika (*Meddelelser fra Rigsbibliotekaren* 21:1–2, 1970, 10).

Tabel F: Pligtafleveringsstatistik 1971–1987.
Kilde: Hvor andet ikke angives, er oplysningerne hentet fra *Biblioteksårbog* 1971–1988. Der er også for nogle år frem til og med 1978 en årsstatistik i *Meddelelser fra Rigsbibliotekaren.*
Aviserne er indeholdt i antallet af periodika. Distriktsblade ligeledes.
Tallet på bøger og pjecer er ikke antal titler, men antal indlemmede fysiske enheder. For småtryk er så vidt muligt opgivet antal indlemmede eksemplarer, men for enkelte år kan kun antal modtagne eks. oplyses.

År	Aviser[1]	Periodika	Bøger og pjecer[2]	Småtryk	Småtryksperiodika
1971[3]	160		2.229	11.900	
1971–72[4]	135	3.472	10.132	49.300	10.850[5]
1972–73	69[6]	3.829	9.328	37.000	11.539
1973–74	65	4.104	8.117	58.000	11.585
1974–75		4.249	10.130	[72.000][7]	10.700
1975–76		4.458	10.120	62.000	11.239
1976–77		4.300	12.416	48.000	11.101
1977–78		4.752	12.113	54.000	10.200
1978–79[8]		5.103	9.853	48.000	10.139
1979		5.628	13.294	82.000	10.615
1980		6.053	12.611	57.600	11.093
1981		6.385	12.511	60.600	12.120
1982		6.824	20.027	69.500	13.136
1983		6.892	20.436	70.200	13.848
1984		6.825	19.540	65.900	13.786
1985		7.260	22.015	76.500	14.822
1986		7.623	20.689	81.000	15.570
1987		7.875	25.271	94.300	15.296

[1] Opgivelser fra *Meddelelser fra Rigsbibliotekaren* 23:1, 1972, s. 13; 26:2, 1975, s. 14.
[2] Inklusive de enkelte bind af årbøger og monografiserier.
[3] Pligtafleveringsstatistikken gælder kun første kvartal 1971.
[4] Pligtafleveringsstatistikken har hidtil fulgt kalenderåret, men følger fra 1971/72 finansåret.
[5] Efter en gennemgribende revision rummede Småtryksafdelingens periodikaregistrant pr. 31.3.1972 i alt 6.281 løbende periodika (pr. 31.3.1971: 7.971). *Meddelelser fra Rigsbibliotekaren* 23:1, 1972, s. 14.
[6] Distriktsblade var siden foregående opgørelse overført til tidsskriftsregistranten (*Meddelelser fra Rigsbibliotekaren* 24, 1973. Særnummer. Årsberetninger 1/4 1972–31/3 1973, s. 9).
[7] Der er for dette finansår ingen angivelse i Biblioteksårbogen, men *Meddelelser fra Rigsbibliotekaren* 26:2, 1975, s. 16 angiver antallet af *modtagne* småtryk 1974–75.
[8] Omfatter kun perioden april til december.

Tabel G: Pligtafleveringsstatistik 1988–1996.
Kilde: Det Kongelige Bibliotek, Administrationen og Danske Afdeling. For periodika dækker alle tal over antal selvstændige titler. For pligtafleverede bøger og småtryk dækker alle tal over antal indlemmede fysiske enheder. I opgørelsen af småtryk indgår også antallet af periodika i Småtryksafdelingen.

År	Aviser	Periodika	Bøger	Småtryk	Småtryksperiodika
1988	514	6.194	Oplysninger foreligger ikke		16.201
1989	454	7.194	18.139	82.632	17.398
1990	469	7.085	16.354	74.734	17.596
1991	470	7.135	15.354	76.307	17.842
1992	494	7.210	18.647	83.058	18.140
1993	533	7.733	16.972	84.315	14.404
1994	507	8.002	17.808	89.100	13.268
1995	417	8.361	11.857	106.986	14.380
1996	445	8.601	12.132	104.192	14.504

ANVENDT LITTERATUR

Afleveringspligten, *Dansk Boghandlertidende* 70, 1924, s. 66–67.

Allerslev Jensen, Erik: Dansk Bogfortegnelse mellem Det kongelige Bibliotek og Bibliotekscentralen, *Levende Biblioteker. Festskrift til Palle Birkelund 29. januar 1982*, 1982, s. 11–14.

Andersen, Poul: *Dansk Statsforfatningsret*, 1954.

Andersen, Ruth: *Den rapmundede Muse: Ti års danmarkshistorie i skillingsviser fra Matthias Seests bogtrykkeri*, 1995.

Bergsøe, Adolph Frederik: *Den danske Stats Statistik*, 3, 1848, s. 135–144.

Betænkning afgivet af den om Oprettelsen af et Stats-Bibliothek i Aarhus nedsatte Kommission. (Dateret sept. 1893, men trykt 1895. – Desuden trykt i *Rigsdagstidende* 1895–96, Tillæg A sp. 2975–3000).

Betænkning over Forslag til Lov om den Bogtrykkerne m.fl. paahvilende Forpligtelse til Aflevering af Frieksemplarer til offentlige Bibliotheker afgiven af Landstingets Udvalg den 21de Marts 1902, *Rigsdagstidende* 1901–02, Tillæg B sp. 1623–28. (Hovedbetænkning med forslag, se under forslaget af 1902).

Betænkning angaende de offentlige Bibliotekers Ret til Frieksemplarer, 1917.

Betænkning vedrørende Statens Biblioteksvæsen afgivet af det af Undervisningsministeriet under 11. Oktober 1924 nedsatte Udvalg, 1927. (s. 70–104: Betænkning med forslag til ny lov om pligtaflevering dateret 30. nov. 1926).

Betænkning over Forslag til Lov om offentlige Bibliotekers Ret til Frieksemplarer af Tryksager m.m. afgiven af Landstingets Udvalg den 4. Maj 1927, *Rigsdagstidende* 1926–27, Tillæg B sp. 1275–78.

Biblioteksbetænkningen 1979, afgivet af Bibliotekskommissionen. Betænkning nr. 878, 1979.

Biblioteksdebatten fortsættes, *Bogens Verden* 5, 1924, s. 38f.

Biblioteksårbog 1949ff.

Bibliotheca Danica. Systematisk Fortegnelse over den danske Litteratur fra 1482 til 1830. Udg. ved Chr. V. Bruun m. fl. 1–5, Fotografisk optryk med supplementer) 1961–63.

Bindsløv, Laurits: *Pressen under besættelsen*, 1960.

Bille Larsen, Steen: Oprettelsen af det nordiske bibliotek 1780. Ved 200-året for Det kongelige Biblioteks Danske Afdeling, *Fund og Forskning* 25, 1981, s. 47–76.

Bing, Bertel: *Københavnske Presseforhold under Verdenskrigen*, 2. udg., 1921.
Birkelund, Palle: E. C. Werlauffs Udsigt over Det kongelige Biblioteks tilstand i 1829, *Nordisk tidskrift för Bok- och Biblioteksväsen* 43, Uppsala 1956, s. 1–16.
Birkelund, Palle: Universitetsbiblioteket 1729–1926, *Københavns Universitet 1479–1979*. Red. af Svend Ellehøj m.fl., 4, 1980, s. 365–454.
Birkelund, Palle: Om det kongelige Biblioteks Danske Afdeling i midten af forrige århundrede. Henrik Glahn m.fl. (red.), *Hvad Fatter gjør....: boghistoriske, litterære og musikalske essays tilegnet Erik Dal*, 1982, s. 77–91.
Birkelund, Palle: Rasmus Nyerups første skridt på den bibliotekariske løbebane, *Nordisk tidskrift för Bok- och Biblioteksväsen* 56, 1969, s. 33–47.
Bjerregaard, Estrid: Legal deposit: Purpose and scope in modern Society, *Libri* 23, 1973, s. 331–346.
Blume, Peter: *Databaseret*, 1996.
Blædel, Leif: *Sagen om Fanny Hill*, 1965.
Bonde, Aage m.fl.: *Et uddrag af Viborg Stiftsbogtrykkeri tohundredårige historie 1771–1971 samt beretning om bogtrykkerier i Viborg fra reformationstiden indtil 1745*, 1971.
Bramsen, Bo: *Bogens vilkår i Danmark. Danske Forlæggeres og Boghandleres Debatoplæg til Kulturministeriet*, 1973.
Bredsdorff, Elias: *Goldschmidts Corsaren*, 1962 (rev. udg. 1977).
Bredsdorff, Elias: *Revolutionær humanisme. En introduktion til 1930'ernes venstreorienterede kulturtidsskrifter*, 1982.
Broby-Johansen, R.: *Imprimatur. En tidebog*, 1960.
Bruhn Jensen, Klaus (red.): *Dansk mediehistorie*, 1, 1996.
Bruhns, Svend: *Bibliografiens historie i Danmark, især ca. 1700 til 1875*. Aalborg, upub. licentiatafhandling, 1994.
Bruhns, Svend: Dansk Bogfortegnelse, Axel Andersen (red.): *Danske opslagsværker*, 1977, s. 507–532.
Bruun, Chr.: *Frederik Rostgaard og hans Samtid I: Frederik Rostgaards Liv og Levned*, 1870.
Bruun, Chr.: Bibliotekernes Frieksemplarer, *Dansk Bogtrykker-Tidende* 9, 1894, sp. 151–153.
Bruun, Chr.: *Peter Frederik Suhm. En Levnetsskildring*, 1898.
Brøchner, H. H.: *Avisen – Oplysning eller Forretning?* 1947.
Buhl, Ingeborg: *Trådene tvindes. Erindringsglimt II. Modningsår*, 1976.

Clausen, Julius: Forbudte Bøger i ældre Tid, *Hvem skrev hvad,* 1945, s. 600.

Clausen, V. E.: *Det folkelige danske træsnit i etbladstryk 1565–1884,* 1985.

Conrad, Flemming: Den nationale litteraturhistorieskrivning 1800–1861, *Dansk Identitetshistorie,* 2, 1991, s. 391–468.

Corsaren. M. A. Goldschmidts årgange 1840–46. Efterskrift af Uffe Andreasen, 1981.

Crews, Kenneth D.: Legal Deposit in four Countries: Laws and Library Services, *Law library journal* 80, 1988, s. 551–576.

Dal, Erik 1982: *Dansk provinsbogtryk gennem femhundrede år,* 1982.

Dal, Erik: Bibliotheca Danica 1482–1830 og Catalog over det store kongelige Bibliotheks danske og norske Afdeling, Axel Andersen (red.): *Danske opslagsværker,* 1, 1977, s. 225–297.

Dansk biografisk leksikon, 1–3. udg.

Dansk Bogfortegnelse.

Dansk skønlitterært forfatterleksikon 1900–1950, 1–3, 1959–64. Red. af Svend Dahl, m.fl.

De gamle aviser er et problem for bibliotekerne. Interview med rigsbibliotekar Svend Dahl, *De grafiske Fag,* 45, 1949.

Delbetænkning nr. 1 fra Udvalget om bibliotekerne i informationssamfundet, juni 1996.

Det kongelige Biblioteks arkiv indtil 1943. Registratur. Indsigt: Håndskriftafdelingens arkivregistraturer nr. 6, 1994.

Dumreicher, Carl: Afleveringsloven og Afleveringspligten, *Philobiblon* 3, 1950, s. 25–27.

Dumreicher, Carl: *Mellem Bøger og Biblioteker. Små Livserindringer,* 1959. (Heri erindringer fra universitetsbiblioteket, tidligere trykt i en lidt afvigende version i *Bogens Verden* 35, 1953, s. 229–237 og 413–424).

Dybdahl, Vagn: Arkiver og politik. Rigsdagen og Rigsarkivet 1888–89, *Afhandlinger tilegnede Axel Lindvald,* 1956, s. 91–114.

Düring Jørgensen, Jesper: Forbudte og undertrykte bøger. *Nordisk tidskrift för Bok- och Biblioteksväsen* 79, 1992, s. 117–129.

Düring Jørgensen, Jesper: Tyske forsøg på kulturpropaganda i Danmark under den første verdenskrig, *Fund og Forskning* 26, 1982–83, s. 125–152.

Ege, Ole: *Erotiske drømme,* 1992.

Ehrencron-Müller, H.: *Vejledende Bemærkninger om Lov om offentlige Bibliotekers ret til Frieksemplarer m.m. samt lidt Forhistorie,* 1902. (Særtryk af Dansk Bogtrykkertidende 10, 1902).

Ehrencron-Müller, H.: *Forfatterlexikon omfattende Danmark, Norge og Island indtil 1814,* 1–12, 1924–35.

Elbrønd-Bek, Bo og Ole Ravn (red.): *Sex og Samfund,* 1975.

Elert, Nic.: *Svar paa det saa kaldte Anonymiske Biedrag til Hr. Riegels's Spørgsmaal og Tvivl,* 1787. (Pjece på 8 sider vedrørende universitetsbiblioteket).

Erichsen, Balder: Universitetsbiblioteket i det første Tiaar efter Branden 1728, *Ex Bibliotheca Universitatis Hafniensis,* 1920, s. 119–143.

Eriksen, Gerhardt: *Nic. Blædel,* 1994.

Erklæring til Kirke- og Undervisningsministeriet vedrørende Forholdet mellem det store Kongelige Bibliothek og Universitetsbibliotheket fremlagt den 22. Maj 1854, *Rigsdagstidende* 1856–57, Anhang B sp. 155–168.

Erslew, Th. H.: *Almindeligt Forfatter-Lexikon for Kongeriget Danmark* 1–3, 1843–53, suppl. 1–3, 1858–68.

Fabritius, Albert: *Det kongelige Biblioteks Embedsmænd og Funktionærer 1653–1943,* 1943.

Fog, Dan: *Musikhandel og nodetryk i Danmark efter 1750,* I-II, 1984.

Fog, Dan: *Lumbye-katalog. Fortegnelse over H. C. Lumbyes trykte kompositioner,* 1995 (Danish Humanist Texts and Studies 10).

Fornuftige Ord i Rigsdagen om Pligtafleveringen til Bibliotekerne, *Bogens Verden* 5, 1923, s. 220–223. (Uddrag af indlæg i finanslovsdebatten af Bertel Dahlgaard).

Forslag med Bemærkninger til Lov om den Bogtrykkerne m.fl. paahvilende Forpligtelse til Aflevering af Frieksemplarer til offentlige Biblioteker, 1902. (Desuden trykt i *Rigsdagstidende* 1901–02, Tillæg A II sp. 4415–4454).

Forslag med Bemærkninger om Pligtaflevering af Aviser til Statens Samlinger den 31. Januar 1925, *Betænkning vedrørende Statens Biblioteksvæsen afgiven af det af Undervisningsministeriet under 11. Oktober 1924 nedsatte Udvalg,* 1927, s. 105–109. (Desuden trykt i *Rigsdagstidende* 1924–25, Tillæg A sp. 6555–6560.

Goldschmidt, M. A.: *Udvalgte Skrifter,* 6, 1910.

Hartyani, Marton de: Nedsættelsen af Biblioteksudvalget 1924, *Nordisk tidskrift för Bok- och Biblioteksväsen* 66, Uppsala 1979, s. 79–82.

Hartyani, Marton de: Fællesraadet for de videnskabelige Biblioteker under Undervisningsministeriet. Et forsøg på koordinering af bibliotekerne, *Nordisk tidskrift för Bok- och Biblioteksväsen* 68, Uppsala 1981, s. 15–20.

Haugaard Jensen, Jens, Erik Hansen og Lilla Voss: *Sociale studier. Kriminalitet, prostitution og fattigdom i Århus ca. 1870–1906*, 1975.
Henriksen, V. Fr.: Pornografi og bekæmpelse af dens udbredelse, *Politiet. Tidsskrift for Politivæsen* 1938–39, s. 348.
Henriksen, V. Fr.: Bogtrykkernes Aflevering af Tryksager, *De grafiske Fag* 36, 1940, s. 177–181, s. 223.
Hertel, Hans (udg.): *Mr. Henderson i forbifarten. 46 samtidshistorier*, 1975.
Hesselager, Lise: *Til guld skal det blive ... Biblioteksfaglige afhandlinger 1972–1987*, 1988.
Hind, Tage: Med Ordets Sværd, Vilh. la Cour (red.): *Danmark under Besættelsen*, 2, 1947, s. 577–608.
Holm, Edvard: *Hovedtræk af Trykkefrihedens Historie*, 1885.
Hougaard, Per: Om knaldromaner, føljetoner og kolportagelitteratur i Danmark (1–2), *Magasin fra Det kongelige Bibliotek* 11:3, 1996, s. 3–20 og 11:4, 1997, s. 3–25.
Hvidt, Kristian: *Edvard Brandes. Portræt af en radikal blæksprutte*, 1987.
Højesteretstidende.
Ilsøe, Harald: Universitetets biblioteker til 1728, *Københavns Universitet 1479–1979*. Red. af Svend Ellehøj m.fl., 4, 1980, s. 289–364.
Ilsøe, Harald: *Bogtrykkerne i København ca. 1600–1810: En biobibliografisk håndbog med bidrag til bogproduktionens historie*, 1992 (Danish Humanist Texts and Studies 5).
Ilsøe, Harald: *Kilder og litteratur til Det kongelige Biblioteks historie trykt 1844–1992*. 1993 (Det kongelige Bibliotek. Specialhjælpemidler 11).
Ilsøe, Harald: Bøger der gik den anden vej. Det Kongelige Biblioteks dubletudskillelser gennem tiderne, *Fund og Forskning* 37, 1998 (kommende).
Ilsøe, Harald: Historisk censur i Danmark indtil Holberg. Omkring censuren af Christen Aarslebs Frederik II.s historie, *Fund og Forskning* 20, 1973, s. 45–70.
Ilsøe, Ingrid: *Danske Afdeling. Studie- og særsamlinger. En vejledning*, 1990.
Ingerslev-Jensen, Povl: *P. A. Heiberg. Den danske Beaumarchais*, 1974.
Iversen, Max: *Forbudte bøger. To aarhundreders beslaglagte og konfiskerede værker. En annoteret bibliografi*, 1948.
Jacobsen, Grethe og Harald v. Hielmcrone: *Notat om Revision af Pligtafleveringsloven*, Juni 1995.
Jacobsen, Gunnar: *Norske Bogtrykkere og trykkerier gjennom fire Århundreder 1640–1940*. Oslo 1983.

Jasim, Jan T.: *The international guide to legal deposit,* Aldershot 1991.
Jørgensen, Harald: *Da censuren blev opgivet,* 1970.
Jørgensen, Harald: *Trykkefrihedsspørgsmaalet i Danmark 1799–1848,* 1944.
Kaarsted, Tage: *Ove Rode – en politiker bliver til,* 1963.
Koch, L.: Bidrag til Censurens Historie under Frederik V., *Historisk Tidsskrift* 6. Rk. 2, 1889–90, s. 67–94.
Koppel, Henrik: Pligtaflevering og Rekvisitionsret, *Dansk Boghandlertidende* 73, 1927, s. 49–51.
Krustrup, Erik V.: *Bogen i mediebilledet,* 1987.
Københavns Politis IV. Politiinspektorat 1902–1952, 1952.
Kålund, Kr.: *Katalog over de oldnordisk-islandske Håndskrifter i Det store kongelige Bibliotek og i Universitetsbiblioteket,* 1900.
la Cour, Vilh.: *For dansk Domstol under Besættelsen,* 1945.
Lane, Margaret T.: *State publications and depository libraries,* Westport, Conn. 1981.
Lange, H. O.: Moderne Biblioteker. Med særligt Henblik paa det store kongelige Bibliotek i dets nye Bygning, *Tilskueren* 1905, s. 219–236.
Lange, H. O.: Danske Bogvenner II. Bolle Willum Luxdorph, *Aarbog for Bogvenner* 3, 1919, s. 176–193.
Larsen, Grethe: *Danske Provinstryk 1482–1830,* 1–3, 1994–97. Under redaktion af Erik Dal.
Larsen, Svend: Statens Avissamlings historie, *Bibliotekshistorie* 5, 1997.
Lauridsen, John T.: Forbudt ord og billeder, *Magasin fra Det kongelige Bibliotek* 8:3, 1993, s. 95–105.
Lauridsen, John T.: Censuren til trods. Opbygningen af Det kongelige Biblioteks samling af illegale tryk fra tiden 1940–1945, *Magasin fra Det kongelige Bibliotek* 9:4, 1995, s. 3–22.
Lauridsen, John T.: *De danske nazister 1930–45. En forskningsoversigt,* 1995.
Lauridsen, John T.: »Sprællemanden« – dansk nazisme i karikatur, *Fortid og Nutid* 1996, s. 215–253.
Lauridsen, John T.: »Undergrundspressen« i Danmark 1940–45, *Fund og Forskning* 36, 1997, s. 261–388.
Lunn, Jean: *Guidelines for Legal Deposits,* Paris 1981.
Lunn, Sven: Det kgl. Biblioteks danske Musikautografer, *Bogens Verden* 1941, s. 353–365.
Lunn, Sven: Opbygningen af Det kgl. Biblioteks Musiksamling, *Biblioteksaarbog* 1946, s. 40–50.

Luxdorphiana, 1791.
Madsen, Otto: Et nyttigt og gavnligt postværk. *P & T's historie til 1711,* 1991.
Madvig, J. N.: Efterretninger om Universitetsbibliotheket, *Kjøbenhavns Universitets Aarbog for 1842,* s. 3–14.
Manzoni, M.: *A synthesis on legal deposit and its practice in the EC member states* (DG XIII-E/3) Luxembourg 1992.
Matzen, Henning: *Kjøbenhavns Universitets Retshistorie 1479–1879,* 1–2, 1879.
Meddelelser fra Rigsbibliotekaren.
Molbech, Chr.: Almindeligt Oversyn af den danske Litteratur i Aaret 1813, *Athene. Et Maanedsskrift,* 2, 1814, s. 74–92.
Molbech, Chr.: *Kort Efterretning om det store kongelige Bibliotheks Stiftelse, Skiebne og Tilstand,* 1816.
Molbech, Chr.: *Historisk-biographiske Samlinger og Bidrag til den danske Sprog- og Literaturhistorie i Ældre og Nyere Tid,* 1851.
Monrad Møller, Anders: Postrytter, dagvogn og fodpost. *P & T's historie 1711–1850,* 1992.
Munthe, Wilhelm: *Boknåm. Essays for bokvenner.* Oslo 1943.
Musikafdelingen, Systematiske kataloger. Vejledning. Det kongelige Bibliotek. *Publikumsorienteringer* 10, rev. udg. 1992.
Nielsen, Lauritz: *Pligtafleveringen til vore Biblioteker. Et Reformforslag,* 1923. (Statens Bibliotekstilsyns Publikationer 8).
Nielsen, Oluf: *Kjøbenhavn paa Holbergs Tid. Kulturhistoriske Billeder fra Begyndelsen af det 18. Aarhundrede,* 1884.
Nielsen, Torben: Bibliotekerne 1927–1979, *Københavns Universitet 1479–1979.* Red. af Svend Ellehøj m.fl., 4, 1980, s. 455–486.
Nordinfo publikation 31, 1995.
Nyerup, Rasmus: *Brev til Joh. Fred. Wilh. Schlegel i Berlin,* 1787.
Nyerup, Rasmus: Københavns Bogtrykkeriers Historie fra Begyndelsen til Dato, *Læsendes Aarbog for 1800,* 1801, s. 1–133.
Nyrop, C.: *Bianco Luno og den danske Bogtrykkerkunst. Nogle industrihistoriske Oplysninger,* 1881.
Nyrop, C.: De københavnske Trykkeriers første Jernpresser, Hurtigpresser og uendelige Presse, *Skandinavisk Bogtrykkertidende* 1875, sp. 27–29.
Nørgaard, Erik: Pikanterier, *Ud & Se,* januar 1995, s. 32–34.
Nørr, Erik: En ung og aktiv overbibliotekar. Chr. Bruun og Det kgl. Bibliotek i 1860erne, *Bibliotekshistorie* 3, 1990, s. 89–130.

Olofsson, Hans: Om offentliggörande: I gränsnittet mellan pliktleveranslagen, upphovsrättslagen och yttrandefrihetsgrundlagen, *NIR: Nordiskt immateriellt rättsskyldd* 1995, s. 251–254.
Olsen, Fr.: *Aviserne og Postvæsenet. En historisk Fremstilling,* 1902.
Pligtaflevering. Delbetænkning nr. 1 fra Udvalget om Bibliotekerne i Informationssamfundet. 12. juni 1996.
Pligtafleveringen i fremtiden. Intern rapport udført af en arbejdsgruppe nedsat af Overbibliotekaren 10. marts 1986, 1986.
Rasmussen, Emil: *Løgnens Riddervagt,* 1917.
Rawert, O. J.: *Kongeriget Danmarks industrielle Forhold fra de ældste Tider indtil Begyndelsen af 1848.* 1850.
Rekvisitionsrettens første Aar paa Universitetsbiblioteket, *Bogens Verden* 12, 1930, s. 189–191.
Rørdam, Holger: Bidrag til Historieskriveren Andreas Hojers Levned, i sammes *Historiske Samlinger og Studier,* 3, 1898, s. 144–186.
(Sagsanlæg 1925) – Et højst ejendommeligt Sagsanlæg, *Dansk Boghandlertidende* 71, 1925, s. 378; kommentar s. 388–389.
Secher, V. A.: Om Afleveringen af frieksemplarer til Bibliotekerne og Provinsarkiverne, *Dansk Bogtrykker-Tidende* 7, 1894, sp. 117–122.
Secher, V. A.: Vore Avisers Opbevaring. *Meddelelser fra Dansk Historisk Fællesforening,* 1, 1909–13: hæfte 5, 1912, s. 101–106.
Sejr, Emanuel: *Aarhus Stiftsbogtrykkerie. Et Bidrag til dansk Provinsbogtrykkeris Historie,* 1937.
Sejr, Emanuel: *Aalborg Stiftsbogtrykkerie 1743–1043. Bidrag til dansk Provinsbogtryks Historie,* 1943.
Sejr, Emanuel: *Statsbiblioteket i Aarhus. Meddelelser om Virksomheden 1927–39,* 1940.
Sejr, Emanuel: *Statsbiblioteket i Aarhus. 1902–1952,* 1952.
Sejr, Emanuel: *Statsbiblioteket. Forhistorie og tilblivelse,* 1963.
Skovgaard, Henning: *Offentlige myndigheders erstatningsansvar,* 1983.
Skrivelse fra Forlæggerraadet til Undervisningsministeriet 17. marts 1927, *Dansk Boghandlertidende* 73, 1927, s. 122–123.
Smistrup, Torben: *Privattrykket – Det danske privattryk,* 1987.
Soya, C. E.: *Dansk Retfærdighed – naar tyskerne er i Landet. En Pjece,* 1945.
Statsbiblioteket i Aarhus 1902–27, 1927.
Statstidende.
Steffenhagen, Emil: *Der Plichtexemplarzwang in der Provinz Schleswig-Holstein,* Kiel 1890.
Stolpe, P. M.: *Dagspressen i Danmark,* 1–4, 1878–82.

Søllinge, Jette D.: Distriktsbladene – et uopdyrket område for medieforskningen. *Bogtrykkerne/Distriktsbladene,* (6) juni 1995.
Søllinge, Jette D. og Niels Thomsen: *De danske aviser 1634–1991,* 1–3. 1989–91.
Tamm, Henrik: Højesteretssagen mod Herman Bang. Om litteraturens frihed i henhold til straffelovens § 234, *Juristen* 1952, s. 181–192.
Thomsen, Niels: *Dagbladskonkurrencen 1870–1970,* 1–2, 1972.
Thomsen, Svend (red.): *Danske Blandede Tidsskrifter 1855–1912. Indholdsoversigt til 27 danske Tidsskrifter,* 1–2, 1928–29.
Topsøe-Jensen, H. G.: Et Stykke Folkepoesi fra vore Dage, *Danske Studier* 1927, s. 21–24.
Tveterås, Harald L.: *Den norske Bokhandels Historie. I: Forlag og Bokhandel inntil 1830,* Oslo 1950.
Ugeskrift for Retsvæsen.
Unesco Guidelines for legal deposit legislation, Paris 1981.
Vang Hansen, Jesper: *Højreekstremister i Danmark 1922–1945. En bibliografi over „genrejser" – bevægelsernes blade og tidsskrifter,* 1982.
Welblund, Aage: Beslaglagte Bøger i Danmark. I. Frederik Schaldemose og hans „Prikkeltorne". *Philobiblon* 3, 1949–50, s. 85–91.
Welblund, Aage: Beslaglagte Bøger i Danmark. II. P. A. Worm: Tiggerne. *Philobiblon* 4. 1951–52, s. 17–24.
Welblund, Aage: Beslaglagte Bøger i Danmark. III. Herman Bang: „Haabløse Slægter". *Philobiblon* 4. 1951–52, s. 53–59.
Welblund, Aage: Beslaglagte Bøger i Danmark. IV. Martin Jørgensen: Livsnydelse. *Philobiblon* 4. 1951–52, s. 109–118.
Werlauf, E. C.: *Historiske Efterretninger om Det store kongelige Bibliothek i Kiøbenhavn,* 1825.
Werlauf, E. C.: *Historiske Efterretninger om Det store kongelige Bibliothek i Kiøbenhavn,* 2. udg. 1844.
Werlauff, E. C.: P. J. Phønixberg, Kiøbenhavnsk Bogtrykker og Leilighedspoet i Begyndelsen af det attende Aarhundrede, *Historisk Tidsskrift* 3, II, 1860–63, s. 1–27.
Wille, Niels Erik: Informationspolitik – med særligt henblik på biblioteker og dokumentationscentre. *Skrifter fra Statens Bibliotekstjeneste* 11, 1995.
Winge, Mette: *Omkring Håbløse Slægter,* 1972.
Woel, C. M.: *Bibliografisk Fortegnelse over Soyas Arbejder,* 1946.
Worsøe-Schmidt, Lisbeth: *Dansk forfatterforening 1894–1994,* 1994.
Zahle, Henrik: *Dansk forfatningsret,* 3, 1997.

Aarsberetning for Det kongelige Bibliotek 1864/65–1942/43.
Årsberetninger for universitetsbiblioteket indgår for årene 1837–1927/28 i Universitetets årsberetninger, der er udgivet under forskellige titler, for årene 1849–63 som *Meddelelser angaaende* ..., for årene 1864–1930 som *Aarbog for Kjøbenhavns Universitet* etc. For årene okt. 1925–marts 1943 er de udgivet som selvstændigt trykte *Meddelelser om Bibliotekets Virksomhed* (titlen varierer) og for årene 1943/44–1946/47 sammen med årsberetning for Det kongelige Bibliotek i *Beretning om Rigsbibliotekarembedet, Det kongelige Bibliotek og Universitetsbiblioteket for finansårene 1943/44–1946/47*, 1952.
Årsberetninger for Statsbiblioteket, se Emanuel Sejr 1940.

THE CULTURAL HERITAGE IN PRINT
LEGAL DEPOSIT IN DENMARK
OVER THREE HUNDRED YEARS

SUMMARY

Harald Ilsøe: *From barter object to national object. Legal Deposit 1697–1783*

Legal deposit in Denmark was first introduced when Copenhagen University in 1623 employed a book printer who was obliged to deposit a copy of all the books he printed with the university library. Legal deposit with the university library was before 1753 only obligatory for the university printers, and the obligation was mainly imposed because the university wanted to get maximum profit in return for the salary and the privileges that the university printers enjoyed.

The oldest deposits from the university printers did not survive for posterity as the university library went up in flames during the Fire of Copenhagen in 1728. The Royal Library, on the other hand, has remained intact since it was founded during the reign of Frederik III. In 1697 legal deposit with the Royal Library became statutory, and despite certain limitations and an administration which must be termed rather insufficient until the reorganisation of 1781, the legal deposit system has contributed essentially to the preservation of the national literature back to about 1700, although it must also be said that private book collectors and donators have played their important part.

The initiative to the introduction of legal deposit in 1697 was The Royal Library's deputy head librarian Johan Conrad Wolfen, who suggested to the king that a current deposit of books printed in Denmark should be made statutory, as was the case in France. His personal proposal dated 11. July 1697 begins with a reference to a French proposal for establishing an exchange agreement between the royal libraries in France and Denmark. Through a Danish legal deposit system it would be possible not only to acquire barter objects for the king's library, but it would, moreover, involve no costs, and he therefore reminded the king of his own proposal that it should be proclaimed that „those who in Your Royal Majesty's kingdoms with Your Majesty's most gracious permission let anything be printed or published should be required to deposit 4 or 5 copies with The Royal Library".

The first national legal deposit provision went out on the 17. July 1697 in the shape of a rescript to the University of Copenhagen, which stated that the university were to introduce a system whereby „anyone who henceforward with Our most gracious permission let any work be printed and published shall be obliged to deposit five copies with Our library". But the university was only able to keep track of the printers in the capital, and although the rescript in principle included anything at all printed in the king's realms, the university had in reality no other option than to interpret the rescript as a monitoring of the works produced by the Copenhagen book printers. The rescript to the university of 22. May 1703 realistically limited the legal deposit obligation to the book printers in Copenhagen, and it was in fact also in the capital that the major part of the country's print production took place. The new rescript stated that the deposit were to apply to all works, which were „printed or published". The legal deposit obligation was now explicitly placed on the book printers and was associated with the university professors' censorship obligation, so that legal deposit would apply to all works censored by the professors in accordance with Danske Lov. It was inferred that the university's censorship activity made it possible to control the book printers' production, and as it also became obligatory for the king's librarian to issue a receipt for the books delivered, the book printers were guaranteed that they would not receive any requests for books which they had in fact already deposited.

The exchange agreement with France seemed to come to an premature end, and as it had probably only been a rather minor consideration of Wolfen's that the deposits – or in fact selected items – should supply The Royal Library with Danish literature, the deposited material was piling up to no avail. The library had absolutely no tradition for binding and sorting out duplicate copies of deposited books before including them in the collection.

Following the death of Wolfen in June 1730 Andreas Hojer, and from November 1730 Hans Gram, became chief librarian, which meant that the great number of duplicates were being dealt with. One copy of each was set aside by royal decree and donated to the reconstruction of the university library, which burned in 1728, and the rest was sold at auction. During the tidying up and registration Andreas Hojer and his assistant found some parcels in a chamber, which turned out to contain Danish books that must have been deposited with The Royal Library in

1727–28. By supplementing this material with books registered elsewhere it is possible to reconstruct what some printing firms in Copenhagen deposited and to gain insight into the extent and character of legal deposit at a given time from the earliest history of the system. It turns out that the capital's most important printing firms, Johannes Laverentzen and Wielandt, who both enjoyed royal privileges, fulfilled the deposit obligation, although it is uncertain whether it was totally comprehensive. The university's second book printer, J. J. Høpffner, only deposited one printed work from the year 1726 and 1727 respectively, while the printer Phønixberg and Vajsenhustrykkeriet each deposited only one copy from the beginning of 1728. They did of course print more than that. The other book printers seem not to have deposited anything at all. In 1710 the university had impressed the deposit obligation on the book printers, but it had obviously been almost forgotten, and from about 1725 at the latest both the university and Wolfen must have neglected their supervision.

Things started to improve when the ordinance on legal deposit was introduced on 25. April 1732, with retrospective application as from Christian VI's accession in October 1730. The book printers in Copenhagen in principle still had to deposit everything they printed, whether it was published or financed by themselves or by others, but the number of legal deposit copies was reduced from five to three, later on in reality reduced to two for the recipient, as from 1756 one copy had to be passed on to the king's reference library. In addition, from 1753 the printers had to deliver one legal deposit copy to the university library. Exemptions were weekly newspapers, auction catalogues and posters as well as wedding and funeral verses.

An organisational innovation was the involvement of the Copenhagen police and the establishment of various fines if the regulations were not adhered to. The university was thus relieved of the position as intermediate link, and the police was entrusted with the authority to keep strict control, which it had not had before. By the end of each month a book printer was obliged to submit a list in duplicate to the chief constable of the month's print production, one of which was then forwarded to the librarian at The Royal Library, where the printer in accordance with the monthly indexes had to deposit the prescribed three copies four times a year. There are virtually no records available of how well the system worked before 1778, and one can therefore only hazard a guess that it was functioning satisfactorily during Hans Gram's period of office (1730–48), until it apparently broke down during the period of his less conscientious successor Bernhard Møllmann (1748–78).

The decline which set in under Møllmann came to light, when J. H. Schlegel in 1778 succeeded him as librarian. Schlegel had to start right from the beginning in an effort to restore the situation, and he soon realised that only three out of fourteen book printers fulfilled their obligations. He sent a circular to the remaining eleven printers, reminding them of their duty and asked them as far as possible to fill in the gaps for the previous years. Nevertheless, some gaps may well occur in the deposits from the years 1765–75, which have never been filled.

When legal depositing with The Royal Library had been reasonably well restored, Schlegel and his successor John Erichsen took the initiative to have the present regulations extended, which had become outdated i.a. because several printing firms had been established in the provinces. At their instigation the library director J. G. Moltke submitted a recommendation to the king, in which he deplored the consequences of previous negligence and stressed the shortcomings of the 1732 ordinance. A new ordinance ought to apply to all the king's realms, and furthermore to include previously exempted material, such as book catalogues, newspapers and periodicals. Finally Moltke expressed the wish for a separate department in The Royal Library, which were to contain the Danish national literature and which would currently be supplemented with missing volumes of older literature. Following the king's approbation on 18. December 1780 the library's Nordic Department was established, and new deposit regulations came into force through the ordinance of 10. January 1781. Legal deposit with The Royal Library, which now assumed the status of national library, was henceforward to apply to the entire Danish monarchy including dependencies and colonies as well as – according to a similar ordinance in German of 19. January – to the duchies Schleswig-Holstein. Apart from books, independently published copperprints, newspapers and periodicals, catalogues of books and copperprints, records of collections of specimens, coins etc. also became subject to legal deposit obligations, while other catalogues as well as auction posters and wedding and funeral verses continued to be exempt. The number of obligatory copies did not change, although the handing over to the king's reference library of one of the three copies received had ceased, but in 1783 a minor revision of the 1781 ordinance was carried out. The number was reduced to two, and instead one copy had to be on writing paper, whereby a copy of the best possible quality was secured for the library and for posterity. Another important new regulation ensured that no book printer in future was allowed to print any publication without printing his name on the title page. The book printers' information obligation has been a kind of constitution for Danish print production ever since and has from time to time been stressed in connection with the printers' responsibility in relation to the laws on freedom of the press, most recently in 1991. The new ordinances applied to legal deposit with The Royal Library only. The legal deposit obligation towards the university library still rested solely with the book printers in Copenhagen.

Henrik Horstbøll: *Legal Deposit and National Library 1781–1850*

The ordinance on legal deposit from 1781 and the subsequent revision of 1783 applied in Denmark right up until 1821, when it was replaced by a new law which applied to both The Royal Library and the University Library of Copenhagen. Until then the university had only been entitled to deposits of printed material from Copenhagen, but the new law meant that like The Royal Library it was going to receive printed material from the whole country. At the same time the deposit obligation was transferred from the printers to the publishers. This solved some problems concerning deposit of large works, printed in different places, and also problems concerning expensive books with imprinted illustrations, which the printers had often deposited in incomplete condition. But the 1821 act did at the same time create new problems, because it meant an increase in the number of authorities and persons obliged to deposit works and this again made it harder to make sure that all items were received. The change in the law was short-lived, and in the legal deposit act of 1832 the deposit obligation was moved back to the printers and there it remained with minor adjustments until 1902.

In the duchies Schleswig-Holstein the 1781–83 ordinances were upheld until after the 1864-War.

General view 1781–1850

During the entire period legal deposit did not only include books and periodicals,but also printed maps and works of art (copperprints, lithographs) as well as newspapers, weekly magazines and catalogues of books and pictures. Other catalogues were exempted from the deposit obligation, as was material printed for special occasions, like for example weddings and funerals.

The registration of legal deposit material in The Royal Library goes back to 1778, and from 1790 onwards there is a current register of the library's accession through legal deposit. The registration of legal deposit material from 1790 is the basis for an investigation into the legal deposit material received by The Royal Library during the period 1790–1850 (table 1 *Legal deposit submitted to The Royal Library 1790–1850 by Copenhagen, the provinces of the kingdom, Norway until 1814 and the duchies,* p. 92) The emphasis has been on how much especially the book printers in the various provincial towns and the capital deposited with the library up until 1821, i.e. during the period of the 1781 law (table 2 *Legal deposit from the provinces 1790–1821,* p. 94–96, and table 3 *Legal deposit from the book printers in Copenhagen 1790–1821,* p. 97–99). The deposits from 1840–1850, which was a period of increasing technological, commercial and political development in the usage of the printed medium, have also been subjected to detailed investigation (table 4 *Legal deposit from Copenhagen, the provinces and the duchies 1840–1850,* p. 100–102).

The total legal deposit (table 1. p. 92) shows how the number of deposited titles from the last decade of the 1700s was not exceeded until the 1830s. After the high level of activity in the 1790s, stagnation reigned from the time of the curtailing of the freedom of the press in 1799 and even turned into a real decline after the British bombardment of Copenhagen in 1807. War followed by crisis reduced the deposit by a third in the decade between 1810 and 1819, compared with the 1790s. Not until 1832 does the situation begin to improve, and the volume of deposited material increases during the 1840s. But the legislative framework was changing. The difference between particularly the deposits of the 1820s and the 1830s can very well be related to changing administration of the legislation.

1781–1821

The book printers outside the capital had to deposit printed material with The Royal Library according to the 1781/83 ordinance, but there is no deposit registered from 6 of the period's 13 Danish provincial towns between 1790 and 1821. Some printing firms took their time fulfilling their obligation to deposit material, some never even got started during this period.

The war put an end in 1807 to the legal deposit from Norway which had reached its pinnacle in the 1790s, when the number of deposited titles from Norway exceeded the number received from the kingdom's Danish provinces. Unlike the situation in Denmark, the war meant an upsurge in Norwegian book printing from 1807, because Norwegian writers had to have their works printed in Norway, but there is no indication that Norwegian literature up until the peace in Kiel and the constitution meetings at Eidsvold in 1814 arrived at The Royal Library as a result of legal deposit obligations.

Outside the capital the duchies deposited more material than Denmark-Norway combined. Altona was the centre for the duchies' legal deposits to Copenhagen until the war in 1848. But there is no reason to suppose that either larger or smaller producers in the duchies have showed more diligence than was the case in the Danish-Norwegian provinces.

Compared with the Danish-Norwegian provinces and the duchies Schleswig-Holstein the deposits effected by the book printers in Copenhagen seemed much more stable during the period 1790–1821. The number of printing firms in Copenhagen also remained stable as opposed to the number of provincial book printers, which was growing. Between 1781 and 1830 19 Danish book printers started business in the provinces, while the number of printing firms in Copenhagen stabilized from the 1790s around the figure of 20. This made the situation easier for the censorship authority and it also made it much easier for The Royal Library to administer the legal deposit system in the capital than in the provinces.

In the decade 1790–99 deposit material is submitted by 22 Copenhagen printers, from 1800–1809 by 20 printers, and during the following decade by 18 printers; but the fall in number of items received was much greater than the decline in the number of printers. An absolute low was reached in 1810, when the number of titles fell to less than half the figure for 1800, and war is followed by crisis without any marked improvement in the situation.

There is no doubt whatsoever that legal deposit is an unreliable source for an estimate of the exact extent of the book printers' production during the 1781 ordinance. But relatively speaking the deposit figures for Copenhagen form a sounder basis for an estimate of the development of the book production than the corresponding figures for the Danish-Norwegian provinces and the duchies Schleswig-Holstein.

1821–1832

The new act on deposit of printed material etc. with The Royal Library and the University Library of 19. January 1821 placed the obligation with the publishers instead of the printers. It was a fundamental alteration and it proved difficult to administrate. The initiative for this change had come from the university, where Rasmus Nyerup was director of the library. The head librarian at The Royal Library, D.G. Moldenhawer, had received the university's proposal, returned from the Chancellery, and endorsed the alteration. Judging by his administration of the 1781 ordinance his interest in the national library and the problems of legal deposit was not matched by his intense interest in The Royal Library as a universal library, and one has to agree with his successor, E.C. Werlauff that the new ordinance served the interests of the university library and its tasks best.

Confusion reigned and the total number of legal deposits fell dramatically in 1822–23, when the effects of the new ordinance began to show.

Judging by the statistics for depositing it looks as if the negative effect from the 1821 ordinance lasted until it was replaced by the ordinance of 20. January 1832, but one has to realise that the new law was but one variable amongst several which affected the obvious increase in the deposits during the 1830s. The government's decision in 1831 to prepare for election to advisory provincial assemblies encouraged increased publication of newspapers and weekly journals, and the general economic growth of the 1830s also included the printed medium. 1835 thus became the year of the break-through for the high-speed power press in Copenhagen.

The consequences of the 1821 ordinance were not altogether negative. An unintended effect was the increased focus on the administration of legal deposit, and for the first time The Royal Library's staff began to register what the library did *not* receive. The arrears lists were given more attention and so was the whole legal deposit issue and how it was being handled after E. C. Werlauff towards the end of 1823 became head librarian. The Royal Library's control over the deposits only applied to Denmark, as legal deposits from the duchies and from the kingdom had been segregated by the 1821 ordinance, which only applied to Denmark.

1832–1850

E. C. Werlauff's request for a new legal deposit law was met by the ordinance of 20th January 1832, which contiued to apply both to the University Library and The Royal Library, and included Denmark, Iceland and the colonies. The legal deposit obligation was transferred back to the book printers, and this time the initiative to have the law amended was taken by The Royal Library in an effort to improve the library's chances of collecting the printed cultural heritage. The new law clarified the situation for the depositors, while the recipient institution had improved the administration of the legal deposit system.

Table 4, p. 100–102 shows in detail the extent and development of legal deposit during the period 1840–1850. If you take a look at the deposit from the duchies Schleswig-Holstein first it becomes obvious that this is where control was minimal and deficiences quite considerable. The most interesting feature of the legal deposit figures from the duchies is the chronological development in the number of depositing printers: 14 printers deposited before 1845, while 25 printers deposited from 1845 and onwards, whereafter the deposits came to a standstill when war broke out.

The deliveries from the Danish book printers outside Copenhagen represent a stable, but quiet production. The islands (except Iceland) submitted about half the deliveries, and about half of those came from Odense, which was without exception the largest centre for the printed medium in Denmark outside Copenhagen. Next in line was Aalborg and Århus. The number of printers who effected legal deposit was 19 before 1848, while freedom of the press and national, political events boosted the number of depositing printers to 27 during the period 1848–50.

In Copenhagen the development of the printing production was clearly concentrated in the larger companies, which also represented the technological innovation of the high-speed power press, while smaller printing firms continued to deposit at a stable rate. It is no surprise that the year of revolution 1848 became the biggest year for the Copenhagen printers during the entire period 1790–1850.

The framework of the legal deposit system was clearly politically defined and identical for Denmark-Norway, Iceland, the colonies and Schleswig-Holstein. The Nordic Library was created as a department of The Royal Library in 1780–81, and it was entitled currently to receive material from all of the king's realms and countries.

After the legal deposit act of 1821, which applied to Denmark only, the preparation of book lists and arrears lists was concentrated on Denmark. This act is going to be remembered first and foremost for its rather unfortunate provision of the legal deposit obligation on the publishers, but the 1821 ordinance was also noticeable by not including Schleswig-Holstein. This development continued with the 1832 act.

That the legal deposit system functioned under both an old and a new ordinance did not mean that the work concerning legal deposit from the duchies Schleswig-Holstein was given lower priority, but in tune with the national, literary language patriotism, which was quite apparent after 1814, a special framework was created from 1821 within which to operate in an effort to collect the production of printed material in Denmark. Little by little the administration of legal deposit became associated with a modern concept of Danish „national literature", and the 1832 ordinance did not alter this situation.

Grethe Jacobsen: *The history of Danish Legal Deposit, 1850–1997*

The history of Danish legal deposit, 1850–1997, is regulated by the laws of 1832, of 1902 and of 1927. The present history ends with a new law, passed in 1997, 300 years after the issue of the first ordinance concerning legal deposit in Denmark.

The law of 1902 was passed at a few decades after the industrial revolution had arrived in Denmark. The output of the printing presses had changed from being primarily learned and literary books and journals to being dominated by newspapers, advertisements and other ephemera to the delight of one generation of librarians and the disgust of the following. One consequence of this development was the decision not to catalogue ephemera, defined as printed matters issued by a corporation and dealing with that corporation's internal affairs, but to organize it after archival principles, saving time and money while at the same time making the deposited materials accessible.

During the second decade of the twentieth century the enthusiasm for the many-faceted materials deposited turned to disgust on the part of some of the leading librarians of the Royal Library, who argued that legal deposit was supposed to preserve the 'literature' of the nation, not every scrap of printed paper. However, the concept 'literature' was not defined. A new law of 1927 was passed which limited deposit somewhat, primarily by expanding the category of 'accidental prints' (not subject to legal deposit) to include posters, train- and bus schedules and songs, printed separately, but also by cutting down on the number of copies to be deposited (one copy for the Royal Library, one for State and University Library and one copy on demand by the University Library of Copenhagen).

The 1927 law was in force for 70 years but the last 30 years saw several efforts aimed at obtaining a new law, as new ways of printing information (outside traditional printing presses) for distribution or new materials containing information (AV-materials) saw the light of the day. During the 1980s no less than three proposals for new legal deposit legislation reached the Ministry of Culture without producing the desired result. The final, and succesful, effort began in 1994 and was completed the following year, just in time to include published works distributed on the (Inter)net. A new law which defines materials subject to legal deposit not by medium (print) but by formal content (published works) was passed on May 27 1997 and goes into effect by January 1 1998.

Henrik Dupont: *Legal Deposit of maps and prints*

Wood and copper engraving techniques developed in Europe during the 14th century, but several years passed before the effects reached Denmark. It is not possible to put a date on the first prints, but it is a reasonable guess that between 50 and 100 years passed before the first independent printers arrived in Denmark. For quite a number of years the production was rather insignificant, and the illustrations used were often copies by in particular German artists. Just a few prints are known from the 1500s, some pictures of Christian II. and a small number of maps. One of the very first maps, namely Marcus Jordan's map of Denmark from 1552, is only known today because of it being mentioned in other works. Maps and prints were during the first couple of centuries often produced by the same printing firms, and it was not until the specialization which happened by the end of the 1700s that special printing firms were established, producing maps, often under government auspices like e.g. maps produced for The Royal Danish Academy of Sciences and Letters from 1760 and on.

We do not possess an accurate account of the total number of maps and prints in Denmark, but it is possible to investigate this on the basis of various indexes and collections. The connection between maps and prints has also been acknowledged by those institutions responsible for the legal deposit of the material. The tendency has been to separate the production of maps and prints, in the same way as the collections have become more specialised. The first division happened as early as 1835, when the artistic prints were transferred from The Royal Library to The Department of Prints and Drawings, The Royal Museum of Fine Arts. Other countries as well have long since set up separate collections of maps and prints, each requiring their particular specialists. Recently the emergence of multimedia products have to some extent brought the media together again. The legal deposit act in Denmark stated rather vaguely that also copper engravings have to be deposited, and the importance of collecting this type of print is mentioned early on. The 1781 Act states explicitly that maps and prints must be deposited. In the following acts and ministerial orders the lithograph, which was developed towards the end of the 17th century, also became subject to legal deposit and later on the photograph followed suit, but the deposit of photographs did not become statutory until the 1900s. In 1865 a special photography law came into force, which required that a photograph had to be deposited with the state in order to secure the copyright, but this regulation is administered separately from the legal deposit law, even though the photographs will find their way to the same collection, as the Ministry of Culture passes on photographs which it has received. But this is only mentioned as a curiosity in relation to the legal deposit. In the revision of the law of 1902 the various new reproduction methods are mentioned, and it is stressed that almost any kind of printed material must be deposited, including postcards, but also other more specialized forms of picture printing became subject to legal deposit.

The law was last changed in 1927, when some limitations were introduced, which meant that as far as maps and prints were concerned, lithographers and art printers only had to deposit works involving portraits, and historical or topographical sheets. Guidelines were prepared as to which materials the library wanted deposited, which included maps, advertising posters and costume pictures, and general practice rather than the law itself therefore came to decide the extent of the deposit of materials.

This law, with just a few amendments, applies until January 1998, but in practice it is often the contact with the printers that decide what is to be deposited within the area of maps and prints.

In the law which comes into force in 1998 the definition is sufficiently broad to include new ways of producing works and in the appertaining ministerial orders there has been made an attempt to exemplify which materials the legal deposit institutions find important to keep for posterity. As regards maps and prints the production methods are changing rapidly. This particularly applies to maps, where digital products have become completely dominant in the production process. Moreover some new products have arrived, called GIS (geographical information systems) which link maps, prints, tables and other data with a spatial dissemination. These products are expected to be included in the new law, as is the case with other types of cartographic products, e.g. globes and relief maps. As far as prints are concerned the most important change is that the photograph has to be deposited, if the production exceeds 100 copies, and it is also presupposed that digital prints are deposited. Ministerial orders and the contact to the producers are going to show just how effective the new law is.

Legal deposit of maps and prints have almost exclusively been submitted to The Royal Library, and consequently the investigation is based on this library's collections and records. The department for maps and prints became a separate department in 1902 after a long period of being part of the library's collections. In 1794 a very large collection of prints depicting the history of Denmark and Norway was purchased. This collection is still intact and has compensated for the lack of legal deposit of maps and prints prior to 1781, when the first registered deposits took place. Müller's Pinakotek, as the collection is called, contains more than 4000 prints, most of which are Danish. A protocol from 1781 mentions the first deposit of a portrait and a topographical print. When exactly the first map was deposited is rather more uncertain. It is very difficult to monitor deposits of maps and prints. Apart from 2 pages in a protocol from 1783 and another 2 pages in a protocol from 1827, the deposits probably have to be traced amongst the printers' other records. In 1803 it is mentioned that the printer Just in Viborg has deposited some maps, which are very schematized wood engravings, serving as illustrations to a text. The first registered real maps are from 1821, when it was the publisher's rather than as previously the printer's obligation to deposit copies. The same situation often applied where maps were concerned, and here the name of the bookseller was Steen.

It only becomes possible after 1850 specifically to follow the deposit of maps and prints. The volume grows from a very small number before the turn of the century to more than 10,000 units annually after the new law in 1902 and it is quite obvious that postcards provide the quantity. Some conclusions may be drawn concerning maps and prints from the deposit figures during the period 1850 to 1996. The number has varied quite a lot from year to year, but there are certain obvious trends which reflect the production as such. The 1930s and the beginning of the 1940s show definite falls. The real boom in deposit of prints takes place from 1902 to 1930, which is partly due to the changes in the law but also to the emergence of postcards. The marked fall in the number of deposited units in recent times is due to the lack of deposit of postcards rather than a real fall in the production of those. The deposit of maps has been increasing relatively steadily since the 1870s, now rising to about 600–700 maps a year, plus about 20 atlases. This makes maps the major group within the area. The deposit of other picture types is absolutely minimal, although for brief periods of time it has increased somewhat.

The deposit of maps has been a very important factor in building up the collection and reflects to a great extent, too, the actual production. This is no longer true in the case of prints, as they only make up a very small part of the total collection. There are several explanations for this, partly because the law does not extend to photographs and partly there has been no direct contact with the producers as is the case for maps. No campaigns have been launched for getting more deposited.

The total number of deposited units is very difficult to estimate because of greatly varying calculation methods, but a rough estimate is given below:

Type	Number deposited 1781–1996
Maps	35,000
Postcards	255,000
Portraits	5,000
Topographical prints	5,000
Other picture material	45,000
Total	345,000

(Look at fig. 13, p. 163 to get a chronological picture of the deposit 1781–1996, or at table 1, p. 165 for the exact figures)

Today the department contains over 11 mill. units, including about 250,000 maps.

The future legal deposit act does not decribe in definite terms, just how the products should be acquired, and it will undoubtedly give rise to many questions as to how it should be effectuated and how the material should be preserved and promoted, in a future which will create great changes in the production of maps and prints. In particular it is going to be difficult to preserve the information which is only kept in a database for posterity. A major part of the map production will probably happen via a database, that is continually changing and therefore not by itself subject to legal deposit obligation. The maps of the future may often be „maps on demand“, while the familiar series of maps will disappear. These are problems common to every country in the world and will of course not only concern legal deposit material. It is going to be very interesting to see how the libraries handle the material. Legal deposit is in all probability the only way to get a comprehensive view of and information on all the maps and prints produced in Denmark.

Knud Arne Jürgensen: *Ups and Downs in the history of printed music and its Legal Deposit in Denmark*

The story about legal deposit of printed music in Denmark is a „symphonic“ tale in three „main movements“, which may be described in such varying musical tempi as *Andante con moto, Allegro vivace* and *Prestissimo.* The first „movement“ covers more than one and a half century's musical publications, stretching from the mid-1700s and up until 1902, when legal deposit of printed music in Denmark becomes statutory.

The second „movement“ in this library historical process opened the 2 May 1902 when the legal deposit law was extended to include all printed music in Denmark. From then on two copies were deposited with The Royal Library and one copy with the newly established State and University Library in Århus. This basic change involving the obligation to deposit sheet music printed in Denmark (whatever the type of publishing) thus coincided with the opening of the new library, which again made it possible systematically to build up a completely new – and in theory – complete collection of printed music in Denmark. It also created a kind of „counterpoint“ to previous centuries' rather unsystematical and somewhat „rubato-like“ treatment of this national bibliographic area.

The third and final „movement“ in the tale of Danish legal deposit of music is still in need of the final touches, as our new legal deposit law in its main conceptions and scope has had to take into consideration the many new perspectives of musical publications which are emerging now. The overwhelming technological development as regards preservation and publication of music in the broadest sense that we have been witnessing over the past two decades, has thus opened up entirely new perspectives as to the statutory obligation of depositing printed music. The final *Prestissimo* movement in the history of legal deposit of music in Denmark, therefore, still remains to be written, but no doubt it will sound just as singular and unique as the two previous and more sedate „movements".

Until 1902 the deposit obligation almost exclusively rested with the printers, and the picture is therefore immensely varied and multi-facetted. Printed sheet music was until about 1815 mainly produced by printers who, despite their obligation to deposit every published publication, did not feel particularly obliged to include music publications in this procedure – neither were they encouraged to do so. The reason for this attitude was to a certain extent due to the fact that the law was rather vague on the deposit of printed sheet music, as music publications are not mentioned at all in Christian V's legal deposit act of 1697. And yet right up until the late 1800s quite a number of type prints were published in Denmark such as choral books, school song books etc, which were included in the printers' lists of printed materials and consequently were subject to the general deposit obligation.

The printed sheet music from the first long period of the history of legal deposit in Denmark therefore cover three main types of music publications:

(1) Sheet music in missal, hymn, and choral books, as well as other ecclesiastical and temporal song collections etc.

(2) Sheet music published as independent music prints.

(3) Sheet music in journals – as illustrations or special music appendices.

Only the first and the third of these three main types can be said to have been subjected to systematic deposit before the new legal deposit act came into force in 1902.

An important key to The Royal Library's acquisitions of Danish music prints from the middle of the 1700s and until 1902 are the hand-written protocols of printed Danish music in the library's collections, which started in 1874 and continued right up until about 1917, when it was definitively abandoned. This catalogue shows a total figure of almost 38,000 titles, and is most probably a very accurate estimate of all that was printed during that period in this country. The catalogue therefore proves that although Denmark only relatively late established an independent national collection of printed Danish music, the music collection in The Royal Library was towards the end of the last century being completed and catalogued with care and diligence, which considering the prevailing working conditions and economic resources at the time matches our present endeavours to produce as complete and easily accessible a national music bibliography as possible.

Another main source to throw light on The Royal Library's acquisitions before 1902 is the then head librarian Chr. W. Bruun's *Aarsberetninger og Meddelelser fra Det Store Kongelige Bibliothek* (Annual reports from the Royal Library). Here we find, meticulously put down, the number of printed music items acquired by the library during the periods 1864–1869, 1869–1874, 1874–1889, 1889–1897 and 1897–1901. It is, however, not until the financial year 1874–1875 that Bruun consistently begins to purchase and write down every item of music printed and published in Denmark during the year in question.

When the State and University Library opened in Århus in 1902 the new general legal deposit law for the first time included printed music. The large collection of particularly older Danish music, which was started in Århus in 1902, was mainly composed of a number of individual donations, the two most important being the organist and art collector, R.C. Rasmussen's bequest of older music prints in 1904, and the music publisher Wilhelm Hansen's donation in 1922 of old subscription libraries originating from the music publishers Lose & Delbanco and Horneman & Erslev. These subscription libraries contained about 75.000 volumes and represented an almost complete collection of Danish music prints from the 19th century. Wilhelm Hansen's donation could therefore be said to represent a marked *cadenza con fermato* to the „first movement" of the historical music library composition, which at the beginning of our century lead to the establishment of two almost complete collections of printed music published in Denmark.

Legal deposit of Danish printed music moved slowly and steadily along after the 1902 act, which can be deduced from The Royal Library's accession protocols of the Music Department, where from 1902–1904 only 180 titles of printed music are registered as having been received. If you compare this figure with Chr. W. Bruun's systematic acquisitions for the library's „Music Collection" for the years 1873 and 1874 amounting to a total of 258 Danish music sheets, it becomes obvious that there was no marked increase in the acquisition of Danish music sheets after 1902, but rather it was a question of new music publications automatically being deposited with the library in a steady stream acccording to their publication dates. Only much later did the number of published music sheets show such a marked increase that the library's music accession protocol for the financial year of 1929–1930 could boast the impressive figure of 1,338 works acquired, out of which no more than 420 titles could be definitively classed as legal deposit music sheets.

The first and most important change in the law, which affected legal deposit of music with public Danish collections was introduced in the legal deposit act of 1st July 1927. In the first section of the act the words „printers of music" and „music prints" are finally included for the first time in a legislative context:

„Section 1. Of everything printed in this country by book or art printers, including lithographers, printers of sheet music, copper printers and other art printers, 1 copy must, with the exceptions mentioned below, be deposited with The Royal Library, 1 with the State and University Library in Aarhus and 1 with the University Library. The legal deposit copy to the University Library is only due on request by the said library for each individual item [...]. The deposit obligation as far as the printers of sheet music is concerned ceases in case of unchanged reprints of the music."

One of the main reasons for the legal deposit act from 1927 now being revised after 70 years is the swift technological development, which as far as music is concerned has created numerous new forms of publication and also new media contexts, ranging from more traditional music publications to new forms of digital documents.

The „final movement" of the history of legal deposit of music in Denmark now being written is therefore bound to be influenced by the overwhelming and *Prestissimo*-like stream of various forms of music publications which is flooding the market – and will continue to do so. Preservation of these publications has necessitated taking a closer look at the concept of „music publication", in order to ensure that our national music collections and other relevant institutions within this context will be able both to catalogue and make available these very varied forms of digital music documents to the same extent as other databased materials.

The criterion for what is today termed as „publication" of a musical work has therefore had to be extended, as printing/publishing in the traditional sense can no longer stand alone as an absolute criterion for legal deposit. In Norway and Sweden the concept of „generally accessible documents" has long been applied. That the Internet's present global access to new and hitherto undreamed of masses of documents moreover makes any „work" „generally accessible" material, only underlines the fact that a sensible and more modern legal framework is highly desirable in order to put an end to the present almost „anarchistic" exchange of information.

Many musical works are today being composed and written on the computer, and will in many cases only be published and made available as diskettes or as online publications. Take as an example computer programs for writing sheet music, which must in itself be regarded as electronic software, and as a „literary" work must consequently be regarded as subject to legal deposit.

The same applies to many new electronic multimedia documents, which are a hybrid of text, sound, pictures and music and which are recorded on cd-rom, cd-tv etc. These media open up entirely new and extremely complex legal deposit perspectives. The new legal deposit act has therefore, very sensibly, allowed for all such future and „generally accessible" forms of „published" musical works to be subject to the law, as is indeed the case in Norway, where the framework law has turned out to be admirably suited to „catch" any future document forms.

The conclusion must therefore be that the recently passed legal deposit act in Denmark has had to take into account – just like earlier revisions have done – that all new forms of music publications will be subject to legal deposit. The main reason is that seen in a library perspective it is not the contents itself, but rather the forms of publication instrumental in making the music „generally accessible" which is the ever changing element in connection with the preservation of the musical culture for the present and for posterity.

Svend Larsen: *Legal Deposit of Newspapers*

During the first hundred years of the history of Danish newspapers they were not subject to legal deposit regulations; that did not happen till 1781. Our knowledge of newspapers published in Demark is quite extensive and not only based on the collections of preserved newspapers, but derives from various written sources, which mention newspapers. So we are able to conclude that we have an almost complete collection of newspapers in the public libraries, which in this context means The Royal Library (incl. the University Library in Copenhagen), Karen Brahe's Library (in the regional archive in Odense) and, covering recent years, the State and University Library and the State Newspaper Collection in Århus. There are – of course – gaps in the long chain over the years. But apart from the gaps in the stock of the earliest Copenhagen newspapers and later on the first provincial newspapers, we are talking about „single" gaps and not whole periods or titles missing.

Danish published newspapers are mentioned for the first time in 1634, when a Copenhagen printer and a bookseller are granted the priviledge of publishing weekly newspapers in Danish and German. None of these, however, have been preserved. The earliest preserved newspapers were published in Denmark around 1660 by university printers. They were in German and entitled: *Europäische Wochentliche Zeitung* and *Wochentliche Zeitung*. The first newspaper in Danish is the well-known *Den Danske Mercurius (1666–1691,* in verse!) later to be followed by *Ordinaire Posttidende* (1672–1681?). 18 newspapers are registered as having been published in Copenhagen before 1700. Our knowledge about them is rather limited as there are major gaps in the collection. Outside Copenhagen Altona was the only Danish area to publish just a few newspapers, and very little has survived. The first Danish newspapers – like early newspapers in other countries – consisted of a few printed pages in a small format, they were published once or twice a week and carried only few news.

The rescript from 1697, which introduces legal deposit in Denmark, does not mention newspapers. It mentions „scripts", which might possibly include newspapers. But in the ordinance of 1732, which refers to the earlier provision, newspapers are expressly exempted. It is not surprising that newspapers did not have to be deposited with the king's library – that is quite in accordance with the view of newspapers at the time. They were not particularly appreciated and considered to be somewhat unreliable. In addition to that legal deposit was to begin with an attempt to secure material for the king's library, which could be used for exchange with other princely libraries, thus bringing the Danish king on an equal footing with other European royalties. In this context newspapers were totally uninteresting.

During the 18th century the publication of newspapers becomes more regular. Some papers are still appearing at irregular intervals and for a short period of time, but this period does mark the start of the long sequences of papers. For example: *Lærde Efterretninger* (1720–1810), *Kjøbenhavns Extraordinaire Relation* (1721–1748), *Kiøbenhavns Post-Rytter* (1731–1798), *Adresseavisen* (1759–1909) and *Berlingske Tidende* (published since 1749). These newspapers are only mentioned here under one title, which is a bit of a simplification, as they have in fact changed title several times, but this is by no means a phenomenon that only applies to the earlier newspapers. A few of our present day newspapers have roots back in the 18th century, but there is a great difference between newspapers now and then. The papers appeared once, possibly twice, a week, and it is not until the following century that newspapers become „dailies".

For quite a number of years newspapers were published only in Copenhagen, but by and by the provinces followed suit. An early attempt was made in Odense in 1735, but it did not last very long; then Aalborg started newspaper production in 1767 and later other towns, particularly those with diocesan and county authorities followed. In the Norwegian part of the monarchy newspaper publishing started in Oslo in 1763, followed by Bergen (1765) and Trondheim (1767)

Two words appear again and again in newspaper titles from the 18th century and the early 19th century: „address office" and „privileged". They both indicate what really made it possible for newspapers to survive during this period of time. Besides the right to publish a newspaper several printers managed to run an „address office", which was the local centre for effecting buying and selling as well as being a job centre etc. This function was dependent on advertising in the newspaper. To begin with the advertising was rather limited and quite primitive. Later this aspect of running a newspaper has been developed to a very great extent and is very much part of the financial basis for publishing a newspaper. The privileges afforded two important advantages for those newspapers lucky enough to be granted them. First of all notification duty was introduced in 1786, which meant that buying and selling houses, auctions etc had to be announced in certain newspapers (on Zealand in *Berlingske Tidende,* in the rest of Denmark in the „stiftstidenderne"). These newspapers thus obtained a special position on the market. Secondly they gained an advantage over other papers by getting the right to use letter post. Other newspapers had to use the slower and less frequent parcel post. Postal delivery could not be taken for granted – both Danish and foreign newspapers had to obtain permission to use it, and getting it depended on whether the papers were considered to be offering material of sufficient quality.

Legal deposit of newspapers was introduced by ordinance in 1781. Newspapers published before this date have come to The Royal Library either through purchase or donation. That newspapers were subjected to legal deposit regulations may be seen as a token, that they were gaining in status in the „media world", and that the contents were considered of sufficient importance and value to merit their being kept for posterity. In 1821 the legal deposit obligation fell to the publisher instead of the printer, who had to deposit 2 copies with The Royal Library and 1 copy with the University Library. Newspapers are explicitly mentioned in the regulations, and are also mentioned in the ordinance of 1832, which reversed the obligation to the printers. As far as newspapers are concerned we know very little of the administration of these regulations. We do know that it was not always easy to make sure that the regulations were complied with.

During the first part of the 19th century publishing a newspaper was not a straightforward matter. You had to have the special printer's privilege and the right to publish a newspaper, but on top of that came censorship regulations and various postage regulations. The competition was not quite fair as some papers had the monopoly on parts of the public information, but changes occurred in the middle of the century. The constitution of 1849 abolished censorship regulations, and the newspapers gained a more central role in political life. Technological developments brought about changes in newspaper production and the economic growth created the basis for increased turnover. The media market expands. A differentiation emerges, newspapers become dailies with greater emphasis on news and advertisements, and new types of newspapers arrive on the scene (the political newspaper, the entertaining popular newspaper etc.).

The development is reflected in the number of newspapers:

1849	1872	1881	1897	1906	1914
42	108	148	229	253	263

This increase in numbers meant that the volume of newspapers in the libraries grew, which created space problems. In an effort to deal with those the new regional archives were given the task of receiving those provincial newspapers which the University Library in Copenhagen had until then received. This arrangement operated from 1889–1915 and there are many documented cases brought against negligent printers from this period.

The State and University Library opened in Århus in 1902, and in that year the Danish Parliament passed a new legal deposit act. The act stated that the new library should receive a copy of all Danish printed material, including newspapers. As both the number of newspapers and the number of legal deposit copies increased, space again became a problem and in an attempt to deal with this, the National Newspaper Collection was established in 1916. The National Newspaper Collection was an institution under the State and University Library, and it took over newspapers from both archives and libraries. Some years later a large number of duplicate copies were weeded out. In 1925 the number of statutory deposit copies was reduced, and the 1925 Act states that The Royal Library and the National Newspaper Collection/State and University Library each is entitled to receive one copy of all newspapers, while the University Library in Copenhagen is entitled to receive one copy of the newspapers published in Copenhagen.

The number of newspapers has dwindled considerably in this century. In 1913 there were 180 independent daily papers, in 1945 147, in 1965 70 and in 1985 the figure was 49. In 1945 12 provincial towns published at least four newspapers each, but twenty years later that was history. In 1945 55 provincial towns had a least one newspaper, in 1985 the figure was 38. In 1996 the National Newspaper Collection received currently 69 Danish newspapers (among them special Copenhagen and Jutland editions of several newspapers and as many as 7 different editions of one particular newspaper). 5 Faroese and 2 Greenland newspapers were received.

Current newspapers are registered in the online catalogues of The Royal Library and the State and University Library. Older newspapers are registered in various catalogues in the two libraries.

The history of the Danish newspapers is well documented. The main work being Jette D. Søllinge and Niels Thomsen's: *Danish Newspapers 1634–1989*, 1–3 (Odense 1988–1991). Apart from social and press historical introductions the work describes every Danish newspaper one by by, stating printing, publishing and editorial conditions, financial conditions etc. The holdings of each individual paper in the legal deposit libraries are also given.

A special phenomenon are spin-offs and reprints. General practice has been that a printer was not obliged to deposit pure reprints, i.e. newspapers that apart from the title were identical with another newspaper, but this required a solemn declaration by the printer that they were in fact pure reprints. If there were any changes at all, including any in the advertisements, all newspapers had to be deposited. In 1939 it was decided that reprints only have to be deposited with the State and University Library/National Newspaper Collection. Reprints and spin-offs are available to a certain extent in the public libraries and local historical collections, but only the State and University Library can claim to possess the entire collection of these papers.

In order to preserve the newspapers and make them more easily accessible they are microfilmed, a procedure which began in 1976. The microfilming process is carried out by the State and University Library and a private company (Minerva Mikrofilm). Older Danish newspapers are filmed by the State and University Library and a list of Danish newspapers on microfilm is published by the Library.

The newspaper collections also include material which has been termed „marginal", for example the newspapers' so-called „bill boards". The State and University Library has kept those since 1976, but only a few remain from before that date in the legal deposit libraries. They were considered to be advertising material which could be discarded.

Another marginal material category is the „district paper". District papers or local advertisement papers were emerging during the previous century. They were published weekly and were free of charge. In 1939 225 such papers were published with a circulation figure of 750,000. During the second half of the century the number as well as the circulation increased and in 1960 there were 275 local papers with a circulation of 1,5 mill. In 1980 the figures were 350 and just under 6 mill. respectively, in 1993 303 and 8,2 mill. The circulation figures are impressive and the papers normally carry news and other editorial material apart from advertisements. These papers fulfil to a certain extent the function of the earlier local daily newspapers, and the „district papers" have in fact quite appropriately been described as the media of the local communities.

District papers are not mentioned specifically in the acts and ministerial orders on legal deposit. Since the establishment of the National Newspaper Collection they are collected and kept here, whereas The Royal Library at the beginning of the 1950s discarded a large number of these papers. In 1960 The Royal Library began to keep the Copenhagen district papers and later on also other district papers.

The main objective of a newspaper has always been to present news. In this century the task is not only being carried out by the newspapers, but also by other media such as radio and TV. News programmes on radio and TV are not subject to legal deposit regulations, and it is in fact only later on that these programmes are being collected and preserved. The State Media Archive at the State and University Library has been carrying out this task since the late 1980s on the basis of the legislation concerning radio and TV. You may gain access to radio and TV recordings, although legal deposit regulations are rather restrictive.

Newspapers in electronic (digital) form are now also available in Denmark. This new medium is subject to the new act on legal deposit, which comes into force from 1998. Collection, preservation and accessibility of those present the great, new challenge within this particular area.

John T. Lauridsen: *Running foul of the law. Ban on books, confiscation of books and provisos*

The Danish state has during the past 300 years attempted via the legal deposit law to secure those published works in which it would at any time have a vested interest. There were and are, however, also publications from which the state, because of its role as defender of the national security, moral inviolability, or in the interest of privacy, wishes to protect society. They may be publications that are in contravention of the law and/or which may be detrimental to public or private interests. This was true during the absolute monarchy as well as in our times of democracy.

The number of such prohibited and censored works since 1697 is reasonably limited; we do not yet know the exact figure, but it probably does not run into four digits, and the figure is considerably lower, if we disregard the more trivial cases of prohibitions, as well as bans on publication of individual articles in newspapers and periodicals. If we concentrate on the more famous or infamous cases of censorship – we are left with a figure of less than one hundred. That does not necessarily mean that the censorship has been lenient. For long periods of time it was very far from lenient, whereas at other times it was very moderate.

The implications of censorship became most obvious when authors posed a direct challenge. Their severe punishment and fate were probably just as effective as the actual curbs on freedom of expression themselves.

Apart from the more recent works there are no considerations demanding that previously banned works should not be made known to the public. What are the possibilities available? Is it at all possible to be allowed to read those works – do they still exist? Has the national library got all of them? How did they ever get to The Royal Library in the first place? Has there been and is there still a set of guidelines on the deposit of such publications? Do you have to have a special permit to gain access to such works? What about the works from this century that are subject to a proviso? When are you going to get a look at those? Why and on which basis may printed works be withdrawn from the public, when they have been legally deposited? These – and other – questions I shall endevour to answer in this article.

Censorship, Legal Deposit and banned books during the absolute Monarchy

When the law on legal deposit was introduced censorship on books had existed in Denmark for about 200 years. Censorship was from 1537 and until 1697 administered at the University of Copenhagen, and how it was to be practised was set out in a number of regulations over the years, the most recent ones in Danske Lov 1683. It was a kind of pre-censorship, which meant that the manuscripts had to be submitted before printing. The case was somewhat different as regards imported books in Danish or German. They also had to be subjected to censorhip, before they were allowed on the market, and if they were banned on the indictment of revolt or the king's sovereignty the punishment was public burning by the executioner. Both procedures in principle prevented banned works being in existence in the kingdom.

The first legal deposit law of 1697 did not cast any light on what to do with books that had been banned by the censorship, but in fact were still in existence. The law only deals with censored books and how they should be treated. The legislation on censorship of books and the legislation on legal deposit were *not* combined, and legal deposit never at any time became part of the censorship procedure during the absolute monarchy, as was the case abroad, i.a. in France, who had served as a model for the first act.

The distinction between on the one side the legal deposit regulations and on the other the censorship legislation has been a fundamental trait in the Danish system until the present time. Neither legislation nor special regulations were developed during the absolute monarchy to combine the two bodies of law. We search in vain for provisions in the censorship legislation which dictate that banned works must be deposited with the king's library. The philosophy was that de facto they should not exist. On the other hand, neither does the legal deposit provisions cast any light on how to handle banned works. There was no help to be found here for the civil servants at The Royal Library, should they happen to be presented with these works, as we know that in fact they did.

It happened in various ways. It might be a question of banned foreign books, which were confiscated in the kingdom, and which the king secured for his own library. It might also be works that had been banned after their publication. Pre-censorship might somehow or other have gone wrong or been evaded. The imprimatur of censorship was no guarantee, either, that a ban might not later be put upon the printed book.

As long as the king's library was not open to the public, the presence of banned books presented no real problem. When The Royal Library opened as a public library in 1793 the situation changed. However, the guidelines for use of the library did not with one word refer to the fact that the library contained banned books. That would after all have been asking too much. Even today the library does not particularly mention the existence of banned books and works subject to a proviso. By mentioning the banned literature the 1793-regulations would have called attention to it – if not directly promoted it – and that would have been entirely out of the question during this phase of the absolute monarchy. We must assume that the library staff used their own sound judgement, when no exact guidelines were available, and treated the banned literature in the same way as rare works and manuscripts, which meant not making it immediately available to the public.

Ban on books and confiscation from the Constitution 1849 till the Second World War

The Danish Constitution 1849 brought freedom of expression and basically the right to free opinion-shaping, but it was – of course – a freedom subject to the consequences of the law. The authorities had (and have) via legislation the possibility and the right to interfere, if anyone offends public morality, the privacy of the individual, is defamatory against persons or institutions etc. or threatens the safety or interests of the realm. Likewise, private individuals, institutions, companies etc. had (and have) the right to apply to the courts, if and when the printed material and/or pictures in their opinion are harmful to their interests.

The ban on literary works has from the early days of democracy been a matter of the greatest interest. Freedom of the press had been obtained by figthing hard, and the constitution gives political, religious as well as artistic freedom. That is exactly why legal attacks on art have always been intensely debated. The earliest known ban on a Danish literary work concerns Herman Bang's *Håbløse Slægter*, published in 1880. It was banned by the police court in July 1881 according to the frequently applied section 184 in the penal code on transgressing the bounds of decency. Both the police court and Supreme Court decided on a fine of 100 Dkr or 14 days imprisonment. The court case was conducted in the full glare of publicity, and all the copies of the book had long since been sold, when the police were ready to effect the confiscation. One copy did reach The Royal Library via legal deposit and several more have later somehow or other found their way there. Chr. Bruun, head librarian at the library, subsequently introduced a practice whereby confiscated Danish books should be locked up and not made available for use, which pratice should also apply to books reclaimed by either publisher or author. The University Library introduced a similar practice in 1887 which was carried on for many years.

The problem about lifting the ban on confiscated works might have been taken up in connection with the revison of the legal deposit act of 1832 in the years prior to 1902. This did not happen, however, just as the administrative handling of banned works did not become statutory. The legal deposit libraries, which now included the State and University Library, therefore still had to handle the deposit of works that had been banned by the court and since confiscated, according to existing practice.

Despite the banning cases, which were of course mere bagatelles – in numbers – compared with the total volume of literature, yet another legal deposit act was passed in 1927, which still did not determine how these infringement works had to be dealt with. We cannot know for sure whether during the 1930s confiscated literature was in fact deposited with the legal deposit libraries.

The exploitation of sensuality

The literature and printed pictures which from the beginning did not pretend to be anything other than unadulterated pornography have until the ban on pornography was lifted on 1st July 1969 existed illegally, and only a fraction of this material was brought to the knowledge of the judicial system. This also means that an even smaller part has reached The Royal Library's collections. When the publishers were aware that the material was going to be banned as pornography, they naturally did not deposit a copy with the library, and it was in fact almost exclusively the judicial system which provided the library with such material. It has been possible to fill the gaps in the collections via private collectors or otherwise as far as banned literature under the absolute monarchy is concerned, but this does not apply any more.

When the ban on pornography was lifted on 1. July 1969 The Royal Library began to receive as legal deposits magazines, the numbering of which showed that the material had been published for some time previously. Other pamphlets and series were only deposited several years later, perhaps because they for some time were published abroad.

Some of the printed pornographic publications, which were confiscated by the police during the previous century and the beginning of the present one, may be found in the files from the court cases, some emerged from the special pornographic collection of the police. This collection, including material up until 1969, seems at some time shortly following the lifting of the ban, to have been dissolved. In 1971 a minor part of the collection was received at The Royal Library. It is a question of four shelf metres of mostly confiscated picture-pornographic literature and the material is now available to the borrowers in the reading room.

Ban on books and illegal printed material during the German occupation 1940–45

The German occupation of Denmark 1940–1945 meant the introduction of bans on exhibition, negotiation and loan of a number of Danish and a large amount of foreign works, which included books by Churchill and Marx (an unusual constellation) and Erich Maria Remarque because of his anti-war book about the first World War; also all books by Thomas Mann written after 1933, Bert Brecht's *Svendborger Gedichte* and John Steinbeck's *The Moon is Down,* to mention but a few. The Royal

Library was, however, allowed to lend „to a limited extent and for purely scientific usage. One must request the library to exercise great care over the loans".

Danish literature was not afforded the same liberal attitude. Censorship and self-censorship were decreed immediately following the 9. April. Some authors received virtual publishing bans. The message went out through the Ministry of Justice to the libraries about a number of already published Danish books, which were no longer to be made available for loan. The Ministry of Foreign Affairs tried to hold back controversial new Danish publications, but for many reasons it did not always succeed. There were certain people and circles who would not be held back, before it was too late. This is true about such completely different personalities as the historian Vilhelm la Cour, the author Soya, the priest Kaj Munk and the Nazi Wilfred Petersen. Their publications were confiscated and they were sentenced to prison.

An important and copious illegal literature was slowly emerging as a consequence of German censorship. Illegal magazines wrote what the newspapers could not, would not or dared not write. Illegal books appeared by authors and on subjects which would otherwise not be possible during the occupation. As the illegal magazine and book production was naturally limited and the police confiscated a relatively small number of them, it was not really possible for The Royal Library to secure a sufficiently representative number of copies. But luckily quite a number of the anonymous publishers sent their publications to the library on their own accord. It was probably not very many to begin with, but the number grew as they became more aware of how important it was to do so.

The illegal collection of printed material was made available after the liberation and the ban was lifted in 1945 on all books that had been subject to a proviso and on banned magazines etc. from the time of the occupation.

Private and confidential printed matter subject to a proviso

The legal deposit act of 1902 contains in section 2 for the first time the provision that printed material of a particularly confidential and private character and only aimed at a certain smaller circle of people, as well as what in business is termed a certain circle of interested parties, can be made inaccessable for up to 100 years, if the person who is under the obligation to deposit his work, should so wish. The pursuant ministerial order specifies in section 3 that any work, which one wishes to make inaccessible for a certain time, must be submitted separately in a sealed envelope, which specifies on the outside the exact contents of the work. Furthermore, the person responsible must sign a letter to the effect that the work is complete, as well as indicate the number of years the proviso should be upheld. That was fair and square – but would this new possibility be exploited?

It certainly was, and if anyone had been worried about excessive use of the section on provisos he soon found out to the contrary. The annual number of provisos has rarely produced more than 25 envelopes, and even more important, the intention of the provision has been fulfilled. The library receives printed material which it would not otherwise be certain of doing. Most of the material comes from institutions, associations and trade and commerce. The War Office showed faith in the new provision by regularly submitting their mobilising announcement and other printed material concerning a potential war to the library with a proviso of 20–25 years. Public authorities have, however, to a certain extent continued exercising their right to withhold confidential, official material, from general legal deposit.

From the 1970s and on there has been an increase in the number of legal deposits from business companies. Accounts and annual reports which are meant for the shareholder and others are subject to a proviso, as they might reflect various changes in the company, such as its turning into a limited company, sharpened competition or the wish to avoid the attention of the mass media.

A particular interest is associated with the purely private provisos. They were rather rare for many years, but the number is increasing. They represent a great mixture of publicly very well-known persons, some less well-known and some completely unknown people, who submitted printed material to be subject to a proviso. More often than not it concerns memoirs, and it may be between 20 and 100 years before the contents of these can be revealed.

Works subject to a proviso are normally not included in the libraries' catalogues. Cataloguing and making the work accessible only happen after the sealed envelope has been opened. In certain cases this principle has not been upheld for various reasons. Some works are in such demand that they have been included in the catalogues with information about the proviso.

The section on provisos has remained unchanged in both the 1927 and 1997 acts. The section such as it is has proved itself to be a fairly uncomplicated way of – for a limited period of time – protecting the printed word from curious eyes.

On the existence of books de jure and de facto

Institutions, companies or individuals may feel sufficiently offended by a publication to want it banned. Some books deal with the intimate lives of people mentioned by name in such a way as to make to courts decide on a ban. In The Royal Library these works are inaccessible and have a copy of the verdict taped inside. The publisher may also at the last minute decide to withdraw a publication which has already been printed. „At the last minute" often means after the book has been sent to the reviewers. These books still reach The Royal Library via legal deposit or other channels. When they are accessioned without provisos the dust will undoubtedly settle upon them. Legally speaking they do not exist at all, and they can not be made available to the borrowers, and as a rule they are not included in the catalogues. On the other hand, they are not destroyed, they just land in a legislative „vacuum". This applies to all books banned for an indefinite period of time according to present law, various confiscated printed material, and it also applies to books which have been withdrawn by the publishers without provisos.

Several proposals have been put forward in an attempt to include this literature in the new legal deposit act, thereby eliminating the legislative vacuum. So far this has not happened. After 300 years with a legal deposit law the banned, confiscated and withdrawn printed material is still waiting for a special provision.

Peter Blume: *Legal Deposit: Legal Characteristics*

The article is based on those objectives which legal deposit is intended to fulfil. The original purpose was to encourage more control over the printed word, which would aid censorhip work in non-democratic societies. The printed work presents a threat against such societies and legal deposit means obtaining knowledge of exactly what is being printed. In this context it is interesting to note in the present systems just when legal deposit must take place, as it may be either before or after the work is published. Both procedures are known, but it is emphasized that in countries with preceding deposit (e.g. France and Ireland) legal deposit today plays no part in the exercising of censorship. Today the objective is preservation of the cultural heritage. It is concluded that this objective has become prevalent as a result of the emergence of the national state, where preserving the national culture becomes a central objective, which in years to come with both literary and digital culture being affected, is expected to be the reasoning behind legal deposit.

The relation between legal deposit and copyright is vital in a legal perspective. At first glance there is a discrepancy between the two legal institutions, as legal deposit limits the originator's right of disposal of the work. It is not very opportune, however, to place special emphasis on this, as legal deposit serves major social objectives. The abiding rule should be that works made available to the public are to be deposited, and it is therfore unfortunate that present law dictates that the deposit obligation is linked to the publication of the work. It is equally unfortunate that deposited copies may be made accessible, as this should only be possible when the work is no longer available on the free market. The new legal deposit act does, however, introduce a curb on free access to the works.

The article then gives an outline of the main components of a legal deposit system. Firstly it takes a look at materials other than printed matters with the emphasis on information technology. It is argued that these works should be deposited in electronic form and that this should apply to online works, too. It is not sufficient to provide access. The work should be available for posterity in the form in which it exists today.

The article then goes on to deal with a number of questions particularly related to the printing of books. This includes the number of legal deposit copies, the question of whether everything must be deposited or whether selection could take place, handling of illegal material and finally with whom the deposit obligation rests.

Finally it is being stressed that also in future the natural procedure would be for the libraries to be recipients of the legal deposit copies. They possess the professionalism necessary to secure the permanence of this socially very important system.

Jens Søndergaard: *Legal Deposit and ownership.*

Reflections on a High Court verdict of 1960 on the relation between the 1927 Legal Deposit Act's provisions on free deposit of printed works and the Constitution of 1953, section 73 on the protection of ownership in Danish law.

1. Presentation of the problem. Legal deposit to The Royal Library has existed since 1697. Legal deposit was obligatory to the University Library of Copenhagen from 1753 until the deposit by the 1927 act was changed to a right of requisition, which according to the 1997 act ceases by the end of 1997. The 1902 act introduced legal deposit to the State and University Library in Århus. The Legal Deposit Act no. 160 of 1.7.1927 will be replaced on 1.1.1998 by a new Legal Deposit Act no. 423 of 10.6.1997.

I shall be dealing with conditions in Denmark only. In the other Nordic countries there is a more extensive legal deposit system.

2. During the absolute monarchy the King was in principle able to replace any ordinance/law by a new ordinance/law. According to the Constitution of 5.6.1849 its regulations could not be altered by any ordinarily conceived statute, but only by a special procedure as decreed by the Constitution. Any general statute had to comply with the Constitution.

On the protection of ownership the Constitution of 1849, section 87 establishes that: „Ownership is inviolable. Nobody can be forced to relinquish his property, unless it is required for the public good. It can only take place according to statute and against complete recompensation." This wording is repeated in all the following constitutions, the latest one being the present Constitution of 5.6.1953 § 73. It is not sufficient that the first two conditions relating to the public good and legal authority are complied with. Compensation has to be paid. Enforced surrender of property, expropriation, can be necessary in the case of real estate, but would normally not be so in the case of items of personal property which are generally available and can be bought at fixed prices, for example printed books.

I shall not go into details about possible problems over free delivery of the large amounts of „booklets" („småtryk") to the legal deposit libraries, The Royal Library and the State and University Library. Postage and packing have to be paid, but no dispatch fee.

3. The question of the legal deposit act's constitutional relevance has only been referred to the court's decision 110 years after the 1849 constitution. I refer to the decision of Østre Landsret (High Court) in *Ugeskrift for Retsvæsen* 1960.695Ø. A publisher who had refused to deliver some printed books, requisitioned by the University Library, was fined 200 Dkr. at Copenhagen Magistrate Court on 11.9.1959. He had pleaded that the request was in contravention of the Constitution's section 73, when no recompense was made. The costs involved in preserving publications should not be imposed on the publishers. The obligation could be a heavy one in cases of a limited number of copies being printed and the request was unreasonable when the material was used for ordinary use in the libraries.

In Østre Landsret counsel for the defence maintained that it was not a question of expropriation, but rather to be regarded as a kind of tax levelled at the book buyers, as the expenses, which were negligible, could be incorporated in the book price. The publisher challenged the idea of the obligation being described as tax. Østre Landsret concluded that the limited obligation to deposit books free of charge to i.a. the University Library „is a property intervention of such character as cannot be considered a contravention of the Constitution's section 73".

4. Despite its fundamental importance the verdict was not appealed to the Supreme Court. It therefore remains undecided whether the Supreme Court would have judged the requisition of user relevant books to the University Library as expropriation and granted recompense. The new universities have not been granted right of requisition and the University Library's right ceases by the end of 1997. According to the 1997 Act's section 9 (2) the Minister of Culture determines further details on preservation and accessibility of the deposited material, which until now (Oct. 1997) has not happened. The detailed framing of the ministerial order on the relation between preservation and accessibility of legal deposit material, which might have been acquired by purchase, might be an aspect of importance in prospective cases on recompense for legal deposit copies delivered free of charge. In this connection one might consider a provision concerning a waiting period for using legal deposit copies in the reading room, which are availabe in the bookshops. Photocopying ought not to be permitted, while the publishers might still suffer financially as a result. See also 9.

5. The prosecution has been able to find arguments for its case in the preparatory works for the 1902 and 1927 acts. The preparatory works of both acts state that the free deposit is a kind of tax, and a very small one at that, levelled at the book publishers, who pass it on to the customers and that this arrangement is time-honoured. A request of 17.3.1927 from the Council of Publishers to the Ministry does not seem to have had any influence on the contents of the 1927 act.

6. Since 1849 a considerable number of works on constitutional law have been published which comment on the Constitution's regulation on the protection of ownership. I have only found a mentioning of the legal deposit act in works by Poul Andersen, Henning Skovgaard and Henrik Zahle.

The main article itself refers to where and what the authors mentioned have written and I therefore refer to that information. Apart from arguments apparent in the verdict and the preparatory works for the legal deposit acts of 1902 and 1927, there are also references to the general character and predictability of free legal deposit.

The authors mentioned are predominantly reporting and there is no particularly critical analysis of the viability of the stated aspects in relation to the Constitution's section 73. The fact that it was a question of requisition of printed material for normal library usage points to some extent toward payment of recompense.

7. Several research librarians have recently been considering legal deposit issues in anticipation of the new legal deposit act, which on several accounts meets the suggestions that these librarians have put forward. I refer to the main article on these points.

8. On the possibility of receiving payment for legal deposit according to the 1997 Act.

The Committee on Libraries in the Information Society (UBIS) in 1996 submitted its report nr. 1 on legal deposit. On pages 37–41, section 5 (6) in the proposal for the ministerial order it states: „If the deposited work represents an inordinately large expense for the depositor, the recipient institution may upon request grant total or partial recompense for the production costs." The Danish Association of Publishers in letter of 31.10.1996 to the Ministry of Culture stated its fundamental claim for „normal payment" for legal deposit copies. The Ministry of Culture in an answer to the Cultural Committee stated that the production of those copies which have to be deposited „involves such limited cost that the cost can be levelled at the publisher.“ It is also mentioned that only 2 copies have to be deposited.

9. Supplementary to 4. On accessibility/usage. Neither the 1927 act nor the ministerial order contain further details on these points. The UBIS-report of 1996 mentions the problem concerning preservation and accessibility on page 33, which states that The Royal Library's legal deposit copy is a museum copy and not normally available for lending. As regards the State and University Library's copy we are referred to section 13 (1) of the Public Libraries' Act no. 1100 1993, according to which the Library as Lending Centre makes available legal deposit material. In the annotations to the bill, section 13 (1) it is stated that the function as Lending Centre involves, that the Library's legal deposit copy acts as the copy for use, that is, is made available for lending. There is thus a distinction between The Royal Library and the State and University Library in this respect. The Legal Deposit Act and appertaining ministerial order, and not the Public Libraries' Act, ought to determine what a legal deposit library may use its deposited material for.

In the preparatory material for the act of 1997 there is no mention of the legal deposit's relation to the Constitution, section 73 on the protection of ownership.

DEPOSIT OF PUBLISHED WORKS – ACT OF 10 JUNE 1997

(§ 1) Two copies of any work published in Denmark must be deposited with a copyright deposit institution, cf. section 9 (1). This obligation applies regardless of the medium used for production of the copies.
(2) A work means a delimited quantity of information which must be considered a final and independent unit.
(3) A work is considered published when, with the consent of the author, copies of the work have been placed on sale or otherwise distributed to the public.
(4) It is also considered publication when, with the consent of the author, notice is given to the public that copies of the work are being produced and will be distributed to order, or that the work is available from a database from which the user can retrieve a copy.
(5) Distribution of copies among the public pursuant to the provisions of part 2 of the Act on Copyright is further considered publication.
(6) Publication in Denmark also includes cases when the copies have been produced abroad especially with a view to distribution in Denmark.
(7) Works in the form of computer programs must not be deposited unless a copy of a computer program constitutes a part of a work of another nature and is published together with this work.

(§ 2) The works must be deposited in the same form as that of the publication unless otherwise provided pursuant to section 9 (1).
(2) If a work can only be made accessible by the use of technical equipment, the necessary instructions must accompany the deposited copies. In connection with digital publications and publications making use of non-standard equipment, the person under a copyright deposit obligation must, on demand from the copyright deposit institution, deposit the technical documentation necessary for making the work available when the technical equipment used is no longer on the general market. The person under a copyright deposit obligation may require that the technical documentation should not be made available for any third party.
(3) When works are published in the form of databases, cf. section 1(4),

the person under a copyright deposit obligation must inform the copyright deposit institution of the publication and simultaneously enclose passwords and any other information necessary for the institution to gain access to the works. The copyright deposit obligation is fulfilled by the copyright deposit institution having access to request or make copies of the works.
(4) New editions of a work are also subject to the copyright deposit obligation.

(§ 3) Any person making finished copies for publication is subject to the copyright deposit obligation.
(2) If the producer cannot be unambiguously identified, the publisher has the copyright deposit obligation on demand from the copyright deposit institution. The publisher means the person effecting the distribution, cf. section 1(3).
(3) In connection with publications, the copying of which has been effected abroad, the publisher has the copyright deposit obligation, or, if this person is not a Danish resident, the importer representing the publisher in Denmark. If the publisher is resident abroad and there is no importer in Denmark, the publisher has the copyright deposit obligation.

(§ 4) Any work published in Denmark, cf. section 1, must state the name or company and domicile of the publisher.

(§ 5) The publisher must, on demand from the copyright deposit institution, provide the information necessary for correct registration of the work in the national bibliography.

(§ 6) Expenses for production of the copyright deposit copies must be paid by the publisher. The person under a copyright deposit obligation pursuant to section 3(3) must pay the corresponding expenses for copies produced abroad.
(2) Expenses for postage, freight and the like are paid by the copyright deposit institution as further laid down by the Minister for Culture.
(3) The Minister for Culture also lays down further provisions about cases in which the copyright deposit institution can make full or partial reimbursement of the production costs.

(§ 7) Should the person under a copyright deposit obligation die or become administered in bankruptcy, the estate has the copyright deposit obligation.

(§ 8) The deposited copies are stored at two different geographical premises as further laid down by the Minister for Culture.
(2) The copies are included in the collections of the receiving institutions and made available to the users within the framework of the Act on Copyright. Copies of works in the digital form may only be made available to individual persons for personal inspection or studies in that place by means of technical equipment. Production of copies in the digital form is not permitted.

(§ 9) The Minister for Culture lays down further provisions about the form of the deposits, including the information which must accompany the deposited works, time limits of the deposits and the institution at which the deposits must be made.
(2) The Minister for Culture also lays down further provisions on storage and availability of the deposited works.
(3) The Minister for Culture may lay down provisions on exemptions from the copyright deposit obligation, including that certain kinds of works or works produced in a limited number of copies do not have to be deposited. The Minister may also lay down provisions on scrapping of deposited copies which are deemed not to be worth preserving for cultural or research purposes.

(§ 10) Violation of section 1(1), section 2 and section 4 is punished with a fine.
(2) Any person who does not comply with a demand under section 2(2), section 3(2) or section 5 is also liable to a fine.
(3) In the regulations laid down pursuant to section 9, a punishment in the form of a fine can be laid down for violation of the provisions of the regulations.
(4) Criminal liability may be imposed on companies, etc. (legal persons) under the rules in Part 5 of the Criminal Code.

(§ 11) This Act will come into force on 1 January 1998.
(2) Act No. 160 of 1 July 1927 on Copyright Deposit of Printed Matter to Public Libraries is repealed.
(3) Section 13 of Act No. 186 of 12 March 1997 on Films is repealed.

(§ 12) This Act does not extend to the Faroe Islands and Greenland.

OM FORFATTERNE

Peter Blume, professor, dr. jur., Det retsvidenskabelige Institut, Københavns Universitet.

Henrik Dupont, forskningsbibliotekar, cand. scient., Det Kongelige Bibliotek.

Henrik Horstbøll, seniorforsker, lic. phil., Det Kongelige Bibliotek.

Harald Ilsøe, fhv. seniorforsker, cand. mag., Det Kongelige Bibliotek.

Grethe Jacobsen, førstebibliotekar, dr. phil., Det Kongelige Bibliotek.

Knud Arne Jürgensen, seniorforsker, dr. phil., Det Kongelige Bibliotek.

Erland Kolding Nielsen, direktør, cand. phil., Det Kongelige Bibliotek.

Svend Larsen, overbibliotekar, cand. mag., Statsbiblioteket.

John T. Lauridsen, forskningschef, dr. phil., Det Kongelige Bibliotek.

Niels Mark, direktør, cand. polyt., Statsbiblioteket.

Jens Søndergaard, fhv. forskningsbibliotekar, cand. jur., Det Kongelige Bibliotek.

PERSONREGISTER